安全・安心コミュニティの存立基盤

東北6都市の町内会分析

吉原直樹 編著
YOSHIHARA Naoki

御茶の水書房

安全・安心コミュニティの存立基盤

目　次

目　次

序　章　安全・安心コミュニティの形成のために…吉原　直樹　1
　　　　1　はじめに──フクシマから問う──　1
　　　　2　防犯をめぐる制度設計のための諸要件　4
　　　　3　「開いて守る」防犯活動と「閉じて守る」防犯活動の間　6
　　　　4　日本型コミュニティ・ポリシングは可能か　8
　　　　5　もうひとつの防犯活動の可能性　10
　　　　6　むすび──地域のつながりを活かすとは──　12

第Ⅰ部　ゆらぐ社会と安全・安心コミュニティ

第1章　日常性のなかの防犯コミュニティ　………　伊藤　嘉高　21
　　　　1　防犯コミュニティの論理──規則主義か柔軟な秩序感覚か　21
　　　　2　地域自主防犯活動の制度化のなかで　26
　　　　3　「防犯」を超える防犯コミュニティ　31
　　　　4　結論──包摂する防犯コミュニティ・ガバナンスの実現へ　53

第2章　災害時の防犯活動の位相　………………　庄司　知恵子　57
　　　　1　はじめに　57
　　　　2　防犯活動と地域社会　58
　　　　3　東日本大震災において発動した「防犯パトロール」
　　　　　　──岩手県田野畑村の事例　74
　　　　4　おわりに　90

第3章　安全・安心コミュニティの転換
　　　　　　──防犯をめぐるセキュリティの技術・主体像と管理される環境──
　　　　　　………………………………………………　菱山　宏輔　93
　　　　はじめに　93

     1　リスク・監視社会における個人と環境　95
     2　環境犯罪学とゼロ・トレランス　98
     3　防犯をめぐる近代的対立構造　103
     4　現在の町内会と防犯ボランティア団体の位置づけ　112
     おわりに　127

第Ⅱ部　安全・安心コミュニティの布置構成

第4章　地域資源と安全・安心コミュニティ　……　松本　行真　137
     1　安全・安心コミュニティを可能にする地域資源　137
     2　町内会における防災・防犯とまちづくり活動の現状
          ——四市町内会調査から——　139
     3　防犯からみた弘前市におけるまちづくり活動
          ——知識経営の視点から——　189
     4　防犯活動を実現する地域資源は何か　203

第5章　町内会と防犯活動
     ——八戸市長者連合町内会における活動を中心に——　…齊藤　綾美　211
     1　はじめに　211
     2　青森県における犯罪と防犯活動
          ——青森市町内会調査から——　214
     3　長者地区の防犯・見守り活動と町内会　220
     4　おわりに　231

第6章　消防団と防犯活動　………………………………　後藤　一蔵　241
     1　はじめに　241
     2　東北6県の「実態調査」からみる消防団の防犯活動　244
     3　東日本大震災における消防団の防犯活動
          ——宮城県東松島市の事例を中心に——　252
     4　三事例における消防団の防犯活動　257
     5　まとめとして　275

第7章　防犯活動をめぐるガバナンスの可能性と課題
　　　　　　　　　　　　　　　　　　　　　　　　……………………………………前山　総一郎　283
　　　　1　はじめに——論点と目的——　283
　　　　2　アメリカにおける防犯についての取り組み
　　　　　　　　——コミュニティポリーシング——　285
　　　　3　21世紀に始まった官民地域連携型「安心安全パトロール隊」　287
　　　　4　町内会における防犯・安心安全についての意識調査
　　　　　　　　——「東北6市町内会調査」より——　292
　　　　5　安心安全にむけての地域ガバナンスの構築
　　　　　　　　——コミュニティ協議会と諸自治会の組織化に基づく
　　　　　　　　　地区安全GIS地図自主作成を事例に——　300
　　　　6　おわりに　309

補論1　「次世代」の関与と地域防犯の条件
　　　　　　——上尾市陣屋町内会を事例として——　……………　高橋　雅也　313
　　　　1　問題の所在——東北6都市調査から　313
　　　　2　事例の概況——地区と活動のあらまし　315
　　　　3　「協働の作法」——若者および周辺町内との関係　317
　　　　4　コミュニケーションと弱者の包摂　320
　　　　5　事例の展望と知見　323

補論2　都市における秩序と多様性
　　　　　　——ジェーン・ジェイコブスと割れ窓理論——　………　笹島　秀晃　329
　　　　1　はじめに　329
　　　　2　排除型社会における都市空間と思想　330
　　　　3　ジェーン・ジェイコブスと割れ窓理論　337
　　　　4　ジェイコブスの思想における秩序と多様性の隘路　346
　　　　5　おわりに　351

付録資料《町内会・自治会等調査集計表》　361

人名索引・事項索引・図表索引　431

執筆者紹介　445

序　章

安全・安心コミュニティの形成のために

吉原　直樹

「災害は普段わたしたちを閉じ込めている塀の裂け目のようなもので、そこから洪水のように流れ込んでくるものは、とてつもなく破壊的、もしくは創造的だ。ヒエラルキーや公的機関はこのような状況に対処するには力不足で、危機において失敗するのはたいていこれらだ。反対に、成功するのは市民社会のほうで、人々は利他主義や相互扶助を感情的に表現するだけでなく、挑戦を受けて立ち、創造性や機知を駆使する。」

　　　　　　　　　　　　　　──ソルニット, R.『災害ユートピア』

1　はじめに──フクシマから問う──

　安全・安心コミュニティがいわれるようになってから久しい。防災コミュニティとか防犯コミュニティが取りざたされるなかで、そして近年、無縁社会が種々論議されるなかで、この言葉は急速なひろがりをみせている。しかし何といっても、3・11のインパクト、とりわけ福島原子力発電所の水素爆発の影響が大きい。人びとの関心が一挙に「安全・安心」に向かい、それをイッシューとするコミュニティのありようが大きく問い込まれるようになっている。しかし考えてみれば、「安全・安心」とは随分あいまいな言葉である。その言葉の

含意とか根拠が十分に検討されないままにひろがっているような気がする。たしかに、フクシマが人びとの「安全・安心」という観念におよぼした影響にははかりしれないものがあるが、それは原発にたいして漠として抱いていた「安全・安心」への信頼（いわゆる安全神話）がくつがえされてしまったという、いわば裏切られたという感情に近いものとなっている。だが人びとが抱く「安全・安心」が一体何なのかについては一向にあきらかになっていない。ただ言葉だけが一人歩きしているような気がしてならない。

　人びとの「安全・安心」にたいする漠とした感情は、かれら／かの女らの中心のない不安の感情の裏返しでもある。かれら／かの女らは底のない、どこまでもひろがっていく不安の連鎖におびえている。つまり災害不安はいうにおよばず、雇用不安、健康不安、将来不安、老後不安、犯罪不安等々と、途切れのない不安のなかにあるのである。いうまでもなく、こうした不安の連鎖は「心の問題」というよりはネオリベラリズム的な経済運営に起因する「構造的なもの」によるところが大きい。当然のことながら、そうした不安を向うにしながら、生活の折々においてセーフティネットを構築することに強い関心が向けられるようになっている。

　そうはいうものの、人びとはこれまでのように、家族とか職場がセーフティネットの拠点にならないことに気づいている。そこでかれら／かの女が熱いまなざしを向けるようになっているのがコミュニティである。このコミュニティへのまなざしは、ポスト3・11の社会がコミュニティに寄せる期待を写映している。しかし現実のコミュニティはといえば、その多くは「存在しているけど機能していない」、つまり「あるけど、ない」といった状態にある。ちなみに、筆者はそうした状態を、3・11のフクシマ、とりわけ原発立地地区からの避難民の避難行動の裡に嫌というほど見せつけられた（吉原2011a）。セーフティネットの拠点としてコミュニティが期待されるときに、この「あるけど、ない」状態からコミュニティを織り上げていくことが何よりも必要である／リアリティがあると思われるが[1]、現実にはそうなっていない。むしろ、上述の期待が実態からかけ離れて先行するところに、危機に瀕した既存体制をコミュニティを介して「上から」再編しようとする権力の意志を読みとることができるのである。

ここで想起されるのは、ベネディクト・アンダーソンのいう「想像の共同体」(imagined community) である (Anderson 1983=1987)。その視界のおよぶところは決して狭くはないが、要はこの言葉で含意されるのは、国民国家の組成・再編に包合されていく「あるけど、ない」コミュニティの機制である。それはナショナルなものに回収されていくと同時にある種のコミュニタリアニズムに共振している。またそうした点で、いまコミュニティが声高に叫ばれる背景においてポスト3・11の基調となっているものが「脱色」され、異化される動きがみられることに注意しておきたい。ちなみに、「あるけど、ない」コミュニティへの希求とともにいまにわかに立ちあらわれているのが、「復興特区」にかかわる企業にたいして法人税を免除するといったような動きである (『日本経済新聞』2011年10月8日)。まさにネオリベラリズム的な欲動がみてとれるのだが、そこでは安全・安心コミュニティへの志向が活きづいている。

　ともあれ、コミュニティに熱いまなざしが注がれる社会の状況から目をそらしてはならない。ここでは、それが一方でコミュニタリアニズムから、そして他方でネオリベラリズムから立ちあらわれながら、両者が奇妙にも響き合って安全・安心コミュニティへの志向を深めていることに注目しておきたい。

　だからといって、セーフティネットの拠点にコミュニティを置くという構想がまったくむなしいというのではない。「あるけど、ない」という境域から出発して、復興のただなかで立ちあらわれてくる、現場力をベースとするコミュニティを想到することはそれなりに意味がある。こういうと、ただちにソルニットのいう「災害ユートピア」が想い起されるかもしれないが (Solnit 2009 = 2010)、ここでいう状況は、基本的には終始現場に立ち、冷静に観察したものから、あらたなコミュニティの芽を読み取るということである。意外にも、そうした読み取りによって、「ない」としてきたものからコミュニティの源流をさぐることにつながっていくかもしれない。さらに、考えようによっては、そこからあらためて安全・安心コミュニティの拠って立つ現実的必然性と可能性が引き出せるようになるかもしれない。

　ここまで述べてきて、ややフクシマに引き寄せすぎた気がする。指摘したかったことは、人びとの漠とした「安全・安心」にたいする希求の底に、かれら／かの女らの途切れることのない不安が渦巻いていること、そしてそうした

不安を向うにしてコミュニティが複層的に立ちあらわれているということである。以下、章題、そして何よりも本書全体にかかわって論点になることを少しばかり述べることにする。なお、論述に際しては、議論をより明晰にするために「安全・安心」を防犯に焦点化する。

2　防犯をめぐる制度設計のための諸要件

最初に、防犯をめぐる制度にかかわる問題構制(プロブレマティク)、とりわけ制度設計に関連することから述べることにしよう。防犯の制度設計というと、通常、行政や警察の管轄、あるいはそこまででないにしても行政、警察主導であると考えられがちである。しかしここでは、制度設計がすぐれて「内から」のものであるということをまず指摘したい。「内から」ということが強調されるのは、防犯の基本原則が「自分たちで自分たちを守る」ことにあり、そうした基本原則を制度の主軸に据えるからである。ちなみに、「自分たちで自分たちを守る」ためには、当然のことながら、一人ひとりが自らの被害防止能力を高めることがもとめられる。とはいえ、このことをいうためには、さしあたり以下の三つの点を確認しておかねばならない。

まず自己責任論に還元されない当事者主体を確立することである。ここでいう自己責任論とは、平たくいうと、自分を守るのは自分だけであり、それができないとすれば、それは本人の問題であるという考え方である。つまり公に依存しないで個人で対応し、結果についてはすべて個人が負うという考え方である。それは、近年のネオリベラリズム的な環境の下で隆盛をきわめているものである。他方、当事者主体とは、自分一人ではなく、他者との交わりによって被害防止能力を高めていくような主体のことである。だからこそ、こうした当事者主体においては、何よりもプライヴァティズム（生活を私事的にすすめること→生活の私事化／個人化）を相対化していることが問われるし、またそれがメルクマールともなる。

二つ目は、「閉じて守る」のではなく「開いて守る」防犯環境[2]を醸成することである（吉原2007）。ここでは何も難しいことを考えているのではない。「閉じて守る」とは「他者を排除して守る」ということであり、逆に「開いて守る」と

は「他者と手をつないで守る」ということである。しかしここで是非指摘しておかねばならないのは、「閉じて守る」と「開いて守る」は、二律背反的なもの、つまり一方が存在すれば他方が存在しないというようなものではないということである。「閉じて守る」と「開いて守る」の間は絶対的なものではなく、どちらかというと互換的なものとしてある。より正確にいうと、状況によって閉じることもあるし、開くこともあるということである。

だから「閉じて守る」ようにみえても、そこから「開いて守る」という防犯環境がまったくのぞめないわけではない。もちろん逆もあり得る。ちなみに、ゼロトレランスという防犯思想は、通常、「閉じて守る」防犯思想の典型であるように考えられている。問題は、それがもともとアメリカのコミュニティの構成原理に依拠していることに加えて、基本的に「開いて守る」防犯思想への回路を自ら閉ざしてしまっていることである。ちなみに、ゼロトレランスがそもそも日本のコミュニティ文化になじまないことについては、後に再び述べることにする。

さて三つ目は、地域力に支えられ、地域力を高める防犯活動をすすめることである。いうまでもなく、ここで要となるのは地域力である。地域力とは文字通り「地域の力」のことであるが、それだけではほとんど説明したことにはならない。それは地域資源の布置連関 (constellation) に根ざした、地域の中から生じる力のことであるが、その場合、資源を利用・活用する諸主体がそれぞれ異なった利害をもつステーク・ホルダーであることを踏まえる必要がある。地域力が上述の含意をになって立ちあらわれるには、諸利害のせめぎあいから何らかの集合性が生まれ、それが意味ある協働へとむすびつくことが必要となる。実はその動的なプロセスそのものが地域力である。だから地域力とはある種の創発的なもの (the emergent) であり、いわば作用と相同的である。それは時間軸では「生成 (becoming)」の行程、空間軸では「節合 (articulation)」をあらわしている (吉原2011b)。こうしてみると、固定的、定型的なものとしてとらえることができないということこそが地域力の最大の特徴であるといえるかもしれない[3]。

ところでここまで述べてくると、あらためて防犯をめぐる制度設計のための最大要件がいわゆるガバナンス (共治／協治) の確立にあることがわかる。先に指摘したように、これまで防犯をめぐる制度設計は多分に「上から」のガバメ

ント(統治)を基調とするものであった。コミュニティ主導ということがいわれながらも、実態としては行政とか警察がイニシアティヴをとることが多かったのである。もはや詳述するまでもないが、上記した三つの点から最大集約的に浮かび上がってくるのは、そうしたガバメントではない。ごく緩やかにいって、多様な主体がさまざまな利害をつきあわせながら協働の枠組みをつくっていくシステム／しくみである。それはまさにガバナンスであるが、要は防犯を介して多元的民主主義の実をはぐくみ、そうしたものに根ざすコミュニティ・ポリシングを確立することがもとめられているのである。

　ところで、本書の第7章(前山論文)でアメリカに範をとってコミュニティ・ポリシングについて言及しているが、ここでいうコミュニティ・ポリシングとは行政や警察が地域住民や関係機関とそれぞれの守備範囲(レゾン・デートル)を守りながら協働し、有効な問題解決手法を用いて犯罪に立ち向かうことである。それは原理的には先に一瞥したゼロトレランス・ポリシングの対極にあるが、悩ましいのは、ネオリベラリズムの下では、そうしたコミュニティ・ポリシングがゼロトレランス・ポリシングと共振してしまっていることである[4]。ちなみに、小宮信夫は、ゼロトレランス・ポリシングを「警察が中心となって容赦なく対応する」ことと述べている(小宮 2006:357)。

3　「開いて守る」防犯活動と「閉じて守る」防犯活動の間

　さて、防犯をめぐる制度設計にかかわる諸要件についてはこの位にして、次に防犯活動に目を移してみよう。もちろん、それは上述した防犯をめぐる制度設計を与件とするものである。そのことを踏まえた上で防犯活動に視線を向けると、ここでも「開いて守る」防犯活動と「閉じて守る」防犯活動が対称的な性格をになって立ちあらわれてくる。そしてそうであればこそ、何よりもまず両者の違いについて述べなければならない。しかしその前にさしあたり、前者がどちらかというと日本の地域コミュニティに根をもつものであるのにたいして、後者はアメリカのコミュニティに適合的なものとして想到され得ることを指摘しておく必要があろう。このことは先にコミュニティ文化の違いについて言及したことと関連している。

町内会に代表される日本の地域コミュニティの原型である町内が、元来、ハイブリッドな社会であることについては、よく知られた事実である。「金持も貧乏人も一緒」というのが歴史を越えて観察されてきた日本の地域コミュニティの原風景であった。つまり「異なる他者」を呑み込むというのが日本の地域コミュニティの特徴であったのである[5]。だからといって、日本の地域コミュニティが「異なる他者」に寛容であったとは必ずしもいえないのだが、ゼロトレランスに適合的な土壌でなかったことはたしかだ。その点、アメリカのコミュニティはゼロトレランスをはぐくむのに恰好の土壌を成してきたといえる。

　ホーム・ルールを原拠とするアメリカのコミュニティは、異なった階層からなる多数のアソシエーション（自発的結社）によって構成されており、それらのアソシエーションは何よりも自分たちの階層的利害をたいせつにする。つまり一貫して階級的に同質的であることを特徴としてきた。こうしてアメリカのコミュニティは異主体、異階層を外に置く、高度に分結化された (segregated) 社会として今日まで存続してきたのである。そしてそうであればこそ、他からの侵入を許さないことと自己責任を本旨とする「割れ窓理論」が生まれてくるし、ゼロトレランスがさほど抵抗なく受容されることになったのである。「閉じて守る」こと、つまりゼロトレランスはいいか悪いかを問う以前にアメリカ的なものとしてあったと考えられる。

　ちなみに、パットナムは、かつてトクヴィルによってアソシエーションに導かれた健全な、開かれた社会として描かれたアメリカのコミュニティがすっかり「閉じて守る」コミュニティに変質してしまった、と嘆いているが (Putnam 2000-2006)、その根はもともとアメリカの草創期からのコミュニティにあったのである。近年、ゲーテッド・コミュニティの叢生が取り沙汰されているが、考えてみれば、それはいまに始まったことではないし、決して新奇な現象ではないのである。

　とはいえ、このところ、アメリカ種である「割れ窓理論」が日本でも防犯の現場で受容されるようになり、それとともに「閉じて守る」防犯活動がかなりの拡がりをみせるようになっている[6]。また、もともと日本ではなじまないと思われていたゼロトレランスの防犯思想も取り込まれることが多くなっている。

そこには、地域コミュニティそのものの変容が見え隠れしているが、いずれにせよ、いまや日本とアメリカのコミュニティ文化の違いを越えて「閉じて守る」防犯活動が汎世界的なものになっていることは明らかである。それだけにまた、ネオリベラリズムの影響下にある防犯コミュニティが拡がっていることを示すものである。

だがその一方で、「開いて守る」防犯活動への新たな模索がはじまっているのも事実である。防犯を見据えた様々なソーシャル・キャピタルが行き交い、防犯活動全体に新たな次元が加えられようとしているのである。考えてみれば、こうした事態はコミュニティそのものの変容（→ネットワーク・コミュニティの叢生）に深く根ざしている。それとともに、「閉じて守る」防犯活動と「開いて守る」防犯活動の境界が次第にあいまいになっている（既述したように防犯思想の次元でもそうである）のも無視できない。

さてそうしたなかで、あらたな課題として浮上しているのが日本型コミュニティ・ポリシングの可能性をどう切りひらくのかという点と、それをめぐって問い込まれるようになっている過剰な監視[7]をどう相対化するかという点である。事柄が事柄だけに、節をあらためて述べることにしよう。

4　日本型コミュニティ・ポリシングは可能か

コミュニティ・ポリシングはもともとアメリカにおいてみてきたような「閉じて守る」防犯活動と一体となって、あるいはそうしたものを下支えするものとして展開されてきた。同時に、多元的民主主義を促進する可能性も秘めている（この点は本書第7章を参照のこと）。というよりは、多元的民主主義の理念的基礎になるような要素をもっているといった方がいいかもしれない。しかしそのことは、ネオリベラリズムが跋扈する近年の状況下では非常にみえにくいものになっている。いやむしろそれを閉ざしかねないような惧れさえ出てきている。したがって、何にもまして状況を複雑なものにしている要因をとりおさえておく必要があるだろう。

まず一つには、防犯の位置づけ自体がネオリベラリズムを背後要因として事後から事前へとシフトしていることを指摘しなければならない。周知のように、

防犯の現場では、犯罪の機会を与えないことによって犯罪を未然に防止しようといういわゆる「機会論」が中心となっている[8]（小宮 2006）。それとともに防犯環境設計および防犯活動の軸線が予防へと移ってきている。最近、監視社会化の進展を示すものとしてしばしば取り上げられる地域全体で性犯罪者を監視するシステムの確立も、もとはといえば「機会論」を根拠とするものである。

　ところで、語弊を恐れないでいうと、「機会論」は犯罪のない社会を前提／目標としている。だが、無犯罪社会というシナリオ自体、果たしてリアリティをもっているのであろうか。ここであえて指摘しておきたいのは、犯罪をゼロにするということは不可能であり、むしろそれを減らすという戦略の下に議論を推しすすめていく方がより現実的であるということである[9]。その場合何よりもまずおさえておかなければならないのは、「コミュニティの空気を自由にする」ということである。ここからさしあたり二つの課題が浮かび上がってこよう。

　一つは、ラベリングをしないということである。今日、コミュニティにかぎらず、社会のさまざまなところで「不審者」というラベリングが出回っている。そもそも「不審者」であるかどうかの判断が高度に主観的であることを頭に入れておくべきであろう。なぜなら、主観的であるゆえに、「不審者」というラベルは一人歩きし、気がついたら社会によって排除される側に立たされているということがよくあるからだ。さて課題のいま一つは、子どもの「遊び」を保障するような環境の整備である。「遊び」が子どもの社会化にとって欠かせないことはいうまでもない。詳述はさておき、今日押しすすめられている防犯環境設計が、子どもの「遊び」を過度に抑制することにつながっていないかどうかを検証する必要がある。

　以上のことは、結局のところ、コミュニティ・ポリシングの基軸をポリシングに据えるのか、それともコミュニティに据えるのかという問いに帰着するが、その際、あらためて問われるのがコミュニティ・ポリシングを通底する「監視」のありようである。このことを問うことは、リアリティのある「開いて守る」防犯活動を展開するためにも避けて通れない。いうまでもなく、現代を生きる人びとは社会を縦横にスキャンする「監視」の網の目のなかにある。そして日常的にプライバシーの侵害という危険にさらされている。むろん、コミュニ

ティも例外ではない。まずこのことを正確に認識することが必要である。その上で「開いて守る」防犯活動にとって「監視」は必要なのかどうか、そして仮に必要だとしてもどの程度必要であるのかを問うてみることがもとめられる。いまや「監視」がすみずみまで浸透しているようにみえるゲーテッド・コミュニティのありようも、基本的にはこうした問い込みによって検討されるべきであろう。

　いうまでもなく、序章のここでそうした検討結果を示すことはできない。具体的には、本書の各章でその都度検討され、その結果が示されることになるだろう。だからここではそのことに言及しないで、さしあたり「監視」なき防犯活動の可能性について考えてみる。それはこれまで述べてきたところでいうと、ゲーテッド・コミュニティという「監視社会」にからめとられない防犯活動のことであるが、それは一体どのようにして成り立つのであろうか。この点について、以下、簡潔に記すことにしよう。

5　もうひとつの防犯活動の可能性

　「監視」なき防犯活動、ゲーテッド・コミュニティという「監視社会」にからめとられた防犯活動の対極をなす、もうひとつの防犯活動の可能性を切りひらくには、あらかじめどのようなことを（要件として）考えなければならないのだろうか。ここでは当面、以下の3点、すなわち、(1)身の丈の監視、機械の目に依存しないまなざしの確保、すなわち、過剰な監視に陥らない、やわらかなまなざしによる日常生活の確保、(2)普段の日常生活における「声かけ」、「見守り」を起点とする活動の展開、そして(3)「生活の共同」のルールを大切にすることとプライバシーを守り育てることとが両立するような活動の展開、を考えておきたい。

　まず(1)であるが、そこで例示的に想到されるのは、主婦（主夫でもいい）が物干し台で洗濯物を干す際に何気なく周囲を見渡すといった視線とか、サッカー、野球などに興じる若者たちが隣接する公園をちょっと眺めやる視線である。コミュニティについていうと、空き地に生い茂った雑草を刈り取ったり、路上駐車できないようにするための方策を講じたりすることによって、「意図せざ

る結果」として道路が見渡せるようになることである。次に(2)であるが、そこで鍵となるのは、①「声かけ」や「見守り」が人びとが日常生活を送っていく上での基本的なルール／マナーであることをしっかりと認識すること、その上で、②「声かけ」が「見かけたら挨拶をする」、また「見守り」が「困っている人に手を貸す」といった意味合いのものであること、そして③そこから拡がっていく防犯活動がすべての基本となること、である。それらは決して「不審者」をあぶりだすためのものではない。

さて(3)であるが、このことを考えるにあたっては、何よりもまず防犯の現場で幅広くみられるプライバシーを主張することがあたかも悪であるかのような議論を相対化することがもとめられる。むろん指摘されるような両立は至難のわざである。しかしそれでも、個人の権利としてある自己の防犯意識や危険性を判断する力を高めること（ただし、それは自己責任論に組み込まれてはならない）と、犯罪に巻き込まれることによって他人とか周囲に迷惑をかけることがないようにすることとは密接につながっている。

こうしてみると、もうひとつの防犯活動の展開にとって要となるのは、人びとがこれまで日常生活を営んでいく上で担保してきた「生活の共同」のルールを活かすことである。同時に、それは単なるルールの踏襲ではない。生活の私事化・個人化の進展／プライバティズムの浸透を見据えながら、それと折り合いがつくようなルールの創造的展開が必要なのである。このことは、現実のコミュニティ・ポリシングがややもすれば本章の冒頭で触れたような「あるけど、ない」コミュニティに底礎しがちであることを考えると、いくら強調しても強調しすぎるということはない。その上でさらに指摘するなら、もうひとつの防犯活動にとって強制的要素[10]をできるだけ小さくすることがきわめて重要になるという点である。考えてみれば、「監視」と「強制」はコインの両面としてあるが、防犯活動が生活者の論理に基づいて少しでもフットワークの軽いものになるには、両者が共振する地平に新しい変動の要因を組み込むことがもとめられる。あらためていうまでもないが、強制的要素を縮減することによって、「監視」の機能も確実に弱まる。

もっとも、ここではこの点についてこれ以上言及しない。むしろいま述べた最初の点との関連で、「あるけど、ない」コミュニティにこだわらない、地域

の多様なつながりを活かす防犯活動のありようについて最後に簡単に言及することにする。

6　むすび──地域のつながりを活かすとは──

　防犯をめぐる制度設計にかかわる問題構制の提示からはじまって、防犯活動がかかえる課題群の開示にかかわってきたこの章も、結局のところ、安全・安心コミュニティ、畢竟、防犯コミュニティのありようを問うといった最重要課題に行きつくことになった。これまで述べてきたところから明らかなように、防犯活動にとって地縁が依然として重要なファクターを成していることは否定できないものの、ポスト3・11における防犯活動の軸線はまぎれもなく地縁が主であるものからさまざまなソーシャル・キャピタルに支えられたものへと移ってきている。言い換えるなら、町内会や学校／PTAの活動だけではなく、地域に基盤を置くさまざまな主体の利害関心に応えるような活動もまた展開されるようになっているのである。たとえば、地区内の事業者から賦課金を徴収し、それを事業資金にして地区の活性化とか美化をはかり、それを防犯につなげようとする、NPOとかボランタリー・アソシエーションなどが中心となるような活動が立ちあらわれている。こうした場合、事業者にとってもメリットになる。

　いずれにせよ、防犯活動といった場合、ガバメント的色調が強いものを除くと、いまや町内会や学校／PTAなどは、地域の創発的なネットワークのなかのone of themとして存在するようになっている。ところで地域におけるさまざまなつながりに根ざした防犯活動にとってとりわけ喫緊の課題となっているのは、ひとつには、そうした活動がどれだけ地域資源の実状／実態に底礎したものになっているかという点である。ここでは地域の人的資源、組織的資源の布置状況を踏まえた創意工夫にもとづく活動の展開がもとめられている。たとえば、筆者が知っている事例でいうと、小学校区を活動基盤とする若い世代の保護者たちと各種団体との協働による子ども安全キャンペーンとかワークショップの展開／実施はそうしたものの一つとしてとりあげることができる。さていま一つの課題は、地域がこれまでになってきた防犯活動の積極面をどうひきつ

ぎ、あらたな防犯活動の裡に埋め込んでいくかという点である。たとえば、町内会等において古くから行われてきた夜回りによって築いてきた住民間、とりわけ異世代間のコミュニケーションの実績とか、子ども会等が地域安全マップを作成するプロセスで培ってきた地域への関心とか帰属意識[11]を防犯まちづくりにどう展開／転回していくかといった点がいま大きな争点(イッシュー)となっている。もっとも、この点は防犯活動の枠を越えて地域形成とかまちづくりへの発展の可能性をはらむものとして注目されるようになっている。そして興味深いことに、それはいまや地域間で検証かつ参照可能なまちづくりへの展望を宿したものとして取りざたされるまでになっているのである。

ところでこうした動向を見据えながら、最後にどうしても検討しなければならない課題として浮かび上がってくるのが、行政や警察との新しい関係性をどう構築するかという点である。この点についてはガバナンスの箇所ですでに言及したが、防犯活動にとって不可欠である高度な専門知／技術知の、諸主体間での共有のありようにかかわってくるだけに、再度述べておく必要があろう。指摘される専門知／技術知はこれまで地域に降りてきたところでメニューとしてマニュアル化し、パターン化し、地域の側で十分に活かせなかったといわれている。少なくとも、地域の側が保持してきた経験知（＝ローカル・ノレッジ）とのすりあわせはほとんどなされてこなかったようである[12]。詳述はさておき、以上の点を自覚的に問い直し、以下の二点、すなわち、(1)防犯活動をめぐる行政および警察とコミュニティの守備範囲を見直し、どうすれば両者の協働が可能になるかを検討すること、(2)行政や警察が提示するメニューを鵜呑みするのではなく、コミュニティレベルで咀嚼し、地域のメニューとしてとらえかえすこと、を今後の防犯活動にしっかりと骨肉化する必要がある。

ガバメントに馴致した地域コミュニティにとって、このことを実現することは至難のわざであろう。しかしコミュニティが多様なベクトルを抱合しているいまだからこそ、その実現の可能性はかなり高い、といえる。どこまで伝わったかはわからないが、本章が冒頭で示唆しようとしたのは、防犯コミュニティの虚と実ということであった。防犯コミュニティの虚が実に反転することは、現今の地域コミュニティからは容易に想定できそうもないが、視点をそうした地域コミュニティから少しずらせば、必ずしも見通せないわけではない。考え

てみれば、この可能性を見据える方向でしか、述べてきたような「開いて守る」防犯活動の理路を描くことができないのではないだろうか。

　ともあれ、ここで述べたことが本書の各章においてどの程度共有されているかはさておき（実際にはかなりのバリエーションがある）、本書全体が安全・安心コミュニティの存立基盤をうがつという問題意識によって貫かれていることはたしかである。そしてそうした点では、本書はまぎれもなく安全・安心コミュニティの形成に向けての素材提供の役割を果しているのである。

　ちなみに、本書は二部構成と補論からなっている。第Ⅰ部では、日常と非日常の防犯活動／防犯コミュニティの諸相に鋭利なまなざしを向けることによって、そこを通底する安全・安心コミュニティの転回の位相をあぶり出す。ところでこの転回の位相をよりリアルかつアクチュアルに捉えるためには、町内会、消防団の地域社会における立ち位置およびそれらに伏在している人的、組織的資源の配置／動員のありよう、さらにそれらを抱合してあるガバナンスの態様を明らかにする必要がある。文字通り、「安全・安心コミュニティの布置構成」と銘打った第Ⅱ部は、そうした課題にたいしてそれぞれのアングルから応えようとするものである。また補論は、以上の展開から漏れ落ちた問題構制を、都市空間の隙間から立ちあらわれている「協働」と「排除」というテーマの下に拾い上げたものである。それらが果たして成功しているかどうかはここではにわかに判断できないが、試みとしては何ほどかは斬新であると考えられる。

注
1) 鶴見俊輔がいうように、「ある」の向こうに「ない」があるとするなら、想像力を働かせないかぎり、「ただあるの状態」で終わってしまう（鶴見 2010:64）。フクシマのいまは、まさにこのような状態にあるといえる。だからこそ、「ない」を「ある」に互換してしまう政治的なやり方が立ちあらわれるのだが、筆者は、現場力を見据えて「ただあるの状態」からコミュニティを「あらためて編むこと」（同上）を提案したい。むしろそうすることによって、件の「あるけど、ない」コミュティを称揚する政治的意図が透けて見えてくるであろう。
2) 一般に、防犯環境とは、ハード面、すなわち学校や公園や道路、あるいは共同住宅等の（犯罪者を遠ざける）区画（区切り）とか（犯罪者の）行動把握に関するものである。しかしここでいう「開いて守る」防犯環境はすぐれて当事者の意識、すなわちソフト面を重視するものである。ただし、それはソフト面の手法が一般に準拠するいわゆる

「割れ窓理論」にもとづくものではない。また上述のハード面に従属する形で編み出されるソフト面といった性格のものでもない。なお、防犯環境におけるハードとソフトの原理的区分については、小宮（2006）を参照されたい。
3）地域力というと、既成の理論では「内発的発展」のようなものとしてとらえられがちである。しかし筆者のみるところでは、「内発的発展」論はある種の線型思考にもとづくものであり、非線型的行程の上にある地域力とはあくまでも異種のものである。このことは、地域力の要を成す「節合」の機制をみれば容易に理解できる。「節合」とは、異なるもの（主体）の接合が審級を越えてあらたな集合性をはぐくむような関係性（relationship）のことである。この関係性には、「約束されたもの」とか「予定されたもの」はない。それは筆者がかねがね主張している「創発的なもの」(the emergent) の核を成すものである。なお、「創発的なもの」については、吉原（2011c）を参照されたい。
4）このことは、すぐ上のガバメントとガバナンスの議論に遡及して指摘できる点である。制度設計の枠組みでよく持ち出されるのは、「ガバメントからガバナンスへ」という二分法的な発展図式である。これはより正確にいうと、統治（governing）様式の二つの型を変動の位相であらわしたものであるといえるが、ネオリベラリズムの下では、ガバナンスがガバメントの変種としてあること、つまりガバナンスがガバメントの機制内にあることが鋭く問われることになろう。この点は、いみじくもハーヴェイが喝破しているところである（Harvey 2005=2007）。
5）きだみのるがいうように、日本の地域コミュニティはもともと理想も目的ももっていない。あるのはコミュニティの存続のための日々の方策だけであり、和とか一致がたいせつにされるのもそこに由来する（きだ 1956）。だからこそ、和とか一致を手にするためには、「異なる他者」を呑み込むことなどは何の障害にもならないのである。また日本の地域コミュニティが常に行政の外にあったというきだの指摘も見逃せない。なぜなら、行政に包絡されると、必然的に階級性を帯びざるを得ず、「生活する統一体」としての側面が損なわれることになるからだ。

　ところで、「異なる他者」を呑み込むという日本の地域コミュニティの特徴は地縁社会の特質として語られることが多い。ちなみに、「地縁社会は、これまでどちらかというとその同質性ゆえにネガティヴにとらえられがちであった。しかしそうした場合、同質性は社会構成面での一体性というよりは、共感にもとづく承認をメルクマールとする集団主義的行動面での同調的態度に関連して指摘されることが常であった。むしろ、一つの『文化現象』としてとらえた場合、地縁社会の特質は、ヒト、モノ、コトの複合的なつながりから派生する、開放性と異質性を兼ね備えた動的な関係のなかにあり、しかもそうした関係が創られては壊され、再び形態化されていく生成（becoming）の行程を織りなしてきた点にある。そしてこうしたことから必然的に、地縁社会は包括的機能／多機能性を担い、防犯活動もそこに含み込まれることになったのである。」（吉原 2012:233）
6）アメリカでは、ほとんどの州で性犯罪者の再犯をふせぐ目的で性犯罪者の個人情報を公開するいわゆる「メーガン法」が施行されている。まさに地域全体で性犯罪者を監視するシステムが確立しているのであるが、近年、日本でもこうした動きが見られるようになっている。たとえば、大阪府では、2012年10月から子どもへの性犯罪の前歴がある者に対して住所や連絡先の届け出を義務づける条例が施行されている。前

歴者をまるで犯罪予備軍のように取り扱い、コミュニティがその先導役を果たす惧れが出てきている。

7）監視カメラによるスキャン空間のありようが取りざたされている。しかし近年の議論では、監視カメラの設置そのものよりは、むしろそこに画像として取り込まれる個人データの取り扱いに焦点化されがちである。監視性がより不可視なものになるにつれて、こうした傾向が強まると考えられるが、この点については権力のありようとかかわらせて多面的に論じる必要があろう。

8）「犯罪者の異常な人格や劣悪な境遇に犯罪の原因を求め、それを取り除くことによって犯罪を防止しようとする」(小宮 2006:347)「犯罪原因論」に代わって「犯罪機会論」が台頭してきた社会的要因についてはしっかりと検討すべきである。しかし一つだけいえることは、「犯罪機会論」がネオリベラリズム的な自己責任論と共振していることである。もちろん、だからといって、ネオリベラリズムに全面還帰する議論が正しいというのではない。社会、個人の両面に伏在するさまざまな要因が複雑にからみあいながら、「犯罪機会論」が社会の前景にたちあらわれているのである。

9）ここで犯罪を一種のリスクととらえる考え方に注目してみたいと思う。社会がハイブリッド性を帯びれば帯びるほど、緊張が高まることは避け得ない。そうした緊張の只中から犯罪が芽を吹くことは、ある意味で必然である。とすれば、無犯罪社会を想定することはきわめて非現実的であるということになる。重要なことは、現代社会は犯罪を不可避的に帯同せざるを得ないという基本認識の上に、犯罪をいかに縮減していくかに力を注ぐべきであるという点である。もっとも、リスクとしての犯罪は高度に倫理的な性格をもっているという点で他のリスクとは峻別されるかもしれない。

10）「監視」における強制的要素は、いわゆる近代のパノプチコン空間がその内部に強固に保持してきたものである。しかしポスト・パノプチコンが取りざたされる今日、この強制的要素はますます見えにくいものとなっている。むしろそこでいう「強制」がひたすらスキャン化するとともに、脱身体的機制の下に置かれるようになっていることこそが問い込まれるべきであろう。いずれにせよ、防犯活動における「監視」の意味は、いまや大きくゆらいでいる。それだけにまた、監視社会論とともに「監視」の社会学的再審が避けられなくなっている。

11）これらは、それぞれのコミュニティにおいて、多かれ少なかれローカル・ノレッジとして継承されているはずである。だから本来、その展開／転回を説く前に、その継承の方法と中身がどのようなものであったかを検証する必要がある。その上で、すぐ後で述べるような課題が浮上してくるのである。ここであえて指摘しておきたいのは、以上の検証によって、ローカル・ノレッジがその内部に湛える「自治／自律の枠組み」をすくいだすことができ、ひいては地域形成とかまちづくりとの接点的領域が見えてくるようになるという点である。

12）注11）を参照。ちなみに、専門知／技術知と経験知の乖離は今回の3・11において如実にあらわれた。そこでは専門知／技術知の「一人歩き」とともに、経験知それ自体が地域社会に深く埋め込まれた民俗知としての内実を欠いていた。いま防犯の現場で専門知として広がりつつある「割れ窓理論」も、考えてみれば日本のコミュニティ文化から大きく乖離している。したがって「割れ窓理論」に主導された防犯コミュニティが今後日本において定着するかどうかはかなり不透明な状況にある、といわざるを得ない。

参考・参照文献

Anderson,B., 1983, *Imagined Communities*,Verso.（＝1987　白石隆・白石さや訳『想像の共同体』リブロポート．）

小宮信夫　2006　「犯罪機会論と安全・安心まちづくり」田口守一ほか編『犯罪の多角的検討』有斐閣．

Harvey,D., 2005, *A Brief History of Neoliberalism*, Oxford University Press.（＝2007　渡辺治監訳『新自由主義――その歴史的展開と現在』作品社．）

きだみのる　1956　『日本文化の根底に潜むもの』大日本雄弁会講談社．

Putnam,R.D., 2000, *Bowling Alone*, Simon & Schuster.（＝2006　柴内康文訳『孤独なボウリング』柏書房．）

Solnit,R., 2009, *A Paradise built in Hell: the extraordinary communities that arise in disaster*, Viking.（＝2010　高月園子訳『災害ユートピア』亜紀書房．）

鶴見俊輔　2010　『思い出袋』岩波書店（新書）．

吉原直樹　2007　『開いて守る　安全・安心コミュニティづくりのために』岩波書店（ブックレット）．

吉原直樹　2011a　「ポスト3・11におけるコミュニティ再生の方向」『地域開発』564, 22-27.

吉原直樹　2011b　「モダニティの両義性と『時間－空間』の機制」吉原直樹・斉藤日出治編『モダニティと空間の物語』東信堂, 3-28.

吉原直樹　2011c　『コミュニティ・スタディーズ』作品社．

吉原直樹　2012　「防災ガバナンスの可能性と課題」吉原直樹編『防災の社会学』（第2版），東信堂．

追記

　本章はいまからほぼ2年前に執筆したものである。今回、その元原稿に若干手を加えたが、基調はほとんど変わっていない。2年の間にネオリベラリズムの影響は安全・安心コミュニティの根幹にまで及ぶようになった。そして「公的権力としての国家を一方で排除しながら、他方で連携の味方にもする」（「訳者あとがき」ラッツァラート，M．，杉村昌昭訳『〈借金人間〉製造工場』作品社，2012年，225頁）というネオリベラリズムの特質がいっそうあらわになっている。ネオリベラリズムと国家の連携プレーの下に、安全・安心コミュニティの裾野がどう変化しているかを検証することは、いまや避けられなくなっている。とりわけコミュニタリアニズムと部分的に共振するようになっていることは見逃せない。たとえば、3・11の直後から、東京都では防災隣組の構築に取り組むようになったが、これなどは明らかにコミュニタリアニズムの主張に沿うものとしてある。しかし本書（序章を含めて）では、このことが十分に認識されているとはいいがたい。ネオリベラリズムとコミュニタリアニズムが共振することによってどのような安全・安心コミュニティができあがっているのであろうか。これは、本書に課せられて未遂の課題のうちでも最も重要なものである。

（2012年12月6日）

第Ⅰ部　ゆらぐ社会と安全・安心コミュニティ

第1章

日常性のなかの防犯コミュニティ

伊藤 嘉高

1 防犯コミュニティの論理——規則主義か柔軟な秩序感覚か

　「安全・安心なまちづくり」や自主防犯活動、防犯ボランティアのあり方をめぐって、賛否両論の議論が百出している。賛成・推進派は、今日の犯罪の凶悪化、体感不安の高まりを背景に「安全・安心なまちづくり」や自主防犯の必要性を訴える。対する反対派は、犯罪の凶悪化は「幻想」にすぎず、警察による地域社会の再編、監視社会化への入り口であるとして一連の自主防犯活動の取り組みを批判する。本章では、両者の意見に耳を傾けた上で、両者を調停する「防犯コミュニティ」(安全・安心コミュニティ)形成への方途を探りたい。

　まずは反対派の声に耳を傾けてみよう。反対派によれば、自主防犯活動の推進は、地域社会を下請けとした警察権力の拡大にほかならず、それはやがて「あらゆる秩序違反活動は根絶されなければならない」とする排他的で独善的な監視社会に至る危険性をはらんでいるという。たとえば、弁護士の田中隆は、全国で後述の「生活安全条例」が制定されるなか、急速に広がる防犯ボランティアによる防犯パトロールを「タウン・ポリス」と呼び、次のように批判している。

　　タウン・ポリスの視線は、「警察と協力して健全な市民社会を守る」という末端の監視者の目なのであり、その「健全な市民」の自分がときには

泥酔してまちを徘徊し「不審者」になることがあることなど、どこかに忘れ去られるのである。その結果生み出されるのが、暮らしや営みの現実から切り離された住民の相互監視社会になることは明らかだろう。その相互監視社会は、安心して暮らせるまちを築くためにはおよそ役立たない。
（田中 2003: 6）

とはいえ、本稿で見るように、今日のグローバルな高度情報ネットワーク社会において、ある程度の「監視」は不可欠であり、ある程度の警察との連携も不可欠である。そして、警察との連携のなさが、逆に間違った方向での警察権力の拡大を招く危険性を宿してもいる。つまり、大切なことは、「安全・安心なまちづくり」をただ理念的に批判することではなく、経験的な現場の知に根ざしたバランス感覚にもとづき、監視社会化への分水嶺を見極めることである。

そこで、監視社会化から逃れる防犯コミュニティ形成の筋道を、まずは防犯からは一見離れた問題に見える「ゴミ捨て」をめぐる既存の地域コミュニティの対応を手がかりに考えてみたい。今回の東北6都市町内会調査のうち、山形市で実施した調査の自由回答のなかで、中心市街地にあるN町内会の会長は次のような厳しい指摘をしている（伊藤 2008: 40-53）。

> 最近の街では種々の人々の出入が多くなっている為か、他の町内では町内会に入っていない方も居ると聞く。その場合は（会費を出す、出さないには関わりなく）（情報の得られないものは）「何の面倒を見なくてもいいという法律」でも作ってもらわないと困るのでないか。ゴミも出すことが出来ない等、普段は協力しない、黙っている。但し損得に関わるときだけは大きな顔をする。「個人情報保護」などというものの拡大解釈？の出来ないよう「共同社会を営む上では必要な情報（悪用しないことの保障付で）は開示しても良い」ということをPRして。又、憲法の「基本的人権」の項（第25条）にそれには「基本的義務」の遂行が必要だ——位の事を追加してはどうだろう。

日々の町内会運営の大変さをうかがわせる厳しい意見である。ところが、実際にこのN町内会の会長に会ってみると、上の言葉の激しさとはうって変わって、柔軟な考えをもって会を運営している方であった。この町内会は市の中心部に位置し、新築のアパートやマンションが建ち並んでいる。そうした集合住宅の住民は町内会に入っておらず、ゴミ捨てのルールを守らない。しかし、

ルールを守らない住民に対して、この会長は、感情的ないし強権的な態度をとったりすることなく黙認しているのである。

> 正義感で動いてはいけない。確かに、こっちは自分が正義だと思っているけれど、向こうだって自分に正義があると思っている。それを頭ごなしにやったら、余計こじれるだけだ。今も正義で戦争をやっているでしょう。でも、正義を振りかざすことよりも『正しい』ことがある。ゴミをきちんと捨てられない人がいる、その事実を事実として客観的に受け止めればいい。相手には、自分から気づいてもらうのを待つしかない。（N町内会長）

この町内会長の指摘する「正義」を超える「正しさ」とは何か。それは、次の小話に見られる日本社会の秩序感覚に通じるものではないだろうか。

> ある所に、少しのことでもカッとなって暴力を振るう乱暴者がいました。欧米流社会だと、この男は、早晩、暴力事件を起こして逮捕、同様の行為を繰り返して、犯罪者と烙印を押され、本当に犯罪者となるであろう。ところが、理想の日本社会においては、このような男にチョッカイを出して怒らせる方が悪いと考えられ、誰もが、この男を怒らせないように気を遣って接した結果、皆が平穏に暮らすことができました。（河合 2004: 12-3）

つまり、上述の町内会長の態度は、今日の日本社会に蔓延する「規則にしたがっていればそれでよい」という思考停止による狭隘なる規則主義とシステム依存ではなく、そうした時代精神のなかで忘れ去られようとしている「柔軟な秩序感覚」に由縁するものである。「場所の社会学」を展開する山本哲士は、今日の日本社会を次のように時代診断している。

> 〔社会主義ならぬ〕社会イズムの判断主体は「規則」「ルール」であって、人間ではない。人間は、規則・ルールに従うことによってはじめて、「主体＝従属」者となりうる。自己判断するものは「逸脱者」となる。つまり、集団組織内においては「意志」をもってはならないのだ。これが社会イズムである。……コンテクストとコンテンツとの関係が自己判断できない、自己行使できないゆえ、動こうとしないのである。動かないことで、自分でいられると思っている。意志がないと自分であるという錯覚である。……社会イズムとは、「しない」行動の画一化である。……集団が社会的に行動し個人を無視していくことは、つまりスターリニズム[1]そのものに

ひっくりかえっていく。(山本 2006: 104-5)

さて、前述の町内会長に見られた「規則破り」の柔軟さは、決して例外的なものではない。実際に、今回の調査で出会った町内会長の多くに共通して見られる姿勢なのである。次は、交通量の多い幹線道路が走る山形新市内のS町内会の場合である。

この町内会では、通勤途中の自家用車が立ち寄り、自分たちのステーションに勝手にゴミを捨てていく。しかも、そうしたゴミは分別されていないのが常であり、収集車(行政)は回収していかない。そこで、自分たちで詰め直したり、ときには粗大ゴミを数万円払って引き取ってもらったりすることになる(個人的には、地域社会の外からの不法投棄については、さすがに、行政や警察に頼ってもよいと思う)。ただし、ここで取り上げたいのは、そうした外部の人間による不作法ではなく、町内会の住民によるマナー違反である。

たとえば、町内の一人暮らしの高齢者のなかにごみの分別を守らない者がいて困っているという。しかし、その高齢者に対しては、1回、説明してみたものの直らないので、黙認することにしている。というのも、何度も注意すると、「町内の人間がみんなで自分のことを攻撃している」と悪くとられてしまうからだ。この町内会長が言うには、「ルールを守らないのは、やはりそういう人だからね。精神状態がよくないわけだ。ほかにも、分別をしない人は何人かいるけれど、見ても注意はしません」(S町内会長)。また、こうしたルール違反を当番の班長が新たに発見しても、その場では決して注意させずに、後から自分が代わりに言いに行くという。「その場で直接言うと、『戦』になってしまう」からだ。

さらに、深夜に隠れてルール違反のゴミ捨てをする住民もきちんと把握しているという。「だって、考えてもらえばわかると思うけれど、そんなゴミは、そのままでは回収してくれない。だから、私たちで、きちんと詰め直さなければならないわけだ。みたくなくても、ゴミの中身がみえてしまうだろう。そこから、捨てたのが誰だか分かってしまう」(S町内会長)。しかし、その住民に対しても、注意はせずに黙っているのである。「確かに、粗大ゴミの回収で、数万円とられたときには困ったけれど、普段のことは、当番の人なり私が、少しばかり臭い思いをすればそれで済むことだ」(S町内会長)。

今日の町内会の運営は、こうした柔軟さに支えられて成り立っている(もちろん、そうではない町内会もあるだろうが)。町内会の「機能」にのみ着目すれば、それは種々の市場や制度によって代替可能なものであろう。しかし、町内会の「制度」を支えているのは、みてきたような「非制度的な」柔軟性なのである(中川 1989 も参照のこと)。
　以上のゴミ捨てを例にしてみられた秩序感覚を、安全・安心なまちづくりに敷衍して考えてみよう。自己判断しない規則主義による安全・安心なまちづくりは、間違いなく、これまでの日本社会に根付く秩序感覚に反している。町内会などの地域組織をベースとした「防犯コミュニティ」の形成を考えるとするならば、それは、以上の柔軟な秩序感覚を生かしたものでなければならない。
　「防犯コミュニティ」を形成すべく、地域の「生活」の柔軟な秩序感覚を無視し、「防犯」という単一の機能にのみ焦点を当て、「防犯」の観点だけから機能論的に防犯コミュニティの形成を進めればどうなるだろうか。機能論的に見れば、地域社会のメンバー構成や生活パタンは似通っていた方がコントロールしやすいと判断される。「防犯」の名のもと、人びとの生活の多様性が「悪」とされ、同質化・標準化された「善」を目指した相互監視によって犯罪リスクの低減が図られることになるだろう。
　となれば、「犯罪予備軍」に対して人格的に向き合い、緩やかなまなざしが向けられることはなくなる。同質化・標準化された社会規範からなる正義を振りかざした過度に神経質な関係が面に立ち、冷ややかなまなざしが交わされることになる。そして、「犯罪予備軍」を社会の周縁に追いやり、自らの良心を満たすべく、倫理的に排除するという動きが生まれる。
　かくして、「防犯」は「動員の論理」に、そして「排除の論理」に堕してしまう。「それは"相互監視"体制であると同時に、"相互監視"からはみ出た、あるいは"相互監視"のインナーサークルにも入れてもらえない異端や貧困の排除さらには摘発をも意味しよう」(斎藤 2004: 46-7)。そして、人びとは排除された「犯罪予備軍」という名の周縁者からの反逆におびえ、さらなるセキュリティの強化を進めるという、中心化=周縁化の「共進化」の構造が生まれることになるのだ。
　したがって、いきすぎた防犯による「動員」や「排除」から脱するために必要

なことは、あくまで人びとの生活の多様性を認めた民主的かつ日常的かつ柔軟なコミュニケーションから防犯活動を生み出していくことである。ようするに、非日常的な犯罪に対処しようとする防犯活動は、日常的な地域生活と本源的に無縁なものではあり得ないのである。

そこで、本章では、まず、町内会調査の結果から、町内会と地域防犯ネットワークに焦点を当てて、両者のつながりを量的に把握する。次に、全国的に成功事例と評価されている実際の自主防犯活動の取り組みを、日常的な地域ネットワークの形成という視点から捉え返す。さらには、「規則」主義的な防犯活動ではなく、柔軟な秩序感覚に根ざした「生活」主義的な自主防犯活動が、さまざまな地域活動へと展開していることをみるなかで、包摂型の「防犯コミュニティ」形成に向けてのひとつの展望を試みることにする。

2 地域自主防犯活動の制度化のなかで

戦後日本の地域社会における草の根の防犯活動を担ってきた中心的な団体が防犯協会である。防犯協会は、戦後の混乱期に警察力が弱体化したこともあり、住民の自衛を目的としてはじまった。1946年に各警察署管内で地区防犯協会が結成され、やがて、GHQにより町内会等とともに解散させられたが、最終的には、GHQの特別許可で再結成され、1962年には、全国組織として全国防犯協会連合会が設立された[2]。

そして、今日では、全国防犯協会連合会を頂点として、都道府県防犯協会、警察管轄区域単位で組織される地区防犯協会、さらに市区町村防犯協会と続き、最後に連合町内会（学区）単位で組織される支部が置かれているのが普通である。この支部単位の防犯協会が、地域住民による自主防犯活動の単位となっており、防犯協会の上部組織、他の地域防犯団体、町内会、そして警察と協力して防犯活動に当たっている。具体的には、地域の安全に関する地域の要望や意見を把握したり、地域の安全に関する広報資料などの配布・回覧・掲示を行ったり、交番などと連携するかたちで地域の安全活動に取り組んだりしている。

今回の東北6都市アンケート調査は、町内会に焦点を当てた調査となっており、調査票では町内会による防犯活動の取り組みについても聞いている。ただ

表1-1　町内会と防犯協会のつながり

(%)

	町内会が活動に協力	町内会から役員を出している	町内会に役員が出されている	町内会に情報を出している	町内会に情報が提供されている	町内会に部会を設置している	補助金や負担金を出している
青森市	52.8	47.7	4.3	11.9	19.6	11.1	40.9
秋田市	45.7	36.5	2.4	9.5	33.2	6.5	30.3
盛岡市	53.5	42.5	7.9	14.2	33.1	11.0	44.9
山形市	27.7	30.4	3.8	4.2	9.7	3.8	19.7
仙台市	—	61.1	2.6	19.6	34.6	6.2	56.6
福島市	46.9	36.9	4.4	11.1	24.4	7.5	34.2

し、その点については他の章に譲り、ここでは、町内会と防犯協会支部の関係について確認しておくことにする。

表1-1は、具体的に防犯協会と町内会がどのような関係にあるのかをみたものである。活動に協力していたり、役員を出している町内会の割合は、いずれの都市でも高いが、防犯活動は基本的に学区単位であるためであろうか、情報のつながりは弱い。また負担金については、単位町内会よりも上部の組織単位（連合単位、市単位）で金のやりとりがなされるケースがあるため、この結果は、必ずしも実態を示したものではなく、率はもっと高くなる。

このように町内会と関係の深い防犯協会について、実際の地域での活動状況を見てみると、やはり町内会と同様に高齢化とマンネリ化が進んでいる（もちろん、なかには活動的な団体も見られるが）。というのも、「防犯協会の底部である町内会・自治会の空洞化・形骸化が進行して〔いるからであり〕、他方では、町内会・自治会を底部としないNPO（民間非営利組織）が重要な社会的セクターとして認知され、それへの関心が高まっている……。防犯協会の置かれている社会的状況に鑑みれば、防犯協会の運営は、岐路に立たされているといえるかもしれない」（小宮 2001: 219）。

そして、防犯協会とは別に、地域では、見守り隊、防犯パトロール隊、青色防犯パトロール隊、スクールガードリーダー、少年補導員など、数多くの防犯ボランティアが警察署長、防犯協会会長の委嘱を受けて活動している。表1-2

表1-2　東北各県の防犯ボランティア委嘱者数

2009年12月1日現在　単位：人

	団体数	防犯(地域安全)活動推進ボランティア						防犯相談ボランティア等	暴力相談ボランティア等	委託外ボランティア	
		推進員	指導員	防犯隊(隊数)	防犯隊員	合計	人口1万人あたり			推計	人口1万人あたり
青森	618	2,838	0	258	2,390	5,228	37	0	0	10,000	71
岩手	736	3,314	9	75	1,403	4,726	35	286	0	43,879	324
宮城	560	1,248	0	450	3,150	4,398	19	0	0	42,780	184
秋田	323	1,442	289	68	594	2,325	21	6	45	6,159	55
山形	749	3,593	40	4	100	3,733	31	550	57	31,490	266
福島	454	631	52	148	2,569	3,252	16	1,011	10	33,820	164

出所：全国防犯連絡協議会「平成21年都道府県防犯協会等の現状」

は、そうした防犯ボランティアの数を都道府県別にみたものである。都道府県ごとに差はあるが、1万人の学区に、およそ20～40人前後の委嘱ボランティアと、100～300人前後の委嘱外ボランティアがいる計算になる。これらの防犯ボランティアについて、『平成22年度版警察白書』では、「安全で安心なまちづくりを実現するためには、国民が防犯意識を高め、自主的な防犯活動を推進することが重要である。21年末現在、警察が把握している防犯ボランティア団体は全国で4万2,762団体、その構成員数は約260万人であり、その多くは町内会、自治会等の地域住民による団体や子どもの保護者の団体に属している」(警察庁 2010: 96) としている。

　実際にこうした地域の防犯ボランティアはどのような活動をしているのであろうか。たとえば、山形県では、2007年に「山形県犯罪のない安全で安心して暮らせるまちづくり条例」が施行され、条例に基づき「山形県犯罪のない安全で安心して暮らせるまちづくり推進計画」が策定されている。同計画は、基本方向として、①自分の安全は自分が守るという防犯意識の高揚、②地域の安全は地域が守るという地域コミュニティの形成、③犯罪の防止に配慮した生活環境の整備、④防犯上の配慮を要する子ども、高齢者等の安全の確保が掲げられ、それぞれにさまざまな地域団体がその推進団体として位置づけられている (表1-3)。

　こうした条例は、一般に「生活安全条例」と呼ばれている。1994年の警察法

表1-3 「山形県犯罪のない安全で安心なまちづくり推進計画」とその推進主体

基本方向	施策	主な取り組み	推進主体
防犯意識の高揚（自分の安全は自分が守るという）	1.県民の自主防犯意識の高揚	県民フォーラムの開催等広報啓発の充実	県、警察、事業者、防犯団体
		地域のネットワークを活用した広報啓発の推進	市町村、防犯団体、自治会
		地域における防犯教室等の全県的な展開	県、警察、市町村（公民館）、防犯団体、自治会
	2.規範意識の醸成	学校における非行防止教室の開催	教育委員会、警察学校
		地域のネットワーク構築による非行防止活動の推進	警察、学校、ＰＴＡ、児童委員、防犯団体、事業者
		少年サポートセンターを中心とした立ち直り支援	警察、学校、少年補導員、青少年ボランティア
	3.地域安全情報等の提供	インターネット、マスメディアを活用した県民への情報提供	県、警察、報道機関
		交番・駐在所ミニ広報紙等による犯罪発生・防犯情報の提供	交番・駐在所、市町村、防犯団体、自治会
地域コミュニティの形成（地域の安全は地域が守るという）	1.地域における連帯意識の向上	あいさつ運動の推進	市町村、青少年・交通安全ボランティア、子ども見守り団体
		地域における環境美化活動の推進	市町村、自治会、老人クラブ、婦人会、学校
		地域におけるあいさつ運動・環境美化活動の紹介	県
	2.地域防犯活動を支える人材の育成	地域防犯リーダー研修会の開催	県、警察、防犯団体
		自主防犯活動立上げへの支援	県、警察、市町村
	3.地域における防犯活動の活性化	効果的な取組事例等の紹介	県、警察
		合同パトロールの実施	交番・駐在所、防犯団体、自治会
		青色防犯パトロール活動等の普及	県、警察、市町村
犯罪の防止に配慮した生活環境の整備	1.道路、公園、駐車（輪）場の防犯性の向上	道路等の防犯指針の策定と普及	県、警察
		防犯指針に適合した道路等の整備・改良	県、市町村、民間の設置者・管理者
		現場防犯点検の実施と改善	市町村、警察、防犯団体、自治会
	2.住宅の防犯性の向上	住宅の防犯指針の策定と普及	県、警察
		防犯指針に適合した住宅の整備・改修	県、市町村、住宅生産者
		防犯性の高い建物部品の普及	県、警察、防犯設備団体、警備業者、住宅生産者
	3.金融機関・深夜小売店舗等の防犯性の向上	店舗の防犯対策の推進と従業員への安全指導の実施	金融機関、深夜小売店舗
		犯罪発生情報の提供及び強盗模擬訓練への支援	警察、金融機関、深夜小売店舗

高齢者等の安全の確保防犯上の配慮を要する子ども、	1.学校等・通学路等における子どもの安全確保	防犯指針の策定と安全な学校等・通学路等づくり	県、教育委員会、警察、学校、ＰＴＡ、防犯団体
		防犯に関する人材の育成	県、教育委員会、警察、学校
		子ども110番連絡所の拡充と見守り活動の充実	警察、学校、ＰＴＡ、児童委員、老人クラブ
	2.子どもの安全確保に係る教育の充実	安全マップづくり・実践的な防犯訓練の実施	学校、ＰＴＡ、子ども見守り団体
		家庭教育講座における防犯に関する学習機会の提供	市町村(公民館)
		インターネット利用犯罪から守る対策の推進	県、教育委員会、警察
	3.高齢者、障がい者等の安全の確保	訪問活動等による犯罪被害の未然防止	市町村、民生委員、警察官、福祉関係団体
		高齢者、障がい者等の見守りネットワークの構築	市町村、福祉関係団体、老人クラブ、民生委員

出所:「山形県犯罪のない安全で安心なまちづくり推進計画の概要」

　改正により警察庁に生活安全局が設置されて以降[3]、同局と防犯協会が制定を推進しており、既に大部分の自治体で制定されている(当初は市区町村で制定が進み、その後、都道府県でも制定されてきた)。この生活安全条例は、自治体によりさまざまなタイプに分けられるが、必ず規定されているのが警察、自治体、地域住民が一体となった防犯活動を行う「地域安全活動」を実現するための規定である[4]。山形の条例でも、さまざまなかたちで地域の団体が地域防犯の主体として位置づけられており、実際の地域社会では、行政や警察、町内会も含めて、さまざまな団体が制度的にネットワーク化されていることが読み取れる[5]。

　しかし、本書の問題意識からすれば、既存の町内会、防犯協会の活動が停滞するなかで、いかにして地域生活と結びついたかたちでの(権力による主体化ではない)非動員型の自律的な防犯活動が展開されているのかが問われる。そこで、次節では、筆者の居住する山形県の米沢市、山形市、南陽市、酒田市の4都市で展開されている特徴的な自主防犯活動の事例を取り上げる。多くは総務省や警察庁のモデル事業に指定された事例であり全国的な注目を集めているが、そうした事業なりモデルの枠に収まりきらない地域の自律性を見ることで、本書の課題に迫りたい。

3 「防犯」を超える防犯コミュニティ

(1) 地域見守りシステムの構築——米沢市安全・安心の地域づくり西部の会

はじめにとりあげるのが、米沢市西部地区で立ち上がった「安全・安心の地域づくり西部の会」の取り組みである。西部地区は、約700人の子どもが生活している人口1万2,000人のまちである。

2006年に「西部の会」が立ち上がる以前の米沢市西部交番所管内では、刑法犯の発生件数が毎年100件以上に達しており、不審者に関わる事案も毎年、数件の報告がなされていた。したがって、西部地区の児童の安全確保が眼前の課題となっており、西部小学校では、集団登校、学年別一斉下校を実施するとともに、PTAによる見守り活動はもちろん、1か月毎に更新される下校スケジュールを保護者に連絡し出迎えを行わざるをえない状況にあった。

こうしたなか、地元の鶏卵会社の経営者であった山田恒雄氏が立ち上がった（写真1-1）。山田氏は、かつて直江兼続が引いた帯刀堰の組合長を務め大規模改修に当たったり、地元代議士の後援会長なども務めたりしている地元の名士であったが、息子に会社を譲り、はじめて地域社会の地道な活動に目を向けることになったのである。その契機となったのは、自分の孫3人の安全を案じ、小学校を訪ねた際、逆に校長から受けた次のような相談である。

> 学校に行ったら、「いや、大変だ」と。校長から逆にどうしようかと相談を受けた。警察、交番所もあって、8つの交番所が一生懸命やっている。昼夜警戒しているのに、どうにもならないと言う。そこで私は、それにはやっぱり市民参加だろう、自分の子どもは自分で守るという発想からみんなでやれば、そう難しいことではないと思った。

> 教育は学校に任せる、犯罪は警察に任せるでは、あまりに縦割りし過ぎる。私は、何もないところから商売を始めたから、人の管理から、仕事、営業から、税金のことから、すべて自分でやらなければならなかった。学校や警察といった社会分業は確かに良いことだけど、犯人は我々より頭がいいから、その裏をかいてくる。だから、そこに連携がないと。我々の社

会は犯人になめられているんだ。今、検挙率が50％を切っている。つまり、半分の犯人を野放しにしていることになる。ますます犯罪は増えてくるのではないかという話をした。「そんな理屈どおりいくかい」って言われて、「いや、やれるところからやってみよう」と。それで始めたのが最初だ。(山田会長)

写真1-1　山田会長(左)と筆者

そこで、地域の人びとと話し合う必要が生まれたが、山田会長は、それまで公民館の運営委員会の副会長の役職を務めていたものの、「たまに顔を出す」程度であった。ただし、「向こうは『山田鶏卵さんな』と知っている」ので、公民館の運営委員に相談し町内会など地域の各種団体長のリストを作成して、話し合いの案内はがきを出そうとした。ところが、学校にはがき代の予算はなく、市役所も前例がなく補助はできないとの態度であった。そこで、山田会長は、「孫が誘拐されたつもりで」、自腹で100万円を出して、皆で集まり1年間勉強して具体的な行動プランを自主的にたてることを決心したのである。

こうして、2006年2月1日、地域の20以上の団体の代表が集まり、「安全・安心の地域づくり西部の会」が発足。毎週土曜の夜6時から、市内の企業に勤める若手技術者を相談役にして、勉強会が行われた。勉強会の一環として、東京でのセキュリティ国際見本市に、校長や教頭を連れて視察に出かけることもあった。そして、2006年の暮れ、山田会長は、総務省が「地域児童見守りシステムモデル事業」を計画しているとの情報を独自に入手する。このモデル事業は、ICタグと携帯電話を活用して、登下校時の子どもの居場所をICタグで把握しメールで確認できるようにするとともに、緊急時には保護者や地域住民に即座の情報を発信し、地域の力で子どもたちの安全を確保しようというものであった。

そこで、山田会長は、市を通して応募しようと考え市役所を訪ねると、市は何の情報も把握していないという。改めて、年明けに独自に集めた資料を持っ

て再び訪れるも、市は依然として連絡待ちの状況であった。そこで、しびれを切らした山田会長は自分たちから総務省に出向くことを提案する。市側は陳情とみなされる虞があるとして消極的な態度を見せたが、「そんなの簡単だ。おれは勉強に行く。米沢じゃあ何にも情報がないから、勉強に来たということでいいではないか」として、独自に総務省に連絡。総務省側は、担当係長と10分程度の面会ならよいという返事であったが、「顔あわせだけでもいい。10分なら10分で帰るつもりで、あとは、総務省の中をサッと見学して帰ろう」と言って、自治会長や見守り隊の父兄ら10名とともに上京することになった。

そして、いよいよ総務省に赴くと、担当係長に対して、「陳情はいけないと聞いたから、勉強に来たんだ。この10人は何もわからない素人だ。ただ、治安を何とかしようという心意気だけはあるから、その企画をした大本から情報を聞いて、逆にどうしたら犯罪が無くなるかを勉強したくて来たんだ」と話したところ、大いに歓迎され、モデル事業を企画した統括官や課長とも面会することになった。すると、統括官も「そういうことを言ってきた人は全国にいない。これは面白い集まりだ。米沢はどういうところだ」と話が広がり、モデル事業への申請の流れができあがった。

その後、モデル事業の全国コンペが実施されたが、東北から申請したのは米沢のみであった。「西部の会」は1年がかりで作成した資料と計画にもとづき6,000万円もの予算申請を行っていた。そもそもの総務省の構想では、ICタグを中心としたICTシステムのみの予算であったが、山田会長は、ICタグによる情報システムのみでは地域の安全は確保されないと考え、情報システムに3,000万円、さらに、地域全体でのスピーカー設置に3,000万円をつけて申請したのである。「地域全体に防災も含めて他目的に利用できるスピーカーを付けようとした。この田舎の環境に合うのは、ICタグも大事だけど、スピーカーで地域の人を巻き込んで防災も含めてやりたかった」(山田会長)。しかし、結果として、総務省もこの構想を認め、ほぼ申請額通りで採択されることになった。

こうして採択された米沢での見守りシステムは、以下の「登下校時における確認システム」、「危険情報提供システム」、「通学路放送システム」からなる。

「登下校時における確認システム」は、児童がランドセルにICタグを装着することで、アクティブタグリーダ装置を設置した校門を通過した際に自動的に

保護者宛に登下校を確認した旨のメールを配信するものである。さらに、危険度が増す時間帯（夕方・夜間）に活用される学童保育所にもアクティブタグリーダ装置を設置し、学童保育所を利用する保護者にも到着メールが配信される仕組みもあわせて構築することで、働く保護者でも安心できるシステムとなっている。

次の「危険情報提供システム」は、登下校時における確認システムのデータベースを利用するとともに、インターネットやメール配信システムを活用し、情報の提供を希望した保護者の携帯電話やパソコンに対し、不審者情報や緊急情報を瞬時に配信、周知するものである。

最後の「通学路放送システム」は、児童の集団下校を知らせる放送を、学区内を対象として広範囲に配信するものである。登下校の情報を地域の住民にリアルタイムに提供することで、集団下校にあわせて、地域パトロール、買い物、犬の散歩等の行動を促し、効率的に児童の見守りを実現するとともに、放送によって聴覚的に伝えることにより、児童への犯罪抑止の効果を狙ったものである。学区内約100か所の電柱に約180個のスピーカーを設置し放送が行われている。

実際に、スピーカーから一斉に下校の知らせがあると、父兄のみならず地域の人びとが通学路に出て見守る姿を見ることができる。PTAによる従来の見守り隊が全国的に展開されているが、保護者が共働きの家庭が多く、実際には有効に機能していないところが多い。そこで、山田会長は、子どもの安全を地域全体で行うとの理念のもと、地域の高齢者たちにも働きかけることのできるスピーカーシステムを採用したのである。さらに、山田会長は、警察署に対しても、子どもの下校時にあわせてパトカーを全所で回ることも依頼している。

以上のモデル事業に対して、開始時に登下校時の確認システムに登録した保護者の割合は86％と非常に高く、中間アンケートでは、全体の77％が「安全度が高まった」と回答し、今後も事業を継続することを希望する者は全体の94％に達した。実際に、事業開始から3〜4年後には、西部地区だけが「声かけ事案」がゼロ件となり、パトカー巡回だけが行われた地域と比べて顕著な差が出ることになった。

しかし、以上の活動も転換期にあると山田会長は指摘する。ひとつは、IC

タグによる情報管理システムの限界である。上述のようにモデル事業の効果が上がったために、事業実施期間終了後もICタグを利用した確認システムを継続することが決定されたものの、2010年度をもって中止されることになったのである。

　その理由は、第一に、保護者の間でICシステムを導入したことで安全がほぼ100％確保できるというシステム依存が生まれ、人の目による見守り活動へのコミットメントが弱まってしまったこと。第二に、ICタグが正確に機能しなかった際に、不安になった保護者から頻繁に電話がかかるようになり、学校の業務に支障をきたしていたこと。第三に、学校側では、予算による裏付けがないなかで、人事異動も進み、不慣れな職員によるシステムの保守管理や毎年の生徒の情報入力の手間がかかるようになり、負担感が高まっていたことが挙げられる。「今まで足掛け7年間やってきたが、人材不足、金不足。理想と計画を立てても、やれないことが多いんだね。どこでもね」(山田会長)。

　そこで、目下、山田会長は、金や手間をかけずに、そして、情報システムに依存することなく、地域の安全・安心を実現する道へと舵を切っている。ひとつは、地域全体を巻き込んだ見守り隊の再編成と青色回転灯の積極的な導入である。夜間の犯罪防止は、警察に任せきりであったが、やはり夜間の犯罪が増えており、なおかつ凶悪なものが多いため、地域で自主的に取り組めることを調べたところ、青色回転灯の導入に至ったのである。

　青色回転灯については、一般車両への設置が条件付きで認められるようになり、行政主導で回転灯の導入が全国で進められているが[6]、山田会長のみるところ、導入は進んでいるものの実際には機能していないケースが多い。

　　　米沢でも2個ある。山形も7個ぐらいかな。各地域に少しずつ制度的に導入されている。ところが、そんな少しばかりの回転灯を回して走ったら、みんなに珍しがられて、照れくさくてできないっていう話になるんだ。そういう人ばっかりだからね。警察は赤い回転灯だけど、これは商売だからいいわな。素人は回転灯をつけて走れないって言うんだよ。だから、実際には全国的には大して動いていないんだ。制度はあるけど、効果は無し。
　　(山田会長)

　そこで、山田会長は数多くの回転灯が必要だと考え、申請をするも「山田さ

ん、そう言うけど、大体1ブロックで1個になっている」と却下されてしまう。すると、山田会長は、地元企業の協賛を得て資金を集め、西部地域で20の回転灯を、そして米沢全体で200の回転灯を自主整備する構想を打ち出し、2011年10月に実現させてしまった[7]。「1個、2個では動かない。だから夜、闇夜にホタルじゃないけど、ホタルのようなパトロール、『ホタルのミニパトロール』をやりたい。ホタルは7月に10日間ぐらいだけれども、うちのホタルは冬も飛ばせる」(山田会長)。

　この青色パトロールは、必ずしも時間や人を厳格に定めたものではない。200台もの車が市内を自由気ままに走れば、おおよその地域をカバーできるだろうとの計算である。なぜならば、防犯それ自体を目的として車を走らせるのでは無理が生じるため、持続性がないからだ。実際、一般市民に対しては、3分間パトロールの実施を呼びかけている。学校の教師を中心に、帰宅時に、すぐに車を車庫に入れずに、車で町内を一回りしてから帰ろうという取り組みである。これは子どもの安全の確保のみならず、リンゴ泥棒や畑の野菜泥棒への対策でもある。米沢中で実施されれば、外部に対する抑止力になるとの狙いで、犯罪者に認知させるためにも、立て看板を各地の地権者の協力を得て設置している。

　さらに、パトロールの対象は「人だけじゃない。クマでもあり、サルでもあり、シカでもある。そういう被害があるたびに、集落が崩壊している。この実態を無視して、安心安全や動物愛護なんて格好のいい言葉を言っていられない。不況で食い物が買えないから、万引きする。それと同じで、クマさんも食べ物がないから人里へ出てくるんだ。米沢の町でも、『サルのえさづくりをしてられない』と言って、ほとんどが畑をやめるようになっている」(山田会長)のである。

　そもそも、なぜ、こうした人のつながりを生みだす「まちづくり」を視野に入れた防犯活動の牽引役は、警察でも行政でも地域団体の長ではなく、山田恒雄会長という一個人であったのであろうか。山田会長は、次のように指摘している。

　　警察官は一生懸命やってくれている。一般市民は、いろんな見守り隊だ、何だっていう会はつくっている。けれども、会があるから乗っかっている

だけで、名誉職みたいに肩書きをいっぱいもらって喜んでいるだけの人も多い。けれども、与えられた職務は一生懸命やるべきでないか。やれない人はやめるべきでないか。そのメリハリを付けないと、社会は良くならない。わたしの今までの経験からそう思う。私はできない仕事は引き受けない。そして、やれるものだったら徹底してやりたい。

みんなはボランティア精神と言うけど、それには疑問がある。ボランティアというのは、タダでやるということだという。「ある人」から「ない人」に施すというのがボランティアだと。とすると、タダでやっていくというのは、そこに一つの優越感があって、そこに満足感を求めているのではないか。甘えではないか。わたしは違うと思う。与えられた仕事は、ボランティアだろうが、金をもらおうが、同じではないか。そういうつもりで一生懸命やらなければ。

このように、山田会長は、警察や行政といった組織や情報システムに頼ることなく、組織やシステムを超える「まちづくり」という見地から、しかも、(監視社会論者から一面的に批判されがちな)青色回転灯を柔軟に運用することで、地域の人びとをまきこむことに成功してきたのである。

(2) 民間交番の設置と暴力団追放──山形市第三地区防犯連絡協議会

次にとりあげるのは、山形市北部に位置する第3地区で立ち上げられた民間交番の事例である。この事例から、「安全・安心なまちづくり」は、警察の関与によって地域が動くという官製コミュニティによって実現されるものではなく、地域社会が動くことで初めて警察も動き、そうした地域社会の自律性があってこそ、「防犯コミュニティ」も有効に機能することを見ることができる。まずは、地域の概要から確認する。

第3地区は、山形市立第3小学校学区を単位とした地区であり、JR奥羽本線北山形駅が位置する旧市街地である。山形で最も古く大きな神社である鳥海月山両所宮(前九年の役を鎮めようとした源頼義が鳥海山と月山の神様に勝利を願い、目的を達成したために創建したと伝わる)が置かれている宮町を中心に、かつては、柳宗悦が「山形市で是非訪れなければならない」とした銅器(鋳物)の店が建ち並ぶ町(銅町)であった。ほかにも、第3地区は、山形初代藩主斯波兼頼が山形城を

築城中に仮住まいをした円応寺の位置する円応寺町、国分寺薬師堂の位置する薬師町も含まれ、現在は、住宅と商工業施設が混在する地域となっている。世帯数は概ね3千世帯（約半数は地付きの住民）、児童数は約400名、23の自治会（町内会）で構成されている。

この旧市街地に、2007年10月、何の前触れもなく、指定暴力団が北山形駅近くの宮町にある住宅（3階建て競売物件）を手に入れたことで、地区の日常生活は一変することになる。黒塗りの車が止まり礼服を着た組員とみられる者が頻繁に出入りするなど、同住宅を組事務所として使用する動きが見られ始めたのである。

こうした暴力団の動きに気がついたのは警察ではなかった。2007年10月25日、鳥海月山両所宮に一通の新居祓の祈願願いが個人名で出された。祈願願いを出しに来た者の出立ちに「裏の世界」の雰囲気を感じ取った宮司は、神社総代会の役員を務めていた第三地区防犯連絡協議会の青木賢一郎会長に相談（青木会長は宮町第5区自治会の会長でもある）。青木会長は早速、近くの東部交番に調査を依頼したところ、稲川会系の3次団体（下部団体）の組長であることが明らかになったのである。

この暴力団は、1997年に山形県に進出し天童市を拠点に、ヤミ金融や飲食店からのみかじめ料、風俗営業などを資金源として活動しており、構成員は40人で県内トップ級の資金力を誇る有数の勢力であった。そして、山形市での勢力拡大を目指して宮町の物件を新たな拠点にすべく手に入れたのである。

しかし、祈祷依頼の後、29日まで警察の動きは無かった。そこで、市の防犯協会副会長も務めていた青木会長が別の用事で山形警察署長と顔を合わせた際に問い合わせたところ、署長がこの事案を把握していないことが分かり、ようやく刑事二課が動くことになった。そして、翌11月1日に、第3地区内の各自治会宛に回覧板で「暴力団追放運動に伴う事前相談会の開催」を告知、11月4日に神社会館で緊急集会が開催されることになった。緊急集会当日は、200名を超える地域住民が集まり、山形警察署長、刑事第二課長らも出席し、その席上では、「暴力団を町内会に入れない」、「話しかけられても答えない」、「何かあったら山形署に届ける」といった対策が取り決められたが、やはり、近隣住民からの不安と危惧の声が大きく、とくに、児童や生徒の安全確保が地域の

重要な課題となった。

　というのも、第3地区には、第3小学校のほかに第5中学校があり、同中学校には、第3小学校のほかに、第4、第7、第9小学校の学区から生徒が通学しており、さらに、北山形駅は、山形東高校、山形北高校、山形工業高校、山形城北高校など多数の高校生が利用していたのである。したがって、駅近くに暴力団の組事務所が事実上、設置されることになれば、いつ児童や生徒が事件に巻き込まれてもおかしくない事態に直面していたのである。

　しかし、暴力団の組事務所としての姿を現さない限り、警察が事件として検挙したり、裁判所に対し明渡し請求訴訟を提起したりすることは叶わない。そこで、緊急集会では、地域住民が一丸となって追放運動を展開し、暴力団が地域で活動しにくい雰囲気をつくり出してこそ、暴力団の排除が実現することが確認された。この時点で、暴力団に相対しながらも警察に依存しない地域の姿勢が打ち出されることになった背景には、それまでの地区防犯連絡協議会の積極的な活動がある。

　1985年に結成されていた防犯連絡協議会が積極的な活動を行うようになった契機は、1996年4月、それまで北山形駅にあった北駅交番が廃止となり東部交番に統合されたことである。交番廃止により、駅周辺では放置自転車が山のように増え、利用者のマナーが悪くなり、無銭乗車までみられるようになった。これに対して駅員も怖くて何も言えない事態に至り、治安悪化に対する懸念が地域でわき上がり、北部公民館を活動拠点とした協議会が自主的に立ち上げられることになったのである。

　では、この防犯連絡協議会は地域のなかでどのような立場にあったのだろうか。まずは、協議会の組織構成から確認していこう（図1-1）。構成員は、30～70歳代の会社員、自営業、無職など幅広く、各町内会から選出される防犯部長23名と防犯部員21名、さらに、山形警察署長と山形市防犯協会長から委嘱されている地域防犯連絡員18名の計62名となっている。役員については、長期的で計画的な活動を継続するために、地域防犯連絡員から多く選出されている（11名中7名）。というのも、各町内会から選出される防犯部長や防犯部員については、持ち回りの町内会が多く、任期が1年ないし2年と短いからである。また、協議会の予算は、「地域の安全は地域みんなの力で守る」という観点か

図1-1 第3地区防犯連絡協議会組織図

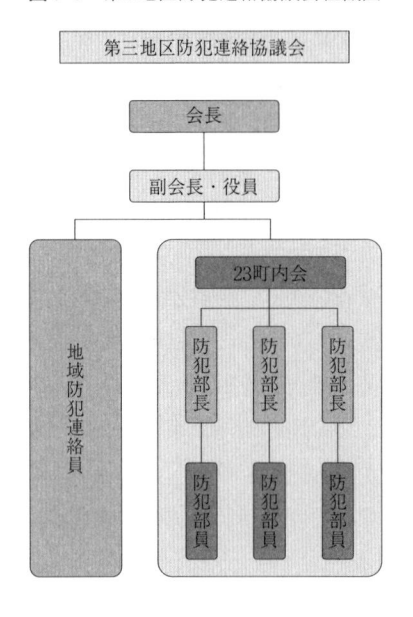

```
        第三地区防犯連絡協議会
              │
             会長
              │
          副会長・役員
          ┌───┴────┐
          │      23町内会
          │    ┌───┼───┐
       地域   防犯  防犯  防犯
       防犯   部長  部長  部長
       連絡員  │    │    │
              防犯  防犯  防犯
              部員  部員  部員
```

ら地区の各世帯から30円の負担金、町内会長会から2万円、山形市から2万円の助成を得ており、合計約13万円となっている。

こうして、第3地区の防犯連絡協議会は、地域防犯連絡員を核としながらも各町内から選出される防犯部長や部員と連携して、子ども見守り活動をはじめ、毎月3回の防犯パトロール（写真1-2）や年に4回の防犯診断、北山形駅の放置自転車対策、自転車利用者のマナーアップ指導などに取り組むようになった。そして、2005年には県内で唯一、警察庁の「地域安全安心ステーション」のモデル事業[8]に選ばれるまでになり、活発な活動が続けられていたのである。

話を「暴力団追放運動に伴う事前相談会」に戻そう。相談会では、さらに、前述の通り、暴力団事務所の設置は、第5中学校に通学する他の小学校区にとっても重要な問題であったので、これら小学校区の住民に対しても参加を呼びかけることが決められた。そして、第5中学校区全体での結束を実現するために、11月27日に北部公民館で「山形市立第5中学校区の安全安心を守り暴力追放を促進する市民の会準備会」が開催されることになった。そこで、準備会開催にあたり、青木会長は、第3地区の町内会連合会の会長を務めたことや、第3地区の社会福祉協議会の会長を兼任していたため、そうした場で培われたつながりを活かして、第4、第7、第9地区の防犯連絡協議会はもとより、町内会連合会、社会福祉協議会、そして小中学校のPTAの会長にも参加を呼びかけることになった。

ところが、はじめは、自分たちの地区の問題ではないということで、いくつかの地区は、参加に消極的な姿勢を見せた。しかし、青木会長の「安全で安心して暮らせるまちを築いていくには、一つの地区の取り組みだけでは足りない。

隣接する地区が連携して取り組みをしていかなければならない。今回は、我々の地区で問題が発生しているが、次に隣接する地区で問題が発生しないともかぎらない。大切なのは、自分の地区、他の地区の問題ということではなく、みんながお互いに協力して助け合い問題を解決して

写真1-2 防犯連絡協議会によるパトロール

いくという姿勢ではないか。その姿勢が暴力追放を促進する大きな力となるのではないか」との説得により、ついには、第3小学校区のみならず、第4、第7、第9小学校の全学区が参加するに至ったのである。

　そして、2007年12月3日、「山形市民の安全安心を守り暴力追放を促進する会」が発足する。この「市民の会」には、地域防犯連絡員、各町内会長・防犯部長、小学校PTA、子ども育成会、老人クラブから約200名の住民が参加することになった。予算については、4地区の76町内会が千円ずつ負担するかたちをとった。そして、話し合いにより、何よりも、犯罪や暴力を許さないという姿勢が地域全体の総意であることを強く外部に示すことが必要だとの結論に達した。そこで、まず、地域住民のあいだで犯罪や暴力を許さないという認識を共有し意思の疎通を図ることを狙いとした署名活動が行われた。その結果、2週間足らずで、住民約5千人もの署名が集まった。この署名を山形警察署に提出することで、犯罪や暴力を許さないという住民の意思と決意を外部に知らしめたのである。

　ところが、それでも暴力団関係者が出入りする姿に住民の不安は高まる一方であった。そこで、第3地区の防犯連絡協議会のメンバーを中心に、「犯罪や暴力を許さない」という自分たちの意思を何らかのかたちで実行に移そうとの気運が高まった。しかし、「警察が動いてくれなければ不安である」との声が挙がったため、山形警察署長に相談したところ、警察と連携した「民間交番」を設置してはどうかとのアイデアが出された。その後、4、5回の会合を重ねるなかで、住民の姿勢を形あるもので外部に示すとともに継続的な監視活動を

実現していくための活動拠点として、「北駅前地域安全センター」（民間交番）設置の構想ができあがったのである。

しかし、民間交番設置の動きはすべてがスムーズにいった訳ではなかった。当初は、第3地区の町内会連合会を主体としてセンターを設置する計画であっ

写真1-3 民間交番開所式の様子

たが、青木会長が町内会長としてこの話を連合会で持ち出したところ、駅から遠くの町内会長らから「いつ殺されるかわからない」、「効果が疑問だ」、「長続きしない」、「自分の地区ではない」といった反対意見が出され、まとめきれなかったのである。しかしながら、地道な話し合いを重ねた結果、最終的には、当初の計画を変更し、地区防犯である第三地区防犯連絡協議会が主体となって民間交番が立ち上げられることになった（写真1-3）。

しかしそれでも、民間交番の活動に参加しない町内会があり、人員不足の問題が生まれた。そこで、青木会長は、10年近く務めていた地区社会福祉協議会の会長時代のつながりを活かし老人クラブに依頼して活動を開始することになった。しかし、活動が始まってみると、最終的には、不参加であった町内会も、「他の町内会の活動に引っ張り出される形で活動に参加してくれるようになった」（青木会長）。この間の経緯について、青木会長は次のように回想している。

> センターが設置され活動を始めるまでは、たくさんの課題があったものの、「地域の安全は地域の問題」、「地域の安全は地域の力で守る」のだという考えに賛成してくれる住民が、まず動きだし、その動きに、引っ張られる形で地域全体が動いたというのが実態であった。このことからも、初めは少数であってもまず一歩踏み出してみるということが大切なのだということを学んだ。（青木会長）

この「北駅前地域安全センター」が開設されたのは、2008年8月22日、北山形駅東方の宮町2丁目地内であった。住民活動の趣旨に賛同してくれた寺院か

ら無償で土地を借りるとともに、建物についても、約20平米のプレハブを市内の企業から無償で提供されることになった。センターの入り口には、防犯のシンボルとして青色回転灯が設置され、内部には一般の電話を引き、110番通報はもちろん、山形警察署や管轄する東部交番へすぐに連絡できるようになっており、誰でも簡単に通報できる体制がとられた。その上で、センターの運用経費については山形市が支援し、警察官も地域の人びとと一緒にセンターに常駐し、地域や児童の安全を守るためのパトロール等に協力したのである。つまり、地域が広範囲に団結し犯罪や暴力を許さないという決意と行動が、行政や警察を動かしたのである。

　センターでの実際の活動状況をみてみよう。活動時間は、平日の午前9時から午前11時、午後2時から午後4時までの計4時間で、地域住民が2人ずつ交代でセンターに常駐し、万一の際、迅速に警察に通報する体制を取るとともに、子どもの下校時間などには、駅周辺を見回りしたり、通学路のパトロールを行ったり、子どもの安全を確保する活動も行われた。もちろん、地域住民の役割はハードな問題やトラブルを解決することではない。組員の動きに目を光らせ、「黒塗りの車が3台とまっている」、「窓を開けてこっちを見ていた」などの動きを逐一山形署に報告しつつも、地域住民に対しては挨拶を交わしたり、学校帰りの高校生に笑顔で「気をつけて帰って」と声をかけるといったソフトな活動に取り組んだのである。やがて、民間交番は、地域住民が、差し入れをしたり、「犬がいなくなった」、「自転車が見当たらない」といった用事で気軽に訪ねることができる場所となった。

　そうした一連の取り組みが、次第に暴力団に対して「地域が常に目を向けているという姿勢を示し、犯罪を起こしづらい雰囲気」を作り出していくことになった。しばらくすると、暴力団組員の動きも沈静化し、ついには、暴力団事務所進出の阻止が実現されることになった——翌2009年2月、暴力団が事務所として使用する動きのあった物件が売りに出され、山形での拠点作りが断念されたのである。

　こうして、役割を終えた地域安全センターも、同年3月19日に閉所された。それまでの133日間、延べ698名の地域住民が参加し、地域住民の目としての機能を果たし、2年9か月にわたる「闘い」は幕を閉じたのである（同物件は2010

年5月、司法書士の男性が購入し一般市民の手に戻っている。そして、暴力団自体も、県警の取り締まり強化も奏功し「解散」が宣言され、さらに、組長が稲川会から除籍され、組関係者は多くが足を洗い、県内でやくざとして残ったものはいない)。

さらに、住民による地域安全センターを拠点とした活動は、

写真1-4 地区寺子屋(左手前が青木会長)

暴力団事務所の進出を阻止したほかに、地域コミュニティの形成という点でも大きな効果があった。それは、「住民自身が、地域の課題に対して団結して立ち上がり、解決に向けて取り組んだことにより、防犯活動を超えて、『自分たちの地域は自分たちに責任がある』という地域に対する当事者意識が醸成されることになった」(青木会長)からである。たとえば、センター閉鎖後、地区の社会福祉協議会が中心となって、地区の小学校3年生から6年生を対象として、年1回、夏休みに1泊2日で「地区寺子屋」が開催されるようになっている(写真1-4)。地区寺子屋の理念を青木会長は次のように語っている。

> 安全・安心まちづくりの活動を継続していくには、大人達が連携協力して活動していくことはもちろんであるが、もうひとつ大切なことは、子ども達が大人になり、やがて地域の安全を担っていくという観点から、次代の安全を担う地域の子どもたちを健全に育成していくことではないか。その意味で、子どものうちから地域活動を通じて、大人と子ども、子ども同士のきずなを強め、また、地域の歴史や人々の暮らしを知ることにより、地域を愛する心を育てていくことが大切だと感じた。(青木会長)

そこで、「地区寺子屋」では、自分の生まれたところや、人びととの暮らし、地域の歴史などについて学ぶとともに、みんなで協力して食事を作り、後かたづけをする。また、物作り教室やキャンプファイヤーなど地域の大人と子どもの触れ合いを通じて互いの絆を強める取り組みもしている。こうして、大人と子どもの絆を強め、信頼関係を築いていこうという活動に発展しているのである。こうした地域の大人と子どもの関係形成は、「防犯コミュニティ」の形成

に不可欠のものであると考える。この点については、以降の事例で詳しくみていくことにする。

最後に青木会長は今回の経験を次のように振り返っている。

> 誰しもピンチに立ちたくはありません。しかしピンチはいつかやってくるかもしれません。その時に、地域全体でピンチと立ち向かい、解決策を検討し行動する事によって、ピンチをチャンスに変えることができることを今回の事案で学んだ。
>
> たとえ一度はピンチから逃げられても、また新たなピンチが必ずやってくる。しかも、前のピンチよりもさらに大きなピンチとしてやってくる。まず、地域みんなでピンチに立ち向かうことが大切だと思う。立ち向かった結果失敗したとしても、その経験が、来るべきピンチへの備えになってくれると確信している。（青木会長）

以上をまとめよう。宮町の民間交番の事例は、「地域」が未然に外的な危険要因を察知し、暴力団追放を実現した。その際の「地域」とは単なる防犯という単一のイッシューで集まった地域団体のことではなく、防犯にとどまらない地域社会の人びとの日常的なつながりであり、そうしたつながりが「防犯コミュニティ」を生み出したのである。

そして、警察との関係で言えば、警察との密接な連携は不可欠ではあったが、それは警察主導ではなく、「地域が動くことで初めて警察が動く」という地域主導の取り組みによるものであった。地域が自律することで警察もまたその権力を必要以上に日常生活に拡げることなく、凶悪犯罪などに集中することが可能になる。地域と警察の連携が深まったからといって監視社会化が進むのではない。監視社会化を進めないためにも自律した地域と警察の役割分担による連携が不可欠なのである。さらにいえば、暴力団が「必要悪」でなくなる市民社会の実現にも、両者の連携は不可欠である。

(3) 地域ネットワークによる子どもの社会参画へ
—— 赤湯生き方まっすぐネットワーク

次に取り上げるのは、米沢盆地の北東端に位置し、古くからの温泉場で米沢街道の宿駅として栄えた赤湯温泉のある南陽市赤湯学区の「赤湯生き方まっすぐネットワーク」の取り組みである。赤湯地区は、世帯数約3,800、人口約

11,500人のまちである。

「赤湯生き方まっすぐネットワーク」は、そもそも、2005年3月、山形県警察本部から、赤湯中学校区が「少年非行防止ネットワーク事業」の指定を受けたことから、校長が地区の様々な団体に呼びかけ、ネットワークとして立ち上がったものである。

写真1-5　地域懇談会の分科会

赤湯中学校は、一時期、「荒れた」時期があり、管理色の強い学校運営を行ったことで風紀の立て直しに成功しており、その流れで、「少年非行防止ネットワーク事業」の指定を受けることになったのである。

この「少年非行防止ネットワーク事業」とは、「モデル中学校区を指定して、家庭、学校、地域が一体となった地域ネットワークを構築し、その事業活動を通して、児童生徒の規範意識の向上と地域の非行及び犯罪防止機能の高揚を図っていこうとするものである。……家庭－学校－地域－警察の四本柱が協力、協働することによって、達成がより可能になります」(県警察本部資料より)。

赤湯中学校区では、具体的には、見守り隊(公民館を拠点として手挙げ式で2～300名が登録)による子どもの登下校時の見守り活動、高校生による手作り安全マップの作成、幼稚園児から高校生までの子育てを対象とした地域懇談会(地域住民による話し合い)の開催(写真1-5)、有害環境浄化・通学路危険箇所の点検活動、小学生・中学生対象の非行防止教室の開催などが行われた。

当初は「補導ゼロ」といった目標も掲げられていたが、校長は、管理を離れた生徒の自主性による新たな学校づくりを目指そうとしており、指定期間終了後には、ネットワークの構成員らから継続を望む声が多く上がり、非行防止事業で構築された地域ネットワークを継承するかたちで「赤湯生き方まっすぐネットワーク協議会」が立ち上がった。地区長会の長が会長となり、地区防犯協会長、小中学校PTA会長を副会長として、組織構成は図1-2のように、赤湯公民館を拠点として、PTAや婦人会、民生児童委員、保護司会などがネットワーク化され、赤湯中学校が事務局となって事業計画を立てている。

図1-2 赤湯生き方まっすぐネットワーク協議会組織図

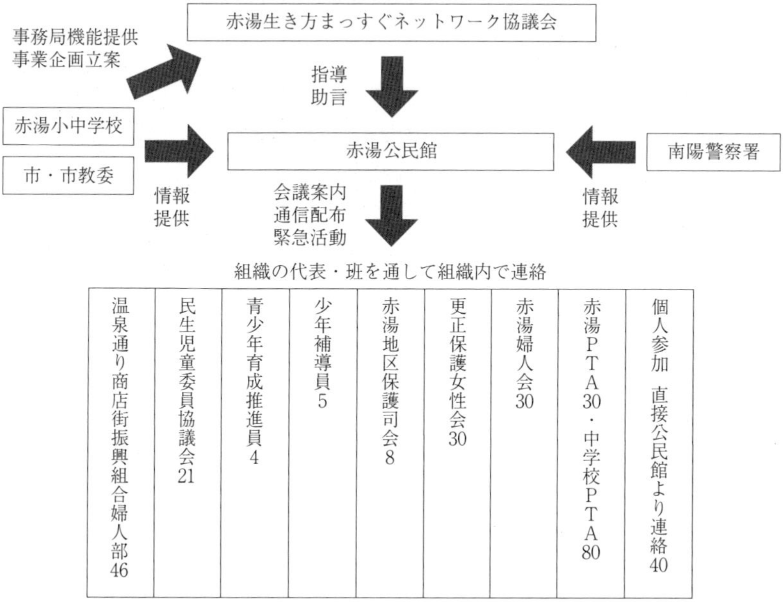

```
事務局機能提供              赤湯生き方まっすぐネットワーク協議会
事業企画立案         ↗                    ↓
                              指導
赤湯小中学校                   助言
                    →    赤湯公民館    ←        南陽警察署
市・市教委
                情報        会議案内        情報
                提供        通信配布        提供
                            緊急活動
                              ↓
                   組織の代表・班を通して組織内で連絡
```

温泉通り商店街振興組合婦人部 46	民生児童委員協議会 21	青少年育成推進員 4	少年補導員 5	赤湯地区保護司会 8	更正保護女性会 30	赤湯婦人会 30	赤湯PTA30・中学校PTA80	個人参加 直接公民館より連絡 40

　ここからが重要である。新たなネットワーク協議会では、規範意識の向上や非行防止といったダイレクトな目的ではなく、生徒児童の「社会参画」に焦点を当てた積極的な活動が展開され、地域住民はそうした活動を温かく見守り、地域の一員としての自覚を持たせるべく行動することになった。こうした動きは、警察から「本来の活動から離れすぎでは」と言われるほどであった。具体的な取り組みをみていこう。

　まずは、「まっすぐミーティング」と呼ばれる、小学生、中学生、高校生、保護者、地域住民によるグループ討議の開催である（写真1-6）。「赤湯をもっと元気にしよう」といったテーマで話し合われ、23年度は、「赤湯観光マップを作ろう」、「赤湯○○弁当を開発しよう」、「赤湯のマスコットをつくろう」など、これまでに出されたアイデアの具体化に入っており、その一案として、2008年から南陽市の青年教育推進事業として行われている「ゆめ☆まち元気JUKU」との連携、融合が図られている。「ゆめ☆まち元気JUKU」とは、地域の20歳代の若者を集めてワークショップを行い、まちづくりの手法を勉強して、コンペ方

式で、まちの活性化に繋がることを企画するというものである。

ほかにも、「クリーン作戦」と呼ばれる、赤湯小学生との合同での地域清掃の実施、また、「グリーン作戦」と呼ばれる、学区運動会前日のグラウンドの草むしりの実施（学区運動会当日は、学校の登校日として、生徒は強制参加）、

写真1-6　まっすぐミーティング

敬老を祝う会の実施（1年生は手紙を送り、3年生は歌唱を披露）、地区の祭りでは、1年生が樽御輿をかつぎ、3年生が本御輿をかつぐ。こうして、学校と地域が連携することで、「自分たちが地域を支えていく」という意識を醸成しているのである。

このように、当初は警察主導の「少年非行防止ネットワーク事業」で形成された地域ネットワークは、地域の絆を育てて生徒児童を育てようという「防犯コミュニティ」へと成長しているのである。

他方で、中学校が事務局機能を引き受け、事業計画の立案を行っていることは、現場の教師にとって、かなりの負担になっているという。「地域の教育力が低下し、教育のすべてが学校に来ている」（竹田教頭）。「教育は学校に」という姿勢は、「犯罪は警察に」という姿勢と同根のシステム依存である。活動を地域の裾野へといかにひろげていくことができるのかが今後の課題となっている。

⑷ 地域が一体となった「子どもを守り育てる」活動──浜田さわやか声かけ会

そこで参考になるのが、山形県北西の日本海側に位置する人口約11万人の酒田市の浜田小学校区の事例である。浜田小学校は、JR酒田駅の南方に位置しており、学区内には酒田市役所、市民会館などの官公署や映画「おくりびと」のロケ地ともなった中通商店街がある酒田の中心地である。人口は約6,500人、世帯数は約2,550世帯、34の自治会で構成されており、児童数は約350人である。

ここで取り上げるのは、浜田小学校の西側に隣接する学区コミュニティ防災

センターを拠点とする「浜田さわやか声かけ会・見まもりくまくん」である。

会結成のきっかけは、2004年に全国で子どもが被害者となる凶悪事件が発生し、酒田市内においても夏冬問わず声かけ事案が発生するなど、身近な場所での不安が増大するなか、浜田学区でも不審者事案が発生したことであった。この事件を受けて、児童の安全確保が地域の問題として認識されるようになったのである。

他の地区ではPTAが主体となった声かけ、見まもり活動が実施されていたが、浜田学区の地域リーダーであった小松孝也・浜田学区コミュニティ振興会会長は、少年補導員や青少年育成協議会の委員を歴任してきた経験から、「PTAでは共働き世帯も多く、担当者や時間を決めたやり方では長続きしない。PTAの枠を超えて、時間を決めずに、常時やれる方法を考えなければならない」と考えた。そこで、地区自治会や社会福祉協議会、交通安全協会、防犯協会支部など地域の各種団体の長を集め、「浜田学区では地域の児童は地域で守る」との考えに基づき、2004年暮れに設立準備委員会が立ち上げられることになった。

このようなかたちで各種団体の長を集め設立準備委員会を立ち上げることができたのは、コミセン化の影響が大きかったという。コミセン化以前は、各種団体の事務局は、団体長の自宅に置かれ、団体間の情報共有や共同事業が行われる雰囲気はまるでなかった。ところが、コミセン化によって、各種団体の事務局がコミセンに置かれたことで、情報を共有し、コミュニティの課題を協働で解決しようという姿勢が生まれていたのである。

それでも、準備委員会の議論では、子どものいない世帯から、「自分の家の子どもでもないのに、なぜ自分たちが面倒を見なければならないのか。親の責任ではないのか。PTAに任せれば良いではないか」との強い意見も出された。しかし、小松会長は、「問題のある子どもは、たいてい親のせいだ。でも、親のせいにしたところで、そうした親は自分の子どもの面倒をしっかりと見るわけがない。だから、地域で面倒を見なければ、子どもがかわいそうだ」と説得し、「地域の子どもは、みんなの子ども」、「子どもは地域の宝・国の宝」をスローガンとして、後述のように、「地域の人びとに負担のかかる部分、つまり負担感や義務感をいかになくすか」という視点から、組織作りの方法が話し合われた。

その結果、コミュニティ振興会を中心に、34の全自治会のほか、さらに図1-3にあるように、民生児童委員、社会福祉協議会、老人クラブ、体育振興会、PTAなど、地域の各種団体18団体が参加し「さわやか声かけ会」が立ち上げられることになった。そこで、自治会を通じて地区住民に趣旨を説明し、参加を呼びかけたところ、350名もの賛同が得られた。

写真1-7　見まもりくまくんのジャンパー

先に「地域の負担感・義務感を無くす」ことが鍵であるとあったが、この350名は、どのような活動を行っているのだろうか。まず、活動時には統一したジャンパーを着用することになっているが、「さわやか声かけ会」が独特なのは、よくある蛍光色の目立ったジャンパーではなく、地味な青色のジャンパーを採用していることである。これは、時間や担当を取り決めたパトロールを行うのではなく、買い物や散歩などで家を出る際に常時、必ずジャンパーを着てもらうことで、見まもり活動が日常的に自然と行われている状態を作り出そうというアイデアによる。そこで、変に目立たない青色を採用しつつ（青色は浜田小学校のスクールカラーである）、独自性を出すために、背中に、『きいろいばけつ』などで知られる地元の絵本作家である土田義晴氏が制作した「見まもりくまくん」をシンボルマークとしてプリントしたジャンパーとなっているのである（写真1-7）。

さらに、このジャンパーは、無料で配ると「粗末にされる」ため、1,000円の代金を集めている。原価は1,400円程度で、差額は、コミセン、自治会、小学校、PTAから2万円ずつの負担による会の予算から拠出されている。そして、ジャンパーの悪用を避けるため、購入者については各自治会長が把握、管理しており、どこかの地区で見まもりが行われていないという事態にも至っていない。「地域のなかでジャンパーが日常的に目につけば、子どもたちには大きな安心感を与え、罪を犯そうとしている者には大きな抑止力となり、それだけ犯罪が減少し、また、地域住民自身の防犯意識も高まるのではないか」（小松会長）。

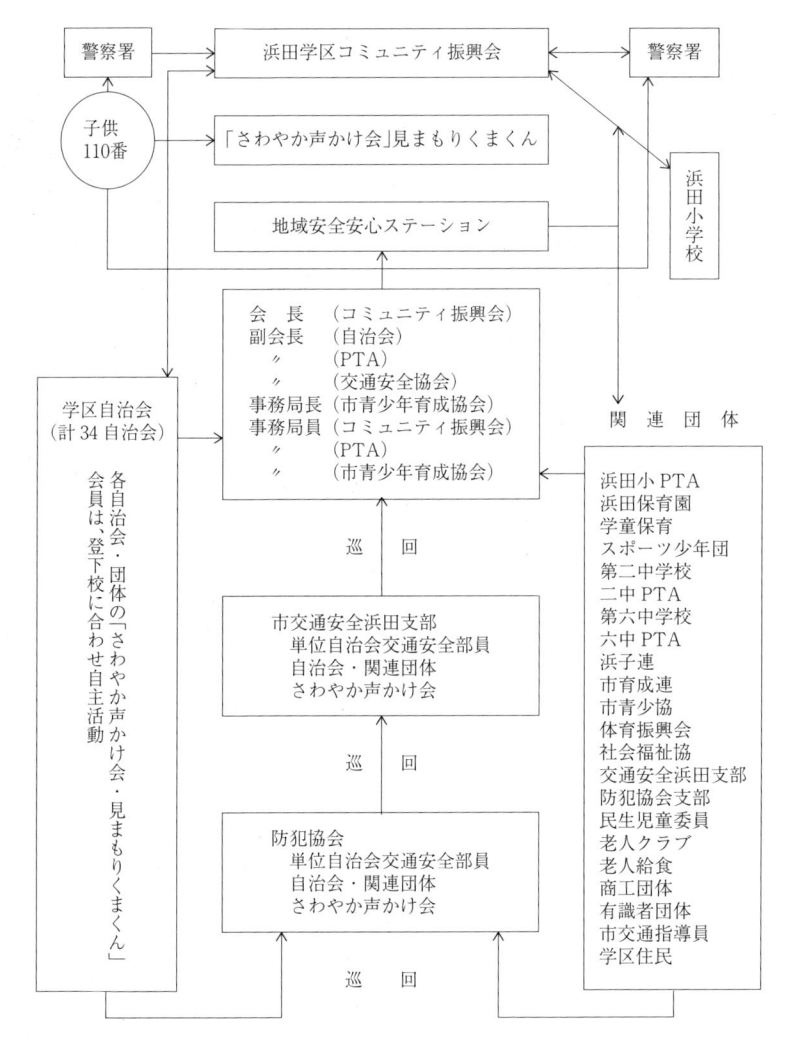

第1章 日常性のなかの防犯コミュニティ　51

図1-3　「さわやか声かけ会」をとりまく学区内組織の関係

```
        警察署 → 浜田学区コミュニティ振興会 ← 警察署
           ↑         ↓         ↑              ↓
        子供     「さわやか声かけ会」見まもりくまくん     浜
        110番         ↓                        田
           ↑     地域安全安心ステーション            小
                                                 学
                                                 校
                 ┌─────────────────────┐
                 │会　　長（コミュニティ振興会）│
                 │副会長　（自治会）         │
                 │ 〃   　（PTA）           │
   学区自治会  →  │ 〃   　（交通安全協会）    │  ← 関連団体
   （計34自治会）│事務局長（市青少年育成協会） │
                 │事務局員（コミュニティ振興会）│
                 │ 〃   　（PTA）           │
                 │ 〃   　（市青少年育成協会） │
                 └─────────────────────┘
                           ↑ 巡　回

                 ┌─────────────────────┐
                 │市交通安全浜田支部          │
                 │　単位自治会交通安全部員    │
                 │　自治会・関連団体          │
                 │　さわやか声かけ会          │
                 └─────────────────────┘
                           ↑ 巡　回

                 ┌─────────────────────┐
                 │防犯協会                   │
                 │　単位自治会交通安全部員    │
                 │　自治会・関連団体          │
                 │　さわやか声かけ会          │
                 └─────────────────────┘
                           ↑ 巡　回
```

各自治会・団体の「さわやか声かけ会・見まもりくまくん」会員は、登下校に合わせ自主活動

関連団体：
浜田小PTA
浜田保育園
学童保育
スポーツ少年団
第二中学校
二中PTA
第六中学校
六中PTA
浜子連
市育成連
市青少協
体育振興会
社会福祉協
交通安全浜田支部
防犯協会支部
民生児童委員
老人クラブ
老人給食
商工団体
有識者団体
市交通指導員
学区住民

ただし、青色のジャンパーによって、子どもたちは、見まもりの人であることは認識できるようになるが、ジャンパーを着ている人との面識はなく、顔の見える関係を構築することにはならない。そこで、学校と協力して、入学式の際に対面式を行い（写真1-8）、さらに、毎月1日、20日（休みの場合は前後）、入学式、卒業式、始業式、終業式の前後1週間を特別活動日に定めており、自治会ごとに会員が児童と一緒に下校しながら（写真1-9）、通学路の危険箇所の点検（写真1-10）や「こども110番連絡所」の確認を行っている。

写真1-8　児童との対面式（年1回）

写真1-9　統一活動デーの集団下校

また、学校行事のあるなしにかかわらず、ジャンパーを着ていれば学校に自由に出入りできるようになっている。実際に、小松会長は、授業中に教室に入っていって、寝ている子どもの頭をたたいたりするそうである。学校が学校内の行事をコミセンを通じて地域に流していることもあり、こうして地域の人

写真1-10　危険個所点検

びとの学校に対する関心も高まっていくことになった。

そして、「さわやか声かけ会」の活動も、子どもの「見まもり」から「守り育てる」方向へと発展している。「児童を守るということは、児童を犯罪や事故

第1章　日常性のなかの防犯コミュニティ　53

から守ることはもちろんだけど、大人としっかりとした関係を結んで、犯罪と関わりを持たせないように健全に育成していくことも大切だと考えるようになった。ここは観光地だから、観光客に道を聞かれたときに、過敏になって変なおじさんだとなっても困る」(小松会長)。

　そこで、前述の対面式のほかに、会員による寸劇を通じての不審者対応の学習、3世代交流グランドゴルフや「遊びの学校」というサマーキャンプを開催するなど、地域の大人と子どもの交流活動も行われるようになっている。このように、防犯活動とともに、今日の複雑な社会のなかでの青少年育成についても、学校やPTAだけでは対応できないとの認識に基づき、地域社会全体で保護者とともに青少年を育成するという活動が展開されるようになっているのである。

4　結論——包摂する防犯コミュニティ・ガバナンスの実現へ

　本章では、自主防犯活動の現場から、「安全・安心まちづくり」の可能性と監視社会化の危険性との分水嶺を見定めてきた。全国的にみても活発な自主防犯活動が展開されている複数の事例から明らかになったことは、第一に、いずれの事例も、警察や行政からの一方向的な上からの指導による活動ではないことだ。確かに警察からの助言や情報共有などは行われているが、警察が住民に命令をするというかたちは一切見られず、防犯活動を担っている地域の人びとは、根拠無き不安を高めることも、警察の指導に一方的に従うこともなく、地域の現実的な不安に直面し、そして、自らのイニシアティブによって、そして地域リーダーの独断ではなく、あくまで民主的に防犯活動を結実させ、組織にとらわれない人びとのつながりを生みだし、文字通りの「まちづくり」を進めている。

　監視社会論は、こうした地域住民のイニシアティブや自治の可能性を無視しており、いわば、安全・安心のまちづくりを「ガバメント」の視点で捉えることしかできていない。つまり、監視社会の視点に基づき安全・安心なまちづくりを否定するならば、住民同士の連帯を破壊し個人をばらばらに個別化し、セキュリティの市場化をもたらすか、巨大な国家権力を呼び込むことになるだろ

う(村山 2003)。見落としてはならないのは、「防犯」を触媒とした、地域の多様な人びとによる自治——「ガバナンス」の可能性である(伊藤 2011)。そして、そのためには厳罰主義から機会主義への転換もさることながら、規則主義に陥らない、柔軟な秩序感覚に根ざした生活主義による防犯活動の実現が鍵になる。

　つまり、大切なことは、安全・安心まちづくりに対して、警察から自律したかたちで、地域がネットワークを組んで取り組み、コミュニティ全体が外部の犯罪要因を阻止する強い意志を示すとともに、地域内では「日常的に」顔の見える関係を構築し、機会主義のみならず生活主義的な見地から内的な犯罪要因を包摂する態勢を構築することだ(柔軟な秩序感覚なき機会主義は、システマティックな環境管理による「灰色の世界」をもたらしかねない)。

　こうして初めて、本章冒頭で見た機能論的な防犯コミュニティとは対をなすかたちで、既存の硬直した制度組織を越えた「防犯コミュニティ」が創発する。そして、警察という近代システムに対する過度の依存から脱却するとともに、警察との対等かつ健全なパートナーシップも確立されることになる。そうなれば、多忙を極める警察も本来の業務に専念することが可能となるだろう。さらにいえば、こうした警察の秩序原理から適切に分節されたコミュニティの秩序原理の存在こそが、情報テクノロジーに支配された監視社会(「善悪のデジタル化」)から生活世界を守るための条件ともなるのだ。

注
1) 本稿の問題設定に照らすと、レヴィナスによる次のようなスターリニズム評価も示唆に富んでいる。「スターリン主義とはつまり、個人的な慈悲なしでも私たちはやっていけるという考え方のことなのです。慈悲の実践にはある種の個人的創意が必要ですが、そんなものはなくてもすませられるという考え方なのです。そのつどの個人的な慈愛や愛情の行為を通じてしか実現できないものを、永続的に、法律によって確実にすることは可能であるとする考え方なのです。スターリン主義はすばらしい意図から出発しましたが、管理の泥沼で溺れてしまいました」(レヴィナス 1991: 128)。
2) 警察の防犯協力組織としての町内会、防犯協会の組織化に関して、大日方(2003)、高村(2003)を参照されたい。
3) この年の『警察白書』では、「地域安全活動」の名とともに、「今後、安全で安心な生活の実現のためには、警察が地域住民の視点に立って、より地域に密接した幅広い活動を展開するとともに、警察とボランティアが連携を強化し、安全で住みよい地域社会づくりを行っていくことが重要である」(警察庁編 1994: 1)と記されている。
4) 近年の都道府県条例は、都道府県警・公安委員会が防犯基準を策定し、地域住民に

監視カメラ等防犯設備の整備を求めるタイプが一般的である。さらに、なかには路上喫煙やゴミのポイ捨て、動物の糞の放置等に罰則を科するゼロ・トレランス型もある（清水 2007）。本章の議論からすれば、そうしたゼロ・トレランス型の条例整備は受け入れられない。
5）生活安全条例とその運用を批判的に検討したものとして、「生活安全条例」研究会編（2005）、清水（2007）を参照されたい。
6）国は地域の安全、地域の子どもを守る自主防犯活動の機運が高まったとして、犯罪対策閣僚会議を発足させ、2004年6月、「犯罪に強い地域社会再生プラン」を策定。地域の自主防犯活動の活性化が不可欠として、青色回転灯を装着した車両による自主防犯パトロールを正式に認めている（許可制）。
7）さらに、青パトの活動は川西町にも広がり、行政も巻き込んだ「米沢・川西青パトネットワーク」が結成されている。このネットワークの中心的な役割を担っているのが「西部の会」で、山田会長は同ネットワークの会長も務めている。同ネットワークの登録状況は2012年8月末現在で、車両421台、従事者1044人で、全国でもトップクラスの規模を誇っている。
8）「地域安全安心ステーション」モデル事業は2005年から進められており、地域住民による自主的な防犯活動の拠点を整備するものである。同ステーションの機能として、安全安心パトロールの出動拠点、安全安心情報の集約・発信拠点、安全安心のための自主的活動の参加拡大の拠点の三点が挙げられている。モデル事業では、自主防犯活動用資材等の優先配備（照度系、懐中電灯、防犯ブザー、腕章等、防犯パトロール用防刃衣の無償貸与）、地域住民による安全安心マップの作成、安全安心情報の電子掲示板の運営、防犯協議会の設置、各種講習会などに対して、消防や学校、市区町村と連携するかたちで支援がなされている。

謝辞

本稿のもととなった調査の実施にあたっては、米沢市「安全・安心の地域づくり西部の会」の山田恒雄会長、山形市第3地区防犯連協議会の青木賢一郎会長、南陽市赤湯中学校の竹田重隆教頭、酒田市浜田学区「さわやか声かけ会」代表の小松孝也会長、豊田晴男事務局長をはじめとする地域の方々のご厚情に接し、さらには、山形県警察本部生活安全部の高橋正晴氏、山形県くらし安心課の庄司憲功主査にもご高配を賜った。ここに記して深謝申し上げる。

参考・参照文献

伊藤嘉高　2008　「町内会の機能」『地方都市における転換期町内会の動向——2006年山形市町内会・自治会調査結果報告書』東北都市社会学研究会.
────　2011　「災害『弱者』と防災コミュニティ」吉原直樹編著『防災コミュニティの基層——東北6都市の町内会分析』御茶の水書房.
大日方純夫　2003　「民衆の警察化——過去と現在」『法と民主主義』377: 8-11.
河合幹雄　2004　『安全神話崩壊のパラドックス』岩波書店.
警察庁編　1994　『平成6年度 警察白書——安全で住みよい地域社会を目指して』大蔵省印刷局.
警察庁編　2010　『平成22年版警察白書』ぎょうせい.

小宮信夫　2001　『NPOによるセミフォーマルな犯罪統制』立花書房.
斎藤貴男　2004　『「非国民」のすすめ』筑摩書房.
清水雅彦　2007　『治安政策としての「安全・安心まちづくり」──監視と管理の招牌』社会評論社.
「生活安全条例」研究会編　2005　『生活安全条例とは何か──監視社会の先にあるもの』現代人文社.
高村学人　2003　「安全・安心まちづくりと地域中間集団」『法と民主主義』377: 12-5.
田中　隆　2003　「『生活安全条例』が守るもの──戦争に出て行く国の治安体制」『法と民主主義』377: 4-7.
中川　剛　1989　『日本人の法感覚』講談社.
村山史世　2003　「豊島区条例──協働・住民自治と監視社会」『法と民主主義』377: 28-31.
山本哲士　2006　『ホスピタリティ原論』新曜社.
レヴィナス、E.　1991　『暴力と聖性』国文社.

第 2 章

災害時の防犯活動の位相

庄司 知恵子

1　はじめに

　リスク社会といわれて久しい現代社会において、人々は安全・安心な生活を希求してきた。しかし、2011年3月11日に発生した東日本大震災によって、その状況は揺らいでいる。その1つの例として、「犯罪への危惧」が挙げられる。
　2011年3月11日、三陸沖を震源としたマグニチュード9.0の地震により、東北地方を中心に甚大な被害が生じた。死者は1万6,447名、行方不明者は4,787名に上った (2011年8月4日現在：気象庁報告)。この地震により、多くの人たちが住む場所を失い、長い間、避難所での生活を余儀なくされた。このような中、住民が不在となった地域を対象とした「盗難」事件が多発し、各種メディアで報道された。
　実際に被災地における盗難事件はあった。しかし、ネット上での「デマ」も含め、さまざまな情報が拡散 (『朝日新聞』2011年3月26日) することによって、人々の「体感不安」が高まっていったことは容易に想像できる。このような状況を受け、各被災地では「防犯パトロール」が実施された。
　福島原子力発電所から30キロの屋内退避圏に指定されている福島県南相馬市では、ボランティアが緊急防犯パトロール隊を結成し、市内に残っている市民の安全と市内の治安を守ろうと巡回活動を開始した。警察官や市役所職員が

津波や原発対策で多忙を極める中、住民の代表ら12人が「残っている市民ができることをして市を守ろう」と立ち上がったという(『福島民報』2011年3月24日)。岩手県大槌町では、早い段階から、住民たちが「自主防犯部」を設置し、警察と情報交換をしていた(『朝日新聞』2011年3月17日)。

　震災以前から日常的に行われていたのではなく、このような特定の出来事によって発動した「防犯パトロール」は、誰が、どのような形でかかわり、どのような思いのもとに、展開されていったのであろうか。その結果、地域社会において、どのような意味を持って存在しているのであろうか。

　以上の問題意識に従い、震災後、防犯パトロールが行われた岩手県田野畑村の事例をもとに、災害時の防犯活動のありようと、地域社会と防犯との関係について考えていきたい。

　田野畑村の防犯パトロールには、地元消防団が大きくかかわっている。そこから浮かび上がってくる疑問としては、消防団と「防犯」の結び付き、消防団がかかわることの正当性、居住と関係しない防犯活動の存在といった点である。

　田野畑村で行われた「防犯パトロール」の事例に入る前に、2では、防犯活動と地域社会との関係を、東北6都市町内会調査の結果と岩手県田野畑村羅賀行政区、島越行政区での聞き取り結果をもとに捉えていく。3では、岩手県田野畑村での被災状況および震災対応の状況と、防犯パトロールの様子について紹介し、4では、3をもとに震災時の地域社会における防犯活動の性格について述べ、地域社会と防犯活動の関連について考える。

2　防犯活動と地域社会

(1) 町内会・自治会とは

安全・安心な生活の希求

　人々の安全・安心に対する関心の高まりがみられる中、「安全・安心のまちづくり」といった地域像の模索が随所で確認されるようになった(吉原2007)。その際展開される活動は、コミュニティベースで取り組まれており、行政・警察・地域住民といった様々なアクターがかかわりをみせている。その基礎的な

枠組みとして捉えられているのが、町内会や自治会といった住民自治組織である。このような活動が顕著に確認されるようになってきたものの防犯と町内会・自治会の関係性を扱った研究の蓄積は少なく、その内実を明らかにする作業が求められる。

　そもそも町内会（自治会）といった住民自治組織は、住民生活にとってどのような存在なのであろうか。本章では、地域社会と防犯の関係をとらえる際に、東北6都市町内会調査の結果と岩手県田野畑村での聞き取りデータを用いて分析することから、ここでは、都市部と農村部の一般的な状況から、住民自治組織について簡単ではあるが概観していく。後半部の事例をみる際に参考としてもらいたい。

町内会・自治会の包括的な機能

　町内会・自治会は、日本におけるもっとも基礎的な住民自治組織として位置付けることができる。町内会、自治会、区会など呼び名はさまざまであるが、ここでは町内会を都市部のものとして、自治会を農村部のものとして説明していく。

　都市部町内会は一定の地域区画をもち、その区画が相互に重なり合わず、原則として全世帯加入の考え方に立つ。地域の諸課題に包括的に関与することを目的として組織され、以上から、行政や外部の第三者に対して地域を代表する組織とされている（中田2007：12）。それ故、防犯や防災といったような住民生活の安全・安心にかかわるような課題は「包括的」なものとして理解され、その課題解決の基盤として町内会・自治会に対応が求められているのである。

　農村部の自治会は、基本的には集落を単位として築かれている。都市部町内会と同様に住民の生活において包括的な機能を有しているが、歴史的にみて、生活保障の外枠であった集落を基盤として設定されていることから、農村部自治会は、住民たちが独自に作り上げてきた集落の活動や決まりに強く影響を受けて存在している。故に都市部町内会と同様に包括的な機能を持ちつつも、その様子は都市部町内会とは異なっている。大野（2005）は、農村生活を考える際に、「山村の人びとは、〈生産と生活〉の活動拠点を集落においている。この活動拠点となっている集落を構成しているのは家族（実際は世帯）である。〜中略〜家族が〈生産と生活〉にかかわる社会的協働・協力関係を相互に取り結び、

有機的に結合している組織が現在の集落である」(大野2005)とし、集落をベースとして捉える事の重要性を指摘している。このように農村部では、家々の参加と協力を原則とした生活と生産との結び付きにより、社会的協働の枠組みである集落が維持されている。集落を基盤として存在している農村部自治会では、都市部町内会の機能として指摘した「包括的」な機能は、より強固なものとして存在している。

活動にみられる問題状況とその背景

都市部においても、農村部においても町内会・自治会活動の停滞化が叫ばれているが、その背景は異なる。都市部町内会では活動を展開していく際に、後に示すような住民の流動性の激しさ、地付き層の減少、役員の高齢化、活動への無関心等が問題としてあげられている。農村部の場合は、すまいのほとんどが戸建住宅であり、また、農業を主として生活をしていることから、住民の定住意識は強い。しかしながら、過疎高齢化は一層深化し、集落人口の半分が65歳以上である「限界集落」の存在が指摘され、集落機能の低下が問題とされている。それは自ずと自治会活動の停滞をもたらす。

都市部町内会と農村部自治会を比べた場合、世帯規模の違いも活動の展開において大きく影響している。都市部町内会の構成世帯数は非常に多く、少なくて200世帯ほど、多くて1500世帯ほどである(6都市町内会調査より)。それに対して農村部では、限界集落と呼ばれる自治会(集落)の場合は10世帯未満、多いところでも200世帯ほどである(岩手県田野畑村、岩泉町における筆者の調査による)。町内会や自治会において、活動を円滑に進めていくためには「顔の見える関係」が求められるが、都市部町内会は、大所帯であることからそのような関係を築くのは難しい。相互に認識し合えるような「顔の見える関係」を築く範囲としては町内会の班割の枠組みが考えられるが、班単位で活動が展開されているわけではなく、あくまでもそれは便宜的な枠組である(庄司2011)。町内会活動については、一部の常連層がけん引している状況であり、無関心層の増大が問題として挙げられる。行事への参加者が少ないため、行事自体の開催をやめてしまったという例もある(東北6都市町内会調査より)。活動への無関心層の取り込みが課題としてあげられる。

農村部の場合は、先に述べたように家々の参加によって自治会(集落)活動が

成立しており、「誰もが顔見知り」の関係にある。しかし、どの農村部でも過疎の進行は止められず、自治会の構成世帯数の減少に加え、高齢化によって活動の維持が難しい状況にある。そのため、個々の自治会で活動することが難しいことに関しては、各自治会の連携のもとに活動が展開されている。例えば、都市部では自主防災組織は町内会単位で組織化されている場合が多いが、農村部の場合は旧藩政村を単位として組織されている場合がみられる。また、旧藩政村を枠組みとした協力体制を行政が主導で設定している場合もみられる。行事自体を取りやめるといった選択においても、無関心層の増大による参加者の減少が理由ではなく、過疎高齢化の中で、参加する人自体がいないといったことが理由であり、取りやめの際には、正当な理由を紡ぎだして決定されている（植田2007）。

　都市部町内会も農村部自治会も、住民生活にとって、「包括的」な機能を有し、当該地域を代表する組織として捉えられる。それ故、生活にかかわる問題解決の基礎的枠組みとして期待されている。しかしながら様々な要因による活動の停滞化が指摘される。以下では、これまでに示してきた点について、東北6都市町内会調査の結果、3で扱う田野畑村羅賀行政区・島越行政区の自治会長への聞き取り調査のデータを加えながら確認していく。そのうえで、本章のテーマの基礎となる防犯と地域社会との関連についても確認する。

(2) 町内会・自治会の実態

　町内会や自治会は、現在どのような状況にあり、本章で扱う「防犯」の必要性を組織としてどのように認識し、どのような対応をとっているのであろうか。
　町内会への加入は、世帯を単位とし、全世帯の加入が原則とされている（中田2007：12）。6都市町内会の世帯加入率からその様子をみてみると、全戸加入の割合は、青森市38.1％、秋田市59.5％、盛岡市38.9％、仙台市34.8％、山形市54.2％、福島市50.5％となっており、「全戸加入」＋「90％以上加入」の割合でみてみると、青森市76.2％、秋田市87.6％、盛岡市76.2％、仙台市71.9％、山形市83.0％、福島市83.8%といった状況にある（表2-1）。町内会の区画に居住しながらも、町内会活動にかかわりを持っていない人が、多くて2割ほどおり、農村部では活動に全世帯参加が一般的であることを考えれば、この割合は決し

表2-1 町内会の世帯加入率

世帯加入率	青森	秋田	盛岡	山形	仙台	福島
全戸加入	38.1	59.5	38.9	54.2	34.8	50.5
90％以上	38.1	28.1	37.3	28.8	37.1	33.3
70－90％未満	19.9	8.7	21.2	12.9	21.0	12.6
50－70％未満	3.0	1.0	1.6	1.6	4.6	2.0
30－50％未満	0.4	0.5	0.0	0.5	0.6	0.4
30％未満	0.0	0.2	0.0	0.3	0.5	0.0

て低いものではないことがわかる。

　農村部に比べ都市部では、住民の流動性が激しいという点が指摘できる。地付き層の減少に加え（「外からの新しい世帯が多い」＋「外からの新しい世帯がほとんど」の割合：青森市31.6％、秋田市30.2％、盛岡市47.2％、仙台市45.9％、山形市28.3％、福島市31.0％）、人口の流出入もみられる（「大いに減少」＋「大いに増加」の割合（青森市12.1％、秋田市14.2％、盛岡市12.4％、仙台市8.2％、山形市15.4％、福島市13.0％））。このような点について、「アパート数が多く、入居者も単身者、独身者（勤労者・学生）が多く、地域住民の意識は全く持っていない。顔、行動が見えない等で、現在、特に問題はないが、人が変われば状況も変わる不安はある」（盛岡市調査・自由記述より）といったように、同じ町内会の構成員であっても、住民としての意識を共有できない状況と、住民の流動性が激しいため、生活環境が変化しやすい都市部の状況に対する不安を漏らす町内会もあり、町内会という枠組みにおいて住民間の恒常的で、継続的な関係性を構築することは難しいことが伺える。

　町内会活動の継続性という点でも困難な状況が指摘できる。表2-2は、町内会の運営上困っていることを示している。「町会役員のなり手不足」が、どの市においても1位であり、会員の高齢化は、上位にランクインしている。実際に、町内会長の年齢内訳をみてみると、どの市も70歳代が最も多い状況となっており、70歳以上の割合となると、青森市60.6％、秋田市39.6％、盛岡市49.8％、仙台市55.4％、山形市49.6％、福島市45.1％となっている。この点について、「全般に高齢化の進行で、役員自体の高齢化が事業の推進にブレーキとなっている」（盛岡市調査・自由記述より）といったように、新たな活動の展開を図ることが難しい状況を述べる町内会もある。1位ではないものの、2、3

表2-2 町内会運営上困っていること

	青森	秋田	盛岡	仙台	山形	福島
町会役員のなり手不足	68.8①	32.8①	74.1①	70.3①	65.0①	59.8①
会員の高齢化	60.6②	21.9②	63.7③	—	60.4②	58.6②
町会行事への住民参加の少なさ	58.9③	18.2③	66.3②	63.4②	53.4③	48.7③

註)①②③は、順位。

位に先に問題点として指摘した「町会行事への参加者の少なさ」を挙げる町内会が多い。この結果から、「顔の見える関係」の形成を促すであろう行事等の「場」が機能し得ない状況が指摘できる。「会員間の顔なじみの関係を増やすため、夏には「夏祭り」、秋には「長寿を祝う会」、お正月には「世代間交流親睦の会」の三大事業を実施しておりますが、参加は常連に限られる状況です」(盛岡市調査・自由記述より)といった声も聞かれ、町内会活動自体は行われていても、新たな住民層を取り込むことの難しさがみてとれる。また、同じような状況から町内会独自の行事を辞めてしまった町内会もあった(秋田市調査・自由記述より)。農村部においては、新たな住民層の取り込みが問題とされるというよりも、過疎化・限界集落化の中で、取り込む対象である住民自体がおらず、活動の縮小を余儀なくされている。

(3) 町内会・自治会の活動

表2-3は、町内会で行っている活動について示したものである(複数回答)。
「地域の清掃美化」は別として、行政からの委託業務である「ゴミ処理収集の協力」「街灯等の設備管理」が上位を占める。下位については示さなかったが、乳幼児保育の支援や、バザーの開催、本章で扱っている防犯など、各町内会の資源、構成員の違い、共有可能な課題等を意識して独自性を発揮できるような活動は下位に位置づけられている。

現在の町内会は、画一的な基準の下に処理が求められる行政からの業務委託が中心的な活動となっている。自由記述において、行政からの回覧板や資料の配布、報告の義務などについて、処理が大変であることを述べる町内会は多く、「行政は町内会に依存業務が多く、それを見ている町内住民は役員をやりたくないのが本音だ」(盛岡市調査・自由記述より)といったように、行政の業務委

表2-3 町内会で行っている活動

	青森市	秋田市	盛岡市	山形市	仙台市	福島市
1位	ゴミ処理	設備管理	清掃美化	設備管理	ゴミ処理	ゴミ処理
	84.8	93.2	92.2	88.9	81.9	81.9
2位	清掃美化	ゴミ処理	設備管理	ゴミ処理	清掃美化	清掃美化
	76.6	85.8	89.6	87.3	80.5	80.5
3位	設備管理	清掃美化	ゴミ処理	清掃美化	防犯	設備管理
	61.9	79.7	87.0	77.6	46.8	56.0
4位	廃品回収	廃品回収	廃品回収	高齢者福祉	防火	施設管理
	48.1	59.0	63.7	61.2	46.2	44.6
5位	施設管理	施設管理	公園管理	公園管理	公園管理	廃品回収
	41.1	49.1	62.2	57.1	42.9	43.0
6位	公園管理	公園管理	施設管理	廃品回収	設備管理	公園管理
	36.8	46.2	54.9	54.7	40.9	40.0
7位	交通安全	高齢者福祉	高齢者福祉	施設管理	交通安全	防犯
	35.1	35.9	49.7	51.5	38.3	22.1
8位	高齢者福祉	交通安全	防犯	防犯	私道管理	高齢者福祉
	32.3	33.7	43.5	31.5	29.2	21.7
9位	防犯	私道管理	交通安全	交通安全	高齢者福祉	交通安全
	29.4	22.2	40.4	29.1	28.4	20.5
10位	青少年教育	青少年教育	青少年教育	防火	青少年教育	私道管理
	22.9	19.8	30.1	23.2	21.5	17.8
11位	私道管理	防犯	防火	学童保育支援	学童保育支援	青少年教育
	18.6	19.6	23.3	22.6	15.1	15.4
12位	防火	学童保育支援	学童保育支援	私道管理	乳幼児保育支援	学童保育支援
	14.7	18.6	17.1	22.1	1.5	14.0
13位	学童保育支援	防火	私道管理	青少年教育		防火
	13.4	14.6	14.0	22.1		13.2
14位	乳幼児保育支援	乳幼児保育支援	バザー	乳幼児保育支援		乳幼児保育支援
	4.5	4.5	7.3	7.5		3.2
15位	バザー	バザー	乳幼児保育支援	バザー		バザー
	4.3	4.2	4.1	4.0		2.4

注) 仙台については、項目内容が違うため、他との比較は参考程度にとどめてほしい。

託の増大が、「役員のなり手不足」を導いているといった指摘もみられる。また、昨今の「市民協働」を提唱する行政に対して、「市がすすめている「市民協働」という観点で考えると今後、「町内会」のはたす役割が重要なものとなると思う。しかし、地域住民の高齢化がさらに進む中で、地域住民の果たさねばならぬ多くの役割に耐えられるかどうか心配である」（秋田市調査・自由記述より）といったように、町内会の現状から考えて、業務に対応できるだけの余力が無い事を述べる町内会もある。

「本来、何をするか、何をしないかは、その都度自主的に決めることが出来るはずですが、押し流されるのが現実で、することが次第に増え、整理することもできません」といったように、任意団体であるはずの町内会において、独自の活動が展開できない状況と、増える行政委託業務への傾倒といったジレンマの中での苦しさを述べる町内会もある。このようなジレンマを感じている町内では、せめて行政の支援を厚くしてほしいと願う。しかし、「「町内会活動保険」への加入～中略～が市で制度化されたり、補助対象となれば住民活動が活性化されるのではないかと思うのですが、市では動きません」（盛岡市調査・自由記述より）といったように、町内会活動が停滞化する中で、行政の支援が十分ではないことに対する不満がみられる。

現在の町内会は、独自の活動を展開したいと思いつつも、行政からの委託業務を拒めない状況の中で、任意団体である性格と、行政からの「下請け」組織としての性格が拮抗する場となっている。町内会の弱体化は、構成員の高齢化、無関心層の増大、新住民の増加等によって、生活意識・生活協働を共有できない状況によってもたらされたものと考えられるが、行政からの業務依頼の増加も影響を与えているということを、市民協働、行政と住民の連携を捉える際に、今一度考えていかなければならないことである。

田野畑村における活動状況は、「ゴミ処理」（羅賀・島越）、「廃品回収」（羅賀）、「清掃美化」（羅賀・島越）、「施設管理」（羅賀）、「設備管理」（羅賀・島越）、「私道の管理」（島越）といった点が挙げられ、本章で扱う「防犯」は行われていなかった。この点については、3において詳しくみていく。

(4) 犯罪に対する認識と具体的な防犯活動

続いて、本章で扱う「防犯」についてみていく。町内会・自治会では、犯罪をどのように認識し、防犯活動につなげているのであろうか。

犯罪状況の認知

表2-4は、これまでの町内会周辺の犯罪状況について、東北6都市町内会調査の結果と田野畑村羅賀行政区・島越行政区自治会長への聞き取り内容を示したものである。尚、仙台市については、質問の仕方が異なるため、ここでは示していない。

犯罪種類に対する回答で「多い」「非常に多い」を合わせた結果を犯罪状況の認知として捉えてみていくと、どの市においても「不法なゴミ捨て」が他の項目に比べ突出して高い（青森－42.4％、盛岡－31.6％、秋田22.4％、山形－51.5％、福島58.2％）。この点に関して吉原（2008：60）は、不法投棄といった指定した場所以外への投棄も含まれているが、指定日以外に指定場所にゴミを出す、分別回収を守らないといった点が大半を占めると予想され、犯罪というよりはコミュニティモラールの問題として捉え、犯罪の分類から外している。ただ、田野畑村羅賀行政区・島越行政区の部分をみてみると、「山のほうにはあるかもしれない」「たまにある」といった回答は不法投棄としての認識、つまり犯罪としての認知がされていると考えられる。都市部においても、コミュニティモラールの問題として捉えられる行動が犯罪を引き起こすきっかけとなっている場合も有り（時間外に捨てられたゴミへの放火など）、犯罪に結びつけて捉えられている可能性も否定できない。

他、上位に位置づけられるのは、「自転車・バイクの盗難破損」（青森1位－9.1％、盛岡1位－8.8％、秋田2位－3.6％、山形2位－4.3％、福島1位－7.7％）、「車上荒らし・自動車の破損」（青森3位－3.9％、盛岡4位－3.6％、秋田3位－2.8％、山形4位－3.0％、福島3位－3.4％）、「空き巣狙い」（青森4位－3.0％、盛岡2位－5.2％、秋田1位－3.9％、山形3位－3.8％、福島2位－4.9％）となっている。いずれも割合が10％未満であることから、犯罪認知率としての高さを認めることは難しい。とはいえ、詐欺やストーカーのような、どちらかと言えば個人を対象・特定した犯罪よりも、地域レベルで捉えられる項目に回答が偏っている点は、地域社会と犯罪・防犯との関係を捉える際に、注目すべき点であろう。田野畑村に関してみてみるならば、ほとんどが「全くない」という回答であり、犯罪の認知がなされて

第2章　災害時の防犯活動の位相　67

表2-4　犯罪状況の認知

犯罪の種類 / 選択肢		1 自転車バイクの盗難破損	2 車上荒らし・自動車破損	3 落書きや器物の破壊	4 不審者の侵入	5 空き巣狙い	6 放火・不審火	7 詐欺	8 悪徳商法	9 すり・ひったくり	10 下着等の洗濯物の盗難	11 痴漢・変質者	12 ストーカー	13 恐喝・脅迫	14 暴行・傷害・強盗	15 不法なゴミ捨て
青森	全くない	11.3	14.7	13.0	16.0	15.2	29.4	18.2	13.9	23.0	22.5	18.6	23.8	22.5	20.8	5.2
	ほとんどない	17.3	26.0	26.8	26.0	26.4	23.8	23.8	22.5	22.9	26.0	26.4	23.8	26.4	25.1	8.2
	あまりない	35.9	25.1	26.0	22.5	21.6	13.0	17.3	24.7	13.9	12.6	20.8	11.7	11.7	14.3	29.0
	多い	8.7	3.5	4.8	0.4	3.0	0.9	0.4	1.2	0.9	0.0	0.0	0.0	0.4	0.0	31.1
	非常に多い	0.4	0.4	0.4	0.0	0.0	0.9	0.4	0.0	0.0	0.0	0.0	0.0	0.0	0.0	11.3
	わからない	6.1	6.5	4.8	8.7	9.1	4.8	13.0	13.0	12.1	11.7	8.7	13.0	11.7	11.3	3.5
盛岡	全くない	7.8	13.0	14.5	12.4	13.0	39.4	18.7	11.4	31.6	23.8	15.5	24.4	27.5	23.8	4.1
	ほとんどない	32.1	33.2	34.2	30.1	31.6	26.9	30.1	28.5	25.4	27.5	30.6	28.5	23.8	28.5	9.3
	あまりない	34.2	32.1	30.6	33.7	33.2	15.5	14.0	24.4	16.1	18.7	24.9	14.5	16.1	17.1	43
	多い	8.3	3.6	2.6	3.1	5.2	0.0	2.6	3.6	0.5	1.6	4.7	1.0	0.5	0.0	27.5
	非常に多い	0.5	0.0	0.0	0.0	0.0	0.0	0.0	0.0	1.0	0.0	0.0	0.0	0.0	0.0	4.1
	わからない	7.8	7.8	6.7	9.3	7.3	6.2	21.8	19.7	15.5	16.1	11.9	19.2	20.7	18.7	3.6
秋田	全くない	25.2	29.7	30.7	22.7	21.5	52.3	32.8	22.2	39.9	34.9	28.0	36.8	36.3	38.0	11.5
	ほとんどない	31.6	29.3	31.1	31.8	30.0	23.1	26.4	26.0	25.5	25.9	27.6	23.8	25.5	25.2	22.7
	あまりない	20.7	18.2	16.0	22.6	24.3	5.6	8.2	16.7	5.6	9.0	16.5	6.4	6.3	7.3	29
	多い	3.3	2.6	2.3	2.8	3.6	0.5	0.7	2.6	0.0	0.9	2.4	0.2	0.3	1.0	18.9
	非常に多い	0.3	0.2	0.5	0.0	0.0	0.0	0.0	0.0	0.0	0.0	0.0	0.0	0.0	0.0	3.5
	わからない	8.9	8.7	7.8	8.2	8.2	6.6	18.8	20.8	15.5	17.5	13.9	20.3	19.1	15.8	4.5
山形	全くない	13.5	15.9	14.6	14.6	15.1	36.7	18.9	10.0	24.8	19.9	13.5	21.3	21.8	24.5	1.1
	ほとんどない	24.5	29.9	28.0	27.0	28.6	23.7	28.0	23.2	26.1	24.8	26.1	24.8	25.9	25.1	7.8
	あまりない	29.9	24.0	26.4	25.1	22.4	8.9	12.7	23.5	10.5	16.7	25.6	11.9	11.9	12.7	25.6
	多い	3.5	2.7	4.0	2.2	3.8	1.3	0.5	4.0	1.1	1.1	3.0	0.8	0.5	0.8	40.4
	非常に多い	0.8	0.3	0.5	0.3	0.0	0.0	0.0	0.3	0.0	0.0	0.0	0.0	0.0	0.0	11.1
	わからない	5.4	4.6	3.0	6.5	6.2	3.0	12.9	15.1	10.5	11.6	8.1	14.3	13.2	10.5	0.5
福島	全くない	20.9	23.7	25.4	18.3	19.5	39.6	28.0	16.8	34.1	26.6	23.7	28.8	27.4	30.0	5.7
	ほとんどない	26.0	28.6	29.4	30.0	27.0	22.5	25.6	22.9	26.6	29.2	29.8	29.6	30.0	29.4	15.2
	あまりない	23.9	22.3	19.5	25.2	28.2	13.6	12.4	24.3	9.1	12.0	17.4	9.3	9.1	9.9	32.0
	多い	6.9	2.4	1.4	2.2	4.1	1.8	0.6	1.8	0.0	0.8	1.2	0.2	0.2	0.4	26.2
	非常に多い	0.8	1.0	1.0	0.2	0.0	0.6	0.4	0.0	0.0	0.0	0.2	0.0	0.2	0.0	6.1
	わからない	6.9	6.9	6.3	7.1	5.5	4.3	14.0	16.2	11.4	13.2	9.3	13.0	13.8	11.6	2.6
羅賀		全くない	全くない	全くない	全くない	全くない	わからない	何年か前はあった	全くない	全くない	全くない	全くない	わからない	わからない	山のほうはあるかも
島越		全くない	全くない	全くない	全くない	全くない	全くない	全くない	全くない	全くない	全くない	全くない	全くない	全くない	全くない	山のほうはあるかも

犯罪に対する問題共有状況

　表2-5は、犯罪に対する問題共有状況について聞いたものであり、実際に犯罪が生じたか否かということよりも、過去における犯罪に対する問題としての認識、町内会での問題の共有状況を示したものとして考えることができる。表2-6は、犯罪に対するこれからの不安について聞いたものである。

　表2-5において、「大いに問題あり」＋「やや問題あり」をみてみると、「路上の空き地やゴミの散乱」（青森1位－48.5％、盛岡1位－40.4％、秋田1位－30.9％、山形1位－51.5％、福島1位－43.8％）、「自動車・バイク・自転車の不法投棄」（青森2位－45.5％、盛岡2位－35.8％、秋田2位－28.7％、山形2位－41.6％、福島2位－29.9％）、「不審者の出没」（青森4位－13.4％、盛岡3位－22.8％、秋田4位－16.0％、山形3位－19.1％、福島3位－12.0％）が上位にあることから、町内会の中で共有すべき問題としての犯罪の種類は、各都市、同様の傾向がみられることがわかる。他には、青森、秋田では「深夜の暴走族」が3位にランクインしている（青森－15.6％、秋田16.1％）。盛岡では、「町内のよくわからない住民」が4位であることは少し気になる点である。田野畑村では、表2-4に示した犯罪認知と同様に、「問題なし」といった状況にあり、犯罪の認知がされていない。故に、地域の問題として共有すべき状況にないといえる。

　表2-6は、犯罪に対するこれからの不安について示したものである。表2-5の「犯罪に対する問題共有状況」と同じ犯罪種類について聞いている。過去における問題共有状況と変わらず、「路上の空き地やゴミの散乱」（青森1位－39.8％、盛岡1位35.7％、秋田1位－28.8％、山形1位－47.7％）、「自動車・バイク・自転車の不法投棄」（青森2位－39.0％、盛岡2位－24.9％、秋田3位－22.9％、山形2位－36.9％、福島2位－22.9％）、「不審者の出没」（青森3位－27.3％、盛岡3位－23.3％、秋田3位－22.6％、山形3位－25.6％、福島4位－13.4％）が上位にあるが、表2-5と比べると、上位に位置づけられている項目の割合が減少している。その代わりに、犯罪種類の「わいせつなビデオ・雑誌の自販機」「深夜営業の店舗」「町内のよくわからない住民」「新聞・テレビ・ラジオの犯罪報道」といった項目の割合が増えている。地域周辺の環境の変化、住民の流動性の増加等、時代の流れによって変化した生活環境の影響が、この結果に結びついていると考えられる。同時

表2-5　犯罪に対する問題共有状況

犯罪の種類 / 選択肢		1 路上の空き地やゴミの散乱	2 自動車・バイク・自転車の不法投棄	3 不審者の出没	4 不良のたまり場	5 深夜の暴走族	6 害悪のあるチラシやビラ	7 わいせつなビデオ・雑誌の自販機	8 深夜営業の店舗	9 町内のよくわからない住民	10 新聞・テレビ・ラジオの犯罪報道
青森	大いに問題あり	14.7	12.6	1.3	1.7	4.3	1.3	0.0	0.0	1.3	—
	やや問題あり	33.8	32.9	12.1	8.2	11.3	6.5	4.3	3.0	7.8	—
	あまり問題なし	23.8	24.7	32.5	28.6	26.3	30.7	18.6	22.1	30.7	—
	問題なし	9.5	11.3	24.7	31.2	29.0	30.7	46.3	44.6	29.4	—
盛岡	大いに問題あり	9.3	8.3	2.6	0.5	1.6	1.0	1.6	1.6	1.0	0.0
	やや問題あり	31.1	27.5	20.2	10.9	10.4	8.3	4.1	4.1	14.5	10.4
	あまり問題なし	36.8	33.2	42.5	42.0	36.3	33.7	23.3	21.8	38.9	37.8
	問題なし	11.9	19.2	22.3	33.2	37.8	43.5	57.5	58.0	31.1	36.3
秋田	大いに問題あり	5.6	4.7	2.1	0.7	2.6	0.9	0.7	0.3	1.2	3.6
	やや問題あり	25.3	24.0	13.9	6.1	13.5	4.2	2.1	3.0	8.2	7.8
	あまり問題なし	32.3	30.7	38.4	28.0	29.2	31.3	20	19.1	31.6	30.9
	問題なし	24.5	27.8	30.9	49.1	39.9	48.1	61.3	62.2	43.9	40.3
山形	大いに問題あり	18.1	11.1	3.2	1.1	1.3	2.4	2.2	1.3	1.3	—
	やや問題あり	33.4	30.5	15.9	7.3	10.5	10.0	3.0	1.9	8.6	—
	あまり問題なし	21.6	29.4	39.6	31.8	28.3	32.6	18.6	22.1	27.0	—
	問題なし	9.2	11.3	17.5	33.2	34.0	29.6	49.9	47.4	34.8	—
福島	大いに問題あり	9.9	3.9	1.2	1.2	2.4	1.8	0.6	0.8	1.4	3.2
	やや問題あり	33.9	26.0	10.8	7.3	13	6.1	2.8	1.2	8.7	9.5
	あまり問題なし	25.2	28.6	38.9	28.4	29.2	29.3	16.4	19.1	25.4	28.2
	問題なし	17.6	26.0	30.0	42.8	36.7	42.4	60.6	57.4	43.8	37.9
羅賀		問題なし	問題なし	問題なし	問題なし	問題なし	問題なし	問題なし	問題なし	問題なし	問題なし
島越		問題なし	問題なし	問題なし	問題なし	問題なし	問題なし	問題なし	問題なし	問題なし	問題なし

表2-6 犯罪に対する不安

	選択肢 \ 犯罪の種類	1 路上の空き地やゴミの散乱	2 自動車・バイク・自転車の不法投棄	3 不審者の出没	4 不良のたまり場	5 深夜の暴走族	6 害悪のあるチラシやビラ	7 わいせつなビデオ・雑誌の自販機	8 深夜営業の店舗	9 町内のよくわからない住民	10 新聞・テレビ・ラジオの犯罪報道
青森	大いに不安あり	10.4	10.4	1.7	1.7	3.0	0.4	0.4	0.9	1.3	—
	やや不安あり	29.4	28.6	15.6	7.8	10.8	6.5	5.6	4.8	9.5	—
	あまり不安なし	28.1	26.4	32.9	32.9	29.9	29.4	19.0	21.6	29.9	—
	不安なし	11.3	13.9	20.3	26.8	26.4	32.0	43.3	42.4	27.7	—
盛岡	大いに不安あり	6.7	6.2	3.1	2.1	0.5	0.0	0.5	1.0	1.0	1.0
	やや不安あり	29	18.7	20.2	10.4	10.4	8.8	4.7	5.2	16.1	10.4
	あまり不安なし	39.4	44.0	42.0	39.4	41.5	40.9	33.2	26.4	39.9	37.3
	不安なし	11.9	16.6	20.7	32.1	32.1	35.2	47.2	51.8	28	34.7
秋田	大いに不安あり	4.7	3.1	2.6	1.4	2.6	1.0	0.7	0.3	1.2	4.2
	やや不安あり	24.1	19.8	20.0	7.5	11.5	5.2	2.6	4.2	9.7	9.2
	あまり不安なし	34.7	38.2	38.9	32.5	34.7	35.8	28	24.5	32.6	32.5
	不安なし	22.4	25.5	22.7	41.3	35.4	41.0	51.7	54.2	39.6	35.6
山形	大いに不安あり	16.2	7.3	4.3	1.1	1.3	1.1	1.3	1.3	1.6	—
	やや不安あり	31.5	29.6	21.3	7.8	11.3	10.5	3.5	3.0	9.2	—
	あまり不安なし	22.4	31.0	34.8	34.2	29.6	33.4	23.7	27.0	28.8	—
	不安なし	10.2	11.6	14.8	28.3	29.6	26.7	43.1	40.2	29.1	—
仙台	不安あり	30.3	42.1	14.0	12.5	15.7	21.3	1.5	21.8	—	—
	不安なし	65.9	54.4	81.2	82.6	79.3	74.6	93.9	73.9	—	—
福島	大いに不安あり	7.1	2.0	1.6	1.4	2.2	1.2	0.8	1.0	1.8	4.1
	やや不安あり	30.2	20.9	11.8	5.9	11.4	4.3	1.6	2.0	9.1	9.3
	あまり不安なし	30.2	35.1	40.4	33.1	31.6	33.7	21.5	21.9	28	28.4
	不安なし	16.0	23.3	24.3	36.3	33.1	38.5	54.0	51.3	38.3	34.7
羅賀		問題なし	問題なし	問題なし	問題なし	問題なし	問題なし	問題なし	問題なし	問題なし	問題なし
鳥越		問題なし	問題なし	問題なし	問題なし	問題なし	問題なし	問題なし	問題なし	問題なし	問題なし

に、「新聞・テレビ・ラジオの犯罪報道」といった、自分たちの地域では起きていないにもかかわらず、その出来事を見聞きすることによって、「自分の地域でも起きるかもしれない」といった不安が増大している様子も確認できる。

具体的な対策

では、これまで示してきた犯罪に対し、町内会では具体的に、どのような対策をしてきたのであろうか。表2-7は、町内会における防犯のために組織的に行っている具体的な対策について示したものである（複数回答）。仙台市については、質問項目が異なっているため、表には入れていない。

どの市においても、1位となっているのが、「防犯灯・街路灯の設置」（青森60.2％、盛岡78.2％、秋田75.0％、山形78.7％、福島71.8％、）だが、これは表2-3で示した町内会の活動における「設備管理」にあたるものである。つまり日常の町内会活動の延長線上に位置づけられるものであり、防犯に対しての積極的な取組としては捉えがたい。他、上位にランクインしているのが、「地域の犯罪発生や不審者の出没状況の情報共有」（青森2位－52.8％、盛岡4位－46.1％、秋田4位－42.9％、山形2位－51.2％、福島4位－41.6％）、「小・中学校との情報交換」（盛岡2位－69.9％、秋田2位－59.2％、福島2位－43.8％）、「声かけの実施」（青森3位－35.1％、盛岡5位－42.5％、秋田3位－47.0％、山形3位－38.3％、福島5位－33.7％）となっている。「地域の犯罪発生や不審者の出没状況の状況共有」については、町内会独自で行っているものかどうかはわからない。というのも、田野畑村の聞き取りでは、自治会で、何らかの状況を把握・共有はしていないが、警察からのお知らせを回覧しているとのことであった。それと同様に、自主的防犯活動というよりは、町内会以外からの情報提供の共有といった受動的な活動ということになるだろう。実際に自由記述をみるかぎり、自主的に不審者や犯罪発生状況を確認しているような動きはみられない。青森市調査・山形市調査においては、項目としてなかったが、「小・中学校との情報交換」が他3市において2位となっている。自由回答記述をみてみると、その内容としては、「登下校時の見守り」「スクールガード」などの活動がみられ、学校がある日に活動が行われているようである。「声かけの実施」については、あいさつといったような日常の関係性の延長であると考えられる。

地域における防犯活動として一般的に考えられるものとしては「防犯パト

表2-7 犯罪に対する具体的な対策

	1 防犯パトロールの実施	2 地域の犯罪発生や不審者の出没状況の情報共有	3 防犯マップの作成	4 防犯灯・街路灯の設置	5 監視カメラの設置	6 声かけの実施	7 公園等の見通し見晴らしの改善	8 不審者に遭遇したときの連絡先・駆け込み寺	9 防犯セミナー・講習会等への参加	10 小・中学校との情報交換	11 その他
青森	29.4	52.8	3.9	60.2	0.9	35.1	6.9	27.7	—	—	6.1
盛岡	50.8	46.1	15.5	78.2	0.5	42.5	18.7	34.7	23.3	69.9	2.6
秋田	21.7	42.9	5.9	75.0	0.2	47.0	9.4	26.6	17.4	59.2	3.0
山形	31.5	51.2	25.9	78.7	1.9	38.3	17.5	37.7	—	—	4.3
福島	42.6	41.6	10.1	71.8	0.4	33.7	11.8	25.4	21.7	43.8	3.7
羅賀	行っていない	行っていない	行っていない	行っている	行っていない	行っている	行っていない	行っていない	行っていない	行っていない	行っていない
島越	行っていない	行っていない	行っていない	行っている	行っていない	行っている	行っていない	行っていない	行っていない	行っていない	行っていない

ロールの実施」だが、「防犯パトロールの実施」が上位にランクインしているのは、盛岡50.8％と福島42.6％である。自由回答記述をみてみると、「防犯パトロール」として意識している活動の実施は、年数回といった状況であり、日常的に行われているものではない。

表2-8は、内閣府が2004年に発表した「治安に関する世論調査」において、「参加したい防犯活動団体」についての回答を示したものである。「学校や町内会による活動」が76.6％と最も割合が高くなっているが、年齢別に見てみると、子育て世代である30－49歳代で山があることがわかる。子どもが犯罪に巻き込まれることを心配し、防犯活動の必要性を感じている特定の層である親たちの思いが、このような結果に結びついたものと考えられる。

町内会における具体的な対策についていえることは、学校や警察といった、外部からの要請による受動的な活動が多く、「自主的」な活動は少ないということであろう。表2-1で示したように、住民全体の問題としてというよりは、表2-8と照らし合わせて考えるにある特定の層の関心・要請に基づき、防犯意識が形成されているとも考えられる。

表2-8　参加したい防犯活動団体

(単位：％)

	学校や町内会による活動	顔見知りなどによる自主的な活動	任意団体としてのボランティア団体の活動	NPO法人など法人格をもつ団体のボランティア活動	その他	わからない
20〜29歳	62.1	36.9	22.3	12.6	—	4.9
30〜39歳	85.6	18.6	11.7	8.5	—	1.1
40〜49歳	84.3	24.9	16.6	11.1	—	0.9
50〜59歳	77.3	26.3	22.0	8.3	1.0	1.0
60〜69歳	71.5	25.7	19.4	6.7	—	1.4
70歳以上	71.5	22.6	18.2	6.6	1.5	1.5
総　数	76.6	25.2	18.5	8.6	0.4	1.5

出所：内閣府，2004,「治安に関する調査」より。
注）自主的な防犯活動に「参加したい」とした者に、複数回答で質問。

　田野畑村に関しては、防犯灯・街路灯の設置、声かけの実施のみに反応がみられた。これらもまた、行政の委託事業である設備管理、日常の挨拶の延長である声掛けであり、積極的な防犯活動は行われていないと考えられる。

都市部町内会と農村部自治会における防犯意識・防犯活動

　東北6都市町内会調査結果と筆者が行った田野畑村2行政区の聞き取り調査結果とを対比させて、都市部と農村部の共通点・相違等を検討することはいささか乱暴ではあるが、多少述べていく。参考程度にとどめてもらいたい。

　都市においても農村においても、犯罪状況の認知（表2-4）は決して高いとはいえない。その背景としては、実際に犯罪が起きていないということが一番の理由だろう。都市部に関して言うならば、地方都市ということも影響しているかもしれない。犯罪認知において、「不法なゴミ捨て」が、高い割合で1位となっていたが、これはコミュニティモラールの観点から捉えられることであるとされている。ただ、この点については、コミュニティモラールの問題であると同時に、犯罪の温床となる危惧があり、また、誰もが目にしやすい、誰にとっても犯罪として認識しやすいといった点から、上位にランクインしているとも考えられる。

問題状況の共有（表2-5）、犯罪に対する不安（表2-6）となると、犯罪状況の認知にみられる割合に比べ、それぞれ割合が高くなっている状況にある。犯罪認知状況の割合との乖離は、まさに「体感不安」の表れとして考えられる。実際に「新聞・テレビ・ラジオの犯罪報道」の割合が若干ではあるが上昇した点からもそのように予測される。ただ、農村部においては、この項目に対して反応はみられなかったことから、「体感不安」を軽減させる環境が周囲に存在しているとも考えられるが、ここでは分析しない。

このような体感不安の高まりがみられる一方で、具体的な対策については、受動的な対策にとどまり、自主的・能動的な対策はあまり行われていない状況である。もっとも頻繁に行われているものとしては、「小・中学校との情報交換」であり、そこには、登下校時の見守り等も含まれると考えられる。ただ、これは、特定の集団・特定の人たちの問題意識によって行われていると考えられ、町内全体の問題としての共有、対策といった点からはいささかかけ離れている。

このようにみてみるならば、地域全体の問題として「防犯」が捉えられていないというのが、町内会・自治会をめぐる防犯活動の現状といえる。ただ、都市部に関していうならば、不安を感じ、問題共有は意識的にされていると考える。田野畑村においては、3でも述べるが、面接聞き取り調査の様子からは、犯罪認知・問題共有・不安・対策といった点について、全くと言っていいほど反応がみられなかった。地域全体の問題として「防犯が捉えられていない」という結果だけをみるならば農村部と都市部は同じかもしれないが、その背景は全く異なると考えられる。

3　東日本大震災において発動した「防犯パトロール」
　　　──岩手県田野畑村の事例

(1) 東日本大震災における田野畑村の被害

岩手県田野畑村の概況

本章で対象とする岩手県田野畑村は、岩手県の沿岸北部に位置し（図2-1）、盛岡からは車で2時間ほどかかる場所にある。自家用車以外の交通手段として

は、三陸鉄道がある。宮古市で盛岡からの連絡をとり、久慈市まで続き、青森県八戸市への連絡をとっていたが、今回の地震で田野畑村内にある島越駅が流されてしまい、現在(2011年8月現在)は隣接する岩泉町にある小本駅と野田村にある陸中野田駅まで、バスによる代行運転が行われている。

　北上山系が村を走っていることから、平地が村全体の16%ほどしかない。主要産業は水産業と酪農業であるが、今回の地震による水産業への打撃は顕著である。2011年3月1日現在、人口は3965人、高齢化率は32.4%、世帯数1450世帯(住民基本台帳)であり、過疎高齢化が深刻な地域である。

田野畑村の被害状況

　田野畑村ではこれまで、1896(明治29)年、1933(昭和8)年、1968(昭和43年)に、地震による大津波を経験したことから、堤防を整備するなどして、防災に適した街づくりをしてきた。しかしながら、今回の東日本大震災による津波被害は避けられず、その状況は甚大なものであった。

　今回の東日本大震災において、田野畑村は震度4を観測し、14時49分に大津波警報が発表された。同時に、防災行政無線で地震の発生を全町民に伝え、沿岸地区には避難指示を発令した。津波の第一波が15時25分頃確認され、その後も10メートル級の津波が繰り返し陸に押し寄せ、沿岸部の集落は波に飲み込まれた(田野畑村2011：3)。2011年9月20日現在、この地震による村民の死者は23名、行方不明者は16名となっている。津波遡上高は、平井賀漁港海岸の痕跡から分析するに、25.5メートルにも達した。震災直後の避難所には、600人を超す住民が集まった(田野畑村2011：3-4)。

　表2-9および表2-10は、田野畑村の被害状況を示したものである。主要産業である水産業の被害が顕著である。被災した行政区は、机・明戸・島越・羅賀の4行政区であり、これら行政区は、漁業・林業に加え、観光業で成り立っていた集落であることから、今後の産業復興および雇用の問題が深刻である。

　先に示した4行政区の中で、羅賀行政区と島越行政区は、特に被害の大きかった地区である。この2つの行政区は、主要産業である漁業および観光業に従事している人が多く、村の中でも人口が多いところであった。羅賀行政区の人口は458人、高齢化率28.4%、世帯数160世帯、島越行政区の人口は543人、高齢化率28.4%、世帯数183世帯であり(住民基本台帳、2011年3月1日現在)、現在、

76　第Ⅰ部　ゆらぐ社会と安全・安心コミュニティ

図2-1　岩手県における田野畑村の位置

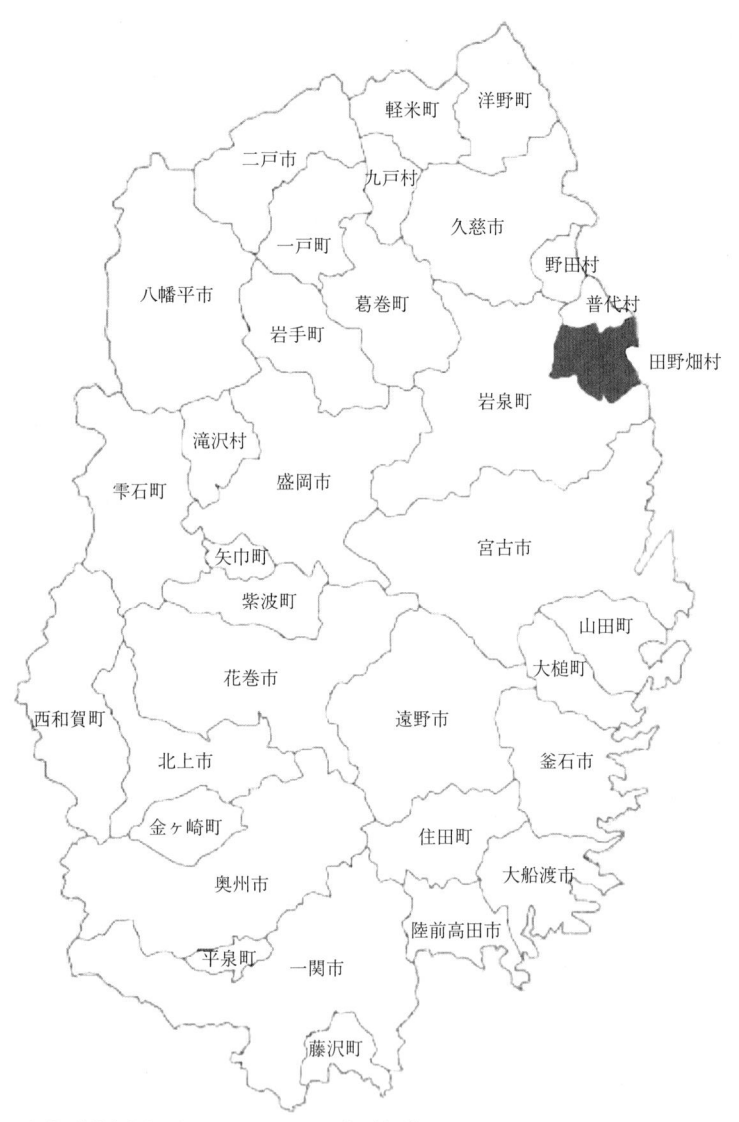

出所：農林水産省　わがマチ・わがムラ―市町村の姿―
　　　（http://www.machimura.maff.go.jp/machi/map2/03/484/index.html）

表2-9 人的および住家等被害（2011年9月20日現在）

区分	被害内容
人的被害（村民）	死者23人、行方不明者16人、負傷者6人
住家被害	被災住家数274棟、被災世帯244世帯、被災者数701人（単位：棟）

区分	全壊	大規模半壊	半壊	一部損壊	計
机	1				1
明戸	4	4	1	1	10
羅賀	99	9	14	2	124
島越	121	9	8	1	139
計	225	22	23	4	274

非住家世帯	311棟（一部損壊以上）

出所：『田野畑村災害復興計画』4頁。

家屋流出・損壊状況にある世帯は、仮設住宅での生活となっている。仮設住宅は、行政区ごとに分けられ、島越行政区は、田野畑中学校グラウンドに、羅賀行政区は、岩泉高校田野畑分校のグラウンドに、机、明戸行政区は、村の文化施設「アズビィホール」グラウンドに設置され、被災者は計186戸の仮設住宅において生活を送っている。

(2) 田野畑村における震災後の支援の動き

東日本大震災における田野畑村への支援隊の出動

震災後、被災地には自衛隊や警察等、多くの支援団体が入り、遺体・貴重品捜索を行った。本章で対象とする田野畑村には、「平成23年東北地方太平洋沖地震支援隊出動一覧」（田野畑村役場作成）によると、3月11日から5月31日まで、田野畑村消防団、田野畑消防分署、岩泉警察署（岩泉町）、自衛隊第二特科連隊（北海道旭川市）、陸上自衛隊、県警察（岩手県・青森県・神奈川県・富山県・秋田県・群馬県・山梨県・埼玉県・奈良県・静岡県）、岩手県警機動隊、県警高速隊、海上保安庁が支援隊として出動している。出動人数は延べ数として6,701名、その中で最も多く人員を輩出したのは地元田野畑村消防団であり、延べ数1,851名、出動人数全体の3割ほどを占め、支援活動において中心的な役割を担った。

支援隊は、3月11から20日まで、遺体・貴重品の捜索、がれきの撤去を中心に行った。この間、被災地には支援隊等関係機関の関係者しか立ち入ること

表2-10 物的被害(2011年9月20日現在　調査継続中)

区分	項目	概算被害金額（単位.千円）	主な被災個所
田野畑村等管理	住家	3,907,104	上記被災内容のとおり
	非住家	1,038,370	同上
	社会福祉施設 社会教育施設	236,809	いこいハウス・マレットゴルフ場（立木含む）
	消防施設	152,003	防災センター1　積載車1　消火栓16　防火水槽1　戸別受信機284　他設備15
	観光施設	1,355,500	羅賀荘他観光施設（民宿除く・遊歩道含む）
	商工関係被害	1,156,300	設備・商品等
	ガス施設	292,405	製氷・冷凍・貯蔵・その他（LP）
	水産関係	4,711,678	水産施設203　漁船477　漁具11　養殖施設720
	漁港施設	2,446,300	外郭施設14　係留施設11　輸送施設3　用地3　海岸施設1
	家畜関係	3,240	生乳36t
	林業関係	32,427	林業施設1　林産物39千本　森林23.93ha
	公共土木関係	427,786	河川7箇所　道路22箇所　橋5箇所
	公営住宅	40,000	島越4戸
	漁業集落排水施設	882,000	2施設
	水道施設	224,000	2施設
	計	16,905,922	
岩手県管理	林業関係	40,579	多目的保安林1箇所　潮害防備保安林1箇所
	漁港施設	7,257,983	外郭施設12　係留施設7　輸送施設4
	海岸施設	1,685,115	水門　門扉等
	公共土木関係	632,838	河川2箇所　道路6箇所　橋4箇所
	鉄道施設	1,550,000	三陸鉄道施設
	計	11,166,515	
田野畑村被害額合計		28,072,437	

※被害状況は、今後調査を進めるなかで変動する可能性があります

出所：『田野畑村災害復興計画』4頁。

ができなかった。遺体捜索がある程度落ち着いたことから、3月20日18時に被災地への交通規制が解除され、一般の人たちも通行可能となった。これに伴い、被災地における夜間の防犯パトロールが行われるようになった。この夜間防犯パトロールを担当したのが、田野畑村駐在所の所員、田野畑村消防分署の署員、そして田野畑村消防団の団員たちであった。

震災時における消防団の役割

本章で問いたいことは、1でも述べたように、東日本大震災により発生した防犯パトロールの意味である。田野畑村の事例を取り上げる際、夜間の防犯パトロールにおいて、なぜ地元消防団が担当したのか、その活動にはどのような意味があったのか、町内会・自治会の枠を超えたかかわりはなぜ可能であったのかといった疑問からスタートする。

　1でもみてきたように、震災後に行われた各被災地の防犯パトロールは、消防団ではなく、地元ボランティア、自主防犯組織が新たに組織されて行われているようである。消防団が防犯活動にかかわる際には、本来ならば慎重な対応が求められる。それは以下のような経緯による。

　2004年11月8日付けで発出された警察庁生活安全局長通達「犯罪に強い地域社会の再生に向けた地域住民の各種活動に対する支援の充実・強化の推進について」(警察庁丙生企発第64号)において、警察と消防との連携に関する記述が存在する。その内容は、「消防は、地域における災害予防等の活動を行っており、中でも地域に根ざした活動を行う消防団については、その活動の過程において防犯活動への協力を求めることが可能であり、警察と消防団との間で協定を取り交わすなどの例もみられるところであるので、更に積極的な連携・協力に取り組むこと。なお、消防の任務等については消防組織法(1947 (昭和22)年法律第226号)により定められており、消防との連携に当たっては法令上一定の制約があることを認識するとともに、ボランティアとしての協力等幅広い観点からの連携方策を検討するものとする。」とされている。これに対し、消防庁は、「消防団に対して「その活動の過程において防犯活動への協力を求めることが可能」との表現は、特に誤解を与える可能性が高いと考え」、また、「消防団が協力できる防犯活動には法令上の制約がある」ことから、「消防団が実施する地域安全活動における見解」(2004年2月13日付け消防消第35号)を、各都道府県に周知している状況である(消防庁「消防団が実施する地域安全活動について(通知)」2004年11月9日)。

　田野畑村に隣接している岩泉町も田野畑村と同様に津波の被害があった地域である(死者11名、被害家屋等202軒　2011年7月20日現在　岩泉町ホームページより)。震災後、遺体・貴重品の捜索、がれきの撤去等が行われた。田野畑村のように夜間の防犯パトロールは行われず、消防団は先に示した作業のみの参加であっ

た。岩泉の消防団員に、田野畑村の消防団員が防犯パトロールの存在を伝えたところ、「なぜ、消防団が防犯パトロールを行うのか？」という疑問の声が聞かれた。被災範囲・規模の違い、また、資源の違いもあるだろうが、このように隣接している地域であっても消防団の震災対応に違いがみられる。そもそも消防団は震災時においてどのような役割が求められている組織なのだろうか。

　消防団とは、「消防本部や消防署と同様、消防組織法に基づき、それぞれの市町村に設置される消防機関。地域における消防防災のリーダーとして、平常時・非常時を問わずその地域に密着し、住民の安心と安全を守るという重要な役割を担います。また、近年は、女性の消防団への参加も増加しており、特に一人暮らし高齢者宅への防火訪問、応急手当の普及指導などにおいて活躍」する組織であり、「常勤の消防職員が勤務する消防署とは異なり、火災や大規模災害発生時に自宅や職場から現場へ駆けつけ、その地域での経験を活かした消火活動・救助活動を行う、非常勤特別職の地方公務員」であるとされている。消防団の動きは、各市町村の防災基本計画の中にも位置づけられており、防火・防災だけではなく、これまでも今回のような大規模災害である地震発生時において、救助活動の役割を担ってきた（総務省消防庁ホームページより）。

　近年におきた地震から具体的な動きをみていく。2004年10月23日に発生した新潟県中越地震は、新潟県川口町の震度7を最高に震度6以上の揺れを5度も記録するほどの大規模なものであり、新潟県中越地方を中心に大きな被害を与えた。新潟県では、延べ約3万7千人の消防団員が出動し、住民の避難誘導や危険箇所の警戒等の活動を行った。2005年8月16日に発生した宮城県沖を震源とした地震では、宮城県・福島県・岩手県において、延べ約8千人の消防団員が出動し、危険箇所の警戒等の活動を行った。2007年7月16日発生した新潟県中越地震では延べ1万937人、長野県では延べ1,363人の消防団員が出動し、倒壊家屋の捜索、警戒活動及び住民の避難誘導等を行っている（総務省消防庁ホームページ）。これら報告からみてみると、震災時、消防団に求められている役割とは、住民の避難誘導、倒壊家屋の検索、危険箇所の警戒であり、本章で扱う「防犯」活動の役割を期待されているとは読みとることはできない。

　なぜ、田野畑村では消防団に「防犯」活動の役割が求められたのであろうか。そして、それがなぜ可能であったのだろうか。その「防犯」活動はどのような

意味をもったものであったのであろうか。以下では、田野畑村における震災時の消防団の動きを追い、団員および被災者の思いから、以上に示した問題意識に従い、検討していく。

(3) 震災支援における田野畑村消防団のかかわり

田野畑村消防団の概要

　田野畑村消防団の条例定員数は240名である。現在、実員数は227名であり94.6％の充足率となっている（2011年6月28日現在、役場聞き取りによる）。田野畑村は漁業・農業・酪農業・林業といった第一次産業を基幹産業としているが、消防団員の構成をみてみると、被雇用者が全体の7割を占めている状況である。図2-2は田野畑村消防団の組織図である。田野畑村消防団は、団長・副団長・本部長・各分団長が所属する本団と地理的範囲をもとに1～4分団に分かれており、さらに1、2分団は2つに分かれ、沿岸部の分団として、1分団-1、2分団-1が位置づけられ、今回の地震で被災した分団である。

　消防団の基本的な活動は、「防火・防災」が目的であり、日常的な活動としては、分団で行う防災訓練、春・秋の防火点検・住民への注意喚起、火災警報が出た際の防火を目的としたパトロール、自然災害があった際の見回り活動、冬期間における消火栓の水位のチェック、雪かき等を行う。これら活動は基本的には、各分団の責任のもとに各分団の管轄範囲を対象として行われるものである。その他、村単位で行う防災訓練、消防団主催の様々な活動へ分団単位で参加している。

　非常時における各分団の動きは村の防災基本計画に定められている。地震発生時においては、津波発生時の主要道路の交通規制、津波警報発令後の水門閉鎖等の役割が定められ、今回もそれに従い行動した。また、地震による津波被災の可能性がある沿岸の1分団-1には3分団が、2分団-1には4分団が応援に行くということが、防災基本計画に定められている。

3月11日地震発生時の消防団員の動き

　現在、田野畑村消防団の団長であり、東日本大震災当時は副団長であったH氏（59歳、消防団員歴37年）は、地震が起きた時、被災地から車で20分ほどの場所に位置する田野畑村菅窪という地域で、児童館の建設工事に携わっていた。こ

図2-2　田野畑村消防団組織図

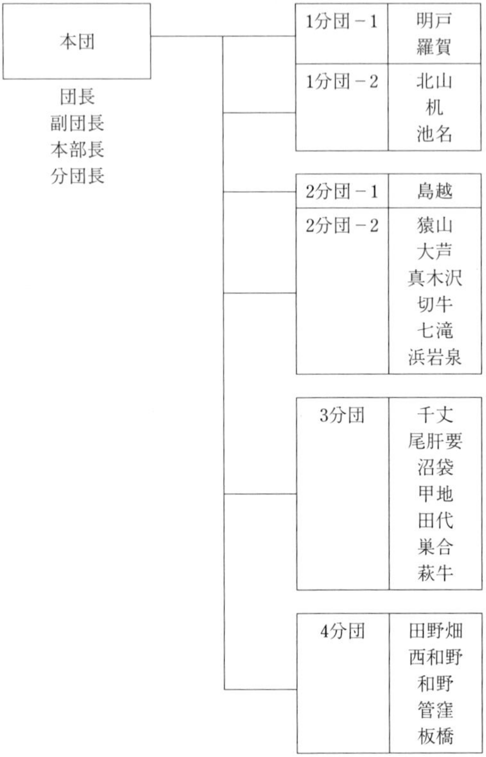

本団		
団長　副団長　本部長　分団長		

1分団-1	明戸／羅賀
1分団-2	北山／机／池名
2分団-1	島越
2分団-2	猿山／大芦／真木沢／切牛／七滝／浜岩泉
3分団	千丈／尾肝要／沼袋／甲地／田代／巣合／萩牛
4分団	田野畑／西和野／和野／管窪／板橋

出所：筆者の聞き取りによる。

の菅窪という地域は「山のほう」に位置する。H氏は、当時のことを次のように話してくれた。

　大きな揺れを感じたH氏は、「これは、絶対津波が来るだろう」と思い、自宅に戻って消防団の服に着替え、羅賀行政区域にある平井賀地区へと車で向かった。平井賀地域に着く手前で、「もう波が引いていて、こりゃ、行っちゃだめだということで見ていた」「第一波がきまして、30分ぐらいしてから第二波がきて、向こうから（波が）家をがりがりと押してきた」と話す。H氏はその行動に移った正確な時間を覚えていないが、行政資料によると、第一波が観測されたのは15時25分頃であり、H氏の行動が迅速に行われたこと、また、津波の被害の大きさが、この語りからうかがえる。

災害が起きた際、本団に所属する団長、副団長、本部長、分団長は、自分の地域の分団単位で行動するのではなく、各個人で被災地に赴き、まずは、現場の状況を確認するということが決まっている。各自、仕事の関係もあることから、集まる時間はばらばらだが、最終的には団長に情報を集約し、団長からの指示で、各分団が動くことになっている。当時もその行動指針に従い、副団長であるH氏は平井賀地域へと向かったのであった。
　H氏が、第一波、第二波を確認した後、団長が来て、「じゃあ行ってみますか、ということで下のほう（海岸沿い）にいった」ところ、羅賀地区で2人ほど助けを求めていた人がおり、警察と地元の人とともに彼らを救出、「がれきがある道を避け、救急車が来てくれるところまで行って、彼らを搬入していたら、暗くなっていた」と話す。
　職階上、役のついていない団員はどのように行動したのか。
　3分団に所属するA氏（29歳、消防団員歴が9年）は、酪農業をやっていることもあり、震災当時は家にいた。「僕は家にいまして、地震がおさまってから消防の方に、連絡はないんですけど、いかなきゃいけないと思っていたんですけど、（屯所に）行くと、もう何人か集まっていました」とA氏が話すように、地震発生直後、団員各自が各分団の屯所に集まることが、暗黙の了解となっている。集まった団員で分団所有の消防車に乗り合い、分団担当地区の点検をした後、「久慈方面に車が行かないように車を止めて、指示をしました」とA氏は話す。まずは、分団担当区域の点検が第一であり、その後は、分団ごとに割り当てられた交通規制の仕事を担当する。担当する箇所は、先に述べたように防災基本計画に従って決まっているが、「上の指示で、自然と行うことになった」とA氏は話している。この行動についてはマニュアルが存在し、分団長はそのマニュアルに基づいて指示をし、各団員に配置の指示を出しているが、職階が下の団員には、その内容は前もって知らされておらず、地震が起きて初めて、行動を取ることが求められている。
　「地震がおさまった頃、役場に集合し、他分団とともに羅賀行政区・島越行政区に出動した」「おそらく時間は6時頃であったのではないか」とA氏は当時のことを振り返る。A氏が所属する分団は3分団であり、その日は2分団－1管轄の地域である島越行政区に赴き、自治体で定められた屋外避難場所に残って

いる被災者を村のバスに誘導する作業に徹した。

　地震発生当日の消防団の主な作業は避難者の避難誘導であった。避難誘導が終わった後、行政から分団長以上に招集がかかり、次の日からの活動指針について話し合われた。その結果を各分団長は、避難誘導の作業が終わり役場に戻ってきた団員に伝え、団員は3月12日の作業に備えた。

　今回のような大震災は、37年間団員をしているH氏にとって、そして、まだ若いA氏にとっても初めての経験であった。H氏は、被災地の状況について「唖然として、言葉にならない」と話し、A氏は「山の人はこんなことになっているとは思わなくってびっくりした」と話す。本団レベルの団員となると、それなりの活動経験および学習経験があることから、自分たちのすべき行動やその手順について、順序立てて説明をしてくれる。しかし、A氏のようにまだ若く、経験の浅い団員の場合は、自分たちがすべき行動やその意味について、説明する術を持っていないようであり、聞き取りの最中にも、「自然とそうなった」という語りがよく聞かれる。A氏のところでも触れたように、非常時の際の動き方については、分団以上の団員間では共有されているのだが、職階が下の団員の場合は、前もってすべき行動が伝えられているわけではなく、指示系統に従って行動するのみである。とはいえ、何かあったら駆けつけるといった行動は、多くの消防団員に共有されており、3月11日の作業には146名、およそ全団員の6割が参加している。

3月12日以降の消防団の動き──遺体・貴重品捜索作業と夜間防犯パトロール

　3月12日から、被災地での遺体・貴重品の捜索作業が始まった。先に示したように、この作業にはさまざまな支援隊が出動している。3月12日は、朝5時半に消防署前に集合、消防団長が前に出て全体の打ち合わせを司り、夕方16時半くらいまで、被災地で遺体・貴重品捜索の作業を行い、再度、消防署前に集まり終了という流れであった。4日目からは重機が入り、作業が行われるようになった。現場は、「警察や自衛隊は、地元のことをしらないから」（H氏の語り）という理由もあり、消防団員が（島越については、当時副団長であったH氏が指示を出した）、警察、自衛隊等外部から来た支援隊に指示を出すという形で作業は進められた。3月18日と3月21日は、作業にかかわっていない被災分団である1分団-1、2分団-1が捜索活動を行い、他分団は休みをとっている。21日以

降の日中捜索に関しては、遺体が見つかるたびに、集中的に捜索を行った。

3月21日に、遺体・貴重品捜索作業を打ち切り、21日夜からは、被災地における夜間防犯パトロールが行われている。この夜間防犯パトロールは、5月6日まで続けられた。防犯パトロールが行われた理由について、「空き家から物がなくなった」(役場担当者)、「盗難の問題が出てきた」(消防団H氏)、「結構物がなくなっている」(被災地居住者)といったように、「盗難」があったということが理由として挙げられているが、この期間、盗難による被害届は出ていない(田野畑村駐在所調べ)。実際に、盗難があったかどうかということは明らかにはなっていないが、メディアによる各地での盗難事件の報道が、体感不安を増長させていったことは容易に想像ができる

表2-11は、田野畑村消防団に限定した支援隊としての出動人数を示したものである。夜間防犯パトロールは、警察・消防分署・消防団が、時間をずらして被災地をまわった。消防団に関しては、本団→1分団2部→2分団2部→3分団→4分団というようにローテーションが組まれており、時間や担当者については分団に任せられていた。A氏が所属する3分団では、班単位(4班体制)で動き、班長と1～2名の団員で回っていた。消防無線によりパトロール開始と終了を報告し、何かあった際には無線で各部署(警察・行政・消防分署)と連絡を取る形になっていた。最初のうちは、21時から24時まで、休憩1回をはさみ行われていたが、一週間くらいやってから、18時から21時へと変更となった。

5月6日に、防犯パトロールは終了したが、その時期の終了について、「特に意味はない」と役場担当者は話す。かかわった消防団員の中には、「不満が出てきたからではないか」と話す人もいるが、被災住民の生活が落ち着き始めたということも理由の一つであろう。被災地の電気が復旧しないため、被災地の住民は避難所生活を余儀なくされていたが、3月31日に電気が復旧し、4月からは家屋が残っている人たちに限って、自宅に戻っての生活が始まっていた。また、仮設の入居も5月16日前後に行われ、被災地における住民不在状況、放っておかれている家財の管理等の問題が解決したことも理由の一つであろう。

(4) それぞれの思いの受け皿としての防犯パトロール

これまで、東日本大震災における田野畑村の消防団の動きを確認してきた。

表2-11 田野畑村消防団支援出動人数

月日	3/11	3/12	3/13	3/14	3/15	3/16	3/17	3/18	3/19	3/20	3/21
日中捜索	146	154	155	138	146	135	131	33	134	134	52
夜間警備											8
夜間警備担当分団											本団

月日	3/22	3/23	3/24	3/25	3/26	3/27	3/28	3/29	3/30	3/31	4/1
日中捜索								33	38		
夜間警備	9	3	9	4	12	3	3	9	8	4	8
夜間警備担当分団	本団	本団	本団	本団	本団	本団	本団	1分団2部	2分団2部	3分団	4分団

月日	4/2	4/3	4/4	4/5	4/6	4/7	4/8	4/9	4/10	4/11	4/12
日中捜索	26	35				29				15	
夜間警備	9	8	5	5	8	9	12	6	4	8	3
夜間警備担当分団	本団	1分団2部	2分団2部	3分団	4分団	本団	1分団2部	2分団2部	3分団	4分団	本団

月日	4/13	4/14	4/15	4/16	4/17	4/18	4/19	4/20	4/21	4/22	4/23
日中捜索					51						
夜間警備	4	5	4	5	9	4	4	4	7	5	4
夜間警備担当分団	1分団2部	2分団2部	3分団	4分団	本団	1分団2部	2分団2部	3分団	4分団	本団	1分団2部

月日	4/24	4/25	4/26	4/27	4/28	4/29	4/30	5/1	5/2	5/3	5/4
日中捜索											
夜間警備	6	4	7	3	4	5	4	3	2	5	2
夜間警備担当分団	2分団2部	3分団	4分団	本団	1分団2部	2分団2部	3分団	4分団	本団	1分団2部	2分団2部

月日	5/5	5/6
日中捜索		
夜間警備	3	6
夜間警備担当分団	3分団	4分団

注）役場資料より、筆者抜粋して作成。

遺体・貴重品の捜索に関しては、各種メディアの報道にもみられるように消防団の人たちも対応し、重要な役割を果たしている。しかし、防犯パトロールとなると、消防団がかかわっている例は見つけがたく、田野畑村消防団の団員に話を聞いても「初めての経験」であったと話す。今回の防犯パトロールは、被災地の安全・財産を、被災地以外に居住する人たちが守るといった行為であり、一過性のものである。

このように田野畑村での消防団による夜間の防犯パトロールの実施についてみていくと、なぜ消防団がかかわらなければならないのかということと、居住していない人たちが行う防犯活動の意味について疑問がわいてくる。

消防団員の中にも、今回の「「防犯」パトロール」について自分たちが担当することに疑問を述べる人たちがいたという。これまで消防団員として、自分たちの担当区域において、「防火」のためのパトロールは日常の活動として行ってきた。しかし、「防犯パトロール」となると、未経験であり、特別な訓練を受けてきたわけではない。かつて、「「自警団」としてのパトロールが行われていたことがあったと上の世代の人たちに言われても、今の世代の人たちは、経験をしていない」、「これは警察の仕事だ」という文句や、「指示が出たからやった」というように消極的にかかわっている様子が確認される。実際にパトロールする中で、「もしも何かあったらどうしたらよいか」という恐れを感じている人もいたという (A氏の語りより)。防犯パトロールにかかわっている人たちの思いは複雑であったようだ。

役場担当者に、防犯パトロールを消防団に依頼した理由を聞いたところ、「何かあったときに頼りになる。火事でも何でも」と話し、消防団員がかかわることの根拠がはっきりとしているわけではない。現在、団長であるH氏は消防団が防犯パトロールを担った理由を、「田野畑で防犯協会というのはあるんです。でも、やっぱり消防団の方が、組織がしっかりしているんですよ。何か起きた場合には組織上強いからやるという形になる」というように、消防団の組織性の高さを挙げる。

役場の回答は、先に挙げた消防庁の見解に反するものとして理解ができる。しかし、消防団がこれまで、様々な活動において中心的な役割を担ってきたということ、支援隊出動の際にも、地元のことを知っている消防団が中心となっ

て活動が進められたということ等、小さな村にとって、消防団は頼れる存在であるということが、今回の防犯パトロールの依頼につながっているといえる。そして、消防団側はこれまでの活動の積み重ねがあるからこそ、自分たちがかかわることの正当性を紡ぎだしたといえる。

　そういった思いを強くさせたものとして、今回の地震による甚大な被害状況がある。「被災していない自分たちに何が出来るのか」「被災分団は動けなくなる。動ける山手の方でやるというのは当然。火事の時も近隣市町村を応援する。海側のことも特に違和感ということもない」と、40歳代消防団員K氏は話す。K氏もA氏と同様に、今回の初期の動きが「マニュアル」が備わっているものとして理解はしていなかった。そういった団員たちが口にする言葉は、「山と浜の関係」、つまり、高台に住む人たちと海辺に住む人たちとの関係である。浜が大変な時は山が、山が大変な時は浜がといったような思いのもとに彼等は活動に携わっており、過去の津波の経験から、それが受け継がれてきたという。これまでの自分たちの活動と、「山と浜の関係」といった文化が、自分たちがかかわることの正当性を紡ぎだし、居住をしていない自分たちだからこそかかわることが可能となった防犯パトロールなのである。

　K氏は、「そういう風に指示されて動けるというのは逆にありがたい」、「出来ることが限られてくる。それが全く、何も出来なくてはがゆい思いをしている中で、幸い消防団ということで手助けに従事することができて、気もちが楽になるという思いもあった。何もしない、自分も取り残された。任務を与えられ、出来たということがよかった」と話す。この点につながる話として、被災地である羅賀・島越行政区の住民から、同じ行政区の住民だからこそ、かかわることが躊躇されるといった類の話をきいた。同じ行政区に住む住民たちは、震災前、自治会の活動や行事を通して、その地域で住むということをお互いに認識してきた仲間ではあるが、今回の地震をきっかけとして、相いれない状況が生じている。被災自治会の住民で、家屋の損壊がなかった住民は、「（家屋が損壊した同じ自治会の住人に対して）何かをしてあげたいのだけれども」と「（家屋の損壊有の人たちと、家屋の損壊無の人たちとは）違うんだよ」「分けられてしまった」と話す。避難所生活において、情報伝達の際に、家屋損壊有の世帯が被災世帯として扱われ、行政からさまざまな情報伝達が行われたという。その中で、

被災した世帯と被災しない世帯といった意識が生まれ、「(被災していない)あなたたちは良いだろう」といった雰囲気が生じ、隔たりができてしまったと話す。今まで関係が深かっただけに、かかわることの難しさを話す。

今回の東日本大震災において、多くの人たちが「自分には何ができるだろう」と考えたであろう。それは被災自治体である田野畑に住む人たちも同様であった。しかしながら、関係性が近ければ近いほど、かかわることが難しい状況におかれている。そんな中で、役割を与えられることによって、被災住民に関わることのきっかけが得られる。こういった思いは、消防団員が居住していない地域の防犯パトロールに携わる際に、その意味を見出すきっかけとなっていた。

被災者・被災地域の思い

2で確認してきたように、被災地である羅賀行政区・島越行政区では、「防犯」に対する意識はこれまでなかったといってもよい。そういった環境で生活を送ってきた人たちが、地震後に行われた防犯パトロールをどのように受け止めているのであろうか。

羅賀行政区長に、震災前の防犯意識について聞いてみた。「車上荒らしも盗難事件もない、この辺はないと思っている」と話す。犯罪は認知されておらず、また、「観光地ということもあり、県外ナンバーをみても特に(何も思わない)」状況にあり、自治会では、「防犯パトロールは行っていない、街路灯をつけるくらい、防犯委員もいない、自治会総会で特に話もしない」と、積極的に防犯の対応をしてきたことはない。島越行政区でも同様に、「震災前、(防犯について)ほとんど考えたことはない」「不審者とかの話はない。防犯パトロールはない。街路灯は自治会で管理をしている」というように、犯罪の認知、問題意識、不安、対策、全てにおいて、反応がみられない。

お互いが顔見知りであることで、日常において「防犯」の意識はなくとも、自然と「監視」「見守り」の体制につながっており、その地域で住むということが、安全・安心な生活の基盤を提供していた。しかし、震災後、「変な人が来ていた」という噂があり、住民不在である被災地の「手薄さ」を、島越行政区長は心配していた。つまり、「住まうこと」によって無意識のうちに作りあげられていた安全・安心の環境は、震災後、住民の不在によって、自ずと崩れてしまう。その意味で、避難所にいる人たちにとって防犯パトロールは、「やっ

ぱり安心感。家が流されたり、さまざま。家の中に大事なものがあった」と話し、いつまで続くか分からない避難所生活の中で、当該地域に住む住民の安心感につながっていた。中には、「流れた家の跡をみると何かむなしい、見たくなくて。いままでで（家の跡を見に行ったのは）3回かな」というように、津波被害を受けた地域を見に行くことができないという人もあり、そういった人たちにとっても、地域の安全・安心の環境を維持してくれる代行者として、消防団員による防犯パトロールはありがたい存在であったといえる。

4　おわりに

　以上、東日本大震災によって発動した「防犯パトロール」の意味について、田野畑村で行われた消防団を中心とした夜間防犯パトロールを事例にみてきた。これまでみてきたことを以下にまとめる。
　防犯と地域社会の関係が論じられる際、防犯活動の基盤は、町内会・自治会であることが多い。しかし、実際のところ、特に都市部の場合、町内会を基盤とした防犯活動は、ある特定の住民層の関心のもとに行われているものであり、地域社会全体の問題関心のもとに裏付けされたものではなかった。農村部の場合も、犯罪の認知・問題意識の共有・対策といった防犯意識、防犯活動の有無について、全く反応がみられない。それは、防犯に全く関心が無いというよりも、自治会を枠組みとした普段の活動が、安全・安心な生活の基盤として機能しており、あえて意識化する必要がないという理由によるものと考えられる。しかし、東日本大震災を受けて、その状況は揺らぐ。住民が不在となった地域において、「盗難事件があった」という情報が流れる。避難所生活を余儀なくされている被災住民にとっては、不安を喚起する出来事であった。それに対処したのは、その地域に居住していない消防団である。被災住民にとっては、彼らの防犯パトロールは、長引く避難所生活の中で、安心感を与えるものであった。
　本章で取り上げた非常時に行われた「防犯パトロール」は、実動としての意味というよりは、震災によって生じた居住する人々の「不安」、居住していない人たちの「助けたいという思い」の受け皿としての意味をもつ。今回の事例

からも見えてきたが、実際のところ、住民の手によって行われる「防犯」には、専門的・技術的知識の限界がある。つまるところ、住民の手による防犯活動は、不安の解消自体に意味があり、「安心」を提供する役割のことを指すといえる。

　しかし、なぜそこに消防団がかかわるのか、その理由がみえてこない。防犯パトロールを消防団が行うことについては、行政による「動員」という点からも捉えられるかもしれないが、そのように捉えるよりは、これまでの活動によって裏付けられた組織の確固たる安定性に注目する必要がある。あらゆる資源の少ない農村部においては、消防団は「何においても頼りがいのある存在」である。特に田野畑村の場合、消防署は分署であり、警察も駐在であることから、非常時の際、大量に組織的に動いてくれる集団として、消防団が位置づけられる。安全・安心のコミュニティの基盤を、町内会や自治会を基盤として想定しても構わないが、町内会や自治会でなくとも、人々をつなぐ（人々が思いを託せる）安定した地域ベースの組織が存在すれば良い。安全・安心の基盤が揺らいだ時、新たに呼び起こされる安全・安心の基盤とは、個々の思いの集約により成り立っているものであるが、それをつなぎ合わせているのが、地域社会で培われた災害文化とその文化形成にかかわってきた自負であるといえる。

　安全・安心の基盤について、「コミュニティ」という単位で考えたときに、町内会や自治会が想定されるが、今回の場合は「田野畑村」が一つの単位として捉えられ、それは、以前から受け継がれてきた山と浜の関係が喚起された結果であり、非常時における「コミュニティ」の延長として現れる。日常・非日常においてこのようなコミュニティの伸縮がみられた背景としては、農村部においては広域的に活動を展開する「消防団」への期待があり、受け継がれてきた「山と浜の関係」がある。安定した組織を基盤として、実践知＋専門知＋技術といった様々な主体の布置連関が描き出されなければならない。

　都市部では、町内会の脆弱性が指摘され、他に代替可能かつ安定した地域をベースとした組織が存在するのか疑問であり、安全・安心コミュニティの成立には不安が残る。安全・安心コミュニティについて、「防犯」といった単一的な側面から捉えてしまっては、技術的・専門的知識の限界が存在する。防犯の機能だけによって成り立っている「コミュニティ」ならば、安全・安心の基盤はいざというときに機能しない。安全・安心コミュニティは、人々の「思い」

の延長線上に描き出される必要があり、そういった思いをどう生成して行くのかが都市部においては課題として残され、月並みではあるが、まちづくりの展望、帰属意識の醸成の重要性が指摘できる。その先に、防犯活動の基盤となる安定した組織が期待でき、安全・安心のコミュニティが期待できるのではないだろうか。

参考・参照文献

大野　晃　2005　『山村環境社会学序説──現代山村の限界集落化と流域共同管理』農山漁村文化協会.
植田今日子　2007「過疎集落における民族舞踊の「保存」をめぐる一考察──熊本県五木村梶原集落の「太鼓踊り」の事例から」『村落社会研究ジャーナル』14(1)　13-22頁.
中田　実　2007　『地域分権時代の町内会・自治会』自治体研究社.
庄司知恵子　2011　「町内会と自主防災組織」吉原直樹編著『防災コミュニティの基層』御茶の水書房　97-108頁.
総務省消防庁ホームページ http://www.fdma.go.jp/syobodan/about/case/index.html
吉原直樹　2007　『開いて守る──安全・安心のコミュニティづくりのために』岩波書店.
──　2008　『地方都市における転換期町内会の動向－2006年度山形市町内会・自治会調査結果報告書』東北都市社会学研究会.
田野畑村　2011　『田野畑村災害復興計画』.

第3章

安全・安心コミュニティの転換
――防犯をめぐるセキュリティの技術・主体像と管理される環境――

菱山 宏輔

はじめに

　安全・安心まちづくりが広がりを見せる現在、町内会や防犯協会を基盤とした地域防犯組織による活動はいっそうの活況を呈している。こうした状況をうけて、それが地域社会の自主的・自律的活動を意味するのか、住民相互に監視しあう監視社会の到来を意味するのかについて議論がなされてきた。しかしながら、安全・安心コミュニティにおいては、自治か管理かという二元論ではなく、両者の相互補完的特徴という点で新たな様相をみせているのではないか。よりマクロな社会的趨勢の変化との関連をみると、コミュニティは、道徳的価値による明示的な包摂と排除を強めながら、そこに内在する個人の特徴を規定しているようにみえる。その背景には、データベースに依拠した予防的技術、間領域性をもつ新たな監視技術の存在を想定できよう。本章では、こうした現状にかかわり、セキュリティの技術・環境・個人という三つの側面から、現在の安全・安心コミュニティの特徴を明らかにしたい。
　ここで、筆者が「監視」社会というときの社会像を確認しておきたい。それは、政府や警察による監視、住民同士の監視によって自由が奪われる社会というような短絡的な社会像ではない。それよりもむしろ、リスク社会において個人化が浸透するなか、監視とその技術に関わる諸活動が、分散・離散した人々

をつなぎとめ、それまでとは異なる様式によって人びとを包摂するという特徴に着目したい。そのため、このときの「監視」は、近代の監視ではない。近代の監視は、フーコーがパノプティコンを事例として論じているように、諸個人に自らを律する規範の内面化を可能とした。同様に、近代の監視は、「一人の身元特定可能な個別主体を別の主体から慎重に区別することに深く関係する」(Lyon 2001=2002: 198) ものであった。しかしながら、第二の近代における「ポストモダンの監視」(Lyon 2001=2002: 198) は、「アイデンティティの複合化」を可能とする。それは、「アイデンティティを構成するデータの帰属先である個人からそれを切り離し、けれども、再結合可能な状態にしておくこと」(Lyon 2001=2002: 198) によって行われる。そうした、明確ではあるが宙づりであるようなアイデンティティの状態が、諸個人において、連帯するにもかかわらず不安であるという安全安心まちづくりの状況を生んでいるといえよう[1]。

こうした、「ポストモダンの監視」における個人のアイデンティティの状態を手がかりに、第1節では、監視の技術と環境について明らかにした後、改めて個人の特徴について論じたい。アイデンティティに関わる技術のなかで、「アイデンティティを複合化すること」とは、一面で、自己が自由な帰属や多元的所属にひらかれていることを意味する。しかし、そこには「物語」が介在しない。それは、「内面をもった自己」が不在であることを意味する。アイデンティティは個人から切り離され、データ化される。アイデンティティは、個人にではなく、データベースに存在する。このとき、共同の価値的基盤は、排除を含む「道徳的共同体」という擬似的な物語である。「道徳的共同体」に所属する資格をもつ者は、「アクティヴな個人」として明確に現れる個人である。続く節では、このような理論的背景をもとに、現在の安全安心まちづくりについて論じたい。

第2節では、第1節の議論を地域防犯において用いられるセキュリティの技術として論じるために、環境犯罪学の立場から「割れ窓理論」に着目し、その具体的な適用としての「コミュニティ・ポリシング」と「ゼロ・トレランス」の特徴を明らかにする。その両者は、コミュニティの多様性か、普遍的な非寛容性かというように一見正反対の性質をもつ。しかし、第1節の理論的背景を踏まえると、それらが同じセキュリティの技術としての特徴をもつことが明らか

となろう。

　第3節では、現在の地域防犯活動の特徴をより明確なものとするために、町内会と防犯活動との関わりを、1960年前後の東京を事例として、特に二つの転換点に着目して論じたい。戦後、町内会においては、隣保的に道路を照らす街灯と、警察の外郭団体としての防犯協会によって管理され治安維持を目的とした防犯灯との区別、分立が問題となっていた。町内会においては、街灯はあくまで公共物であり都の管理とされるべきであるとし、翻って、町内会の役割等が活発に議論された。他方、警察と防犯協会は、犯罪の多発・凶悪化から、防犯灯を町内会負担によって増設し、「明るい町造り」を進展させようとした。その後、新設街灯は都の負担とされることにより議論は一段落したものの、新たに、東京オリンピックを成功させるという観点から、町内会は「都」への協力ムード一色へと転換した。ここにあって町内会は、以前のような各々の位置づけに関する視点を失い、東京都の開発の一単位へと回収され、福祉国家の開発主義的な性格のもとに位置づけられていった。

　第4節では、第3節の延長に、第三の転換点として現在の安全安心まちづくりを位置づけ、東北6都市町内会・自治会調査をもとにした統計データと、仙台市中心部宮町地区の民間交番の活動の様子から、町内会と地域防犯活動の特徴について論じ、安全・安心コミュニティの具体的な特徴を明らかにしたい。そこから、第1節の理論的考察の経験的実証を試みるとともに、鹿児島市吉野地区の防犯NPOを事例として安全・安心コミュニティの構造的転換の可能性について論じたい。

1　リスク・監視社会における個人と環境

個人・環境・擬似的物語

　現在の防犯の特徴として「保険数理的テクノロジー」（酒井2001：第4章）、「予防的テクノロジー」（渋谷2004：第7章）をあげることができよう。「保険数理的テクノロジー」は、確率によって定義される弱い因果性を基底とする。そのため、「人口／〈社会〉」は、リスク要因を把握し、保険等のセキュリティによって事前に備えておくことが要請される。このとき、リスク要因は、モニタリング・

テクノロジーによって「正常な要素」と「異常な要素」に分割され、監視されることになる(酒井 2001: 189-190)。同様に、「予防的テクノロジー」においては、「全人口＝住民」がターゲットとなり、リスク・ファクターが組み合わされることにより、特定のハイ・リスク集団が「システマティックに予め探知」(渋谷 2004: 178)され、選別、排除される。

両者に共通する要素は、特定の容疑者を追跡する「個人監視」ではなく、「監視組織の利害に沿って大量の人々をカテゴリー分けする手段」(Lyon 2009=2010: 69)、すなわち「大量監視」である。さらに、それは、福祉サギやテロ等との関連性から特定の個人のプロフィールを「データベース」とマッチングし、精査が必要な人々を選び出すという「データベース検索」を前提とする(Lyon 2009=2010: 70)。諸個人は、データベース化されたこれまでの諸傾向からプロファイリングされ、カテゴリー化され、何もしないうちから詐欺やテロと関連づけられる(Bigo 2001: 81)。そのようなデータベースを特徴とした予防的テクノロジーにおいて、諸個人は、コストのかかる規律訓練によって再包摂される存在ではなく、自己責任のうちに排除され、罰せられる存在となる[2]。

このような、個人から切り離されたアイデンティティがプロフィールとして蓄積されるデータベースのもとで、諸個人はこれまで以上に明確な主体として現れる。データベース(アーキテクチャ)は、「任意の行為の可能性を『物理的』に封じてしまうため、ルールや価値観を被規制者の側に内面化させるプロセスを必要としない」ままに、「その規制(者)の存在を気づかせることなく、被規制者が『無意識』のうちに規制を働きかけることが可能」である(濱野 2008: 20)。そのような、いわば管理された「環境」は、個人に様々な選択肢を提示して、それを選びとり、他人とは異なる何者かになる「自由」を与えてくれる(ように思える)。そうした「環境＝データベース」は、事前に管理され、用意され、提示され、偶然性を必然性に変換する機能をもつようになる。そこでは、自らが必ず何者かであること、換言すれば、他の何者ではないことが保証されている。そのため、公共性に不可欠な「交換＝表象不可能な他者」(斉藤 2000)、「匿名的他者」が意識される余地はなく、存在しないことになる。

このときの自己においては、過去と現在を結びつけ、他者や異質なものとの結びつきを可能とし、責任をもちつつ自己統治を共に実践することに資する

「物語」が不在となる。自由主義的な自己、自分の責任は自分でとるという自律的自己・空虚な自己の内側をうめるためには、「自己を見出す」ための物語が必要である（Bellah 1985=1991: 97）。現在、そうした物語の代わりに、「アクティヴ」であることが、日常の様々な変化や"現実的な"問題との関連をもたないまま挿入される（渋谷 2003: 64）。そこでは、「道徳性」、「倫理的な『べき論』」、「価値の共有を肯定する主張」が、市場と排除の論理を宿して強調される（Sennett 1998=1999: 212）。

そのようにして形成される「擬似的な物語」が、今日の道徳的共同体であり、「単純化された約束」に支えられたコミュニティ、「擬似的な公共圏」である。単純化は、差異を分離し、「差異が出会う蓋然性を縮小し、コミュニケーションの範囲を制限することによってだけ、獲得できるもの」（Bauman 2001=2008: 202）である。そこでは、「分割し、差別し、引き離しておく」（Bauman 2001=2008: 203）ことにより統合が成される。そのような単純化ならびに統合は、市場重視の自由な個人によって極度に高まった多様性・流動性を補完するために要請され、新自由主義とコミュニタリアニズムが重なりあう状況を生む。そのため、契約による結びつきと血縁を重視する「共同体」は、どちらも「たしかに人間の取り決めの形をしているが、どちらも私たちが当然いっしょに暮らさねばならない隣人、友人、市民、新来者と関わり合う余地を提供しない」（Barber 1998=2007: 47）という共通点をもつことになる。これまで、自由で自立した個人と平等によるのか、それとも共同体的義務を有するコミュニティによるのかといった二元論により社会秩序が構想されてきた。しかし、データベースを背景とした物語無きアクティヴな自己と、擬似的な物語として強調される道徳的共同体とが、安全安心まちづくりのうえで結びつくことになる。

監視社会の間領域的環境

以上のような今日の新たな監視テクノロジー（予防的・保険数理的テクノロジー、大量監視、データベース）の影響下にあっては、「工場やオフィスの組織編成」、「都市計画」、「治安活動」というような近代的監視における個別の領域（Lyon 2001=2002: 203）をこえて、いわば間領域的な活動が生じる。例えば、監視において、「経営手法としての指揮監督とモニタリングとの境界」は不明瞭となり、「複数のデータベースを用いたコンピュータによる照合の活用といった

特徴が、マーケティングと治安活動といった領域に見出される」(Lyon 2001=2002: 204) ことになる。このことは、渡名喜 (2003: 75) が指摘するように、本来は知事部局 (一般行政) が管理するべきはずの「共同住宅の建築確認申請に関する情報」や、教育委員会によって管理されるはずの「学校の安全管理に関する情報」が警察組織に集約されるという状況においても同様である。また、安全・安心な「治安活動」を可能とする「都市計画」に従って、「オフィスの組織編成」がなされる。教育の場面にまで「治安活動」が入り込み、データが共有される。このことは民間によるパトロールをとおした情報収集にもあてはまる。同様に、警察と、タクシー会社や宅配サービス業、コンビニエンスストアや商店、地域社会やNPOとの連係をあげることができる。

治安に関する間領域的な状況は、90年代の『警察白書』に既にみられるものであった。そこでは「ボーダーレス」がキーワードとされ、場所・時間・社会の境界をこえる犯罪の発生に対して、刑事警察と警備・公安警察の共同がはじまった (酒井 2001: 304)。さらに現在、そうした間領域的かつ「ボーダーレス」な治安の広がりは、伝統あるいは文化の分野にも影響を及ぼしている。例えば、犯罪対策閣僚会議 (2003) は、伝統的な地域社会像を防犯のモデルとして提示するにあたり、地域住民の意思疎通の濃密さ、共同活動の活発さを前提に、大人から子どもへの道徳教育、近隣での声かけが「自然に」行われ得る環境、地域の連帯や家族の絆を取り戻す必要性を謳っている。

今日の安全安心まちづくりは、以上のような監視の技術の間領域的な特徴により、物語なきアクティヴな個人と道徳的共同体という擬似的な物語を様々な分野に浸透させている。

2　環境犯罪学とゼロ・トレランス

本節では、上述した、監視社会における新たな環境 (データベース、アーキテクチャ) がより具体的に、現在のセキュリティの技術として応用されている視点として環境犯罪学をとりあげ、割れ窓理論と、そこに端を発する「コミュニティ・ポリシング」ならびに「ゼロ・トレランス」という治安の技術の特徴を明らかにしたい。

環境犯罪学と割れ窓理論

　伝統的な犯罪学は、犯罪原因論の立場から、犯罪の原因を事後的に明らかにし、対処の方法について考えてきた。近年、公的機関への疑義や被害者運動の高まり等から、事前予防・未然予防への関心が強まっている。そうした社会的趨勢のなかで、犯罪機会を減少させる「状況的モデル」、居住地域の社会的諸条件の変革にむけた介入としての「コミュニティ・モデル」が展開されてきた(守山 2003)。

　特に、1979年、イリノイ州立大学のローレンス・コーエンとマーカス・フェルソンによって、「社会情勢の変化と犯罪率傾向：ルーティーン・アクティビティ論」が公表され、その後の環境犯罪学の展開に大きく寄与することとなった。かれらによると、人や物に対する不法行為は、その時間と空間における最小限の3要件すなわち「動機［犯意］を持つ犯罪者」、「適切な標的」、「有能な犯罪監視者の不在」の集中によって生じ得る(Cohen and Felson 1979)。この理論の背景は、米国社会のルーティーン・アクティビティ(日常的活動)構造の変化にあった。例えば、1960年から1970年の10年間において、女性労働力人口が増加し、留守宅が増加し、侵入に適切な標的、監視者の不在をもたらした。また、軽量化された電子機器耐久消費財が流行し、一般消費者商品市場が盗難に格好の商品(適切な標的)を生産した。同様に、郊外の発展と自動車利用の増大は、平均的な市民だけでなく犯罪者にも移動の自由を与えた。以上のように、ルーティーン・アクティビティの変化は、日常生活において様々な機会を提供する一方で、犯罪の被害者になる機会をも増加させてきた(Cohen and Felson 1979)。このように、かれらの理論は、犯罪者個人だけでなく、犯罪の機会、犯罪の環境へと注目をあつめさせることとなった。

　この理論は、犯罪者の主体像をも転換させた。これまでの刑事司法制度は、あくまで犯罪に動機づけられた潜在的犯行者だけを選択的に特定してきた。他方、環境犯罪学は、なんらかの機会さえあれば、いつでも、誰でも、あらゆる市民が犯行者に変貌すると見なすことにつながり、犯罪不安を助長することとなった。いまだ多くの環境が犯罪への機会を促しているという観点によれば、犯罪(者)は見えないままに偏在することになる。すなわち、その道も、あの場所も、犯罪の機会につながる可能性をもつ。このようにして都市的環境は、犯

罪機会につながるかどうかという視点（可視化の技術・まなざし）によって、徹底して「スキャン（走査）」され（五十嵐2004:第1章）、犯罪「環境」の「データベース」と照合される。

都市的環境を分解し、多様な要素を切り落として、不安要素のデータの集まりとして単純化・再構成する「スキャニング」は、環境犯罪学の「割れ窓理論」により地域社会や学校内部にまで拡張されてきたといえよう。割れ窓理論とは、ひとつの割れた窓が直されずに放置されると、それは、地域の治安について気にする人が誰もいない状態を示すこととなり、窓は次々と割られ、地域の治安はさらに悪化し、犯罪につながるというものである（Wilson and Kelling 1982）。この理論は、日本においても犯罪対策関連の条令や「安全・安心」を謳った条令において支柱とされ[3]、警察と地域の共同の必要性を明らかにすることで後の「コミュニティ・ポリシング」の背景となった。日本における地域防犯活動は、コミュニティ・ポリシングの応用形態といえる。

ゼロ・トレランスの諸問題

他方で、現場における警察裁量の最大化を志向する方向もあった。1993年、ルドルフ・ジュリアーニ（Rudolph Giuliani）がニューヨーク市長に就任し、直後、割れ窓理論を応用した防犯対策として「ゼロ・トレランス」政策を推進した[4]。その効果は劇的と言われ、1997年までの4年間で、ニューヨークの犯罪率は44.3%低下した。殺人に関しては60.2%もの低下をみせた。同様に、強姦では12.4%、強盗は48.4%、住居侵入では45.7%の減少となった（Green 1999）。

ニューヨークにおける警察の活動は、コミュニティ・ポリシングからの離脱へとむかった。ニューヨークでコミュニティ・ポリシングを運用しようとしても、生活の質を伴う、地域による注目が欠如していることによって不十分なものとなるし、犯罪の恐怖が広範に行き渡りすぎていること、警察官僚性が過剰に専門化、中央集権化、非効率的なものであることも障害であった（Green 1999: 174）。そのため、伝統的な法施行（law enforcement）手法を強化し、底辺の麻薬保持者や他の些細な悪事をはたらく者を逮捕・拘置するための容赦のない取り締まりへと応用する「ゼロ・トレランス」政策へと向かうこととなった。あわせて、警察組織改革によって分権化と決定権力の下方委譲が行われたが、現場の警察官においてみた場合でも、それは、コミュニティとのパートナーシップの

なかで犯罪防止の努力を策定し実行していくというよりも、警察管区において権力を再設定するというものになっていた。

ここに、ゼロ・トレランスの負の側面があらわれはじめた。1993年から4年間で警察官の虐待行為に対する批判件数が75％上昇した。あらゆる批判のなかで警察との接触については58％の上昇をみせた。そうした批判のなかで、とくにアフリカ系アメリカ人とラテンアメリカ人による比率が高く、1996年の時点で、アフリカ系アメリカ人が占める割合は53％にのぼった[5]。このため、「人種による犯人像作成（racial profiling）」が行われているという批判さえまねいた。さらに、犯罪発生率の低下は、本当にゼロ・トレランス政策によるものなのかどうかという疑問も呈されるようになった。その当時、アメリカの多くの都市で犯罪の減少がみられた。それは、コミュニティ・ポリシングやゼロ・トレランス政策がとられていない地域でも同様であった。そのため、下降へと向かう犯罪傾向の要因を考える際には、人口的な要素、雇用率の変化などが織り込まれるべきとされた（Green 1999: 178）。

安全安心まちづくりにおける応用

このような批判があるとはいえ、割れ窓理論の影響力に乗り、いまだゼロ・トレランス政策はコミュニティ・ポリシングとともに一定の説得力をもつものとされる[6]。両者は、セキュリティの特徴としては反対方向へと向いているにもかかわらず、環境因への着目や割れ窓理論から発生しているところに共同の契機がある[7]。

日本の事例をあげると、コミュニティによる自主的な活動としての防犯パトロールにおいて、「危険な環境」を見つけ出し修正しようとするまなざしが応用されている[8]。そこで見つけ出すべしとされる環境の特徴は、「見えにくく、入りやすい場所」である。高い茂みに囲まれた公園は、外から見えにくく、出入り口が複数ある場合であれば、犯行を犯そうとする者は容易に出入りし、行動を起こすことができる。解決策は、茂みを低く刈り込み金網で囲って鍵をつけ、特定の人だけが利用できるようにするというものになる。さらに、公園のなかでは特に、砂場において子供たちはうずくまり動かないので、さらわれやすい場所であり、柵で囲むべきとされる。「見えにくい」とは、ゴミの散乱にもあてはまる。ゴミが散乱している場所は、誰も気にとめていない場所、誰

も見ていない場所、すなわち「見えにくい場所」となる。この、ブレの無い標語は、文化財に対しても変わることはない。街中の小さな神社を前にしても、「周辺の樹木によって見えにくい場所」「誰でもすぐに入れてしまう場所」であることが問題とされる。ここでは、歴史的・文化的まなざしが入り込む余地はない。危険な環境を洗い出そうとする以上のような活動は、地域住民によって地域をまなざすという点、さらにそれが警察とともに実行される点において、コミュニティによるポリシングという特徴をもつ。しかし同時に、そのまなざしは単純化され、明確な特徴をひろいあげデータベース化する、いわばゼロ・トレランスにも近いセキュリティの技術の実践となっていると見ることができよう。

　さらに、安全・安心コミュニティにおいて想定されるコミュニティ・ポリシングは、ナショナルな背景の違いを考慮することでより明確となる。米国のコミュニティ・ポリシングにおける「コミュニティ」は、ポリシングの主体であるとともに、警察裁量を監視し、相互評価を行う等、自律的・市民社会的特徴をもち、地域ごとの多様な活動を基軸としている[9]。他方、日本の文脈では、上述した犯罪対策閣僚会議による規定に端的に見ることができるように、コミュニティは、道徳的な一元的価値への収斂に方向付けられている。「地域」の側面に目を向けるとき、そこでは「地域の固有性」に開かれたセキュリティの様態ではなく、普遍的な地域像とそれを取り巻く文脈が明らかとなる。それこそが「まちづくり」に関連する「地域の共同性」の回復、第1節にみた「道徳的共同体」の復権である。しかもそれは、ただ上からかぶせられているというものではなく、「普遍的な価値」のなかに必然性を求めようとする下からの動き（自明でアクティヴな個人）とも関連して生じている。このように、日本の安全安心「コミュニティ」は、コミュニティやまちづくりがもち得る相対化の可能性を欠き、第1節においてみたマクロな社会的動向を背景として特徴付けられているといえよう。

　次の節ではより具体的に、防犯をめぐる近代的対立構造の形成のなかで、町内会が防犯にかかわる主体へと転換する様子を、二つの転換点を基軸として明らかにしたい。1960年前後、いわゆる戦後段階において、町内会は防犯灯の維持管理問題に直面していた。警察は防犯協会とともに、町内会の「自助努力」

としての防犯「町造り」のために、町内会負担による防犯灯設置の必要性を訴えた。他方で、町内会は防犯灯を公共財と位置付け、政府による負担とされるべきである旨を訴えた。町内会はその過程の中で、行政からの下請けの構造化、防犯協会の外郭団体化、新住民の存在等を認識することとなり、町内会自体の位置づけを明確なものとしていった。これが、第一の転換であり、町内会は圧力団体としてよりも、町内会独自の自律性をもちはじめた。しかしながら、東京オリンピックへの動員を第二の転換として、1970年代の政府によるコミュニティ政策、1980年代の生活保守主義という段階を経て、町内会は形骸化していった。この延長に、現在の安全安心と町内会・自主防犯組織の動向を位置付けることができよう。

3　防犯をめぐる近代的対立構造

町内会の禁止・復興・展開

　第二次世界大戦に際して、町内会は、次第に深刻化する戦時体制のなかで、防空防火、市民防衛、配給統制といった活動の末端組織、銃後の国民団結の実動組織として市町村の補助機関の役割・機能を担った。特に、1940年9月11日の内務省訓令第17号の「町内会部落会整備要項」の制定により全国一斉配備が推進され、1943年3月には、市町村内の団体・町会等における市町村長の権限が法的に規定されることによって、非常時体制下への対応が進められた。

　戦後、GHQの占領のもと、1947年5月3日政令15号「町内会部落会又はその連合会等に関する解散、就職禁止その他の行為の制限に関する政令」が制定され、「町会及びこれに類する団体」は5月31日までに解散させられた。しかしながら、実態は、配給物資の供給などの末端行政とともに、街灯、防犯、防火、保健衛生、日赤奉仕団等のかたちで存続をみた。政令15号は1952年10月24日に失効し、それと同時に都内でおよそ3,000の町会が形成された（『町会』1960、5(12)：29）ことは、占領下にあっても脈々と活動が行われてきたことを意味する。戦後の町内会は、防犯、防火の名目で生じた「総合補完団体」として始まった。占領期からその直後の期間、1954年の新警察法の施行による中央集権的な構造の強化までは再び流動的な治安状況であったため、自助組織としての町内会が

大きな役割を果たし、防犯・防火パトロールや街灯管理が行われた。

同時に、後の町会（町内会）において大きな波紋を呼ぶ政策がとられた。それは、警察の外郭団体としての防犯協会の設置と、この防犯協会による街灯（防犯灯）の設置であった。ここに、防犯活動と街灯管理それぞれにおいて、住民によるものと防犯協会によるものという二重の活動・管理体制が形成された。しかし、次にみるように1960年前後、いわゆる戦後段階に至ると、防犯協会は集金団体あるいは役員の権威保守団体となり、実際の防犯活動と街灯設置・管理は町会に一手にまかされた。そうしたなか町会予算に占める街灯管理費は全体の6割から8割までにのぼり、町会は行政の下請け機関の様相をますます強めた。

町会の活動は、高度成長期に活気をおびるなかで様々な矛盾を呈しはじめた。その様子は、当時の東京の町内会を対象とした都政人協会・東京都自治振興会発行による『町会』(後の『町と生活』)に伺うことができる[10]。この時期、1950年代末から1960年代初頭、すなわち国策としてのオリンピックへと町会が動員されていく前夜において、街灯（防犯灯）と安全をめぐる議論を追うことで、当時の町会の特徴を明らかにしたい。

町内会の役割の模索：防犯灯下請け問題

戦後、地域社会の安全は町内会と防犯・防火協会というふたつの団体によって別々に担われてきたが、1960年前後には、防犯協会・防火協会との分立として問題となりはじめた。この時期、両者の区分が曖昧になるとともに、町内会が防犯・防火協会の補完的な位置づけに収まりつつあり、両者を区別しようとする意識が町内会において生じてきた。

杉並区高円寺四丁目町会は戦後すぐに街灯会としてはじまったが、後、防火関係は町内の消防分団にまかせ、防犯協会については町内会が警察の外部団体化することを避けるということから、防犯協会費をゼロにした（『町会』1957, 2 (4)：26）。また、とある町会長は、防犯協会を「警察につながる顔役による寄付募集機関」であり、ずさんな運営費管理のうえに「極めて低水準の保守的意識しか持ち合わせていない町会幹部役員の形を変えた集合の機会の一つに過ぎない」組織であるとして、町会での議論の後、防犯協会からの脱退を進めた（『町会』1957, 2 (4)：17-21）。同町会長によれば、防犯協会は「戦後直後の治安の

混乱期に、警察予算の不足を補うとともに、防犯思想を普及することを目的として、いわば警察後援会的性格をもって、生まれたもの」であった。このような予算の不足に対して、町会が集金機関化されるとともに、防犯協会役員が町会役員からなることで、警察の下で「一種の出世意識」「名誉意識」「保守的意識」に浴し、「地域自治組織が、辛うじて、動かされているに過ぎない」状況となっていた。以上のような官製の制度との摩擦は、防犯協会によって設置され後に町内会の管理に一元化された防犯灯についての議論へと広がりをみせた。

杉並区天沼尚和会は、戦後、暗い道を明るくするための集まりであったと同時に、隣組の協力による防火活動が火事を防いだことを契機にはじまった町会である（『町会』1958、3 (6)：58）。そうした結成意図をくみ、同町会は消防署との連絡を密にし、防火パトロールや消防署での映画会を催していた。しかし他方で、予算の八割が街灯費にあてられていること、町内会が実質的に下請け団体となってしまっていたことが問題となった。同様に、八王子市東部連合町会では、「町内の懇親団体であるはずの町会が最近、募金、寄付、納税協力と市から下部機構のように利用され行政事務を頼まれてもなんの報酬も出されず、これでは存続も困難」という現状認識が一般化しはじめた（『町会』1958、3 (9)：40）。

以上の議論は「町会といえば現状は募金、衛生、街灯」（『町会』1959、4 (9)：23）という認識に集約されよう。その後、防犯灯等整備対策要綱の決定（昭和36年3月31日閣議決定）、さらに全街灯の公営化へと道をひらく東京都街路灯等整備対策要綱（昭和36年11月28日庁議決定）にて、6カ年計画で（総事業費46億円、8万4千灯を増設）本格的に街路灯の新設全灯公費負担に踏み切るまでのおよそ2年間、防犯灯の町内会負担の問題は『町会』のほぼ毎号を飾ることとなった。『町会』誌上にて大きく取り上げられた事例として、防犯灯・街灯を「道路照明灯」にするために葛飾区自治町会連合会が東京都に対して行った請願がある。同連合会によれば、「防犯灯、街灯に対する町会予算中の支出は、少ない町会で町会予算の四割多いところでは六割以上である」とされ、町会の仕事を圧迫していた。この、「街灯」「防犯灯」と「道路照明」という図式がいかなるものであったのか、やや長くなるが請願書の一部を引用したい。

　　防犯灯なる名称は終戦直後、占領軍の命令により町会が解散された為従来町内の辻々に設置されていた照明灯の費用負担者がなくなり、町内至る

ところ暗闇になった為、交通事故や大小の交通事故が続出したので占領軍の了解を得て、各警察署毎に防犯協会を作り更に往時の町会単位に事業所別に支部を作り、一面犯罪に対する町民の自己防犯に資すると共に、他面町内の夜間交通の安全をはかるため再び道路の照明を始めたという経緯から生まれた言葉でありまして防犯灯の性格は従来の道路照明灯であります。……（町会禁止解禁後）町内の防犯支部はその殆んどが同一地域の町会又は自治会に吸収され、防犯灯の費用も町会又は自治会の会費の中から支払われるに至りました。以上の経過からみましても現在、防犯灯と呼ばれているものは、実は道路照明でありまして、本来は道路の維持管理の責任者である都の費用によって、全額支払われるべき性質のものであります（『町会』1959、4(2)：44-5)（カッコ内は筆者）

この請願書をかわきりに、各町会は防犯灯維持管理費負担の問題を声高に論じはじめた。中野区昭二町会では、一ヶ月の集金額3万4,700円のところ、防犯用の街灯費が1万4,500円、防火防犯協会費が1万2,000円と、両者で8割近くの負担を強いられていた（『町会』1960、5(5)：33)。板橋町会連合会のある町会では、防犯関係の出費が5〜6割を占め、防火協会や募金を支出するとほとんど残らなかった（『町会』1960、5(7)：19)。さらに、こうした負担に加え、街路灯に対して一年ごとに所管警察署に街路使用許可願を出す必要があり、その都度、手数料として200円を納入しなければならなかったことも大きな負担・不満となっていた。

第一の転換：防犯灯問題から町会の自己認識へ

以上のような防犯灯問題を通して、町会による社会認識に広がりがみられた。それは、街灯管理費負担を通した町会構成人員の確認と、先にもあった防犯協会へのいっそうの批判であった。例えば、前者においては、「防犯灯の恩恵に最もあずかっているのは都心に勤め夜おそく帰ってくる町会にも加入せず、分担金も払ってくれない人たち」（『町会』1959、4(11)：30) であり、そうした新住民の存在が旧住民において認識されるようになった。同様に、郊外部の町会にあっては、町会費の三分の二を街灯管理に使っているなか、公団住宅付近の街灯管理に際して、公団側は全く関心を示さず、自治会をつくることもないということが問題となっていた（『町会』1959、4(5)：32-3)。ここにおいて、旧住民と新

住民の話し合いの必要、連合会結成を通した横のつながりによって情報を交換する必要が生じ、改めて町会の役割と行動へと目がむけられることになった。また、防犯協会については、「いちばん安易な方法として既存の町会に働きかけ、町会費から、寄付、あるいは分担金という名目により、一括して金をとる」(『町会』1960、5(2):39-40)という集金体制がとられていること、「現在、防犯協会の分担金……と、都区からの(防犯協会への)助成額が約それと同額、これじゃ町会が防犯協会の肩ガワリをしてるみたいで何ら意味がない」(『町会』1960、5(4):37)(カッコ内は筆者)という負担についての認識が、町内会において一般化していった。

他方、警視庁は、町会の負担を軽減するという方針を打ち出しながら、あくまで町会負担を前提とした防犯灯のいっそうの必要性を謳い続けた。当時、警視庁防犯課の調査によれば、都内の防犯灯数は18万灯、経費は約四億円にのぼり、そのうち9割が町会・自治会により維持管理されていた(『町会』1960、5(8):3)。この時点で、警視庁は「頻発する通り魔事件等……最近の犯罪情勢から考えて、防犯灯増設はきわめて緊急を要している」(『町会』1960、5(8):21)との認識を示しながら防犯灯の数を三倍に増やすことを町会に要望し、1960年7月19日には道路使用許可申請手数料を廃止した(『町会』1960、5(8):17)。同時に、警視庁防犯係は、繁華街、その他の市街地、郊外地方都市、村落その他において既設電柱の設置間隔を調べ、それらを利用することで防犯灯を安価に設置可能であり、町会の負担が軽減されるであろうことを提示した(『町会』1960、5(8):21)。防犯協会連合会も、警視庁による治安悪化の認識をうけ、自宅近くの暗所にて被害にあった殺人事件を例にとりながら防犯灯の増設を呼びかけた(『町会』1960、5(9):26)。両者において、「明るい町造り〔ママ〕」(『町会』1960、5(9):26)ならびに「防犯」の名において、街灯設置を町会の負担により推進させようとする意図であったことは明らかであろう。もっとも、この時点での町会の反応は、「警視総監、防犯協会などがひん発する通り魔事件などにことよせて、さらに防犯灯を増やせなどと町に呼びかけるのはもってのほか」(『町会』1960、5(6):27)という言葉に集約されるものであった。

以上のような状況に対して、町会においては様々な対応がみられた。まず議論としてもちあがったのは、町会を法制化・公認団体化し、助成金・補助金を

拠出させようという動きであった。すなわち、「民生、衛生、教育、等の委員、防犯防火等の委員も徐々に町会に吸収され、それらがまた別の形で町会の仕事となりつつある。これらはどうみても事務的に実費が負担される筈である」(『町会』1960、5(5):25)との考えであった。そのなかでも、一部公的性格をもつ部分を明確化し、部分的に公認するべしという議論(『町会』1959、4(9):23、1960、5(1):25)、他方で、町会は自由で民主的な団体であり、法規制により束縛されてはならないという議論(『町会』1959、4(4):19、50)があった。さらに、連合会の設立を推進し、衛生問題、防犯、防火といった問題に対応していこうとする動き(『町会』1959、4(6))、連合会の設立を推進する点は同様であるが、その目的として公認化や優遇措置を官公庁に対して働きかけるため(『町会』1959、4(9):21)等、町内会の新たな位置づけをめぐる種々の議論・動きが生じた。

　新宿西大久保二丁目町会は「町会の法制化」の是非について議論されている状況を整理し(『町会』1960、5(12):23)、当の「町会の法制化」とは、「都なり区なりのもろもろの外郭団体(例えば社会福祉協議会、防犯協会等)と同様の助成資格を町会にもみとめさせて毎年の予算の中からなにがしかの助成金なり補助金をうけるようなことになること」、「現在の一般行政機関の末端はその出所所なのであるが、町会が更にもう一つ下部の機関の役目を買って出て……何らかの権限を与えてもらうこと」とした。そこから翻って自分たちの町会については、むしろ町の住民が行政を監視すること、町会内において親睦をはかることを重視した。そのため、都区政に関しては第三者的立場をとり、公認・法制化は「上意下達」につながる危険性があり、不要であるとの結論に至った。すなわち、「都の仕事、区の仕事の補完的な面があまりに多すぎるところから『法制化』の声は生まれる」(『町会』1960、5(12):24)のであり、町会が下請けではない自らの役割を改めて提示する限り、法制化そのものは問題とならないという認識であった。

　以上、防犯灯に関わる問題を整理すると次のようになる。終戦直後、自主的活動であった住民による街灯設置と、防犯協会による防犯灯設置が存在した。戦後段階に至り、後者の業務が前者によって担われることで、隣保集団のインフォーマルな性格が公的に利用され、街灯設置が町会の自助努力としての「防犯」・「町造り」という性格のもとに推進させられた。そうしたなかであっても、

町内会による行政や警察・防犯協会への批判は、費用負担軽減による町会の実質的下請け継続への動きを牽制しつつ、町会自体の自己認識と変革へと広がりをもった。すなわち、この防犯灯問題は、直接には町会予算の逼迫に端を発するとはいえ、結果的には、町会が下請け団体となっていたこと、防犯協会等官製外郭団体の変質、新住民の存在、法制化等の観点から町会自身の位置づけを模索し得たという点において、防犯にかかわる町内会の転換となったといえよう。

第二の転換：東京オリンピックへの動員

　もっとも、その後の高度経済成長による人口の流動化によって、地域社会のきずなは崩壊し、町内会は形骸化していった。その転換点として、東京オリンピックという巨大イベントへの動員に着目したい。1961年5月の『町会』誌上では、いわゆる「オリンピック道路」が紹介され、オリンピック関連の都市開発の話題に先鞭をつけることとなった。同誌上では、多くの立体交差を盛り込んだ環状7号線（山手線のすぐ外側にそった環状6号線のさらに外側、羽田空港に直結）を主軸とし、環状7号線に対して、赤坂から渋谷を抜けてつながる放射4号、都心から新宿を通ってつながる放射6号、上野から繋がる放射8号といった道路が紹介された。あわせて、当時の大都市の道路率として、ワシントン43％、ニューヨーク35％、ロンドン、ベルリン、パリは20％台であることに比べ、東京の道路率は9.6％であり、オリンピックに向けていっそうの道路開発が必要である旨が提示された（『町会』1961、6(5)：5）。

　防犯灯問題も、オリンピックとの関わりから話題に上ることとなった。都町連副会長（文京区）都町連・街灯問題対策特別員の蓮江健吉の見解として、「文化国家の首都に相応しい形を東京都が整える、それを推進するということですよ。戦後のままの状態で90％近い街の明かりが民間団体主に町内会の維持管理に委ねられている、というのはどうも納得できないじゃないですか」、「東都政の一貫としてオリンピックまでには街々の通りに整然と公営の明かりをつけてほしい」（『町会』1961、6(5)：22）との話題が取り上げられた。東京都町会連合会は、街灯問題で当時の東京都知事東龍太郎に陳情する際にも、「東京オリンピックは知事の責任においてなされねばならないが、それにはまず文化都市として明るい街をつくることが肝要である。区長会等へこんな陳情のあった旨を

話して区の積極的な政策として実施するようお話し願う」(『町会』1961、6 (5)：32) というように、東京都としてオリンピックにふさわしい明るい街をつくる必要性という議論の枠組みが用いられた。

　この後、『町会』は1961年10月より、『町と生活』とタイトルが改められ、11月には東京都街路灯等整備対策要綱 (昭和36年11月28日庁議決定) によって防犯灯問題に一段落がつくとともに、毎号、東京オリンピック関連の記事が掲載されることになる。地域における問題としては、下水道の整備、清掃設備、近代化、機械化、公園整備、河川、カやハエのいないまちにする運動、公徳心の高揚、国民としての質、喫煙と吸い殻、紙くずとたん、泥酔、河川へのゴミ捨て、交通道徳といったものが、オリンピック開催と関連して問題とされるようになった。

　ここから、町内会は「都」という枠組みのなかに位置付けられていく。例えば、当時の副都知事太田和男は、「都議会でもなんとかオリンピックを成功させるためにも、もっと住民組織にお願いしろ、住民組織を通じてやろうではないか、という意見があるんですよ。……東京都は人類史上最高の地域ですから、地域自治組織をがっちり固め、自己防衛をやらなければならんと思いますね」(『町と生活』1961、6 (10)：42) とのべ、地域自治組織すなわち町内会を動員しようとする都議会の意図を明らかにした。

「都民」による「愛都運動」の形成

　さらに、町内会の側においても、「都民」という枠組みの適用が進んだ。新宿区淀橋地区町会連合会長白川稔は、「東京オリンピックの成否は、われわれの時代だけのものではなく、孫子の時代にまでも関連のあることですからね。こうなった以上、都民として町内会等地域組織としても全機能をあげて協力するのは、むしろ当然のことと思います」(『町と生活』1962、7 (1)：35) とした。都町連としても同様の見解にあり、街灯問題が一段落したことをうけ、今後「オリンピックを控えて、東京都を美しくしようという、愛都運動を活発に展開するにしても、都下全域の自治組織、地域団体の一丸となって結集された力でなければこの目的は達成されない。この観点からいっても、東京都町会連合会の使命は非常に大きいものがある」(『町と生活』1962、7 (1)：60) との認識であった。ここから、東京都町会連合会会長が中心となった愛都運動協議会の組織化の動き

が生じた。

　その背景として、連合会によれば、「すでに東京は人口1千万のマンモス都市となり、あらゆるものに"マヒ"症状が起きて来ている」なかにあって、「"東京を美しく"」することから活路を見いだし、そのために、「『町』以前に都民であるみんなのひとりひとりの"こころ"を美しくする」ことが必要であるとの認識があった。すなわち、連合会は、「人の心、まずそれから出発しなければならない」とし、その発露としての「愛都精神」、「隣人愛、隣保精神、相互扶助、すこし時代めくがこの気持ちを一千万都民が持ち合わしたら東京のいまの姿も大きく変わってゆくのではなかろうか」(『町と生活』1962、7(2)：8)との考えを明示し、愛都運動協議会結成の案をうち出した。協議会の目的としては、「都民がこぞって東京都を自己の郷土として、愛する精神の高揚をはかり、もって国際都市としての面目を顕現することにある」(『町と生活』1962、7(2)：9)とされ、目的の達成のために「1.都行政の浸透に対する協力」、「2.愛都精神高揚のための諸事業」、「3.国内都市及び国外各都市との交歓」、「4.その他この法人の目的達成のための事業」が行われることとされた。

　『町と生活』編集部企画のオリンピック関係主要メンバーを集めての対談にあっても、「オリンピック東京開催は首都造り最後のチャンス」(『町と生活』1962、7(2)：10)、「千載一遇の好機を生かせ　町づくり一大飛躍の足がかり」(『町と生活』1962、7(2)：15)との見出しがおどった。対談において、東京都オリンピック準備局長関春香は「都民の愛都精神をさらに盛りあげ、あらゆる面に理解と協力とを念願する次第です。そのため特に『美化推進本部』を新設してこれに当たるつもりです。われわれは何んとかして、オリンピックまでに『汚い東京』『行き詰った東京』の汚名を返上したいと思うのです。町を愛し、都を愛する都民の心を基調とするムードを起こすために本格的に取り組みます」(『町と生活』1962、7(2)：16)との意向を表明した。1962年1月19日に開催された、東京都町会連合会常任理事会に関する報告では、「新年度の町連の活動目的を『美しい町づくり』運動と『愛都心の高揚』におきたい」(『町と生活』1962、7(2)：22)とされ、「東京都がきたないのは東京都を愛する気持ちがないからだと思う」、「新年度の目標は『美しい町づくり』におくことになろう。ことしからは連合会いっせいの『清掃日』などを設け、なくなった街灯費の全てをこれにつぎ込み、美し

い東京都を作りあげるようにしたい」(『町と生活』1962、7 (2):23) との意見が紹介された。

こうした一連の流れは、既に確認した防犯灯問題にあって、町内会が自己認識を深めていく過程とは異なったといえよう。それは、「都」という大きな枠組みのなかで、「愛都心」という道徳的基盤が据えられるとともに、オリンピックというひとつのイベントに均質的にのみこまれていく過程であった。これが町内会における第二の転換であり、行政による町内会の包摂へと接続されるものであったといえよう。

その後1970年代に至り、都市部地域社会と保守的な政治基盤を再組織するため、同時に、住民運動と自治体革新の動きを包摂するために、政府の「コミュニティ政策」が始動した。それは、第三次全国総合開発計画における公共福祉の優先、資源利用・経営・輸送・流通等の分野での合理化、資源やエネルギーの需給の安定・経済の安定・「安全かつ安定した生活」と連動するなかで、地域社会に浸透した。すなわち、社会福祉による受益施策の連動、低成長経済への減速による「合理化」「安定化」宣言によって、地域社会の包摂が進み、町内会が日常生活のなかに埋没するなかで、1980年代には「生活保守主義」が根づくこととなった (岩崎 1989:7)。

その後、町内会は衰退の一途をたどったにもかかわらず、現在町内会は、外からも内からも安全・安心コミュニティとして位置づけ直されており、いわば第三の転換が生じている状況といえるだろう。それは、一面で、「愛都心」という道徳的価値によって町内会を動員した、かつての状況にも比するように思える。しかしながら現在、町内会をはじめとした近隣住民組織における道徳的価値は、より広く普遍的に共有され、排除さえ内包する古き良き共同像を基盤としている。それを実行する主体である個人も住民組織も、新たな環境管理の様式 (第1節) と、防犯面での応用としてのセキュリティの技術 (第2節) の影響を受け異なる様相を呈している。

4 現在の町内会と防犯ボランティア団体の位置づけ

本節ではまず、近年の安全安心まちづくりに関わる制度の布置状況を明らか

にした後、防犯ボランティア団体についての全国データ、東北6都市調査におけるデータ（調査の詳細については序章ならびに巻末資料参照）から、マクロな趨勢を明らかにしたい。その後、その具体例として宮城県仙台市宮町の民間交番について、最後に、安全・安心コミュニティの構造的転換の可能性として鹿児島市吉野地区のNPOをとりあげ、よりミクロな特徴を明らかにすることで、その限界と可能性について論じたい。

防犯ボランティア団体の状況

まず全国的な安全安心まちづくりの背景として、平成15年に組織された犯罪対策閣僚会議に注目したい。同年、犯罪対策閣僚会議は、自主防犯団体の支援やノウハウの全国的共有を明示した「犯罪に強い社会の実現のための行動計画――『世界一安全な国、日本』の復活を目指して――」を策定し、その後の各自治体の取り組みを枠づけることとなった。平成17年には、それを補完し推進すべき項目からなる「安全・安心なまちづくり 全国展開プラン」の策定により、「安全・安心なまちづくりを国民運動として大々的に推進する」(犯罪対策閣僚会議 2005: 1) ことが明示された。同年、「安全・安心なまちづくり関係功労者表彰要綱」により、防犯活動に貢献した個人や団体を表彰する制度が整備された。

警察庁もまた、平成15年8月に「緊急治安対策プログラム」を策定し、この年を「治安回復元年」と定めた。続く平成16年6月には、自主防犯活動を活性化するための施策の全体像を示す「『犯罪に強い地域社会』再生プラン」を取りまとめた。これをうけ平成17年から、警察庁は「地域安全安心ステーション」推進事業により防犯活動の拠点づくりをすすめ、同時に、地方公共団体や消防との連係、防犯協会との連係、生活安全産業関係者等との連携の必要性を強調した。

以上を背景として防犯ボランティア団体数は急激に増加した。図3-1は全国と東北地方6都市における防犯ボランティア団体数の推移を表している。全国では、平成15年から4年間でおよそ8倍となっているが、東北地方をみると宮城県では3年間で約10倍、他の県では2年間で8倍ほどと、短期間に急増している様子をみてとることができる。しかし、その後は漸増に移行し、さらに減少傾向をみせる県もある。防犯ボランティア団体の量だけみるのであれば、近

114　第Ⅰ部　ゆらぐ社会と安全・安心コミュニティ

図3-1　防犯ボランティア団体数の推移

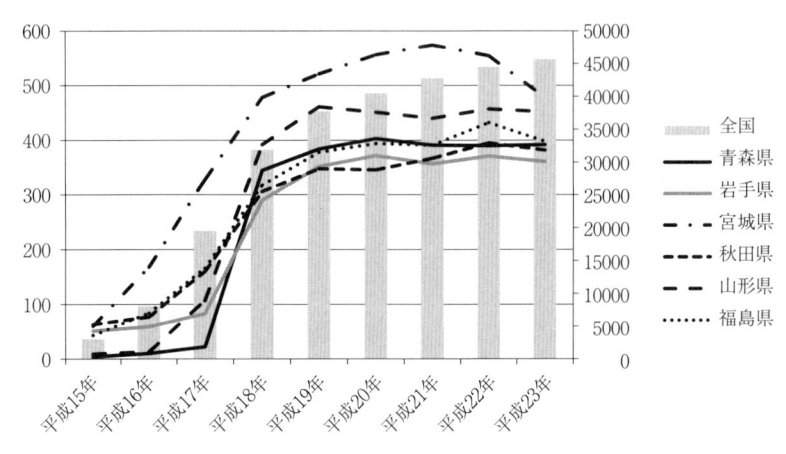

凡例：全国、青森県、岩手県、宮城県、秋田県、山形県、福島県

出所：警察庁『自主防犯活動を行う地域住民・ボランティア団体の活動状況について』
注：各年度末の集計を参照。

図3-2　自主防犯組織の平均年代別団体数と年代別人口に占める構成人員の割合

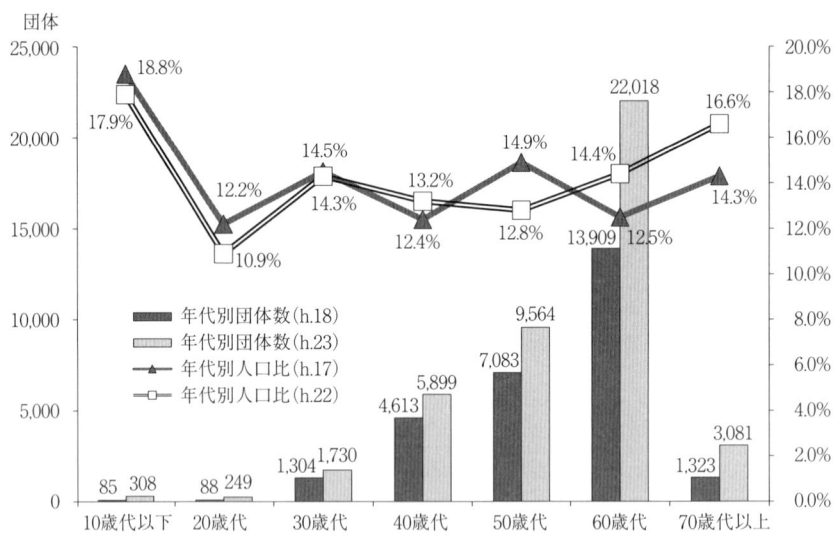

年代	年代別団体数(h.18)	年代別団体数(h.23)	年代別人口比(h.17)	年代別人口比(h.22)
10歳代以下	85	308	17.9%	18.8%
20歳代	88	249	12.2%	10.9%
30歳代	1,304	1,730	14.5%	14.3%
40歳代	4,613	5,899	13.2%	12.4%
50歳代	7,083	9,564	14.9%	12.8%
60歳代	13,909	22,018	14.4%	12.5%
70歳代以上	1,323	3,081	14.3%	16.6%

出所：警察庁、2012、『自主防犯活動を行う地域住民・ボランティア団体の活動状況について』
（http://www.npa.go.jp/safetylife/seianki/seianki20120405.pdf、2012年8月22日取得）を一部修正。

年、飽和状態にあるとみることもできよう。

　ここで、増加した団体の年齢構成を確認しよう。図3-2は、平成18年と平成23年（年代別人口比は17年と22年）における、防犯ボランティア団体の年齢構成を示している。人口比をみると60歳代と70歳以上の占める割合が顕著に増加しており、団体数でみてもそれぞれ、約1.6倍と2.3倍となっている。10歳代以下において人口比率が高い理由は、学校単位での取り組みによるところであろう。このことを踏まえると、図3-1にて急増した防犯ボランティア団体の多くは、60歳以上の高齢者からなる団体であるとみることができる。次に、東北6都市における防犯活動の特徴について、量的分析から明らかにしたい。

東北6都市調査より

　図3-3は、東北6都市の町内会における防犯パトロール活動に着目し、その他の活動との関係を因子分析（主因子法・バリマックス回転）によりあらわしたものである。盛岡市の防犯パトロールは、10年前において防火パトロール、交通安全対策、集会所等の施設管理等と関連し、現在でも同様の傾向のもとに活動が行われている。福島市の場合、10年前と比べて、防犯パトロールが関連する活動の数は増加し、地域防犯活動の広がりが予想される。山形市では、10年前から防犯パトロールは非常に多様な活動と関連をもち、現在でも引き続きその傾向がみられる。秋田市では、10年前と比べ、関連する項目が増加しているとともに、異なる種類の関連性が生じている。青森市においては10年前に、すでに多様な活動との関連がみられる。全体として、防犯パトロールは町内会において多様な活動との関連・ひろがりをみせているといえよう。ただし、仙台市の場合、2005年の調査時点の防犯活動は、火災予防と交通安全の分野に特化して推進されている。図3-1の防犯団体数の推移と重ねあわせてみても、防犯分野への集中的な人的資本の投入が行われていたと考えることができよう。

　次に、防犯活動の基底としての不安要素の変化を明らかにする。表3-1は、東北6都市の町内会における治安についての不安要素を、過去と現在において比較したものである。過去数年、いずれの都市においても「路上や空き地のゴミの散乱」が30%〜50%ほど、「自動車、バイク、自転車の不法放置」が30%〜45%ほどの回答率である。現在では、その両者が引き続き高い回答率をみせつ

116　第Ⅰ部　ゆらぐ社会と安全・安心コミュニティ

図3-3　自主防犯組織の年代別団体数と世代別人口に占める構成人員の割合……(1)

青森市（2008年）

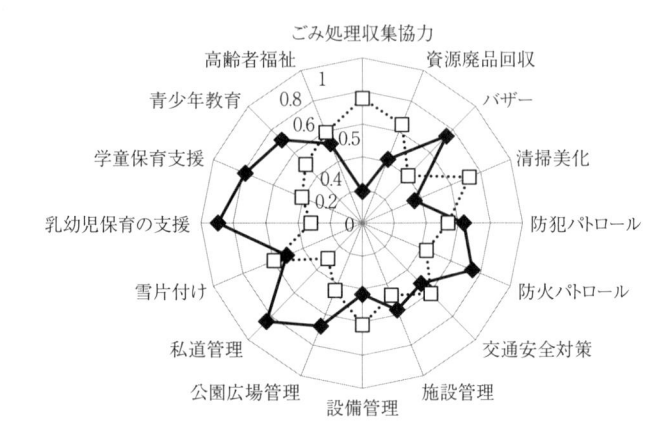

注：青森市においては現在の状況についての質問を設けていない。

盛岡市（2010年）

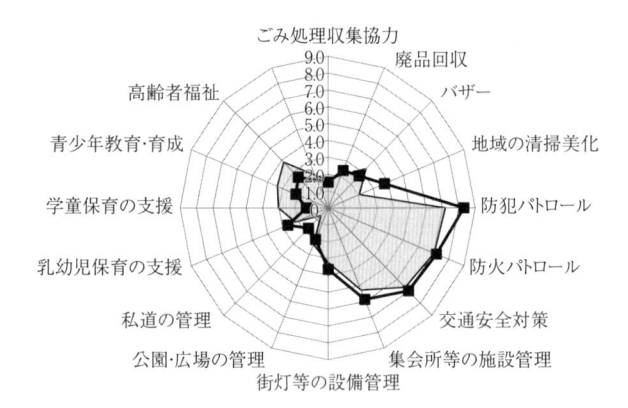

第3章 安全・安心コミュニティの転換　117

図3-3　自主防犯組織の年代別団体数と世代別人口に占める構成人員の割合……(2)

仙台市（2005）

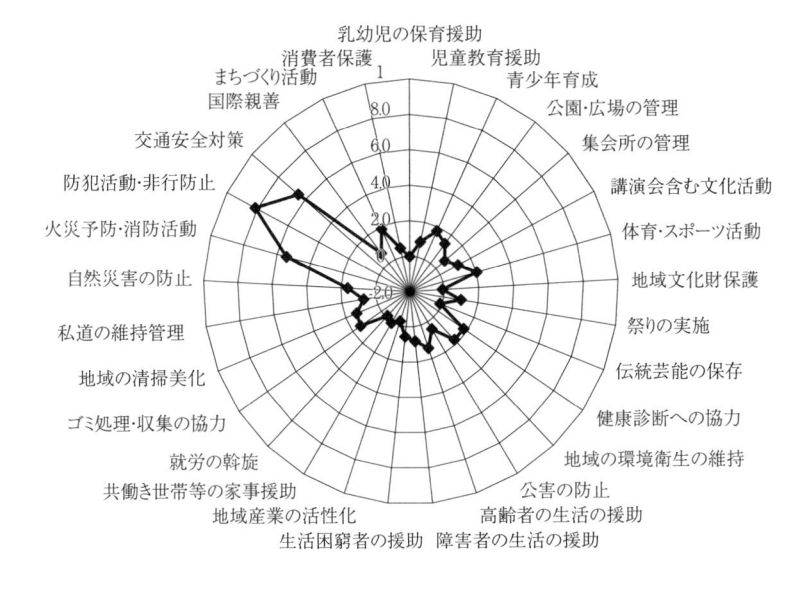

秋田市（2008）

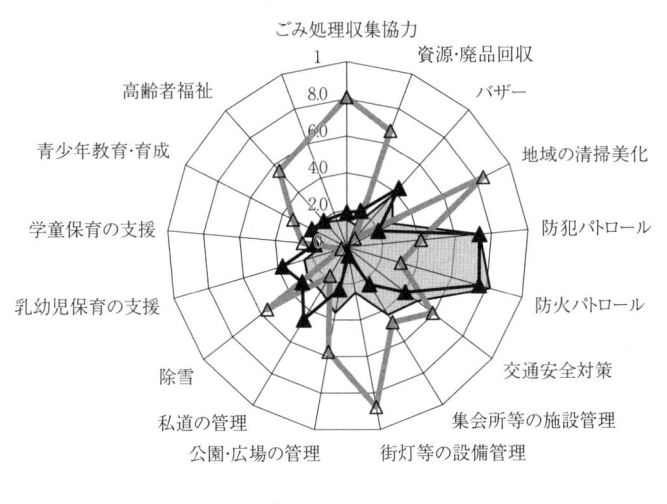

□ 10年前　─△─ 現在1　─▲─ 現在2

118　第Ⅰ部　ゆらぐ社会と安全・安心コミュニティ

図3-3　自主防犯組織の年代別団体数と世代別人口に占める構成人員の割合……(3)

山形市(2007)

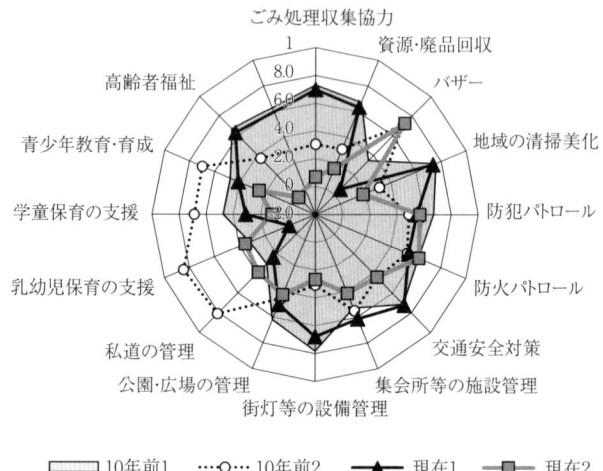

□ 10年前1　…○… 10年前2　━▲━ 現在1　━■━ 現在2

福島市(2009)

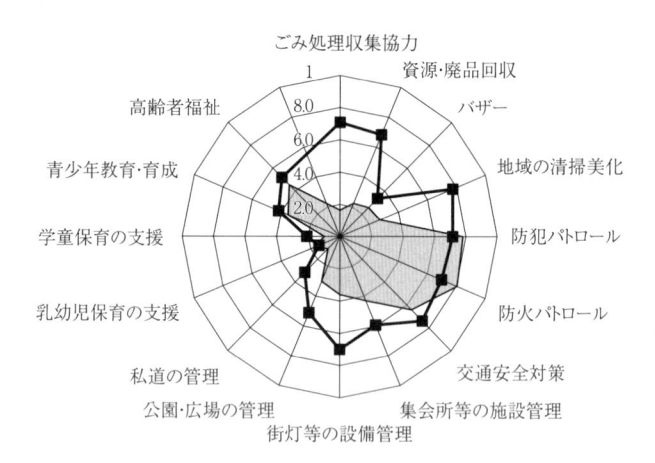

□ 10年前1　━■━ 現在1

表3-1 各都市における過去と現在における治安に対する不安とその比較

	青森			秋田			盛岡		
	過去	現在	比較	過去	現在	比較	過去	現在	比較
路上や空き地のゴミの散乱	48.5	39.8	-8.7	30.9	28.8	-2.1	40.4	35.7	-4.7
自動車、バイク、自転車の不法放置	45.5	39.0	-6.5	28.7	22.9	-5.8	35.8	24.9	-10.9
不審者の出没	13.4	17.5	4.1	16.0	22.6	6.6	22.8	23.3	0.5
不良のたまり場	9.9	9.5	-0.4	6.8	8.9	2.1	11.4	12.5	1.1
深夜の暴走族	15.6	13.8	-1.8	16.1	14.1	-2.0	12.0	10.9	-1.1
害悪のあるチラシやビラ	7.8	6.9	-0.9	5.1	6.2	1.1	9.3	19.7	10.4
わいせつなビデオ・雑誌の自販機	4.3	6.0	1.7	2.8	3.3	0.5	5.7	5.2	-0.5
深夜営業の店舗	3.0	5.7	2.7	3.3	4.5	1.2	5.7	6.2	0.5
町内のよくわからない住民	9.1	10.8	1.7	9.4	10.9	1.5	15.5	17.1	1.6
新聞・テレビ・ラジオの犯罪報道	/	/	/	11.4	13.4	2.0	10.4	11.4	1.0

	山形			福島			仙台		
	過去	現在	比較	過去	現在	比較			不安
路上や空き地のゴミの散乱	51.5	47.7	-3.8	44.8	37.3	-7.5			30.3
自動車、バイク、自転車の不法放置	41.6	36.9	-4.7	29.9	22.9	-7.0			42.1
不審者の出没	19.1	25.6	6.5	12.0	13.4	1.4			14.0
不良のたまり場	8.4	8.9	0.5	8.5	7.3	-1.2	たむろす少年		12.5
深夜の暴走族	11.8	12.6	0.8	15.4	13.6	-1.8			15.7
害悪のあるチラシやビラ	12.4	11.6	-0.8	7.9	5.5	-2.4			21.3
わいせつなビデオ・雑誌の自販機	5.2	4.8	-0.4	3.4	2.4	-1.0			1.5
深夜営業の店舗	3.2	4.3	1.1	2.0	3.0	1.0			10.8
町内のよくわからない住民	9.9	10.8	0.9	10.1	11.0	0.9	相互の認知の低下		25.4
新聞・テレビ・ラジオの犯罪報道	/	/	/	12.7	13.4	0.7	/	/	/

* 「比較」は、「現在」の値から「過去」の値を引いたものであり、値が大きいほど過去と比べ現在不安が増しているといえる
* 色の濃いセルは、「新聞・テレビ・ラジオの犯罪報道」を除いた上位三位を意味する
* 仙台市の場合、「深夜営業の店舗」として、「24時間営業のコンビニエンスストア」「カラオケボックス、ゲームセンター」「風俗店が近くにある」の平均値とした
* 仙台市の場合、「地域住民の連帯感が希薄である」「近所づきあいがほとんど見られない」の平均値を「相互の認知の低下」とした
* 仙台市の場合、過去と現在にわけて聞く項目がないため、「不安」だけとした

つも、値としては軒並み漸減し、「不審者の出没」や「町内のよくわからない住民」の回答割合が増加傾向にある。このことは、治安維持につながる環境そのものへの関心とともに、いわば「見知らぬ者への不安」が醸成されている状況を示しているといえよう。

すでに論じたように、「割れ窓理論」は環境因を治安の悪化の原因と考えるものであった。同時に、現在、町内会自体の構造的弱体化あるいは変容がみられることは明らかであろう。こうした状況に対して、道徳的共同体を理想とし

た場合に生じる不安は、見知らぬ者への寛容性の低減と同時に、アクティヴで自明な個人のみの共同に収束する可能性をもつ。安全・安心コミュニティにおいて、「誰が危険な者かわからない」ことを前提に「危険な環境」を見出し、修正する諸活動が進められているが、そこには諸個人を不可避にカテゴライズしてしまうまなざしが織り込まれることになる。そうした不安や防犯のまなざしは、図3-3でみたように、防犯と関連するさまざまな分野に浸透している。以上のようなマクロな状況をふまえ、次に、仙台市宮町地区の民間交番についての筆者によるフィールドワークをもとに、安全安心まちづくりに関する転換が組織に及ぼした影響を明らかにしていこう。

仙台市宮町民間交番の事例：防犯協会の設立

　宮町地区は、歴史ある神社の門前町に由来する地名であり、例大祭での賑わいが明治以降も受け継がれていた[11]。地区の一部には、1895年に遊郭街が移転され、楼数35軒、働く女性は360人をこえ、遊郭が禁止される1945年まで賑わいをみせた。さらに、終戦直後から1946年まで、「特殊慰安施設」が設置されたことをうけ、1980年代まで、暴力団関連の事件が断続的に発生した。もっとも、賑わいという点での影響もあり、1961年に仙台市初のスーパーマーケットが開店、1キロの商店街には老舗を含む130軒をこえる商店が軒を連ねたこともあった。また、1965年、環境への意識の高まりをうけ、各町内会を母体とした域内河川の浄化推進協議会が立ち上げられたり、1980年代の道路粉塵公害をうけた脱スパイクタイヤ運動の延長に、1982年には宮町地区商店会がスパイク自粛を決定、仙台ゴミ追放婦人ロビー、環境運動団体などの運動の盛り上がりへとつながった。

　宮町地区の防犯活動のはじまりは1960年前後にさかのぼる。その当時から、消防団の隊員や商店主たちと地域の安全のために夜回りが行われていた。この組織は「防火組織」として青葉区消防署に登録された。夜回りのなかで、ボヤなどの発見もあったが、それ以上にひったくりなどの現行犯に出くわす機会が多かった。管区警察署とのつながりも深くなり、本格的に防犯活動をはじめるための申請がなされ、宮町地区民間交番の前身である防犯協会が1965年に管区警察署に設置された[12]。翌1966年には、仙台北警察署に、直接の上部団体となる仙台北地区防犯協会連合会が設置された。北地区防犯協会連合会は北警

察署内に存在し、事実上統合されている。

　当時、住民とともに、市役所・県庁・国鉄・電電公社の職員たちが共同でパトロール活動を行っていた。その後、1970年代には、暴力団の拳銃乱射事件等をうけ、東署署長と防犯少年課長の指揮の下、地区指導員40名もあわせ毎晩4班に分かれてのパトロールを行い、暴力団の締め出しの活動を行った。この活動が、1988年の仙台市防犯協会連合会設立（地区防犯協会連合会の上部団体）のきっかけともなった。

　なお、仙台市防犯協会連合会の前身は、1955年に仙台市警察署が設置した防犯協会である。1988年の市防連設立の翌年、仙台市が政令指定都市となるとともに、事務所が中央警察署から市役所へと移り、全国初の専任職員つきの市防連となった。このようにして、宮町地区防犯協会は、その上部に、北警察署内にある北地区防犯協会連合会、さらにその上部に市役所内にある市防犯協会連合会、さらにその上部に、全国防犯協会連合会の下部組織である宮城県防犯協会連合会が存在するというように、比較的早い段階から、警察、行政、市民の連係が構造化された。このことによって、宮町地区防犯協会は制度的により明確かつ大きな枠組みのなかで、共同体制へと位置付けられていった。

民間交番の設置と安全安心まちづくりの活況

　さらに、宮町地区防犯協会が「民間交番」を設置する端緒となったのは、1992年の近隣交番の移転、1995年の警察署の合併であった。これを受け、困りごとがあったときの相談場所がなくなるという不安が住民に広がった。そこで、宮町地区防犯協会は、「（地域を守る活動を）自分たちでやろう」という士気の盛り上がりから、2000年に県庁の住宅課にパトロールの集合場所をつくりたい旨の陳情、管区警察署への相談等を行った。その結果、2002年、県営住宅一階に「宮町地区防犯協会事務所」通称「民間交番」が常設された。それは、宮町地区防犯協会が、「民間交番」という独自の名前と場所を手に入れ、いっそう明示的な自己表出を可能とする転換点となった。

　民間交番の活動資金は宮町地区5町内会の約8,200戸から100円ずつの集金と、市からの助成金とでまかなわれている。パトロール1回ごとに500円の活動費の支給、事務所維持費（場所は無償貸与）、研修費などの支出がある。通常活動は、夜間パトロール、広報車での防犯パトロール、役員会、登下校時の子供への声

かけ、管区警察署発行「広報みやまち」の配布が主である。民間交番執行部の役員は会長1名、副会長5名からなる。この役員（任期2年）の選出は、町内会からの推薦となる。下部に実際にパトロールを行う実働隊（30名）、女性部、少年補導部が存在し、警察からの認定をうけて実務につく。

　民間交番が拠点をもって間もなく、2003年には地元新聞に掲載され、2004年には『平成16年警察白書』の特集テーマ「第1章　地域社会との連帯」において取り上げられるとともに、管区警察署長より感謝状が送られた。その後一年間で、立て続けに、北海道札幌北警察署、河北新報、読売新聞、神奈川県議団などから取材をうけ、日本商工会議所（2005）においても紹介されることとなった。こうした状況をうけて、2005年度の役員により、組織図・活動予定表の作成、隊員研修会・意見交換会の開催、民間交番の歴史の明文化、企業とのコラボレーションキャンペーン等、多くの改革が行われた。このようにして、防犯協会として組織が明示化された階層的・合理的構造、後に民間交番として高まった組織の可視性を、組織内部にていっそう貫徹させたといえる。こうした、民間交番における対外的かつ制度的な活動表明は、安全安心まちづくりの活況のなかでいっそう正当性を増し、強調されてきたように見える。その後、2006年4月1日、宮城県における「犯罪のないみやぎ安全・安心まちづくり条例」の施行と足並みをそろえ、「仙台市安全安心街づくり条例」が施行された。2008年にはその延長に、国家公安委員による視察をうけるまでとなった。

ひずみから多様性へ

　しかし同時に、そうした立て続けの転換、急ピッチでの体制づくりによって、役員と実働隊間の関係、隊員間のコミュニケーションが希薄となり、意識・意欲の差が生じ、さらに、「常勤」がなくなることとなった。それは、宮町地区の歴史性や独自性のうえに人びとのつながりを生んでいた漸進的な展開から、安全安心まちづくりの流れのなかで対外的な視点を意識した、急進的な組織作りへの転換の影響でもあった。そのため、民間交番は、「制度的枠組みの中に取り込まれて、地域の独自性を生かした活動が失われつつある」（東北大学文学部社会学研究室 2006: 136）状況へと至った。

　現在では、平成17年から実施された地域安全安心ステーション推進事業等によって、全国でおよそ800地区が防犯の拠点に指定され、民間交番も増加し

ている。こうした状況をうけ宮町民間交番への訪問客は減少し、活動もまた比較的落ち着きをみせはじめた。同時に、宮町民間交番は設置から10年を経るなかで、かつてほどではないものの、少しずつまた新たな変化を見せている。

例えば、ここ数年、社宅を町内会に所属させている会社から若い会社員が2名顔を出し、年配の隊員とコミュニケーションをとるようになった。もっとも、配置転換のため2年で社宅を出てしまうため、継続的な関係にはならない。しかしながらそうした若い世代の刺激をうけ、例えば、パトロールにおいて地域の歴史や地形についての話しに及ぶこともある。同様に、パトロールに気を張ったところが無くなり、隊員間に「歩く井戸端会議でも良い」という余裕が感じられるようになった。その影響からか、「少しは出てみようという雰囲気が広まりつつあるようで、パトロールへの出席率が高くなっている」という。

また、パトロール自体においても、街の重層性に関わる場面が生じているようにみえる。例えば、自分たちのパトロールの範囲について、町内会や連合町内会におけるパトロールと防犯協会におけるパトロールを比較する中で、前者は学区ベース、後者は交番の範囲というように地区を捉える範囲の違いを意識し、そのずれを、他の町内会や連合町内会のことを知るきっかけとして捉えるようになったという。同様に、民間交番の隊員として学区のPTAによるパトロールに同行し、若い世代の母親たちと歩く機会をもった際には、「若い人たちの歩くスピードが速くて追いつくのがやっと」だったり、にぎやかなおしゃべりの様子から、普段とは異なるリズムのパトロールに触れ、地域の活気を感じ、同時に、歩き慣れた道を異なる感覚をもって歩き直す経験を評価するようにもなった。以上のように、民間交番としての10年間の活動は少しずつ多様な経験を蓄積し、一種の余裕とともに、歴史や伝統への目配り、街のスケールの重層性や経験の広がりについての観点を呼び起こしているようにもみえる。

もっとも、そうした多様性あるいは重層性は、いまだ環境管理の様式とセキュリティの技術の延長に位置づくものであるようにもみえる。安全・安心コミュニティの脱構築には、いっそうの多様性や重層性の蓄積が待たれよう。ここでは、次にみる鹿児島市吉野地区の防犯NPOの事例から、その可能性を把握したい。そこでは、セキュリティの技術に関わる活動そのものを相対化し再審したり、地域の独自性につながる「まちづくり」から捉え返す契機が明らか

となるであろう。

安全・安心コミュニティの脱構築に向けて：鹿児島市吉野地区の事例

　最後に、宮町民間交番とは構造的に異なり、活動方針においてもいっそう顕著に新たな展開をみせている防犯NPO〈吉野おげんきかい〉を事例として、安全・安心コミュニティの構造の転換可能性について明らかにしたい[13]。防犯NPOについては、ガーディアンエンジェルス等にコモンズとしての価値を見出し、コミュニティの活動とあわせた「クライム・セイフ」の条件であるとする議論（小宮 2001）、他方で、同ガーディアンエンジェルスに特殊日本的な「排外的・権威主義的秩序観」を見出し、警察が生活に介入するための媒介手段となっていることを批判する議論（(高木 2003)）がある。前者は、NPOとしての構造面を過剰に評価しており、後者は、より多様な活動を担うNPOに関心を払っていないという問題点があると言えよう。

　このような議論に対して、〈吉野おげんきかい〉は、NPOとしての立ち回りの軽快さによって様々な連携を担いつつも、その活動指針においては、事務局であり監査を行うまちづくりNPO〈吉野ねぎぼうず〉におけるまちづくりの観点を重視し、防犯の取り組み自体を相対化する可能性を有しているという点で新たな組織である。〈吉野おげんきかい〉が活動の基盤とする吉野地区は、鹿児島市中心部から北へ約8キロ、台地に広がる地区である。地区の西部には九州縦貫自動車道へと繋がる主要道路と薩摩吉田インターチェンジを有し、市街地と鹿児島空港を結ぶ高速バスのルートであるとともに、朝晩は鹿児島市の中心市街地への通勤自動車にて混雑する。1987年には、平成4年から平成27年度までの大規模な土地区画整理事業が決定され、吉野地区は自動車移動に便利な最寄りの住宅地区として発展が方向付けられた。1995年以降2010年まで、人口では44,792人から47,339人へ、世帯では16,325世帯から20,381世帯へと増加してきた[14]。年代別に見ると、高齢化の傾向がみられるが、10歳未満と30歳代において一貫して増加しており、子育て世代の居住地となっていることがわかる。このような人口増の趨勢とともに、立地事業所の規模も変化してきた[15]。従業者数30人未満の事業所数は1996年、2001年、2006年と減少してきた一方で、従業者30人以上の事業所数は増加し、特に100人以上の事業所数は6から10へと顕著に増加した。また、卸売り・小売業の状況を見ると[16]、2006年ま

で「飲食料品卸売業」や「織物・衣服・身の回り品小売業」、「飲食料品小売業」等において、事業所は減少する一方で、従業者数は増加あるいはほぼ同数である。以上のような変化は、吉野地区を縦貫する主要道路沿いの郊外型チェーン店の増加にもみてとることができる。

　比較的大規模な小売店の増加は、自動車社会化・個人化を背景として生じるとともに、そのような傾向をいっそう促しているといえよう。さらに、吉野地区交番によれば、近年、万引き・車上荒らし・侵入窃盗（空き巣）が増加傾向にあるとされるが、それぞれは、大規模小売店の増加・自動車社会化・世帯数の増加に対応しているとみることもできるだろう。吉野地区のまちづくりNPOならびに防犯NPOは、以上のような、若い世代の増加と自動車社会化、地域からの離脱や個人化を背景に、犯罪抑止に対するサポート、吉野地区のまちづくりへのサポートを基幹として活動を行っている。

　防犯NPO〈吉野おげんきかい〉は2005年4月にたちあげられた。中心人物であるN氏は、町内会活動の延長に、地区防犯協会の下部組織にあたる地域安全モニター、街頭補導活動・少年相談活動・有害環境浄化活動等とともに少年の居場所づくりを始めとする立ち直り支援活動を行う鹿児島県少年警察ボランティア連絡協議会等の活動を行っていた。それらの活動のなかで、N氏は、より広域の安全安心の必要性を感じていたという。しかし、「地域に鍵をしてしまっては安心安全じゃない。心をひらける場所が必要」との考えから、当初、防犯専門のNPOではなく、まちづくりに広く携わるNPO法人〈吉野ねぎぼうず〉の立ち上げ準備をしていた。

　そうしたなか、鹿児島中央署の担当者から吉野地区は空き巣が増えておりどうにかならないかとの話しがあった。そこで、N氏は当初の予定どおりまちづくりNPO法人〈吉野ねぎぼうず〉を組織し理事長となるとともに、続いて2005年4月、防犯NPO〈吉野おげんきかい〉を立ち上げ、〈ねぎぼうず〉を事務局・監査にあてることでサポートすることにした。〈おげんきかい〉の設立総会ならびに発足式は〈ねぎぼうず〉の主催として行われた。

まちづくりから防犯を相対化する

　まちづくりNPO〈吉野ねぎぼうず〉の活動は多岐にわたる。宅配弁当・ランチ等を提供する「やまぼうし」、異年齢生活の形成を体験するキャンプ活動、

こども達と吉野地区を歩き体験する「よしのっ子地域塾」、高齢者や子育て在宅支援と訪問給食配達「結いねっと」、未就学児を持つ母親の仲間づくり・学び合い・預け合いを目的とした「マミークラブ」、鹿児島市の三大民話のひとつで吉野地区が舞台となっている民話を元にした「吉野兵六ゆめまつり」、物語の舞台となった場所を巡り歩くウォークラリー、鹿児島の三大詣りに数えられる吉野地区の参道ルート巡りからなる「心岳寺詣り」等である。このようなまちづくりNPOにサポートされるかたちでスタートした防犯NPO〈吉野おげんきかい〉は、これまでの防犯ボランティア団体とは異なる特徴を備えることとなった。

　〈おげんきかい〉は、四つの校区にまたがる広域的な「吉野」を活動の舞台に設定し、町内会、民生・児童委員、各小中学校PTA、さらに銀行や新聞配達所といった事業所、各個人・団体会員の自主的な参加からなる。会費は会員(1,000円)、協力会員(3,000円)、特別協力会員(5,000円)が主となり、さらに青パト(パトロール時のみ青色回転灯の装着が許可された自動車)のガソリン代に対して県警と防犯協会から、鹿児島市からも青パトに対する助成金が拠出される等している。支出は、〈ねぎぼうず〉の各種活動の拠点ともなっている事務所の維持費、会議費、講師謝金、各種案内を含む通信費、帽子やマグネットシート等防犯グッズ、青パト実費弁償費等である。活動としては、総会・年6回の役員会、年末年始合同パトロールをはじめ、保育園が参加し公民館において行われる防犯「いかのっち防犯教室」、小学校防犯教室、中学校青少年非行防止啓発活動、自動車学校を利用しての高齢者交通安全教室、小・中学校情報交換会、鹿児島市福祉ふれあいフェスタへの参加による活動資金の調達等、NPOとしてのネットワークを活かして多くの活動が行われている。

　防犯NPO〈吉野おげんきかい〉の活動として特に注目できる点は、N氏が「歩くパトロール」にこだわりをもって組織を方向づけてきたことである。設立当初においても、N氏は、〈おげんきかい〉の第一回一斉パトロールの様子を、〈吉野ねぎぼうず〉の広報第3号(2005年5月30日)に取り上げ、ふだん自動車で通り過ぎてしまう道の狭さ、歩きづらさ、雑草が生い茂った様子、ゴミの散乱というような諸々の現状がみえたこと、次からはゴミ袋持参の必要性があることを提示した。歩くことへのこだわりは、新しく防犯活動をたちあげようとし

た町内会長に対して「青パトはもたないでくださいと懇願した」というほどであった。また、パトロールとして歩く人数も、大人数でたまに歩くよりも、少ない人数でも毎日歩いている人がいたほうが良いという考えから、二人一組の班をつくり、時間帯によって歩いてもらうこととなった。

　それは、吉野地区が自動車社会化しており、自動車に乗っている限り地域が見えなくなってしまうこと、挨拶することができなくなってしまうことに対して、歩くこと、歩いている姿をみせることで、地域をつなぎたいという考えによるものであった。それはまた、N氏にとって、地域をみなおし、つなぎ、心を開くことができる場所づくりの一環であり、防犯活動であっても、まちづくりNPO〈ねぎぼうず〉において地域を歩き、伝統や文化に触れることと異なるものではない。

　しかし、その後、警察との連携のなかで青パトの台数は増加し、2012年の時点で11台を配備するまでとなった。警察OB等、より防犯に即した人材の参加も進んでいる。そのような状況において、吉野地区独自の安全・安心コミュニティをいかに担保し得るのかについては今後明らかにされるべき課題となる。

おわりに

　以上のような、吉野地区の防犯NPOにみられる構造転換は、地域社会を基盤とした近隣住民組織から広域のボランティア団体へという組織体制の転換に限定されるものではない。むしろそれは、安全安心まちづくりにおける「まちづくり」側からの「安全・安心」の技術の相対化という点から看取されるものである。翻って、宮町民間交番を含め他の多くの防犯ボランティア団体において、地域防犯活動が多様化している、地域の様々な問題に対応するようになっているという特徴のみでは、いまだ構造転換とは言い得ない。なぜなら既にみてきたように、思想的にも、制度的にも、そうした多様性は、曖昧さをもたない自明なもの、擬似的な物語として用意されてきたからである。

　監視の技術としてのデータベース、そのなかで行為するアクティヴな個人は、監視社会の間領域性の前提であった。それを背景とするセキュリティの技術、環境犯罪学のまなざしは、あらゆる分野に浸透してきた。制度的には、地域安

全安心ステーション推進事業等によって、防犯以外の分野との連携が水路づけられてきた。東北6都市調査からも、防犯とその他の活動とのつながりを把握することができた。しかしそのいずれにおいても、安全・安心コミュニティは、擬似的な道徳的共同体を前提とした単一性のなかで生じるものでしかない。他方で、最後の事例において明らかにしたように、そこから一歩ふみだし、地域の独自性に資する限りで防犯の技術を相対化する試みも生じており、その可能性を明らかにし、安全安心まちづくりの方向性を見定める継続的な探求が必要であろう。

　2011年の東日本大震災との関わりという点からも、震災後の地域治安維持活動は多くの場合、道徳的価値への収斂を強化するきっかけとなったのではないか。例えば、東日本大震災をとおして、宮町民間交番の役員層は、近隣の繋がりの重要性を再認識し、それを日常的な組織運営に持ち帰り、いっそう均質的な道徳的価値のもとに活動を推し進めているようにみえる（菱山 2012b）。非常事態においては、頼りになる警察の存在、自分たちが何者であるかを明示してくれるパトロールの装備、若者のいない（見えない？）時間帯での顔見知りの高齢者どうしの助け合い、個人化され無秩序に助けを求めるように見える若者達、という要素・風景がない交ぜになる。その後、「絆の必要性」という大きな言葉、道徳的価値によってそれらがひとまとめにされ、構造的に保証された明確な価値となり、日常のなかで擬似的な物語を形成する。その物語のなかから「若者」は周到に排除される。このことによって、震災前の社会構造がいっそう強化され、震災以後の社会を規定している状況といえる。

　ここでは、共同体的価値を前提とした自明でアクティヴに活動する個人（援助者／救援者）ではなく、同様にデータベースから導かれる「本当の被災者」というような明確な役割に回収されるものでもない、震災の様々な経験のなかで、なお語られることのない多様な安全安心のあり方に目を向けること、諸個人のさまざまな傷つきや現れの物語・語りといったものに寄り添い耳を傾けることが必要であろう。東日本大震災以降の安全・安心コミュニティの転換は、いっそうの道徳的共同性の強化によって復興へと邁進する像を強化するよりも（あるいはそれと平行せざるをえない地区があることを踏まえつつも）、ねばりづよく漸進的に、多様な物語を紡ぎ直すコミュニティへと転換する可能性をいかに掬いとる

かにかかっている。

注

1) G・バウマンによれば、この不安から抜け出す方法のひとつは、ゲーテッド・コミュニティである。そこでは、「数の圧倒的な力によって、現在の選択の妥当性を確証するとともに、アイデンティティに『社会的な承認』を与えて、いくらかの重みを加えること」(Bauman 2001=2008: 92) が目的となる。そのため、コミュニティは、結合が容易であると同時に、分解もまた容易でなければならず、地域の永続性や安定性を集合の基盤とすることはできない。それゆえ、グローバル・エリートの生活世界は、能力主義を基本とし、地元の人々の多様性から集団的に離脱し、「あまりにも似通っていることが、その最も顕著な特徴」(Bauman 2001=2008: 80) となる。他方で、菱山 (2012a) は、東南アジアの事例から新たなゲーテッド・コミュニティの可能性を導こうとしている。

2) 同様の議論は、「環境管理型権力」(東・大澤 2003)、「監視のアッサンブラージュ」(Haggerty & Ericson 2000)、「インターフェース」(Lyon 2007=2011)、「プロトコル」(Lyon 2009=2010) 等の概念においてもみることができる。菱山 (2012b) は、環境のデータベース化を手がかりに、「地域セキュリティの論理」という観点から防犯と防災の相互浸透について論じている。

3) 例えば、平成15年7月の『防犯まちづくり関係省庁協議会取りまとめ』によれば、「2『防犯まちづくりの推進について』の概要」の「(3) 関係省庁における具体的な施策」において、「『割れ窓理論』に沿って、地域住民による落書き消し等とともに、公園等の維持管理について里親制度の活用を通じ住民参加を促進」とある。同様に、犯罪対策閣僚会議による「犯罪に強い社会の実現のための行動計画」(平成15年12月)では、「2　治安回復のための3つの視点」の「犯罪の生じにくい社会環境の整備」において「割れ窓理論」が紹介されている。警察白書においても平成14年第2章第3節「今後の警察の取組み」や、平成15年第2章「生活安全の確保と警察活動」にて「破れ窓理論 (Broken Windows Theory)」として紹介があり、ニューヨークの割れ窓理論を応用した取組が事例として挙げられている。このように、現在の日本における防犯対策や活動は「割れ窓理論 (Broken Windows Theory)」におおきく依っていることがわかる。

4) ゼロ・トレランスについては Forstorp (2006)、Green (1999)、Puddington (1999)、酒井 (2001) を参照。

5) 象徴的なケースとして、ギニア系移民のA・ディアロの射殺事件があった。そのとき、4人の警察官は40人の女性を強姦した犯人を捜していた。警察官がディアロに近づいたとき、彼は服のポケットに手をいれた。それをみた4人の警察官は計41発の銃弾を発射し19発が命中、ディアロは即死であった。ディアロのポケットのなかには家の鍵とポケットベルが入っているだけであった (Puddington 1999: 25)。あわせて、渋谷望はゼロ・トレランスについて「政府が住民にとって脅威になったり、暴走するという可能性は前提の上で消されている」(渋谷 2003:191) ことが問題であると指摘している。

6) ゼロ・トレランス政策は、その後、特に教育の場面において用いられるようになり、アメリカでは授業中の生徒の検挙が増加した (The New York Times, January 4, 2004)。アメリカに於ける教育への導入とその批判については舟木 (2003) を参照。なお、日

本においても、平成17年9月に文部科学省より出された『新・児童生徒の問題行動対策重点プログラム（中間まとめ）』において、「児童生徒の規範意識の向上及び子ども達の安全な学習環境の確保の観点から、学校内規律の維持を指向する『ゼロ・トレランス（毅然とした対応）方式』のような生徒指導の取組みを調査・研究するなど、生徒指導体制の在り方について見直しを図る」とされた。このことにより、一部教育現場への適用がみられる。

7）フォーストープ（Forstorp 2006）によれば、「ゼロ・トレランス」は本来、「寛容がない（no tolerance）」という意味であり、交渉も例外も無く、共通の理想は何かについての議論も無いという「頑強な戦略（die-hard-strategy）」であるが、「ゼロ」という「量化（quantification）」がなされることによって、悪しきものの排除という肯定的理想となっている。

8）以下、平成19年度仙台市防犯アカデミーにおける防犯マップづくりのためのフィールドワークへの、筆者の参与観察による。仙台市は、平成19年度から「地域の防犯リーダーとなる人材を養成」する目的で、防犯アカデミーを開催している。平成19年度のカリキュラムは全6回からなり、第四回までが講義、第五回（2008年1月26日）がフィールドワークと地域安全マップづくり、第六回がグループディスカッションであった。

9）コミュニタリアンであるA・エツィオーニは、近隣監視プログラムおよび防犯パトロールを肯定している（Etzioni 2001=2005）が、それは「コミュニティは、警察に優先性を与えるとともに、警察の行動を監視しなければならない」（Etzioni 2001=2005: 47）という前提のうえでのことである。同様に、「公共の安全に対する主な責任を、国家に戻すべきである」（Etzioni 2001=2005: 91）という立場においても、「コミュニティには、公共の安全を促進しようとする国家の努力を監視する機会が、もっと与えられるべきである」（Etzioni 2001=2005: 94）という条件を付している。他方、バウマンは、より直接的に、民間によるパトロールは自発的ゲットーを形成し、自らの孤立を継続させ悪化させると論じている（Bauman 2001=2008: 159-161）。

10）『町会』発行の目的は、「町内の性格及運営はどうあるべきか……第一にこの点を調査研究して、自然発生的な町会に正しい方向を示唆」すること、「第二に各町会の情報を連絡交換し、さらに町会の都区に対する要望を取まとめて町会と都区のかけ橋の役目を果たしたい」ということであった（『町会』1956創刊号）。ここには、町会（町内会）が大きな社会変動のなかにあって、いかなる特徴をもつべきかを模索していこうとする態度があらわれている。

11）以下、宮町地区の歴史については仙台市史編さん委員会（1997）、歴史的町名等活用推進委員会（2002）、民間交番の設立については、宮町地区防犯協会（2005『宮町地区に自前交番が設立された経緯について』）ならびに筆者による宮町地区交番成員へのインタビューを参照。

12）M地区民間交番については、東北大学文学部社会学研究室2006年度社会学実習B班編著『防犯と地域社会——住民防犯活動へのまなざし』を参照。同報告書については、筆者もメンバーのひとりとして現地に赴き、聞き取り調査を行うとともに、報告書執筆の実質的指導、編集統括を行った。その後、同報告書をもとに、会長への電話インタビュー（2011年6月20日）を行った。さらに、その内容を踏まえた質問項目をFAXにて送信（2011年6月27日）した。後日、民間交番を訪問（2011年7月20日）し、事前

に送信した質問項目をもとに、関連資料を用意頂き、説明を受けるとともに、役員と、その日のパトロールの当番であった実働隊員への半構造化インタビューを行った（追加調査として 2011 年 10 月 26 日、2012 年 9 月 29 日、31 日）。加えて、宮城県警での聞き取りと質問項目の提出 (2011 年 7 月 19 日)、それを踏まえた電話インタビュー (2011 年 8 月 8 日) により、各種データや状況の確認を行った。
13) 吉野おげんきかいについての調査は、N 氏へのインタビュー (2012 年 5 月 31 日)、同日総会への参加、40 歳代中心メンバーへのインタビュー (6 月 1 日)、N 氏と会長へのインタビュー (6 月 28 日)、N 氏へのインタビューと調査内容の確認 (12 月 26 日)、各年度の総会資料からなる。
14) 吉野地区の人口・世帯構成については、鹿児島市「年齢 (5 歳階級) 別・町丁別住民基本台帳人口 (平成 5〜23 年：各年 9 月末現在)」を参照。その際、後にとりあげる〈吉野おげんきかい〉の活動範囲や「吉野」という呼称によって住民に想定される地区のひろがり、行政による区分を踏まえ、鹿児島市役所市民局吉野支所の管轄となる町丁を対象とした。
15) 事業所の規模と従業者数については、鹿児島市「町丁、従業者規模別事業所数及び従業者数 (民営) 平成 8、13、18 年」を参照。
16) 卸売り・小売業の状況については、鹿児島市「町丁、産業中分類別事業所数及び従業者数 (民営) 平成 8、13、18 年」を参照。なお、従業者数について一部無回答の項目は除外している。

参考・参照文献

東 浩紀・大澤真幸 2003 『自由を考える――9・11 以降の現代思想』NHK ブックス．
Barber, Benjamin R., 1998, *A Place for Us: how to make society civil and democracy strong*, New York: Hill and Wang. (= 2007 山口晃訳『〈私たち〉の場所――消費社会から市民社会をとりもどす』慶應義塾大学出版会.)
Bauman, Zygmunt, 2001, *Community: Seeking Safety in an Insecure World*, Polity Press: Cambridge (= 2008 奥井智之訳『コミュニティ――安全と自由の戦場』筑摩書房.)
Bellah, Robert N., Richard Madsen, William M. Sullivan, Ann Swidler, and Steven M. Tipton, *Habits of the heart: Individualism and Commitment in American Life*, University of California Press, Berkeley. (= 1991 島薗進・中村圭志訳『心の習慣――アメリカ個人主義のゆくえ』みすず書房.)
Bigo, Didier (2002) 'Security and Immigration: Towards a Critique of the Governmentality of Unease', *Alternatives*, 27 (Special Issue), 63-92.
Cohen, E. Lawrence and Marcus Felson, 1979, "Social Change and Crime Rate Trends: A Routine Activity Approach", *American Sociological Review*, 44 (4), 588-608.
Etzioni, Amitai, 2001, *Next: The Road to the Good Society*, Cambridge: Basic Books (= 2005 小林正弥訳『ネクスト――善き社会への道』麗澤大学出版会.)
Forstorp, Per-Anders, 2006, "Quantifying automobility: speed, 'Zero Tolerance' and democracy," *Sociological Review*, 54 (1), 93-112.
舟木正文 2004 「学校暴力と厳罰主――アメリカのゼロ・トレランスの批判的考察」『大東文化大学紀要 社会科学』41: 155-70.
Green, A. Judith, "Zero Tolerance: A Case Study of Police Policies and Practices in New York

City," *Crime & Delinquency*, 45 (2), 171-187.
Haggerty, Kevin D., and Richard V. Ericson, 2000, "The surveillant assemblage", *British Journal of Sociology*, l-51 (4), 605–622.
濱野智史　2008　『アーキテクチャの生態系――情報環境はいかに設計されてきたか』NTT出版.
犯罪対策閣僚会議　2003　『犯罪に強い社会の実現のための行動計画』.
菱山宏輔　2012a　「ゲートを超えるバリ島のゲーテッド・コミュニティ」大西仁・吉原直樹監修　李善姫・中村文子・菱山宏輔編著『移動の時代を生きる――人・権力・コミュニティ』東信堂.
──────　2012b　「防災と地域セキュリティの論理」吉原直樹編著『増補・防災の社会学』東信堂.
五十嵐太郎　2004　『過防備都市』中公新書ラクレ.
岩崎信彦　1989　「町内会をどのようにとらえるか」岩崎信彦・鰺坂学・上田惟一・高木正朗・広原盛明・吉原直樹編『町内会の研究』御茶の水書房.
警察庁　2004　『平成16年警察白書』.
Kelling, George L., Catherine M. Coles, 1996, *Fixing Broken Windows: Restoring Order and Reducing Crime in Our Communities*, New York: Martin Kessler Books. (= 2004　小宮信夫訳『割れ窓理論による犯罪防止――コミュニティの安全をどう確保するか』文化書房博文社.)
Lyon, David, 2001, *Surveillance Society: Monitoring everyday life*, Buckingham: Open University Press. (= 2002　川村一郎訳『監視社会』青土社.)
──────, 2007, *Surveillance Studies*, Cambridge: Polity Press. (= 2011　田島泰彦・小笠原みどり訳『監視スタディーズ――「見ること」と「見られること」の社会理論』岩波書店.)
──────, 2009, *Identifying Citizens*, Polity Press: Cambridge. (= 2010　田畑暁生訳『膨張する監視社会――個人識別システムの進化とリスク』青土社.)
守山　正　2003　「犯罪予防の現代的意義――環境犯罪学の展開」『犯罪と非行』135.
日本商工会議所　2005　「中心市街地の必要性について」日本商工会議所 (http://www.meti.go.jp/committee/materials/downloadfiles/g50411a63j.pdf, 2011年9月25日閲覧.)
Puddington, Arch, 1999, "The War on the War on Crime", *Commentary*, 107 (5), 25-30.
斉藤純一　2000　『公共性』岩波書店.
酒井隆史　2001　『自由論――現在性の系譜学』青土社.
Sennett, Richard, 1998, *The Corrosion of Character*, New York: W.W.Norton&Company. (= 1999　斎藤秀正訳『それでも新資本主義についていくか――アメリカ型経営と個人の衝突』ダイヤモンド社.)
渋谷　望　2003　『魂の労働――ネオリベラリズムの権力論』青土社.
都政人協会・東京都自治振興会発行 [1956] 2008『町会』創刊号　不二出版.
都政人協会・東京都自治振興会発行 [1957] 2008『町会』2 (4)　不二出版.
都政人協会・東京都自治振興会発行 [1958] 2008『町会』3 (6)　不二出版.
都政人協会・東京都自治振興会発行 [1958] 2008『町会』3 (9)　不二出版.
都政人協会・東京都自治振興会発行 [1959] 2008『町会』4 (2)　不二出版.
都政人協会・東京都自治振興会発行 [1959] 2008『町会』4 (4)　不二出版.
都政人協会・東京都自治振興会発行 [1959] 2008『町会』4 (5)　不二出版.

都政人協会・東京都自治振興会発行［1959］2008『町会』4 (6)　不二出版.
都政人協会・東京都自治振興会発行［1959］2008『町会』4 (9)　不二出版.
都政人協会・東京都自治振興会発行［1959］2008『町会』4 (11)　不二出版.
都政人協会・東京都自治振興会発行［1960］2008『町会』5 (1)　不二出版.
都政人協会・東京都自治振興会発行［1960］2008『町会』5 (2)　不二出版.
都政人協会・東京都自治振興会発行［1960］2008『町会』5 (4)　不二出版.
都政人協会・東京都自治振興会発行［1960］2008『町会』5 (5)　不二出版.
都政人協会・東京都自治振興会発行［1960］2008『町会』5 (6)　不二出版.
都政人協会・東京都自治振興会発行［1960］2008『町会』5 (7)　不二出版.
都政人協会・東京都自治振興会発行［1960］2008『町会』5 (8)　不二出版.
都政人協会・東京都自治振興会発行［1960］2008『町会』5 (9)　不二出版.
都政人協会・東京都自治振興会発行［1960］2008『町会』5 (12)　不二出版.
都政人協会・東京都自治振興会発行［1961］2008『町会』6 (5)　不二出版.
都政人協会・東京都自治振興会発行［1961］2008『町と生活』6 (10)　不二出版.
都政人協会・東京都自治振興会発行［1962］2008『町と生活』7 (1)　不二出版.
都政人協会・東京都自治振興会発行［1962］2008『町と生活』7 (2)　不二出版.
宮町地区防犯協会　2005　『宮町地区に自前交番が設立された経緯について』.
歴史的町名等活用推進委員会編　2002　『城下町仙台を歩く』仙台市.
仙台市史編さん委員会編　1997　『仙台市史　特別編4　市民生活』仙台市.
東北大学文学部社会学研究室2006年度社会学実習B班編著　2006　『防犯と地域社会
　　──住民防犯活動へのまなざし』.
渡名喜庸安　2003　「地域安全活動推進のための自治体の役割と課題」『月刊自治研』45
　(529)　66-79.
Wilson, James Q. and George L. Kelling, 1982, "Broken Windows: The Police and Neighborhood Safety," *The Atlantic Monthly*, March 1982, 249 (3) : 29-38.

第Ⅱ部　安全・安心コミュニティの布置構成

第4章

地域資源と安全・安心コミュニティ

松本 行真

1 安全・安心コミュニティを可能にする地域資源

「安全・安心まちづくり」で重要な要素となる「防災」と「防犯」における活動の量的・質的な差異を見るときに、防犯は比較的、確率的に捉えられやすい「危険：リスク」であり、防災は「突発的」という意味では非確率的な「危機：クライシス」であるといえよう[1]。

こうした危機に対しては、諸個人による緩やかな「つながり」より、ある程度画一的であり強固な「縛り」の方が対応しやすいといえる。というのも、本震災によってもたらされた「危機」に対して、町内会等の地域コミュニティはほぼ機能不全に陥っており、それが津波や原発の避難、そして被災後の生活に大きく影を落としているからである。

それに比べて防犯は比較的生活に近いという意味では日常的な領域に接しているともいえよう。そうなると防犯は、「非常事態への組織による対応」というよりは、「ゆるやかなネットワークによる活動で予防」という可能性が高い。ちなみに被災者へのアンケート調査や聞き取り調査によれば、原発避難地域（双葉郡）において、ふだんの防災活動はあまり行われていないのにもかかわらず、防犯活動（交通安全、子供の見守り）は活発になされている例もあった[2]。また2節で展開することになるが、（比較的近い）過去において地震や水害などの大

きな災害がない場合、防災に対する備え[3]が少ない弘前市の例もある。

　もう少し付け加えると、地域性の強い「災害」への組織的な対応（→防犯活動）が地域資源を形成し、それが防犯活動へとつながっていく可能性が高い。一方で、災害への危険性が低いところでは組織的な対応がなされず、あまり地域資源の形成がされず、それが防犯活動に影響を与えるかもしれない。これは防災→防犯への方向であるが、当然ながら、防犯→防災という向きもある。そのプロセスにおいて、町内会にどのような活動ノウハウが蓄積・共有され、それが（人的と活動の二軸でおりなされる）地域資源としてどう形成されていくのだろうか。一方で、防災→防犯においては人的資源が（相対的に）強く、トップダウンorボトムアップ型（いずれもヒエラルキー構造）により、防犯→防災という方向では活動資源が（相対的に）強く、ヨコのつながりによるネットワーク構造により、活動ノウハウといった知識が蓄積・共有されていくものと考えられる。

　これだけの例では断言できないものの、地域資源の次元で論じると、人的資源において防災活動は会長のリーダーシップ（特にトップダウン）が要されるのに対して、（防災と相対的にみると）防犯活動はそうではなくて、ゆるやかなネットワークによる活動資源（ボトムアップ型のリーダーシップ）の形成が要されるのではなかろうか[4]。

　そこで本論では、松本（2011）において秋田市、盛岡市、福島市を防災活動の切り口で論じた地域の人的／活動資源のあらわれ方が、防犯活動とのそれとは異なることを明らかにする。特に弘前市については、会長のリーダーシップと町内会のマネジメントに「知識」の概念を取り入れるために野中ら（1999）の知識経営のフレームワークを援用し、それらの相関と因果について共分散構造分析を用いて明らかにするとともに、防犯コミュニティ構築に向けた方途を提示することを目的とする。

　具体的には以下のように議論を進めていく。2節では、秋田市、盛岡市、福島市、弘前市のアンケート調査を再分析し、3節で弘前市調査のリーダーシップとマネジメントと地域資源の関係を探るための準備的な操作（因子分析）とそれらの構造化（共分散構造分析）を定量的に行うとともに、いわき市で実施した聞き取り調査から防災・防犯とそれら活動を可能にする／させるリーダーシップとの関係を論じ、4節ではこうした地域資源を防犯活動につなげていくために

は知識とそのマネジメントが一つの鍵であることを論じる[5]。

2 町内会における防災・防犯とまちづくり活動の現状
――四市町内会調査から――

(1) 秋田市の現状

　以下で論じる町内会を地域資源で捉える考え方と変数の操作方法について、松本・吉原(2009)を用いて説明する[6]。

　まず、町内会の「活動個数」と「組織・団体個数」を「多」「中」「少」の3つに分けて、図4-1の左側にある9つのセグメントをつくる。それを「活動個数×組織・団体個数」の合成変数と見なし、「多」「中」「少」をそれぞれ「1 or 2 or 3」「4 or 5 or 6」「7 or 8 or 9」として、この変数と「加入世帯数」によるマトリックスを作成する(図4-1の右側)。この「活動個数×組織・団体個数」×「加入世帯数」における「多」「中」「少」をそれぞれ「1 or 2 or 3」「4 or 5 or 6」「7 or 8 or 9」にして、3つの活動資源のセグメントと設定すると、活動資源の分布は、多：25.7%、中：26.0%、少：47.2%、不明：1.0%となった。

　次に人的(会長)資源の導出であるが、ここでの操作は活動資源のように3つの変数ではなく、「会長の在任年数」と「会長家族の地付きの程度」という2つであるために、1回のステップだけである。因みに「地付きの程度」であるが、松本・吉原(2009)と同様に、「古」「中」「新」をそれぞれ「戦前」「昭和20年代～40年代」「昭和50年代以降」としている。こうした操作にて変数を作成して、その人的資源の分布を見ると、多：21.5%、中：27.4%、少：47.7%、不明：3.3%となった。

　さらに「活動資源」と「人的資源」をかけあわせた「町内会(地域)資源」を作成し、その分布を見ていくことにする。ここで、先に述べた活動資源と人的資源の「多」、「中」、「少」のそれぞれに「3」、「2」、「1」と得点化した上で、各地区別に両資源を集計し偏差値化し、この偏差値50.0を境界にして「多」「少」として、その組み合わせをセグメント1～4としている。そうした操作によって得られた各セグメントの構成比をみると、(活動資源、人的(会長)資源)では(多、多)は10.8%、(少、多)は31.4%、(少、少)は25.5%、(多、少)は32.3%であり、その

図4-1 セグメントの考え方

		活動個数		
		多	中	少
組織・団体個数	多	1	3	6
	中	2	5	8
	少	4	7	9

		活動個数× 組織・団体個数		
		多	中	少
加入世帯数	多	1	3	6
	中	2	5	8
	少	4	7	9

		会長在任年数		
		多	中	少
世帯の地付き	古	1	3	6
	中	2	5	8
	新	4	7	9

地理的な布置状況は次のような結果になった。

以上、設定した軸のプロフィールを確認する[7]（表4-1）。加入世帯数の平均が111.5世帯であるのに対して、活動資源「多」では197.8世帯、「少」が54.2世帯と、世帯数と活動資源に正の相関がある。一方で人的資源については、「多」(88.8世帯)→「少」(131.0世帯)というように、活動資源とは逆の結果であり、活動自体はその構成世帯数の多寡によるが、町内をまとめるとなるとそれが逆に作用することがうかがえる。続いて4つのセグメントについては、活動「多」のセグメントは世帯数が多く、この軸における世帯数は人的資源よりも活動資源の方に影響を与えているといえる。区の数の平均は0.7であり、これは各軸については特に差はみられない。また、班または隣組の数であるが、これは先の加入世帯数と同様な傾向を示していることがわかった。

世帯加入率について確認する。全体でみると、「全戸加入」(59.5%)、「90%以上加入」(28.1%)と、9割近くの町内会において、その加入率は90%以上であり、また以下で分析する各軸においても（表4-2）「全戸加入」がボリュームゾーンであることがわかる。そして、活動資源「多」は「90%以上加入」(35.1%)、「少」は「全戸加入」(64.3%)でそれぞれ多く、4セグでは（少、多）で「全戸加入」(66.3%)と「50〜70%加入」(2.2%)、（少、少）は「90%以上加入」(34.7%)、「30〜50%加入」(2.0%)となっている。

ここ数年の町内の人口増減についてみると、全体では「やや減少」(38.7%)、「あまり変化はない」(31.8%)と減少基調にある。活動資源「多」で多いのは「あまり変化はない」(37.8%)、「少」は「大いに減少」(16.9%)であり、減少基調が強い町内会において活動資源が少ないことをあらためて確認できる。人的資源「多」

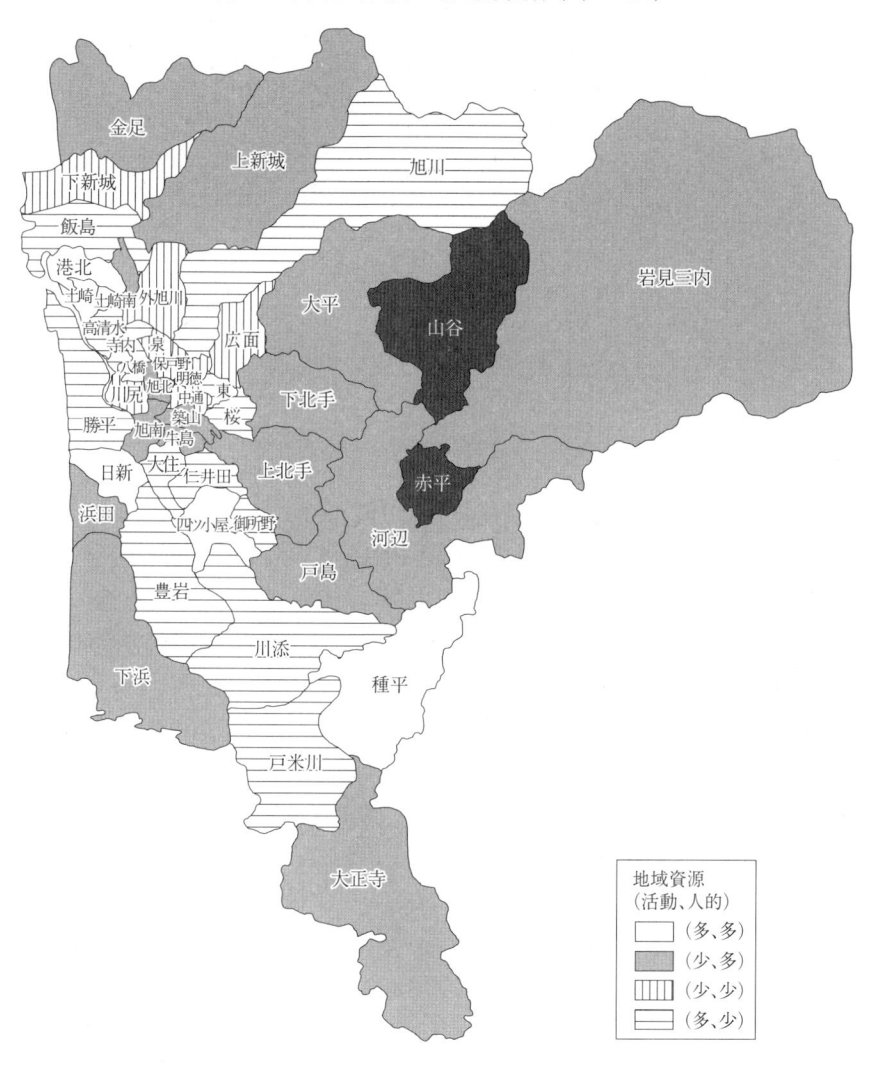

第4章　地域資源と安全・安心コミュニティ　　141

図4-2　秋田市町内会の地区別資源分布（N = 576）

地域資源
（活動、人的）
- □ （多、多）
- ▨ （少、多）
- ▥ （少、少）
- ☰ （多、少）

表4-1 加入世帯数、区数、班・隣組の数

		加入世帯数		町内の区の数		町内の班もしくは隣組の数	
		調査数	戸	調査数	区	調査数	班・組
合計		571	111.46	546	0.72	566	8.54
活動	多	148	▲ 197.75	139	0.76	147	▲ 14.26
	中	150	∴ 123.41	140	0.86	150	∴ 9.49
	少	272	▼ 54.24	266	0.63	268	▼ 4.87
人的	多	122	▽ 88.75	118	0.42	122	8.06
	中	156	∵ 98.03	149	0.50	152	8.47
	少	275	▲ 131.02	263	0.75	274	8.94
4セグ	多、多	62	△ 140.39	57	1.14	61	▲ 13.10
	少、多	179	▼ 69.60	176	∵ 0.31	177	▼ 5.55
	少、少	144	∵ 99.44	135	0.98	143	↓ 7.49
	多、少	186	▲ 151.41	178	0.80	185	▲ 10.71

は「大いに減少」(22.6%)、「少」は「大いに増加」(6.2%)と「あまり変化はない」(35.6%)がそれぞれ多く、縮小傾向にある町内会をまとめやすい会長像がうかがえる。4セグでは(多、多)と(少、多)が「大いに減少」、(少、少)で「あまり変化はない」、(多、少)は「増加」がそれぞれ多く、ここでも人的資源の方が4セグにより影響を与えているようである。

　次に新旧住民の割合について確認する。全体では「古くからの地付きの世帯がほとんど」(30.9%)、「古くからの地付き世帯のほうが多い」(28.1%)であり、6割近くの町内会では地付き世帯の割合が多い。ある意味で流動性が低い秋田市の町内会の中で、活動資源「多」の町内会では「外からの新しい世帯がほとんど」(27.7%)と「外からの新しい世帯が多い」(18.2%)と、全体の傾向とは逆の結果を示している。一方の活動「少」では「古くからの地付き世帯がほとんど」(35.3%)となっており、これは市全体の傾向と同じである。4セグでは(少、多)が「古くからの地付きの世帯が多い」、(多、少)は「外からの新しい世帯が多い」という両極の結果になっており、流動性が高い町内会ほど活動がさかんであることがうかがえる。

　次に会長の属性をみていこう。年代についてはそのほとんどが60代以上であり、たとえば40代は3%と少数である。軸別にみると(表4-3)、人的資源「多」

表4-2 世帯加入率・人口増減[8]・新旧住民の割合[9]

(単位：%)

		全体平均より多い（主な項目）	
		世帯加入率	町内の人口増減
活動	多	「90％以上加入」(35.1)	「あまり変化はない」(37.8)
	少	「全戸加入」(64.3)	「大いに減少」(16.9)
人的	多		「大いに減少」(22.6)
	少		「大いに増加」(6.2)、「あまり変化はない」(35.6)
セグ	多、多		「大いに減少」(24.2)
	少、多	「全戸加入」(66.3)、「50〜70％加入」(2.2)	「大いに減少」(20.4)
	少、少	「90％以上加入」(34.7)、「30〜50％加入」(2.0)	「あまり変化はない」(37.4)
	多、少		「大いに増加」(7.0)、「やや増加」(15.1)
		新旧住民の割合	
活動	多	「外からの新しい世帯のほうが多い」(18.2)、「外からの新しい世帯がほとんど」(27.7)	
	少	「古くからの地付きの世帯がほとんど」(35.3)	
人的	多	「古くからの地付きの世帯がほとんど」(50.0)	
	中	「古くからの地付きの世帯がほとんど」(42.4)	
	少	「外からの新しい世帯のほうが多い」(14.9)、「外からの新しい世帯がほとんど」(29.8)	
セグ	少、多	「古くからの地付きの世帯がほとんど」(40.3)、「古くからの地付きの世帯のほうが多い」(33.7)	
	多、少	「外からの新しい世帯のほうが多い」(17.7)、「外からの新しい世帯がほとんど」(28.5)	

は「70代」(51.6%)や「80代以上」(8.1%)、逆に「少」は「60代」(51.3%)と「40代」(5.1%)がそれぞれ多く、町内会では年長者の方がリーダーシップを発揮しやすい傾向にあるのだろうか[10]。

会長の家族構成が町内会における情報共有・発信に関連することは松本・中尾（2011）で論じたが、秋田市ではどうだろうか。全体が「高齢者のみの核家族世帯」(33.5%)、次いで「非高齢者と高齢者からなる親族世帯」(31.4%)が多いなかで、活動資源「多」は「高齢者のみの核家族世帯」(38.5%)と「二世帯以上がともに居住」(14.2%)が多く、活動資源「少」は「高齢者の単身世帯」(4.8%)や「非高齢者の単身世帯」(2.6%)であり、（割合はごくわずかだが）いわば単身で住んでいる会長を擁す町内会の活動資源は少ないといえる。人的資源「多」は「二世帯以上がともに居住」(14.5%)、「少」は「非高齢者のみの核家族世帯」(26.2%)であり、複数世帯／核家族世帯で資源の多寡がわかれそうである。4セグでみると、（多、多）で「高齢者のみの核家族世帯」(46.8%)、（少、多）は「非高齢者と高齢者からな

表4-3 会長の年代・家族構成・地域活動への関わりあい

(単位：%)

		全体平均より多い (主な項目)	
		会長の年代	会長の家族構成
活動	多		「高齢者のみの核家族」(38.5)、「二世帯以上居住」(14.2)
	少		「高齢者のみの単身世帯」(4.8)、「非高齢者の単身世帯」(2.6)
人的	多	「70代」(51.6)、「80代以上」(8.1)	「二世帯以上がともに居住」(14.5)
	中		「非高齢者＋高齢者」(39.2)
	少	「40代」(5.1)、「60代」(51.3)	「非高齢者のみの核家族」(26.2)
セグ	多、多	「70代」(43.5)	「高齢者のみの核家族」(46.8)
	少、多	「80代以上」(6.1)	「非高齢者＋高齢者」(35.9)、「二世帯以上居住」(13.8)、「高齢者単身」(5.5)
	少、少	「30代」(2.7)	
	多、少	「50代」(13.4)	
		会長の地域活動への関わりあい	
活動	多	「活動に積極的に顔を出している」(50.0)、「活動しやすいように調整や働きかけをしている」(31.1)、「ポケット・マネーで地域の団体や活動を支援」(15.5)、「自ら発起人でイベント開催」(9.5)	
	少	「特に何もしていない」(56.6)	
人的	多	「活動に積極的に顔を出している」(46.8)、「活動しやすいように調整や働きかけをしている」(30.6)、「ポケット・マネーで地域の団体や活動を支援」(17.7)	
	中	「活動に積極的に顔を出している」(42.4)	
	少	「特に何もしていない」(50.9)	
セグ	多、多	「活動に積極的に顔を出している」(45.2)、「自ら発起人でイベント開催」(9.7)	
	多、少	「活動に積極的に顔を出している」(41.9)	

る親族世帯」(35.9%)や「二世帯以上がともに居住」(13.8%)などとなっている。

　最後に会長の地域活動への関わりあいをみてみよう。「とくに何もしていない」(45.3%)がほぼ半数を占める一方で、「地域の任意団体の活動に積極的に顔を出している」(36.8%)という会長も多く、ここでも二極化が生じているといえる。軸別でみると、活動資源「多」は「とくに何もしていない」(29.1%)がきわだって少なく、裏返すと地域の活動に何らかの形で寄与している。逆に「少」は「とくに何もしていない」(56.6%)と6割近くに達している。人的資源でも同様な傾向を示しており、ネットワークとリーダーシップのいずれがあれば、会長の地域への関わりあいが強まるということなのだろうか。

　これまで町内会とその会長のプロフィールを概観してきたが、『防災コミュ

表4-4 大地震などへの話し合い有無とその内容

(単位:%)

		全体平均より多い(主な項目)	
		大地震などへの話し合い有無	話し合ったこと(話し合い有ベース)
活動	多	「話し合った」(62.2)	「心構え」(66.3)、「食料・飲料水」(32.6)
	少	「話し合っていない」(57.7)	
人	多	「話し合った」(57.3)	「心構え」(66.2)、「食料・飲料水」(35.2)
4セグ	多、多	「話し合った」(54.8)	「避難の方法、時期、場所」(88.2)
	多、少		「家屋の安全度について」(16.5)

ニティの基層』でもふれてはいるが[11]、紙面の都合上で述べることが出来なかったものも含め、地域の防災における現状と課題をみていくことにする。

　最初に大地震等の対応への話し合い有無とその内容を確認する(表4-4)。全体では「話し合ってきた」(46.4%)、「話し合っていない」(49.5%)と半々であるのに対して、活動、人的資源がそれぞれ多い町内会では「話し合ってきた」が6割前後という結果になっている。具体的な内容であるが、多い順に「避難の方法、時期、場所」(77.9%)、「住民間の連絡」(70.8%)、「心がまえ」(58.1%)であり、軸別でみると活動資源「多」では「心がまえ」(66.3%)、「食料・飲料水」(32.6%)であり、人的資源でも同様な傾向である。4セグの(多、多)では「避難の方法、時期、場所」(88.2%)と多い。

　大地震等への対策(表4-5)については、「高齢者世帯の把握」(62.8%)、「避難場所の決定」(52.6%)が多い中で、活動資源「多」町内会では「高齢者世帯の把握」(76.4%)、「避難場所の決定」(65.5%)、「消火器等の準備を呼びかけ」(47.3%)など多くの項目で行われており、人的資源「多」は「消火器等の準備を呼びかけ」(35.5%)ほか2項目に過ぎない。4セグでみると、(多、多)は「高齢者世帯の把握」(74.2%)、「防災訓練や講演に積極的に参加」(45.2%)、「住民間の連絡方法」(37.1%)が、(多、少)で「避難場所の決定」(61.3%)、「消火器等の準備を呼びかけ」(34.9%)、「住民間の連絡方法」(33.3%)などが多く、活動資源が「多」の町内会で比較したときに、人的資源が多い町内会では高齢者世帯の把握や防災訓練への参加といった対策に対して、人的資源が少ないところでは避難場所の決定や防災グッズの準備への呼びかけなど、前者と比べてリーダーシップの弱さからか、町内のネットワークをいかしきれていない感がある。

表4-5 大地震などへの対策

(単位:％)

		調査数	高齢者世帯の把握につとめている	近くの学校や公園等避難する場所を決めている	消火器、懐中電灯、医薬品等の準備を住民に呼びかけている	住民間の連絡方法等を決めている	市や消防署が主催している防災訓練や講演に積極的に参加している
	合計	576	62.8	52.6	28.6	27.4	22.2
活動	多	148	▲76.4	▲65.5	▲47.3	▲39.9	▲35.8
	中	150	64.0	49.3	28.7	28.7	21.3
	少	272	▼55.1	↓47.1	▼18.8	▼19.9	▼15.1
人的	多	124	67.7	57.3	↑35.5	29.8	24.2
	中	158	60.8	48.7	30.4	31.0	20.9
	少	275	64.7	53.5	26.2	26.2	22.9
セグ	多、多	62	↑74.2	59.7	27.4	↑37.1	▲45.2
	少、多	181	▼53.0	▽44.8	25.4	24.3	▽15.5
	少、少	147	66.7	48.3	25.2	▽19.7	∵17.7
	多、少	186	65.6	△61.3	↑34.9	↑33.3	24.7

		調査数	防災に関するセミナーや講演を開く等して啓蒙活動を行なっている	食料品や飲料水の備蓄を住民にすすめている	倒壊を防止するよう住民に呼びかけている	地震保険に加入するよう住民に働きかけている	とくに何もしていない
	合計	576	14.2	12.8	9.4	1.2	18.4
活動	多	148	▲24.3	▲20.9	▲18.2	▲4.1	▼6.1
	中	150	13.3	12.0	9.3	-	20.7
	少	272	▽9.2	↓9.2	▼4.8	0.4	△23.9
人的	多	124	∵18.5	↑18.5	12.1	1.6	↓12.1
	中	158	13.9	∵8.9	7.6	∵2.5	18.4
	少	275	13.5	13.5	9.5	∵0.4	20.7
セグ	多、多	62	19.4	16.1	11.3	∵3.2	▽8.1
	少、多	181	11.0	10.5	∵6.1	0.6	↑23.2
	少、少	147	11.6	10.9	7.5	-	19.7
	多、少	186	∵17.7	15.6	↑13.4	2.2	16.1

表4-6　町内会単位での防災訓練の実施・発生直後／発生後で重要な主体

(単位：％)

		全体平均より多い（主な項目）	
		町内会単位での防災訓練	
活動	多	「行なっており、数多くの会員が参加・見学」(6.1)、「行なっており、一定数の熱心な会員が参加・見学」(8.8)、「行なっているものの、参加・見学する会員は限定される」(13.5)	
	少	「行なっていないし、今後も行なう予定はない」(17.6)	
人	多	「行なっており、一定数の熱心な会員が参加・見学」(8.9)	
4セグ	多、多	「行なっており、一定数の熱心な会員が参加・見学」(9.7)	
	少、多	「行なっていないし、今後も行なう予定はない」(21.0)	
	多、少	「行なっており、数多くの会員が参加・見学」(4.3)	
		発生直後に重要な主体	発生後の生活で重要な主体
活動	多		「民間企業」(31.1)
	中	「消防署」(87.3)、「警察」(86.7)、「個人」(76.7)、「消防団」(79.3)、「連合町内会」(60.7)	「町内会」(84.7)、「地方自治体」(74.7)、「警察」(73.3)、「消防団」(61.3)
人的	少	「地方自治体」(76.0)、「個人」(75.6)、「連合町内会」(57.5)	「隣組」(82.5)、「個人」(73.5)、「警察」(71.6)、「連合町内会」(57.8)
4セグ	多、多	「町内会」(96.8)、「隣近所・隣組」(90.3)、「消防署」(90.3)、「警察」(88.7)、「地方自治体」(83.9)、「自衛隊」(80.6)、「消防団」(79.0)、「国家」(75.8) など	「町内会」(90.3)、「地方自治体」(80.6)、「警察」(79.0)、「消防団」(80.6)、「新聞など」(75.8)、「自衛隊」(74.2)、「消防団」(71.0)、「国家」(69.4)、「連合町内会」(61.3)
	多、少	「連合町内会」(57.5)	「新聞など」(69.4)

　町内会単位における防災訓練の実施状況はどうだろうか。行っていない町内会が全体の5割以上を占めており、積極的にかつ数多くの会員が参加しているところは1割にも満たない。軸別では（表4-6）、活動資源「多」で実施率が高く、人的資源「多」に比べても多い。これは4セグの（多、多）と（多、少）との比較でもわかることであり、活動資源が相対的に多い町内会で活発に防災訓練が行われているといえる。

　それでは地震発生直後において、避難や救出活動で町内会長が考える重要な主体はなんだろうか。全体でみると、「町内会」(85.6%)のほかに、「隣近所・隣組」(84.4%)、「消防署」(81.4%)などである。軸別で、活動資源「中」が「消防署」(87.3%)、「警察」(86.7%)、「消防団」(79.3%)といった組織のほかに、「個人」(76.7%)が多く、平均的な活動資源をもつ町内会では行政などの組織または個人という、被災直後で重要な主体が両極化しており、いわゆる「共」領域へのまなざ

表4-7 これまで／現在／これからの犯罪発生状況

(単位：%)

		全体平均より多い(主な項目)
		これまでの犯罪発生状況(多い計)
活動	多	「不法なゴミ捨て」(27.7)、「空き巣狙い」(6.8)、「落書きや器物の損壊」(4.7)、「不審者の侵入」(6.1)
	中	「詐欺(サギ)」(2.0)
	少	「放火・不審火」(1.1)
人的	多	「落書きや器物の損壊」(4.8)、「悪徳商法」(5.6)、「すり・ひったくり」(0.8)
	中	「放火・不審火」(1.9)
セグ	多、多	「落書きや器物の損壊」(9.7)、「痴漢・変質者」(8.1)、「下着等洗濯物の盗難」(3.2)、「恐喝・脅迫」(1.6)
	少、少	「すり・ひったくり」(0.7)
	多、少	「不法なゴミ捨て」(27.4)
		現在の犯罪発生状況(増えた計)
活動	多	「空き巣狙い」(4.7)、「恐喝・脅迫」(0.7)、「暴行・傷害・強盗」(0.7)
人	少	「不審者の侵入」(2.5)
セグ	少、多	「詐欺(サギ)」(1.1)
	少、少	「痴漢・変質者」(6.1)、「不審者の侵入」(2.7)
	多、少	「放火・不審火」(1.6)、「下着等洗濯物の盗難」(1.1)
		これからの犯罪発生状況(増える計)
活動	多	「不法なゴミ捨て」(20.9)、「痴漢・変質者」(12.2)、「詐欺」(10.1)
	中	「車上荒らし・自動車破損」(8.7)
人	少	「痴漢・変質者」(10.5)
セグ	多、多	「不法なゴミ捨て」(22.6)、「空き巣狙い」(14.5)、「不審者の侵入」(12.9)、「詐欺」(12.9)
	多、少	「痴漢・変質者」(10.8)、「ストーカー」(5.9)、「放火・不審火」(4.8)

しが弱いのではないだろうか。それは人的資源「少」の町内会で多い、「地方自治体」(76.0%)や「個人」(75.6%)にもあらわれ、中間集団としての町内会の災害対応への役割を放棄している感があるといえる。続けて発生後の生活についてみていくと、全体では「町内会」(79.9%)、「隣近所・隣組」(78.8%)、「地方自治体」(69.4%)、「個人」(69.3%)などが多く、軸別では(表4-6)発生直後と傾向があまりかわらない。

　このように防災活動とその意識については、活動資源と人的資源を併せ持たなければ満足した対応が出来ないことがうかがえるが、防犯についても同じ性質なのだろうか。

表4-8　防犯のための組織的な取組・過去／現在の治安への不安

(単位：％)

		全体平均より多い（主な項目）	
		防犯のための組織的な取り組み	
活動	多	「防犯灯・街路灯の設置」(79.7)、「小・中学校との情報交換」(74.3)、「声かけの実施」(60.1)、「地域の犯罪発生などの情報共有」(56.1)、「不審者遭遇時の連絡先・駆け込み先」(45.3)、「防犯パトロールの実施」(31.8) など	
	中	「防犯パトロールの実施」(28.0)、「監視カメラの設置」(0.7)	
	少	「地域の犯罪発生などの情報共有」(47.6)、「公園等の見通し、見晴らしの改善」(14.2)	
セグ	多、多	「小・中学校との情報交換」(77.4)、「声かけの実施」(59.7)、「地域の犯罪発生などの情報共有」(54.8)、「不審者遭遇時の連絡先・駆け込み先」(37.1)、「防犯パトロールの実施」(29.0) など	
	多、少	「防犯灯・街路灯の設置」(81.2)、「小・中学校との情報交換」(64.5)、「声かけの実施」(59.1)、「防犯パトロールの実施」(26.9)、「防犯セミナー・講習会等への参加」(21.5) など	
		過去数年における治安への不安	現在の治安への不安
活動	多	「路上や空き地のゴミの散乱」(35.8)、「自動車などの不法放置」(41.9)、「深夜の暴走族」(20.3)、「不良のたまり場」(10.8)、「害悪のあるチラシやビラ」(7.4)	「自動車などの不法放置」(33.8)、「不審者の出没」(28.4)、「深夜の暴走族」(19.6)、「新聞などの犯罪報道」(17.6)、「不良のたまり場」(14.9)
	中	「路上や空き地のゴミの散乱」(36.0)	
人的	中		「自動車などの不法放置」(27.8)
	少	「不審者の出没」(19.6)	
セグ	多、多	「町内のよくわからない住民」(14.5)、「不良のたまり場」(11.3)	「不良のたまり場」(14.5)
	少、少	「自動車などの不法放置」(34.0)、「不審者の出没」(23.1)、「新聞などの犯罪報道」(16.3)、「不良のたまり場」(9.5)、「深夜営業の店舗」(5.4) など	

　はじめに犯罪の発生状況について、過去／現在／未来についてみていこう。これまでの犯罪発生状況であるが、一番多かったのが「不法なゴミ捨て」(22.4%)であり、軸別で多いのは（表4-7）活動資源「多」が「不法なゴミ捨て」(22.7%)や「空き巣ねらい」(6.8%)、人的資源「多」では「悪徳商法」(5.6%)や「落書きや器物の損壊」(4.8%)となっている。4セグの結果も併せると、活動資源が多い町内会で犯罪の発生が多く、防犯への必要性から活動資源が形成されるのだろうか。現在の犯罪発生状況は、ここでも「不法なゴミ捨て」(13.0%)が多く、各軸での差はあまりなく、4セグでも（少、少）において「痴漢・変質者」(6.1%)や「不審者の侵入」(2.7%)であり、このセグは不法なゴミ捨ては少ないものの、上記のよう

表4-9　自主的な対応やその有無

(単位：％)

		全体平均より多い（主な項目）
		自主的な対応やその有無
活動人	多	「路上や空き地のゴミの散乱」(52.7)、「自動車などの不法放置」(39.9)、「不審者の出没」(27.7)、「町内のよくわからない住民」(14.2)、「深夜の暴走族」(8.8)、「害悪のあるチラシやビラ」(6.1) など
	中	「路上や空き地のゴミの散乱」(48.0)、「不審者の出没」(22.7)、「深夜の暴走族」(8.0)、「深夜の営業店舗」(4.0)
	少	「不審者の出没」(22.2)
セグ	多、多	「新聞などの犯罪報道」(6.5)
	少、少	「路上や空き地のゴミの散乱」(49.0)、
	多、少	「自動車などの不法放置」(34.9)、「不審者の出没」(22.0)、「深夜の暴走族」(8.1)、「害悪のあるチラシやビラ」(7.0)

な犯罪が多いことがわかる。今後の犯罪発生見込みについては、「不法なゴミ捨て」(16.3%) や「悪徳商法」(10.1%) が多くなると考えられている。軸別では活動資源「多」で「不法なゴミ捨て」(20.9%)、「痴漢・変質者」(12.2%) や「詐欺」(10.1%) が多く、4セグでみても (多、多) で「空き巣ねらい」(14.5%) や「不審者の侵入」「詐欺」(12.9%) など、先に述べたことだが、犯罪への懸念と活動資源の形成に何らかの関係があるといえる。

　こうした状況下で町内会は防犯[12]のためにどのような取組を行っているのだろうか。全体では「防犯灯・街路灯の設置」(75.0%)、「小中学校との情報交換」(59.2%)、「声かけの実施」(47.0%) などが多く、活動資源「多」においては (表4-8) ほぼすべての項目が有意に大きい一方で、逆に人的資源では「少」で「地域の発生や不審者の出没状況の情報」(47.6%) や「公園などの見通し、見晴らしの改善」(14.2%) が多いなど、防犯活動の鍵となるのはリーダーシップよりは、町内のネットワーク形成といえそうであり、これは4セグの (多、多) と (多、少) の比較でも同様な傾向が確認できる。活動資源の形成は過去数年または現在における治安の不安から出来することがこの表で明らかである。「路上や空き地のゴミの散乱」や「自転車、バイクなどの不法投棄」などが多いなかで、活動資源「多」の町内会で様々な不安が存在していることがわかる。

　最後に自主的な対応や対策有無について確認しよう。対応として「路上や空き地のゴミの散乱」(42.5%) や「自転車、バイクなどの不法投棄」(26.2%) が多いな

かで、活動資源「多」や「中」で(表4-9)多くの取組が行われている一方で、人的資源「多」では積極的な取組が行われておらず、逆に「少」で「不審者の出没」(22.2%)といったことがなされている。これらの結果からも、過去から現状の犯罪発生状況や不安が多い町内会であるからこそ、活動資源が形成されている可能性が高いといえる。

以上、秋田市町内会における防災と防犯についての実態を概観してきたが、防災活動は活動資源の他に会長のリーダーシップが要されるが、(相対的にではあるが)防犯活動は会長のリーダーシップはさほど要されず、活動資源の有無が鍵を握るといえよう。

(2) 盛岡市

2.1の秋田市と同様の操作を行うと、活動資源の分布は多：28.0%、中：27.5%、少：44.6%、人的資源は多：27.5%、中：27.5%、少：38.9%、さらに各セグメントの構成比は(活動資源、人的(会長)資源)で(多、多)は24.9%、(少、多)は16.1%、(少、少)は36.3%、(多、少)は22.8%であり、その地理的な布置状況は次のような結果になった(図4-3)。

盛岡市の町内会と会長のプロフィールを確認しよう。加入世帯数(表4-10)の平均が390.6世帯であるのに対して、活動資源「多」では737.3世帯と倍に近い規模であるのに対して、「少」が166.2世帯と半分以下というように、盛岡市でも世帯数と活動資源に正の相関がある。一方で人的資源について、差はあまりみられない。4つのセグでは、活動「多」のセグメントは世帯数が多く、秋田市と同様にこの軸における世帯数は人的資源よりも活動資源の方に影響を与えている。区の数の平均は2.5であり、これは各軸においてあまり差がみられない。また、班または隣組の平均値は29.7であり、軸別でみると加入世帯数と同様な傾向を示している。

世帯加入率について確認する。全体でみると、「全戸加入」(38.9%)、「90%以上加入」(37.3%)と、7割以上の町内会ではほぼすべての世帯加入しているものの、秋田市に比べると全戸加入率が低く、各軸におけるボリュームゾーンも異なっている。特徴をみると(表4-11)、活動資源「多」は「70〜90%加入」(33.3%)、「中」で「90%以上加入」(52.8%)、「少」は「全戸加入」(51.2%)である。4セグでは(少、多)

152　第Ⅱ部　安全・安心コミュニティの布置構成

図4-3　盛岡市町内会の地区別資源分布（N = 193）[13]

【市街地】

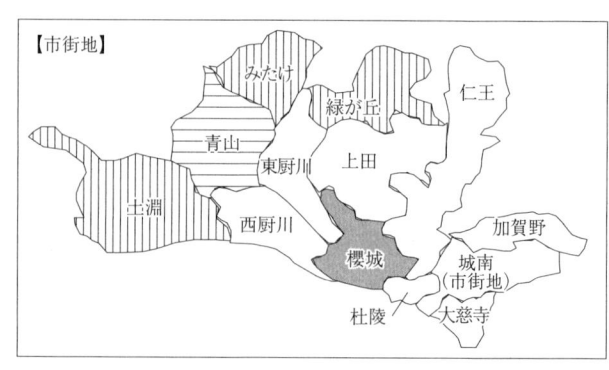

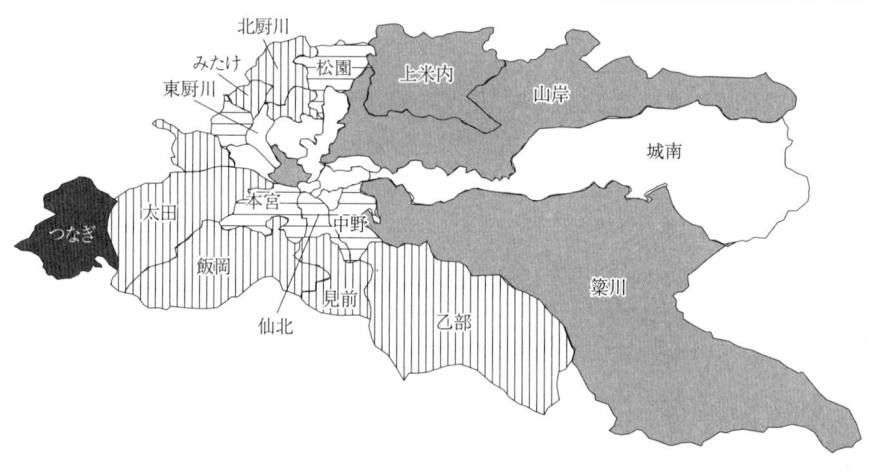

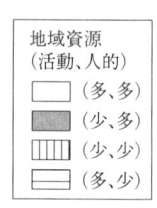

地域資源
（活動、人的）
□　（多、多）
▨　（少、多）
❙❙❙❙　（少、少）
☰　（多、少）

表4-10 加入世帯数、区数、班・隣組の数

		加入世帯数		町内の区の数		町内の班もしくは隣組の数	
		調査数	戸	調査数	区	調査数	班・組
合　計		193	390.64	177	2.52	192	29.68
活動	多	54	▲737.31	49	2.78	54	▲53.72
	中	53	401.70	49	△4.90	53	30.43
	少	86	▼166.15	79	▽0.89	85	▼13.94
人的	多	53	389.34	45	2.78	53	30.40
	中	53	403.09	51	2.80	53	33.08
	少	75	361.41	70	2.39	74	26.92
セグ	多、多	48	△504.67	44	∴3.86	48	△39.77
	少、多	31	▽265.52	29	0.97	31	▽19.32
	少、少	70	▼256.21	63	∵1.32	69	▼18.46
	多、少	44	▲568.27	41	∴4.02	44	▼43.57

表4-11 世帯加入率・人口増減・新旧住民の割合

(単位：％)

		全体平均より多い(主な項目)	
		世帯加入率	町内の人口増減
活動	多	「70～90％加入」(33.3)	「大いに増加」(14.8)
	中	「90％以上加入」(52.8)	「やや増加」(24.5)
	少	「全戸加入」(51.2)	「大いに減少」(7.0)
人的	多	「70～90％加入」(30.2)、「50～70％加入」(3.8)	
	中		「大いに減少」(7.5)
セグ	少、多	「70～90％加入」(32.3)	「あまり変化はない」(45.2)
	少、少	「全戸加入」(50.0)	
	多、少		「大いに増加」(18.2)
		新旧住民の割合	
活動	中	「同じくらい」(22.6)	
	少	「古くからの地付きの世帯がほとんど」(12.8)	
人	少	「外からの新しい世帯がほとんど」(25.3)	
セグ	多、多	「古くからの地付きの世帯のほうが多い」(37.5)	
	多、少	「同じくらい」(22.7)	

で「70〜90％加入」(32.3%)、(少, 少) は「全戸加入」(50.0%) であり、人的資源が相対的に多い町内会の世帯加入率が低いことがわかる。

　ここ数年の町内の人口増減についてみると、全体では「やや減少」(37.3%)、「あまり変化はない」(30.1%) であり、秋田市と同様に減少基調にある。特徴があるのをみていくと、活動資源「多」では「大いに増加」(14.8%)、「少」は「大いに減少」(7.0%) であり、秋田市以上に人口増減が活動資源に与える影響が大きいことを確認できる。4セグでは (少, 多) が「あまり変化はない」(45.2%)、(多, 少) は「増加」(18.2%) がそれぞれ多く、4セグの決定には活動資源の影響が強いようである。

　新旧住民の割合について全体をみると「外からの新しい世帯が多い」(30.1%)、「古くからの地付き世帯のほうが多い」(27.5%) であり、秋田市に比べて流動性が二極化している。活動資源「多」の町内会では「古くからの地付き世帯がほとんど」(3.7%) と少ない一方で、「少」は12.8％と、人の流動性と活動資源には正の相関がうかがえる。4セグでは (多, 多) で「古くからの地付きの世帯のほうが多い」(37.5%) と多いのに比べて、(少, 多) が「外からの新しい世帯がほとんど」が6.5％と少なく、流動性の多寡と活動資源にあまり関係がみえないのは人的資源の差があるように考えられる。

　次に会長の属性をみていこう。年代について全体では9割近くが60代以上と高齢化しており、たとえば50代は8％と少ない。軸別において (表4-12)、人的資源「多」は「70代」(50.9%)、逆に「少」は「30代」(4.0%)、「40代」(5.7％) と割合は小さいながらもそれぞれ多く、秋田市と同様に盛岡市の町内会でも年長者の方がリーダーシップを発揮しやすい傾向にあるのだろう。

　会長の家族構成をみると、全体は「高齢者のみの核家族世帯」(39.9%)、次いで「非高齢者と高齢者からなる親族世帯」(23.3%) が多い。活動資源「少」で多いのは (表4-12)「非高齢者の単身世帯」(4.7%) であるものの、盛岡市町内会は会長の家族構成と活動資源はあまり関係がないように思われる。人的資源についてみても、「少」で多いのは「非高齢者のみの核家族世帯」(24.0%) と「非高齢者の単身世帯」(5.3%) であり、盛岡市は複数世帯／核家族世帯が人的資源に何らかの影響を与えてはいるものの、秋田市に比べて弱いのは4セグでも同様である。ちなみに会長の在任平均年数は6.3年であるが、活動資源「多」では7.9年と長

表 4-12 会長の年代・家族構成・地域活動への関わりあい

(単位:%)

		全体平均より多い(主な項目)	
		会長の年代	会長の家族構成
活動	多	「70代」(55.6)	
	中	「80代以上」(15.1)	
	少	「50代」(11.6)	「非高齢者の単身世帯」(4.7)
人的	多	「70代」(50.9)、「80代以上」(18.9)	
	少	「30代」(4.0)、「40代」(5.7)、「60代」(46.7)	「非高齢者のみの核家族」(24.0)、「非高齢者の単身世帯」(5.3)
セグ	多、多	「80代以上」(16.7)	
	少、少	「40代」(5.7)、「60代」(47.1)	「非高齢者の単身世帯」(4.3)
		会長の地域活動への関わりあい	
活動	多	「活動に積極的に顔を出している」(53.7)、「活動しやすいように調整や働きかけをしている」(38.9)	
	少	「特に何もしていない」(47.7)	
人的	中	「活動に積極的に顔を出している」(56.6)、「自ら発起人でイベント開催」(13.2)	
	少	「特に何もしていない」(45.3)	
セグ	多、多	「自ら発起人でイベント開催」(14.6)	
	少、少	「特に何もしていない」(42.9)	

く、会長の人的資源が町内会の活動に何らかの影響を与えているといえる。

最後に会長の地域活動への関わりあいをみてみよう。多い順に「地域の任意団体の活動に積極的に顔を出している」(41.5%)、「とくに何もしていない」(32.1%)のように、秋田市ほどではないにせよ、二極化が生じているといえる。軸別でみると、活動資源「多」は「地域の任意団体の活動に積極的に顔を出している」(53.7%)や「地域の任意団体が活動しやすいように調整や働きかけをしている」(38.9%)が多い一方で、「少」は「とくに何もしていない」(47.7%)と半数に近く、人的資源でも同様な傾向を示しているのは秋田市と同様である。

秋田市と同様に続けて、地域の防災における現状と課題を確認する。大地震等の対応への話し合い有無とその内容をみると、全体では「話し合ってきた」(69.9%)、「話し合っていない」(28.5%)と7割近い町内会が話し合っているのは秋田市とは大きな違いである。そして、活動資源が多い町内会では(表4-13)「話し合ってきた」が9割近くに達しているなかで、人的資源による差はみられな

表4-13　大地震などへの話し合い有無とその内容

(単位：%)

		全体平均より多い（主な項目）	
		大地震などへの話し合い有無	話し合ったこと（話し合い有ベース）
活動	多	「話し合った」(87.0)	「避難の方法、時期、場所」(89.4)、「地域の災害危険箇所」(44.7)
	少	「話し合っていない」(38.4)	
人的	中		「食料・飲料水」(45.9)
	少	「話し合っていない」(36.0)	
4セグ	多、多	「話し合った」(89.6)	
	少、少	「話し合っていない」(37.1)	「食料・飲料水」(45.2)、「地域の災害危険箇所」(45.2)

い。具体的な内容で多く話されているのは「避難の方法、時期、場所」(81.5%)、「住民間の連絡」(79.3%)、「心がまえ」(67.4%)である。軸別で活動資源「多」は「避難の方法、時期、場所」(89.4%)や「地域の災害危険箇所」(44.7%)であり、4セグでみると秋田市とは逆に（少、少）において「食料・飲料」「地域の災害危険箇所」(45.2%)が多く、盛岡市の防災対策はリーダーシップとあまり関係がない可能性が高い。

大地震等への対策（表4-14）は「避難場所の決定」(63.2%)、「高齢者世帯の把握」(53.9%)が多く、軸別に活動資源「多」町内会で「避難場所の決定」(77.8%)、「住民間の連絡方法」(61.1%)、「セミナーなどでの啓蒙活動」(53.7%)などで多く行われている一方で、人的資源「多」において特徴のある項目は「住民間の連絡方法」(52.8%)だけである。4セグの（多、多）は「避難場所の決定」(72.9%)、「セミナーなどでの啓蒙活動」(50.0%)が多いくらいで、ここでも会長のリーダーシップとの関連性は弱いことがうかがえる。

町内会単位における防災訓練の実施状況は、行っていない町内会が全体の4割程度であり、秋田市よりは活動しているようである。軸別では（表4-15）、活動資源「多」で実施率が高く、4セグの（多、多）と（多、少）との比較で活動資源が相対的に多い町内会で活発に防災訓練が行われているのも秋田市と同様な傾向である。

地震発生直後における避難や救出活動で町内会長が考える重要な主体をみると、「隣近所・隣組」(83.4%)、「町内会」(75.1%)、「消防署」(63.7%)、「消防団」

表4-14 大地震などへの対策

(単位：%)

		調査数	近くの学校や公園等避難する場所を決めている	高齢者世帯・子どもの状況把握につとめている	住民間の連絡方法等を決めている	消火器、懐中電灯、医薬品等の準備を住民に呼びかけている	市や消防署が主催している防災訓練や講演に積極的に参加している	防災に関するセミナーや講演を開く等して啓蒙活動を行なっている
合計		193	63.2	53.9	43.5	38.3	34.2	31.1
活動	多	54	△77.8	57.4	▲61.1	42.6	△50.0	▲53.7
活動	中	53	64.2	52.8	41.5	39.6	34.0	26.4
活動	少	86	↓53.5	52.3	↓33.7	34.9	↓24.4	▽19.8
人的	多	53	69.8	60.4	∴52.8	41.5	34.0	32.1
人的	中	53	66.0	60.4	47.2	37.7	35.8	34.0
人的	少	75	▽52.0	46.7	↓33.3	∵30.7	30.7	∵22.7
セグ	多、多	48	∴72.9	62.5	52.1	43.8	39.6	▲50.0
セグ	少、多	31	67.7	58.1	51.6	48.4	35.5	29.0
セグ	少、少	70	∵55.7	51.4	∵34.3	34.3	30.0	25.7
セグ	多、少	44	61.4	45.5	43.2	31.8	34.1	∵20.5

		調査数	食料品や飲料水の備蓄を住民にすすめている	倒壊を防止するよう住民に呼びかけている	地震保険に加入するよう住民に働きかけている	外国人等の短期居住者・一時滞在者の状況把握につとめている	とくに何もしていない
合計		193	21.8	12.4	3.1	0.5	15.0
活動	多	54	△33.3	↑20.4	3.7	-	9.3
活動	中	53	∵13.2	9.4	1.9	-	11.3
活動	少	86	19.8	9.3	3.5	1.2	∴20.9
人的	多	53	17.0	11.3	-	-	9.4
人的	中	53	24.5	7.5	5.7	-	18.9
人的	少	75	21.3	13.3	1.3	1.3	18.7
セグ	多、多	48	29.2	16.7	-	-	▽4.2
セグ	少、多	31	19.4	6.5	3.2	-	22.6
セグ	少、少	70	20.0	10.0	2.9	1.4	↑22.9
セグ	多、少	44	18.2	15.9	∴6.8	-	9.1

表4-15 町内会単位での防災訓練の実施・発生直後／発生後で重要な主体

(単位：%)

		全体平均より多い(主な項目)	
		町内会単位での防災訓練	
活動	多	「行なっており、数多くの会員が参加・見学」(14.8)	
	少	「行なっていないし、今後も行なう予定はない」(18.6)	
人	少	「行なっていないが、いずれ行ないたいと考えている」(41.3)	
セグ	多、多	「行なっており、数多くの会員が参加・見学」(12.5)、 「行なっており、一定数の熱心な会員が参加・見学」(16.7)	
	少、少	「行なっていないし、今後も行なう予定はない」(20.0)	
		発生直後に重要な主体	発生後の生活で重要な主体
活動	多		「消防署」(77.8)、「警察」(64.8)、 「地方自治体」(63.0)
	中	「町内会」(85.2)、「消防署」(75.9)、 「警察」(64.8)、「地方自治体」(48.1)、 「自衛隊」(37.0)、「町内会連合会」(24.1)	
	少	「消防団」(70.9)	
人的	多	「隣近所・隣組」(90.6)、「町内会」(84.9)	
	中	「消防団」(71.7)、「町内会連合会」(24.5)	
	少		「自衛隊」(54.7)、「国家」(32.0)
セグ	多、多	「隣近所・隣組」(93.8)、「町内会」(87.5)	
	少、多	「消防署」(80.6)、「消防団」(83.9)、 「地方自治体」(54.8)、 「NPOなどのネットワーク組織」(22.6)	「警察」(67.7)、「NPOなどのネットワーク組織」(38.7)、「町内会連合会」(32.3)、 「民間企業」(19.4)
	多、少	「町内会連合会」(25.0)	

(62.7%)などである。軸別で、活動資源「中」では「町内会」(85.2%)や「町内会連合会」(24.1%)のほかに、「消防署」(75.9%)、「警察」(64.8%)、「地方自治体」(48.1%)といった公的組織に依存している。その一方で、人的資源「多」は「隣近所・隣組」(90.6%)や「町内会」(84.9%)が多く、リーダーシップがある町内会はそのネットワークを活用しようとする意向が見え隠れしているようだ。ところで、4セグの(多、多)が「隣近所・隣組」(93.8%)や「町内会」(87.5%)が多いのに対して、(多、少)では「町内会連合会」(25.0%)が多いのは、活動資源が多いものの、会長のリーダーシップが少ない町内会においては、自力ではなくて他のところとの連携を考えていることがうかがえる。発生後の生活は、「町内会」(74.6%)、「隣近所・隣組」(72.0%)、「消防署」(62.7%)、「消防団」(58.5%)などが多い。軸別でみると、

第4章　地域資源と安全・安心コミュニティ　159

表4-16　過去／現在／これからの犯罪発生状況

(単位：%)

		全体平均より多い(主な項目)
		これまでの犯罪発生状況(多い計)
活動	多	「自転車バイクの盗難・破損」(20.4)、「悪徳商法」(11.1)、 「車上荒らし・自動車破損」(11.1)、「落書きや器物の損壊」(5.6)
	中	「恐喝・脅迫」(1.9)
人的	多	「自転車バイクの盗難・破損」(15.1)、「痴漢・変質者」(11.3)、 「車上荒らし・自動車破損」(7.5)、「下着等洗濯物の盗難」(3.8)、「ストーカー」(3.8)
セグ	多，多	「自転車バイクの盗難・破損」(14.6)、「下着等洗濯物の盗難」(4.2)、 「ストーカー」(4.2)、「恐喝・脅迫」(2.1)
	少，多	「不法なゴミ捨て」(45.2)、「落書きや器物の損壊」(6.5)、「すり・ひったくり」(3.2)
		現在の犯罪発生状況(増えた計)
活	中	「不審者の侵入」(7.5)、「痴漢・変質者」(7.5)、「空き巣狙い」(3.8)、 「下着等洗濯物の盗難」(3.8)、「ストーカー」(3.8)
人的	多	「空き巣狙い」(3.8)
	中	「不法なゴミ捨て」(24.5)、「恐喝・脅迫」(1.9)、「暴行・傷害・強盗」(1.9)
セグ	多，多	「放火・不審火」(2.1)
	少，多	「不法なゴミ捨て」(29.0)、「落書きや器物の損壊」(9.7)、「すり・ひったくり」(6.5)、 「恐喝・脅迫」(3.2)、「暴行・傷害・強盗」(3.2)
		これからの犯罪発生状況(増える計)
活	少	「車上荒らし・自動車破損」(8.1)
人的	少	「詐欺」(10.7)、「車上荒らし・自動車破損」(9.3)、「暴行・傷害・強盗」(8.0)、 「放火・不審火」(8.0)、「すり・ひったくり」(8.0)、「ストーカー」(6.7)
セグ	多，少	「痴漢・変質者」(11.4)、「自転車バイクの盗難・破損」(11.4)、 「下着等洗濯物の盗難」(9.1)、「ストーカー」(6.8)

活動資源「多」の町内会において発生直後よりもさらに公的組織への依存度を高めているようだ。

次に防犯について確認していく。これまでの犯罪発生状況で一番多かったのが「不法なゴミ捨て」(31.6%)であるのは秋田市と同様な傾向であり、軸別で多いのは(表4-16)活動資源「多」が「自転車・バイクの盗難・破損」(20.4%)、「悪徳商法」や「車上荒らし・自動車破損」(11.1%)、人的資源「多」は「自転車・バイクの盗難・破損」(15.1%)や「痴漢・変質者」(11.3%)である。4セグの結果も併せると、活動や人的資源が多い町内会での犯罪発生が多く、防犯への必要性から活動や人的資源が形成されるものと考えられる。現在の犯罪発生状況は、ここ

表4-17 防犯のための組織的な取組・過去／現在の治安への不安

(単位：%)

		全体平均より多い（主な項目）	
		防犯のための組織的な取り組み	
活動	多	「防犯パトロールの実施」(64.8)、「声かけの実施」(55.6)、「防犯セミナー・講習会等への参加」(33.3)、「公園等の見通し、見晴らしの改善」(31.5)、「防犯マップの作成」(27.8)	
人的	多	「防犯灯・街路灯の設置」(86.8)、「小・中学校との情報交換」(83.0)	
	中	「監視カメラの設置」(1.9)	
セグ	多、多	「防犯パトロールの実施」(64.6)、「防犯マップの作成」(22.7)	
	少、多	「監視カメラの設置」(3.2)	
	多、少	「公園等の見通し、見晴らしの改善」(29.5)	
		過去数年における治安への不安	現在の治安への不安
活動	多	「路上や空き地のゴミの散乱」(61.1)、「自動車などの不法放置」(55.6)、「不審者の出没」(35.2)、「不良のたまり場」(18.5)	「自動車などの不法放置」(33.3)、「不審者の出没」(33.3)、「不良のたまり場」(18.5)
人	多	「不審者の出没」(32.1)	
セグ	多、多	「路上や空き地のゴミの散乱」(50.0)	
	少、多	「町内のよくわからない住民」(25.8)	
	少、少	「新聞などの犯罪報道」(17.1)	「不審者の出没」(30.0)
	多、少	「深夜の暴走族」(20.5)、「深夜営業の店舗」(11.4)	「不良のたまり場」(20.5)、「深夜の暴走族」(20.5)、「深夜営業の店舗」(11.4)

でも「不法なゴミ捨て」(17.6%)が多く、各軸での差があまりみられないのも秋田市と同様である。ここでは、活動または人的資源が多い町内会ではさほど問題としてあがってこないようだ。今後の犯罪発生見込み(表4-16)については、「不法なゴミ捨て」(20.2%)や「悪徳商法」(9.8%)が多くなると考えており、軸別ではあまり差がみられないことを併せると、これらは盛岡市町内会における全体的な問題であることがうかがえる。

これらを与件とする町内会における防犯の取組をみると、「防犯灯・街路灯の設置」(78.2%)、「小中学校との情報交換」(69.9%)、「防犯パトロールの実施」(50.8%)などが多い。軸別で(表4-17)活動資源「多」は「防犯パトロールの実施」(64.8%)、「声かけの実施」(55.6%)、「防犯セミナー・講習会などへの参加」(33.3%)、「公園などの見通し、見晴らしの改善」(31.5%)、「防犯マップの作成」(27.8%)で多いなかで、人的資源「多」では「防犯灯・街路灯の設置」(86.8%)、「小・中学校との情報交換」(83.0%)というように、ネットワーク／リーダーシップがある町

第4章　地域資源と安全・安心コミュニティ　　161

表4-18　自主的な対応やその有無

(単位：％)

		全体平均より多い(主な項目)
		自主的な対応やその有無
活動	多	「路上や空き地のゴミの散乱」(87.0)、「不審者の出没」(46.3)、「不良のたまり場」(22.8)、「わいせつなビデオ・雑誌の自販機」(16.7)、「深夜の営業店舗」(14.8)
人	多	「路上や空き地のゴミの散乱」(73.6)、「自動車などの不法放置」(45.3)
セ	多、多	「路上や空き地のゴミの散乱」(75.0)

内会それぞれに取組の方向性が異なっている。

　活動資源の形成が過去数年または現在における治安の不安から出来するのは、これらの表でも明らかである。「路上や空き地のゴミの散乱」や「自転車、バイクなどの不法投棄」などが多いなかで、活動資源「多」の町内会で様々な不安が存在していることがわかる。

　自主的な対応をみると、「路上や空き地のゴミの散乱」(63.7%)、「自動車、バイク、自転車の不法投棄」や「不審者の出没」(35.8%)が多くなるとしている。軸別では（表4-18）活動資源「多」で「路上や空き地のゴミの散乱」(87.0%)、「不審者の出没」(46.3%)、「不良のたまり場」(22.8%)、「わいせつなビデオ・雑誌の自販機」(16.7%)、「深夜営業の店舗」(14.8%)と多岐にわたる一方で、人的資源「多」で特徴的なのが「路上や空き地のゴミの散乱」(73.6%)や「自動車、バイク、自転車の不法投棄」(45.3%)であるのをみると、犯罪発生や不安が多い町内会であるからこそ、活動資源（更には人的資源）が形成されている可能性が高い。

　これまでの調査結果をみると、盛岡市においては、防災活動は活動資源に、防犯活動でも同様であるが、一部、人的資源が介在する可能性はある。

(3) 福島市

　活動資源の分布は多：25.8%、中：24.5%、少：48.7%、不明：1.0%、人的資源は多：26.4%、中：28.6%、少：38.7%、不明：6.3%、さらに各セグメントの構成比は（活動資源、人的（会長）資源）で（多、多）は19.9%、（少、多）は19.7%、（少、少）は31.0%、（多、少）は29.4%であり、その地理的な布置状況は次のような結果になった（図4-4）。

　町内会と会長のプロフィールを確認する。加入世帯数（表4-19）の平均が122.2

162　第Ⅱ部　安全・安心コミュニティの布置構成

図4-4　福島市町内会の地区別資源分布（N = 493）

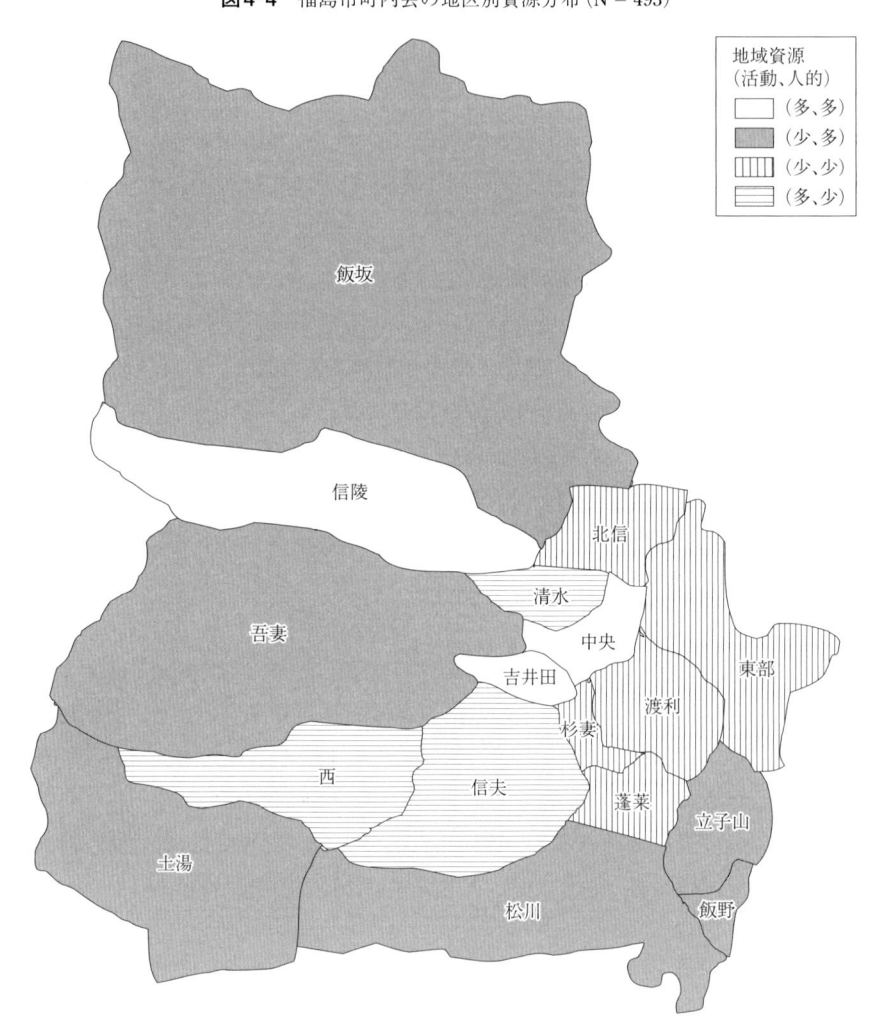

地域資源
（活動、人的）
□ （多、多）
▩ （少、多）
▥ （少、少）
▤ （多、少）

第4章　地域資源と安全・安心コミュニティ

表4-19　加入世帯数、区数、班・隣組の数

		加入世帯数		町内の区の数		町内の班もしくは	
		隣組の数	戸	調査数	区	調査数	班・組
合　計		488	122.15	454	1.48	483	9.81
活動	多	127	▲ 250.59	116	▲ 2.72	127	▲ 17.98
	中	121	131.09	109	1.42	120	10.53
	少	240	▼ 49.67	227	▽ 0.88	234	▼ 5.02
人的	多	128	131.58	122	1.80	128	↑ 11.46
	中	139	114.64	130	1.51	137	9.12
	少	190	126.15	177	1.26	189	9.69
セグ	多、多	97	▲ 198.74	91	▲ 3.14	97	▲ 16.21
	少、多	96	▼ 46.61	87	1.08	94	▼ 5.26
	少、少	151	▽ 92.93	141	∵ 0.96	148	▼ 7.19
	多、少	144	△ 151.55	135	1.15	144	∴ 11.18

世帯、活動資源「多」で250.6世帯と倍に近い規模であり、「少」は49.7世帯と半分以下というように、秋田市や盛岡市と同様の相関があるものの、人的資源については差があまりみられない。4つのセグでは、活動「多」のセグメントは世帯数が多く、これまでと同様にこの軸における世帯数は人的資源よりも活動資源の方に影響を与えている。区の数の平均は1.5であり、活動「多」では2.7、また（多、多）でも3.1と多く、これは他の市とは異なる結果である。また、班または隣組の平均値は9.8であり、軸別でみると加入世帯数と同様な傾向を示している。

　世帯加入率について確認する。全体でみると、「全戸加入」(50.5%)、「90％以上加入」(33.3%)と、8割以上の町内会で加入率が90%以上となっている。各軸での特徴をみると(表4-20)、活動資源「多」は「90％以上加入」(44.9%)、「70～90%加入」(21.3%)、「50～70%加入」(4.7%)が多く、「少」では「全戸加入」(62.9%)である。4セグについては(多、多)で「90％以上加入」(42.9%)、「70～90%加入」(21.4%)、「50～70%加入」(4.1%)、(少、多)で「全戸加入」(67.0%)、(多、少)は「50～70%加入」(4.1%)であり、福島市においても人的資源が多い町内会において世帯加入率が低い。

　数年内の町内における人口増減についてみると、全体では「やや減少」(34.1%)、

表4-20 世帯加入率・人口増減・新旧住民の割合

(単位：%)

		全体平均より多い(主な項目)	
		世帯加入率	町内の人口増減
活動	多	「90％以上加入」(44.9)、「70～90％加入」(21.3)、「50～70％加入」(4.7)	「大いに増加」(11.8)、「やや増加」(24.4)
	中		「あまり変化はない」(39.7)
	少	「全戸加入」(62.9)	
人的	多	「70～90％加入」(16.9)	
	中	「30～50％加入」(1.4)	「やや減少」(41.1)
	少		「やや増加」(22.5)
セグ	多、多	「90％以上加入」(42.9)、「70～90％加入」(21.4)、「50～70％加入」(4.1)	「やや減少」(43.9)
	少、多	「全戸加入」(67.0)	「やや減少」(43.3)、「大いに減少」(13.4)
	少、少		「やや増加」(22.9)
	多、少	「50～70％加入」(4.1)	「大いに増加」(8.3)、「あまり変化はない」(39.3)
		新旧住民の割合	
活動	多	「同じくらい」(13.4)、「外からの新しい世帯のほうが多い」(29.9)	
	少	「古くからの地付きの世帯がほとんど」(36.7)	
人的	多	「古くからの地付きの世帯のほうが多い」(33.1)	
	中	「古くからの地付きの世帯がほとんど」(41.8)	
	少	「外からの新しい世帯がほとんど」(18.3)	
セグ	多、多	「同じくらい」(17.3)	
	少、多	「古くからの地付きの世帯がほとんど」(61.9)	
	少、少	「外からの新しい世帯がほとんど」(20.9)	
	多、少	「外からの新しい世帯のほうが多い」(22.8)、「外からの新しい世帯がほとんど」(17.2)	

「あまり変化はない」(32.9%)であり、秋田市や盛岡市と同様に減少基調にある。特徴をみていくと、活動資源「多」では「大いに増加」(11.8%)や「やや増加」(24.4%)であり、ここでも人口増減が活動資源の形成に与える影響はあることを確認できる。また、人的資源「少」で「やや増加」(22.5%)と多く、町内の人口が増えることで会長のリーダーシップの及ぶ限界がみえてきたことを示しているのだろうか。4セグでは(多、多)で「やや減少」(43.9%)、(少、多)が「やや減少」(43.3%)や「大いに減少」(13.4%)、(少、少)は「やや増加」(22.9%)、(多、少)は「大いに増加」(8.3%)と「あまり変化はない」(39.3%)とそれぞれ多く、4セグの決定には

活動資源の影響が強いようである。

　新旧住民の割合をみると、全体では「古くからの地付き世帯のほうがほとんど」(29.8%)、「古くからの地付き世帯のほうが多い」(26.8%)が多く、これは秋田市と同様な傾向である。活動資源「多」の町内会では「外からの新しい世帯のほうが多い」(29.9%)や「同じくらい」(13.4%)が多い一方で、「少」は「古くからの地付き世帯がほとんど」(36.7%)と、ここでも人の流動性と活動資源には正の相関が確認できる。人的資源をみると、「多」で「古くからの地付き世帯のほうが多い」(33.1%)、「少」は「外からの新しい世帯がほとんど」(18.3%)というように、人的資源の源泉は会長のネットワークということがうかがえる。4セグでは(多、多)で「同じくらい」(17.3%)、「古くからの地付きの世帯がほとんど」(61.9%)、(少、少)は「外からの新しい世帯がほとんど」(20.9%)、(多、少)が「外からの新しい世帯のほうが多い」がそれぞれ多く、福島市では流動性の多寡は活動資源よりは人的資源との何らかの関係があるといえ、会長のリーダーシップのあり方が秋田や盛岡市と異なる可能性がある。

　次に会長の属性をみていこう。年代について9割以上が60代以上であり、他の市に比べても高齢化している。軸別では(表4-21)、活動資源「多」は「70代」(45.7%)や「80代以上」(8.7%)、逆に「少」は「60代」(48.7%)とそれぞれ多く、秋田市と同様に福島市の町内会でも年長者の方がリーダーシップを発揮しやすい傾向にある。

　会長の家族構成をみると、全体は「非高齢者と高齢者からなる親族世帯」(34.1%)、次いで「高齢者のみの核家族世帯」(30.0%)が多い。活動資源「多」は「高齢者の単身世帯」(7.1%)、「少」は「非高齢者と高齢者からなる親族世帯」(38.8%)であり、福島市では会長の同居世帯が複数であっても活動資源とは関係がないように思われる。人的資源についてみても、「多」で多いのは「二世帯以上がともに同居」(16.2%)、「少」は「非高齢者のみの核家族世帯」(21.5%)ある。4セグでみると、(多、多)で「高齢者のみの核家族世帯」(37.8%)や「非高齢者の単身世帯」(4.1%)、(少、多)は「非高齢者と高齢者からなる親族世帯」(49.5%)、(少、少)が「非高齢者のみの核家族世帯」(18.3%)となり、これだけでは会長の同居家族の構成と活動・人的資源との関わりを判断することは難しい。会長の在任年数平均は4.6年であり、表には示していないが活動資源「多」では5.6年と長く、4セグの

表4-21 会長の年代・家族構成・地域活動への関わりあい

(単位：％)

		全体平均より多い（主な項目）	
		会長の年代	会長の家族構成
活動	多	「70代」(45.7)、「80代以上」(8.7)	「高齢者の単身世帯」(7.1)
活動	少	「50代」(12.9)	「非高齢者＋高齢者からなる親族世帯」(38.8)
人的	多	「70代」(53.8)、「80代以上」(11.5)	「二世帯以上が居住」(16.2)
人的	中		「非高齢者＋高齢者からなる親族世帯」(40.4)
人的	少	「30代」(1.0)、「60代」(48.7)	「非高齢者のみの核家族」(21.5)
セグ	多、多	「70代」(48.0)、「80代以上」(11.2)	「高齢者のみの核家族」(37.8)、「非高齢者の単身世帯」(4.1)
セグ	少、多	「50代」(17.5)、「60代」(47.4)	「非高齢者＋高齢者からなる親族世帯」(49.5)
セグ	少、少		「非高齢者のみの核家族」(18.3)
セグ	多、少	「20代」(0.7)	

		会長の地域活動への関わりあい
活動	多	「活動に積極的に顔を出している」(43.3)、「活動しやすいように調整や働きかけをしている」(31.5)、「ポケット・マネーで地域の団体や活動を支援」(17.3)
活動	中	「自ら発起人でイベント開催」(9.9)
活動	少	「特に何もしていない」(48.8)
人的	多	「活動に積極的に顔を出している」(50.8)、「活動しやすいように調整や働きかけをしている」(39.2)、「ポケット・マネーで地域の団体や活動を支援」(22.3)、「自ら発起人でイベント開催」(10.8)、「自ら発起人でNPOなどを立ち上げ」(6.2)
人的	少	「特に何もしていない」(54.5)
セグ	多、多	「活動しやすいように調整や働きかけをしている」(31.6)、「ポケット・マネーで地域の団体や活動を支援」(20.4)
セグ	少、多	「自ら発起人でイベント開催」(10.3)
セグ	少、少	「特に何もしていない」(47.1)

（多、多）での結果も併せると、盛岡市の結果と同様に会長の人的資源が町内会の活動に何らかの影響を与えている。

会長の地域活動への関わりあいをみると、「とくに何もしていない」(40.2%)、「地域の任意団体の活動に積極的に顔を出している」(36.7%)のように、秋田市や盛岡市と同様な二極化傾向があるといえる。軸別でみると、活動資源「多」は「地域の任意団体の活動に積極的に顔を出している」(43.3%)や「地域の任意団体が活動しやすいように調整や働きかけをしている」(31.5%)、「ポケット・マネー

第4章　地域資源と安全・安心コミュニティ

表4-22　大地震などへの話し合い有無とその内容

(単位：%)

		全体平均より多い(主な項目)	
		大地震などへの話し合い有無	話し合ったこと(話し合い有ベース)
活動	多	「話し合った」(63.0)	「避難の方法、時期、場所」(91.3)
	中		「食料・飲料水」(37.7)、 「家屋の安全度」(22.6)
	少	「話し合っていない」(55.0)	
人的	多	「話し合った」(53.1)	「地域の災害危険箇所」(42.0)、 「食料・飲料水」(36.2)
	少		「外国人等の短期居住者・一時滞在者の安全」(2.6)
4セグ	多、多	「話し合った」(55.1)	
	少、多	「話し合っていない」(56.7)	「地域の災害危険箇所」(45.5)
	多、少		「非常持ち出し品」(41.8)、「外国人等の短期居住者・一時滞在者の安全」(3.0)

で地域の団体や活動を支援している」(17.3%)が多いなかで、「少」は「とくに何もしていない」(48.8%)と半数に近く、人的資源でも同様な傾向を示しているのは秋田市や盛岡市と同様である。また、4セグの(多、多)で「地域の任意団体が活動しやすいように調整や働きかけをしている」(31.6%)、「ポケット・マネーで地域の団体や活動を支援している」(20.4%)が多いのをみると、福島市町内会における会長のリーダーシップと町内へのネットワークは調整といった「ボトムアップ」というかたちにあらわれているのかもしれない。

　次に地域の防災における現状と課題を確認する。大地震等の対応への話し合い有無は、「話し合ってきた」(44.8%)、「話し合っていない」(48.1%)と、話し合っているのも話し合っていない町内会も4〜5割とほぼ半々である。軸別にみると(表4-22)、活動資源が多い町内会でも「話し合ってきた」が6割に達しているだけで、また人的資源「多」でも5割程度である。さらに4セグでは(多、多)で「話し合っている」(55.1%)であるのに対して、(少、多)が「話し合っていない」(56.7%)と、福島市においても会長のリーダーシップが大震災にむけた対応において重要であることがうかがえる。

　具体的な内容で多く話されているのは、「避難の方法、時期、場所」(83.6%)、「住民間の連絡」(64.1%)、「心がまえ」(60.9%)と盛岡市と同傾向にある。軸別でみ

ると、活動資源「多」は「避難の方法、時期、場所」(91.3%)、人的資源「多」は「地域の災害危険箇所」(42.0%)、「食料・飲料水」(36.2%)、4セグは(少、多)が「地域の災害危険箇所」(45.5%)、(多、少)で「非常品持ち出し」(41.8%)というように、各資源の状況により話し合いの内容がやや異なるようである。

　大地震等への対策は「避難場所の決定」(49.5％)、「防災グッズの準備」(38.3%)、「防災訓練や講演に積極的に参加」(34.3%)が多いものの、いずれも5割未満と盛岡市に比べると低く、避難場所以外は具体性や緊急性があまりないものである。軸別でみると(表4-23)、活動資源「多」では「避難場所の決定」(65.4%)、「防災訓練や講演に積極的に参加」(52.8%)、「防災グッズの準備」(50.4%)などを多く行い、また人的資源「多」でも同様な傾向にあるのは盛岡市とは異なっている。また、4セグの(多、多)は「避難場所の決定」(67.3％)、「防災訓練や講演に積極的に参加」(50.0%)、「防災グッズの準備」(45.9%)などが多い一方で、(少、多)や(多、少)では少ないことをみると、福島市では他の市と比べて、リーダーシップによる防災活動への関与が大きそうである。

　町内会単位における防災訓練の実施状況は、行っていない町内会が全体の4割程度であるのは盛岡市と同程度であり、秋田市よりは活動している。軸別では(表4-24)、活動資源「多」や人的資源「多」で実施率が高く、4セグの(多、多)と(多、少)との比較で活動資源が相対的に多い町内会で活発に防災訓練が行われているのも、秋田市や盛岡市と同様な傾向であり、また(少、多)で「いずれ行いたい」(36.1%)をみると、ここでも会長のリーダーシップが防災の鍵を握るウェイトが高い。

　地震発生直後の避難や救出活動における重要な主体をみると、「隣近所・隣組」(78.5%)、「町内会」(75.3%)、「消防団」(71.4%)などであり、盛岡市と比べると福島市は消防団を重要視している会長が多い。そして、活動資源「多」は「町内会」(86.6%)、「隣近所・隣組」(84.3%)、「消防団」(81.1%)など、公的組織への依存傾向がみられる盛岡市に比べると、福島市の町内会は自力での解決志向が強いことがわかる。その一方で、人的資源「少」では「消防署」(66.0%)、「個人」(57.6%)、「NPO」(11.5)が多く、公的組織または個人への二極化傾向がみられるのは会長自身のリーダーシップを半ば放棄している感がうかがえる。また、4セグの(少、少)で「町内会連合会」(30.7%)が多いのは、両方の資源が少ない町内

第4章 地域資源と安全・安心コミュニティ

表4-23 大地震などへの対策

(単位：%)

		調査数	近くの学校や公園等避難する場所を決めている	消火器、懐中電灯、医薬品等の準備を住民に呼びかけている	市や消防署が主催している防災訓練や講演に積極的に参加している	高齢者世帯・子どもの状況把握につとめている	住民間の連絡方法等を決めている	防災に関するセミナーや講演を開く等して啓蒙活動を行なっている
合 計		493	49.5	38.3	34.3	31.2	22.9	16.2
活動	多	127	▲65.4	▲50.4	▲52.8	∴37.0	△30.7	△24.4
活動	中	121	48.8	43.0	37.2	∴38.0	24.0	∴20.7
活動	少	240	▽41.3	▼30.0	▼22.5	▽24.6	∵18.8	▼9.6
人的	多	130	↑57.7	▲50.0	↑42.3	36.2	23.8	19.2
人的	中	141	47.5	35.5	34.8	33.3	21.3	13.5
人的	少	191	47.1	∵33.5	∵29.3	27.7	24.1	15.7
セグ	多、多	98	▲67.3	∴45.9	▲50.0	△42.9	∵28.6	↑23.5
セグ	少、多	97	▽37.1	38.1	▼20.6	32.0	21.6	▽8.2
セグ	少、少	153	∵43.8	34.6	32.0	27.5	22.2	17.0
セグ	多、少	145	51.7	37.2	35.2	26.9	20.7	15.9

		調査数	食料品や飲料水の備蓄を住民にすすめている	倒壊を防止するよう住民に呼びかけている	地震保険に加入するよう住民に働きかけている	外国人等の短期居住者・一時滞在者の状況把握につとめている	とくに何もしていない
合 計		493	13.8	11.2	3.0	0.6	23.9
活動	多	127	16.5	↑16.5	3.9	0.8	▽15.7
活動	中	121	11.6	∴14.9	2.5	-	21.5
活動	少	240	13.8	▽6.7	2.9	0.8	△30.0
人的	多	130	↑19.2	↑16.2	△6.2	-	∵18.5
人的	中	141	12.1	9.9	2.8	-	21.3
人的	少	191	12.6	10.5	∵1.0	1.0	∴28.8
セグ	多、多	98	14.3	14.3	3.1	-	∵18.4
セグ	少、多	97	∵8.2	8.2	3.1	-	26.8
セグ	少、少	153	16.3	10.5	3.3	1.3	25.5
セグ	多、少	145	14.5	11.7	2.8	0.7	24.1

表 4-24 町内会単位での防災訓練の実施・発生直後／発生後で重要な主体

(単位：％)

		全体平均より多い (主な項目)	
		町内会単位での防災訓練	
活動	多	「行なっており、一定数の熱心な会員が参加・見学」(15.7)	
	中	「行なっているものの、参加・見学する会員は非常に限られている」(19.8)	
	少	「行なっていないし、今後も行なう予定はない」(16.7)	
人	多	「行なっており、一定数の熱心な会員が参加・見学」(13.1)	
セグ	多、多	「行なっており、数多くの会員が参加・見学」(10.2)、「行なっており、一定数の熱心な会員が参加・見学」(13.3)、「行なっているものの、参加・見学する会員は非常に限られている」(22.4)	
	少、多	「行なっていないが、いずれ行ないたいと考えている」(36.1)	
		発生直後に重要な主体	発生後の生活で重要な主体
活動	多	「隣近所・隣組」(84.3)、「町内会」(86.6)、「消防団」(81.1)、「消防署」(70.9)、「警察」(55.9)、「地方自治体」(52.0)、「自衛隊」(41.7)、「新聞など」(40.2)、「NPOなどのネットワーク組織」(12.5)	「町内会」(78.0)、「消防団」(72.4)、「消防署」(65.4)、「地方自治体」(63.8)、「自衛隊」(59.8)、「警察」(54.3)、「新聞など」(34.6)
	中	「隣近所・隣組」(85.1)、「個人」(54.5)	「町内会」(75.2)、「隣近所・隣組」(74.4)、「個人」(45.5)
人	少	「消防署」(66.0)、「個人」(57.6)、「NPOなどのネットワーク組織」(11.5)	「町内会」(73.8)、「消防団」(67.0)、「個人」(44.0)、「新聞など」(33.0)
セグ	多、多		「消防署」(63.3)、「地方自治体」(64.3)、「警察」(53.1)
	少、多		「NPOなどのネットワーク組織」(21.6)
	少、少	「消防署」(66.0)、「町内会連合会」(30.7)	
	多、少	「新聞など」(37.2)	「町内会」(73.8)、「個人」(45.5)、「新聞など」(32.4)、「民間企業」(11.7)

会においては、自力ではなくて他の町内会との連携を考えているといえる。発生後の生活は、「町内会」(68.8%)、「隣近所・隣組」(65.5%)、「消防団」(61.3%)などが多く、ここでも消防団の重要性がうかがえる。軸別も発生直後と同傾向である。

次に防犯の現状と課題を確認する。これまでの犯罪発生状況で「不法なゴミ捨て」(32.3%)が一番多いのは秋田市や盛岡市と同様の傾向であり、軸別では(表4-25)、活動資源「多」で「自転車・バイクの盗難・破損」(12.6%)、「不審者の侵入」(5.5%)、「悪徳商法」(3.9%)が多い。4セグの(多、多)では、「不法なゴミ捨て」(38.8%)、「自転車バイクの盗難・破損」(20.4%)、「空き巣ねらい」(8.2%)などと多

表4-25 過去／現在／これからの犯罪発生状況

(単位：％)

		全体平均より多い（主な項目）
		これまでの犯罪発生状況（多い計）
活動	多	「自転車バイクの盗難・破損」(12.6)、「不審者の侵入」(5.5)、「悪徳商法」(3.9)、「詐欺」(2.4)、「下着等洗濯物の盗難」(2.4)、「恐喝・脅迫」(1.6)、「暴行・傷害・強盗」(1.6)
	中	「空き巣狙い」(9.9)
人的	多	「悪徳商法」(3.8)
	中	「不審者の侵入」(4.3)
	少	「ストーカー」(1.0)
セグ	多、多	「不法なゴミ捨て」(38.8)、「自転車バイクの盗難・破損」(20.4)、「空き巣狙い」(8.2)、「車上荒らし・自動車破損」(6.1)、「放火・不審火」(6.1)、「悪徳商法」(5.1)、「恐喝・脅迫」(2.0)、「暴行・傷害・強盗」(2.0)
	少、少	「痴漢・変質者」(2.6)
		現在の犯罪発生状況（増えた計）
活動	多	「悪徳商法」(5.3)、「空き巣狙い」(3.9)、「痴漢・変質者」(3.1)、「放火・不審火」(2.4)、「詐欺」(3.9)、「車上荒らし・自動車破損」(2.4)、「下着等洗濯物の盗難」(1.6)、「暴行・傷害・強盗」(1.6)、「すり・ひったくり」(0.8)、「ストーカー」(0.8)
人的	多	「不法なゴミ捨て」(21.5)
	中	「悪徳商法」(5.4)、「不審者の侵入」(5.0)、「空き巣狙い」(4.3)、「自転車バイクの盗難・破損」(4.3)、「落書きや器物の損壊」(5.0)、「詐欺」(2.1)、「下着等洗濯物の盗難」(1.4)、「恐喝・脅迫」(1.4)、「すり・ひったくり」(0.7)、「ストーカー」(0.7)
セグ	多、多	「自転車バイクの盗難・破損」(4.1)
	少、少	「落書きや器物の損壊」(3.3)
	多、少	「すり・ひったくり」(0.7)、「ストーカー」(0.7)
		これからの犯罪発生状況（増える計）
活	中	「空き巣狙い」(10.7)、「詐欺」(9.9)、「不審者の侵入」(9.1)、「落書きや器物の損壊」(4.1)
人的	多	「自転車バイクの盗難・破損」(6.9)
	中	「不法なゴミ捨て」(22.7)、「悪徳商法」(12.1)、「空き巣狙い」(9.2)、「詐欺」(9.9)、「不審者の侵入」(9.9)、「痴漢・変質者」(7.1)、「放火・不審火」(5.0)、「ストーカー」(4.3)、「落書きや器物の損壊」(5.0)、「恐喝・脅迫」(4.3)、「暴行・傷害・強盗」(5.0)、「すり・ひったくり」(3.5)、「下着等洗濯物の盗難」(3.5)
セグ	多、多	「痴漢・変質者」(7.1)
	少、多	「悪徳商法」(13.4)
	少、少	「自転車バイクの盗難・破損」(5.9)、「車上荒らし・自動車破損」(5.2)、「恐喝・脅迫」(3.9)

表4-26 防犯のための組織的な取組・過去／現在の治安への不安

(単位：％)

		全体平均より多い(主な項目)	
		防犯のための組織的な取り組み	
活動	多	「小・中学校との情報交換」(53.5)、「防犯パトロールの実施」(55.9)、「公園等の見通し、見晴らしの改善」(16.5)	
	中	「防犯灯・街路灯の設置」(77.7)、「防犯パトロールの実施」(48.8)、「地域の犯罪発生などの情報共有」(47.9)、「声かけの実施」(40.5)	
人	多	「小・中学校との情報交換」(51.5)、「防犯パトロールの実施」(50.8)、「防犯マップの作成」(13.8)	
セグ	多、多	「小・中学校との情報交換」(62.2)、「不審者に遭遇したときの連絡先など」(32.7)、「公園等の見通し、見晴らしの改善」(20.4)、「防犯マップの作成」(21.4)	
	少、多	「不審者に遭遇したときの連絡先など」(33.0)	
	少、少	「防犯セミナー・講習会等への参加」(26.8)	
	多、少	「防犯パトロールの実施」(51.0)	
		過去数年における治安への不安	現在の治安への不安
活動	多	「路上や空き地のゴミの散乱」(53.5)、「自動車などの不法放置」(42.5)、「新聞などの犯罪報道」(17.3)、「不審者の出没」(15.7)、「町内のよくわからない住民」(15.0)、「害悪のあるチラシやビラ」(12.6)	「路上や空き地のゴミの散乱」(47.2)、「自動車などの不法放置」(33.1)、「不審者の出没」(18.1)、「新聞などの犯罪報道」(18.9)、「町内のよくわからない住民」(17.3)
人的	中		「路上や空き地のゴミの散乱」(43.3)
	少		「不良のたまり場」(9.9)
セグ	多、多	「路上や空き地のゴミの散乱」(56.1)、「自動車などの不法放置」(40.8)、「不審者の出没」(16.3)、「町内のよくわからない住民」(14.3)、「不良のたまり場」(13.3)、「害悪のあるチラシやビラ」(13.3)	「路上や空き地のゴミの散乱」(46.9)、「自動車などの不法放置」(28.6)
	少、多	「深夜の暴走族」(20.6)	「深夜の暴走族」(19.6)
	多、少	「自動車などの不法放置」(35.9)、「深夜営業の店舗」(4.1)	「自動車などの不法放置」(30.3)、「町内のよくわからない住民」(14.5)、「わいせつなビデオ・雑誌の自販機」(4.1)

岐にわたって多く、福島市は活動資源が多い町内会での犯罪発生が多く、防犯への必要性から活動資源が形成されるものと考えられる。現在の犯罪発生状況は、ここでも「不法なゴミ捨て」(16.2％)が多く、活動資源「多」では「悪徳商法」(5.5％)、「空き巣ねらい」(3.9％)など、絶対値は小さいものの全体との差は存在しており、福島市では活動資源が多い町内会ほど犯罪発生への問題意識があるようだ。今後の犯罪発生見込みについては、「不法なゴミ捨て」(17.4％)や「悪徳商

第4章　地域資源と安全・安心コミュニティ　173

表4-27　自主的な対応やその有無

(単位：％)

		全体平均より多い（主な項目）
		自主的な対応やその有無
活動	多	「路上や空き地のゴミの散乱」(68.5)、「自動車などの不法放置」(40.9)、「不審者の出没」(24.4)、「不良のたまり場」(22.0)、「害悪のあるチラシやビラ」(19.7)、「町内のよくわからない住民」(15.7)、「深夜の暴走族」(12.6)、「わいせつなビデオ・雑誌の自販機」(11.0)
セグ	多、多	「路上や空き地のゴミの散乱」(63.3)、「自動車などの不法放置」(34.7)、「不良のたまり場」(23.5)、「害悪のあるチラシやビラ」(15.3)、「町内のよくわからない住民」(14.3)、「新聞などの犯罪報道」(10.2)
	多、少	「路上や空き地のゴミの散乱」(63.4)、「自動車などの不法放置」(35.9)

法」(7.5%)が多くなるととらえているなかで、軸別では活動資源「中」や人的資源「中」の町内会で犯罪が多くなっているようだ。

　こうした状況下での防犯への取組で多いのは、「防犯灯・街路灯の設置」(71.8%)、「小中学校との情報交換」(43.8%)、「防犯パトロールの実施」(42.6%)などであり、福島市ではインフラ整備が圧倒的に多い。軸別で(表4-26)活動資源「多」は「防犯パトロールの実施」(55.9%)や「小中学校との情報交換」(53.5%)、人的資源「多」でも「小中学校との情報交換」(51.5%)や「防犯パトロールの実施」(50.8%)と同傾向にあるものの、活動資源「多」で「見晴らしの改善」(16.5%)、人的資源「多」は「防犯マップ作成」(13.8%)が多いというように、盛岡市ほどではないもののネットワーク／リーダーシップがある町内会それぞれに取組の方向性が異なっているようだ。他の市と同様に、活動資源の形成が過去数年または現在における治安の不安から出来するのは、この表でも明らかである。「路上や空き地のゴミの散乱」や「自転車、バイクなどの不法投棄」などが多いなかで、活動資源「多」の町内会で様々な不安が過去から現在にわたって存在していることがわかる。

　自主的な対応で多いのは「路上や空き地のゴミの散乱」(54.4%)、「自動車、バイク、自転車の不法投棄」(27.2%)や「不審者の出没」(16.6%)であり、後者2項目については他の市に比べると福島市の実施率が低いようだ。軸別では(表4-27)活動資源「多」ではほぼすべての項目で多く取り組んでいるなかで、人的資源「多」で特徴的な項目がないことをみると、犯罪発生や不安が多い町内会であ

174 第Ⅱ部 安全・安心コミュニティの布置構成

るからこそ活動資源が形成されるといえる。また、4セグの(多、多)と(多、少)を比べても、活動資源が多い町内会で防犯において自主的な対応や対策を色々と行っているところは秋田市や盛岡市と変わらないことから、福島市の町内会の防犯活動において、リーダーシップはさほど発揮されていないようだ。

以上から福島市の場合は、防犯の場合は活動資源、防災の場合は活動＋人的資源が多い町内会で多様な対策を講じていることがわかる。

(4) 弘前市[14]

活動資源の分布は多：23.4％、中：31.8％、少：42.1％、不明：2.8％、人的資源は多：30.4％、中：26.2％、少：35.0％、不明：8.4％、さらに各セグメントの構成比は(活動資源、人的(会長)資源)で(多、多)は22.4％、(少、多)は24.8％、(少、少)は29.4％、(多、少)は22.4％、不明は0.9％であり、その地理的な布置状況は次のような結果になった(図4-5)。

はじめに町会のプロフィールを確認する。加入世帯数(表4-28)の平均が178.3世帯、活動資源「多」で291.2世帯、「少」は90.4世帯と、他と同様に規模による格差は大きい。人的資源については「少」の207.5世帯が大きい一方で「多」が136.1世帯と規模との相関がみられ、4セグでみても活動資源が多い町会と規模の大きさに関係があるといえる。区の数の平均は4.5、班または隣組の平均値は13.4であった。

世帯加入率についてみると、「90％以上加入」(37.4％)、「全戸加入」(34.1％)、と、「90％以上加入」の割合が他の市に比べると少ない。各軸での特徴をみると(表4-29)、活動資源「多」は「70～90％加入」(34.0％)、「中」で「90％以上加入」(51.5％)、「少」で「全戸加入」(43.3％)が多い。人的資源「中」は「70～90％加入」(26.8％)、「30％未満」(1.8％)が多い。4セグの(少、多)では「30％未満」(1.9％)であり、弘前市ではある意味で加入への強制性と活動資源との間に負の相関がみうけられよう。

町内の人口増減は「やや減少」(47.7％)、「あまり変化はない」(28.0％)であり、他の市と同様に減少基調といえる。軸別でみると、人的資源「少」では「大いに増加」(2.7％)や「やや増加」(18.7％)と、他の市と同様に町内の人口が増えることで会長のリーダーシップの及ぶ範囲の限界がみえてきたことを示している。4セグの(多、少)は「やや減少」(58.3％)と、人的資源の少ない町会では人口増加に

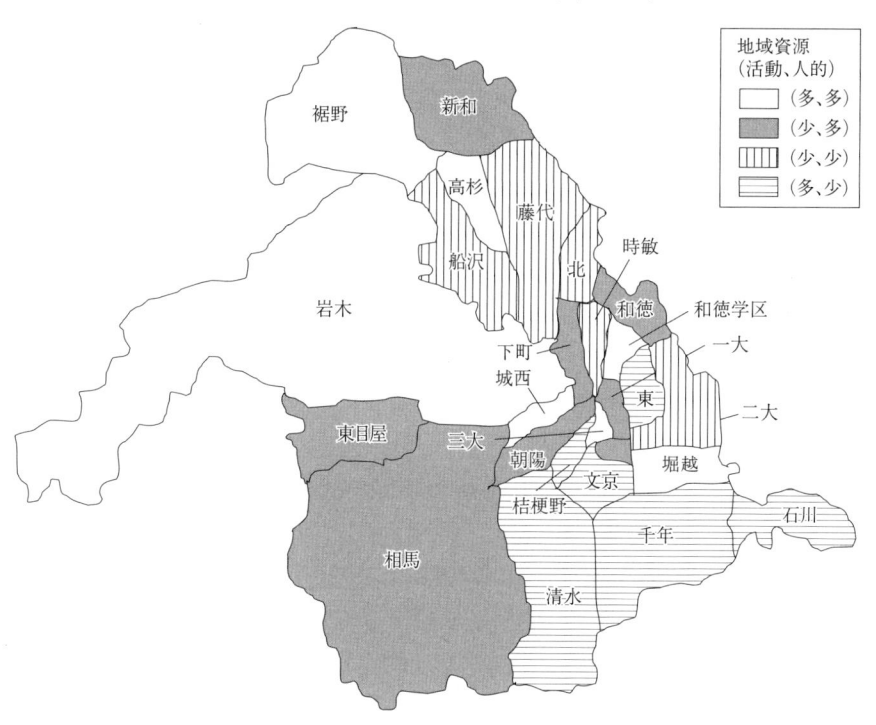

第4章　地域資源と安全・安心コミュニティ　175

図4-5　弘前市町会の地区別資源分布（N = 214）

地域資源
（活動、人的）
□（多、多）
■（少、多）
|||||（少、少）
≡（多、少）

[地図：裾野、新和、高杉、藤代、船沢、時敏、北、岩木、和徳、和徳学区、下町、城西、東、一大、東目屋、三大、朝陽、文京、堀越、二大、桔梗野、千年、石川、相馬、清水]

表4-28　加入世帯数、区数、班・隣組の数

		加入世帯数		町内の区の数		町内の班もしくは	
		隣組の数	戸	調査数	区	調査数	班・組
合　計		208	178.31	197	4.52	206	13.37
活動	多	50	▲ 291.20	46	5.46	49	△ 18.73
	中	68	∴ 211.60	66	4.92	68	∴ 16.03
	少	90	▼ 90.43	82	↓ 1.39	86	▼ 7.69
人的	多	63	↓ 136.11	59	5.80	62	11.37
	中	56	202.36	53	3.79	55	13.58
	少	74	∴ 207.54	73	4.27	73	15.23
セグ	多、多	47	176.13	42	5.57	46	14.65
	少、多	52	∵ 140.67	52	7.10	53	11.21
	少、少	61	∵ 141.98	56	↓ 0.93	59	∵ 10.44
	多、少	47	▲ 272.43	47	5.02	47	△ 18.45

表4-29 世帯加入率・人口増減・新旧住民の割合

(単位:%)

		全体平均より多い(主な項目)	
		世帯加入率	町内の人口増減
活動	多	「70〜90%加入」(34.0)	
	中	「90%以上加入」(51.5)	
	少	「全戸加入」(43.3)	
人的	中	「70〜90%加入」(26.8)、「30%未満」(1.8)	「やや減少」(57.1)、「大いに減少」(16.1)
	少		「大いに増加」(2.7)、「やや増加」(18.7)
セグ	少、多	「30%未満」(1.9)	
	多、少		「やや減少」(58.3)
		新旧住民の割合	
活	多	「外からの新しい世帯のほうが多い」(18.0)	
人的	多	「古くからの地付きの世帯がほとんど」(49.2)	
	中	「古くからの地付きの世帯のほうが多い」(44.6)	
	少	「外からの新しい世帯のほうが多い」(20.0)、「外からの新しい世帯がほとんど」(25.3)	
セグ	多、多	「古くからの地付きの世帯がほとんど」(47.9)	
	少、少	「外からの新しい世帯がほとんど」(19.0)	
	多、少	「外からの新しい世帯のほうが多い」(18.8)	

あり、その増分が大きい町内会では活動が増える(≒活動資源が増加)ことがいえよう[15]。

　新旧住民の割合については、「古くからの地付き世帯のほうがほとんど」(35.0%)、「古くからの地付き世帯のほうが多い」(34.6%)と、秋田市や福島市と同様な傾向にある。活動資源「多」では「外からの新しい世帯のほうが多い」(18.0%)が多いことから、人の流動性が高いと活動資源に正の影響を与えるといえる。人的資源の「多」が「古くからの地付き世帯のほうがほとんど」(49.2%)である一方で、「少」の「外からの新しい世帯がほとんど」(25.3%)や「古くからの地付き世帯のほうが多い」(20.0%)ことから、福島市と同様に人的資源の源泉は会長の地付き世帯とのネットワークといえる。4セグでは(多、多)が「古くからの地付きの世帯がほとんど」(47.9%)、(少、少)は「外からの新しい世帯がほとんど」(19.0%)、(多、少)が「外からの新しい世帯のほうが多い」(18.8%)であることから、先に論じたように新住民の流入が会長のリーダーシップ低下の効果を上回るものであれば、活動資源が多くなるようだ。

第4章 地域資源と安全・安心コミュニティ　177

表4-30　会長の年代・家族構成・地域活動への関わりあい

(単位：%)

		全体平均より多い（主な項目）	
		会長の年代	会長の家族構成
活動	多	「70代」(56.0)	
	中		「高齢者のみの核家族」(36.8)
	少	「40代」(4.4)	「非高齢者のみの核家族」(21.1)
人的	多	「70代」(55.4)	
	少	「40代」(4.0)、「50代」(18.7)	
セグ	少、多	「30代」(1.9)	
	少、少	「40代」(4.8)、「50代」(17.5)	「高齢者の単身世帯」(6.3)
	多、少		「高齢者のみの核家族」(39.6)
		会長の地域活動への関わりあい	
活動	多	「活動に積極的に顔を出している」(56.0)、「活動しやすいように調整や働きかけをしている」(40.0)、「自ら発起人でイベント開催」(12.0)、「自ら発起人でNPOなどを立ち上げ」(6.0)	
	中	「活動に積極的に顔を出している」(50.0)	
	少	「特に何もしていない」(45.6)	
人的	多	「ポケット・マネーで地域の団体や活動を支援」(20.0)	
	中	「自ら発起人でイベント開催」(12.5)	
セグ	多、多	「活動しやすいように調整や働きかけをしている」(39.6)	
	少、多	「特に何もしていない」(43.4)	
	多、少	「活動に積極的に顔を出している」(58.3)	

　次に会長の属性であるが、年代は9割近くが60代以上であるのは他市と同様な結果である。軸別で（表4-30）活動資源「多」が「70代」(56.0%)、「少」は「40代」(4.4%)。そして、人的資源「多」は「70代」(55.4%)、逆に「少」は「50代」(4.0%)や「50代」(18.7%)となっており、新来住民が活動を担いつつあるなかでも他と同様に年長者の会長が町会活動で果たす役割が依然として大きいことがうかがえる。

　会長の家族構成で多いのは「非高齢者と高齢者からなる親族世帯」(36.0%)、次いで「高齢者のみの核家族世帯」(25.7%)である。活動資源「少」で「非高齢者のみの核家族世帯」(21.1%)となるのは、上の年代とのつながりが弱いことがその要因と考えられる。ところで、4セグの（少、少）が「高齢者の単身世帯」(6.3%)、（多、少）は「高齢者のみの核家族世帯」(39.6%)が多く、会長の年齢が仮に同じ程度であっても家族内から発するネットワーク（単身世帯／核家族）の違いで活動資

表4-31　大地震などへの話し合い有無とその内容

(単位：%)

		全体平均より多い（主な項目）	
		大地震などへの話し合い有無	話し合ったこと（話し合い有ベース）
セグ	多、多		「地域の災害危険箇所」(63.6)
	多、少		「心がまえについて」(61.5)、「食料・飲料水」(53.8)、「非常持ち出し品」(46.2)、「家屋の安全度」(30.8)

源の増減があらわれるのだろうか。表には示していないが、会長の在任年数の平均は6.1年であるものの活動資源の多寡との関係があまりみられなかった。

　会長の地域活動への関わりあいをみると、「地域の任意団体の活動に積極的に顔を出している」(41.6%)とある一方で「とくに何もしていない」(34.1%)と、他の市と同様に会長の地域活動への関与に対する積極性は二極化している。活動資源「多」は「地域の任意団体の活動に積極的に顔を出している」(56.0%)や「地域の任意団体が活動しやすいように調整や働きかけをしている」(40.0%)、「自らが発起人となってイベントを開催」(12.0%)、「自らが発起人となって地域組織・NPOなどを立ち上げている」(6.0%)と複数あるのに対して、「少」は「とくに何もしていない」(45.6%)と半数近くとなっており、会長の積極性と活動資源との間に関連がみられる。また、人的資源「多」で「ポケット・マネーで地域の団体や活動を支援」(20.0%)のように、個人的な負担の結果としてリーダーシップが形成されるという側面もあるだろう。4セグの（多、少）で「地域の任意団体の活動に積極的に顔を出している」(58.3%)という結果は、弘前市町会における会長のリーダーシップはどちらかというと「ボトムアップ」を示しているかもしれない。

　続いて弘前市における地域の防災における現状と課題を確認しよう。この地方に襲った大きな地震は、明和津軽地震（1766年）や寛政西津軽地震（1793年）など、18世紀に頻発したもののそれ以降は少ないこともあるのか、大地震等の対応への話し合い有無も「話し合ってきた」(25.2%)、「話し合っていない」(68.7%)という結果である。こうした背景もあり軸別（表4-31）による差異はみられなかった。

　3割未満の町会において話し合った具体的な内容についてみると、「避難の

方法、時期、場所」(87.0%)、「住民間の連絡」(63.0%)、「高齢者・子ども・障がい者の安全」(59.3%) となっている。軸別では4セグのみで差異がみられ、(多、多)の「地域の災害危険箇所」(63.6%)、(多、少) で「心がまえ」(61.5%)、「食料・飲料水」(53.8%)、「非常品持ち出し」(46.2%)、「家屋の安全度」(30.8%) で多く、弘前市では会長のリーダーシップというよりは活動の一つとしてある意味でボトムアップ的に組み込まれている傾向にあるといえよう。

　先述した理由により大地震等への対策もすべて3割未満であり (表4-32)、そのなかで上位に来るものが「避難場所の決定」(29.9%)、「高齢者世帯・子どもの状況把握」(25.2%)、「消火器等を準備するように住民に呼びかけ」(22.0%) である。活動資源「少」では「とくに何もしていない」(55.6%) であるなかで、「中」で「高齢者世帯・子どもの状況把握」(32.4%) や「高齢者・子ども・障がい者の安全」(23.5%) などと多岐にわたっている。人的資源「少」でみると多くの活動が行われている一方で、「多」の「とくに何もしていない」(56.9%) となり、4セグ (少、多) の「とくに何もしていない」(66.0%) の結果を併せると、弘前市の防災活動はトップダウン的なリーダーシップによるものではないことが推察される。

　町会単位での防災訓練の実施状況は、「行っていないがいずれ行いたい」(34.1%)、「行っていないし、今後も行う予定はない」(22.0%) と実施町会の割合は低い。軸別では (表4-33)、活動「多」で「行っていないがいずれ行いたい」(54.0%) となり、災害の少なさに起因するものなのか、訓練したいが町会の主たる活動に組み込まれていないことをうかがわせる結果である。

　地震発生直後の避難や救出活動における重要な主体をみると、「町会」(77.1%)、「隣近所・隣組」(70.6%)、「消防団」(70.1%) というように、近隣で形成される組織を重要視している会長が多い。軸別で活動資源「多」は「町会」(90.0%)、人的資源「少」で「町会」(84.0%)、「隣近所・隣組」(80.0%)、「消防団」(81.3%) など多くの主体をあげており、会長みずからのリーダーシップの弱さを他の主体に補完してもらおうとする意図がみえる。これは4セグの (多、少) でも同様な傾向が得られた。発生後についてはどうだろうか。多いものから順にあげると、「町会」(71.5%)、「隣近所・隣組」(70.1%)、「個人」(48.1%)、「地方自治体」(45.3%) などである。軸別では発生直後とさほど変わらない結果であるが、4セグの (少、少) において「隣近所・隣組」(77.8%) や「個人」(57.1%) をみると、いわゆる「ないないづく

表4-32　大地震などへの対策

(単位：％)

		調査数	近くの学校や公園等避難する場所を決めている	高齢者世帯・子どもの状況把握につとめている	消火器等を準備しておくよう住民に呼びかけている	市や消防署が主催する防災訓練等に積極的に参加している	高齢者・子ども・障がい者の安全について	住民間の連絡方法等を決めている
	合　計	214	29.9	25.2	22.0	16.8	16.8	12.1
活動	多	50	38.0	26.0	22.0	20.0	18.0	14.0
活動	中	68	33.8	∴32.4	27.9	19.1	∴23.5	∴17.6
活動	少	90	∵23.3	20.0	17.8	13.3	∵11.1	∵6.7
人的	多	65	∵21.5	20.0	21.5	13.8	∵10.8	7.7
人的	中	56	32.1	28.6	23.2	17.9	14.3	14.3
人的	少	75	∴37.3	30.7	20.0	20.0	△25.3	14.7
セグ	多、多	48	22.9	22.9	29.2	14.6	14.6	10.4
セグ	少、多	53	24.5	∵17.0	∵13.2	13.2	↓7.5	∵5.7
セグ	少、少	63	31.7	31.7	25.4	∴23.8	∴23.8	∴17.5
セグ	多、少	48	↑41.7	29.2	20.8	14.6	20.8	14.6

		調査数	防災に関するセミナーを開く等して啓蒙活動を行なっている	食料品や飲料水の備蓄を住民にすすめている	家具等の倒壊を防止するよう呼びかけている	地震保険に加入するよう住民に働きかけている	外国人等の短期居住者・一時滞在者の状況把握につとめている	とくに何もしていない
	合　計	214	11.2	10.7	9.3	5.1	3.7	48.6
活動	多	50	16.0	8.0	∵4.0	-	-	44.0
活動	中	68	14.7	∴16.2	∴14.7	∴8.8	∴7.4	42.6
活動	少	90	↓5.6	7.8	7.8	4.4	2.2	∴55.6
人的	多	65	9.2	∵4.6	7.7	3.1	3.1	∴56.9
人的	中	56	14.3	12.5	7.1	5.4	1.8	50.0
人的	少	75	12.0	14.7	12.0	5.3	5.3	∵40.0
セグ	多、多	48	8.3	10.4	10.4	↑10.4	6.3	52.1
セグ	少、多	53	∵5.7	5.7	5.7	1.9	1.9	△66.0
セグ	少、少	63	△19.0	∴15.9	∴14.3	6.3	6.3	↓36.5
セグ	多、少	48	10.4	10.4	6.3	2.1	-	39.6

表4-33 町会単位での防災訓練の実施・発生直後／発生後で重要な主体

(単位：％)

		全体平均より多い(主な項目)	
		町内会単位での防災訓練	
活動	多	「行なっていないが、いずれ行ないたいと考えている」(54.0)	
	少	「行なっており、数多くの会員が参加・見学」(3.3)	
セグ	少、多	「行なっており、数多くの会員が参加・見学」(3.8)	
	少、少	「行なっており、一定数の熱心な会員が参加・見学」(3.2)	
		発生直後に重要な主体	発生後の生活で重要な主体
活動	多	「町会」(90.0)	
	中	「NPOなどのネットワーク組織」(29.4)、「民間企業」(14.7)	「地区町会連合会」(38.2)、「NPOなどのネットワーク組織」(22.6)、「民間企業」(13.2)
人的	少	「町会」(84.0)、「隣近所・隣組」(80.0)、「消防団」(81.3)、「消防署」(80.0)、「警察」(74.7)、「個人」(70.7)、「自衛隊」(65.3)、「地方自治体」(54.7)、「新聞など」(46.7)、「国家」(33.3)、「NPOなどのネットワーク組織」(32.0) など	「町会」(78.2)、「個人」(64.0)、「地方自治体」(58.7)、「自衛隊」(44.0)、「地区町会連合会」(44.0)、「NPOなどのネットワーク組織」(44.0)、「民間企業」(13.3)
セグ	少、少		「隣近所・隣組」(77.8)、「個人」(57.1)
	多、少	「町会」(89.6)、「隣近所・隣組」(79.2)、「消防署」(72.9)、「自衛隊」(62.5)、「新聞など」(54.2)、「地区町会連合会」(39.6)、「国家」(35.4)、「NPOなどのネットワーク組織」(29.2)、「民間企業」(16.7)	「個人」(58.3)、「地方自治体」(64.6)、「消防団」(47.9)、「警察」(54.2)、「地区町会連合会」(45.8)、「新聞など」(43.8)、「消防署」(39.6)、「国家」(45.8)、「NPOなどのネットワーク組織」(41.7) など

し」の町会においては「自己責任で」という意識が会長にあるようだ。

　防災では弘前市の地理的・災害史的な要因からか、活動・人的資源による関係性が他の市とやや異なる傾向がみられたが、リスクの見地から日常的な性質を帯びる防犯についてはどうだろうか。

　まず、防犯の現状と課題についてこれまでの犯罪発生状況をみると、全体では「不法なゴミ捨て」(27.6%)が一番多いのは他の市と同様な傾向である。他の市と比べ、弘前市で特徴的なのは、どの軸においてもその率が小さくさほど差がないことである(表4-34)。つまり、他の市では防犯への必要性から活動または人的資源が形成されているのに対して、弘前市ではそのようなことにはなっていないのである[16]。現在の犯罪発生状況は、ここでも「不法なゴミ捨て」(11.7%)が多いものの、先と同様に軸別では顕著な差はみられない。今後の犯罪発生見込みについては、「不法なゴミ捨て」(13.1%)だけが1割を超えているなか

182　第Ⅱ部　安全・安心コミュニティの布置構成

表4-34　過去／現在／これからの犯罪発生状況

(単位：%)

		全体平均より多い(主な項目)
		これまでの犯罪発生状況(多い計)
活動人	多	「痴漢・変質者」(4.0)
	少	「落書きや器物の損壊」(4.4)
	少	「不審者の侵入」(2.7)
セグ	少、多	「下着等洗濯物の盗難」(1.9)
	少、少	「落書きや器物の損壊」(4.8)、「不審者の侵入」(3.2)、「放火・不審火」(1.6)
	多、少	「詐欺」(2.1)
		現在の犯罪発生状況(増えた計)
活人	多	「痴漢・変質者」(4.0)
	少	「落書きや器物の損壊」(2.7)
セグ	多、多	「下着等洗濯物の盗難」(2.1)
	少、少	「車上荒らし・自動車破損」(3.2)
	多、少	「自転車バイクの盗難・破損」(6.3)、「詐欺」(2.1)
		これからの犯罪発生状況(増える計)
活動	多	「悪徳商法」(10.0)、「痴漢・変質者」(6.0)、「暴行・傷害・強盗」(2.0)
	中	「詐欺」(7.4)
人的	多	「詐欺」(6.2)
	中	「暴行・傷害・強盗」(1.8)
セグ	多、多	「下着等洗濯物の盗難」(2.1)
	少、多	「落書きや器物の損壊」(1.9)
	少、少	「ストーカー」(1.6)
	多、少	「不法なゴミ捨て」(20.8)、「悪徳商法」(12.5)、「痴漢・変質者」(4.2)、「すり・ひったくり」(2.1)、「暴行・傷害・強盗」(2.1)

で、軸別では活動「多」で「悪徳商法」(10.0%)、4セグの(多、少)は「不法なゴミ捨て」(20.8%)や「悪徳商法」(12.5%)で犯罪が多くなると考えている。弘前市町会長の認識ベースだけで判断すると、発生した／している／しそうな犯罪についてはさほど注意を払っていないのではなかろうか。

　町会長の犯罪発生への認識が少ないなか防犯への取組を確認すると、「回覧板やチラシによる防犯情報の共有」(75.7%)、「防犯灯・街路灯の設置」(70.6%)、「小中学校との情報交換」(59.3)、「防犯パトロールの実施」(39.3%)と、こちらは他市とほぼ同じような実施率である。軸別にみると(表4-35)、活動資源「多」で

表4-35 防犯のための組織的な取組・過去／現在の治安への不安

(単位：％)

		全体平均より多い（主な項目）	
		防犯のための組織的な取り組み	
活動人的	多	「小・中学校との情報交換」(70.0)、「防犯パトロールの実施」(58.0)、「防犯セミナー・講習会等への参加」(30.0)、「防犯マップの作成」(10.0)	
	中	「公園等の見通し、見晴らしの改善」(16.2)	
	少	「回覧板などによる地域の犯罪発生など情報の共有」(82.7)、「小・中学校との情報交換」(69.3)、「公園等の見通し、見晴らしの改善」(18.7)	
セグ	少、少	「防犯灯・街路灯の設置」(79.4)	
	多、少	「防犯セミナー・講習会等への参加」(29.2)、「公園等の見通し、見晴らしの改善」(18.8)	
		過去数年における治安への不安	現在の治安への不安
活動	多		「深夜営業の店舗」(6.0)
	中	「害悪のあるチラシやビラ」(13.2)	「わいせつなビデオ・雑誌の自販機」(2.9)
人的	中		「自動車などの不法放置」(17.9)、「深夜の暴走族」(14.3)、「新聞などの犯罪報道」(14.3)
	少	「自動車などの不法放置」(26.7)、「深夜の暴走族」(22.7)、「不良のたまり場」(14.7)	「不審者の出没」(17.3)
セグ	多、多	「町内のよくわからない住民」(14.6)	
	少、多		「深夜の暴走族」(15.1)
	少、少	「新聞などの犯罪報道」(6.3)	「新聞などの犯罪報道」(12.7)
	多、少	「不審者の出没」(18.8)、「不良のたまり場」(14.6)	「害悪のあるチラシやビラ」(10.4)

「小中学校との情報交換」(70.0%)、「防犯パトロールの実施」(58.0%)、「防犯セミナー・講習会等への参加」(30.0%)などの人が中心となる取り組みが多い。一つ留意すべきは、4セグ（少、少）の「防犯灯・街路灯の設置」(79.4%)であり、活動・人的の両資源が少ない町会における防犯活動はハード整備になりがちとなる点である。過去と現在における治安への不安をみると、過去においては「路上や空き地のゴミの散乱」(28.5%)、「自動車等の不法放置」(19.6%)などであり、現在では「路上や空き地のゴミの散乱」(13.6%)、「自動車等の不法放置」(10.7%)などと同じ傾向であってかつその比率が減少している理由からか、弘前市は他市と比べて、過去数年または現在における治安の不安から、活動資源の形成が出来する傾向が弱い。

自主的な対応で多いのは「路上や空き地のゴミの散乱」(30.8%)、「自動車等の

表4-36 自主的な対応やその有無

(単位：%)

		全体平均より多い（主な項目）
		自主的な対応やその有無
活動	多	「不良のたまり場」(12.0)
	中	「町内のよくわからない住民」(11.8)
人的	中	「不良のたまり場」(14.3)、「害悪のあるチラシやビラ」(14.3)、「町内のよくわからない住民」(10.7)、「わいせつなビデオ・雑誌の自販機」(8.9)、「深夜の営業店舗」(8.9)
	少	「自動車などの不法放置」(25.3)
セグ	多、多	「町内のよくわからない住民」(10.4)
	少、少	「路上や空き地のゴミの散乱」(44.4)、「自動車などの不法放置」(22.2)、「害悪のあるチラシやビラ」(9.5)
	多、少	「自動車などの不法放置」(22.9)

不法放置」(15.9%)が上位にあるのは福島市と同様である。活動資源（表4-36）「多」で特徴的な項目が「不良のたまり場」(12.0%)、人的資源「少」では「自動車等の不法放置」(25.3%)だけである。いずれにしても自主的な防犯活動としては低い実施率といえる。ちなみに4セグ（少、少）で「路上や空き地のゴミの散乱」(44.4%)や「自動車等の不法放置」(22.2%)に関する実施率が相対的に高いが、これは町会が防犯という単機能の組織になっている可能性をうかがわせる結果といえよう。

これまで4つの市における町内会をみてきたが、弘前市を除く共通する事象として、犯罪発生や不安が多い町内会であるからこそ、活動資源（更には人的資源）が形成されている可能性が高いことがわかる。逆にいえば、弘前市の地域資源はどう形成されているのかをもう少しみていく必要があろう。そこで次節では主に弘前市町会調査に焦点をあてた分析を進めていくことにする。

(5) 町内会活動と知識経営における現状と課題

ここまで四市町内会・自治会調査の結果の再分析を通じて、町内会の活動資源を実施された活動や行事の個数等で定義し、また人的資源としての町内会長のリーダーシップを自身の会長在任年数と自宅の地付き度合いという客観的に評価できる2変数で表現し、活動資源・人的資源の軸でつくられるセグメントごとに顕現する町内会の問題を分析してきた。

上記の分類と分析から、実情に基づいたより具体的な問題解決へと漸近しつつあるといえなくはないが、町内会が持つ資源内の因果関係の解明には至っていない。何故そのような考察が必要なのかというと、町内会のタイプによっては意思決定のプロセスが違うこと、決定のための知恵や知識が偏在している可能性があること、そして両者を結合／節合することで活動を推し進めようとする(主に町内会長やその周辺の役員)人やルールといった諸要素による節合のされ方が異なる可能性があるからである[17]。そこで以下では、会長のリーダーシップといった人的資源にもう少し焦点を絞るとともに、リーダーシップを発揮するための要件の一つを知識＝ナレッジに求め、知識のマネジメントの現況と両者の関係が地域の活動資源にどう関わっているかを把握するとともに、共分散構造分析を用いてそれらの因果関係にまで立ち入ることを目的とする。

　秋田市、盛岡市、福島市における調査データを用いて、客観的に評価できる質問項目を用いて活動資源や人的資源を表現し、その軸に基づいて町内会をとりまく諸環境との関係をとらえてきた。ただ、これは過去調査(青森市、仙台市、山形市)との比較検討を視野に入れるという調査設計上の都合によることもあって、これらの変数で定義するリーダー像はあくまでも一側面を捉えているに過ぎないことが課題として残された。例えば、フィードラー(1967)によれば、リーダーシップには3つ(地位パワー、仕事の構造、リーダー・メンバー関係)の状況的な要因による組み合わせで記述可能である(コンティジェンシー・モデル)としている[18]。因みにこれまで筆者が依拠してきたのは、地位パワーの一側面である。こうしたいわばリーダーの役割としての適合に関する議論はリーダーだけではなく、フォロワーの活動への動機付けに焦点をあてたもの(パスゴール・モデル)や個人の特性に着目したもの(特性論アプローチ)がある。また原初的な議論として、リーダーの資質に関する行動を分析した研究も看過することができないだろう。

　こうした議論をふまえて、松本(2012)で防災や防犯に関する現状と課題における共通性と差異性を、市全体だけでなく、活動／人的(会長)資源、さらにはそれらを掛け合わせた町内会資源といった軸で概観するとともに、会長のリーダーシップに関する自己評価を確認し、そこにも違いがあることを明らかにした。これらの分析による知見は、リーダーシップについても軸別で状況にした

がった差異があり、換言すれば問題解決に向けた解は一つだけではないということである。解決へのアプローチにはいくつかあるが、ここでは町内会で大きな問題の一つとなっている、「ノウハウの共有」をてがかりに議論を進めることにする。本論文では野中(1999)の知識経営に関する基本的なフレームワークを用いることで、活動資源と人的資源で構成される地域資源と地域における知識(とその経営)の関連を考慮しつつ、そのフレームの町内会運営へ適用を試みる[19]。いわき市の自治会を対象に実施した調査(松本・中尾2011)でも明らかにしたことであるが、町内会の活動／人的資源の形成で一つの障壁となっているのは「ノウハウの共有」であり、その背景に特定年代層(いわゆる退職世代以上)における「町内会運営に関する知識の偏在」である。

そうしたことが現役世代の町内会活動に向けた参加の敷居を高くしている側面もある[20]。ここでは問題の視角を知識とマネジメントで捉えていこう。それでは、具体的にはどう分類されるのか。町内会である問題が発生したときに、よくみられるのが「長老におうかがいをたてる」ことであり、そこで得られた知恵で会長やその役員により、問題解決にあたることが多い[21]。これはいわば「属人的」な解決方法であり、知識が偏在していることに他ならず、そうした人がいなくなると機能不全に陥る可能性が大きくなる。すべてがこのことで説明しきれるものではないが、こうした「属人的」、「知識の偏在」という状況が若い現役世代に町内会を近寄り難き存在にしてしまっているのではなかろうか。つまるところ、知識(ナレッジ)とその管理・運用(マネジメント)をその町内会で関連する「すべての」世代で共有するのが、町内会の地域資源を形成する一つの方法であろう。

それではナレッジとマネジメントの関係はどう考えていけばよいのだろうか。図4-6にはナレッジマネジメントのタイプをあげている。これはあくまでも企業組織に関するものであるため、町内会にあわせた「翻訳」が必要である。まず、『知的資本型』からみていくと、これはある町内会の特徴(＝差異あるポイント)を示しているといえ、付言すると「強み」の源泉にあたるところである。『ベストプラクティス共有型』はいうまでもなく、それまでの町内会活動で得られたさまざまな事例(成功／失敗)の蓄積とその伝承である。『専門知ネット型』は、町内会「内」だけでなく、その枠を超えた(例：NPOなど)連携による

図4-6　ナレッジマネジメントの4つのタイプ

ベストプラクティス共有型	知的資本型
・成功事例の移転 ・過去事例の再活用 ・知識レポジトリ共有と知識採掘	・知識資産と企業価値の直結 ・潜在的知識資産からIPまで包括的な知財戦略
専門知ネット型	顧客知共有型
・グローバルな専門家の知のネットワークによる問題解決	・顧客との知識共有 ・顧客への継続的知識提供 ・顧客関係マネジメント、ワン・トゥ・ワン・マーケティング

出所：野中（1999、p.70）。

知識の共有であり、ある問題解決に向けて人びとが集まる「テーマ型コミュニティ」による活動とその蓄積が想定される。さいごに『顧客知共有型』であるが、こうしたマネジメントを難しい問題にしているのが、企業（供給側）と顧客（需要側）という図式にはなりにくいことにある。ここでも会長や役員に対する一般住民としての会員を顧客とすることもできるし、会員をいくつかのグループに分けたときに、供給側と需要側になりうるものである。そこで、ここでは複雑に考えずに、顧客を「町内で何らかの問題を抱える人」として、それが会長／役員／会員いずれにもなりうるとしよう。そうすると、このタイプは先にあげた『ベストプラクティス共有型』に近い。

これらの考え方の中心にあるナレッジ＝知識にはどのようなものがあるのか。野中はポランニーなどの議論からその知見を得ており、次のように『暗黙知』と『形式知』に分類している（同1999、p.105）。町内会の活動に引き寄せてみると、前者については先に述べた長老による問題解決のノウハウであり、後者についてはたとえば総会で配付する資料や会計監査におけるノウハウのマニュアル化といえる。ただ、こうした分類は「その時点」でのものであり、先の問題解決のノウハウも何らかの形で明文化→マニュアル化というプロセスを経ると『形式知』になりうるものであり、それを示したのが図4-7となる。

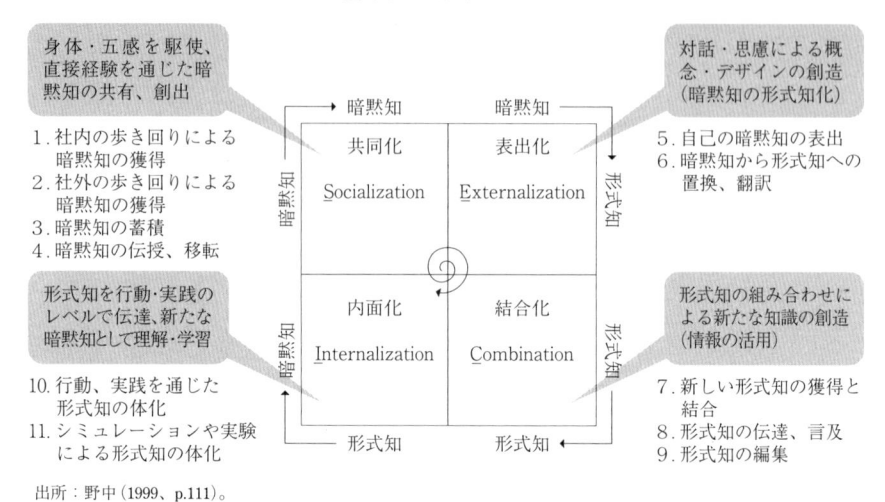

図4-7 SECIプロセス

身体・五感を駆使、直接経験を通じた暗黙知の共有、創出

1. 社内の歩き回りによる暗黙知の獲得
2. 社外の歩き回りによる暗黙知の獲得
3. 暗黙知の蓄積
4. 暗黙知の伝授、移転

対話・思慮による概念・デザインの創造（暗黙知の形式知化）

5. 自己の暗黙知の表出
6. 暗黙知から形式知への置換、翻訳

形式知を行動・実践のレベルで伝達、新たな暗黙知として理解・学習

10. 行動、実践を通じた形式知の体化
11. シミュレーションや実験による形式知の体化

形式知の組み合わせによる新たな知識の創造（情報の活用）

7. 新しい形式知の獲得と結合
8. 形式知の伝達、言及
9. 形式知の編集

	暗黙知	暗黙知	
暗黙知	共同化 Socialization	表出化 Externalization	形式知
暗黙知	内面化 Internalization	結合化 Combination	形式知
	形式知	形式知	

出所：野中（1999, p.111）。

　この4つのプロセスを野中は『SECI (Socialization Externalization Combination Internalization)』プロセスとよんでいる。まずは町内会にある明文化されていない過去から蓄積された運営などにかんする知識があることを認識するステップが『共同化』であり、そうした知識を明文化するのが『表出化』であり、それが明文化され会長・役員や会員などで共有された知識を組み合わせて問題解決などにあたることが可能になる『結合化』、こうした知識がいわば「血肉」となって町内会のいわば「ローカル・ナレッジ」（ギアツ）として埋め込まれる『内面化』といえる。

　こうした知識が町会という場で、会長がどうマネジメントするのかを示したのが図4-8である。この図でいう顧客とは、先の「町内で何らかの問題を抱える人」とすると、顧客の問題解決（または満足度増加）に向けて、過去において形成された知識資産を基盤にしつつ、町内会という場が知識創造のプロセスを生み出し、またSECIプロセスを通じて、これまでの会長のいわば「個人技」ではなく、防犯ならAさん、防災ならBさん、高齢者福祉ならCさん…、といった役割分担[22]が可能になり、それらを束ねるのが会長であり、その基底にあるのが「知識」であることを示す。

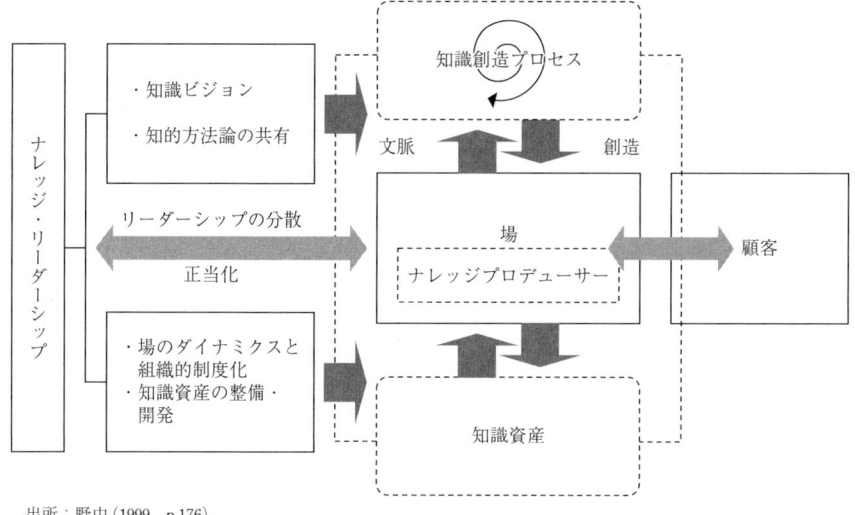

図4-8 知識創造と場とリーダーシップ

出所：野中(1999、p.176)。

　これまでの議論をふまえて、次章ではこのフレームの町内会へ適用を試みる。あらためて従来の議論と異なる点を述べると、人的資源としてのリーダーシップとマネジメントが町内会で形成・蓄積される資源とどう関わっているか、そしてその因果関係にまで立ち入ろうとするところにある。

3　防犯からみた弘前市におけるまちづくり活動
――知識経営の視点から――

　本節では町内会の活動資源と人的資源の形成において、「知識」の共有がどれだけ関わっているのかを弘前市調査の分析を通じて検討する。まずは調査のねらいや概要についてふれる。続いて、会長のリーダーシップが地域資源にどう関わっているか、防災や防犯活動の実施状況と課題によって表出する町内会において、「知識」はどういう役割を果たしているのかを本節と次節で確認していく。

(1) モデル構築への準備

　2節の(4)でも簡単にふれたが、弘前市調査のポイントは既存の調査枠組みに

190　第Ⅱ部　安全・安心コミュニティの布置構成

表4-37　リーダーシップに関する因子分析結果[26]

	リーダーの資質（自己評価）	因子負荷量
問題解決力と戦略性	現状を的確にとらえて、何をすれば良いのか具体的な戦略を持っている	0.807
	あるべき姿をイメージして、明確な町会・自治会の目標や方針を持っている	0.703
	現状の利点を踏まえた上で、問題意識と色々な視点から改善案を出している	0.637
	問題解決に必要な資源（人・物・金）について、適切にメンバーに割り当てている	0.579
	指示がその都度バラバラでなく、一貫している	0.575
マネジメント	総会などで決めた町会・自治会の目標を達成しようとする意識が高い	0.704
	区別をつけず、裏表なく公平な態度で役員や会員に接することができる	0.665
	役員や会員の自主性を尊重し、仕事を任せることで後進の人材育成につなげている	0.598
	町会・自治会内の雰囲気を自ら率先して良い方向に変えようとしている	0.563
	役員や会員の話に積極的に耳を傾け、個々の活動を理解しようと努めている	0.557
信頼性	仕事を一緒に進めるにあたって信頼がおける	0.706
	人（ひと）として尊敬できる	0.695

「リーダーシップ」と「マネジメント」に関する調査項目を設定したところにある。前者では、率先して行うといった「リーダーシップ」、目標達成への意識が高い等の「マネジメント」、状況変化に対応し解決する「問題解決力」、公平な態度で役員等に接する「信頼性」、指示が一貫している等の「戦略性」である。一方で後者は町会運営上の問題に関する情報共有が行われているかを「マニュアル化」と「解決策共有の範囲」の2つの視点で捉えようとしている。

　まず、町会長のリーダーシップについて確認しよう。5割以上が「そう思う」と回答を得た項目は「総会などで決めた町会・自治会の目標を達成しようとする意識が高い」(78.5%)、「役員や会員の話に積極的に耳を傾け、個々の活動を理解しようと努めている」(72.9%)、「区別をつけず、裏表なく公平な態度で役員や会員に接することができる」(68.7%)、「町会内の雰囲気を自ら率先して良い方向に変えようとしている」(63.6%)、「状況の変化や課題に対して、柔軟に対応し積極的に解決しようとしている」(57.0%)、「役員や会員の自主性を尊重し、仕事を任せることで後進の人材育成につなげている」(55.1%)、「指示がその都度バラバラでなく、一貫している」(55.1%)である。次にこれらを含む15の項目について、「そう思う」を3点、「どちらともいえない」を2点、「そう思わない」を1点として因子分析を行うと抽出された因子は3つ[23]となった（表4-37）[24]。一つは「現状

表4-38 マニュアル化に関する因子分析結果[28]

	マニュアル化が進んでいる項目	因子負荷量
リーダー育成	住民のまとめ方	0.708
	町内の歴史・文化の継承	0.708
	次期後継者(会長や役員)の育成や選出	0.703
	住民への必要な情報伝達・共有	0.650
	町内会の役員間の調整	0.569
	集会施設の確保	0.503
参加推進	ルールを守らない住民への対応	0.768
	住民の参加の少なさへの対応	0.712
	住民間の調整	0.627
	政治や選挙への対応	0.510
	町内会の財産をめぐるトラブルへの対応	0.490
他組織との交流	行政との調整や関係づくり	0.814
	他の町会との調整や関係づくり	0.592

を的確にとらえて、何をすれば良いのか具体的な戦略を持っている」や「あるべき姿をイメージして、明確な町会・自治会の目標や方針を持っている」などで説明される『問題解決力と戦略性』。二つ目は「総会などで決めた町会・自治会の目標を達成しようとする意識が高い」や「区別をつけず、裏表なく公平な態度で役員や会員に接することができる」といった『マネジメント』。三つ目は「仕事を一緒に進めるにあたって信頼がおける」や「人(ひと)として尊敬できる」の『信頼性』であった[25]。

次に町会における問題解決に向けたマニュアル化の状況をみていこう。「対応策がマニュアル化されている」項目について、「すべてがマニュアル化されている」を4点、「一部がマニュアル化されている」を3点、「ほとんどがマニュアル化されていない」を2点、「まったくマニュアル化されていない」を1点として因子分析を行っている。換言すれば、マニュアル化に適した項目を分類することになり、結果として3つの軸が抽出された[27](表4-38)。一つ目は「住民のまとめ方」、「町内の歴史・文化の継承」、「次期後継者(会長や役員)の育成や選出」などの『リーダー育成』軸である。二つ目は「ルールを守らない住民への対応」、「住民の参加の少なさへの対応」、「住民間の調整」などの『参加推進』軸であり、最後は「行政との調整や関係づくり」や「他の町会との調整や関係づ

表4-39 情報共有に関する因子分析結果[30]

	対応法が役員に徹底周知されている問題	因子負荷量
参加推進	住民の参加の少なさへの対応	0.727
	ルールを守らない住民への対応	0.666
	町内会の財産をめぐるトラブルへの対応	0.646
	住民間の調整	0.613
	世代間の調整	0.601
	政治や選挙への対応	0.589
交流推進	他の町会との調整や関係づくり	0.725
	行政との調整や関係づくり	0.676
	加入世帯の家族構成を把握するための対応	0.555
リーダー育成	町内の歴史・文化の継承	0.630
	次期後継者(会長や役員)の育成や選出	0.599

くり」の『他組織との交流』軸である。これらの結果から、町会活動のマニュアル化には『リーダー育成』、『参加推進』、『他組織との交流』が大きな課題でもあるととらえることができよう。

そして、町会における主に知識共有を軸に据えたマネジメントについても同様な分析を行った。具体的には「対応策が役員に徹底周知されている問題」に関する項目で「解決策共有の状況」について、「全員の役員がわかるようになっている」を4点、「一部の役員がわかるようになっている」を3点、「ほとんどの役員がわかっていない」を2点、「全員の役員がわかっていない」を1点として、役員同士で共有しやすい項目を分類するために因子分析を行ったところ3軸が抽出された[29] (表4-39)。「住民の参加の少なさへの対応」や「ルールを守らない住民への対応」、「町会の財産をめぐるトラブルへの対応」などといった『参加推進』に関する共有事項。「他の町会との調整や関係づくり」や「行政との調整や関係づくり」、「加入世帯の家族構成を把握するための対応」といった『交流推進』。そして、「町内の歴史・文化の継承」や「次期後継者(会長や役員)の育成や選出」という『リーダー育成』である。これも「情報の共有」という視点でみれば、先の質問項目とほぼ同様な結果であることは自明であろう。

それではこれらのリーダーシップとマネジメントは町会活動にどのような影響を与えている／受けているのだろうか。これを解明するための一手段として

表4-40　町会活動に関する因子分析結果[32]

	町会の活動	因子負荷量
子育て	学童保育の支援	0.817
	青少年教育・育成	0.741
	高齢者福祉	0.619
	乳幼児保育の支援	0.449
社会環境	防犯パトロール	0.821
	防火パトロール	0.724
	バザー	0.357
ゴミ処理	資源・廃品回収	0.544
	ごみ処理収集協力	0.445
施設管理	集会所等の施設管理	0.544
	公園・広場の管理	0.459
	街灯等の設備管理	0.449
	私道の管理	0.297

共分散構造分析を行うのであるが、その前に町会活動をいくつかの軸に分類してみよう。弘前市の町会調査から、町会の各活動の主体について「会長が中心となって実施」、「副会長等の役員が中心となって実施」、「隣組の組長や班長が中心となって実施」、「町会の会員がそれぞれ中心となって実施」の現況を把握することで、町会内でトップダウン／ボトムアップの実態を明らかにする。今回は会長のリーダーシップの視点からの分析であるために、先の「会長が中心となって実施」、「副会長等の役員が中心となって実施」、「隣組の組長や班長が中心となって実施」、「町会の会員がそれぞれ中心となって実施」をそれぞれ4点～1点で得点化して、トップダウンで行われる町会活動を分類するために各活動の因子分析を行った。

　最初に「町会活動」について因子分析を行うと4軸が抽出された[31]（表4-40）。まずは「学童保育の支援」、「青少年教育・育成」、「高齢者福祉」等の『子育て』軸である。次に「防犯パトロール」、「防火パトロール」、「バザー」の『社会環境』軸である。さらに「資源・廃品回収」や「ごみ処理収集協力」の『ゴミ処理』、そして「集会所等の施設管理」、「公園・広場の管理」、「街灯等の設備管理」等の『施設管理』軸である。

　次に「町会行事」について同様の分析を行うと、3軸が抽出された[33]（表4-41）。

表4-41　町会行事に関する因子分析結果[34]

	町会の行事	因子負荷量
体育活動	運動会以外の体育活動	0.683
	運動会	0.594
	ラジオ体操	0.375
	盆踊り・夏祭り	0.310
イベント1	成人式	0.666
	映画上映・演劇鑑賞	0.597
	花見	0.377
イベント2	食事会・飲み会	0.504
	新年会・忘年会	0.403
	ねぷた制作・運行	0.368

表4-42　町会の防犯活動に関する因子分析結果[36]

	町会の防犯活動	因子負荷量
人材育成	防犯活動の組織化の支援	0.762
	防犯活動のリーダー育成	0.758
	防犯パトロールの強化・連携	0.629
監視・防衛	監視カメラの設置・整備	0.805
	護身の知識・技術の提供	0.774
情報提供	犯罪発生状況の情報提供	0.649
	防犯活動に関する情報提供	0.544

具体的には「運動会以外の体育活動」、「運動会」、「ラジオ体操」等の『体育活動』軸である。「成人式」、「映画上映・演劇鑑賞」、「花見」といった『イベント1』軸、そして「食事会・飲み会」、「新年会・忘年会」、「ねぷた制作・運行」の『イベント2』軸である。

続いて「防犯活動」についてであるが、ここでも3軸が抽出されている[35]（表4-42）。一つ目が「防犯活動の組織化の支援」、「防犯活動のリーダー育成」、「防犯パトロールの強化・連携」の『（防犯活動における）人材育成』軸である。二つ目が「監視カメラの設置・整備」や「護身の知識・技術の提供」といった『監視・防衛』軸である。最後は「犯罪発生状況の情報提供」と「防犯活動に関する情報提供」の『情報提供』軸である。

第4章　地域資源と安全・安心コミュニティ

表4-43　町会の防災活動に関する因子分析結果[38]

	町会の防災活動	因子負荷量
防災ネットワーク形成	高齢者・子ども・障がい者の安全について	0.749
	近くの学校や公園等避難する場所を決めている	0.697
	高齢者世帯・子どもの状況把握につとめている	0.686
	住民間の連絡方法等を決めている	0.579
	市や消防署が主催している防災訓練や講演に積極的に参加している	0.577
	食料品や飲料水の備蓄を住民にすすめている	0.538
外部環境	家具等を固定しブロック塀を点検する等、倒壊防止を呼びかけている	0.918
	外国人等の短期居住者・一時滞在者の状況把握につとめている	0.549
	地震保険に加入するよう住民に働きかけている	0.445

　最後に「防災活動」軸の抽出であるが（表4-43）、「高齢者・子ども・障がい者の安全について」、「近くの学校や公園等避難する場所を決めている」や「高齢者世帯・子どもの状況把握につとめている」等の『(情報発信・提供等を通じた) 防犯ネットワーク形成』軸と、「家具や冷蔵庫を固定しブロック塀を点検する等、倒壊を防止するよう呼びかけている」、「外国人等の短期居住者・一時滞在者の状況把握につとめている」、「地震保険に加入するよう住民に働きかけている」の施設や外国人等への対応といった『外部環境』軸が抽出された[37]。

(2) リーダーシップと地域資源

　前項で示したように会長のリーダーシップについては自己評価であるものの、表4-37で示した3軸で表現することができる。ところで、これらの項目と2節で展開した活動資源、人的資源、4セグメントにおける特徴的な関わりはどうなっているだろうか（表4-44）。「問題解決力と戦略性」についてみると、活動資源「多」では「明確な目標や方針を持っている」(50.0%)や「問題意識と改善案を出している」(50.0%)というように、問題意識を提起するだけでなく解決に向けたロードマップを示すことができてはじめて活動が行われることをうかがわせる。4セグでは(多、少)の「具体的な戦略を持っている」(45.8%)、「問題意識と改善案を出している」(50.0%)、「問題解決に必要な資源を割り当てている」(56.3%)であるが、これは会長自身が町会を引っ張るというよりは、他のメンバーを調整しつつも巻き込んでいくといったボトムアップ型のリーダー像を垣間みる

表4-44 軸別でみた会長のリーダーシップ

(単位：％)

		全体平均より多い（主な項目）
		問題解決力と戦略性
活動	多	「明確な町会の目標や方針を持っている」(50.0)、「問題意識と色々な視点から改善案を出している」(50.0)
活動	中	「何をすれば良いか具体的な戦略を持っている」(41.2)、「明確な町会の目標や方針を持っている」(51.5)、「問題意識と色々な視点から改善案を出している」(45.6)、「指示がその都度バラバラでなく、一貫している」(66.2)
セグ	多、少	「何をすれば良いか具体的な戦略を持っている」(45.8)、「問題意識と色々な視点から改善案を出している」(50.0)、「問題解決に必要な資源について、適切に割り当てている」(56.3)
		マネジメント
活動	多	「町会・自治会の目標を達成しようとする意識が高い」(90.0)、「裏表なく公平な態度で役員等に接している」(78.0)、「町会内の雰囲気を率先して良い方向に変えようとしている」(80.0)、「役員等の話に耳を傾け、各活動を理解している」(88.0)
活動	中	「裏表なく公平な態度で役員等に接している」(76.5)、「役員等の自主性を尊重し、任せることで人材育成につなげている」(64.7)
人	中	「裏表なく公平な態度で役員等に接している」(76.8)
セグ	多、少	「町会・自治会の目標を達成しようとする意識が高い」(87.5)、「役員等の自主性を尊重し、任せることで人材育成につなげている」(68.8)、「役員等の話に耳を傾け、各活動を理解している」(81.3)
		信頼性
活動	多	「人（ひと）として尊敬できる」(32.0)
活動	中	「仕事を一緒に進めるにあたって信頼がおける」(51.5)
人	中	「人（ひと）として尊敬できる」(32.1)
セ	多、多	「人（ひと）として尊敬できる」(29.2)

ことができよう。次に「マネジメント」である。活動資源「多」をみると、「目標達成への意識が高い」(90.0%)や「裏表なく公平な態度で役員等に接している」(78.0%)、「町会内の雰囲気を率先してよい方向に変えようとしている」(80.0%)、「役員等の話に耳を傾け、各活動を理解している」(88.0%)となっており、人びとや活動の束ね方にも先のボトムアップ型の会長をみいだすことができるだろう。4セグ（多、少）の結果からも、会長個人のパーソナリティで上から束ねていくというよりは、各関与者へ話を聞きながらいわば自生的にまとめ「あがって」いくプロセスにより、数々の活動を生み出していくのだろう。こうした活動もその人に対して何らかの担保が必要であり、それが「信頼性」ということにな

る。活動資源「多」で「人として尊敬できる」(32.0%)にあるように、やはり何らかの人間的魅力のようなものが会長には必要であることをこれらの結果が示していよう。

(3) 地域資源と防犯・防災活動との関わり

　因子分析は互いの関連性（相関）をみるものであり、因果関係までは捉えることはできない。本項ではこれらの関連性の因果関係をみるために共分散構造分析を行い、そのモデルを示すことにする[39]。分析の手続きであるが、ここでの観測変数を上記の因子分析により得られた各々の因子スコアとして、さらに「町会の運営上での困りごと」と「地域生活上の問題点」それぞれの選択個数と設定する。次に潜在変数であるが、まずリーダーシップとマネジメントについて、先の分析で得られた3つの因子を『マニュアル化推進』、『共有化推進』、『リーダー資質』と設定した。そして活動面についてであるが、『活動』、『行事』、『防犯』、『防災』としたうえで、これら4つと先述した問題点の個数を『活動資源』と考えている。つまり、活動資源は4つのタイプの活動・行事と町会運営・生活上の問題点の多さで構成されるとみなすのである。

　このような仮説により一定の分析手続きを経ると、図4-9のような結果が得られた。ちなみにそのプロセスではモデルの妥当性を確保するために、潜在変数である『マニュアル化推進』と『防災』の2つを削除した。また、観測変数についてはモデルの説明力を確保するために、パス係数がt検定では有意な結果にならなかった『イベント1』と『監視・防衛』を削除せずにそのままにしている。結果であるがRMR=0.225、GFI=0.911、AGFI=0.883、RMSEA=0.048と、一定以上の説明力があると考えられる。

　このモデルの一次的な解釈をすると、弘前市町会においては『防災』は活動資源と人的資源の形成とはかかわりがない（または弱い）ということである。これは2節(4)でも論じたことだが、災害が少ないという弘前市の地理的な特性などから、調査対象者となる会長らの防災意識が比較的低いことを示していよう。

(4) 防犯と防災にむけた町内会の役割

弘前市調査の結果から

198　第Ⅱ部　安全・安心コミュニティの布置構成

図4-9　リーダーシップ、マネジメントと活動資源に関する分析結果[40]

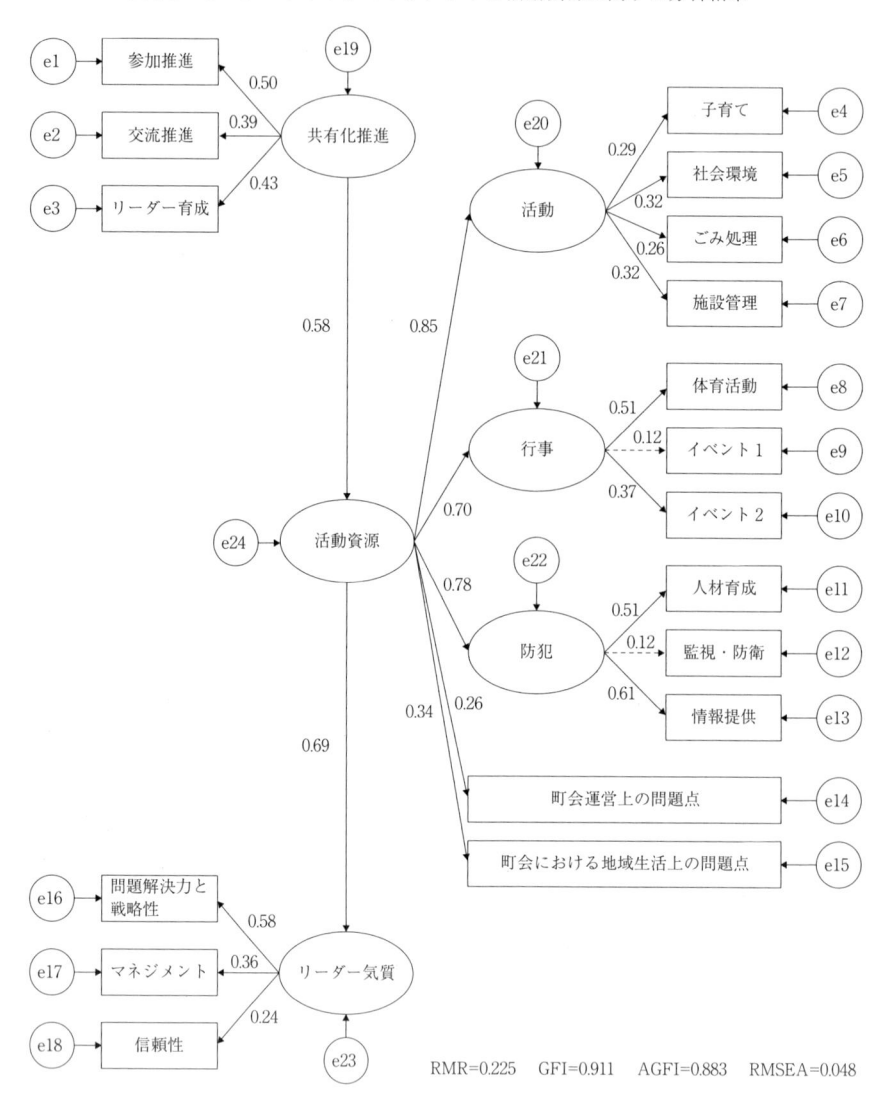

RMR=0.225　GFI=0.911　AGFI=0.883　RMSEA=0.048

モデルの妥当性が保証されたので、まずは潜在変数—観測変数との関係をみていこう。

『共有化推進』に大きな影響を与えている観測変数を順に並べると、「参加推進」(0.50)[41]、「リーダー育成」(0.43)、「交流推進」(0.39)である[42]。先述したように『マニュアル化推進』が削除されていることに着目すると、弘前市町会における文書等のマニュアル化による情報共有といった側面において、いわゆる暗黙知→形式知といったSECIプロセス（野中1999）では説明できる段階にはないことを示している。従って、ここでの『共有化推進』とは一部に偏在している暗黙知的な情報を役員レベルで共有を進めている[43]という解釈になるだろう。

『リーダー資質』をみると、「問題解決力と戦略性」(0.58)、「マネジメント」(0.36)、「信頼性」(0.24)の順に影響力が高いといえ、弘前市町会においては属人的に形成・蓄積されていく信頼性よりも、問題解決ととりまとめ方に関する資質がある、端的にいえば「結果を出す」人を重要視しているとみなすことができる。

続いて『活動』について影響度の大きさで並べると、「社会環境」(0.32)、「施設管理」(0.32)、「子育て」(0.29)、「ごみ処理」(0.26)の順になるが、パス係数の大小にあまり差がないことから、これらの要素はほぼ均等に『活動』を説明していると考えることができよう。『行事』については「体育活動」(0.51)、「イベント2」(0.37)となっており、この結果は運動会やラジオ体操などといった体育活動がその他のイベントに比べて重要な要素であることを示している。『防犯』であるが、影響力のあるものの順に「情報提供」(0.61)、「人材育成」(0.51)である。町会の防犯活動について、まずは情報提供によってより多くの人を巻き込みつつ人材育成を進めていって活動をすすめるというプロセスが想定される。注目すべきは『監視・防衛』のパス係数がt検定により有意ではないという結果である。弘前市町会においてはハード面での監視体制の強化は望まれず、町会にいる人たちによる見守りといった人の活動による防犯への諸取り組みが町会資源を形成していくことをうかがわせている。

次に潜在変数同士の関係を確認しよう。『活動資源』に影響を与えているもので強い順に『活動』(0.85)、『防犯』(0.78)、『行事』(0.70)であり、「地域生活上の問題点」(0.34)や「町会運営上の問題点」(0.26)について、t検定によれば関係は

あるものとされるが、これら2つの問題点は他の三要素に比べて小さい。これらだけでわかることは、町会における活動資源を構成する要件は第一に「生活上の必要性」であり、それに「日常性」が付加されたものと考えてよいだろう。というのも、水害や土砂災害などといった非日常的な要素を含む『防災』が(モデルの説明力を高めるために)削除されたからである。本論で何度も指摘しているが、弘前市自体で災害が少ないというこれまでの外部環境要因によるものが大きいことを意味するのだろう。

最後に潜在変数間の因果関係を論じると、

『共有化推進』→ (0.58) →『活動資源』→ (0.69) →『リーダー資質』

となる。これについて一次的な解釈を与えれば、役員間の町会活動等に関わる問題解決策の共有化[44]が起点にあり、町会運営の共有化≒脱属人化が様々な日常生活で必要とされる活動を生みだし、これらの活動を通じて町会リーダーが育成されていくというプロセスが考えられる。このモデルの結果だけをみると、弘前市町会ではボトムアップ型の仕組みでリーダーを育成していくといえよう。

本節では、2011年12月に実施した弘前市町会調査のデータから共分散構造分析を行い、地域住民組織におけるリーダーシップとマネジメントの現状と地域資源などとの関係を明らかにした。具体的には、参加推進やリーダー育成の方法などの共有化が町会の様々な活動資源を生み出し、それらの活動を通じて町会リーダーが育成されていくといったプロセスである。

この分析は町会の活動のみならず、情報共有といったナレッジマネジメントや町会長や役員のリーダーシップにまで考察の対象を拡げ、それらの連関を定量的なモデルにより示したところに意義があると考えるものの、一方で積み残された課題もある。第一に調査票の制約である。既存の調査との比較(共時／通時)という観点から削除できる項目が少なく、それに伴ってリーダーシップなどの新規の項目を組み込むために一定の制約が生じてしまっていた。第二に分析上の問題である。今回の分析は弘前市町会の全体ベースで行ったのであるが、これを過去に検討した資源別または町会の設立年別で行うと、図3-1で示した構造が変化する可能性もある。更に欠損値の処理について、得点化を施した項

目で「無回答・不明」を0でカウントしている。「無回答・不明」を限りなく少なくするというのは調査上の原則でもあるが、これら結果の処理方法については今後の課題としたい。

いわき市調査の結果から

　これまで秋田、盛岡、福島、弘前市の地域資源と防犯・防災活動との関係について検討し、とくに弘前市についてはモデル化を行った。しかしながら、防災と防犯とのかかわりについては弘前市の地理的な要因もあってか明確にできなかった[45]。そこで、2011年3月11日に発生し、津波や原発事故による実害／風評被害を受けているいわき市の自治会への調査の第一次的な結果を参考にしつつ[46]、防災と防犯とそれらを可能にする／させるリーダーシップとの関係を、以下の事例を通じて模索していきたい。

　まず、同年代のヨコと異年代のタテの関係（ネットワーク）がある程度形成されてさまざまな活動が行われているA自治会（セグ1　活動：多、人的：多）の防犯・防災活動とのかかわりでみていこう。防犯については警察主導によりつくられた不法投棄委員会が行っており、委員である元警察署長が見回りや監視を行っていることから、町内だけではなく外部（ここでは警察）との連携で町内の防犯活動を進めている。また、自主防災会による防災グッズの各家庭への配布や公民館への設置取り組みがあったのだが、被災に遭うまで会長自身は知らなかったようだ。「消防団」を重要な組織として会長はとらえていて、震災直後の迅速な対応とそれによる成果は自治体とは比べものにならないと考えているようだ。これはとりもなおさず、会長のリーダーシップ（またそれを実現する役員との関係構築）と諸活動の実施により、いわば創発的に形成・蓄積される地域資源があるからといえる。会長によれば、今回の震災のような非日常的な「緊急事態」において、消防団のような地域住民が主体となって活動する組織体を、相対的に日常的な防犯については（必要に応じて）自治体や警察のような外部組織との連携で行うべきだと考えていて、いずれも住民が主となって活動するものととらえている。

　沿岸部に近いB自治会（セグ2　活動：少、人的：多）では、町内では目立った犯罪などはないもののゴミ出しの問題があり、原因が判明した場合は会長が注意している。防災訓練についても、会長が回覧板などで参加を呼びかけるこ

とでほぼ全員の住民参加を実現させたこと、2010年に起きたチリ地震のときでも、町内の住民に「直接」避難を呼びかけて町内全体の避難を実現させたこと、2011年3月の震災直後も同様な避難措置をとらせたこと、そして原発事故後の安心確保のために独自で線量計を調達し、回覧板方式で線量計を各家庭に回して計測させ、会長みずからリスト化していることなど、会長の強いリーダーシップにより諸活動を推進している。他地区と同様にこの町内でも高齢化が進んでおり、活動自体はシュリンクする方向にあるものの、会長の強いリーダーシップとその意向に応じる住民との（相対的に）上から下への（トップダウン）関係、さらには活動を実現するための補完的なネットワークが形成されているといえる。この会長は率先して動くタイプであるといえ、そういった意味でも強いリーダーシップを持っている。その基底には行政に頼り切りにならないことであり、それがある種の批判精神といったかたちであらわれている。具体的には火災報知器設置の件や、原発事故直後にいわき市主導で行われたヨウ素剤配布への対応、そして現在に至るまでの町内各家庭での空間線量の測定である。自治体とは自分たちでやりきれなくなったときにはじめて頼る、という関係を考えており、あくまでも防犯や防災といった町内の活動は会長の強いリーダーシップのもとで行うものと考えている。

　両者のコメントに通底しているものは、自治体は必要に応じて使うのであって、活動の主体は自治体と各世帯をつなぐ中間集団としての自治会ととらえている点である。防災と防犯との関係は、前者では災害の地域性をふまえてそこに住む人たちが主体となり、後者は適宜、警察などの外部組織との連携をすすめるといった方向をみると、防犯は防災と比べて地縁や血縁でくくりきれないネットワークの形成を通じて取り組んでいくことになるのだろうか。

　途上ではあるものの、弘前市と（補足的に）いわき市の調査から、会長のリーダーシップと地域資源形成の関係、地域資源と防災・防犯活動とのかかわり、そして防災・防犯活動にむけた今後の町内会の役割を論じた。次節では、(2)の調査結果をてがかりに野中のフレームを用いつつ、防犯活動を実現する地域資源として知識とそのマネジメントの関係にふれることで本章を終えることにする。

4　防犯活動を実現する地域資源は何か

これまでの議論をふまえると、非常時の防災は地縁・血縁を起点の一つとしたコミュニティ、(防災と比べて相対的に日常的な)防犯は左記のコミュニティに加えて、NPOやヴォランタリーアソシエーション(VA)をも視野に入れたネットワーク型コミュニティでも可能ともいえそうである。ところで、こうしたコミュニティの形成を実現するための社会設計への方向性を指し示す必要があろう。こうした議論において、一つの視点が「知識経営」であることは既に論じた。本節ではこのフレームを用い、主に3節の結果を概括することで、防犯活動を実現する地域資源の源泉となるのが知識とそのマネジメントであることを示す[47]。

まず、図4-6のナレッジマネジメントの4タイプであるが、企業ではなく町内会という性質上、一つのタイプに帰着することはなく、いくつかの組み合わせであることが考えられる。そうした視点でKA自治会(セグ1)を分類するならば、活動の多様さ、若い年代の巻き込み、各種団体との協業から、『顧客知共有型』をベースにすえた『ベストプラクティス共有型』と『専門知ネット型』であるといえよう。B自治会は会長による強力なリーダーシップと役員との関係強化をはかることなどを考慮すると、『ベストプラクティス共有型』と『顧客知共有型』の組み合わせであり、主に会長(+役員)により住民の問題を解決する立場であると考えられる。

次に、図4-7のSECIプロセスについて、A自治会は会長のリーダーシップとネットワークの関係から、これらのプロセスを経ているものとみなせるが、機能別に具体的にみると、防犯については警察主導による活動が町内に浸透しつつあるということで共同化→表出化→結合化の段階、防災については地域住民組織である消防団が機能していることから共同化→表出化→結合化→内面化そして共同化に至る段階であると考えられよう。B自治会は会長のリーダーシップが強いということは、それ以外が弱いという裏返しでもある。したがって、住民との暗黙知的な知識が共有化されてそれが形式知となるプロセスの途中であり、共同化→表出化の段階といえよう。こうした知識をどう共同化→表

出化→結合化→内面化させていくのか、それをマネジメントするのが会長や役員であり(リーダーシップの問題)、彼らのリーダーシップによって暗黙知となっている町内に関する知識を、構成員となる住民たちによって形成されるネットワークにどう組み込んで/浸透させ、問題解決の「場」としての町内会・自治会をはじめとした地域住民組織を創出していくのかが次のポイントとなろう(図4-8)。A自治会ではナレッジプロデューサーとしての会長や役員の存在があり、会長・役員たちによるリーダーシップの分散が果たされており、顧客たる住民たちとの関係構築により活動資源が「知識」という視点で形成されていくかたちがみえている。B自治会はこの図でいう「リーダーシップの分散」がなくなっているかたちであり、現状のままでは自治会という場を中心として形成されている知識創出のダイナミズムが失われる可能性があるのではないか。

このように駆け足であったが、防犯をはじめとした町内会活動のいわば担保的な要素でもある地域資源の形成には知識とその共有が重要な鍵になるといえ、先の共同化→表出化→結合化→内面化の段階をとらえ、その各々に深く立ち入っていくことが問題解決の場としての地域住民組織を再編成・再構築するうえで必要な課題になるといえよう。

注
1) フランク・ナイトの不確実性にかんする議論を参考にすれば、①予想可能な危険性としてのリスク、②予想不可能な危険性としての不確実性の二つを分けてとらえるべきである(『危険・不確実性および利潤』)。
2) 筆者は双葉郡富岡町と楢葉町の全世帯を対象にしたアンケート調査を実施した(2012年夏。有効回収数は富岡町1,389票、楢葉町477票)。一次的な集計段階であるが、「大地震などが起きたときの対応」について話し合いを持ったと回答した人は富岡町で26.0%、楢葉町29.8%と両町で3割未満と、他の市では4〜5割前後あったのに対して低い結果である。ただし注意すべきはこの調査が会長を対象にしたものではなく、単純比較はできない。両町の議論については別の機会で論じたい。
3) 「大地震などへの話し合いがあった」をみると、秋田市69.9%、盛岡市46.4%、福島市44.8%というなかで、弘前市は25.2%と際だって低い。災害が少ないというのがすべてではないと考えられるものの、非日常が(さらに)少ないという意味ではこうした結果もありえるだろう。
4) ちなみにこのように考えると、分権型社会では今回のような巨大災害に対応するのは難しいかもしれない。
5) 以下で町内会、自治会、町会といった表記が混在するが、それは秋田市、盛岡市、福島市は町内会、弘前市は町会、いわき市は自治会とふだん呼ばれていることによる。

地域の文脈で論じているときは上記の用法にしたがい、一般的な議論では町内会を用いるが、本論ではこれらの違いに意味は持たせない。
6) これらの記述は松本 (2011) と同じである。また、以下に続く、盛岡市、福島市、弘前市も同様な操作を行う。
7) 因みに以下では▲▼：1%有意、△▽：5%有意、↑↓：10%有意、∴∵：20%有意としてファインディングを行う。
8) ちなみに各市の2000年から2010年までの人口の変化は次の通りである。

補表4-1　各市人口

人口	秋田市	盛岡市	福島市	弘前市
各市人口				
2000年	317,868	288,843	291,121	193,217
2005年	333,087	300,746	290,869	189,043
2010年	323,540	298,348	292,590	183,447
増加率　10年/00年	101.78	103.29	100.50	94.94

増加率でみると、盛岡市103.3＞秋田市101.8＞福島市100.5＞弘前市94.9である。
9) 以下に示す数表には全体平均と各セグメントにおける差が有意な項目を示す。紙面の都合上、有意な差がない (20%未満) セグメントの表記は略する。
10) これは人的資源の定義上の問題であり、こうした結果はある程度、自明なものかもしれない。
11) 松本 (2011a) と同 (2011b) を参照されたい。
12) ちなみに秋田市、盛岡市、福島市、弘前市の犯罪発生状況をみると、刑法犯（認知ベース）は次の通りである。

補表4-2　各市における刑法犯認知件数・人口比率

刑法犯 (2011年)　※各警察所管内　盛岡市は2010年				
	秋田市	盛岡市	福島市	弘前市
人口 (A)	323,540	298,348	287,927	182,524
認知件数 (B)	2,091	2,589	1,252	1,644
(B)/(A)	0.65	0.87	0.43	0.90

統計の出所の違いにより、やや数値の違いがあると考えられるが、傾向としてわかるのは人口に対する犯罪認知件数 (%) は

弘前市0.90＞盛岡市0.87＞秋田市0.65＞福島市0.43

であった。
13) つなぎ地区は回収票がなかったため、不明である。
14) 『弘前市町会調査』（以下『町会調査』）について簡単に説明しよう。これは2011年12月に弘前市内の全単位町会335カ所の町会長を対象に郵送による質問紙調査で実施し、有効回収率は63.9%であった。ここでのポイントは、松本・吉原 (2009) において展開

した「人的資源」と「活動資源」の2軸とそれによって構成されるセグメントによる分析に加えて、町会運営で主要な問題の一つとなる「リーダーシップ」と「マネジメント」と、町会長や役員または一般会員に形成される関係(たとえばガバメント／ガバナンス的な関係)を検討したことにある。なお、以下では弘前市では町会、いわき市は自治会と記す。一般的な表記は町内会で統一する。

15) 人口が増加すると人的資源の少なさから、リーダーシップとの関係で活動が減少する可能性があるが、その効果を上回る位の人口増分があると活動資源が増えるという解釈になろう。
16) 脚注12の補表4-2で確認しても、弘前市はむしろ刑法犯における犯罪認知件数は人口に対して多い方である。
17) 設立が戦前で長老がいるような町会と、高度経済成長期に設立された町会では、トップダウン／ボトムアップの割合や度合が異なるだろう。この時期はさておき、これまでの分析結果からも会長にもトップダウン型とボトムアップ型が存在することは明らかである。
18) リーダーシップに関するまとめは桑田・田尾(1998)に依拠している。
19) いわゆる地域経営に関するナレッジマネジメント研究も存在する。例えば、木村(2005)では、ナレッジマネジメントの考えを用いて、商店街活性化にむけたパートナーシップ構築のプロセスを定性的に説明している。また、石栗(2011)では町内会などの形態や特徴を経営戦略論のフレームを用いて分類している。
20) いわき市四倉地区における区長会とまちづくりNPOの関係である。NPOの理事と区長会のメンバーのかなりの部分が重複しており、3.11後の復興にも大きく貢献している。この地区には道の駅があり、その運営主体はNPOである。道の駅の再建とNPO等との関係については大勝・松本(2012)や松本(2012a)、震災前後のいわき市内の自治会動向については松本・中尾(2012)を参照。
21) いわき市のある自治会長への聞き取りによると、震災後のトラブル処理に長老(70代後半)がアドバイザーとして重要な役割を果たしたとのことである。松本・中尾(2012)を参照されたい。
22) 同様にいわき市の事例であるが、沿岸部にあって一部津波による被害を受けた市内沼の内区では、被災直後から会長や役員による役割分担(食料、燃料、通信、衛生等)による対応が行われていた。
23) 分類されなかった項目は「状況の変化や課題に対して、柔軟に対応し積極的に解決しようとしている」、「誰よりも率先して仕事を行い、仕事への意欲が高い」、「町会や自治会活動への意欲を高めている」の3つであった。
24) 因子分析はSPSS、共分散構造分析はAmosを用いている。
25) 但し、これらの結果には留保をつける必要がある。何故かというと、これはいわゆる「360度評価」ではなく、会長自身による自己評価という面もあるからである。
26) 各軸における固有値と寄与率は次の通り。1軸：9.11、60.7%、2軸：0.82、5.5%、3軸：0.77、5.1%であり、累積寄与率は71.3%。
27) 分類されなかったのは「加入世帯の家族構成を把握するための対応」、「世代間の調整」の2項目であった。
28) 【固有値と寄与率】1軸：8.83、58.9%、2軸：0.97、6.5%、3軸：0.76、5.1%であり、累積寄与率は70.4%。

29) 分類されなかった項目は「住民への必要な情報伝達・共有」、「集会施設の確保」、「住民のまとめ方」、「町内会の役員間の調整」の4つであった。
30) 【固有値と寄与率】1軸：10.45、69.7%、2軸：0.64、4.3%、3軸：0.57、3.8%であり、累積寄与率は77.7%。
31) 分類されなかったのは「地域の清掃美化」、「雪かたづけ」、「交通安全対策」である。
32) 【固有値と寄与率】1軸：4.84、30.3%、2軸：1.65、10.3%、3軸：1.30、8.1%、4軸：1.18、7.4%であり、累積寄与率は56.1%。
33) 分類されなかったのは「町会の総会」、「冠婚葬祭」、「宿泊旅行」、「研修会・講習会」、「神社祭礼」であった。
34) 【固有値と寄与率】1軸：2.98、18.6%、2軸：1.53、9.6%、3軸：1.26、7.9%であり、累積寄与率は36.1%。
35) 分類されなかった項目は「防犯キャンペーンの実施」、「防犯のための講習会の開催」、「防犯灯・街路灯の整備」の3項目であった。
36) 【固有値と寄与率】1軸：4.37、43.7%、2軸：1.24、12.4%、3軸：0.98、9.8%であり、累積寄与率は66.0%。
37) 分類されなかったのは「防災に関するセミナーや講演を開く等して啓蒙活動を行なっている」と「消火器、懐中電灯、医薬品等を準備しておくよう住民に呼びかけている」の2項目であった。
38) 【固有値と寄与率】1軸：5.09、42.4%、2軸：1.20、10.0%であり、累積寄与率は52.3%。
39) 地域の特性を定量化して、それを構造化する試みはいくつかある。前者についてはソーシャル・キャピタル（社会関係資本）の指標化が代表例であり、萩原（2008）は防犯とのかかわりで論じている。また、鈴木・藤井（2008）ではソーシャル・キャピタルに含まれる地域に対する意識のなかの「愛着」に焦点を当て、まちづくり活動との関わりを共分散構造モデルで示している。さらに丸茂（2011）では町内会におけるソーシャル・キャピタルと防災活動のモデル化を試みている。
40) 点線は5%のt検定で有意ではないことを示す。
41) この値はパス係数である。以下同様。
42) 以下では観測変数を「〇〇」、潜在変数を『△△』と表記する。
43) 具体的には、これまで町会活動を牽引していた70代以上の役員層がもつ運営上のノウハウが下の年代に伝達され、共有に至っていないなどのことである。
44) ただし、文書にするなどといった形式化を行う必要はない。何故というと、このモデルでは『マニュアル化推進』を削除したからである。これまでの解釈から判断すると、あくまでも偏在した暗黙知を口承レベルでの共有といえる。
45) 定量的なモデルでは明確にしたのだが、定性的ないわば質的な関係において、という意味である。
46) いわき市自治会調査は市内に存在する482自治会の会長を対象に、2010年度にはアンケート（有効回収数259s）を、2011年度には聞き取り（協力者のべ25s）を実施している（詳細は松本・中尾（2011）、同（2012）を参照）。現在も会長への聞き取り調査を中心に進めており、また津波被害が大きかった沿岸部の自治会については会長だけでなく、役員などにも継続的に聞き取りを行っている。これらについては別の機会で論じたい。

　先の活動、人的資源の4セグの割合をみると、（多、多）15.4%、（少、多）22.4%、（少、

少）29.0%、（多，少）32.8%、不明は0.4%であった。また、いわき市の地区別資源分布は以下の通りである。

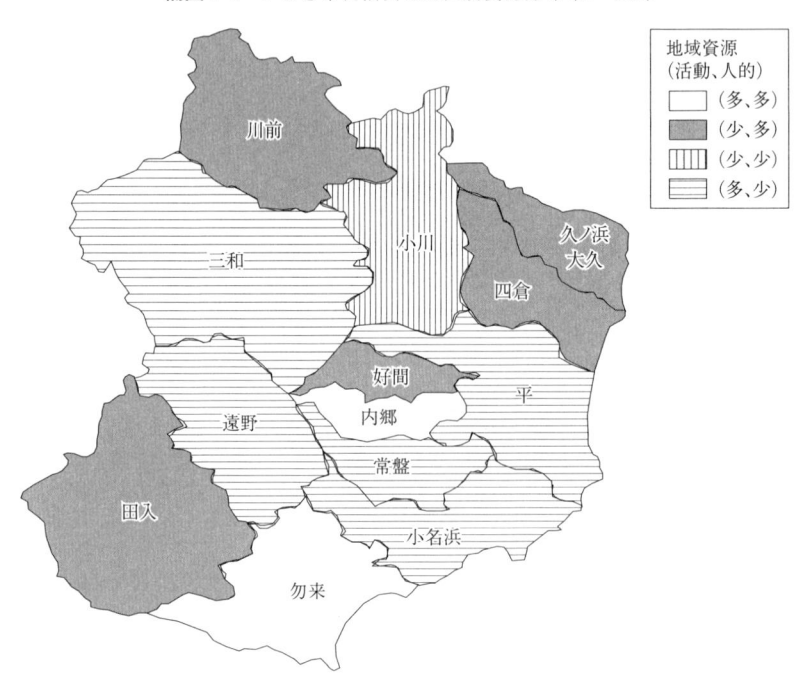

補図4-1　いわき市自治会の地区別資源分布（N = 259）

地域資源
（活動、人的）
□　（多，多）
■　（少，多）
|||　（少，少）
＝　（多，少）

47）これも以下に行う分類も含めて、ある程度の調査数が必要であるため、現段階での試論であることをあらかじめお断りしたい。

参考・参照文献
青森県警察HP　「弘前警察署　統計（刑法犯）」
　　http://www.police.pref.aomori.jp/syo/hirosaki/toukei-keihouhann.html
秋田市HP　「人口・世帯の推移」『秋田市統計』
　　http://www.city.akita.akita.jp/city/pl/mn/statistics/nobiyuku/2jinko/default.htm
──　「刑法犯の認知・検挙状況」『秋田市統計』
　　http://www.city.akita.akita.jp/city/pl/mn/statistics/nobiyuku/hsaigai/
石栗伸郎　2011　「非営利組織の経営研究　自治会・町内会に対する経営戦略論の適用に関する予備的考察」『関東学院大学経済経営研究所年報33』　165-185.
木村裕美　2005　「商店街の公共空間性とパートナーシップ」佐藤・早田編著『地域協働の科学』成文堂.
桑田耕太郎・田尾雅夫　1998　『組織論』有斐閣.
鈴木春菜・藤井聡　2008　「地域愛着が地域への協力行動に及ぼす影響に関する研究」

『土木計画学研究・論文集25 (2)』357-362.
大勝陽平・松本行真 2012 「震災復興プロセスにおける地域住民の果たす役割に関する研究──福島県いわき市四倉町道の駅「よつくら港」の取り組みを事例に──」『日本都市学会年報vol.45』.
野中郁次郎・紺野登 1999 『知識経営のすすめ──ナレッジマネジメントとその時代──』ちくま新書.
萩原俊一 2008 「防犯の視点からの地域再生──ソーシャル・キャピタルの構築と活用を念頭に」『現代福祉研究 (8)』101-122.
弘前市HP 「人口資料」
　http://www.city.hirosaki.aomori.jp/gaiyo/tokei/jinko/index.html
福島市HP 「平成19年版　福島市統計書」
　http://www.city.fukushima.fukushima.jp/soshiki/1/32.html
── 「統計情報　推計人口」
　http://www.city.fukushima.fukushima.jp/soshiki/1/29.html
福島警察署HP 「刑法犯発生状況」
　http://www.police.pref.fukushima.jp/police/fukushima/hanzai.html
福島北警察署HP 「事件発生状況」
　http://www.police.pref.fukushima.jp/police/fukushimakita/incident.html
松本行真・中尾剛ら 2011 『自治会・町内会ポータルサイト開発のための基礎調査および仕組み作りの検討 (大学等と地域の連携したまちづくり推進事業報告書)』.
松本行真・中尾剛ら 2012 『地域コミュニティの絆をつなぐポータルサイトの開発 (大学等と地域の連携したまちづくり推進事業報告書)』.
松本行真 2011a 「地域リーダーの防災観」吉原直樹編著『防災コミュニティの基層』167-190　御茶の水書房.
松本行真 2011b 「防災コミュニティの人的資源と活動資源」吉原直樹編著『防災コミュニティの基層』235-259　御茶の水書房.
松本行真 2012a 「大震災後の道の駅よつくら港──地域の強固な「絆」と震災復興──」『東北都市学会年報vol.11・12』67-74.
松本行真 2012b 「リーダーシップとマネジメント」『地方都市における問われる町会の存在意義──2011年度弘前市町内会・自治会調査結果報告書──』67-86.
丸茂雄一 2011 「新宿区民の自主防災活動とソーシャル・キャピタル──防災アンケートを分析して──」『社会関係資本研究論集第2号』49-78.
盛岡市HP 「人口と世帯数」
　http://www.city.morioka.iwate.jp/moriokagaido/toukei/006691.html
── 「治安および災害」『盛岡市統計書』
　http://www.city.morioka.iwate.jp/dbps_data/_material_/_files/000/000/015/048/27.20syou.pdf

第5章

町内会と防犯活動
——八戸市長者連合町内会における活動を中心に——

齊藤 綾美

1 はじめに

(1) 自主防犯組織の組織化

　1994年に警察庁に生活安全局が設置され、さらに2000年に「安全・安心まちづくり推進要綱」が策定されてからというもの、日本各地の自治体で生活安全条例の制定が進んだ(吉原2007)。これに連動して、地域住民や「ボランティア」を巻き込んだ防犯活動、いわゆる「自主防犯組織」が、警察・自治体・住民それぞれの立場から組織され、地域社会に浸透した。警察庁生活安全局生活安全企画課による「自主防犯活動を行う地域住民・ボランティア団体の活動状況について」によれば、「自主防犯活動」を行う全国の地域住民・ボランティア団体数は2011年12月末現在、4万5,672団体であり、その構成員数は271万3968人になるという(警察庁生活安全局ホームページ)。2011年2月の団体数は、2003年末の14.6倍に膨れあがっており、とくに2003年末から2005年末に大幅に増加した[1]（表5-1）。「自主防犯組織」の組織化の背景には、子どもが被害者となる事件の発生、それに部分的に喚起されるかたちでの地域住民の不安感の高まりがあるように思われる。ことに、2001(平成13)年6月に大阪教育大学教育学部附属池田小学校で8人の子どもが殺害された事件(以下、同小学校を池田小、同小学校

表5-1　自主防犯活動を行う団体数と構成員数の変化

年	2003	2004	2005	2006	2007	2008	2009	2010
団体数	3,056	8,079	19,515	31,931	37,774	40,538	42,762	44,508
構成員数(人)	177,831	521,749	1,194,011	1,979,465	2,342,279	2,501,175	2,629,278	2,701,855

出所：警察庁生活安全局ホームページより齊藤作成。

で起きた事件を池田小事件とする)によって、学校の安全にたいする、警察、学校、保護者の危機意識が高まった。

　1990年代末から2000年代初頭における、子どもと防犯ボランティアにたいする警察の注目は、『警察白書』からも明白である。「地域の安全」に関する、『平成10 (1998) 年版』から『平成15 (2003) 年版』までの『警察白書』における記述を概観してみよう。第一に、子どもが犯罪に巻き込まれる事件が繰り返されることを受け、警察は「子ども」を「保護」の対象として、再認識するようになる。当初は「保護」・「支援」すべき主たる住民として、高齢者・障害者・来日外国人が名指しされていたが、『平成11年版』からはホームレス、『平成12年版』からは女性・子どもが加えられている (警察庁　2000：112)。

　第二に、地域住民によって組織される「自主防犯組織」、とくに従来から防犯活動を行ってきた防犯協会とは異なる、新たな防犯「ボランティア」に、警察が関心を寄せ、取り込みをはかっている。『平成10年版』・『平成11年版』のなかでは、「地域安全活動」における警察や自治体と連携するボランティアの「主な担い手」を、「職域防犯団体」と「防犯協会」としていたが (警察庁1999第3章第1節; 警察庁2000: 第2章第2節)、『平成12年版』になると、「地域の安全に対する住民の気運が盛り上がり、青年層や女性によるボランティア組織が結成され、活発な活動が展開されている」(警察庁2000：115) として、大学生によるボランティア活動を紹介している。さらに『平成13年版』からは、「主な担い手」にNPO法人を加えており、その例として日本ガーディアン・エンジェルスがあげられている (警察庁2001：75)。なお、『平成14年版』では、地域住民による「自主防犯行動」が、地域社会における犯罪の発生抑止をはかるうえで重要であると、謳っている (警察庁2002：87、89)。

　このような、警察や行政のてこ入れを介した、地域住民による自主防犯活動に問題がないわけではない。そもそも地域住民による防犯活動を組織化するこ

とで、子どもを対象とした犯罪をすべて防止できるものではないし、地域住民の不安感を払拭できるわけでもない。すでに指摘されているように、グローバル化による地域社会の変化じたいが、人びとの体感不安を増大させる一因にもなっている。地域社会がボーダレス化することによって、囲い込まれた安全や、地域に生活する人びとの紐帯の弱体化や、「コミュニティの分断」がもたらされている（真鍋2009; 吉原2007）。防犯活動を行うことによって、一時的な安心感は得られようが、地域社会の変化そのものを止める、あるいは逆転させるものでない以上、防犯活動だけでは、地域社会の変化にねざした人びとの体感不安を根本的に拭い去ることはできない。さらに、警察や行政のまなざしを介し、場合によっては警察権力の地域への介入の強化や、地域への内閉や相互不信に結びつきかねない防犯活動が、「コミュニティ」にたいして持つ意義は両義的である。

(2) 防犯活動と町内会

とはいえ、一連の事件を受けて、近年の地域社会のなかで防犯活動がいかに組織化されたのか、あるいはそれまで行われていた防犯活動がどのように変化したのかについて、具体的に跡付けることは重要である。その作業をつうじて、防犯活動が地域社会に及ぼす影響や意義も理解することができよう。このような観点から地域の防犯活動について考えるさいに、まず検討しなければならないのが町内会とその関連団体との関わりであろう。そこで本稿では、八戸市の一連合町内会を構成する長者地区に焦点を絞り、その中で子どもの防犯を目的として活動する団体に着目する。

後述するように、八戸市は青森県内で最も早く生活安全条例を制定した自治体であり、住民に防災・防犯情報を配信するメール・サービスの運用を青森県内で最初に開始する（2008年2月）など、青森県内では条例・情報面で生活の安全に着目するのが早かった自治体である（『デーリー東北』2011年1月23日）[2]。池田小事件などを契機として、全国の他の地域と同様に八戸市内でも様々な防犯活動が組織化された。そのなかでも、長者地区は市内の町内会として比較的早い時期にパトロールを開始し、定着させた。以下本稿では、長者地区において、池田小事件以降に、「新しい」防犯活動が組織化された経緯と背景、それまで

行われていた防犯活動(「従来型」とする)との違い、町内会など地域社会の諸アクターあるいは団体相互の連携等、地域の防犯をめぐる動きについて明らかにする。これら一連の作業を通じて、防犯活動や組織の現状と課題、それが地域社会に及ぼす影響についても理解することができ、同時に町内会その他の組織が抱える今日的な課題が浮き彫りになろう[3]。

以上の目的のもと、第3節では池田小事件前後の長者地区の防犯活動について検討する。長者地区で「新しい」防犯パトロールが実施されるようになった経緯、「従来型」の防犯活動との違いについて具体的に跡付ける。さらに、行政・警察と地域住民による防犯活動の「連携」の内実を明らかにする。ただし、その前に、犯罪発生の状況と、防犯活動と町内会の関係についての概況を理解することが必要となろう。そこで、第2節では青森県および八戸市における犯罪および防犯活動の概況について整理し、また教育委員会による小・中学校の防犯対策、「青森市町内会・自治会等調査」(以下、「青森市町内会調査」とする)の結果からみた、防犯活動と町内会との関わりについて整理する。

2　青森県における犯罪と防犯活動——青森市町内会調査から——

(1) 青森県および八戸市における犯罪の発生状況と子どもの防犯

青森県における犯罪数は、全国の他都道府県に比べて、特段多いわけではない。2011年の人口千人あたり刑法犯認知件数は、秋田県、岩手県、長崎県、山形県、島根県に次いで下から6番目で、7.24人である(岩手県政策地域部調査統計課2011：96-97；総務省統計局2012)[4]。また青森県における刑法犯認知件数じたいも、全国のそれと同様、2002年をピークに減少しつつある[5]。

にもかかわらず、人びとの体感不安は解消されていない。たとえば、2009年9月に青森県が県政モニター200人にたいして実施した「防犯に関する意識調査」からも、それが読みとれる。「ここ5年ぐらい」の県内の治安状況について、「悪くなっている」と「どちらかといえば悪くなっている」の和は65.0％であり、「良くなっている」と「どちらかといえば良くなっている」との和(16.1％)より圧倒的に多い(青森県企画政策部広報広聴課2009)。さらに、前者(65％)にたいして

「どのような点で県内の治安が「悪くなっている」と感じるか」と問うと (2つまでの重複回答)、多い方から順に「殺人、強盗、放火などの凶悪犯罪の発生が多い」(65.8%)、「振り込め詐欺など巧妙な手口の犯罪が多発している」(39.3%)、「隣近所の連帯感がなくなり、相互に安全を守る意識が欠けてきた」(29.9%)、「子どもにたいする「不審な声かけ事案等」の発生が多い」(28.2)、「自転車盗難、器物損壊、空き巣など生活に身近な犯罪が多発している」(22.2%)となっている。犯罪の発生にたいして人びとが敏感であることが分かる。

「不審な声かけ」の存在については、青森県庁ホームページでも指摘されている。青森県は県民から寄せられた、地域の安全を危惧する声にたいして、「近年、全国的に学校及び通学路において子どもたちに危害が加えられる事件が大きな問題となっており、本県においても、登下校時における不審者による声かけ事案等が発生しており、……地域ぐるみで子どもを犯罪の被害から守る取組みが重要となってい」る (2007年7月20日受付) と回答している (青森県庁ホームページ)。

こうした「体感不安」の存在に部分的に支えられ、青森県でも、行政・警察・住民・企業の連携・協力を謳った生活安全条例 (「青森県犯罪のない安全・安心まちづくり推進条例」) が2006年4月に施行された (青森県環境生活部県民生活文化課 2010：13-16)。前述のとおり、青森県内の基礎自治体レベルでは、生活安全条例の施行は2000年の八戸市が最初であり、これつづいて、各地で同様の条例が整備された[6]。表5-2は、青森県内10市と県の生活安全条例の施行時期を示している。

八戸市の犯罪状況を概観すると、殺人や、放火、強盗事件、児童・生徒にたいする声かけ、自転車盗難、自動車盗難などが、多くはないものの起きている[7]。2011年1月から7月末までに発生した、八戸市の刑法犯認知発生件数は924件で、同時期の青森県内の自治体では青森市についで多い。また、同時期の八戸市の主な街頭犯罪の認知件数は247件で、青森市、弘前市についで青森県のなかで多い (青森県警察ホームページ)。

つぎに、八戸市の小・中学校を中心とする防犯にたいする近年の行政、とくに教育委員会の対応についてみていこう。2001年6月8日に池田小事件が発生すると、警察庁生活安全局から地方機関の長・都道府県警察の長宛てに、同

表5-2　青森県10市および県の生活安全条例施行時期

施行年月日	条例名
2000年4月1日	八戸市生活安全条例
2001年4月1日	三沢市生活安全条例
2001年6月19日	黒石市生活安全条例
2002年3月18日	むつ市生活安全条例
2005年1月1日	十和田市安全で安心なまちづくり条例
2005年2月11日	つがる市生活安全条例
2005年3月28日	五所川原市生活安全条例
2005年4月1日	青森市で安全に安心して生活するための条例
2006年1月1日	平川市生活安全に関する条例
2006年2月27日	弘前市生活安全条例
2006年4月1日	青森県犯罪のない安全・安心まちづくり推進条例

出所：各自治体のホームページより齊藤作成。

日付で通達「子どもを犯罪から守るための対策の強化推進について」が出され、警察庁は文部科学省にたいして「正当な理由がなく学校に出入りする者の排除等」、「生徒児童に対する防犯意識高揚のための防犯教育の実施」、「警察関係機関、近隣住民との連携の強化」を要請した（警察庁生活安全局ホームページ）。これにたいして、文部科学省からは、6月11日に、都道府県教育委員会教育長、指定都市教育委員会教育長あてに、通達「幼児児童生徒の安全確保及び学校の安全管理に関し緊急に対応すべき事項について」が出され（文部科学省2001）、都道府県、市町村教育委員会の会議を開催し、事件再発防止のための確認をすることが求められた。また、「別紙2」中では、全国のPTA会長にあてて、学校と連携して対応するよう要請した。こうした行政や警察からの働きかけもあり、池田小事件を機に、各地で学校の防犯設備が拡充され、またPTA、町内会、老人会、シルバー人材センター、商工会、商店街などとの連携のもと巡回パトロールを行う、「自主防犯活動」が組織化された（文部科学省　2003; 文部科学省大臣官房文教施設企画部国立教育政策研究所文教施設研究センター　2009）。

　八戸市教育委員会の動きをみると、池田小事件を受けて、「児童・生徒に対する事件の発生を未然に防ぐために、〔八戸市〕教育委員会では、事件発生の当日を初め、〔2002年3月上旬までの間に〕合計5度にわたる幼児児童生徒の安全確保及び学校の安全管理等に関する通知、全児童生徒への防犯笛の配付、

表5-3　八戸市における小・中学校の防犯設備

学校＼防犯設備	公立・組合立学校総数	(1) 防犯カメラ	(2) オートロック	(3) インターホン	(1)～(3)のいずれもなし
小学校	47[注1]	14	19	23[注2]	7
中学校	26[注1]	4	2	15[注3]	6

出所：ヒヤリングより齊藤作成。
注1) 小・中併設一校を含む。
注2) うちモニター付き15校。
注3) うちモニター付き4校。

小・中学校すべての教室への警報ブザーの設置、学校巡視員用腕章の配付」を行った(『八戸市議会会議録』2002年3月4日)。くわえて、事件直後に、すべての公立および学校組合立の小・中学校[8]に、刺股と催涙スプレーが市の予算で配置され、2011年7月現在もすべての学校で配置されている(『デーリー東北』2011年6月8日；八戸市教育委員会教育総務課学校施設グループへのヒヤリング、2011年7月29日；『八戸市議会会議録』2005年9月12日)[9]。

しかし市の財源には限界があるため、それ以外の防犯機器の設置は、基本的には各学校の判断に任せているという。防犯カメラ、モニター付きインターホン、オートドアロックは多くのばあい学校のPTAが購入している[10]。八戸市内の市立・組合立小・中学校における、防犯機器の設置状況については表5-3に示すとおりである(2011年7月現在)。

事件を受け、八戸市では小・中学校向けの『危機管理ハンドブック』が2002年5月に作成された(八戸市教育委員会2002：79)。小・中学校における学校防犯対策は、このハンドブックおよび各学校が作成する『マニュアル』に基づいてなされている(八戸市教育委員会へのヒヤリング、2011年8月2日)[11]。

八戸市教育委員会教育指導課にたいするヒヤリングによれば、委員会が名簿を作成しているわけではないものの、小・中学校関連でのPTAや地域社会によるパトロールは、2011年8月現在、市内の8割程度の学校で組織されているという。パトロールは、通学路での児童生徒の登下校時のみならず、授業時間に校内で行われる地域ボランティアによるものもあり、その担い手はPTA、交通安全協会、防犯協会、青少年生活指導協議会関連団体、町内会、その他のボランティアである(八戸市教育委員会へのヒヤリング、2011年8月2日)。

八戸市内における「新しい」防犯組織の組織化は2005年―2006年ごろに進ん

だようである。たとえば、柏崎地区では、2006年5月に「地域の子ども達の安全と安心を支援するために、柏崎地区安全パトロール協議会が設立され」ているし（八戸市2007：2）、下長地区では2006年4月に地区連合町内会を母体に、地域内の警察、小・中学校、社会福祉協議会、防犯連絡協議会、消防団等の各団体で構成する「しもなが安全安心ネットワーク」を立ち上げた（八戸市2007：5）。

(2) 町内会と防犯活動―「青森市町内会調査」の結果を中心に

犯罪と不安

つぎに、「青森市町内会調査」（2008年3月実施）の結果を中心に、町内会と防犯活動についての大まかな輪郭をたどることにしよう。そのさい、東北6都市（東北6県の県庁所在地の自治体）における町内会調査の結果も部分的に参照する。

上述のとおり、青森県でも犯罪は発生しており、住民の「体感不安」が喚起されている。ただし、自らが住む町内会のなかで、犯罪が多いと認識している町内会長は多くない。まず、犯罪の発生状況・危険性にたいする「これまでの」認識についてみると（「青森市町内会調査」Q.28A）、「多い」・「非常に多い」という回答は少ない。「多い」と「非常に多い」の和の割合の多い方から順に、「不法なゴミ捨て」(42.5%)、「自転車バイクの盗難・破損」(9.1%)、「落書きや器物の損壊」(5.2%)、「車上荒らし・自動車破壊」(3.9%)であり、「あまりない」という回答でもこれらの選択肢での割合が高い。そのほか、20%を超えるのは、「悪徳商法」(24.7%)、「不審者の侵入」(22.5%)、「空き巣狙い」(21.6%)、「痴漢・変質者」(20.8%)である。つぎに「現在」についてみると（Q.28B）、これらの項目のうち、「増えた」・「著しく増えた」の和の割合が多いのは、「不法なゴミ捨て」(13.0%)であり、3%程度が「自転車バイクの盗難・破損」、「車上荒らし・自動車破壊」、「悪徳商法」となっている。

行政・警察

こうした不安、状況にたいして行政や警察はいかに取り組んできたのだろうか。ここでは、「町会・自治会等調査」のなかの、「安全・安心まちづくり」に関する行政・警察の取り組みにたいする、町内会長の認識・評価という観点から検討する。町内会長によれば、「安全・安心まちづくり」に関して、行政は「防犯灯・街路灯の設置」(75.3%)において、警察は「犯罪発生状況の情報提供」

(67.6%)、「防犯パトロールの強化・連携」(52.0%) において、「積極的に取り組んできた」[12]。地域の防犯活動に関連する項目では、「積極的に取り組んできた」割合に着目すれば、「防犯活動のリーダー育成」(行政7.3%、警察15.2%)、「防犯活動の組織化の支援」(行政12.5%、警察26.8%)、「防犯パトロールの強化・連携」(行政17.8%、警察52.0%) となっている。以上のことから、「防犯灯・街路灯の設置」を除いて、「安全・安心まちづくり」においては行政よりも警察が積極的に取り組んできたと、町内会長がみなしていることがわかる。

さらに、「安心・安全まちづくり」に関わる取り組みへの評価 (Q.32B) をみると、町内会長は大半の項目で肯定的な見解をとっている。「良い面の方が多い」(「良い面の方が多い」と「どちらかといえば良い面の方が多い」の和) の割合が高い項目は、「防犯灯・街路灯の整備」(行政80.2%、警察70.7%)、「犯罪発生状況の情報提供」(行政58.5%、警察77.1%)、「防犯パトロールの強化・連携」(行政55.3%、警察72.5%)、「防犯キャンペーンの実施」(行政54.2%、警察68.1%) である。

防犯活動の現状

では、実際の町内会ではどのような防犯対策をとっているのだろうか。その主なものは、吉原によれば、「防犯灯の設置」、回覧板などによる「情報共有」、「声かけ」、「小・中学校との情報交換」であるという (吉原2011：53)。これに加えて、「防犯パトロールの実施」、「不審者に遭遇したときの連絡先・駆け込み先」の設置を行う町内会も少なくない。青森市のばあいも、調査データのない「小・中学校との情報交換」を除き[13]、同様の傾向がみられる。青森市町内会の防犯対策の実施状況をみると、「防犯灯の設置」は60.2%[14]、「情報共有」は52.8%であるし[15]、「声かけ」が35.1%、「防犯パトロール」が29.4%、「不審者に遭遇したときの連絡先・駆け込み先」が27.7%となっている[16]。

同調査によれば、地域で行われる防犯パトロールの主たる担い手が町内会であると考えられる (29.4%)。これに加えて、「地区協議会」(7.8%) や「連合町会」(6.5%)、「その他の地域組織」(11.3%)、「連合町会単位の別組織」(9.1%)、「町会単位の別組織」(8.2%)、「地区協議会単位の別組織」(6.1%) も担い手として活動している[17]。

連携

さいごに、防犯をめぐる連携についてみてみよう。「青森市町内会調査」の

なかで、町内会と連携する防犯団体として明示されているのが、「防犯協会」のみであるため、ここでの記述は、防犯協会と町内会の連携に限定する。吉原が指摘するとおり、町内会と「防犯協会」はコト（活動）、ヒト、情報、カネといった側面から「厚いネットワーク」を形成している（吉原2011: 50）。青森市のばあい、52.8％の町内会で「町会が活動に協力」し（コト）、47.7％の町内会で「町会から役員を出している」（ヒト）[18]。また、コト・ヒトほど顕著ではないものの、町内会と「防犯協会」との間で情報交換がなされている（情報）[19]。さらに、40.9％の町内会で「補助金や負担金を出している」（カネ）。ただし、これ以上の町内会と「防犯協会」の詳細な関係、その他の組織と町内会との関係については、「青森市町内会調査」の結果からはうかがい知ることができない。防犯活動と町内会の連携、実態について知るためには、個々の事例を丹念にたどることが求められる。

3　長者地区の防犯・見守り活動と町内会

(1) 長者地区の概況

　長者地区は、31単位町内会から成る一つの連合町内会でもある。その世帯と人口構成は、5,501世帯、男性5,541人、女性6,397人、計1万1,938人となっている（2012年4月末現在。八戸市「住民基本台帳世帯・人口集計表　長者」）。高齢化率は29.3％であり（八戸市「人口ピラミッド」）、八戸市全体の23.6％より高い。地区内には中学校が1校、小学校が2校設置されている（2012年9月末現在）[20]。
　長者地区は、小学校や公民館の建設をめぐって、あるいは体育振興会や地区運動会などの活動をつうじて、活発な地域活動を行ってきた[21]。地区元連合町内会会長の中野宗助氏や元長者中学校PTA会長、元長者小学校PTA会長によれば、長者地区における犯罪数が、他地区に比べて特に多いというわけではない。若干の声かけ事件や自転車盗難、放置自転車などはあるが、とくに犯罪が多いとか地域が危険になったという認識はないという。とはいえ、大きな事件が起きなかったわけではない。今でも住民の記憶に残るのは、2007年6月に、ある男性が妻と子ども3人を殺害して自らも命を絶った事件（『デーリー東北』2007年10

月10日)であるが、これは例外である[22]。中野氏の認識としては、「5−10年前」に声かけなどが一時増えたが、今日ではほとんどないという(中野氏へのヒヤリング、2011年7月21日)。

(2) 「新しい」防犯・見守り活動

つぎに、長者地区の現在の主な防犯・見守り活動についてみてみよう[23]。2011年9月現在、長者地区の住民によって恒常的に実施されている防犯・見守り活動には複数のものがある。その主な担い手は、長者地区防犯協会、交通安全協会、長者地区青少年生活指導協議会、町内会、小・中学校PTAである[24]。さらに、同じ担い手が、役割分担をしたり複数の活動を展開したりしている。たとえば、長者小学校のPTAは、登校時、大通りでの児童の信号横断の見守りと交通安全指導をかねた活動(「交通安全母の会」)、PTAの一委員会である「校外生活安全委員会」のメンバーを中心として、PTA会員の協力を得た、集団下校と通学路の巡回、「校外生活安全委員会」のメンバーによる、主要な祭礼時の巡視、といったように複数の活動を行っており、役割分担がみられる。これらの担い手と活動内容は表5-4に、組織関係は図5-1に示すとおりである[25]。

表5-4の活動のうち、登校時や祭礼時の見守り活動等も、交通安全や非行防止を含めた広い意味での子どもの安全確保ということができよう。とはいえ、防犯に限定される狭い意味での子どもの安全確保に限定すれば、それはやはり、下校時の活動(町内会、PTA、防犯協会)ということになろう。とくに、町内会とPTAによる活動がその中心となっている。これらの活動は、下校時の子どもの安全対策として、池田小事件後にはじまったものである。

まず、町内会による活動は2001年7月にはじまった。当時の長者地区連合町内会会長・中野氏によれば、当時は地区内の安全度が低下したとか、地域で犯罪が多発しているという認識は持っていなかったという。しかし悲惨な事件が発生した直後であり、長者地区の小・中学校三校の全PTA会長および学校長からの要請を受けたことから、連合町内会長が地区内の各町内会にたいして、町内会長を通じた巡視活動実施の指示をした[26]。そのさい、巡視活動の中心的な実働部隊となったのが、町内会役員や婦人部で、長者地区内において、同一の時間に一斉に巡視をしたのが活動のはじまりであるという。

図5-1 長者地区の防犯体制

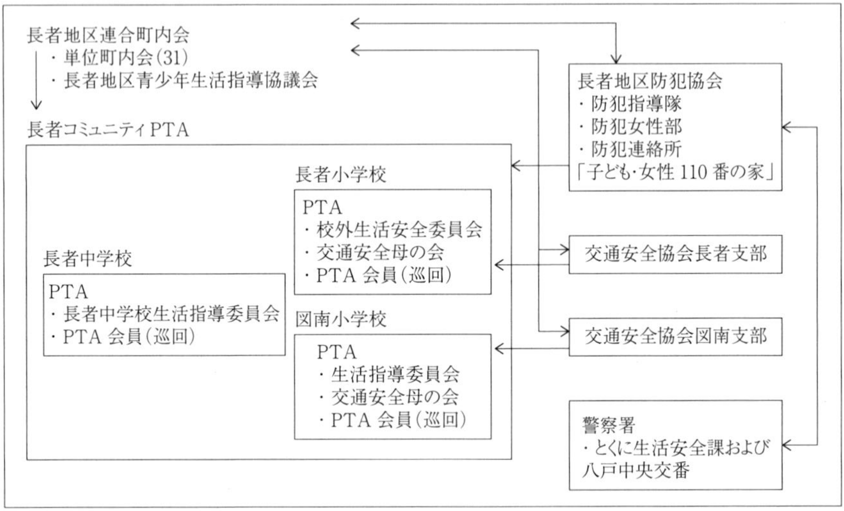

```
長者地区連合町内会                           長者地区防犯協会
・単位町内会(31)                             ・防犯指導隊
・長者地区青少年生活指導協議会               ・防犯女性部
                                            ・防犯連絡所
長者コミュニティPTA                          「子ども・女性110番の家」

              長者小学校
              PTA
              ・校外生活安全委員会           交通安全協会長者支部
長者中学校    ・交通安全母の会
PTA           ・PTA会員(巡回)
・長者中学校生活指導委員会
・PTA会員(巡回)  図南小学校                交通安全協会図南支部
              PTA
              ・生活指導委員会
              ・交通安全母の会
              ・PTA会員(巡回)               警察署
                                            ・とくに生活安全課および
                                              八戸中央交番
```

出所：ヒヤリングより齊藤作成。　　　　　　　　　　　　←：協力関係

　その後、約2カ月間、月曜から金曜までの毎日、夕方の指定された時間に町内会ごとに巡視を行った[27]。翌年からは連合町内会の推進事業とし、2年ほど週2回、曜日を決めて同じ時間に連合町内会全域で一斉に巡視をしていたが、日程の調整が難しくなったため、週1回、各町内会が決めた日の夕方にそれぞれ巡視するようになり、現在に至っている(中野氏へのヒヤリング、2011年6月22日・2011年7月21日)[28]。連合町内会で予算をつけるのではなく、各町内会の予算や各自の手持ちの道具(反射材つきのタスキや腕章等)を活用して活動を行っている。巡視活動をはじめたとはいえ、すでに連合町内会には防犯協会があるため、別に組織を立ちあげることはしなかった。

　たとえば長者地区のある町内会では3カ月に1回、3カ月分の巡視パトロールの日程を掲載した表を回覧する。住民は都合の良い日を2日選んで記入し、役員が調整したのちに巡視活動を行っている。3年ほど前から活動に参加しはじめた大嶋ルミ子氏によれば、自分の子どもが小学生になり、防犯意識が高まっていた時期に、巡視活動を呼び掛ける文書が町内で回覧されていることに気がつき、参加しはじめたという。多いときは7-8人の住民がパトロール

表5-4 長者地区における防犯・見守り活動

担い手	活動内容	活動時期・時間	その他
1. 町内会	通学路の巡視	下校時	
2. 小・中学校PTA[1] 「校外生活安全委員会」	通学路パトロール 祭礼時のパトロール	下校時 6月末-7月はじめ、 7月中旬	・委員とPTAによる
「交通安全母の会」	交通指導	登校時	・小学校のみ
3. 防犯協会	小学校の通学路巡回 祭礼時の巡回 盆踊り会場の巡回 公園等の巡回 小・中学校校門での 挨拶運動 「犯罪抑制・非行防止」 パトロール	下校時 6月末-7月はじめ、 7月中旬、8月はじめの夕方 7-8月 夜間 登校時 夜間	・警察の指示 ・警察と合同
4. 交通安全協会	子どもに対する街頭指導	登校時	
5. 青少年生活指導協議会	祭礼時のパトロール 長期休みのパトロール	6月末-7月はじめ、 7月中旬、8月はじめ 春休み、夏休み、 冬休み中	

出所:ヒヤリングより齊藤作成。
注1)とくに長者小学校のばあい。

に参加し、幾つかのグループに分かれて地区の通学路を中心に夕方1時間ほど、巡視している。参加者の多くが60代以上の、町内会活動に熱心な住民であるという(大嶋氏へのヒヤリング、2011年9月14日)。

　第二の、PTAによる活動は、2005年5月にはじまった。当時の長者中学校PTA会長の発案で、長者地区のコミュニティPTA活動がはじまり[29]、その活動の一環として、地区内の小・中学校における一斉パトロールを開始した(館合氏へのヒヤリング、2011年5月30日・7月19日;長者小・中学校関係者へのヒヤリング、2011年9月7日・8日)。当時、すでに町内会で週1回の巡視を実施していたため、それ以外の曜日に行うという趣旨だった(中野氏へのヒヤリング、2011年7月21日)。

　つづいて、「校外生活安全委員会」のパトロール活動についてみてみよう。同委員会では委員(2011年度は55名)を中心とするPTA会員が児童の下校時にパ

トロールをしている。所定の時間に当番の5－6人のPTA会員が小学校に集合し、ベスト・腕章のいずれかを着用する。その後、幾つかのコースに分かれて子どもの自宅付近までパトロールする。この活動のメンバーの多くが女性である。ただし、防犯パトロールといいながらも、実際のところは、交通マナーやルールの指導にもなっている（館合氏へのヒヤリング）。近年、子どもが被害者となる目立った事件が少ないこと、また長者小学校の児童数が減少してきていることもあり、次第にボランティアの数が減ってきているという[30]。たとえば、パトロール出発式に参加者についていえば、発足当初は70人程度のPTA会員が集まっていたのが、2011年には30人程度に減っている。とはいえ、個々の保護者の安全を願う気持ちの強さはかつての保護者のそれと変わらず、熱心に活動に参加している（館合氏へのヒヤリング、2011年5月30日・7月19日）。

　第三の防犯協会による活動も2005年にはじまった。月2回、児童の帰宅時間にあわせて、小学校の通学路を巡回する活動である。ばあいによっては、PTAと合同でパトロールを行うこともある。

(3)「従来型」の防犯・見守り活動

　つづいて、長者地区で池田小事件前から行われていた恒常的な防犯・見守り活動についてみておこう。これらの活動は、①防犯協会、②交通安全協会、③青少年生活指導協議会、④PTAによるものである。先述のとおり、これらの活動は、厳密には子どもの防犯というよりも、子どもの交通安全や非行防止（生活指導）、もしくは子どもに限定されない地域の防犯を目的とする活動である。しかし、子どもを見守り、その安全をはかる活動を含むという意味では、広い意味での安全活動として位置づけることができよう。順次、これらの防犯・見守り活動の詳細について検討しよう。

①防犯協会

　2011年現在の長者地区防犯協会会長であり、20年以上同地区の防犯協会の会員を務めてきた工藤博志氏によれば、長者地区で防犯協会による街頭指導がいつはじまったのか、定かではない。しかし少なくとも長者地区連合町内会が設立された（1969年8月）翌年の1970年3月には、長者地区防犯協会が発足し、何らかのパトロール活動がはじまったようである（長者地区内部資料：工藤氏へのヒ

第5章 町内会と防犯活動 225

ヤリング、2011年7月21日)。

　開始時期の詳細は不明であるものの、池田小事件以前から存在し、防犯協会によって現在も実施されている活動は次の5つである。すなわち、a.祭礼時の巡回、b.盆踊り会場の巡回、c.公園等の巡回、d.小・中学校校門での挨拶運動、e.「犯罪抑制・非行防止」パトロールである。祭礼時の巡回とは、長者地区およびその周辺で開催される祭礼時に行うパトロール活動である。八戸七夕や八戸三社大祭など、6月末－7月はじめ、7月中旬、8月はじめに開催される祭礼時の夕方から夜間に、犯罪・非行防止の目的で巡回をする。盆踊り会場の巡回とは、8月中に長者地区内で行われる盆踊り会場を、上と同様の目的で巡回するものである。公園等の巡回とは、月1回19時から21時まで地区内の公園など犯罪・非行が起こりやすい地域を巡回するものである。小・中学校校門での挨拶運動とは、その名の通り、小学校で週2回、中学校で月2回、学校の校門付近に会員が立ち、7時過ぎから8時まで、登校してくる児童・生徒に挨拶をする活動である。最後の「犯罪抑制・非行防止」パトロールとは、月1回、16時から警察官とともに市内繁華街を巡回するものである。

②交通安全協会

　交通安全協会長者支部は、通学時（7時-8時）に、長者小学校近くの通学路にある交差点で、子どもにたいする街頭指導を行っている。この活動がはじまった時期についての詳細は不明であるが、約40年間交通安全協会関連の活動を行っていきた現支部長・関野敏夫氏によれば、40年ほど前から行われている活動ではないかという（関野氏へのヒヤリング、2011年9月14日）。

③長者地区青少年生活指導協議会

　長者地区青少年生活指導協議会による祭礼時のパトロールは長者地区でも比較的早い時期から巡視活動が行われていた。同協議会は防犯というよりも、子ども・青少年の非行・いたずら防止および指導を目的とし、1966年12月に設置された（長者地区連合町内会内部資料；中野氏へのヒヤリング、2011年7月21日）。同協議会は当初から、長者地区に関連する祭礼時のパトロールを行っている。すなわち、6月末－7月はじめ、7月中旬、8月上旬に行われる祭礼時、とくに19時から21時に巡視活動を行っている[31]。

④PTAの活動

PTAの活動には、「交通安全母の会」と「校外生活安全委員会」によるものとがある。「交通安全母の会」の活動は小学校のみで行われている。長者小学校のばあい、PTAの一委員会として「交通安全母の会」が組織され、PTA会員をメンバーとした登校時の見守りを行っている。委員の大嶋ルミ子氏によれば、少なくとも10年ほど前 (2001年ごろ) には活動を行っていたという。週2回、午前7時20分から7時50分まで長者小学校の通学路の4カ所に立ち、挨拶や交通にかんする指導と見守りを行っている。あらかじめ日程を調整し、PTA会員が年2回ずつ活動することになっている。具体的には、道路に広がっての通行、荷物の振り回し、学校で禁止されている横断歩道の横断などについて、指導する。ただし、就労女性の増加、児童数の減少などにより、参加者が集まりづらくなっているという (大嶋氏へのヒヤリング、2011年9月14日)。

「校外生活安全委員会」の活動とは、委員が地域の祭礼時 (夕方から夜間) に神社などを巡回するパトロールのことである。これは、上でみた、青少年生活指導協議会や防犯協会による祭礼時のパトロールとほぼ同じ活動である。開始時期の詳細は不明であるが、長者小学校のばあい、池田小学校事件以前から、非行防止と子どもの安全確保という観点から実施されていたようである。

こうしてみると、長者地区における「新しい」防犯・見守り活動は、新たな団体や組織を作って実施するというよりも、それまでに存在していた非行・犯罪防止を含めた見守り活動を行うアクターが、活動領域を拡げるというかたちをとったことが分かる。

(4) 防犯をめぐる連携

ここまで、長者地区における子どもを主な対象とする防犯・見守り活動についてみてきた。とくに、近年の長者地区における防犯・見守り活動については、連合町内会とPTAが中心的なアクターであることを (2) で指摘した。同地区のPTAのなかでも、長者小学校PTAの一委員会である「校外生活安全委員会」がとりわけ防犯活動を積極的に行って、地域団体と連携をとっている。そこで、連合町内会とPTAを中心とする防犯・見守り活動の連携の状況に視線を向けてみよう。そのさい、第2節(2)で用いた、ヒト・情報・カネという整理を用いる。連合町内会、PTA、とくに、小学校における下校時のパトロール活動の中心と

なっている「校外生活安全委員会」が、防犯をめぐってそれ以外のアクターといかに結びついているのか検討する。結論を先取りすれば、第一に、町内会と「校外生活安全委員会」は、とくにヒト・情報面で、行政、警察、防犯協会、コミュニティPTA、青少年生活指導協議会、単位町内会と結びつきをもっている。第二に、コミュニティPTAでの連携を契機に、「校外生活安全委員会」によるパトロールがはじまり、長者地区が防犯にかんして連携するようになった。

なお、長者地区の連合町内会とその他の団体についての基本的な関係について確認しておけば、防犯協会、交通安全協会、青少年生活指導協議会は連合町内会と同様に、地域の「各種団体」に位置づけられており、町内会活動と密接に連携をとっている。とくに防犯協会と青少年生活指導協議会は、毎年、連合町内会から助成金を得ている（長者地区連合町内会内部資料）。

①ヒト

防犯に関して、連合町内会と警察・行政との直接の人的交流はない。町内会による防犯活動をはじめるにあたって、連合町内会がとくに警察の指導を受けることはなかった。地域のアクターのなかで警察と強く結びついているのは、防犯協会であり、月1回、警察と合同パトロールをしている。防犯協会には、行政との結びつきもあり、市が実施する「安心・安全・まちづくり推進協議会」や、市あるいはより上位のレベルで行われるさまざまな活動にも参加する。なお、防犯協会会長は連合町内会の役員会に参加するメンバーでもある。他方の「校外生活安全委員会」は、市と結びつきがあり、ヒト・情報の面での交流の促進に一役買っている。ただしこれは、2011年度現在の委員長である館合氏が、八戸市防災安全課の職員であるという、特殊な事情によるものである。

後述するように、連合町内会会長と長者小学校「校外生活安全委員会」委員長が互いに会合で対面する場も存在するものの、それ以外に両者が防犯活動のために直接人的交流をしているとはいえない。ただし、連合町内会の一各種団体である防犯協会と「校外生活安全委員会」のあいだには人的交流がみられる。たとえば、「校外生活安全委員会」の下校時のパトロールの際、十分な人数のボランティアが確保できないことが事前に分かっていることがある。このばあい、年に数回程度ではあるものの、「校外生活安全委員会」委員長が、防犯協会にたいして会員のパトロールへの参加協力を要請するという[32]。こうした協

力が可能であるのは、防犯協会会長と「校外生活安全委員会」委員長が、地域の行事や会合などでしばしば顔を合わせて、情報を交換しているからであろう[33]。

②情報

　連合町内会が、行政・警察から直接防犯に関する情報を得ることはない。警察から情報を得るのは、警察と密接なかかわりをもつ、防犯協会である。連合町内会は、防犯協会を通じて、警察からの情報を得ている[34]。また、地区あるいは周辺地区で「声かけ」などの事件があれば、交番から防犯協会に情報が来るという。また、何らかの事件が起きれば、防犯協会会長は小学校の担当者、あるいは「校外生活安全委員会」委員長から電話連絡を受け、会員を伴って集団下校に同伴することもある（年に1-2回）[35]。

　先述のとおり、2011年度現在、長者小学校「校外生活安全委員会」委員長は市役所職員であるが、市から防犯活動のために特別に情報を得ているわけではない。ただし業務上、安全に関する情報は委員長に入ってくる。それ以外の犯罪や安全にかんする情報は、防災・防犯情報を配信する市のメール・サービス（「ほっとスルメール」）から得ている。ただし、それは委員長がメール・サービスに個人的に登録しているからである。市との関係は一般的なものである。すなわち、パトロール時に委員やPTA会員が放置自転車を発見すれば、その旨、委員長を通じて市の担当部署（道路維持課、公園緑地課）に電話連絡し、自転車を撤去してもらう。警察も同様である。まったく関係がないわけではないが、特別なものではない。たとえば、不審者の情報は通常、地区にもっとも近い交番から地区防犯協会に伝えられる。そうした情報にかんするメールが、地区防犯協会会長個人の携帯電話から委員長個人に送られることもある。もう一つは、祭礼時のパトロールの前に、委員長が自主的に交番に文書を提出し、パトロールの日時を連絡することである。

　町内会とも情報のやりとりがある。すなわち、パトロール時に委員が防犯灯の電球が切れているのを発見したばあいである。委員から連絡を受けた委員長は、その場所を確認し、該当地区の町会会長に伝える。逆に、各町内会の役員から、小学生の通学マナーが悪いなどと、連絡が来ることもある。また、上述のとおり、連合町内会レベルで開催される青少年生活指導協議会の情報交換会

で連合町内会などと情報を共有している。情報面では、連合町内会と「校外生活安全委員会」との結びつきはあるが、それよりも防犯協会や単位町内会との情報交換が多いといえる。

③カネ

連合町内会が、行政・警察から巡視活動のための特別な金銭的な支援を得たことはない。また連合町内会も、以前から存在する防犯協会を除いて、各町内会に防犯のための活動費を支出するということはしていない。町内会による巡視活動は、各町内会が自前の資源で賄っているのが実態である[36]。また、長者地区の一町内会では、強盗事件が続いたために、モデル地区として警察の資金で青色防犯灯を設置した。ただし、これは例外であり、モデル地区の指定も2年間に限られた[37]。

他方の「校外生活安全委員会」も市や県などから特別な補助を得て活動しているわけではない。備品は基本的にはコミュニティPTAの資金で購入している[38]。カネの面では、連合町内会と「校外生活安全委員会」との直接の関連はみられない。

先に触れたとおり、実はこのコミュニティPTAこそ、長者地区内における連携強化という目的のもとに設置されたものである。コミュニティPTAが設置された2005年度に長者中学校のPTA会長であった工藤義隆氏は、かねてより「地域の子どもは各学校や親だけでなく地域全体でみていく体制が必要だ」という論を展開していた。その実現のために中学生を対象として、地区内の文化・歴史について理解する活動(「我らが長者デー」)を2002年10月5日に開始した(長者連合町内会内部資料; 八戸市　2007:35)。この活動は同時に、「地域・学校・PTAの連携を図ることも目的として」いる(八戸市　2007:35)。当時工藤氏が中学校PTA会長だったことから、当初は中学生が対象だったが、現在では小学生も対象として、地域内の史跡めぐり、星座観察、防犯パレードなどを行っている。同様の流れで、2005年にコミュニティPTAを立ち上げることになり、その活動の一環として2005年6月から「校外生活安全委員会」(ただし、当時の名称は「校外生活指導委員会」)によるパトロールが行われはじめた。長者地区内部資料からパトロールに関する記述を引用してみよう。

　　巡視活動は、直接的安全確保と安全管理体制が徹底しているとの地域イ

メージ形成を目的とする。また、学区内の危険要因のチェックと報告・改善等の対応も行う。小中学校PTAと各団体が連携して活動する。小中学校PTAは学区全域を区分けし、それぞれの担当区域をカバーする(長者地区2005)。

また同年7月2日に開催された「我らが長者デー」では同時に「長者学区子どもの安全推進大会」[39)]が開催され、小中学校の児童・生徒・PTA・教師、連合町内会、地域団体などの参加により、「子どもの安全地域で守ろう」と声をあげながら地区内をパレードした。この大会の目的は次のとおりである。

　学区小中学校のPTA、先生、児童生徒、地域団体等が参加し、子どもたちの安全は地域が連携して守ることを認識し、具体的な安全推進活動を実施する契機とする。あわせて地域の皆さんの子どもの安全にたいする意識の喚起を促し、地域あげての子どもの安全推進を目指す。
　究極的には地域と学校、地域と子どもの距離感を縮め、双方の接点を増やすことにより、子どもの健全な育成のための地域との連携を増幅することを目的とする(長者地区2005。ただし下線は著者による)。

このように、巡視活動の立ち上げにあたって「地域」内のさまざまなアクターの「連携」が強調された。いわば、巡視活動は地域連携の一環でもあり、まさにそのシンボルでもあった。今日の「校外生活安全委員会」のパトロール活動においても「連合町内会・防犯協会・コミュニティPTA」との「連携」が謳われている(長者小学校PTA校外生活安全委員会2011)。また、先に、ヒト・カネ・情報の点から検討したとおり、長者地区の防犯・見守り活動はアクター間に一定の結びつきがあり、それなりに調整がとれているといえる。しかしながらその連携が、十分相互調整のもとになされているものかといえば、必ずしもそうではない。

　たとえば、日程面での調整はなされているものの、それ以外での調整が十分であるとはいえない。さらに、学区、あるいは地区、さらには、主体によってパトロールへの意識には温度差があるように見える。同じ長者地区内でも町内会が異なればパトロールへの関心の高さが異なるし、同一の町内会においても、子どもとのかかわりに応じてパトロールに対する認識は主体ごとに異なる。さらに、学校PTA会員内部でも、学校活動に地域住民が関与することについての

見解が異なっている(工藤義隆氏へのヒヤリング)。

4　おわりに

　本章では、八戸市長者連合町内会を中心として、町内会と防犯活動について検討してきた。町内会による防犯活動を含めた、町内会における防犯・見守り活動全般に目を向け、近年の活動と従来からの活動とに分け、それぞれについて要点を整理した。「新しい」防犯活動組織化の背景、「従来型」の防犯活動、地域社会の諸アクターの防犯をめぐる連携等、地域の防犯をめぐる動きについて検討してきた。

　池田小事件以後に組織された防犯活動を「新しい」防犯活動、それ以前から存在するものを「従来型」の防犯活動とするならば、長者地区のばあい、町内会を除いて、「新しい」防犯活動の担い手は「従来型」の防犯活動の担い手でもあるといえる。防犯協会も、「校外生活安全委員会」もそれ以前(ただし名称は「校外生活指導委員会」)から存在し、子どもの非行防止を含めた広い意味での防犯活動を行ってきた。つまり、新しい防犯組織がつくられたというのではなく、従来から存在する組織が活動範囲を広げ、子どもを対象とする見守り活動をはじめたというのが長者地区における防犯活動の実情である。

　奇妙なことに、ヒヤリングで得た情報では、防犯を含めた長者地区の活動に携わる人びとのいずれからも、「地域が危険になった」とか「以前に比べて犯罪が増えた」という回答は得られなかった。「変化はみられない」とか、「むしろ一時期より声かけが減った」という答えが多かった。そうした認識にもかかわらず、長者地区では防犯活動が組織され、そうした活動に人びとは参加するのだろうか。

　それは第一に、様々な媒体を介して否応なしにインプットされる、犯罪に関する情報にたいする「不安」である。自分が住む地区でも犯罪が起こるかもしれないという不安感が、人びとを活動へと誘ってもいる。長者地区で目立った事件は起きていないものの、「万一何かあったら不安」、「事件がどこで起こってもおかしくない」(長者小学校「校外生活安全委員会」委員へのヒヤリング、2011年9月25日)という声はそれを表している。

第二に、犯罪のみならず、交通安全を含めた子どもの安全という点からの不安である。長者地区の通学路には、車がスピードをあげて通る大通りもあれば、子どもが車道を歩かざるをえないような狭い道もある。そうした通学路での事故の不安を緩和する目的で、防犯活動は行われてもいる。「不審者」という非日常的な存在のみならず、車、子どもの交通マナーという日常的な存在をも対象とすることによって、活動は持続性を得ているようにみえる。

　第三に、長者地区のばあい、地域連携の一環として、また地域連携のイメージ、すなわちコミュニティのイメージを喚起するために「新しい」防犯活動が組織された。第3節でみたように、地域連携のためにコミュニティPTAが組織され、その活動の一環として、そして目に見える象徴として、PTAによる「新しい」防犯活動が組織化されたのである。

　「他の人が自分の子どもも見てくれるから安心できるようになった」(長者小学校PTA関係者へのヒヤリング、2011年9月25日) というPTA関係者の発言にみられるように、「新しい」防犯活動は、一定の安心感を住民、とくに小・中学生の保護者に与えることに成功している。また、「新しい」防犯活動は、地域のアクターが連携をとることを促した。それは、防犯協会とPTA関係者の情報交換・調整だとか、コミュニティPTAとして地区内3つの小・中学校関係者が調整をとることだとか、コミュニティPTAが揃いの防犯用品を誂えることによって視覚的に地区の一体感を提示するとかいうことである。ただし、コミュニティPTAのアイディアの提案者が当初期待したかたちでの、「地域」あるいは地域住民全体と学校との連携に至るまでには課題がある。

　ところで、長者地区で現在行われている、子どもを対象とする防犯・見守り活動にかかわるアクターをみるならば、それは町内会およびその関連団体 (防犯協会、青少年生活指導協議会、交通安全協会) とPTAに集約される。しかし、町内会とPTAそれぞれの内実についてみると、それぞれが少子高齢化という地域「縮小」の影響を受け、運営面で課題を抱えている。数々の町内会に関する研究で既に指摘されているのと同じく、長者地区の町内会活動あるいは関連団体の活動も、トップ・ヘビーで、主な活動の担い手を60歳代以上の住民や女性に頼っている。そのため、町内会の防犯パトロールを実質的に担っているのは、女性や比較的高齢の町内会活動の中心を担う「いつもの」メンバーである。

さらに、少子高齢化の影響で地区内に子どもがいない、子どもの人数が少ない、あるいは担い手を確保できない町内会があり、そうした地域では防犯パトロールが実施されていない。小・中学校のPTAじたいも担い手の確保が課題の一つになりつつある。すなわち、少子化による児童・生徒数の減少によって、PTAの会員数が減少している。さらに、PTAの担い手として期待される女性の就労が増え、潜在的担い手は減っている。従来のようにPTA会員にいっそうの負担を求めることはより困難になっている[40]。長者地区の防犯体制は、既存の地域組織の機能を拡大することで、整備されてきた。地域の実情をかんがみれば、従来型の組織・資源に頼らざるをえない。とはいえ、町内会やPTAの潜在的資源が減少する今日、NPOなど新規のアクターを取り込んだ活動を行うことが、活動の維持と展開のための課題として浮かび上がっている。いまある日常的な連携・組織を活かしつつ、かつ、持続的で特定の成員に過度な負担を求めない体制を構築し、非日常への対応の連携の素地として練りあげることが、地域の課題として浮かび上がっている。

附記

本稿の執筆にあたって、長者地区および八戸市役所関係者に大変お世話になった。特に元長者地区連合町内会会長・中野宗助氏、長者公民館長・中村修氏、長者小学校校外生活安全委員会委員長・館合裕之氏には、忙しい仕事の合間を縫って、度重なるヒヤリングに応じていただき、また地域内の関係者を紹介していただいた。なお、本研究のために、2011年度「八戸大学特別研究費」の助成を得た。ここに記して感謝する。

注

1) ちなみに、これらの団体のうち、構成員の平均年齢が60歳代の団体が最も多く（51.6％）、次いで50歳代の団体（22.8％）となっている（2009年末現在。警察庁生活安全局生活安全企画課ホームページ）。この結果は麦倉が2006年から2007年に東京都町田市の47「自主防犯団体」にたいして行ったアンケートの結果と類似する。すなわち、「自主防犯活動」の主たる担い手は50代の主婦と60代の退職者であるという（麦倉2008：175-177）。ちなみに、青森県の団体数の推移は次のとおりである。2003年（4）、2004年（10）、2005年（22）、2006年（345）、2007年（384）、2008年（不明）、2009年（391）、2010年（390）（警察庁生活安全局生活安全企画課ホームページ、指定都市安全・安心まちづくりプロジェクトホームページ）。青森県では2005年から2006年にかけて、団体数が急増している。

2) なお、青森県警でも、同時期に保護者や子どもに、不審者・声かけにかんする情報を発信するメール・マガジンの配信を始めている（青森県ホームページ）。そのほか、八戸市では「2006年2月に公用車による防犯パトロールを開始」（『八戸市議会会議録』

2006年3月7日）し、また、2006年には市・警察署主催の「八戸市安全・安心まちづくり推進協議会」を設置している。同協議会は「防災、防犯、交通安全などの安全安心に関する施策を総合的に推進するための意見交換の場として」設置されたもので、「教育委員会、広域消防本部、消防団」、「市民、連合町内会、自主防災組織、防犯、交通安全の関係機関」などが参加する（『八戸市議会会議録』2008年3月3日）。

3）周知のとおり、地域社会における防犯活動は最近はじまったものではない。防犯協会による防犯活動も地域社会における防犯活動の一つといえるし、古くは自警団にもさかのぼることができる。ただし、本稿では自警団活動には立ち入らない。

4）全国平均の刑法犯認知件数は13.4人である（岩手県政策地域部調査統計課2011：96）。

5）1979年から2009年までの全国の刑法犯の認知件数の推移をみると、2002年（約300万件）をピークとして、近年は減少している。なお、全国の少年の犯罪者率（人口10万人あたりの刑法犯検挙率）も2004年以降は減少傾向にある（警察庁『犯罪統計書』）。凶悪犯犯罪率（殺人・強盗・放火・強姦）も2004年以降減少し、窃盗犯（住宅や事業所への侵入、自動車盗難、すり・ひったくり等）認知件数も2004年以降減少している。

6）ある八戸市議会議員によれば、八戸市では「条例に基づき地域安全推進会議を設置し、地域防犯管理者制度の創設や、地域の防犯対策など一定の成果をおさめ」たという（『八戸市議会会議録』2008年3月3日）。

7）2007年6月に殺人事件が、2005年末－2006年5月には連続放火事件が、2010年4月（2件）と、2011年7月にはコンビニ強盗事件が発生している（『デーリー東北』2006年5月20日、2010年4月14日、2011年7月24日）。

8）ちなみに、八戸市には学校組合立の小学校・中学校が一校ずつあるが、それは小中併設校でもある。

9）2001年に、八戸市は市内全児童生徒に防犯笛を支給した（八戸市議会事務局　2010）。2011年7月現在では市内の小学校1年生の児童にたいして、入学時に防犯笛を市の予算で提供している。ただし、管轄は市の防災安全部・防犯交通安全課である（教育委員会教育総務課学校施設グループへのヒヤリング、2011年7月29日）。なお、現在、防犯笛のみならず防犯ブザーを携行して通学する小学生も少なくないが、防犯ブザーに関しては保護者の判断により個々人で購入しているという（館合氏へのヒヤリング）。

10）八戸市教育委員会総務課学校施設グループによれば、平成20年度以降の新設・増改築の小中学校では、防犯カメラやオートロックが設置されるようになっているという。2011年7月現在までには、3校でそれらの施設が市の予算で設置された。なお、長者小学校のばあい、2006年3月に卒業記念品として防犯カメラとオートロックが設置された（八戸市立長者小学校2006：34）。

11）なお、今日では防犯は、防災を含めた学校の安全管理の一部として位置づけられる。

12）ただし、Q.32「非常に積極的に取り組まれてきた」と「積極的に取り組まれてきた」の和である。

13）「小・中学校との情報交換」は、秋田市・盛岡市・福島市における4割から7割近くの町内会で行われている。

14）6都市をみると、仙台市を除く5都市において、6割以上の町内会で実施している。仙台市のばあい、「防犯カメラ設置」とあわせて25.1％である。

15）仙台市を除いた5都市において、4割から5割の町内会で「情報共有」がなされている（吉原2011:53）。

16）「防犯パトロール」は青森市、秋田市、山形市を除いて、4割から5割の町内会で実施されている（秋田市、21.7%、山形市、31.5%）。ただし、青森市と山形市については、他市と同じ設問がなかったため、類似する質問項目から推した（Q.7A）。
17）なお、青森市では、「わからない」、「実施していない」、「不明」（35.9%）を除く64.1%の町内会の範囲で何らかの防犯パトロールを実施している（Q.7）。ちなみに秋田市では46.3%（Q.8A、以下同様）、盛岡市では74.1%、山形市では73.4%（Q.7A）、福島市では68.6%（Q.8A）である。仙台市では「住民が犯罪の被害にあわないように取り組んでいること」（Q.27A）に対する回答として、47.2%が防犯パトロールをあげている。秋田市・仙台市を除いて6割の自治会・町会で防犯パトロールを実施している（吉原2011:53）。
18）ちなみに「防犯協会」から「町内会に役員が出されている」のは4.3%にすぎない。
19）町内会からの情報提供は11.9%、防犯協会からの情報提供は19.6%である。
20）なお、2011年4月には、長者地区に隣接する地区における児童数の減少により、番屋小学校が図南小学校に統合された（八戸市2010）。
21）ちなみに長者地区は、1984年に自治省の「コミュニティー推進地区」に指定された。
22）この他に、長者地区で起こった主な事件としては、次のものが挙げられる。すなわち、年配女性が神社境内で殴られ現金を奪われる事件（2006年12月）や、路上強盗事件（2006年3月）、長者地区に隣接する地区で強盗事件を起こした犯人が長者地区内のATMで警察に逮捕された事件（2006年4月）である（セキュアジャパンホームページ）。
23）厳密には、地区交通安全協会の活動は「防犯」活動とはいえない。しかし、通学時の子どもの安全を守る活動という意味あいで、ここでは考察の対象とした。後述する、PTA「交通安母の会」による見守りや、防犯協会による挨拶運動なども同様である。
24）なお、これらの他にも長者地区の一町内会である上組町町内会では、高齢者を対象とする見守り（安心みまもり隊）の巡視活動を2007年から実施している。これは孤独死などへの対策である。当初は民生委員等4人で活動していたが、上組町町内会には高齢者の単身世帯、夫婦のみ世帯など「見守り」対象の世帯が20世帯あった。そこで地域からボランティアを募って、活動をはじめた。郵便物や新聞、電灯、洗濯物などの状態を確認し、見守りをしている。冬季には玄関から道路までの除雪を行うこともある（『デーリー東北』2010年8月17日；中野氏へのヒヤリング、2011年6月22日、7月21日）。
25）ちなみに、防犯活動の一環として最近多く見られるのが、子ども・女性が「事件・事故の被害に遭った場合、又遭いそうな場合に、安全に保護し、警察へ連絡する」（長者小学校内部資料）子ども・女性110番の家である。子ども「110番の家（店）は、1997年に起きた神戸市須磨区の連続児童殺傷事件以降、全国で導入が進んだ」ものである（『神戸新聞』2010年8月30日）。長者小学校校区のばあい、「子ども・女性110番の家」は八戸地区連合防犯協会長と八戸警察署長の嘱託を受け、2010年度から設置されはじめた。同年に21事業所が長者小学校PTAの推薦を受けている（長者小学校内部資料）。
26）中野氏によれば、池田小事件後に、県・市教育委員会を介して、文部科学省からの通達が小・中学校に出され、その中でパトロール実施の旨の指示があったことを受けて、小・中学校関係者が連合町内会長に相談したのではないかという。なお長者地区全域での町内会による防犯パトロールの指示は、本来であれば連合町内会の理事会にかけるべき事案であったが、緊急を要するものであったため当時の連合町内会会長の

判断で理事会にかけず要請したという（中野氏へのヒヤリング、2011年7月21日）。
27) 詳細な曜日・時間については防犯のため、記述しない。
28) ただし、一部の町内会では防犯パトロールを行っていないところもある（本鍛冶町町内会長・大向國雄氏へのヒヤリング、2011年9月14日）。なお、長者連合町内会の「平成23年度事業計画」には、「地域住民の防災、防犯防止に対する啓蒙に努め、また町内毎に生徒の登校、下校時に週2回の町内巡視を行い、被害に遭わないように安全の確保に努める」と記載されている（長者地区連合町内会内部資料）。
29) 長者地区内に設置されている2箇所の小学校と1箇所の中学校を包括するPTAである。
30) 八戸市内の市立小・中学校の児童・生徒数は1982年に3万9040人だったが、それ以降は減少しており、2010年の児童・生徒数は2万1181人となっている。長者小学校の児童数は1978年の1034人をピークに減少しており、2010年には351人である。1978年に長者地区から分離して図南小学校が設置されたが、図南小学校でも近年は児童数が減少している。1978年には641人だった児童数が、1982年をピーク（723人）に減少し、2010年には248人となっている（八戸市ホームページ「学校カルテ」）。
31) このほか、青少年生活指導協議会では小・中学校の長期休み期間（春、夏、冬）の巡視活動も行っているが、その起源の詳細については不明である。
32) 「校外生活安全委員会」委員長から防犯協会会長に電話連絡するという（館合氏へのヒヤリング）。
33) 一つの例は、「青少年生活指導協議会」の情報交換会である。長者小学校の「校外生活安全委員会」委員長を含めた小・中学校関係者（校長、教頭、PTA会長、生徒指導主任（主事）、広報委員長、生活指導委員（校外生活安全委員会委員）、小学校の「交通安全母の会」委員長）、そして連合町内会長、防犯協会会長、交通安全協会支部長は、いずれも連合町内会の各種団体である「青少年生活指導協議会」の会員として名を連ねており（ちなみに2010年度の会長は、連合町内会長が兼任）、年に2回開催される情報交換会で互いに顔を合わせ、青少年の防犯や非行防止にかんして情報を共有している。もう一つの例は、年1回小学校で開催される防犯教室である。近隣交番の署員、防犯協会会長、長者小学校「校外生活安全委員会」委員長が参加するため、両者はここで顔を合わせてもいる。最後の例は、毎年5月末に実施される、長者小学校校外パトロール出発式である。「校外生活安全委員会」が組織され、パトロールがその年度にはじめて実施される際に行われる会合である。この会には来賓として、警察官、長者地区防犯協会会員、八戸市教育委員会教育指導課職員、八戸市防災交通安全課職員が招かれ、小学校教師、児童、長者小学校「校外生活安全委員会」委員を含めたPTA会員も参加する。
34) 「交番だより」には、各交番の管轄区内の犯罪情報が掲載されている。防犯協会会長は、長者地区にもっとも近い、2カ所の交番がそれぞれ発行する「交番だより」（月1回発行）を、連合町内会にその都度提出する。住民も町内会ごとの回覧板で「交番だより」を閲覧することができる。
35) ちなみに長者地区の小・中学校のうち長者小学校のみ、「小学校だより」を防犯協会に月1回提供している。
36) 2012年度現在、八戸市は一部町内会にたいして防犯灯の設置・交換経費の助成をしている。希望する町内会は市に申請し、受理されれば防犯灯を設置・交換している。

37) 2006年に2件のひったくり事件が起きた本鍛冶町では、青森県警の青色防犯灯設置事業である「ブルーアップ作戦」のモデル地区に指定され、2007年青色防犯灯を12基設置した。なお、青森県では、2006年10月に八戸市白山台地区に7基設置したのが青色防犯灯のはじまりである。2007年5月22日に八戸警察署の署員が本鍛冶町町内会長・大向氏を訪問し、「作戦」への参加を打診した。モデル地区の指定は2年間で、工事費などは警察が負担するという。町内会では臨時総会を招集する時間がなかったため、会長と役員の判断で警察の趣旨に合意し、その旨を回覧板で周知させた。5月末に公民館の県警による説明会（町内会役員が出席）を経て、青色防犯灯が設置された。また、同年8月末には警察の協力を得て町内会が、住民の意向を問うアンケート調査を世帯主にたいして行ったところ、55世帯のうち41世帯から回答を得た。そのうち26人が「効果がある」・「少し効果がある」と、12人が「あまり効果がない」・「全然効果がない」と回答した。また青色防犯灯を設置した付近で、犯罪発生が懸念される場所があり、かつ、住民および班からの要請もあったことから、2007年11月に町内会独自で3基を設置した（設置費約4万3000円）。さらに別の班からの要請で、2009年4月に1基を増設し（設置費4万4000円。うち1万2000円は市補助）、計16基を設置した。設置前の3年間に、本鍛冶町では3件のひったくりと2件の器物損壊があったが、青色防犯灯設置以後犯罪が発生しなかったため、町内会は効果があったものとみなし、2009年5月に開催された町内会総会で、継続を決定した。ただし、2010年3月に、青色防犯灯に変更した場所の電力が、手違いで市の電気量負担上限の1基あたり60Wを超えることが判明し、超過料金の負担が問題になった（年間3万円程度）。同年6月の臨時総会の結果、町内会が負担することになった（大向氏へのヒヤリング、2011年9月14日；本鍛冶町町内会内部資料）。
38) 活動をはじめるにあたって、「校外生活安全委員会」では、ベストや腕章を購入した。コミュニティPTAの予算があるので、それを使って長者地区内の小・中学校3校で揃いのものを誂えた。ちなみに長者小学校のばあい、ベストは当初10枚のみだったが、コミュニティPTAの資金で2010年に20枚に増やし、2011年現在はベスト20着、腕章20着、簡易腕章20個をそろえている。このほか、パトロール時に使用する車両用の脱着式青色防犯灯の防犯灯を2個、コミュニティPTAの予算で購入した。車両に張り付けるマグネット式のステッカーも同様である。ただし、パトロールの車両はPTA会員の個人のものを使用する。なお、コミュニティPTAの資金は、小中学校PTAおよび青少年生活指導協議会が捻出している（平成22年度コミュニティPTA内部資料）。
39) なお、同大会は2012年度まで継続されている。
40) 実際、「校外生活安全委員会」委員にたいするヒヤリングでは、複数の委員が、他の委員と比べて時間調整が容易であることを、委員就任の一つの理由にあげている。

参考・参照文献

青森県環境生活部県民生活文化課　2010　『防犯パトロールガイドブック――みんなでつくろう安全・安心まちづくり』青森県.

青森県企画政策部広報広聴課　2009　『平成21年度第3回県政モニターアンケート報告書――防犯に関する意識調査』.

青森県教育委員会教育長　2011　「児童生徒の安全指導及び学校の安全管理について（通知。青教ス第1号、平成23年4月1日）」.

青森県警察ホームページ「青森県警察声かけ事案等発生マップ」http://www.police.pref. aomori.jp/seianbu/seian_kikaku/koekake_img/map/hachinohe.PDF（2011年9月16日現在）。
――「青森県警察犯罪発生マップ――自転車盗発生マップ」http://www.police.pref.aomori. jp/seianbu/seian_kikaku/gaihan_img/map/cm/jitensyatou/hachinohe.PDF（2011年9月16日現在）
――「青森県警察犯罪発生マップ――住宅対象侵入窃盗マップ」http://www.police.pref. aomori.jp/seianbu/seian_kikaku/gaihan_img/map/cm/sinnyuutou/hachinohe.PDF（2011年9月16日現在）
――「青森県警察犯罪発生マップ――車上ねらい発生マップ」http://www.police.pref. aomori.jp/seianbu/seian_kikaku/gaihan_img/map/cm/syajounerai/hachinohe.PDF（2011年9月16日現在）
――「市町村別主な街頭犯罪認知発生状況」http://www.police.pref.aomori.jp/keijibu/ keiji_kikaku/toukei_siryo/toukei7/C1-6.pdf（2011年9月16日現在）
――「市町村別刑法犯認知発生状況」http://www.police.pref.aomori.jp/keijibu/keiji_kikaku/toukei_siryo/toukei7/C1-4.pdf（2011年9月16日現在）
青森県市町村戦略会議防犯対策研究プロジェクトチーム 2007『青い森の子どもを守るペンタゴンプラン――防犯対策研究プロジェクトチーム最終報告書』．
青森県庁ホームページ「安全・安心なまちづくりのために」http://www.pref.aomori.lg.jp/kenminno-koe/h19seikatsu-a-002.html（2011年9月16日現在）
――「地域の防犯体制強化のために」http://www.pref.aomori.lg.jp/kenminno-koe/h19seikatsu-a-003.html（2011年9月16日現在）
石川県危機管理監室危機対策課 2009 『自主防災組織活動事例集』石川県危機管理監室危機対策課．
岩手県政策地域部調査統計課 2011 『図説いわて統計白書2011――いわてが分かるこの一冊』．
警察庁編『警察白書』（各年版）．
警察庁ホームページ『犯罪統計書――平成21年の犯罪』http://www.npa.go.jp/toukei/keiki/hanzai_h21/PDF/H21_ALL.pdf（2011年9月16日現在）
警察庁生活安全局 2001「子どもを犯罪から守るための対策の強化推進について」（2001年6月8日。警察庁丙生企発第32号、警察庁丙地発第27号、警察庁丙少発第13号）．
警察庁生活安全局ホームページ「自主防犯活動を行う地域住民・ボランティア団体の活動状況等について（2005年5月12日）」http://www.npa.go.jp/safetylife/seianki45/h170513boran.pdf（2011月9月15日現在）
――「自主防犯活動を行う地域住民・ボランティア団体の活動状況等について（2010年3月11日）」http://www.npa.go.jp/safetylife/seianki55/news/doc/21boranntelia_tyousa.pdf（2011年9月15日現在）
――「自主防犯活動を行う地域住民・ボランティア団体の活動状況について（2011年2月25日）」http://www.npa.go.jp/safetylife/seianki55/news/doc/22_btyousa.pdf（2011年9月15日現在）
――「自主防犯活動を行う地域住民・ボランティア団体の活動状況について（2012年4月5日）」http://www.npa.go.jp/safetylife/seianki/seianki20120405.pdf（2012年10月4日現在）

警察庁生活安全局生活安全企画課ホームページ「自主防犯ボランティア活動応援サイト」http://www.npa.go.jp/safetylife/seianki55/katsudo_jyokyo/keissei_jyokyo.html#dantaisu（2011年9月15日現在）
神戸新聞ホームページ「神戸新聞」http://www.kobe-np.co.jp/news/shakai/0003377964.shtml（20116/30現在）
指定都市安全・安心まちづくりプロジェクトホームページ「指定都市安全・安心まちづくりプロジェクト・資料集」http://www.siteitosi.jp/st_project/anzenansin/data/siryo_1_3.pdf（2011年9月15日現在）
セキュアジャパンホームページ「犯罪事例」http://www.ansin-jp.com/example/example.php?way=0&ex_build=0&mydate=0&city=2&pg=5（2011年7月28日現在）
――「犯罪事例」http://www.ansin-jp.com/example/example.php?way=0&ex_build=0&mydate=0&city=2&pg=6（2011年7月28日現在）
全国読売防犯協力会ホームページ「防犯活動ニュース」http://www.bouhan-nippon.jp/news200800926.htm（2011年9月30日現在）
総務省統計局　2012『統計でみる都道府県のすがた2012』.
長者小学校PTA校外生活安全委員会 2011 「平成23年度活動計画」(内部資料).
長者体育振興会　1970 「二十年の歩み」(内部資料).
長者地区　2005 「平成17年度長者学区子どもの安全推進活動計画」(内部資料).
八戸市　2000 「八戸市生活安全条例」(平成12年3月29日条例第14号).
八戸市　2010 「平成22年度第1回八戸市通学区域審議会会議録」(平成22年11月12日).
八戸市　2007 『地域コミュニティ活動事例集(平成19年度改訂版)』.
八戸市ホームページ　「学校カルテ」http://www.city.hachinohe.aomori.jp/index.cfm/12,19726,42,217,html（2011年9月15日現在）
――「地区毎町内毎の人口と世帯数一覧表」http://www.city.hachinohe.aomori.jp/index.cfm/8,30961,35,199,html（2011年7月13日現在）
――「町内毎年齢人口分布表」http://www.city.hachinohe.aomori.jp/index.cfm/8,30961,35,199,html（2011年7月13日現在）
――「八戸市議会会議録検索」http://www2.city.hachinohe.aomori.jp/kaigiroku/index2.html（2011年9月15日現在）
八戸市安全安心情報ホームページ「八戸市安全安心情報」https://anshin.city.hachinohe.aomori.jp/anshinPub/servicenaiyou.do?shichousonHomeCd=1（2011年6月30日現在）
八戸市議会事務局　2010 『市政のあらまし――平成21年度版』八戸市議会事務局.
八戸市教育委員会　2002 『八戸市小学校中学校危機管理ハンドブック』.
八戸市立長者小学校 2006 『伸びゆく長者：創立130周年記念誌』創立130周年記念事業記念誌委員会(内部資料).
八戸市長者連合町内会　1990 『長者連合町内会創立20周年記念誌』八戸市長者連合町内会(内部資料).
真鍋貞樹編著　2009 『安心・安全の今』北星堂.
麦倉哲　2008 「東京都町田市における自主防犯活動――地域自主防犯団体活動の可能性と諸課題」『日本都市学会年報』Vol.41：173-181.
文部科学省　2001 「幼児児童生徒の安全確保及び学校の安全管理に関し緊急に対応すべき事項について」(13文科初三七三、2001年6月11日).

―― 2003 『学校の安全管理に関する取組事例集』.
―― 2006 「登下校時の安全確保に関する取組事例集」http://warp.da.ndl.go.jp /info:ndljp/pid/286184/www.mext.go.jp/b_menu/houdou/17/12/05120900/007.htm(2011年9月15日現在)
文部科学省大臣官房文教施設企画部国立教育政策研究所文教施設研究センター　2009　『学校施設における地域ぐるみの防犯対策事例集――学校施設の防犯対策に係る点検・改善マニュアル作成の取組に関する調査研究報告書』.
吉原直樹　2007　『開いて守る――安全安心のコミュニティづくりのために』岩波書店.
――編著　2011　『防災コミュニティの基層――東北6都市の町内会分析』御茶の水書房.

第6章

消防団と防犯活動

後藤 一蔵

1 はじめに

　消防団は多様な機能を保持する組織である。メンバーの居住地と活動範囲は、ほとんどが分団エリア内である。分団エリアは藩政村の範囲とほぼ一致[1]し、消防団と地域住民は「顔見知りの関係」[2]にある。消防団の機能は時代の要請に応える形で歴史的に形成されたものであり、幾層にも重なり合っている。そのため、消防団＝火消し集団という単純な図式ではなく、地域社会に生起するさまざまな社会不安に対応することが期待される。2011年3月11日に発生した東日本大震災においては、各地の被災状況に応じた多様な消防団活動が展開されたことは記憶に新しい。このような大規模災害の発生により、企業倒産による雇用不安、健康不安、さらには長年住み慣れた地域からの転居、家族の離散、犯罪の増加という、地域社会の安全・安心を脅かす要因を生みだす可能性が常につきまとっている。これらのさまざまな問題は複雑に絡み合い、時として、予測を超える事態をも引き起こしかねない。その意味においては、防災活動は防犯活動と不即不離の関係にある。
　本章は、次の二つから構成される。
　第一は、東北都市社会学研究会が東北6県の県庁所在地を対象として実施した調査結果の分析を通して、消防団における防災・防犯機能の実態とそれにた

いする地域住民の活動評価を検証する。この調査で触れられている防災活動に関しては、すでにある程度の整理はなされており（吉原編　2011：124 – 128）、本稿では防犯機能に比重をおいて論を進める。

　第二は、東日本大震災において、消防団の防犯活動がいかに行われたかということについて、3事例を中心に採りあげる。地震発生の時点から、被災の大きかった分団や「部」[3)]では、盗難問題が発生している。その対応は、分団や部ではかなり異なるものであった。その実態を明らかにすることは、非常時の消防団の有効性と深くかかわる問題を内包していると考えられる。

　ところで、明治以前、むらの消防組織は、むらの若者契約が主として担っており、防災・防犯活動の中軸として機能し、むら特有の組織や役割が形成された。近代国家の成立以後においても、しばらくの間、明治政府がむら独自の対応を全面的に認めた理由としては、直面する行政課題の多さと、むら消防組の防災・防犯活動に一定の評価をしていたことによる。そのことからして、明治政府が掲げた中央集権体制のなかで、消防組は特異な位置を占めていた。1894年2月9日、最初の全国統一の規則として消防組規則[4)]が成立したとはいえ、従来通り、むら消防組が長年にわたって事実上機能しており、むら消防組とむらとの関係に、基本的変化は生まれなかった。消防組はエリア内に発生する災害に対する中心的組織であり、とりわけ人為的災害の側面の強い火災においては、予防 – 消火 – 鎮火後の後始末、という一連の行動が展開された。

　火災の発生はむらの全滅という事態を引き起こすことも珍しいことではなかったことから、とりわけ予防については、むら人の相互監視の強化と重い罰則の規定を採用した。しかも、消防組のトップに位置する組頭は地方名望家[5)]として大きな権限を保持した。

　ＧＨＱ主導の消防組織に対する戦後改革は、警察からの分離と自治体消防の確立であったとはいえ、消防団人事に関しての変更[6)]が行われたにすぎなかった。1947年4月20日にＧＨＱの指示に従い警防団は廃止され、勅令185号による消防団令が公布された（消防行政研究会 1983：28 – 34）。

　その第一条には次のように規定されている。

　　消防団は、郷土愛護の精神を以て社会の災厄を防止することを目的とし、
　　水火災の予防、警戒及び防圧、水火災の際の救護並びにその他の非常災害

等の場合における警戒及び救護に従事するものとする。

　消防団活動を貫いているのは、「郷土愛護の精神」である。その精神とは、自らがより良い地域づくりに主体的にかかわっていこうという強い意思を示しており、自分たちの生活エリアで発生する諸問題にたいして、積極的な対応が期待された。

　終戦直後の混乱した社会状況に加えて、カスリーン台風、アイオン台風や、1946年の南海大地震（マグニチュード8.0）、1948年の福井地震（マグニチュード7.1）のような自然災害にたいして、当時の警察官や常備消防の人員からして、全国200万人以上を数えた消防団に頼らざるを得なかった。これらの対応を通じて、消防団の必要性は、GHQをはじめ広く国民に認識された。この勅令の趣旨は、1948年3月7日に施行された消防組織法の成立直後の政令第59号の消防団令においても、そのまま引き継がれた。

　ところで、消防団（戦前の消防組）の防犯活動を強力に推進した松井茂（1866-1945）について、触れておきたい。

　内務官僚であった松井茂は警察権力と消防組の一体化を進め、消防組の重要な機能のひとつとして防犯活動をより強力に推進した。松井の政策を象徴するのが、消防組の詰め所（屯所）と警察の派出所を隣接させたことである。それは、消防組の動向を監視するとともに、消防組員の教育にについて警察の意向の浸透を意図した。さらに消防組のトップに位置する組頭を中心とする幹部との良好な関係の保持に努めた。1918年、富山県下で発生したのを機に全国各地に広がった米騒動にたいして、松井は警察権力のみでは、民衆の力を抑えることに限界を痛感し、消防組、在郷軍人会、青年団体等の組織に着目し、それらを横断化した組織として「自警団」[7]の成立に力を注いだ。

　1926年12月に発行された自著『国民消防』で、松井は次のように述べている。

　　斯くの如く我国法上では、消防と警察とは、常に互いに相離るべからざる関係を有して居るが為に、消防は警察権を離れては、到底活動し得ざるの実況である。

　自警団は、1941年の警防団設立まで継続された。なかでも、1923年の関東大震災において社会不安の安定化という名目のもと、当時の東京府をはじめ、県、市町村、むらに至るまでピラミッド型に組織化された。むらレベルの自警

団は駅頭で検問活動（後藤一蔵 1991：131）を行い、外部者にたいして、徹底的な排斥活動を展開した。

松井は、消防組を「民衆の自警化」（大日向2000：142‐144）推進の中心的存在と位置づけ、消防組員の活動は義勇精神によって貫徹されていることを、あらゆる場面で強調した。義勇精神は、消防団令における「郷土愛護の精神」と一脈通じるものがあった。

2　東北6県の「実態調査」からみる消防団の防犯活動

この項では、東北6県の県庁所在地を対象として実施された「実態調査」から浮かびあがる消防団の防犯機能を中心として、地域住民が、どのように認識し、かつ期待しているかを明らかにする。

(1) 消防団と町内会の防犯活動における連携

消防団と町内会の協力関係

町内会と消防分団との相互の情報提供[8]は山形市15.9％、青森市28.7％の2都市を除いた4都市は30％を超えている（吉原編　2011：113）。そのことからして、消防分団と自主防災組織との距離感は、縮小傾向がうかがえる[9]。仙台市については、設問設定に違い[10]があり他都市とは単純な比較はできないが、「不審者を見つけたら、すぐに町内会長や警察に連絡するように進めている」(52.6％)、「住民に戸締りや鍵かけを心がけるような働きかけ」(47.2％)の二項目の割合が高い。このことからして、行政機関に対する依存度が高く、しかも自己防衛策の徹底が犯罪防止に効果的と考えられている。さらに最近では、仙台市では繁華街を中心として、大きな人身事故が発生していることもあり、その対策として繁華街のいたるところに設置されている「監視カメラ」（吉原　2007：12‐15）の有効性が高い評価を受けていることが読み取れる。

ところで、町内会の災害に関する話し合いは、6都市の平均で50％を超える（吉原編　2011：125）。町内会組織に消防団関係部会の設置如何にかかわらず、当該分団の関係者に参加要請が行われることもある。最近、仙台市内の数人の町内会長からの聞き取り調査によれば、昨年の東日本大震災以降、仙台市内では、

表6-1 防犯対策

(%)

防犯対策	青森市	秋田市	盛岡市	山形市	仙台市	福島市
防犯パトロールの実施	—	21.7	50.8	—	47.2	42.6
情報共有	52.8	42.9	46.1	51.2	—	41.6
防犯マップ作成	3.9	5.9	15.5	25.9	—	10.1
防犯灯・街路灯の設置	60.2	75	78.2	78.7	25.1	71.8
防犯カメラの設置	0.9	0.2	0.5	1.9	—	0.4
声かけ	35.1	47	42.5	38.3	34.4	33.7
見晴し改善	6.9	9.4	18.7	17.5	—	11.8
連絡先	27.7	26.6	34.7	37.7	52.6	25.4
セミナー・講習会の参加	—	17.4	23.3	—	35.5	21.7
小・中学校との情報交換	—	59.2	69.9	—	—	43.8
その他	6.1	3	2.6	4.3	2.6	3.7
無回答	12.1	7.6	9.8	7	19.4	8.5

出所：東北6都市町内会・自治会等調査票。

　町内会における防災のありかたに関する議論の際、これまでは防災訓練に限定されることが多かったが、災害時の防犯問題が話題となることが増える傾向にあると言う。

　町内会の日常的な防犯対策（表6-1）において、仙台市を除く5都市で、トップはいずれも「防犯灯・街路灯の設置」で、その割合は60〜70％台と高い。それは「暗さ」が犯罪を誘発する可能性が高いことを示している。それに続くのは、青森市、山形市では「地域の犯罪発生や、不審者の出没状況の情報の共有（回覧板など）」であるのにたいして、秋田市、盛岡市、福島市では「小中学校との情報交換」と二極化傾向がみられる。とはいえ、「小中学校との情報交換」が第2位にランクされる3都市においても、「地域の犯罪発生や、不審者の出没状況の情報の共有（回覧板など）」は一定割合を占めている。すなわち3都市では、被害者となりやすい小中学生の情報取得が重視されているのである。

　仙台市のトップは「不審者に遭遇したときの連絡先・駆け込み先」、それに続くのが「防犯パトロールの実施」と、他の5都市とは多少異なった結果である。これは、都市化の進展と人口の流動化が要因と考えられる。パトロール活動が町内会単独で実施されているケースが多いとはいえ、行事や休日のような外部

表6-2 仙台市の町内会における防犯活動の活動主体の上位10位

活動主体	該当数	%	最重要	%
防犯協会・交通安全協会	628	74.4	134	15.7
町内会	548	64.0	47	5.6
連合町内会	253	29.6	20	2.3
行政機関	131	15.3	14	1.6
学校	110	12.6	6	0.7
ＰＴＡ	108	12.6	2	0.2
子供会育成会	84	9.8	1	0.1
消防団・災害救助団体	54	64.0	4	0.5
青少年問題協議会	54	6.3	3	0.4
老人会	31	3.6	0	0.0

出所：東北6都市町内会・自治会等調査票。

者の出入りの多い時は、町内会と当該分団が同一行動をとることも少なくない。
治安の不安定さにたいする対応
　消防分団は火災予防のため、春・秋の風の強い時期を中心として定期的に巡回活動が行われている。その巡回活動は夜間に行われることが多く、防犯上の役割も担っている。巡回中、不審者を見かけたり、あるいは不審者と思われる者がたむろしている場所については、最寄りの警察署や駐在所と連絡をとりあい具体的な対応策が講じられる。また、消防団と地区防犯協会が連携して対応することもある。
　治安の不安定をもたらす要因としては、殺人や傷害事件の発生、交通事故の多発や違法駐車、空き巣、有害ビラの散乱、放火、さらに自然災害の多さなど多岐にわたる。
　仙台市調査においては、「あなたの町内会でどのような活動がおこなわれているか。その中心となっている団体はどこか」という設問にたいして、防犯活動に取り組みの多い活動主体を順に並べたのが（表6-2）である。「消防団・災害救助団体」は全体で第8位にランクされる。「消防団・災害救助団体」の対応項目としては、「ごみ処理収集協力」、「地域の清掃美化」、「私道維持管理」、「自然災害防止」、「火災予防消防」、「交通安全対策」等があげられる。各項目の割合に開きがあるのは、これらにたいする対応状況が各分団によって異なっ

ていることが考えられるが、それは長年の慣習や緊急度の高さに加えて、住民の居住歴、町内会と消防分団との関わり方の違いと関係する。

　東日本大震災のような大規模災害時においては、津波被害に見舞われた沿岸地域のみならず、震度5強以上を記録した内陸地域でも、短期間とはいえ、住民が指定避難所に避難する事例が見られた。その際、一定期間にわたって地域が無人状態となり、「不審者の出没や盗難事件が発生するかもしれない」という不安から、事前の取り決めにもとづいて、分団や部を中心としてパトロールが実施された地域は多い。宮城県大崎市松山地区駅前中区（148戸）[11]では、3月13日から15日までは夜間3回、3月16日から22日までは夜間2回と、3月23日から26日まで夜間1回と、2週間にわたって巡回活動が実施されている。

(2) 消防団の防犯活動

地域行事における防犯活動

　分団エリア内で行なわれる行事において、常日頃、顔を合わせたことのない外部者＝よそ者が参加している場合も多く、些細なことでトラブルの発生も懸念される。そのため、団員や町内会役員を中心として、会場内や周辺の巡回活動が再三行われている。なかでも、小正月の行事として各地で実施される「どんと祭」においては、火災の防止と防犯上の観点から、団員、町内会役員を中心とする本部が設置され、警察署員、消防署員も巡回活動を行うのが通例である。

　総務省消防庁が毎年、発刊している『消防白書』の「消防団員の出動及び出向状況」は12項目（「その他」を除く）に分類されている。それらのうち、消防団の防犯活動に直接かかわる項目としては、「警防調査」「特別警戒」「捜索」があげられる。警防調査は事の性質上、消防署員に委ねられるケースが多い。一方、「特別警戒」と「捜索」について、消防団員と消防署員のここ3年ほどの出動状況を比較すると、いずれも出動回数は警察署員が多いのにたいして、延べ出動人数は消防団員が上回っている。それは、消防署と消防団の管轄エリアと構成人員数、トラブルの発生にたいする対処方法等の違いによることが考えられる。特に、特別警戒については、「火災警報発令時、火災シーズン、台風時、花火大会、祭礼、競馬、競輪、運動競技、催物、歳末等において開催等の出動」[12]

と規定された事項内容からもうかがえるように、自治体全域というよりは、特定地域での開催という傾向が強く、当該分団は当日のみならず、準備段階から後片付けに至るまで関わっていることにもとづいている。そのことからして、消防分団と地域社会との関係は、かなり包括的な意味合いをもっていることがうかがえる。

2004年度の仙台市青葉区小松島分団（分団員数25名）の出動状況を見ると、警戒出動回数13回、延べ出動団員数196人。一人あたり年間の平均出動回数は7.8回。主な出動は、地域内の重要な文化財を火災から守るための特別警戒、森林公園の林野火災予防、夏祭りやキャンプファイヤー等の各種行事、さらに年末特別警戒やどんと祭等である。

また海難事故や山岳遭難、さらに近年増加しつつある高齢者の徘徊等による行方不明者の捜索活動もある。その際、捜索場所が自治体の範囲を超える場合にあっては、自治体消防という性質上、当該自治体と活動範囲の調整が行われることがある。

放火にたいする対応

我が国の最近10年の火災の出火件数をみると（表6-3）、つねにトップにランクされるのは「放火及び放火の疑い」(以下「放火」)である。放火は、経済的、社会的、政治的要因、それに加えて放火犯の心理的要因等が複雑に絡み合っている。しかも、発生場所や時間については、ある程度の予測が可能とはいえ、予測の及ばない場所や時間帯で発生することがしばしば見られる。発生から解決にいたる間、地域住民は不安な時間を過ごさなければならない。その間、警察署や消防署、当該分団や町内会が総動員される。放火は地域社会の安全・安心を脅かし、解決困難な問題であることは、従前と変わらない。また放火にともなって飛び交うさまざまな「流言・飛語」が、地域内の混乱に拍車をかけ、不安感をあおることにもなる。

総務省は「放火火災防止対策戦略プラン」（総務省消防庁：2005）を作成し、細部にわたって、具体的防衛策を提示している。2006年以降、放火は減少傾向にあるとはいえ、出火原因別では、第2位以下を大きく引き離している。

放火の解決が長引き、あるいは繰り返されると、次のような対応策が講じられるのが一般的である。第一は、地域内全員にかかわる問題として、町内会や

表6-3　主な出火原因の推移

(％)

	平成11年	平成12年	平成13年	平成14年	平成15年	平成16年	平成17年	平成18年	平成19年	平成20年
1位	放火 (12.8)	放火 (12.5)	放火 (12.8)	放火 (12.9)	放火 (14.8)	放火 (13.6)	放火 (12.6)	放火 (12.5)	放火 (12.0)	放火 (12.2)
2位	たばこ (11.0)	たばこ (9.7)	たばこ (10.6)	たばこ (10.7)	こんろ (10.4)	たばこ (10.1)	こんろ (10.5)	こんろ (11.2)	こんろ (11.1)	こんろ (10.6)
3位	こんろ (9.4)	放火の疑い (9.7)	放火の疑い (9.9)	放火の疑い (10.0)	放火の疑い (10.1)	こんろ (9.8)	たばこ (10.3)	たばこ (9.6)	たばこ (10.5)	たばこ (9.7)
4位	放火の疑い (9.3)	こんろ (9.0)	こんろ (9.4)	こんろ (9.4)	たばこ (9.5)	放火の疑い (9.6)	放火の疑い (8.8)	放火の疑い (8.7)	放火の疑い (8.4)	放火の疑い (8.4)
5位	たき火 (5.8)	たき火 (6.4)	たき火 (6.4)	たき火 (6.9)	たき火 (4.9)	たき火 (5.9)	たきび (5.9)	たき火 (4.9)	たき火 (5.8)	たき火 (5.8)

出所:『各年次の消防白書』。

自治会では臨時総会が開催され、原則的には、町内会を構成する全世帯による定期的巡回活動の実施。第二は、地区内の全世帯を対象として、ごみ集積場の監視、あるいは各家庭で保有する灯油のポリタンクの置き方の周知徹底。第三は、地区の内・外を問わず、相互監視の強化。第四は、地域住民活動の母体として、ときとして、前掲のような「自警団」という名称が用いられ、危機意識の高揚が図られる。自警団が組織化されることにより、町内会と当該分団の連携が強化され、エリア内の個人行動が制約されることもある。まさに、地域ぐるみの体制が築かれる。

　(表6-4) は、6都市の放火・不審火の発生状況について、「従前」と「現状」、「将来予測」の比較を示したものである。まず「従前」は、「多い」「非常に多い」とする割合は、福島市 (2.4％)、青森市 (1.8％)、山形市 (1.3％)、秋田市 (0.5％)、盛岡市 (0.0％) となっている (仙台市は質問項目の関係上、除く)。これを「現状」と比較すると、「変わらない」とするのがいずれの都市でも40〜50％、「著しく減った」「減った」という割合は、福島市以外の4都市では7〜8％台である。「将来予測」としては、「著しく減る」「減る」と考えられるのは、7〜9％であるのにたいして、「増える」と考えられているのは、多少の違いは見られるが、5都市で一定の割合で存在する。そのことからして、今後とも、「放火はなくならないだろう」と考えている人は少なくない。

　東京消防庁が定期的に行っている「消防に関する世論調査」では、「あなたの

表6-4 放火の発生状況／従前と現状・将来予測の比較

(%)

		秋田市	青森市	山形市	福島市	盛岡市
従前	まったくない	52.3	29.4	36.7	39.6	39.4
	ほとんどない	23.1	23.8	23.7	22.5	26.9
	あまりない	5.6	13.0	8.9	13.6	15.5
	多い	0.5	0.9	1.3	1.8	0.0
	非常に多い	0.0	0.9	0.0	0.6	0.0
	わからない	6.6	4.8	3.0	4.3	6.2
	無回答	12.0	27.3	26.4	17.6	11.9
現状	著しく減少	5.0	3.9	4.9	5.3	5.2
	減少	3.0	3.9	4.3	6.7	3.1
	変わらない	52.3	44.6	41.8	46.2	52.8
	増えた	0.7	0.4	0.0	0.8	0.5
	著しく増えた	0.0	0.0	0.0	0.2	0.0
	わからない	15.5	8.2	12.1	11.8	15.5
	無回答	23.6	39.0	36.9	29.0	22.8
将来予測	著しく減少	2.1	2.6	2.4	2.8	4.1
	減少	4.2	5.6	3.5	4.5	5.7
	変わらない	39.6	34.2	31.5	37.7	39.9
	増えた	3.1	1.7	1.6	2.4	3.1
	著しく増えた	0.0	0.0	0.0	0.0	0.0
	わからない	27.8	16.0	23.7	23.1	22.3
	無回答	23.3	39.8	37.2	29.4	24.9

出所：東北6都市町内会・自治会等調査集計表。

行っている放火対策について」という質問項目が設定されていることが、放火が「後を絶たない」状況をいみじくも表している。「消防団員を30年以上もやっていると、『放火』に一度も会わないということはないと思う」、「地区内で放火が発生すると、24時間、ずっと巡回活動をやっている気持になる。そのため、ちょっとしたことにも敏感になり、時には、自分自身も疑われているのではないかとすら考えてしまう」と、ある分団長は話されていた。放火防止は住民のみならず、消防団にとっても深刻な問題としてとらえられている。

高齢化社会における防犯活動

1970年、日本が高齢化社会に突入し、高齢者の増加にともなう新たな防災、

防犯上の問題が生じた。

　日本消防協会は1988年3月8日付の決議文で、「女性の特性を生かした消防団活動」の必要性を打ち出した。1990年、女性消防団員数は1,923人。その後、右肩上がりの様相を示し、2010年には19,043人と、20年間でほぼ10倍となった[13]。女性団員の主な役割としては、高齢者に対する防火指導・防火診断、広報宣伝活動、さらに地域防災訓練における救急・救命指導等があげられる。今日のような高齢化社会においては、高齢者にたいする防火指導は地域社会の安全・安心にとって必要不可欠であり、よりわかりやすく・ソフトな対応が求められる。そのため、男性団員よりも女性団員の方が受け入れられやすいとも言われる。

　女性団員を中心とした高齢者世帯にたいする訪問は、民生委員や区長、あるいは自主防災会会長とともに行われるケースが多く、その際、直接顔を合わせて行われる指導は、防火指導にとどまらず、高齢者の抱えている悩みについて触れる機会ともなっている。

　長い間、消防団は災害発生など非常時の対応組織として認識されてきたが、女性団員の活動により、地域住民の日常生活とも密接にかかわることになった。

　また、民生委員との間に存在していた垣根が取り払われつつあり、災害時の避難誘導活動において、より効果的な対応を可能としている。

(3) 消防団の防犯活動にたいする住民の期待

　6都市調査において、「今後町会などの地域住民組織が果たすべき役割について、どのように考えていますか」という、「日常的な防犯対策のありかた」については、「さらに促進の必要がある」とする回答は、青森市（20.8％、第4位）、秋田市（17.7％、第4位）、盛岡市（24.4％、第6位）、山形市（22.4％、第4位）、福島市（20.5％、第5位）、また21項目（「その他」を含む）中の割合では、秋田市を除いて20％台と高く、第4位から第6位に位置づけられている。その理由としては、「高齢化率の高さ」、「一人暮らしの多さ」、「日中の人気のなさ」等があげられる。すなわち、昼夜の時間帯に関係なく、「安全性が保たれていない状態に置かれている」と認識されている。とりわけ「普段は見掛けない人＝よそ者」に対する警戒心が、「声かけ」や「防犯パトロール」への期待として現れている。

仙台市調査では、「消防団・災害救助団体が、どのような活動を具体的に行なっているのか」という設問では、「火災予防・消防活動」(43.5％)、「自然災害の防止」(13.1％)が高く、それらに続くのが、「防犯活動・非行防止」(4.6％)である。この結果からして、多くの分団が夜間、定期的に実施している地域巡回活動の評価と相関する。町内会を中心として昼間に行われる「防犯パトロール」と、消防分団の夜間を中心とする巡回活動は、時間帯の"スミワケ"として、地域住民には受け止められている。

2001年、仙台市が20歳以上の男女5,000人を対象として実施した「仙台市消防・防災に関する市民意識調査報告書(概要)」おける「消防団についてどのような印象を持っていますか」(複数回答)という設問にたいして、「地域の安全を守る防災リーダーとして頼もしく思う」(55.9％)、「近くに住んでいると安心できる」(41.4％)と、この二項目の割合が高い。このことからして、消防団にたいしては、防災活動のみならず、防犯活動への期待感の表れと考えられる。

6都市の実態調査からして、消防団は今日のようなリスク社会においては、昼夜を問わない巡回活動、高齢化社会における治安の安定装置としての役割を担う存在として期待されている。そのため、消防団の守備範囲は拡大傾向が見られる。防犯活動は、外部者＝よそ者にたいする懐疑から始まる。そして、よそ者とラベリングされた人物の行動が、地域住民にとって多少なりとも違和感を覚える行動や言動が目につくと、たちまち排除すべき対象となる。都市化の進展は人間の流動化を促し、「普段、見かけない人」の存在が増加することは当然である。消防団の夜間のパトロール活動にたいする期待が高いのは、消防団の保持する防犯機能というにとどまらず、地域住民と顔なじみの関係が親近感をもたらし、心強い存在として期待されていることの証でもある。

3　東日本大震災における消防団の防犯活動
――宮城県東松島市の事例を中心に――

東日本大震災はマグニチュード9.0という我が国の地震観測史上、最大の巨大地震であった。犠牲者・行方不明者は2万人にも及び、三陸沿岸の自治体を中心として、我が国のほぼ半数の自治体が多少なりとも人的・物的被害を被る大惨事をもたらした。震源地に近い岩手・宮城・福島3県の沿岸部の市町村で

は、津波被害により長期間にわたる避難所生活を送らざるを得なかった住民は多い。非常時につきまとう生活の不安定さは、想像を絶するものであった。これらの人々にとって、大震災発生直後、頼れる存在はこれまでの日常生活で育まれてきた隣組や一定のエリアのもとで組織されていた集団の人間関係のみであったといっても過言ではなかった。公的機関がほとんどマヒした状況の中で、地元消防団は震災発生と同時に、水門・陸こう門閉鎖、避難誘導、避難広報、交通整理、海面監視、人命救助といった地域住民の生命に直接かかわる問題と立ち向かわなければならなかった。自分の命を賭した消防団活動によって、犠牲となった団員も少なくない[14]。

　時間の経過とともに、行政機能が徐々に機能し始めたとはいえ、未曾有の被害を前に機能不全状態が長期間にわたって続いたところは広範囲に及んだ。被災地における消防団活動が、多様に展開されたことは各種メディアの報道や既刊の調査報告書の類いからうかがい知ることができる。そのなかで、ほとんど採りあげられなかったのが防犯活動である。大震災直後から盗難者の出没やそれにまつわるうわさは、住民の不安を一層かき立てた。そのため、被害の大きかった沿岸地域のみならず、内陸部においても、長期間にわたるパトロール活動が行われた。

宮城県東松島市の概況

　東松島市は仙台市から北東35キロメートルほどの距離に位置し、2005年4月、旧矢本町と鳴瀬町が合併してできた。北は石巻市、南は松島市、西は美里町と境を接している。仙台市から、海岸線に沿って走るJR仙石線、それとほぼ並行する国道45号が主要な交通路である。そして三陸自動車道が市の中心部を通っている。集落は国道45号と海岸線沿いに分布し、第3次産業の就業者は6割を超える。また土地利用は水田が28.6％と最も多く、海岸近くと国道45号の周辺の平坦地に広がっている。沿岸部では海苔や牡蠣の養殖業が盛んで、全国に出荷される。また市の南西部に突き出た宮戸島は磯釣りのメッカで、観光客用の民宿が軒を連ねている。2010年3月末現在、住民基本台帳によれば、人口は43,506人、世帯数は14,985。65歳以上の割合は22.2％である。

　東松島市消防団は11分団、35部、100班からなる（図6-1）。一分団はおよそ40～50名、そして2～5の部から構成されている。東松島市の各分団は合併

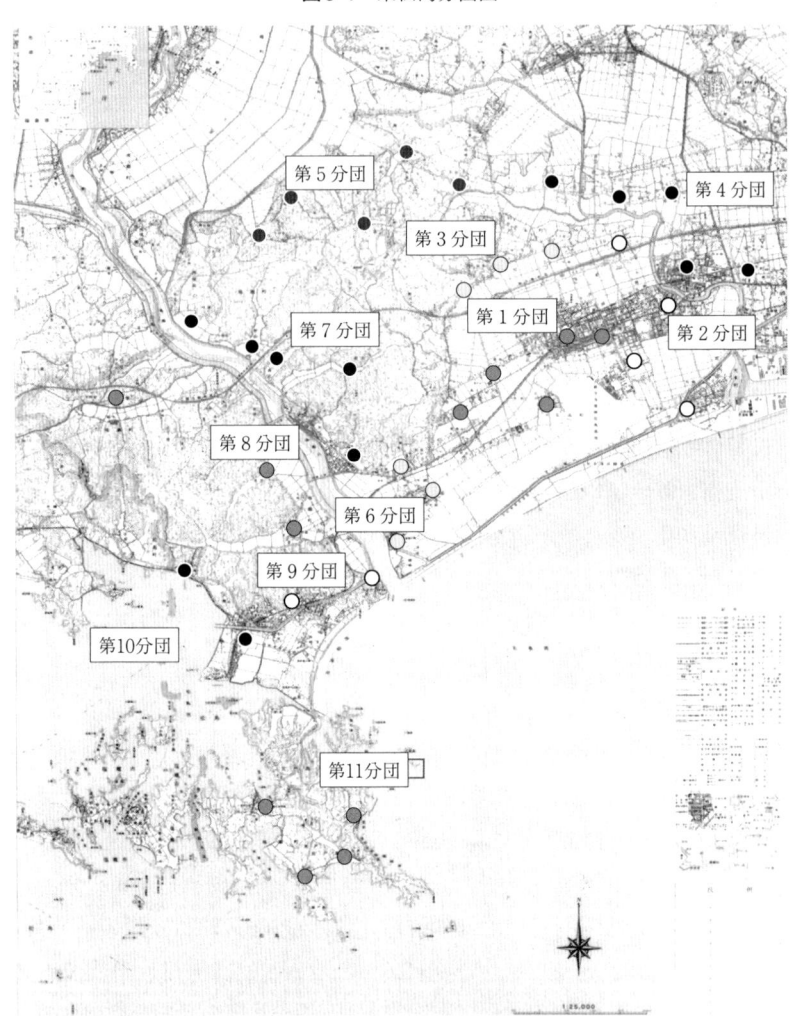

254　第Ⅱ部　安全・安心コミュニティの布置構成

図6-1　東松島分団図

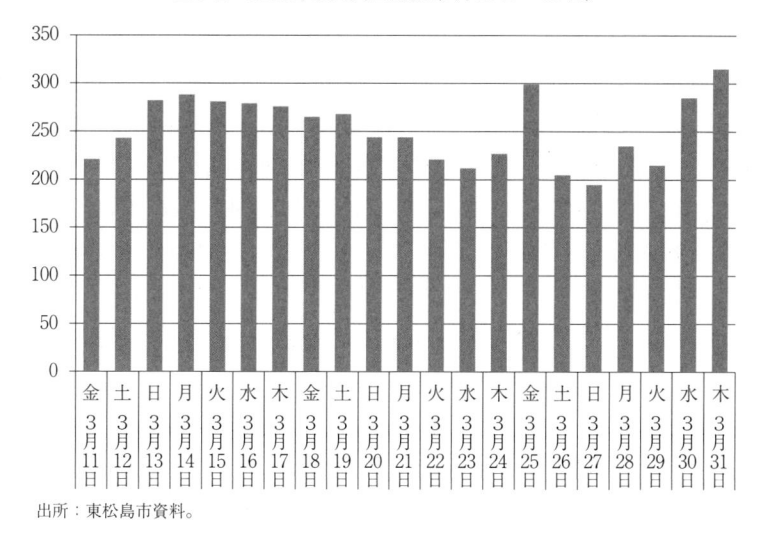

図6-2　東松島市団員出動数(3月11日～31日)

出所：東松島市資料。

前のエリアをそのまま踏襲しており、団員の基本的活動は「部」を中心として行われる。2010年4月1日現在、条例定数は700人、実員数は656人で充足率は93.7％である。団員のサラリーマン化率は67.2％と、県平均よりも多少高く、仙台・塩釜地域への通勤者が多い。海岸地域に位置している第2・第6・第9・第10・第11分団の5分団は東日本大震災によって団員の犠牲者は8名にのぼった。加えて、ほとんどの詰め所やポンプ車が流失した。団員年齢は、「40～49歳」が最も多く、それに続くのが「30～39歳」である。この二つの年齢階層で、全体の67％に達する。

平均年齢は42.2歳であり、県平均の44.3歳と比較して2.1歳ほど低い。

消防団活動

3月11日～31日までの延べ出動団員数は5,300名、一日平均252名を数えた(図6-2)。これは東松島市の全消防団員数のおよそ4割に相当する。その後の出動人員は、4月2,426人、5月390人、6月289人、7月121人、それらに5,300名を含めると、8,526人に達した。

地震発生から3月末までの21日間における消防団の活動について概観する。

地震発生当日の出動団員数は221名。全体の38.4％。市内や近隣市町にいた

消防団員のほとんどは所属する「部」に駆けつけ、住民の避難誘導、広報活動、水門・陸こう門の閉鎖活動等を行った。この日、午後には小雪交じりの天気、気温はマイナスであり、厳しい寒さであった。津波被害の大きかった海岸地域の分団では、避難住民への対応は困難をきわめた。一時避難所や指定避難所に移動できた人の多くは、腰あたりまで海水に浸かった状態であり、あまりの寒さのために急遽、避難所の変更を余儀なくされ、団員は夜を徹して住民移動のための支援活動をしなければならなかったところもあった。翌日から数日間は早朝から路上や車中のいたる所に横たわる遺体を、近くにあった戸板に乗せ、毛布や布きれで覆い、仮安置するという作業が続けられた。大震災発生の翌日の午後に陸上自衛隊特科連隊200名が到着したことを皮切りに、日を追って自衛隊員が増加するにつれ、遺体の収容作業は自衛隊を中心として行われるようになった。被害が軽微であった内陸部に位置する分団は、被害の大きかった海岸地域の分団の支援のため出動した。遺体の収容と同時に進められた道路の復旧作業は遺体への配慮から慎重に行われた。それとともに各地で70センチメートルから1メートルほど陸地が沈下したため、海水が長時間にわたって引かなかったエリアも多く、高潮や満潮時には作業を中止せざるを得なかった。地震発生から10日も過ぎたころから、自衛隊による幹線道路の整備が進み、捜索活動はスピードアップされた。一方、被災の翌日から、遺体からの財布の抜き取りや換金性の高いタイヤやアルミホイールの盗難が多発し、各分団では、日中はもとより、夜間の治安対策にも力を入れざるを得なかった。団員の中には、自宅が流され、避難所生活を送らざるを得ない者、あるいは家族を亡くした者もいたが、消防団活動を優先させる団員も少なくなかった。そのあたりの状況について、津波によって、母親、長男の妻、3人の孫、計5人を失った市のA副団長は次のように語っている。

　　気がつくと、見つからず、苦しんでいる多くの人がいた。「遺体が見つかるまではあきらめきれない」という声も漏れ聞いた。「すべての遺体を弔ってからでないと、街全体で復興に向かえない」。(『読売新聞宮城県内版』2011年3月26日)

行方不明者の捜索は自衛隊、緊急消防援助隊、消防署員、地元消防団により、1ヵ月以上にわたって継続され、その間、これまで見逃されてきた場所で発見

されるケースは見られるものの、4月10日時点においても行方不明者数はかなりの数であった。市消防団本部から出動命令が出されてから2週間も過ぎたころから、団員の勤務先との問題、避難所の移動といった団員個々に関する問題が顕在化したことから、3月31日を以て、「自宅待機」の措置がとられた。

しかしながら、行方不明者の捜索活動はその後も継続され、海面に沈んでいると思われる遺体捜索のため、「野蒜・東名・潜ヶ浦地区排水計画」[15)]が策定され、週末を中心とした捜索活動や、治安の維持を図るため、部によってはかなり長期間にわたって、防犯を中心とした活動は継続された。

4 三事例における消防団の防犯活動

(1) 第6分団牛網部

鳴瀬川の左岸、河口付近をエリアとする。宅地周辺には水田が広がり、農家が多い。地震発生当時、副分団長は家の作業場で、国道45号沿いで定期的に開く野菜直売所に出荷する農産物の袋詰め作業を、妻、母と3人で行っていた。地震は長く、かなり強かったので、柱にしがみついて揺れの収まるのを待った。

初期の消防団活動

副分団長は「いつもの地震とは違う。大きな津波が来ることは間違いない」、「とりあえず、家族をいち早く避難させなければならない」と考えた。避難所として頭に浮かんだのは「浜市小学校」であった。そして自宅のすぐ後ろにいる一人暮らしのおばあさんにも声をかけ、4人一緒に自家用車で浜市小学校に向かった。小学校は自宅から近い距離にあり、小学校に着いたのは、地区内では最も早かった。そして近くに住んでいる義父を、迎えに行こうと思ったところ、自転車に乗って、小学校に向かって来る姿を確認できた。

自宅に戻り、近所に住むおばあさん達3人を乗せ小学校に避難させた。小学校に着くと間もなく、寝たきりの方がいるので、そちらにも回ってほしいと話され、迎えに行ったが、デイーサービスからまだ帰っていなかった。再度小学校に戻ったところ、「かなりの住民が自宅に留まっている」と言われ、その場に居合わせた団員と一緒に、積載車で地区内の住民にたいして避難の呼びかけ

活動を行った。

　途中、パトカーとすれ違った際、「地区内の人に、すぐ避難をするよう、広報活動をしてほしい」旨をお願いした。副分団長が積載車で避難誘導中、地震で壊れた家の家財道具の整理や掃除をしている人、鳴瀬川の堤防から津波を眺めていた人もいたので、「大津波警報が出ているので、すぐ避難するように」と促した。副分団長はいったん積載車から降り、鳴瀬川に目をやると、かなりのスピードで津波が遡って来る様子が視界に入ったので、「すぐ、避難をしなければ」と思い、Ｕターンして小学校に向かった。途中、自宅に入ろうとする数台の車を見つけたので、避難所に行くように話した。さらに玄関の片づけをしていた年配者の2人を乗せ、かなりのスピードで小学校に向かった。小学校の玄関に足を踏み入れるとまもなく、津波が襲って来た。

　小学校には、生徒140人前後、教職員17人、地区住民250人ほど、全部で400名前後が避難した。また、具合の悪くなった人の搬送の連絡を受けた広域消防組合の救急車は、津波が襲って来る直前、小学校に到着し間一髪、津波から逃れることができた。その後、鳴瀬川の堤防の数ヵ所が決壊し、津波は地区内に一気に押し寄せた。堤防付近の家は瞬く間に流され、地区内を東西に走る幹線道路上を鉄砲水のような勢いで流れた。浜市小学校には、床上2.5メートル付近まで海水が流れ込んだため、一階は海水に浸かった。避難した人のほとんどは3階（音楽室兼英語学習室）に移動したが、教室が一つしかなく、すし詰め状態であった。

　海水は午後5時半頃から引き始めたが、自宅に戻ることは危険であるという判断から、避難者全員が小学校で一夜を過ごすこととなった。団員10人ほどが小学校に避難していた。市災害対策本部とは救急隊員所有の無線機を使用し連絡することができた。

　さしあたって、避難住民の居場所を決める必要から、校長、教頭、教務主任、救急隊員、分団幹部等が集まって協議し、3階は高齢者、子供、女性、2階には、男性が休むことにした。高齢者の方々の寒さ対策として、各教室のカーテンを利用した。2階の寒さは厳しく、お互いが身を寄せ合って休んだ。また屋上に臨時トイレを設置し、その任には教職員が当たることになった。学校で保管していた飲料水と避難した人が持っていた豆電球と乾電池は大いに役立った。

翌朝の人員点呼は、年齢別、男女別に分かれて行った。高齢者の方については、常日頃、どんな薬を飲んでいるのか、とりわけ命にかかわる薬については詳しい聞き取り調査を行った。一方、早朝から、地元の建設会社社長がユンボを動かし、道路のがれき処理を進めており、団員は目視で確認できた生存者から順次、救助作業を開始した。そして近くにある個人病院と広域消防組合の担架を使用し、浜市小学校まで搬送した。周囲の分団も早くから応援に駆けつけた。再び津波に襲われる危険性も考えられたので、翌日、避難していた住民は浜市小学校からおよそ5キロメートルほど離れた東松島高校に移動することになった。そのため、被害が比較的軽微ですんだ数軒を残しほぼ無人状態となった。鳴瀬川付近一帯はほとんど壊滅状態であったが、国道45号に近づくにつれ、津波の影響を受けない家が、何軒かはあった。

　震災から3日目、副分団長は地区の状況報告のため、震災後初めて市災害対策本部に行った。また遺体は車で10分ほどかかる仮安置所の市体育館に搬送した。遺体があまりにも多く、その場で確認することが難しかったので、それぞれの遺体には「発見場所」、「性別」、「外見上の特徴」等を書いたメモを付した。このような活動が4、5日ほど続いた後、遺体捜索や搬送の中心は自衛隊に移った。

盗難の多発と防犯対策

　市消防団長から「各地で盗難事件が発生しているので、団員は盗難者対策に力を入れて欲しい」という指示があったのは、震災発生4日目であった。浜市部のエリアは鳴瀬川流域から国道45号にかけての一帯である。大震災発生の翌日には、流入した海水が徐々に引きはじめ、地域内の一部には、車が入れる状態のところもあった。そのため、早朝や夜間を中心として、流れてきた車やバイク、さらには農業機械からのガソリンや重油等の抜き取りが頻繁に行われていたという、目撃証言が多数寄せられた。そのため、国道から牛網地区への主要出入り口である仙石線小野駅付近にテントで仮の詰所を設置した。設置当初は、全ての車両や人にたいして、「具体的な行き先」を尋ねたが、車が列をなし、国道45号にもあふれる状態となったため、顔見知りの人についてはフリーパスとした。午前6時から午後9時まで、6、7人の団員が常駐し、活動は1ヵ月近く継続された。長時間、しかも長期にわたる活動は、牛網部だけで

は対応が難しく、近くの分団や部の協力を得た。日が経過するにつれ、不審者は夜間に周辺の道路を通って出入りするケースが多くなり、夜間パトロールに重点を置いた。金庫の持ち出し、アルミホイール、配電盤の銅線、屋根の銅板、2階に置かれているパソコン、使用可能な農器具も盗難の被害にあった。牛網部の盗難の特異性は、交通の利便性から、「この家の持ち主から処分や回収を頼まれた」という回収業者が早くから入り込んだことである。このような事態にたいして、盗難者と回収業者とを区別することが徐々に難しくなった。確かに、知り合いの業者に回収や処分を依頼する者も存在したが、それをはるかに上回る盗難者が地区内に入り込んだ形跡は、いたるところで見られた。明らかに盗難者と思われる者にたいしては、団員が詰問することもあったが、「お前たちには関係ないだろう」「お前たちに詰問する権限はあるのか」と開き直り、猛スピードで立ち去る車もあった。若い団員の中には、「我々の方が人数も多いし、黙って見ていると腹も立つ。もう少し厳しく対応しよう」という声もあがったが、団員と盗難者との間で大きなトラブルに発展したケースはなかった。4月7日に地区内の一部に通電され、自宅に戻って生活する住民も増えるようになった2ヵ月後には、不審車はほとんど見かけなくなった。

(2) 第9分団亀岡部

　第9分団は鳴瀬川河口から東名運河の東部一帯をエリアとする。第9分団は、亀岡部（管轄エリアは亀岡地区と洲崎地区の二地区）と新町部（新町地区の一地区）の2部で構成され、分団長は新町部、副分団長は亀岡部より選出されるのが通例である。

　2011年7月現在、亀岡部に所属する団員は17名。地震発生時、避難誘導や広報活動に従事することができたのは7名。うち副分団長と団員2名、計3名が活動中に犠牲となった。

避難所の移動

　地震発生後間もなく、部長と団員1名は部所有の積載車で、「ただいま、大津波警報が発令されました。海岸に絶対に近寄らないでください」と、15分程度の時間をかけて、管轄区域内を巡回した。巡回後、2人は分団詰め所に隣接する亀岡地区コミュニティセンター前で炊き出しの準備にとり掛かった。すると間もなく、近くを走る県道の方から大声で「津波だ。津波だ。早く逃げろ」

と叫ぶ声が聞こえた。ほとんど時間をおかず、両名とも津波に巻き込まれてしまった。部長は流れてきたタイヤにしがみつき助かったが、避難誘導を最後まで続けた団員は犠牲となった。その場に居合わせたもう一人の団員は、近くの樹木に這いあがり、辛うじて難を逃れた。

一方、会計係を担当しているＳ団員は地震発生時、仕事の関係で隣の東名地区（第10分団管轄）にいた。直ちに、団活動を行うため、第9分団の詰め所に行こうと考えたが、東名運河と並行して走る県道奥松島松島公園線は、既に車が渋滞し始めていたため、緊急時に、地元住民が利用することの多い丘陵を迂回する道路を通り、亀岡部の詰め所前に自家用車を止めた。歩いて1分ほどの距離にある自宅に戻り、団服に着替え、詰め所からほど近い指定避難所である野蒜小学校体育館前で、避難誘導活動を行った。

ところが、間もなく異なる3方向から流れ込んできた津波が野蒜小学校の校舎にぶつかって渦を巻きはじめ、流れてきた百台以上の車が回転しはじめた。そのうちの1台がＳ団員の誘導活動していた場所（体育館の扉）に突っ込んできたので、「もうこれ以上は危険だ」と判断し、急いで体育館の中に入った。まもなく、そこにも大量の海水が流れ込んできて、あっという間に水かさは増した。

1階のフロアにいた人々は互いに協力しあい、高さ3メートルほどのデッキに這い上がった。Ｓ団員も、みるみる上昇する海水に幾度となく没しながら何人かを引き上げ、自らも数人の手にしがみつき、やっとの思いでデッキに上ることができた。津波はデッキまで20センチメートルほどの高さにまで達した。時間の経過とともに海水は多少引き始めたものの、体育館内の気温は徐々に低下し、マイナス状態となった。体育館内にいたほぼ全員がずぶ濡れ状態で、「このままでは多くの人が凍死するかもしれない」と考え、消防団、学校関係者、ＰＴＡ、区長等が話し合い、午後10時ころから屋根つきのわたり廊下を通って校舎内に移動をはじめた。体育館と校舎の間の距離は50メートルほどであったが、わたり廊下もがれきが山積みされた状態であったので、複数の人が協力しあって一人ずつ校舎に移動させた。全員が移動し終えたのは午前1時50分過ぎであった。

Ｓ団員によれば、その場に居合わせた団員は13名前後だったという。午前4時ころ、靴を履いたまま、ずぶぬれ状態で、団員は4畳半ほどの広さの調理準

備室で仮眠をとった。

　翌朝、校舎の2階から見た光景について、多くの団員は、「これが現実なのか」と思ったと話された。着替もなく濡れたままの服で、校庭に高く積まれたがれきの上を渡りながら、団員は2班に分かれ、まずもって屋根の上で助けを求めている住民の救助活動を行った。遺体は戸板に乗せ、その上に、家族が自宅から運んできた毛布を被せて仮安置した。遺体があまりにも多かったのに加え、団員の誰もが食べ物を口にしていないため、多くの団員は、「遺体はずっしりと重く、自分はこんなに力がなかったのか」という意味の言葉を交わしたと言う。

　3日目以降、遺体が百体を超える状況となり、野蒜小学校体育館では収容しきれなくなった。そのため、7キロメートルほど離れた石巻西高校に搬送した。3日目の午後には、「この付近でも不審者が出入りしているらしい」という情報も耳に入り、夜間、車中で警備をすることを決めた。3月14日の時点で、野蒜小学校の避難者数は大人366名、子供51名の合計417名（最も多かった震災当日は958名）であった。

　副分団長及び2名の団員は避難誘導中に津波に巻き込まれて死亡。同一分団を構成する新町部にあっては、分団長が巡回活動の終了直後に津波に巻き込まれ、班長1名は避難誘導中に犠牲となった。第9分団における5名の犠牲は、東松島市の11分団中では最も多い数であった。住民の死者数も多かったことを考えると、第9分団エリア一帯は団員、住民の双方にとって、厳しい局面での行動を余儀なくされた証でもあった。

　日中は遺体の捜索と搬送、また夜間は不審者情報にもとづく監視活動を行わなければならなかった。1週間ほど経過したころから第2次避難所への移動が始まり、亀岡地区は小高い丘陵側の数戸の家屋を除いて、広範囲にわたって無人状態と化した。亀岡部の分団詰め所は破損した状態であり、活動拠点として利用することは不可能であったこと、それに加えて野蒜小学校内にはパソコンをはじめ多数の教育機器が残っており、亀岡部では、野蒜小学校の2階の一室を仮詰め所として、団活動を継続することになった。

24時間警戒体制の継続

　3月13日、団員同士のこれからの活動についての話し合いで、「不審者がか

なり出没している」ということが話題となり、朝と夕方のパトロールに加えて、夜間は車中で3名が警戒にあたることになった。3月15日、野蒜小学校に避難していた多くの人々は、約4キロメートル離れた鳴瀬第一中学校へ移動した。

震災直後に洲崎地区の区長が負傷し病院に搬送された。3月16日には、亀岡西区長が鳴瀬第一中学校の避難所、亀岡南区長が石巻市に避難先を移した。それよりもやや遅れて、亀岡東区長は隣町の松島町に避難先を移動したことにより、亀岡地区は区長不在の状況となった。多くの住民が亀岡地区を離れたが、津波から難を免れた一部住民

表6-5 亀岡部出動団員数
（3月11日～6月30日）

活動期間	活動人数（人）
3月11日～3月20日	107
3月21日～3月31日	96
4月1日～4月10日	77
4月11日～4月20日	70
4月21日～4月30日	65
5月1日～5月10日	77
5月11日～5月20日	74
5月21日～5月31日	79
6月1日～6月10日	51
6月11日～6月20日	42
6月21日～6月30日	43

出所：団員S氏メモより。

の安全確保と、津波によって破壊されたままの状態となっている家屋とはいえ、「それらを守ってほしいと」という要望が避難者から多数寄せられたこともあり、亀岡部の活動は、地区内に侵入する不審者の取締りを中心とした活動となった。住民の一人は、当時を振り返り「破壊されたとはいえ、長年住み慣れた自分の家に、他人が土足で入られることは耐え難かった」と、話されていた。3人の区長（一人は入院中）は、仮詰め所に時々顔を見せることはあったが、緊急の連絡内容を伝えることが主であった。団員は8月3日の仮詰め所の閉鎖まで、一日も空けることはなかった（表6-5）。3月11日～8月3日まで、4ヵ月以上にわたる寝泊りをしながらの行動は、東日本大震災における活動としては最も長期間にわたるものであったと思われる。なかでも、部長とS団員は一日も欠かさず、仮詰所で寝泊りをした。

市の消防団長や幹部数人が各分団の巡回状況の折に立ち寄ったり、あるいは市役所の関係職員が尋ねて来ることはあったが、避難所が離れていることもあり、限られた一部の地区住民を除いて仮詰め所に足を運ぶことはなかった。

防犯活動の展開

亀岡部の管轄エリアは、東名運河に沿って走る県道の両側に広がり、松島や

石巻方面への通り道。津波被害がほとんどなかった山越えの道路が複数あり、しかも県道が比較的早く復旧したことから、早い時点から車輌の通行量は多かった。また隣接の東名部とは異なり、無人状態とはいえ、地盤沈下の地域は限定的であり、しかも家屋解体が東名部と比較して遅れてスタートしたこと等もあり、不審者対策の必要性は早くから指摘されていた。表6-6から、亀岡部の不審者対策の特徴を概観する。

第一は、震災発生の翌日、「第10分団東名部において、盗難者が警察に引き渡された」という情報が、団員はもとより、野蒜小学校の避難者の間でも話題となった。石巻市や気仙沼市では大規模火災が発生しており、避難者の中には、不審者によって放火され、亀岡部一帯が焼け野原状態になるかもしれないと想定する人も少なくなかった、と証言する住民もいた。そのような話題を通じて、外部者＝よそ者＝不審者という構図が形成されるまでにそれほどの時間は要しなかった。それに加えて、「火事場泥棒の出現」(①の事例)の情報が、大震災当日に発生した数多くの余震の発生により、3.11より、さらに大きい地震が来るかもしれない、と増幅され避難者の恐怖心を一層あおる結果となった。これらの状況に加えて、避難所の移動を2、3日後に控え、無人状態が確実視されるなかでは、防犯活動はより重要性を増した。震災直後から、多くの被災地では盗難問題が発生し、逮捕された事例は少なくなかった。とはいえ、亀岡地区では伝聞の域を出ない段階で、外部者に対する警戒心は、住民に限らず団員の間にもかなり浸透していったことがうかがえる。

第二は、野蒜小学校の一室を仮詰め所としていた120日間において、不審者に関する外部からの通報・団員の目撃、パトロールは24件である。それらのうち、逮捕されたケースは7件、ナンバー確認が7件(うち、逮捕者1ケースを含む)であった。この2つを合計すると全体で58.3％を占める。

ここで注目しなければならないことは、3月の3件の不審者情報はいずれも団員の目撃情報であった点である。3月15日の避難所移動の翌16日と翌々日の17日の不審者情報は、その目撃された人物の行動が十分に把握しえないため、断定することはできないが、避難者の移動後、団員間にも、不審者にたいするイメージが強まっていたことは想像できる。3月中、この3件以外の不審者情報は無かった。

表6-6　亀岡部の不審者対応（3月11日〜6月30日）

番号	月 日	具体的内容	時刻	対応措置	備考
①	3 13	火事場泥棒の情報	16：00		出所不明
②	3 16	不審車両の情報	夕方		亀岡部団員
③	3 17	不審車両目撃（野蒜小学校の坂道）	5：00		亀岡部団員
④	4 01	金庫を積んだ軽トラック発見	21：35	団員が身柄拘束	石巻署へ引き渡し
⑤	4 12	不審車両（団員目撃）	19：40	パトロール（団員）	ナンバー確認（県外）
⑥	4 19	軽トラック（サンクス横に停車）	6：00	パトロール（団員）	白色　ナンバー確認
⑦	4 19	タイヤ8本がなくなったという申し出（西区住民）	10：00	パトロール（団員）	
⑧	4 20	不審者を屋上より確認（団員）	22：30	パトロール（団員）	
⑨	4 21	不審車両（JR野蒜駅付近）	17：00	市災害対策本部へ連絡	
⑩	4 27	軽トラック（西区）	17：00	パトロール（団員）	白色　ナンバー確認
⑪	4 28	軽トラック発見（タイヤ積載）	18：00	パトロール（団員）	
⑫	5 02	軽トラック（アルミ等積載）	6：30	パトロール（団員）	白色　ナンバー確認
⑬	5 02	タイヤ泥棒（新町消防署付近）	12：20	逮捕	
⑭	5 03	白のワゴン車（電線積載）	12：00	逮捕	
⑮	5 06	軽トラック（3人組）	21：00	逮捕（通報）	ナンバー確認
⑯	5 07	不審車両（新町区）の通報	19：40	パトロール（団員）	ナンバー確認
⑰	5 17	不審車両の通報あり（5〜6人組）	17：20	パトロール（団員）	
⑱	5 18	不審車両の通報あり／室外機積載	17：50	パトロール（団員）	
⑲	5 24	不審車両の通報あり（西区）	21：00	パトロール（団員）	
⑳	5 30	不審者両の通報あり（南区）／室外機、タイヤ盗難	15：48	逮捕	
㉑	6 01	軽トラック（簡保の宿付近）年輩2人　酸素ボンベ	11：00	逮捕	
㉒	6 01	軽トラック（鳴瀬二中）若者二人	15：40	逮捕	
㉓	6 03	宮戸消防団へ連絡（不審車両の件）	19：50	パトロール（団員）	ナンバー確認
㉔	6 05	不審車両の通報	7：00	パトロール（団員）	

出所：：団員S氏メモより。

第三は、4月、5月に不審者及び盗難者は多く、4月8件、5月9件と、2ヵ月間で、不審者情報全体の7割にも達する。亀岡地区は、4月になっても家屋の解体があまり進まず、津波に襲われた状態のままとなっていたことから、アルミホイール、タイヤ、金庫[16]等の盗難が多かった。4月は、8件の不審車両のうち、ナンバー確認4件、逮捕1件であった。このような状況からして、ナンバーの確認された不審車両や逮捕者が出ていることからして、3月と比べて、不審者の増加が見られた。

　5月は9件の不審車両が目撃されている。そのうち、5月第1週の連休期間中は5件、連休後は4件である。連休期間中の5件のうち、逮捕3件、他の2件は車両ナンバーが確認されている。一方、連休後は逮捕1件のみである。逮捕件数の違いもさることながら、連休後の不審車両の⑯、⑰、⑱、⑲は全て「通報」によるものであり、それを受けて、団員はパトロール活動を実施している。⑯については、ナンバーの確認は行われているものの、残り3ケースは「不審者だろう」の域を脱していない。この点からして、不審者については、連休期間中とその後では際立った違いが見られる。亀岡部が仮詰め所を設置し、24時間体制で実施された不審者対策は、避難所生活を送っている人々の期待に応えたことは間違いない。とはいえ、通報行為が警察よりは顔見知りの団員に寄せられていることは、通報自体に多少なりとも疑問を抱かざるを得ない側面は否定できない。

(3) 第10分団東名部

大震災当日の団員の行動

　東名部は、第9分団亀岡部と隣接する。エリア内には4行政区がある。第10分団は、東名部と大塚部との二部構成である。長年の慣習として、東名部から分団長、大塚部から副団長が選出される。東名部の平均年齢は41.8歳。分団長(1名) − 部長(1名) − 班長(3名) − 団員(27名)という組織構造である。東名部の特徴は、分団長をはじめ、班長以上の役職者5名全員が会社及び漁業経営者で、消防団活動にたいしては比較的融通の利く立場にある。

　地震発生時、東名地区内や近隣市町で仕事をしていたのは、団員32名中7名。7名は直ちに団活動を始めた。うち2名は住民の避難誘導中、犠牲となった。

具体的活動としては、海抜0メートル地帯の広がる東名地区を高潮、台風、津波等から地域住民を守る東名運河と、船溜まり用の元場の二つの水門閉鎖。だが、停電のため、元場の水門閉鎖は途中であきらめざるを得なかった。部所有のポンプ車で住民に対する避難広報活動。当時、仙台市や富谷町で仕事をしていた団員は、地震の発生による津波の襲来を予測し、普段、ほとんど通ることのない山道を走り、東名地区に向かった。だが、分団長を除いて、「地区全体がほぼ水没した状態」を目の当たりにして、東名地区の入り口付近で一夜を明かさねばならなかった。地震発生から東名地区に戻るまでの経過について、K班長は次のように話された。

> 地震発生時、仙台市内で自家用車を運転していた。かなりの揺れを感じたので、新寺小路（仙台駅東口）で自家用車をいったん止め、携帯電話で地元にある会社（本社東名地区、総合建設業）に連絡をとったものの全く通じなかった。
>
> 東名地区には午後4時半ごろに着いた。野蒜海岸近くにある9,900㎡ほどの広さの資材センターで働いていた9名のうち、2名は救助されたが、7名は死亡。

翌日から、団員は行方不明者の捜索と遺体の搬送が活動の中心となった。地区内を走る道路は山積みされたがれきで思うように通行できないため、歩いて進まざるを得なかった。しかも広範囲に及ぶ地盤沈下と護岸破壊による海水の流入は続き、団員は膝から腰の付近まで海水に浸りながらの活動を余儀なくされた。いずれの団員も「食事は全然とれなかったし、自分が何をやったのかも覚えていない」と、後日話されていた。しかも詰め所が流失したため、全員が顔を合わせたのは震災から3日目であった。

地区住民の避難行動

東名地区S防災会長（以下「防災会長」）が地震に遭遇したのは、自宅から2キロメートルほどの距離にある市民センターであった。まもなく市の防災行政無線を通じて「大津波警報が発令されました。避難してください」という放送を耳にし、軽トラックで自宅に戻った。自宅に着いたのは午後2時50分ごろであった。妻は既に避難所に向かう準備をしていた。地区内のほぼ真ん中を走る県道奥松島松島公園線は車で渋滞し始めており、妻を新東名に居を構える弟の家の

前で下し、地区住民の一時避難所となっている、300メートルほど離れた長石神社に「大津波警報が発令されました。長石神社に避難してください」と車の中から叫びながら向かった。地区で事前に取り決めしている安否確認を示す白い布が、何軒かの門口には掛けられていたことは確認できた。

　小雪交じりの天候であり、長石神社に敷地内にある地区防災倉庫からテント2張り、発電機2台、投光機2台を取り出した。とはいえ、防災会長は「これまでの経験からして、津波はこの付近までは来ないだろう」という思いはあったと話す。防災会長が長石神社に着いた時、既に20名ぐらいの人が避難していた。高齢者の中には、寒さを凌ぐため東名運河沿いに2キロメートルの距離の指定避難所の野蒜小学校体育館に向かった住民もいたが、途中、地震で倒壊した家があり、その箇所は片側通行状態であった。そのため、普段より時間を要し、第2波の津波で流された人も多かった、と後日に聞かされた。長石神社には170名ほどの住民が避難した。多少遅れて避難して来た住民から、「いま、津波が東名運河を超えて亀岡地区に押し寄せてきた」という話を聞き、「テントの中は危険である」と防災会長は判断し、さらに高台にある神社境内に移動した。その場所は狭い空間のため、若い人はその裏山に避難した。

　暗くなり始めた頃には、多少なりとも、津波は引き始めたものの、ヘドロとがれき、さらに寒さで移動は難しく、3ヵ所で焚火し暖を取った。余震は間断なく続き、神社の灯篭付近には近づかないように指示した。ほとんどの人は腰切のあたりまで濡れていたので、時間の経過とともに、寒さは身に堪えた。

　長い時間、"じっと"していると「寒く」、「寂しさも募る」ということもあり、一時でもその状況を解消するため、高い場所にいた人から順番に、「1．2．3──173」と二度ほど、声を出し合ってお互いの存在を確認し合った。

　翌朝、若い人達が中心となり、即席の担架を作り、高齢者の方や体調不良を訴える住民を2キロメートル離れた定林寺に搬送した。その後、市の災害対策本部から連絡を受けた第9分団新町部の団員が支援に駆け付け、軽トラックで搬送が行われた。

東名部と地区防災会の対応の経緯

　東名部と地区防災会は、長年にわたって、地区防災訓練をはじめ地区の各種行事の警備・警戒において共同で対応し、両者は緊密な関係を築いてきた。

震災後、東名部のS分団長(以下、分団長)と防災会長が初めて言葉を交わしたのは震災翌日の夕方であった。分団長は分団詰め所が流出したので、仮詰め所の設置を口にした。

海抜0メートル地帯の新場や元場では、津波によって多くの家屋が流失したことに加えて、海水がほとんど引かないため、足を踏み入れることはできなかった。しかし、不審者対策の関係[17]から、新場と元場地区への出入りを制限する必要があり、やや高台を走る基幹道路の県道奥松島松島公園線と新場、元場へ延びる市道の交差点付近の公有地の一角に、地区防災会の保管倉庫で唯一残ったビニールシートを利用し、約17平方メートルの広さの仮詰め所を設置した。

震災の翌朝から、財布やガソリンの抜き取り、さらにはアルミホイール、金庫の盗難が続発した。仮詰め所を設置する主たる目的は、盗難防止に加えて、東名部の組織的な団行動を本格化させるための活動拠点を確保することであった。仮詰め所ができることによって、団員相互の意思疎通はもとより、行方不明者に関する情報も集まるようになった。

当初は不審者対策を優先させるため、仮詰所から100メートルほど南の東名運河に掛かる橋梁を封鎖することにした。午後4時近くになると、団員がオートバイで元場、新場で後片付けをしている住民にたいして、「午後4時には、橋梁が通行できなくなります。急いで行動してください」という呼びかけを行った。橋梁付近にユンボを起き、車の通行を遮断した。とはいえ、早朝、あるいは夜間に忍び込んだ形跡はいたるところで見られた。橋梁の封鎖措置にたいして、地元住民からの不満もあったが、消防団の意図するところは理解された。このような対応は1ヵ月ほど続いた。

仮詰め所付近には、津波の被害が比較的軽微ですんだ団員宅があり、電話やファクスの借用ができたことから、市災害対策本部や市消防団幹部への連絡もスムーズとなり、東名地区の孤立状況がしだいに解消されていった。

震災翌日、長石神社で一夜を明かした170名が寺院に移動したものの、避難者の多さから、新たな避難所が必要であった。その確保にあたっては、行政のみに頼ることは不可能な状況であり、防災会長を中心として、新たな避難先と考えられる場所に、次から次へと連絡をとった。特に、防災会長は旧鳴瀬町時

代に役場の要職を長年にわたって務めていたこともあり、地区内はもとより周辺の地理に精通し、かつ多くの人脈ルートを持っていたことが有効に機能した。大震災当初は10ヵ所以上の避難場所に分散しており、住民の動向把握は困難をきわめた。このような状況はどの被災地でもみられた現象であり、それぞれの地区ではさまざまな手段を講じて地区内の住民の安全・確認にあたった。防災会長は被災2日目から、朝6時前に自らが避難している親戚宅から全ての避難所の巡回活動を開始した。防災会長は、「このような未曾有の災害に遭遇した時こそ、地区防災会は機能しなければならない」という強い思いがあった。3人の防災会副会長（区長兼任）はそれぞれの避難所の責任者として、人や支援物資の動きに関して、防災会長に逐一報告した。

　自衛隊や団員による行方不明者の捜索活動が本格化し始めた3月15、6日頃、東名部団員は若い年齢層が多いこともあり、分団長から防災会長にたいして、「我々、若い者には判別できない遺体も多く見つかっているので、できれば遺体確認に立ち会ってほしい」旨の申し入れを行なった。それを機に、防災会長と三名の副会長（いずれも行政区長）が交代でその任に当たることになった。仮詰め所ができたことにともない、行方不明者の家族や親戚から、当人の身長、体重等の身体的特徴や着衣に関する情報が寄せられるようになり、その情報は仮詰め所内に貼り出された。このような動きを通じて、地区防災会と東名部の情報の一元化が図られていった。

　4月に入り、海水はかなり引いたが、護岸の破壊のため海水の流入は続き、特に高潮や満潮時には広範囲にわたって冠水状態となった。この時期、不審者の目撃情報は減少傾向にあったが、抜き取られた財布がまとまって見つかることもあった。さらに出入りが緩和されたこともあり、明らかに盗難者と思われるものについては、警察に連絡をした。

　がれきの撤去作業が本格化し、新場・元場地区へ自衛隊の大型車両の出入りが多くなった。自衛隊の車両が両地区に入るためには、仮詰め所付近で右折や左折をしなければならず、道路幅を広げる必要があった。市災害対策本部から仮詰め所の移動を検討してほしいとの要請があり、いままでより30メートルほど内に入った団員宅の敷地内に移動することになった。その場所は比較的高台に位置し、5、6台の駐車スペースが確保できた。この時期、行方不明者の

捜索活動を行っている自衛隊から「行方不明者の方が発見されました。身元確認のために立ち会ってください」という連絡が毎日のようにあり、分団長、防災会長、居合わせた団員数名の立ち会う日が続いた。

　「団員は3月31日を以て、自宅待機」という市災害対策本部からの指示が出されたとはいえ、死体の身元確認の作業のため、特定の時間になると、何人かの団員が顔をそろえた。

　防災会長はこれまでと変わらず、ほぼ決まった時間に避難所の巡回活動を継続するとともに、仮詰め所にも顔を出す毎日であった。避難所から親戚宅や別の避難所に移動する人も増え始め、避難所の収容人員のアンバランスの調整、さらには在宅避難者からは支援物資の配給に対する不満の声も聞かれ、その点について市当局との話し合いの場をもつこともあった。さらに仮設住宅に関する新聞報道が行われ始めたこともあり、防災会長は避難している人々から、直接意向を聞くこともあった。防災会長は避難者の動向把握を最優先課題とし、避難者が移動する際には、避難所の責任者にたいして連絡を徹底するようにお願いした。このようにして得た情報は仮詰め所に持ち帰り、分団長や副会長と住民名簿との照合作業を一日1回は行った。また分団長は、午後5時過ぎに毎日開催される市災害対策本部に出かけ、そこで指示された内容を、分団員にたいして連絡した。

　市内の分団のなかには、職場の関係から分団活動を3月いっぱいで打ち切ったところもあったが、防災会長と分団長は、「なんとか、行方不明者全員を見つけ出したい」という共通の思いから、班長以上と出動可能な団員にたいしては活動の継続を要請した。大震災の発生から1ヵ月も経過すると、東名地区の行方不明者が必ずしも地区内で発見されるとは限らず、広範囲にわたって遺体収容が行われるケースも少なくなかった。「身元不明者が遺体安置所に運ばれた」という連絡が入ると、分団長と居合わせた団員は遺体安置所に出向き、確認作業を行った。しかしながら、遺体だけでは特定することが不可能なケースもあり、DNA鑑定に回されるケースも増え、確定するまでにはかなりの時間を要した。

　4月末、全国にネットワークを持つ「アウトドア義援隊」が継続的なボランティア活動を始めた。防災会長のもとにはボランティア活動に関係する問い合

わせ、あるいは被害が軽微で済んだ新東名地区住民が自宅に戻って生活をするようになり、ライフラインの整備や安全上の配慮から街灯の設置要請も寄せられるようになった。また仮詰め所への住民の出入りも多くなり、大きなボードに張り付けた地区内の地図上に、居住状況を色別し、身元確認に訪れる人が一見してわかるような工夫も凝らした。

　防災会長の携帯電話の登録者数は日に日に増えていった。その情報は、その後の市の動向や地区内の住民の動きの問いあわせがあった際、重要な意味を持った。分団は、震災前には月3回、定時に行っていた地域内巡回活動が休止されたこと、また火災の発生に対する不安を感じており、できるだけ早い時期のポンプ車の提供を市に申し出た。

　5月に入り、団員宅の向かい側のがれきが撤去され、広いスペースが確保できたことから、仮詰め所を移動した。この頃には、避難所から自宅に戻って後片付けや状況確認のために、東名地区を訪れる住民は以前に比して増えた。住民が仮詰め所に立ち寄った際、防災会長や分団長が把握していなかった情報や、避難所の生活上の問題点について話されることも多かった。

　震災から百日目が近づいてきた頃、分団幹部の間では、「いつの時点で、仮詰め所の活動に区切りをつけるのか」ということが話題になり始めた。この頃、地区内でタイヤの燃えるボヤ騒ぎがあり、市にたいして、代替ポンプ車の提供をできるだけ早くお願いしたい旨の要望を再度行った。さらに行方不明者のいる家族から、要望されていた東名運河の大掛かりな捜索活動が、自衛隊によって行われ、団員は交通整理や運河の状況説明等の協力を行った。また護岸の破壊と地盤沈下により冠水地域が広範囲に及び、がれきの運搬作業に支障をきたすことから、分団長と防災会長は早急に仮設道路の建設を市に要望した。この時期、避難所から仮設住宅へ移動する人も増え始めた。仮設住宅の移動は地域住民の居住地の分散化をもたらすことは当然であり、今後の地区住民の街づくり計画の意向を把握するうえで問題も生じかねないことも考えられたので、防災会長は他の3人の副会長、役員と協力して、住民動向の把握に努めた。その頃には、防災会長の携帯電話には400人を超える住民の連絡先が登録されていた。また「野蒜地区」12行政区長連名で、市当局にたいして、将来の野蒜地区の街づくりに対する「要望書」を提出した。他地区に先んじて将来の地区全体

の意向をまとめ、市当局に提示することができたのは、防災会長を中心として、住民意向を充分に把握していたことが大きい。5月末頃、津波によって壊滅的な被害を受けた仙石線東名駅に、ＪＲ関係者が現況調査のために訪れたり、がれきの撤去や護岸の破壊状況の確認のため、市役所の関係部署の職員が直接足を運ぶようにもなった。

　この時期、ほとんどの団員は職場復帰したが、作業現場が仮詰め所の近くであった団員は、昼休みの時間帯にしばしば仮詰め所に顔を出し、食事をとりながら、防災会長や居合わせた住民と会話をして時間を過ごした。震災の発生から百日目を迎えようとするこの時期に、県外の薬の訪販売主、生命保険会社や工事関係者が、住民の居所を訪ねて来ることもあった。市は個人情報保護法の関係上、仮設住宅の住所について、教えることはしなかったので、これらの人々が仮詰め所に足を運ぶこともあった。防災会長は、「ここに行ってみればわかるかもしれないですよ」という婉曲な言い回しで回答した。

　分団活動は縮小され、防災会長が対応する場面が多くなった。「東名地区防災会長」という呼称は、地区内4行政区で組織されている地区防災会の代表者を意味しており、この時期の対応内容からして、「区長」と呼んだ方が時宜に適合するようにも感じた。その点に関して、防災会長に問いかけると、「現在、対応している問題は全て未曾有の大震災によって発生したものであり、私は防災会長という自覚をもって対処しています」と。さらに続けて、こうも話された。「大震災の状況下にあっては、通常の行政区長の役割とは明らかに異なる状況が生まれています。そのような災害に対応する組織として地区防災会が誕生したのであり、立場上、ここで投げ出すわけにはいきません」と。

　6月10日、区長と分団長は市に、「現在のテントの仮詰め所では台風シーズンを迎えるこれからの時期は危険であり、プレハブの設置をお願いしたい」と要望し、仮詰め所のすぐ側にプレハブの「東名地区センター」が設置された。それにともない、東名部も同居することになった。これまでの「仮詰め所」は、その名の示すように東名部という消防団の居住空間に東名区防災会が同居する形をとっていたが、「東名地区センター」という名称それ自体が、防災会の機能がより重点的に行われることを表象するものであった。防災会の提案により、入り口には「東名部分団詰め所」という文字の書かれた張り紙が付された。東

名部と自主防災会の関係は、名称は変わったとはいえ、これまでと変わるものでなく、「居場所の安全性という面がより確保された」ということの意味をもつにすぎない。

　防災会副会長として、3名の行政区長が名を連ねている。そのうち2名は、仕事や隣町の仮設住宅に入居した関係から、毎日、東名地区センターに顔を出すのは防災会長とK副会長の2人であった。東名地区センターには自宅の後片付けや様子を見に来た住民が立ち寄り、東松島市が毎月2回発行している市報「ひがしまつしま」を持ち帰る住民は多かった。住民にとって、将来の生活設計を考えるうえでは、市当局が策定中の復興基本計画の進捗状況は大きな関心事であった。その概要の一部が地元新聞で報道された数日間は、内容の細部にわたって尋ねて来る人はかなりの数に達した。「高台移転」が報じられたこともあり、その移転先は現居住地に近い丘陵地なのか、あるいは土地の買収価格はどの程度か、ということが関心の的であった。この頃、東名地区センター内には、地区内の動きが一目でわかるように、月間行事が書きこまれた黒板も備え付けられた。

　家屋の取り壊しが本格化し始めた6月中旬ころ、この地域で、長年慣習として行われていた屋敷移転にともなう「埋井祭」、「屋祓い」[18]、さらに仏事を取り仕切る六親講による合同供養祭等が関係者および区長の立会いのもとに行われた。6月17日に行われた「埋井祭」は、それらの先陣を切るもので、いわば、従来までの日常性を取り戻すきっかけともいうべき行事として位置づけられる。震災後百日という節目の時期に、「なんとしても実施したい。ひとつの区切りをつけたい」という地区住民の強い思いの表れでもあった。「埋井祭」当日、震災以降、地元を離れて生活していた住民の参加も多く、お互いに旧交を温める姿もみられた。これらの行事の実施にあたっては、開始時刻、祈祷料、実施場所等の問い合わせは、防災会長とK副会長が対応する一方、東名部は、交通整理、駐車場係、テントの設営等を担当した。これらの行事の実施を通じて、防災会の緻密な計画性、とりわけ地域住民にたいしてほとんど遺漏のない対応は、地区住民にとって防災会の存在をより強く意識させた。「ここは、我々東名地区の総合支所」という声さえも聞かれた。それは、防災会長を中心として、これまで地道に積み重ねられてきた情報は、単なる動向確認のレベルにとどまる

ものではなく、会話を通じて形成された地区防災会に対する信頼の証でもあった。

7月、日本消防協会を通じて山形県寒河江市からポンプ車の寄贈、その翌日には震災後、初めての東名部の分団会議も開催され、東名部は新たなスタートラインに着いた。「これまでは、詰め所に足を運ぶと、いつでも見ることができたポンプ車が手元にないということは、本当に心細かった」とI新分団長は話された。そのポンプ車は、東名地区センターの建物の横に置かれている。

7月25日以降、防災会長のノートにはその日に対応した内容、人の出入りの状況、地区内の行事等について克明に記されている。

東名地区では、これまでは各種行事の開催にあたっては、関係者中心に運営されてきたが、会場の設営、交通整理等については気脈の通じている団員に声がかかることが多くなった。

5 まとめとして

本稿で採りあげた3事例からもうかがえるように、大震災発生の翌日の早朝から被災地では多数の盗難者の存在が確認されている。被災地の住民は、厳しい生活条件下に置かれた状態において、長年の居住地に土足で踏みにじられ、貴重品の略奪は許し難い行為であった。とりわけ集落の孤立状態では、公的機関がほぼ機能不全であり、地域住民は略奪行為に立ち向かう存在として地元分団に期待するのは当然の成り行きでもあった。その意味においては、消防団は通常よりも公的存在としての意味を強く意識したし、地元の期待も大きかった。震災直後は、遺体の搬送やがれきの撤去という重要課題を抱えながらの盗難者の取締りは、団員には大きな負担であった。その対応から、浮かび上がった問題点を三点指摘したい。

第一は、活動拠点のあり様の持つ意味が大きいこと。

今回の大震災で、消防団の活動拠点施設(施設等)で使用不可能となった箇所は、岩手、宮城、福島の三県で420ヵ所[19]にも達する。本稿の3事例では、全ての活動拠点施設が流失した。活動拠点施設は、部の組織的行動の中心的存在である。そのため、消防団活動にとって、新たな拠点の確保が活動の第一歩で

あった。亀岡部と東名部では、新たな拠点の設置の対応は対照的である。亀岡部は既存の建物を活用し、避難所の一室を拠点施設としたのにたいして、東名部は、地区の出入り口付近に設置した。それを防犯上の観点から考えると、亀岡部は屋上から地域全域が監視可能であり、車中には即座の体制がとれる監視当番を常駐させた。一方東名部は、亀岡部のように全体を見渡せる建物がなかったことに加えて、地区内の半分以上が水没状態であり、防犯活動は限定的にならざるを得なかった。そのため昼間時に重点が置かれ、また仮詰所の近くに団員宅があったことが、夜間や早朝にもある程度の抑止力として機能した。不審者問題は、被災という状況にあっては、不確定な情報を織り交ぜながらしばしば増幅されるため、消防団にたいする住民の期待はより高まる傾向が見られる。亀岡部の対応はまさにその例に当てはまるものであった。

　東名部においては、大震災直後、不審者対策に重点を置きつつも、時間の経過とともに新たに生起する問題も一定の視座に収めつつ対応した。そのような両者の違いは、日常の地域自主防災組織や行政区との関係、被災状況、エリアを取り囲む交通条件等によると考えられる。

　第二は、団員の権限に関すること。

　団員の多くは、3.11の住民の避難誘導における交通整理の最中、「消防団にそのような権限があるのか」と、罵倒に近い言葉が発せられたと証言している。

　不審者対策は、一般的には、不審者の発見→警察への通報→警察官の出動、ときとして消防団との合同パトロールという経緯をたどる。だが団員は不審者の荷物点検や身柄の拘束が可能なのか、あるいは、団員の身の安全性をどのように確保するのか、という問題が浮かび上がる。震災後10日ほど経過すると、不審者の発見から逮捕に至る流れが徐々にスムーズになっていった。それに加え、消防団のみならず、他県からの警察官の応援体制が整い、パトロール活動が強化され、盗難者も少なくなっていったのも事実である。消防団は、「地域社会で問題が発生すれば、消防団の出番」として期待されるとはいえ、第2章の東北6県の調査でも、団員の防犯活動のあり方について、日常的には、消防団の様々な会議の場では俎上には上らない。そのため、具体的対応について、団員の戸惑いは否定できない。その典型的事例は、ライフラインの復旧過程で、給水やゴミ処理場における駐車や整列の監督にあたって、住民との間で、些細

な問題でトラブルが発生した例は少なくない。

　第三は、災害時におけるよそ者＝不審者という構図に潜む課題があること。

　大きな災害に遭遇した住民は、普段から付き合いのある顔見知りや見慣れた制服を着用している者を除いては、よそ者＝不審者というラベリングする傾向が強い。震災直後から各地で盗難問題が発生していることを考えれば、被災者の心情は理解できる。とはいえ、被災者が過剰な反応を引き起こすような、盗難者にかかわる不確かな情報提供は慎重を要する。災害が軽微で済んだ宮城県内に住むある人が、親戚や友人の安否確認のために現地を訪ねた際、「地域によって、我々のような顔なじみでない者に対する接し方があまりにも違うことにびっくりした。顔を合わせた時から盗難者扱いなされたところもあれば、我々の話を聞いて親切に対応してくれたところもあった」という言葉が思い出される。

　被災住民にとって、盗難者の行為は許し難い。そして盗難問題は連想ゲームのように負の連鎖反応を引き起こし、被災住民の間を駆け巡る。とはいえ、団員がいかなる盗難者対策を講じても限界は認めざるを得ない。被災直後にあっては、避難所や周辺地域を除いて、室外で行動しているのは団員のみであるといっても過言ではない。そのため、団員の言動は普段とは比較にならないほど、その影響力は大きく、混乱した状況下にあっては、団員自らもより公的存在としての自覚が求められる。

　東日本大震災のような大規模災害における状況下では、これまでは、ほとんど意識することのなかった人と人との紐帯、すなわち近所づきあいや行政区内のさまざまな人間関係において張りめぐらされた生活空間こそが生活のセーフティネットの役割を果たしていたことを自覚する。その一翼を担う存在として消防団も位置づけられる。

　多くの被災住民は、仮設住宅や親戚宅での生活を余儀なくされた。震災前の消防団の防犯活動は地域コミュニティの安全、安心の基底部を形成しており、それを破壊しかねない／した。東日本大震災は地域コミュニティを変えた。

　東名部にあっては、早くから自主防災組織との連携が築かれ、時間の経過において生起する新たな問題に対処してきた。その対応に注いだエネルギーは、新たなコミュニティ形成の萌芽を内在化させている。亀岡部と東名部は、隣接

した地区でありながら異なった対応となったことには、情報の共有のありかたが影響している。それを表象するのが、拠点にたいする地区住民との距離感からうかがうことができる。大震災から3ヵ月が過ぎ、他の地区住民が東名地区の仮詰め所に立ち寄り、「こんな場がほしい」とぽつりとつぶやいた言葉が蘇る。

　震災から一年が過ぎた。かつての住民は、震災前に住んでいた地域の生活を熱いまなざしで思い描いている。それが居住地の移転にともなう新たな人間関係の構築の過程で、実現可能かどうかについては不確実な要素があまりにも多く断定はできない。が、17平方メートルの広さの仮の東名地区センターが心の拠り所となり、今後とも地区住民にとって心強い存在として意識されることだけは間違いない。

　また防災会長の早い時点からの行動のあり方から学ぶべき点は多い。本人の長い行政経験から、災害発生時の行政対応の限界については熟知していた。「災害発生当初は、行政自体が混乱する。今回のような未曾有の災害においてはなおさらである。そのため地区住民の要望に応えることはほぼ不可能である。それゆえ、これまでの経験に照らし合わせて、時間の経過とともに、より重要な意味を持つのは正確な住民把握の情報である」という言葉は多くの示唆を与える。その情報はつねに東名部と共有化され、東名部の活動の方向性にもかなりの影響を与えた。両組織の役割の違いは当然であるが、互いに保持している情報を共有化することによって、同じ目線での行動が可能であったことは本稿のこれまでの論述からも明らかである。

　東日本大震災から半年も過ぎた昨年9月ごろ、他地区の防災会長は、「東名地区の対応を見る限り、自主防災会は「内」、消防団は「外」にそれぞれ目が向き、両組織が暗黙の分担区分をして、活動を継続し続けた。住民の多くは、消防団と自主防災組織は、地域社会の「安全・安心」にとっての両輪であることを実感したのではないか」という言葉が、両者のあるべき関係を言い表しているように感じる。

注

1）藩政時代、むら社会において火消しの機能を主として担っていたのは若者契約であった。その後、明治政府の意向にもとづき、若者契約は、「消防組」と名称を変更した。明治22年の町村制の施行にともない、複数の藩政村の合併によって成立した

行政村には一消防組を原則とした。そのため、従来のむら消防組（藩政村をベース）の多くは、「分団」、あるいは「班」という位置づけがなされた。分団や班の名称には、昭和・平成の合併を経た今日も、藩政村の名称が用いられている例が多い。それは分団や班とその範域の歴史的な関わりを示している（後藤『消防団の源流をたどる』）。

2）1950年代半ばまでは、村落では長年にわたる年序階梯制がほぼ維持されており、戸主層からなる契約講をはじめ各種の講が組織・機能していた。そのうえ、地縁関係のみならず本家―分家関係をもつイエが多く、イエとイエとの関係は重層化されていた。それらをベースとして各種の生活相互組織が機能しており、「挨拶を交わす」ということは、習慣的レベルにとどまるものではなかった。いわゆる「世代を超えた関係」を示すものである。

3）消防団組織は、基本的に市町村消防団－分団－班という組織体系を形成する。しかしながら、分団数が多くなると、団員の統率上の問題も生じかねないため、分団数を一定数にする観点から、分団内部に「部」制が採用される傾向がみられる。特に、市町村合併を機に、組織体制の見直しが図られる際、「部」制を採用するケースは多い。

4）全部で19ヵ条からなる。特徴的な点としては、第一は、消防組の指揮・監督権は警察にあること、第二は、消防組の費用は市町村の負担、ということである。

5）明治20年代に入る頃には、消防組では、これまで使用されていた龍吐水から性能が格段に進んだ腕用ポンプに切り替えられることが多くなった。しかしながら、その購入資金はむらが捻出しなければならなかった。むら全戸にたいして、均等割として賦課されることはあったが、その大半は地主の寄付によって賄われた。そのことが、地主－小作関係の緊張の緩和と、地主のむら支配に結びついた例は少なくない。この点については、後藤「地主制の展開過程における消防組織と村落」（村落研究学会『村落社会研究１』1994年９月）を参照のこと。

6）第二次大戦後の消防団改革の骨子は、警察からの分離と自治体消防の二点である。戦前の消防組においては、警察の一機構として位置づけられ、消防組幹部（組頭、小頭）の人事権は警察にあった。自治体消防に移行されることにともない、消防団長の任命権は首長にとって代わられた。この点の持つ意味は大きいとはいえ、自治体消防にかかる諸経費は自治体負担であることに関しては従来と変らない。ただし、消防施設については、1953年より、国家予算からの補助が受けられるようになった（『現代行政全集㉔消防』）。

7）米騒動を機に、全国的に広まった。「自衛協衛の精神」を民衆に広く浸透させるために組織化された。警察主導の組織であり、「民衆の自警化」の推進母体となった。近年においても、地域社会で放火、殺人事件の発生により治安の悪化が懸念された場合、地域住民レベルの自警組織が結成されるときには、「自警団」という名称が用いられることは珍しいことではない。この点に関しては、本稿の「放火に対する消防団の対応」でも指摘している。

8）「相互の情報提供」とは、「町内会から消防団」「消防団から町内会」の双方を合計した数値を意味する。最近では、町内会に土木部会、作業部会といった名称で組織機構に組み込まれることも多くなっている。

9）この点に関して、後藤「東日本大震災を機に変わりつつある消防団と自主防災組織の関係――宮城県東松島市を中心として――」（『47行政ジャーナル』 共同通信社）を参照のこと。

10) 仙台市調査では、選択肢は13項目（「特に何もしていない」を含む）であるのにたいして、他の5都市の調査では8項目である。仙台市の場合は多少細分化された選択肢となっているが、両者間に、内容自体に大きな相違点は見られない。
11) 2011年4月15日、松山地区内（人口約7,000人）の「29」の自主防災会の会長（行政区長の兼任がほとんどである）を対象として、「3月11日の大震災における自主防災組織の活動調査（アンケート）」を実施した。その調査の過程で、駅前中区から提供された資料は大震災当日から約1ヵ月間に及ぶ自主防災会の活動記録が網羅されている。
12) 総務省消防庁が、平成22年に発行している『消防年報（第60号）』の「消防年報のみかた」の「第13表消防機関の出動状況」より引用。
13) 女性団員は47都道府県の全てにおいて増加傾向が見られる。早くから女性団員の加入に積極的に取り組んできた東京都、北海道、神奈川県の3自治体の全体に占める割合28.0％（平成22年4月1日現在、消防庁資料）。全国の消防団における女性団員の加入割合は53.4％である（平成22年10月1日現在、日本消防協会資料）。
14) 死者252名、行方不明者2名、合計254名が犠牲となった。県別では、岩手県119名、宮城県108名、福島県27名である（平成24年3月13日　消防庁災害対策本部／平成23年東北地方太平洋沖地震について〈第145報〉）。主な死亡原因は、水門閉鎖、避難誘導、避難広報である。
15) 野蒜地区から3〜4キロメートルほど離れた地域である。行方不明者の存在の可能性が考えられる場所については、全域を隈なく捜索して欲しいという要望もあり、団員をはじめ自衛隊も潮の干満状況を見計らって捜索活動を実施した。「行方不明者全員を見つけたい」という強い思いの表れである。
16) 野蒜地区は金融機関が少なく、「タンス預金」と称し、現金を自己管理している人が多く、その保管が金庫である。大震災後、中味を抜き取られた金庫が随所で発見されている。この震災で、亀岡部のコンビニエンスストアに設置されていたＡＴＭが壊され、金額全てが盗難に遭ったという事例（犯人は検挙された）が報告されている。
17) 震災翌日の早朝、仙石線東名駅付近の跨線橋付近から冠水した元場や新場地区方面で、見かけない数人のグループが目撃された。その場で、団員が呼び止め、「こんなときに、泥棒行為をするとは何事だ」と叱責し、盗品を返却させた。また近くで一夜を明かした地元の人の話によれば、「海水が引き始めた夜半頃から、聞きなれない複数の人間の声を聞いた」という証言は多い。
18) 二つの神事は、東名地区で伝統的に行われてきた行事である。埋井祭は井戸の移転にともなう神事。神主の祈祷後参加した住民一人ひとりに「ウメの小枝をヨシで包んだもの」（「ウメテヨシ」という意味が込められていると言う）が手渡される。当日の参加者は約80名。井戸水は、最近まで、洗濯水や庭木の散水用として利用されていた。一方、屋祓いの神事は、家を建築する際は、神の降臨のお祓いをし、家の取り壊しが始まる前には、神の昇天の儀式が執り行われる。当日は200名ほどの住民が参加した。
19) 県別では、岩手県85ヵ所、宮城県229ヵ所、福島県106ヵ所である（平成23年3月13日　消防庁災害対策本部／平成23年東北地方太平洋沖地震について〈第145報〉）。

参考・参照文献

魚谷増男　1965　『消防の歴史四百年』全国加除法令出版.
大日方純夫　2000　『近代日本の警察と地域社会』筑摩書房.

河北新報社　2011　『東日本大震災 全記録』河北新報出版センター．
菊地　明　2002　『東名の道のり』．
倉沢　進／秋元律郎編著　1990　『町内会と地域集団』ミネルヴァ書房．
後藤一蔵　2001　『消防団の源流をたどる』近代消防社．
後藤一蔵　2010　『改訂 国民の財産 消防団』近代消防社．
後藤一蔵　2011　「限界状況下にあって消防団員はどう行動したか」『農業協同組合 経営実務 第66巻 増刊号』：59－67、全国共同出版．
消防科学総合センター　2006　『消防科学と情報〈夏〉』財団法人消防科学総合センター．
消防基本法制研究会　2009　『逐条解説　消防組織法　第三版』東京法令出版．
消防行政研究会　1983　『消防　現代行政全集㉔』ぎょうせい．
仙台管区気象台編　1963　『宮城県気象災異年表』．
仙台消防組　1935　『仙台消防誌』仙台消防組．
総務省消防庁『平成23年〈2011〉東北地方太平洋沖地震（東日本大震災）について　各報告』総務省消防庁．
日本消防協会　1992　「女性消防団員確保対策委員会」『女性消防団員確保事業に関する報告書』日本消防協会．
日本消防協会　1974　『日本消防百年史（第三巻）』財団法人日本消防協会．
東京市政調査会　2011　『都市問題 VOL 102』：70－78、東京市政調査会．
東京消防庁企画調整部広報課　2010　『消防に関する世論調査』．
中新田町史編さん委員会　1991　『中新田町史研究 第5号』：15－38　中新田町．
仁平義明編　2009　『防災の心理学』東信堂．
兵庫県　1997　『阪神・淡路大震災復興誌　第1巻』21世紀ひょうご創造協会．
松井　茂　1926　『国民消防』松華堂．
宮城県『宮城県消防防災年報　2005年版　2010年版』宮城県．
吉原直樹　2007　『岩波ブックレット　開いて守る』NO692岩波書店．
吉原直樹編　2008　『防災の社会学』東信堂．
吉原直樹編著　2011　『防災コミュニティの基層』御茶の水書房．

第 7 章

防犯活動をめぐるガバナンスの可能性と課題

前山 総一郎

1 はじめに——論点と目的——

　安心安全／防犯は、近年、防災に対する態勢とともに、各地域において大きな課題と認識されるに至っている。本章は、防犯活動をめぐるコミュニティのガバナンスの可能性と課題を追求することとする。

　編者の吉原は、次のように提起する。本来的に「生活の共同」から立ち上がるコミュニティ、すなわち社会的紐帯を阻む社会的排除の克服を第一の課題とする「ポスト成長社会」におけるコミュニティのかたちが探求されるべきである。そして、コミュニティは、本来的にそうであるように異質な存在・多様な文化を受け入れる磁場となる必要があるのであり、そのように「開いて守る」ことの必要を提起する。そして、それが「多元的市民社会」の基盤となるとする (吉原　2011)[1]。

　ここで、幾つかの論点をベースとして押さえておきたい。

　第一に、日本社会は、戦中 (大政翼賛化) および戦後、上からの動員ないし統制を受けてきた経緯があり、それが現在の地域組織とその風土的基盤となっているという論点がある。戦後直後に禁止された「町内会」は、サンフランシスコ講和条約による日本の独立回復に伴い、次第に各地で新たな形で復興してきたが、その過程において別の形で、補助金の交付、自治体の広報配布業務等の

行政的業務の無前提の受託、募金活動の無前提の受託、地域の自治体へのパイプ役としての町内会長の暗黙の位置づけといった形で、新たに動員ないし統制され、かつそれに馴致されてきた。つまり「官製組織」化である。

第二に、日本社会は、基本的に「警察に丸抱えされた、しかも人びとの自衛／自己責任が強く求められる『安心安全な社会』は、今日全面開花しているようにみえる」、という指摘がある(吉原 2011：138)。それによれば、「地域コミュニティで自警の新たな「組織化」が広範にみられるようになっている」のであり、しかもそれは、町内の人々の等身大の視線による見守り合いではなく、具体的には、監視機能を強める夜回りなどの形で実施されて、強制的契機をともなっておこなわれる、コミュニティを総動員した住民の囲い込みといった形をとるとされる。

第三に、これらの事態が——その実相の確認は別として——どのように日本社会を侵食しているのかということがらに繋がると共に、それは、最終的には、「ガバメント」(上からの統制プロセス)ではなく、「ガバナンス」(関係者全体が対等の立場にたっての協治／共治)が、地域の「安心安全」をめぐる事柄のためにうち立てられているのかいないのか、という根底的な問題に突き当たる。ここでいうガバナンスは、G.ストーカーに従って、該当する地域のステークホルダーたる「諸団体間に自発的にたちあがる政策にかかわるネットワーク」にあたる。具体的には、安心安全／防犯で言えば、地域の安心安全にかかわり、問題点を発信し・共有し、相互に連絡しあい、行動の事業についての合意をおこなう地区コミュニティにかかわる諸団体(自治体、公共団体、コミュニティ組織、市民事業体等)の間の自発形成的ネットワークないしネットワーキングのプロセスのことにあたる。

本稿は、こうしたコミュニティのガバナンスが現在どのように進展しているのかについて、日本におけるデータと事例により一定程度の見通しをつける作業としたい。

そこで、第一に、日本の町内会における防犯活動、防災活動についての意識と態勢のありかたを確認し、第二に安心安全にむけての新たな事例を検討することにより、安心安全をめぐるコミュニティのガバナンスの可能性と課題を検討する。

2 アメリカにおける防犯についての取り組み
——コミュニティポリーシング——

　日本のありようを浮かび上がらせるために、まずもって、日米の制度環境の違いを見ておきたい。アメリカにおける安心安全、とりわけ防犯についての取り組みで中核をなす動向は、「コミュニティポリーシング」(community policing) と「コミュニティウォッチ」(neighborhood watch) である。これは、警察とコミュニティが連携することにより、人々の不安減少、犯罪数減少、犯罪抑制をめざす手法と事業である。

　少しだけその発生と展開過程を見ておこう。1970年代に警察は少数民族や黒人と対立関係に陥りやすかったが、公民権運動の後、市民やジャーナリズムからの批判を受けて変化することを求められた。それまで、パトロールカーに乗って現場にかけつけていた警察官は、地域の実情を見、地域に近くなることが求められた。1978年ミシガン州フリント市は、警察官に歩くこと（歩行パトロール）により地域に密着した活動をおこなうプログラムを進め、着目されることとなった。

　1980年代には、少年ギャング団やホームレスの増大がみられ、全米的に地区の社会的不安が広がり、人々は家に籠もるようになった。それはすなわち、コミュニティの不活性化・放置を意味し、社会不安と犯罪の増加が予見された。バルチモア郡、メリーランド市、ニューポートニュース市（バージニア）で、警察官の活動を「問題解決、歩行パトロール、警察と地区コミュニティの関係」に力点をおくものとして開発することとなった。警官は「コミュニティオーガナイザー」としての役割も期待されることとなった。これが、現在のコミュニティポリーシングの考え方の骨格をなすに至っている。

　1990年代になると、米国中の警察は、コミュニティポリーシング改革にシフトする。一方で、連邦政府の司法省地域警察事業室 (Community Oriented Policing Services (COPS)) を通じての、政府からの膨大な補助により加速されて、他方で、黒人や人種マイノリティをターゲットにするのではなく、共働することを定める法的の措置を通じて、コミュニティポリーシング改革は全米の国家的潮流になったとされる。その結果、コミュニティ特有の状況に柔軟に対応できる警

察組織内の分権化が進み、また住民と警官との共同パトロール、犯罪につながりそうな事態を住民が担当警官に通報するシステム、犯罪のマッピング (crime mapping) 等多様な手法が開発されてきた。

しかし、住民側からの「コミュニティウォッチ」も簡単に進んだ訳ではなかった。E. ゲートウッド（全米コミュニティ協会前会長）によれば、1980年代にコミュニティの組織化を、条例で担保され自治体に勧告権をもつ姿での「コミュニティカウンシル」(neighborhood council) の設置という形ですすめたが、しかしそれは、多くの場合議員などによる抵抗にあい、停滞ないし変質することが多かった。ゲートウッドの担当したタコマ市（ワシントン州）では様々な抵抗にあいつつも、1990年から、市に8つ設置されたコミュニティカウンシルに担当警官の出席を組み込み意見交換を制度化する事業、また連動して、街角や商店に座って地区を見守ってもらう "Senior Citizens' Against Crime" といった事業が開始された[2]。

実際に、シアトルにおいて、2007年に、市が地区コミュニティの商店やレストランに、夜警を担当させる法案を構想した経緯がある。まさに、米国においても、「コミュニティに警察業務を肩代わりさせる」事態がおこり得ることが判明したのである（前山 2009）。印象的であったのは、しかしこれを市当局が「全市コミュニティカウンシル」に提起したところ、「全市コミュニティカウンシル」役員らが問題視し、「勧告書」(letter) を市に提出する意向を固めるという大反対の姿勢を示したことから頓挫したことである。

特色として警察の改革と、警察のコミュニティとの連動手法を探る中で、社会不安と犯罪を減らすことに躍起となってきた。その過程で、警察のコンセプトの深化（コミュニティオーガナイザーとしての警察）、警察組織の改革（組織の分権化）、コミュニティとの共同作業（共同パトロールや共同アラートシステム）、犯罪・安心の基礎データづくり（マッピング）という形で進展してきた。アメリカの犯罪・安心への対応の動向は、地域で頻発する犯罪と、警察の自己改革という脈絡が契機となって展開してきたものであるということになる。

アメリカの犯罪・安心への対応は、コミュニティーポリシングが契機になって進展してきていることから、日本の安心安全・犯罪への対応とは脈絡を次の二つの点で異にしている。まず、アメリカにあっては、「町内会」のような

遍在的・住民悉皆的な組織が存在しないことから、政府や自治体による「官製組織化」のための条件は整っていない。第二に、政府・自治体による「コミュニティに警察業務を肩代わりさせる」動向が見え隠れする場合もあるが、シアトルの「コミュニティカウンシル」に見られるように、制度化されたコミュニティ組織を使って市民が自治体に対して「対抗」することが多々見られることである。

一言でいうならば、警察側からのコミュニティポリーシングと、市民側からのコミュニティウォッチとが並行・連動して進みつつも、それらが一定の自立性と距離を持ちつつ進展してきている。

3　21世紀に始まった官民地域 連携型「安心安全パトロール隊」

日本において防犯・安心安全にむけての取り組みを見てみたい。平成13年の小学校での無差別殺傷事件（大阪府池田市）、女子高校生が自宅で殺害された事件（広島県廿日市 平成16年）をうけて、また同時に各地で頻出した登校時の児童に声をかけるなどの不審者の報道をうけて、平成14～17年頃から全国各地で、小学生の安全を念頭においてのパトロール隊設置が広範に起こった。凶悪事件、痴漢、連れ去りに対する対抗措置として、地域住民のボランティアや組織的活動による小学校登下校時等の街頭活動及びパトロールの動きであり、多くの場合、小学生の登下校時に防犯パトロールジャンバー・ベスト、防犯たすき、防犯腕章、帽子などの専用グッズを着用して数人で小学校近辺の主要地点に立ち、あるいは街路を歩くという形でおこなわれてきている（また、「ＰＴＡ巡回車」といったステッカーを貼った自動車を走らせることもある）。

設立の経緯や呼びかけの主導主体により違いはあるが、多くの場合、協議会を結成し、実施としてＰＴＡのみでの実施／ＰＴＡと町内会・自治会の協業での実施／地域交番、町内会・自治会、防犯協会、交通安全協会、民生児童委員、ＰＴＡ役員、教職員、体育協会、婦人会、老人クラブなど多様な組織の連携・協業などで実施されている。自治会21団体・各種団体12団体、教育機関33団体の複合住民パトロール隊が結成され、また交番所長を顧問として警察署と交番から犯罪情報の提供など連携体制をとる複合連携実施体制をとるケースも珍

しくなくなってきている（例：富山県高岡市「登下校安全パトロール隊」[3]）。

(1) 「安心安全パトロール隊」の起発パターン

この安心安全パトロールは、どこが主導したのかによって、下記のような代表的事例にみられるいくつかのパターンをもって進展してきている。

① 教育委員会の主導による結成

登下校時の児童を狙った事件が全国的に多発していることを受け、教育委員会が、区内各警察署にパトロールの強化の依頼とともに、地域のボランティアによる「子ども見守り隊」を管区内の全小学校で結成した（例　東京都板橋区「いたばし子ども見守り隊」平成18年結成）。

② 自治体（防犯安全課）や警察の主導・呼びかけによるボランティアでの見守り活動

自治体と行政が犯罪の撲滅、安心できる地域社会を築くために、自治体－警察－企業が協定する。また、防犯組織や地区にかかわらず、「ひとりでも、ウォーキングや犬の散歩など、日常の生活のなかでできる見守り活動の制度」として、参加者を募り登録してもらっての個人ボランティア"安全安心ボランティア"進める（草加市「そうかまち見守り隊」平成15年結成）。

③ 企業（新聞社等）によるパトロール活動（社会貢献活動）

全国的に発生している子どもの連れ去り事案などを防止するため、小中学生の下校時間に夕刊業務を行っている新聞社（東奥日報）の販売店スタッフが社会貢献活動の一環として「安全安心パトロール隊」を結成した。警察本部と活動に関する覚書；管轄する警察署と各販売店との間で情報提供に関する連絡体制（県内新聞販売店75店舗の配達員　4500人）をつくった（青森県　東奥日報社「安全安心パトロール隊」）。

④ グループや有志個人によるパトロール活動

少林寺拳法などの支部や老人クラブ連合会、ＮＰＯ法人などが、単独でパトロール隊を結成し、活動する（少林寺拳法広島安佐支部の拳士による防犯少年団「安佐南まもるんジャー」隊（小学生～高校生）　広島県安佐南区 平成16年結成；吉野ヶ里町老人クラブ連合会「シルバーパワーで子どもを守る安全パトロール隊」 平成17年結成；鹿児島県ＮＰＯ法人奄美青少年支援センター「ゆずり葉の郷」による不登校等経験者からなる「少年警護隊」による防犯パトロール　平成16年結成　等）。

尚、以上の起発状況や牽引主体のありようのパターンはあるが、根底的には地域における防犯への不安や、参加意識の高まりがそれぞれのケースの背景にある。その特長とガバナンスでの問題点を見ておこう。

(2) 安心安全活動に見る日本的活動の位置と5つの特色

　以上の町内会等地域と行政や警察が連携しての安心安全活動において、現時点の日本的特色が次の五点に見える。

　まず第一、各住民諸団体が相互に比較的連携を上手く取るようになっていることである。地域内の住民的「縦割り」を越えて、地域内各団体（町内会、子ども会、老人会、婦人会、各種育成会など）が相互に「安心安全」をキーワードに連携することに長けてきている。

　第二に、学校、警察等諸機関、自治体と地域団体（住民）との連携がスムースになってきていることである。平成13年に、自治体独自の法務体系としての自治基本条例（ニセコ町）が国法体系から離脱的に誕生して、「下から」の法務策定がおこり、また地区住民の手により地区の将来像を住民の審議に基づきつくる「コミュニティ計画」や「コミュニティ協議会」の設置という「下から」の動きが出てきたこと、またそれを自治体等の機関が一定程度理解してきたことと連動しているように見受けられる。

　第三に、高齢者の参加が目立ってきたことである。団塊の世代が高齢者世代に突入し、「地域との関わりが苦手だ」とされ、団塊の世代の「地域デビュー」が大きなイシューとされているが、前述の吉野ヶ里町老人クラブ連合会「シルバーパワーで子どもを守る安全パトロール隊」など、高齢者が参画する動きが目立ってきている。またそれは、単に労務のみを提供するのみではなく、かつての技術職の技能を活かして各種のアプリケーションなどを駆使して高度な地域情報の組立に貢献する事例も現れてきている。

　第四に「自らの地域は自分たちで守る」の方向（『地域住民の力で、安心・安全な街づくり』）という方向性が住民のなかで醸成され、発信されるようになっていることである。

　第五に、少し懸念されることだが、他方で、「出来る時に」「出来る場所で」「出来る事を」からやろうといった、個人の厚意だのみの側面がかいま見える

場合がある。地域ガバナンスの観点からは個人の厚意のみだけでは持続に不安定である。

(3) ガバナンスと安全安心隊

　以上のような特色を持ちつつも、発生プロセスによりその動向は異なる様相を示している。とりわけ上記の「①教育委員会の主導による結成」や「②自治体(防犯安全課)や警察の主導・呼びかけによるボランティアでの見守り活動」は、それら自治体側からの意向にそったものとして立ち上げ・活動することが求められる場合が見られる。また「③企業(新聞社等)によるパトロール活動(社会貢献活動)」は、警察本部と活動に関する覚書：管轄する警察署と各販売店との間で情報提供に関する連絡体制を通じて活動する点で、防犯コミュニティのガバナンス結成に役立つ可能性を含んでいる。

(4) 地域ガバナンスからみて

　防犯、また防災も含めた安全安心にむけての地域の「ガバナンス」とは、どのように形成されるのであるか。ガバナンス、ローカルガバナンスは、G.ストーカーにあって述べられたように、「多くのステークホルダーによる政策形成のネットワーク」であり、その点からして住民自治の観点を抜きには考えられないものであり、即ち地区の運営にむけての住民や地区関係団体の市政／町政参加の観点を抜きには考えられないものである。地域の展開の方向性に関して、市政／町政運営全体の中で当該地区の事業はどう位置付けられるべきなのか、カウンターパートとしての自治体にどのような施策と姿勢が必要だと住民・地域関係団体で考えられるのか、ということが住民自治の観点から求められることである。

　例えば、「安心安全パトロール」を例にして上げてみると分かりやすいが、次のようなことがコミュニティのガバナンスにおいて大きな柱となることとなる。

① **各団体での意思形成／コンセンサス形成と連携**
　地区コミュニティにおいて、どのような課題があり、それにむけてどのような内容と連携が必要であるのかについて、関係各団体において、また関連する

自治体や警察等組織においてそれぞれコンセンサスないし意思形成が健全になされることが求められる。そして関連各団体、自治体等が連携を組むにあたっては、それらに基づいてのすりあわせが的確におこなわれることが求められる。

② **コミュニティ施策に対する自治体の組織的取り組み姿勢**

自治体の姿勢としてそれをどのように捉えるのか。即ち、自治体はそれを自治体全体の施策として応援・推進するのか、あるいは特定部署のみが担当しようとしているのか。

③ **連携事業のオーソライズのありよう**

連携事業において、それはどのような形でオーソライズされるのか。任意でおこなっているだけのものとされるのか、あるいは自治体と地域コミュニティ等の「公式な連携」と認定されるのか、あるいは議会での一定の認知を得るなどの形で市政／町政運営全体のなかで位置付けられるものなのか。

④ **地区コミュニティに還流する資金について公共的な広範の理解と支援の姿勢**

当該地区にあっての事業展開について、地域にまわる予算(自治体からの補助金、企業や個人からの寄付、地域での社会経済的拠出金)が広く公共的な資産として認知されていて、地区に関わる各セクション(県、自治体、地域コミュニティの各団体など)がそれを全面的、ないし交代的に支援する姿勢にあるか。

⑤ **公式の受け皿機関の設置**

当該地区にあって、地区公共の観点から特定の団体や機関が公式に地区全体のとりまとめ役ないし受け皿的機関として認定ないし設立されることがあるか[4]。

「安心安全パトロール」の事例にあっては、どこかの地区コミュニティ組織が任意で(つまり勝手に)やったという認識ではならず、またどこかの機関(自治体や警察など)が地区コミュニティ組織などを下請的に使うことは許されない。自治体、警察、学校、地域コミュニティの各団体などが、可能であれば法的措置もしつつ、地区コミュニティと市政／町政の「公式」の事業と認知される必要があるということである。そしてまた、地域にとって不可欠な「公式」の事業という位置づけにおいて持続的におこなわれるために、人的・資金的手当が考えられなければならない。

以上述べた、コミュニティのガバナンスにかかわるありかたを一言で言うと、

第一に、「コミュニティ」とは、自治体(担当支所等)のみならず、コミュニティ自治組織、ＮＰＯ等市民事業体、地区の事業所などコミュニティに関わる関係団体・関係者が、それぞれの意思形成／コンセンサス形成をしながら、健全で自他一如の感覚のもと、それらのコンセンサスをすりあわせつつ全体の方向性を探り、連携する場であるということであり、第二に「コミュニティ」とその展開が「公共の場」として、運営、資金等の面で、相互に築かれる信頼の上に、県、自治体、地域コミュニティの各団体など地域に関わる各セクションから大切にされなければならない、ということになる。

4　町内会における防犯・安心安全についての意識調査
　　　　──「東北6市町内会調査」より──

安心安全を推進するコミュニティのガバナンスにむけて、現状の日本における「意識」はどのようなものか。この点を見ておこう。

ここにおいては、日本の地域コミュニティを体現する組織として町内会・自治会をフォーカスし、「東北6市 町内会調査」が用いられる。とりわけ、論者がかかわった青森の事例がクローズアップされる。

ここにおいては、安心安全を推進するコミュニティのガバナンスとのかかわりで、1. 町内会の「主な機能」と「今後の地域住民組織の役割」についての意識、2. 防犯・防災活動についての意識、3. ハザードマップについての理解と意識の三点について確認して行きたい。

(1) 町内会の「主な機能」と「今後の地域住民組織の役割」(Q3.4)

町内会長についておこなった設問の回答(全231回答)にあって、町内会の「主な目的」についての上位3位は、次のように捉えられている(表7-1)。
　　　　「住民同士の親睦」
　　　　「町内の生活上の問題を共同解決」
　　　　「行政への働きかけ・陳情」
ちなみに、東北5都市全体の中では、他の4都市に比して、「行政等への働きかけ・陳情のため」の回答率が多少突出して高いことが興味深い[5]。他の回答では、ほぼ東北全体で同じ傾向にある。

第7章 防犯活動をめぐるガバナンスの可能性と課題　293

表7-1　現在の町内会の主な目的

	質問項目	%
1	住民同士の親睦をはかるため	89.6
2	町内の生活上の問題を共同解決するため	77.1
3	行政等への働きかけ・陳情のため	71.0
4	行政等との連絡・調整のため	69.3
5	共有地、共有施設の管理のため	21.2
6	マンションや団地の管理組合として	2.2
7	その他	3.0
8	何もしていない	0.0

全体ベース　N = 231

表7-2　町内会の活動状況

	質問項目	%
1	ごみ処理収集協力	84.8
2	地域の清掃美化	76.6
3	街灯等の設備管理	61.9
4	資源・廃品回収	48.1
5	雪かたづけ	43.7
6	集会所等の施設管理	41.1
7	公園・広場の管理	36.8
8	交通安全対策	35.1
9	高齢者福祉	35.1
10	防犯パトロール	29.4
11	青少年教育・育成	22.9
12	私道の管理	18.6
13	防火パトロール	14.7
14	学童保育の支援	13.4
15	乳幼児保育の支援	5.6
16	バザー	4.3
17	その他	3.5

N = 231

　「あなたの町会では、次のような活動が行なわれていますか。」の問い（Q7）においては、「ゴミ処理収集協力」（84.8％）、「地域の清掃美化」（76.6％）、「街灯等の整備管理」（61.9％）が上位3位をなし、防犯パトロール（29.4％）と防火パトロール（14.7％）は、実際的には、さほど活動においてプライオリティが高くはない（10位および13位）（表7-2）。

(2) 防犯・防災活動についての意識

　町内会が果たすべき役割についての質問（Q23）の「このまま継続すべき」役割としては、「警察交番との連携調整」「障害者の福祉」「雪片づけ」「青少年の健全育成」「学校との連携・調整」などが強く意識に上っている（表7-3）。

　これに対して、同じ町内会の役割（Q23）の設問で「さらに促進すべき」役割としては、「高齢者の福祉」「民政委員との連携」といった危急的課題とならんで、「日常的な防犯活動」「日常的な防火対策」は比較的上位にあり（4位と12位）、強

表7-3 町内会などが果たすべき役割
（このまま継続）

1	警察・交番との連携・調整	72.7
2	障害者の福祉	72.7
3	雪のかたづけ	72.7
4	青少年の健全育成	70.6
5	学校との連携・調整	65.8
6	行政等への陳情・依頼	55.0
7	NPO等組織との連携の推進	48.5
8	公民館運営への協力	48.1
9	高齢者の福祉	46.8
10	日赤・共同募金への協力	46.8
11	開発計画・事業への参加・関与	45.9
12	日常的な防犯対策	45.0
13	会員間での交流促進	38.1
14	運動会やスポーツ大会の開催	37.7
15	ねぶた祭の運行	34.2
16	民生委員との連携	23.8
17	日常的な防火対策	22.1
18	冠婚葬祭	22.1
19	市議会へ代表者を送ること	18.6
20	企業との連携・調整	17.7
21	自然災害等緊急時の備え	16.9
22	行政からの依頼仕事	13.9
23	ねぶた製作	6.5
24	その他	0.0

表7-4 町内会などが果たすべき役割
（さらに促進）

1	高齢者の福祉	25.5
2	会員間での交流促進	25.1
3	民生委員との連携	22.9
4	日常的な防犯対策	20.8
5	行政等への陳情・依頼	19.0
6	警察・交番との連携・調整	18.2
7	青少年の健全育成	18.2
8	障害者の福祉	16.9
9	雪のかたづけ	16.5
10	学校との連携・調整	16.0
11	自然災害等緊急時の備え	15.6
12	日常的な防火対策	14.7
13	公民館運営への協力	10.8
14	運動会やスポーツ大会の開催	6.1
15	日赤・共同募金への協力	5.2
16	行政からの依頼仕事	4.3
17	市議会へ代表者を送ること	3.5
18	開発計画・事業への参加・関与	3.0
19	ねぶた祭の運行	2.6
20	冠婚葬祭	2.6
21	NPO等組織との連携の推進	1.7
22	企業との連携・調整	1.3
23	ねぶた製作	1.3
24	その他	0.4

く意識されている（表7-4）。

「あなたの町会では、防犯のためにどのような組織的な取り組みをしていますか。（防犯パトロールを除く）」（Q 29）の設問では、「防犯灯・街路灯の設置」に加え、「地域の犯罪発生や不審者」についての回覧板や、「声かけの実施」「不審者に遭遇したときの連絡先・駆け込み先」設置など、不審者出没という危急の事態に対して、現実的に想定し、活動しているという認識がある。尚、防犯マップの作成については、殆どが実施していない。

防犯に関しては、「声かけの実施」「不審者に遭遇したときの連絡先・駆け込

表7-5　防犯のための組織的な取り組み（防犯パトロール除く）

1	防犯灯・街路灯の設置	60.2
2	地域の犯罪発生や不審者の出没状況の情報の共有（回覧板など）	52.8
3	声かけの実施	35.1
4	不審者に遭遇したときの連絡先・駆け込み先	27.7
5	公園等の見通し、見晴らしの改善	6.9
6	その他	6.1
7	防犯マップの作成	3.9
8	監視カメラの設置	0.9

表7-6　自然災害の対応についての話し合い

話し合っていない	58.0
話し合ってきた	37.2
わからない	2.6

み先」設置などで実際の不審者出没などに対しての一定の現実的な対応をしているが、他方で、その防犯活動のウェイトは町内会の活動全体では決して高くはない。関連する防犯訓練の実施の有無についての設問（Q35）もなされたが、そこでは、町会単位では「おこなっていないがいずれおこないたい　32.9％、おこなっているが参加者限られる　8.2％、予定無し　10.4％」と、かならずしも防犯訓練は活発でないことが明らかである。こうした状況から、多くの町内会では防犯活動について、「このまま継続」で満足しているわけではなく、「今後促進される必要がある」と捉えられている。

　自然災害について、町会で話し合ったことがあるかについての設問（Q33）では、6割の町内会では、話し合ったことがない（表7-6）。

　少数派ではあるが、自然災害について町会で話し合った町会（86町会）では、「避難の方法、時期、場所について」「心構え」「住民間の連絡について」などが話し合われている（表7-7）。

　自然災害がおこったときに、町会で備えていることは、「避難する場所を決めている」「高齢者世帯の把握につとめている」「消火器、懐中電灯、医薬品等を準備しておくよう住民に呼びかけている」ということが意識されているが、また多くの町会（27.7％）では、「とくに何もしていない」の回答もあった。

表7-7 自然災害について話し合った場合の事項

1	避難の方法、時期、場所について	79.1
2	心がまえについて	72.1
3	住民間の連絡について	64.0
4	地域の災害危険箇所について	39.5
5	食料・飲料水について	30.2
6	非常持ち出し品について	27.9
7	家屋の安全度について	22.1
8	その他	3.5

N = 86

表7-8 自然災害が起こった場合に備えてどのような対策をとっていますか

1	近くの学校や公園等避難する場所を決めている	50.6
2	高齢者世帯の把握につとめている	46.8
3	消火器、懐中電灯、医薬品等を準備しておくよう住民に呼びかけている	28.1
4	とくに何もしていない	27.7
5	市や消防署が主催している防災訓練や講演に積極的に参加している	26.4
6	食料品や飲料水の備蓄を住民にすすめている	14.3
7	防災に関するセミナーや講演を開く等して啓蒙活動を行なっている	12.6
8	住民間の連絡方法等を決めている	12.1
9	倒壊を防止するよう呼びかけている(家具や冷蔵庫の固定、ブロック塀点検)	7.8
10	地震保険に加入するよう住民に働きかけている	3.5
11	その他	2.2

N = 231

　町会では正面から大地震などの自然災害について話し合うことはあまり多くないが、けれども、1) 避難場所を決めること、高齢者世帯の把握につとめるということは、半数近い町会でそれとなくおこなってきているということになる。

　コミュニティのガバナンスとの関わりで興味深いことは、町内会が現実の生活と課題に向き合うなかで、自治体、警察、議員等とどのようにかかわっているかである。「あなたの町会では、ここ数年、地域　生活を営む上で困った問題がありますか。ある場合には、解決や改善のために何らかの働きかけを行ないましたか。」という設問 (Q27) では、基本的には自治会は自力で対応している

(ゴミ処理問題や、住民間のトラブルなど) ないしは、町会連合会に拡大して自己解決している。関係機関に「働きかけ」をおこなうのは、様々な領域や事項ということではなく、ケースや問題領域に応じておこなっていることが明瞭に見て取れる。自治体に対しては、集会所等文化交流施設の不足問題や「開発による住環境や自然環境の悪化」に関して働きかけをしており、また警察・交番に対しては、主に治安の悪化・少年非行について働きかけをしている。意外に、こうした機関的な働きかけに比して、役場の知り合い、役場幹部、市議会議員、地域の有力者に対する働きかけは、ほとんど無いに近い (表7-9)。

(3) ハザードマップについての理解と意識

青森市の町内会 (町会) の調査をベンチマークとして見てきているが、そこでは問題を自主解決する状況がよくみてとれ、かつ町内会自ら「防災を担う主体という意識」をもっていて地域を担おうとする一定の気概がみてとれる。町内の「高齢者世帯の把握につとめる」という形で、町内の弱いところを気にしていることも明瞭に見える。

対して、働きの点では、防犯では不審者対策などには一定の動きをしつつも、大地震や洪水などの自然災害に対しては「避難場所を決める」こと程度しかしておらず、また議題として話し合ったことのない町会も多かった。

では、ガバナンスがよく投影されるハザードマップ (防犯・防災マップ) について、その策定にはどのような関わりかたをしているだろうか。

「防災マップや災害危険予想図等の防災対策資料を持っていますか」の設問 (Q35) に対する回答が現実を物語っている。「行政が作成したもの」とは、自治体が作成した広域の防災予想地図であるが、それをもっている町内会は、全町内会の5分の1 (19.9) にしか過ぎない。さらには、「独自に作成したものを持っている」(4.8%)(「行政の指導の下で作成したものを持っている 3.9％」を加えても、8.7％) という回答を見ると、町内会で独自に自らの会員の目で作成したケースが極めて希であることを物語っている。この点は、震災時に備えて、町内の「高齢者世帯の把握につとめる」という気持ちに比して、それがどの程度組織的なデータ蓄積となっているのか (どの程度、町内会会員に組織的に伝えられる仕組みとなっているのか) が見えない。

表7-9 地域生活を営む上で困った問題と、解決や改善のために何らかの働きかけ

	困った問題がある	各ベース	役所・公社等の担当課・係に対して公式に依頼	役所の幹部に働きかけ	役所の知り合いに働きかけ	市会議員に働きかけ	議員以外の地域の有力者に働きかけ	他の地域団体（町会連合会を含む）に働きかけ	警察・交番に相談	町会の自力で対応
住宅の建て込み等の住宅問題	16.0	N = 37	24.3	0.0	0.0	2.7	2.7	18.9	8.1	27.0
ゴミ処理の問題	77.5	N = 179	36.9	3.4	0.6	2.8	1.7	8.9	3.4	53.1
商売・スーパー等の買い物施設の不足	17.3	N = 40	10.0	0.0	0.0	0.0	2.5	2.5	2.5	0.0
開発による住環境や自然環境の悪化	12.6	N = 29	44.8	0.0	0.0	6.9	3.4	3.4	3.4	10.3
治安・少年非行・風紀の悪化	24.7	N = 57	19.3	5.3	0.0	1.8	5.3	10.5	66.7	7.0
移動や交通の問題	37.7	N = 87	67.8	3.4	5.7	11.5	1.1	16.1	2.3	5.7
保育園・学校等育児・教育施設の不足	11.7	N = 27	33.3	7.4	0.0	0.0	0.0	7.4	0.0	0.0
公園・運動場・体育施設等の不足	13.9	N = 32	21.9	9.4	3.1	3.1	0.0	9.4	0.0	3.1
集会所等文化交流施設の不足・老朽化	22.5	N = 52	55.8	1.9	0.0	9.6	1.9	7.7	0.0	9.6
病院等医療・福祉施設の不足	12.1	N = 28	17.9	10.7	0.0	3.6	3.6	7.1	0.0	0.0
都市型災害に対する基盤整備の不足	16.0	N = 37	43.2	8.1	2.7	2.7	0.0	8.1	2.7	5.4
住民間のトラブル	22.1	N = 51	19.6	3.9	0.0	0.0	0.0	2.0	21.6	33.3
民間企業とのトラブル	9.1	N = 21	9.5	0.0	0.0	4.8	0.0	4.8	9.5	33.3
行政とのトラブル	10.4	N = 24	29.2	4.2	0.0	12.5	0.0	4.2	0.0	20.8
商店や工場を経営していく上での障害	7.4	N = 17	17.6	5.9	0.0	0.0	0.0	0.0	0.0	5.9
土地問題（土地利用規制や共有地）	11.7	N = 27	25.9	0.0	0.0	0.0	0.0	3.7	3.7	18.5
雪の処理	67.5	N = 156	71.2	3.8	1.9	4.5	1.9	7.7	1.9	24.4
その他	0.4	N = 1	0.0	0.0	0.0	0.0	0.0	0.0	0.0	0.0

　以上から、次のことが見て取れた。町内会は多くの事柄に対して一定程度、自主解決する気概をもっている。

　しかし防犯と防災について、高齢者世帯に対する心配りなどの思いはあるものの、防犯訓練の不調、防災についての本格的な議題がなかったこと、さらに

表7-10 防災マップや災害危険予想図等の防災対策資料を持っていますか

1	持っていないが、聞いたことはある	21.2
2	行政が作成したものを持っている（作成中である）	19.9
3	見たことも聞いたこともない	14.7
4	わからない	12.6
5	持っていないが、見たことはある	10.4
6	独自に作成したものを持っている（作成中である）	4.8
7	行政の指導の下で作成したものを持っている（作成中である）	3.9
8	行政の指導の下で作成し、独自に作り直したものを持っている（作成中である）	1.7
9	行政が作成し、独自に作り直したものを持っている（作成中である）	0.9
10	独自に作成し、行政の指導の下で作り直したものを持っている（作成中である）	0.4

N = 231

は防犯マップや防災マップについては自主的な作成はもとより、自治体がつくった広域地図も多くの自治体が知らない状況にあった。青森市をベンチマークとしたが、盛岡市、秋田市、仙台市、山形市、福島市の東北5都市においても類似の傾向にある。日本のそれなりの部分の動向と課題が見えている。

(4) ガバナンスとの関わり

そのなかで、議員や地域の有力者に働きかけることはほぼないが、他方で自治体や警察などに対しては、「働きかけ」（相談や陳情）をそれなりのケースでおこなっていることが目に付いた。

ここにおいて、警察、とりわけ自治体（青森市）との間に浮かび上がる固有の関係性が次の三点で見逃せない。

第一に「建物が建っている土地はどなたの財産ですか」の質問（Q22A2）に対して、「青森市の財産の上に建物が立っている」という回答が最大であり44.4％をしめた。ちなみに、これに「町会の共有財産」は27.8％であった。第二に、「あなたの町会では、役所からの広報配布や依頼業務についてどう対処していますか」の質問（Q25）に対して、無前提に協力しているケースが86.5%（「積極的に協力」(47.5％) と「義務として協力」(39.0％)) と多いことが目に付く。自治体の広報の配布が空気のように当然の仕事と感じている状況であり、他国では極めて珍しい状況にあたる。第三に、「町会の1年間の財政規模」に関する問い

(Q14)にあって、総収入のうち実に「市からの補助金」(広報誌等の配布手数料とは別)が10.4％をしめている(平均)。

つまり①財産(建物が立つ土地)、②市の仕事(広報配布)が当然とされること、③市からの補助金が当然とされること、という点は、さきの米国の状況と比して、青森、そして他の調査5市において、極めて固有の姿を示している。

つまりここにあっての関係性は、構造的に、自治体と地域組織とが対等的な関係に立ちにくいものであることが見て取れる[6]。東北6市のデータからは、防犯をはじめとするそれぞれの事柄にあって、自治体(市)と町内会は、ガバナンスを組むにあたっても、市側の意向に沿う「負い目」を追いやすい状況にあることが見て取れた。

5　安心安全にむけての地域ガバナンスの構築
――コミュニティ協議会と諸自治会の組織化に基づく地区安全GIS地図自主作成を事例に――

ここで、防犯・防災にかかわるガバナンスにおいて、地区内の結成とガバナンスをすすめた事例を上げておきたい。23の自治会とそれを覆う「コミュニティ協議会」が団結して、自発的に自分たちの足と手で、地区安全GIS(地理情報システム)地図を作った事例がある。地区の消火装置、交通、空き家などを網羅し、防犯と防災と住民生活の向上をめざす基礎的なフレームワークの創出として取り組まれた。これを核として、本稿の課題を考えてみたい。

新潟市西区の五十嵐小学校コミュニティ協議会で、平成22年の秋から冬にかけて、住民が率先して協議会区域のGIS(地理情報システム)地図を総掛かりで作った。同五十嵐小学校コミュニティ協議会は新潟大学近くの海沿いの地区で人口13,341人をかかえ、もともとの砂丘地域に高度成長と新潟地震(昭和39年)の影響で多くの住宅が都市計画と無関係に急速に建設されたとされる地区である。現在、地区内に学生のためにアパート群、通路が狭隘な住宅地が広がり、高齢化率は38.6％となっている。

(1) 自治協議会とコミュニティ協議会

この取り組みの背景として、自治協議会とコミュニティ協議会について確認しておきたい。新潟市は平成の大合併の過程で、平成17年に合計8区制となっ

た。その時に区ごとに、地方自治法252条の20第6項に定める区地域協議会として「自治協議会」が設置され、また「新潟市区自治協議会条例」が定められた（平成19年4月）。その権能は、市町村長の諮問に対し意見を述べるほか、当該自治区の必要な事項について意見を述べることができるものとして設定された。市町村長はこれらの「意見を勘案し、必要があると認めるときは、適切な措置を講じなければならない」とされ、比較的強い「具申権」を持つこととなった。具体的には、「総合計画及びこれに準ずる計画に関する事項」、「区役所が所管する公の施設の設置及び廃止に関する事項並びに管理に関する基本的事項」、そして「区役所が企画立案を行う施策のうち、市長が定める事項」（通称、区役所立案企画に対する自治協議会の「回答」）をおこなう。「新潟市区自治協議会条例」には、「第一条　市民と市とが協働して地域のまちづくりその他の課題にとりくみ、住民自治の推進を図る」と定められ、「住民自治の推進を図るため」のものであることが鮮明に示されたのであり、文字通り住民自治の観点から「市政」をチェックし、回答するものとして措定された。

　地域コミュニティ協議会が、区自治協議会の設立と併せて設置することが推進されたが、それはいわば、区自治協議会の細胞的役割を期待された[7]。コミュニティ協議会は、公共的団体等からの選出者などとともに、区自治協議会に委員を送ることとなっている[8]。

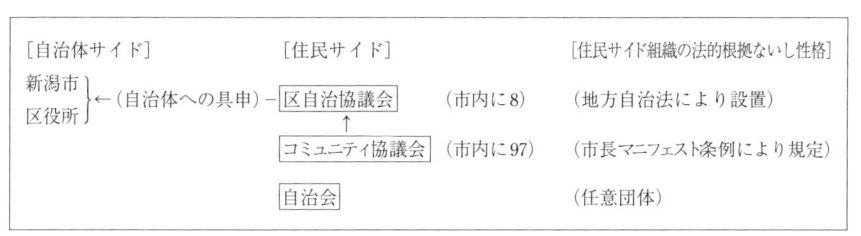

```
[自治体サイド]            [住民サイド]                              [住民サイド組織の法的根拠ないし性格]
新潟市  ┐
        ├←（自治体への具申）─ 区自治協議会      （市内に8）      （地方自治法により設置）
区役所  ┘                          ↑
                         コミュニティ協議会    （市内に97）     （市長マニフェスト条例により規定）
                         自治会                                （任意団体）
```

(2) コミュニティ協議会と自治会の役割分担不明確と混乱

　ただし、地域コミュニティにあっては、混乱が設置以来続いてきた。地区にそれまで地区のお世話をしてきた町内会というものがすでにありながら、コミュニティ協議会という同種のものがなぜ必要なのか、という議論があった[9]。それについては、「本来、自治基本条例を体現するはずのものであるのに、コ

ミ協の方が何をしたらいいか分かっていない」、「コミ協は、行事中心になってきている。本来は、市政にどこまで関わるかのはずのもの」という声[10]があり、基本的には住民自治の観点から住民の声を市政に伝えるために、地域協議会の細胞として地域コミュニティから意見を吸い上げるというものであるはずのものだが、「その点を提起しきれなかった」ため、コミュニティ協議会と自治会との役割分担が不明確となった、とされる。

(3) コミ協と自治会の連携作業でのGIS地図づくり

ながらく続いた不明確なコミュニティ協議会と自治会との役割分担であったが、西区の五十嵐地区で、GIS地図づくりが大きな結節点となった。ちなみに五十嵐地区には、大小とりまぜて23の自治体がある。その未明を打開するための作業として、またとりわけ地区の防犯と防災をはじめとする地域の基礎情報のフレームワークをつくるという作業が提起され、すすめられることとなった。区自治協議会委員であり、五十嵐地区コミュニティ協会副会長の五十嵐和雄氏が中心となって提唱した。それまで、一体としての活動には必ずしも積極的でなかった自治会長さんたちが、「地区の安全安心のためだから」、「高齢者やこどものために」と目の色をかえて率先してそれぞれの地区での地図情報づくりに賛成し、また情報をみずから集めて回ることとなった。

作成までの経緯は次のようであった、

- H20年　　　　　　　　CADを使って五十嵐地区の地図を試作
- H22年春　　　　　　　市から20万円の補助を得た
　　　　　　　　　　　　西区地域課からGISの専門家を紹介してもらう。
　　　　　　　　　　　　(GIS作成のソフトをレンタルすることとする)。
- H22年9月11日　　　　　コミュニティ協議会理事会で作成を決定、
　　　　　　　　　　　　自治会に依頼
- H22年9月26日　　　　　コミュニティ協議会まちづくり部会で着手
- H22年9月から12月末　　自治会での白地図への記入と
　　　　　　　　　　　　コミュニティ協議会における集約・編集作業

平成22年の12月までかけて、各自治会には5枚の地区の白地図を渡し、商店、消火栓、行き止まり箇所、などを書き込んでもらった。各自治会長さんたちが

懸命に手書きでメモしたものを、コミュニティ協議会(五十嵐氏)の方で集約し、画面上の地図レイヤーに落としていった。

(4) 地区内情報立体的に可視化するコミ協地区GIS地図

その場合、場所を改めて確認する必要があったり(目視確認)、凡例を煮詰めたり、また商店の種類(1Fと2Fに別の店舗がある場合どう記すかなど)に悩んだりといった、はじめて故の苦労もあった。その努力の結果、地区全体のGISができあがった。これは、次の13の情報をそれぞれの層(レイヤー)に落としたものである。

 第1レイヤー 自治会境界
 第2レイヤー 交通(カーブミラー、交通信号機、横断歩道、バス停)
 第3レイヤー 防犯(防犯灯、子ども110番)
 第4レイヤー 防火(消火栓、消化器置き場、防火用水槽、建物接近地帯)
 第5レイヤー 治水(排水ポンプ、調整池、灌水地帯)
 第6レイヤー 側溝(U型(蓋100)、U型(蓋90〜50)、U型(蓋40〜10)、U型(蓋0)、L型(〜))
 第7レイヤー 建物(空き家、アパート、マンション、公共建物、コミュニティ建物、寺社、神社、教会)
 第8レイヤー 学校(小学校、中学校、高等学校、大学、その他学校、塾、保育園、幼稚園)
 第9レイヤー 商店(空き店舗、理美容院、飲食店、日用雑貨、衣料品、娯楽施設、食料品、クリーニング、スナック、居酒屋、喫茶店、商店)
 第10レイヤー 事業所(銀行、郵便局、不動産、病院、薬局、スーパーマーケット、コンビニエンスストア、ドラッグストア、ファストフード、ガソリンスタンド、ファミリーレストラン、福祉施設、動物病院、その他事業所)
 第11レイヤー 道路(市道、私道(広い)、私道(狭い)、歩道)
 第12レイヤー 土地利用(公園、空き地、緑地、田畑、駐車場、墓地)
 第13レイヤー その他(ごみステーション、郵便ポスト)

これを使うと、瞬時に、「消火栓の無いブロック」(第4のレイヤー)で「狭い私道が多いところ」(第11のレイヤー)という組み合わせで火災に弱い地区を割り出

第Ⅱ部　安全・安心コミュニティの布置構成

図7-1　五十嵐コミュニティ協議会区域図（交通、道路のレイヤーを重ねたもの）

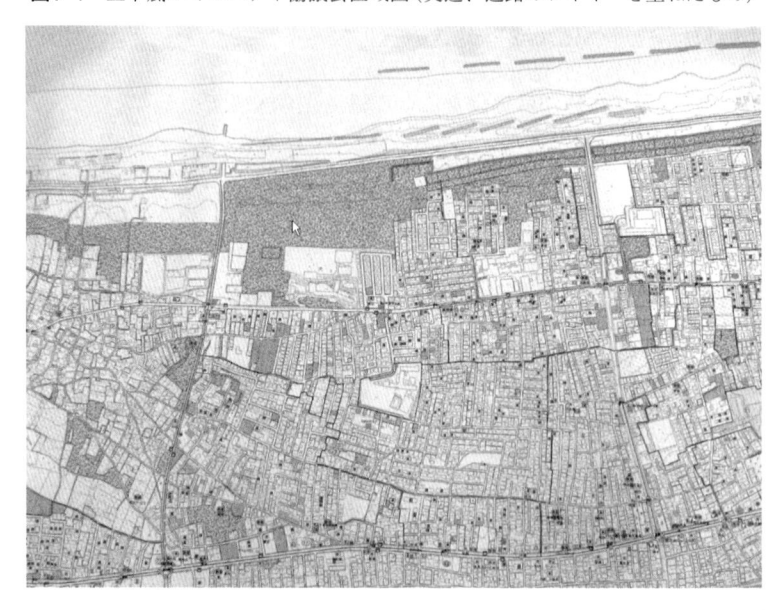

図7-2　事業所のレイヤー（郵便局、病院、不動産等）

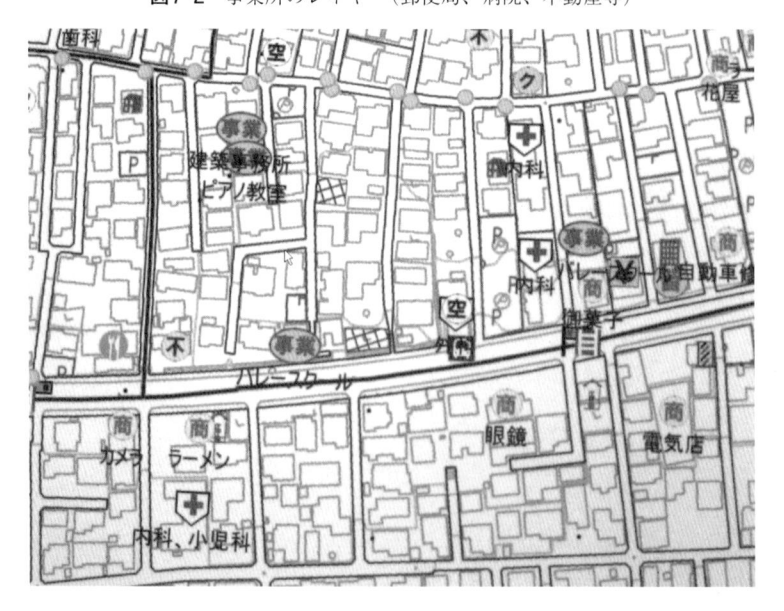

したり、また「空き家が多いところ」(第7のレイヤー)で「防犯灯が少ないところ」(第3のレイヤー)といった組み合わせで状況を確認することが即座に可能となった。

(5) 三つの意味——即時的防災効果、住民一体化、ツール

　このGISには三つの効果が伺える。第一にこの地図を用いて、防犯、防災にむけての活動に即時的効果がおこることである。例えば、アパートばかりの自治会は、同類の悩みを持つ自治体同士であつまって、防犯やゴミ収集の問題について、早速に検討会を始めるということが起こってきた。

　第二に住民の一体化を促進することである。とりわけ、自治会とコミュニティ協議会がしばしば齟齬をきたしていた状態にあったが、地図の作成は、「一つだけの自治会ではできない」、また逆に「コミュニティ協議会だけでもできない」ということであり、全体コーディネーターとしてのコミュニティ協議会の働きと、地区に密着して一つひとつ詳細な情報を自分事として得てきた自治会の働きが両輪で動いたからできたということになる。そして、それを見て、自治体の方々や住民は「(地区に狭隘街路が多いことについて)こんなんだったとは思わなかった」、「地域の火災に弱いところや、高齢者があるきにくいところといったことがよく分かった」といった、地域の再確認、気づきの声があがったとのことである。

　第三に、住民が総掛かりでつくったこの地図は、関係団体・関係部署と連携できるツールであることである。とりわけ、火事に弱いところが今回作成したGIS地図のおかげで判明したが、それに関して、コミュニティ協議会は、消防署と相談をはじめている。またこの地図は、それがあることで、「交通」や「道路関係」のことがら等で警察署に相談しやすくなり、また福祉関係や土地利用等々について区役所など自治体と相談することがしやすくなる。そして、この地図があるおかげで、現場の課題がすぐれて可視化されることとなったので、「陳情でなくて相談」の形で相手組織と対話ができるようになったことである。

(6) その後引き起こされた展開

　この地図ができたことから、その後二つの新たな展開が生起した。まず、こ

の地図の効果を見て、さらに「高齢者、身障者、一人暮らし高齢者の世帯をピックアップしてもらいたい」ということで、新潟県が補助金を出すことにした。

また、この地図を見て、西区役所の地域課と社会福祉協議会がジョイントして、「はつらつシニアライフお役立て情報マップ」(通称、高齢者お楽しみマップ)を作ることとした。西区役所の地域課では、西区内の他の14のコミュニティ協議会にもこの地図作成を強く期待しているとのことである[11]。

(7) ガバナンスとしてカウンターパートナーとなった「西区コミ協支援チーム」
——地域担当制からの進化型

この住民主導でかつ総出という活発なアクションを促進したのは、新潟市の地域担当に関する制度改革に裏打ちされているところが大きい。当初、他の自治体と同様な形で兼務体制で、コミュニティ協議会(市内97)に対してそれぞれ2人の、合計200名近い担当職員を充てていたのだが、平成22年に大改革をおこない、8区ごとに、区役所-公民館-社会福祉協議会がチームを組んでの「コミュニティ協議会支援チーム」に編制替えすることとなった。支援チームは、地域課を事務局に、区内公民館、保健福祉センター、社会福祉協議会、西区関係課で横断的に構成し、コミュニティ協議会の運営や事業を専門的に支援することを目的としている(表7-11)。西区役所の職員数200人にあって、20数名からなるチームとして編制されている。

(8) 地域担当職員制度から「コミュニティ協議会支援チーム」への進化と効果

なぜ、あえて地域担当職員制度から「支援チーム」制に編制したのか。かつてコミュニティ協議会に兼務の担当職員を置いていた時には、土日に、勤務外時間にしばしば勤務せざるを得ないことや、コミュニティ協議会の活動の深化に対応する専門性がもとめられるようになったという「地域担当職員制度の限界」があったとされる。

このチームは、年間に数回「連絡会」を開催して情報交換をおこないつつ、全体でコミュニティ協議会に対応している。

西区には15のコミュニティ協議会(各区の平均人口1万人程度)がある。勿論、

第7章　防犯活動をめぐるガバナンスの可能性と課題　307

表7-11　「コミュニティ協議会支援チーム」の構成と役割

役　　割	担　　当
チーム内調整	地域課(4人)
運営全般の相談窓口	地域課；出張所；連絡所(5人)
地域福祉計画の実践、各種福祉事業、各種保健事業	健康福祉課；地域保健福祉センター(3人)；西区社会福祉協議会(4名)
防災、防犯、交通安全	総務課(4名)
環境、ごみ問題	区民生活課(1名)
コミ協との共済事業の開催	公民館(6名)
行事関係アドバイス	
学校コーディネーターとの連携	

写真7-1　各課が集っての西区コミュニティ協議会支援チーム
　　　　　第1回連絡会議；新潟市西区ホームページより

　農村部の地区、住宅地が多い地区、駅やマンションが多い地区などそれぞれの特色と課題があるが、それらの課題を見据えてつくった「地区別計画」が、コミュニティ協議会の座談会やアンケートを基に策定されている。そしてそれら地区別計画と、西区の「全体計画」とが「西区地域福祉計画・地域福祉活動計画」(通称、「いきいき西区ささえあいプラン」：西区役所と西区社会福祉協議会の共同策定)を形づくっている。「コミュニティ協議会支援チーム」は、このプランに基づ

きながら、実際のコミュニティ協議会の実際の運営や事業を各方面から支える。「お互い分担しつつ、またそれぞれの専門からの情報を共有し合いながら進めることができるので、地域の全体像が掴みやすい」のであるとともに、担当職員制の時期に比べ、それぞれの課の人たちは「役に立っている実感をもちながら、楽しんで」向かうことができるようになったとのことである（新潟市西区地域課　江戸誠一氏）。

　コミュニティ組織（コミュニティ協議会）を尊重しつつかつそのアクションを実現してもらうために、支援チームは「パートナー」としてアシストする。それを本格化するために、タテ割を廃して行政各課のヨコに連携したタスクチームを組んだ、ということである。コミュニティ組織の公式のアクション（地区別計画）をサポートするために、地域担当制を超えて、役場関連部署が公式にも「チーム」を構成するというのは、日本ではじめての事例であろう。そこにおいては、地域担当制の進化型たる支援チームは住民の活動支援のみならず住民による地区計画（声）の策定をささえ、その計画の実現を進めようとしており、住民の本格的な「パートナー」として設計されている。

(9) 安心安全をめぐるガバナンス

　新潟市西区の事例では、良いキーパーソン、関係者の危機感、絶妙のタイミング、市側の支援の内在的支援の姿勢など、恵まれた要素が見えるが、それを基に、安心安全（防犯・防災）のための五十嵐地区コミュニティのガバナンスが図7-3の形で立ち上がることとなった。

　この動きにあってまず、地域コミュニティ（五十嵐学区）が、地域組織（コミュニティ協議会と町内会）が自分たちのアイディアと労力でGIS地図作成にともに納得し・協業してとりくむことにより、一体となった。そして、同時並行的に、自治体（西区役所）内部においても、コミュニティ協議会およびそれと一体となった学区全体を支援するために、区役所内縦割りを廃して「支援チーム」が立ち上げられたのであるが、これが、地区コミュニティでの活動（GIS地図づくり）を尊重し、かつスキルの提供など出来るところを支援する形で関わっている。なおまた、GIS地図ができたことから、地区の課題となる火災や防犯に関して、消防署と警察署が地区住民の話を聞くようになり、連携関係がで

図7-3 安心安全(防犯・防災)のための五十嵐地区コミュニティのガバナンス

```
[ 新潟市 ]                    [五十嵐学区地区]
  [西区役所]
  ┌─────────┐           ┌─────────┐  ┌──┬──┬──┐      ┌─────────┐
  │コミュニティ │           │コミュニティ│  │町│町│町│      │ [消防署] │
  │協議会支援 │ ⇔         │ 協議会  │⇔│内│内│内│  ⇔   └─────────┘
  │ チーム   │           │         │  │会│会│会│      ┌─────────┐
  └─────────┘           └─────────┘  └──┴──┴──┘  ⇔   │ [警察署] │
                                協 業                  └─────────┘
    情報共有・支援                              連 携
```

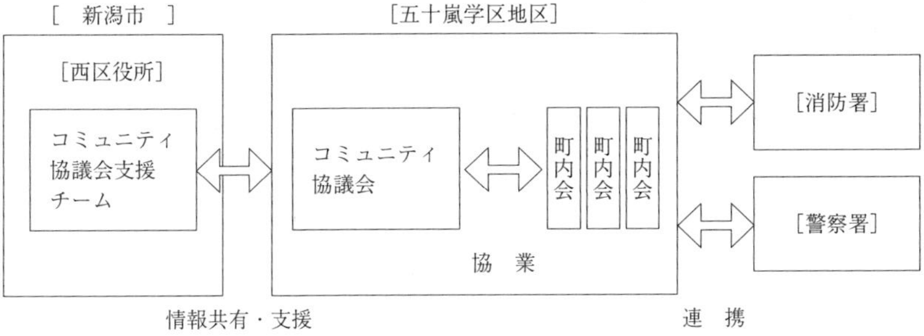

きるようになってきた。これは、安心安全のための地区コミュニティのガバナンスとしての、先端的なものと言えよう。

ここにおいて、①自治体や関係団体との対等性(住民自治の市政での受容)、②内発的な提言・アイディアに基づくコミュニティ内でのコンセンサス(納得性)の形成(地区コミュニティが自らのコンセンサスを作り出したこと)、といった点が、良好なガバナンスのベースとなっていることが伺われ、さらには、コミュニティ内部での相互信頼とともに、とりわけ③各種団体との相互信頼と「良心」的支援が見て取れる(区役所がコミュニティのカウンターパートナーとなる)。ガバナンスは制度的なものではなく、アドホックに構成されるものなので、移ろいやすいものではある。その中で上記3点が地域ガバナンスの大きな柱であろうことが見て取れる。

以上、米国の事例(コミュニティポリーシングとコミュニティカウンシル／コミュニティウォッチ)とは異なった日本独自の脈絡においての、地域ガバナンスにあっての障碍と展開である。

6　おわりに

以上の事例検討をもって、安心安全にむけてのコミュニティのガバナンスとしての基盤について得られたところを記しておきたい。

(1) **日本とアメリカの脈絡**

日本においては、アメリカのコミュニティポリーシングとはことなった脈絡

で、防犯にむけて、子どもの安全という観点からの「安心安全パトロール隊」の動きやＧＩＳ地図づくりによる地区連携が生まれてきている。

(2) **データからみたガバナンスの阻害要因**

けれども、町内会・自治会の意識調査（東北６市調査）を見ると、それらは比較的活発な部類であり、基本的な町内会・自治会の意識動向としては、高齢者世帯に対する心配りなどの思いはあるものの、防犯訓練の不調、防災についての本格的な議論がなく、さらには防犯マップや防災マップについては自主的な作成は殆どおこなっていないという課題が見え、さらには市との関係性で、所有・仕事・補助金のありようから、市と町内会が対等な関係を構造的に結びづらいことが判明することとなった。

(3) **ガバナンスの基盤三点**

新潟市西区における住民総出でのGIS地図作成の事例と、そこでのガバナンス形成の検討を通して、次の三点において、安心安全にむけてのコミュニティのガバナンス基盤形成について次の点が必要事項として捉えられた。

□地区コミュニティが自らのコンセンサスを作り出した（地図作成を核に防犯防災活動を活発化する）。そのコンセンサスは、とりわけコミュニティ協議会と23の自治会の間で形成された（コミュニティ協議会理事会）。その上で、コミュニティ協議会と23の自治会はそれぞれの仕事を的確におこなった。

【コンセンサス】

□そのコンセンサス（地図作成を核に防犯防災活動を活発化する）が住民の意向として区自治協議会を通じて市政に提起され、受け入れられた。

【住民自治の市政での受容】

□その動向を、コミュニティでの事業および連携事業を推進する意向で、コミュニティ支援チームが、課題の立体的な把握とアシストをおこなう体制をつくり、コミュニティ協議会との的確なカウンターパートナーとなる態勢にあった（自治体内における「コミ協サポートチーム」としての編制と認知）。

【コミュニティのカウンターパートナー】

尚、作成されたGIS地図の効果を目の当たりにして、一方でコミュニティ内での一体感（コミュニティ協議会区域内23の自治会の一体感）が増し、他方でさらに消防署、警察等と実務推進にあたってのコミュニケーションルートが生まれた、

(4) 新旧の混合的併存

政府や自治体による「官製組織化」や政府・自治体による「コミュニティに警察業務を肩代わりさせる」という動向が一方でなお潜在・顕在しているという状況がある一方で、内発的なアイディアと相互信頼によって、地区コミュニティ－自治体－各種団体が連携してガバナンスが立ち上がる場合が出てきている。

最後に、「『民間の住民がGIS地図をつくったとは驚きだ』と言われたが、住民だからこそ出来たんだ」（寺山和雄氏）という言葉を紹介しておきたい。地域の情報を自らのものと捉えている住民だからこそ、地域の高齢者や子どもをはじめとする人々のために、懸命に情報集めに力を注いだ。地域のコンセンサスと行動の、最も底にあるマグマであろう。

注

1) 吉原直樹、2011『コミュニティ・スタディーズ』作品社
2) ヒアリング（Etlon Gatewood,Ph.d　日時　2012年8月20日　場所　ワシントン大学タコマキャンパス）
3) 警察庁生活安全局　自主防犯ボランティア活動支援サイト http://www.npa.go.jp/safetylife/seianki55/katsudo_jirei/list_of_katsudojirei.html
4) 米国のコミュニティプランニングの領域において、例えば、人口2万人程度の地区において、多数の地区団体やNPOの結節点となる特定のNPOやCDC（Community Development Corporation）をPDA（Public Development Authority）として、地区の多くの団体と個人を巻き込んでの地区マスタープラン作成会議や、地区内の大規模公共建設の市民的観点からの推進を担当している（例えば、タコマ市のマリーナ地区の再開発事業でマンション建設を推進するFoss Waterway Public Developmentなどがある。）
5) 東北5市における「現在の町内会の主な目的」回答比較

	青森	秋田	盛岡	山形	福島
住民同士の親睦をはかるため	89.6	88.2	93.3	69.8	88.8
町内の生活上の問題を共同解決するため	77.1	78.1	85.0	57.1	68.4
行政等への働きかけ・陳情のため	71.0	56.8	42.5	33.4	61.7
行政等との連絡・調整のため	69.3	59.9	68.9	48.2	73.8
共有地、共有施設の管理のため	21.2	22.0	4.1	13.7	16.4
マンションや団地の管理組合として	2.2	1.4	0.5	1.1	2.8

6）ちなみに、アンケートに回答した町会長らの姿としては、圧倒的に男性（97.8％）であり、持ち家に住み（93.5％）、現在の居住地に長く住み（「昭和40年から」以前からの居住）、60歳代から70歳代（82.2％）である。また、町会長としての在任年数の平均は7.4年である。
7）条例に「主として小学校又は中学校の通学区域内に居住し、又は所在する住民及び自治会、町内会その他公共的団体等で構成された地域の課題に取り組むための活動の主体となる組織をいう」と定義される（条例§21号）。
8）新潟市区自治協議会条例第2条2：
  (1)地域コミュニティ協議会
  (2)公共的団体等からの選出者
  (3)学識経験者
  (4)公募による者
  (5)市長が必要と認めた者
9）コミュニティ政策学会新潟大会（平成18年）の全体フォーラムにおいて、コミュニティ協議会の関係者と自治会関係者が、相互の存在理由をめぐって課題を投げつけあった。
10）西区自治協議会委員　寺山和雄氏（平成23年10月4日）
11）新潟市西区地域課　江戸誠一係長（平成23年10月4日）

参考・参照文献

Kappeler,Victore E & Larry K. Gaines,2005(4th ed.), *Community Policing: a Contemporary Perspective*, Anderson.
Lyons, William, 1999, *The Politics of Community Policing. Rearranging the Power of Punish*, University of Michigan Press.
前山総一郎　2004　『アメリカのコミュニティ自治』南窓社．
前山総一郎　2009　『コミュニティ自治の理論と実践』東京法令出版．
Miller,Lisa L.,2001,*The Politics of Community Crime Prevention*, Ashgate.
Stoker,Gerry, 2004,*Transforming local governance: from Thatcherism to New Labour*,Basingstoke ; New York.
玉野和志　1993　『近代日本の都市化と町内会の成立』行人社．
田嶋英一　2009　『協働体主義——中間組織が開くオルタナティブ』慶應義塾大学出版会．
吉原直樹　2011　『コミュニティ・スタディーズ』作品社．
吉原直樹　2009　「防災ガバナンスの可能性と課題」吉原直樹編著『防災の社会学』　東信堂．

補論1

「次世代」の関与と地域防犯の条件
――上尾市陣屋町内会を事例として――

高橋　雅也

1　問題の所在――東北6都市調査から

　本稿の関心は地域防犯に若い世代が関与する余地と、それを受容しうる地域社会の条件を事例からさぐることにある。近年、各地で自主防犯活動の担い手が高齢化し、世代交代が急務とされている。これに呼応して、警察の募集による「大学生防犯ボランティア」が方々で組織され、町内会との協働のもとで、若者たちが活動経験をかさねている。
　こうして若者への期待はとみに高まっているが、そこでは同時に、若者がコミュニティにおいて「異質な他者」と化すパラドクスが起きている。保護されるべき弱者としての子どもたちが、やがて長じて縮小する労働市場から溢れると、社会、経済、文化的な多次元の滞留に搦めとられてしまい、いわゆる旧住民層には受容しがたい存在となりえる（西田 2010：49-50）。そうした意味では、子どもから若者へ、またライフイベントのなかで地域移動を経験すれば「新規来住者」へといった、連続的（しかし非‐連続的）な「次世代」として、かれらの存在を包括的に捉える視点が必要になるだろう。いずれにせよ、「若手の取り込み」が短絡的なものとならないように、リスク化という社会変容において、次世代が考える「個と連帯」の意味合いがゆらいでいる現状への認識は不可欠であろう（ファーロング，カートメル 2009［1997］）。それではじっさい、かれら「次

表 補1-1　次世代と地域防犯のかかわり

(%)

	青森市	秋田市	盛岡市	山形市	仙台市	福島市
非高齢者単身・非高齢者核家族	19.5	18.6	43.5	16.5	—	17.4
外からの新しい世帯が多い・殆ど	31.6	30.2	47.2	28.3	45.9	34.0
世代間の断絶	12.1	4.3	12.4	6.7	14.8	10.3
治安・少年非行・風紀悪化	24.7	62.3	62.2	22.1	16.0	58.0
警察交番	66.7	37.9	48.3	47.6	—	35.0
町内会が自力対応	7.0	7.0	12.5	8.5	—	10.1
ネットワーク	0.0	1.7	0.8	2.4	—	3.1
青少年育成（町会単位の活動有）	30.7	24.0	38.4	32.3	—	25.9
青少年育成（10年間より活発化）	—	30.0	43.2	38.3	—	40.7

世代」は、いかなる地域的条件のもとで、防犯活動の現場へと切り結ばれていくのだろうか。

　ここで東北6都市調査から、世帯特性や住民の流動性、それを反映した世代間の意識、青少年育成のあり方に注目して、次世代と地域防犯のかかわりをみていく（表補1-1）。まず非高齢者の単身世帯や非高齢者の核家族などの比較的若い世帯が多く、外からの新規来住者の多い都市では、世代間の断絶が問題視される傾向にあるようだ。そのことは、秋田市や山形市とは対照的な、盛岡市や仙台市で実感されている「断絶」に表れている。

　その一方、若い世代の少年非行をふくむ治安の悪化にかんしては、ともに「断絶」度の低い秋田市と山形市のあいだで大きな差があり、同様に「断絶」度の高い盛岡市と仙台市のあいだにも大きな差がある。また、ともに治安の悪化が実感されている秋田市と盛岡市でも、その対策における警察・交番への働きかけには差があり、同様に治安の悪化をさほど案じていない青森市と山形市でも、町内会での自力対応にはさしたる差がないが、警察・交番への働きかけには大きな差がある。なお、いずれの場合でも、連携やネットワークの形成を介した対策をおこなう町内会はきわめて少ない。

　ただ、「断絶」と治安の悪化がともにつよく実感されている盛岡市では、町会単位での青少年教育・育成がさかんであり、10年前と比べても活性化しているようだ。また、およそ高齢者の旧住民が多い秋田市では、治安の悪化を感じていても腰を上げづらいのか、青少年にかかわる町会単位の活動は、相対的

にみて必ずしも活発ではないといえよう。

　このように、東北6都市調査は、地域住民の流動性が高ければ、世代間のズレと治安の悪化を実感し、青少年の健全育成が求められるという単線的な図式を、むしろ退ける結果になっている。くわえて、地域防犯活動には、その担い手として、だれがどのようにコミュニティに包摂されるかを規定する多様な因子があり、およそ上述の「次世代」に該当する未経験者にとって、行政などとの連携をとおして高まる集合的効力感や、民主的な町内会運営が防犯活動への参加を促進することが指摘されている(高橋2010：106)。

　そうした複雑な実相を垣間みせる調査結果をうけて、地域防犯における「次世代」の関与と、これを条件づける住民自治の内実について、事例に即して検討してみたい。以下、大きな成果をあげる町内会を取り上げて、詳細にみていく。

2　事例の概況——地区と活動のあらまし

　上尾市陣屋町内会は、人口2,621人、1,019世帯からなる地区で760世帯が加入(加入率74.6％)する地域住民組織である[1]。陣屋町は、1602(慶長7)年、西尾氏による原市藩以来の歴史をもち、その菩提寺である妙厳寺をようする、藩の「陣屋」を字名とする地域である。また、33の事務区がある上尾地区全体では、専業・兼業の販売農家(耕地面積30アール以上、販売額50万円以上)は40戸ほど、工場数も40弱あるがこちらは5年前の6割に減少しており、当該エリア(0.573平方キロ)の土地利用は一戸建て住宅が多く、単身および家族向けの集合住宅が点在するといった住宅街にほぼ特化している[2]。

　町内会の発足時期は不明だが、現在の町内会館が建設された1973(昭和48)以前なのはたしかである。なお、ここ10年でみても住宅開発がみられ、子育て世代が入居しており、陣屋町住民の平均年齢は38.5歳と、上尾市全体の43.4歳と比しても若い。それもあって、役員10名のうち8名が、居住歴はちがっても周辺地域からの「転入組」で、現役世代も4名いるという構成である。全国的に防犯パトロール隊員の高齢化がすすむなか、陣屋町隊員の平均年齢は約42歳というから、太田崇雄区長が「これまで活動がさほど活発でなかった地域、

とくにやってこなかった人ほどまとめやすい」と語るのにも肯ける。

　同町内会は、防犯パトロールに限らず、区長が副支部長をつとめる体育協会、子ども会、愛育班、自警消防団などの組織と連携して、多様な地域活動を運営している。町内会館は「上尾市老人だんらんの家運営事業」の地区拠点でもあり、高齢者の生きがい創出に取り組むほか、体育協会のソフトボール部は青年メンバーを主力として優秀な成績をおさめ、愛育班は月1回の子育て支援をおこなっている。さらに花見、潮干狩り、夏祭り、運動会、敬老会、もちつき大会、新年会や介護予防教室、防災訓練、役員研修など活動はさかんである。

　ところで地域防犯活動であるが、おもに徒歩による防犯パトロールをおこなっている。班長76名をAからKの11グループに分けてローテーションを組み、毎回班長7名と町内会の役員から2名の計9名は必ず参加するかたちで実施している。現役世代が多いことも考えて毎週土曜日とし、19時から20時にかけて、蛍光ベストとキャップ姿で拍子木や電灯を手に歩く。なお、コースは予想されないように毎回任意に変えている。

　あわせて、青パト（青色回転灯装備車）による巡回もおこなっており、朝は東町・原市小学校の通学路を中心に、登校時間にあたる平日の7時から8時にかけて、夜間は隣接地区もふくめて広域的に、19時から20時30分にかけて実施している。くわえて、小学校の登下校時に自転車による巡回も適宜おこなっている。町内会館には小学生から届いた可愛らしい感謝状の束が掲示されており、隊員150名の励みになっている。

　こうした防犯活動の副次的な効果として、「以前は区長・役員と班長の1対1の関係があるだけで、班長同士の横のつながりはなかった。防犯パトロールをはじめてから、班長同士がよく話すようになった」と茂木英治副区長は語る。班長は20代から60代まで幅広く、よい世代間交流の場になっており、各班長の担当するパトロールは年4回、1年交替であるため、効率よく住民たちに機会がめぐってくる。担当日でなくても顔をだし、役を終えても参加する者もある。また、パトロールの前後に町内会館で一息入れ、歩きながらもよく話すため、町内会の行事運営、連絡調整がより円滑になったという。

　埼玉県は自主防犯団体が全国でもっとも多いが（菅田・加藤・小出 2008: 41）、なかでも陣屋町内会は警察庁の「現役世代の参加促進を図る環境づくり支援事業」

(平成23年度)の実施団体に県内で初めて採択されたほか、「防犯ボランティアフォーラム」や「わがまち防犯隊レベルアップセミナー」での講演もこなすモデルケースである。転入組をふくむ比較的若い世代を活動に呼び込み、次項でみるとおり、大学生との連携をきっかけに地域防犯の推進力をえていった経緯から、本稿の関心にせまるうえでの好事例と考えて、陣屋町内会の活動に注目していくことにする。

3 「協働の作法」──若者および周辺町内との関係

(1) 学生＝若者との協働──調査志向とネットワーク

陣屋町内会の防犯活動は、学生との連携が特徴のひとつになっている。2007 (平成19) 年に芝浦工業大学[3]が夜間照度調査の対象地区を自治体経由で公募し、陣屋町内会がこれに応募したことにはじまる。当時、町内会では街路の暗さを案じる声があり、どこがどれだけ暗いのか、住民はどう思っているのかを調査したいと考えていたところで、渡りに船であった。半年間で10回以上の打合せをかさねて、実施におよんでは町内会から245名、学生70名 (のべ人数) が参加し、町内くまなく1,646箇所を調査、機器による測定はじつに2,963回を数えた。あわせて、街路の照度に関する住民意識調査もおこなった。

一連の測定結果は「住環境改善マップ」として地図化し、照度の低い場所を明記した。また意識調査からは、回答者の約8割が夜間照度を「暗い」と感じ、約7割がそれを不満に思っていることが分かった。これをうけて、住民と学生合同による懇談会で改善計画を案出し、街路灯の新設と修繕・清掃、町内各戸に門灯の点灯をうながす「一戸一灯運動」をかかげた。データにもとづく行政への働きかけが奏功し、6年間で61基の街路灯が設置された。隣接町内では年に数基でも設置されれば御の字という状況下で、目を見張る成果といえるだろう。また、「一戸一灯運動」を推進するべく、各戸負担となる電気代の節約を考えて、門灯照明LED化を補助する事業にも着手している。いくらか散発的であった防犯パトロールもこれを機に本格的に組織化されていった。

このケースから学べることは何だろうか。それは大学と連携すれば上手くい

く、という短絡的な話ではない。まず、町内会が地域防犯の現状把握を「環境」と「住民意識」の両面から丁寧におこなう姿勢である。上述のような調査志向をもつ地域は多くないなかで[4]、大学生との連携も現状把握への積極性が呼び込んだといえる。それは太田区長が「「ここに街灯は必要ない」と行政にいわれたときも、「それは昼間に測定した結果でしょう」と応じることができる」と語るように、裏づけの大切さを実感することにつながる。じっさい、2011（平成23）年には「防犯意識アンケート」を町内会独自に実施しており、防犯活動への参加者をふやすための指針にするという。

また、こうした調査志向は、市や警察をはじめとして「裏づけがなければ、動きづらい」という立場や考え方の人たちへの配慮の意味があり、相手が動きやすいようにするネットワーク志向のあらわれである。こうした志向性は、連携のなかでもさらに育まれていく。たとえば、地域住民と大学生との協働関係には、専門性をもった若者への一定の敬意と、自分の子や孫をみるようなまなざしが同居している。太田区長が大学生に「やりっぱなし、聞きっぱなしではいけない。調査した結果はきちんと発表してもらい、こちらもいいことをしてもらったのだから、結果を活かすということ」と語るさまは象徴的である。「住民主体」とはよくいう言葉だが、こうした協働関係においてこそ、どうすることが「主体的」なのかが理解されていくのである。

学生＝若者においても、2012（平成24）年の継続調査に参加する芝浦工大4回生の青木政幸さんが「自分の地元では町内会の活動がみえてこない。陣屋町はとても活発だ。今度の調査では「一戸一灯運動」などを自分の問題だと思ってもらうのが課題」と話すとおり、みずからも当事者意識をもって取り組んでいる。他方、陣屋町内会では、埼玉県警が2010（平成22）年から県下の大学生を中心に組織する、ヤング防犯ボランティア「クリッパーズ」の学生たちも受け入れている。こちらは目下、防犯活動を「体験」してもらうことに特化し、陣屋町の防犯活動メンバーが高齢化していないこともあって、いわゆる「若者の目線」を取り込むねらいはないという。大学生との協働も、関与の深さや内容に応じて、複数のレイヤーが設定されているようだ。

いずれにせよ、学生＝若者との連携は、学生の教育的意義や、専門知のよる地域貢献といった多様な意図をともないながら、調査によるエビデンス志向や、

パートナーの流儀に寄り添うネットワーク志向にみる「協働の作法」を知るうえで、たいへん貴重な機会になっているといえるだろう。

(2) 周辺町内のエンパワメント

このように陣屋町内会が大学生と連携し、詳細な調査結果をもとに街路灯の設置をすすめた経緯は、行政への陳情・要求型の活動であるとみる向きもあるかもしれない。しかし、陣屋町の活動には、少なくとも自町内の利益ばかりを主張し、自助努力をわきにおいて、陳情合戦をよしとするスタンスはみられない。じっさい、太田区長はさかんに周辺町内の区長と交流をはかり、相談にのりながら、防犯パトロールや町内会の運営全般にかんするノウハウを共有している。これは陳情合戦での競争を度外視した考え方である。

上述した2012年の継続調査にむけた懇談会に、陣屋町とは県道一本へだてた二ツ宮二区の金子範義区長が同席していた。太田区長に声をかけられ、参加したという。金子区長は「「できることからやる」というのも意外に難しい。なにができるかを話し合おうと、防犯活動をやれる人を募集すると、なにをするのか分からないのに応募できない、という話になりがちだ」と語り、町内会運営にはコツがいるとする。太田区長はこういう。「自由回答欄をたくさん設けたアンケート調査をして、町内の意見を聞くといい。そこで大切なのは、結果をきちんと発表すること。会計報告をちょっとやるだけみたいな総会では、よく分からない。あとは、日頃のコミュニケーション」。

そのほか、事業所の多い国道沿いの町内会にたいして、「事業所に遠慮しすぎず、少しでも町内会の活動費を負担してもらい、そこの町内の店舗としての自覚をもってもらうように」とアドバイスするなどしている。また、町内会運営にたいしてやや鷹揚としたところのある地付きの旧住民には、「きちんと加入料や会費をいただいて、それに見合ったことをやって、納得してもらう」やり方を説いてまわる。そうした考え方は微細にわたるもので、たとえば他の町内会の行事にも顔を出し、そこの区長が会場の参加者にまぎれてしまうような服装をしていると、「だれが区長か分からないようでは、新しく来た人が困る。つながりも生まれない」と心配するほどの徹底ぶりである。

たしかに、陣屋町内会は住民自治による活動領域と規模の拡大をめざしてい

るが、そうした拡大志向をもたない町内会もあり、町内会運営のやり方は一様ではない。したがって太田区長においても、マンションの入居者や町内会に未加入のまま20年以上経過しているような住民には働きかけを控えており、他町内へのアドバイスは求められるかぎりでおこなっている。ただ、一般的にいって、町内会の活動を可視化しなければ、その意義に気付いてもらうこともできず、町内会の必要性や強制性を問うような議論が、新住民を中心にでてくることになる。そうなれば、ますます彼らは町内会に縁遠くなる。

　そうした点からも、陣屋町内会は陳情・要求型というよりも、多様な活動展開に必要な自己資金を十分確保することにこだわっている。県内唯一の「警察庁指定」表記のある青パト（青色回転灯装備車）の購入も、町内会のリサイクル回収で得た資金によるもので、そのノウハウも周辺町内にたいして共有している[5]。先述のように、夜間にはこの青パトで隣接町内をふくむ広域巡回をおこなっており、中高生にかかわるケンカの仲裁や迷惑行為の通報など、隣接町内のためになる実績をあげている。

　このように陣屋町内会は、行政の視点からみてもモデルケースであり、同市町内会の顔になっているが、自町内に活動資源を集中させて事足れりという姿勢ではなく、利他的ともいえる周辺町内へのエンパワメントは、そうした影響力の行使を批判的にみる意見を割り引いても、なお評価されうるものと筆者は考える。

4　コミュニケーションと弱者の包摂

(1)「生活防犯」という視点

　陣屋町は既述のとおり住民の平均年齢38歳と若く、いまも子育て世帯向けの住宅開発がすすんでおり、新旧住民層がたがいに非交渉な関係になっても不思議ではない地域である。太田区長も陣屋町に住んで早13年になるが、自営業の拠点を大宮から上尾に移してきた、そう古くはない転入組である。以前からつつがなく町内会が運営されてきた素地もあるとはいえ、太田氏が区長になってからの7年で、ここまで求心力のある自治組織になりえたポイントは、

区長のいう「コミュニケーション」[6]にあるようだ。

　それは小さな出来事の積み重ねである。あるとき、定年退職して間もない夫を亡くしたご婦人が、たまに散歩しているのをみかけるたび、おひとりの生活でも気丈に暮らされているか案じていた。そこで町内会の行事にさそうと、次第に住民との会話もふえ、亡夫がしていた町内会の仕事を引き継ぐといって、いまも意欲的に地域活動に参加しているとうかがった。もし区長や役員らの声がけがなければ、地域というセーフティネットの良さを知る貴重な担い手を得られなかったばかりか、なんら大仰でなく、周辺住民と非交渉になった寡婦の独居世帯は、防犯上の弱点になっていたかもしれない。

　また、太田区長や茂木副区長たちは、どこのだれがよく犬を連れて散歩しているとか、夜間にウォーキングをしているといった情報に通じている。そして、「どうせ同じ歩くなら、パトロールの時間帯にやってくれると助かる。みんなでワイワイいって歩くと楽しいよ」と話しかけ、防犯パトロールにさそうのだという。そこではとくに、地域防犯の意義などを説くことはしない。なぜならば、活動に参加していない住民も、べつに意義を理解していないわけではなく、不参加に「とくに理由はない」からである。

　じつは、これは先述のとおり、町内会が独自に実施した「防犯意識アンケート」の知見にもとづいている。調査結果によれば、不参加の理由は「時間の都合がつかない」(52%)、「とくに理由はない」(34%)であった。ウォーキングや犬の散歩をする「時間がある」人ならば、活動にさそわれて参加しない理由も「とくにない」のである。こうした、なにげないコミュニケーションをとてもまめにおこなっており、いまや防犯パトロールの隊員は150名を数えるほどに増えている。

　ほかにも、防犯パトロールに同行してみると、方々の家庭の窓から子どもが手をふってくるのに応えたり、拍子木の音を聞いて「火の用心！」(防災活動ではないが)とおどけて顔をだす子と会話したりする。また、子ども会のつながりでパトロールに参加している母親の家を通過するさいには、玄関先にいたご主人に、「奥さんをお借りしてわるいね」と一声かけるなど、いわば「目くばり、気くばりの声」がとびかう。それは目を光らせて黙々と歩くといったイメージからはほど遠い。一度でも参加して、防犯パトロールがこういうものと知った

若い母親たちが、自分の担当日でなくても自然に集まる理由が分かる。母親たちは「塾や習い事など、自分の子どもの帰宅時間に合わせて、心配でパトロールに参加する人もいる。あとは早く帰って、自宅の警備をやらなきゃいけないから」と笑いながら語り、「防犯」を身近に感じているようすが伝わってくる。

このように、陣屋町内会では防犯パトロールや町内会運営に、他町内にくらべて多様な性別・年代・ライフスタイルをもつ住民が引き寄せられており、その多くは会長や役員が住民の暮らしに広く目配りするなかで、潜在的な関与の余地を引き出された結果といえるものであった。すなわち、そうした「まなざし」自体が、蛍光ジャンパーを着ておこなう防犯パトロール以前に、平素の生活に編み込まれた「生活防犯」として、すでに機能しているといえるのではなかろうか。

(2) 地域の教育力

こうした生活防犯のまなざしが、子どもたちを包摂するとき、公教育を補完する「地域の教育力」と呼ばれるものが、実質化するのではあるまいか。

ちょうど筆者がインタビューに陣屋町をたずねた日、町内会館の窓ガラスが割れていた。近隣の子どもがボール投げをして、割ったものだという。区長はその場で子どもを叱ったうえで、後日、町内会館に親と一緒にくるよう伝えた。けれども、親が子をともなって会館にくると、区長はかさねて叱らず、「もうしない」とだけ子どもに約束させ、なお恐縮する親子にお菓子をもたせて早々に帰したそうである。「子どもは親が呼ばれたことでドキドキして反省しただろうし、親の方も区長に叱られると思って、子どもに懇々といって聞かせたはず。もうこれ以上、いうことはないでしょう」と区長は語った。おそらくこの子は、同様の行為は繰り返さないものと筆者は考える。

防犯上のトラブルはいつも外から持ち込まれるとはかぎらない。町内の子どもが長じて犯罪をなす可能性も、あながち排除できない。地域防犯にとって、子どものささいないたずらも丁寧にケアし、手間ひまかけて解決しておくことは、息の長い「先行投資」になるだろう。また、子どもを「コミュニケーション」の輪に入れるためには、悩みのつきない子育て世代を中心とした、横のつながりが不可欠である。さいわい、陣屋町では子どもから高齢者まで安心し

て暮らせる地域づくりを目指し、「愛育班」[7]と連携した活動が組織されている。そこでは、母親同士が子どもとの接し方や子育て支援などにかんする情報を交換したり、世代間交流に生きがいを感じている高齢者も多いという。そのような場があるせいか、お隣の原市町内に立つ妙厳寺が経営する幼稚園では、「陣屋町の子どもたちは入園前から仲が良く、他の子ともすぐ友だちになれる」と園長が目を細めている。

子どもにたいする「地域の教育力」が発揮される場に、高齢者が多いのも理由がある。陣屋町内会では、65歳以上の世帯にかぎり、町会の事業として家屋の耐震補強工事をおこなったり、高齢単身世帯にたいして、その向かいと両隣に目くばり要員として協力を仰ぐなどしており、高齢者へのケアが行き届いている。町内の認知症講習会では、「今日ここに来ているような人は大丈夫だから、お仲間を気にかけて下さい」と区長が冗談をとばしながらも、高齢者同士の見守りをうながしている。

また、いわゆる「自己効力感」をもってもらうよう配慮しており、防犯パトロールに参加できずに、無力感を吐露する高齢者には、「リサイクルに協力してください。そのお金で青パトを買ったのだから、リサイクルは防犯活動の一部です」と励ます。そうしたおりにふれて、愛育班の活動へのおさそいもしている。住民の平均年齢が低いなかでも、地付きの旧住民の高齢化はすすんでいるが、「いいことをするならジャマせず、応援する」という協力姿勢には、このような背景があるのではなかろうか。

5　事例の展望と知見

(1) つぎなる課題へ

みてきたとおり、街路灯を軒並み設置し終えて、青パトも購入して走らせ、十分な要員での防犯パトロールも組織的に実施している陣屋町内会であるが、こうしたモデルケースにもいくつかの課題があるようだ。

たとえば、ひとつには私道の照度確保である。私道は複数の権利者の共同管理になっているため、一人でも異論があれば、街路灯を設置することはで

きない。このような調整はむずかしく、「生活の共同」にたいする価値観のちがいもあって、ふみこめない部分であるという。また、田畑をもつ一部農家から、夜間照明は作物の発育に影響[8]するとの声もあって、生業にかかわるだけに、そちらの解決も一朝一夕にはいかない。また、昨今の住宅には雨戸・サッシがないものが増え、遮光カーテン越しでも街路灯がまぶしくて眠れないという意見も寄せられており、電灯の種類をかえるなどして対応してきた。

　これらの課題は、街路灯の設置間隔60メートルを目安とする上尾市の基準に照らせば、陣屋町にはもう街路灯をつける場所がないほどだというから、やがて調整も必要なくなるかもしれない。ただ、町内に「コミュニケーション」では包摂しきれない余白があって、そこから発せられる問いが、これからも陣屋町における「公共性」の再検討をせまることは容易に想像されるだけに、本質的な事柄ともいえるだろう。

　くわえて、先に述べた大学生との連携にかんしても、大きな成果をおさめたら、「つぎの段階」を考えねばなるまい。照度調査をふまえて街路灯の設置がすすんだが、今後、市内街路灯の新設はLEDに一本化されるなかで、電灯種別の照度比較は必ずしも有効ではなくなってくる。このところ、急に交通量が増えた道路周辺の住民から、振動調査をもとめる声が聞かれるが、学生曰く、にわかに対応できないという。

　しかし、新たな協働の構想は大学生だけに委ねるものではない。筆者自身、いくつものサービスラーニング（地域活動をとおした体験的学習）を推進してきた経験からいえば、若者に寄せられる地域ニーズは年々高度化している。それでも学年間の継承をうながし、見守りながら、地域内外の若者がコミュニティに常在する環境をつくることが、こうした協働の目指すものにほかならない。その意味でも、学生＝若者との連携・第二幕をえがく試みは、双方にとって「協働の作法」を深めてくれる現場となるだろう。

(2) むすびにかえて

　さて、本稿の関心は地域防犯に若い世代が関与する余地と、それを受容する地域社会の条件を事例からさぐることであった。さいごに、事例の記述的な分析から得られた知見を簡潔に整理して、むすびにかえたい。

まず陣屋町内会では、学生と連携して実施した町内の照度調査が、地域防犯活動を拡大・推進するきっかけになっていた。このことは、若い世代が関与するには何らかの「専門性」がいるというのではなく、住民がどのような防犯意識をもち、自分たちの生活環境を安全・安心面でどう評価しているのかといった、「意識と評価」を住民同士が共有し合う作業に、若い世代が関与できることを示唆している。同時に、そうした「意識と評価」を旧住民や高齢者と共有できることで、若手は活動にかかわりやすくなる。じっさい、その地域に自主防犯が必要ならば、おのずと、いまの町内の生活環境は「暗くて、こわい」という評価になるし、だから防犯活動が「必要だ」という結論が導かれるだろう。自分だけが必要だと思っても、若い世代は動けないものであるだけに、不可欠なプロセスといえる。

　つぎに、そうした関与を許容するコミュニティのすがたとして、やはり「民主的な町内会運営」が挙げられるだろう。それは具体的には、運営メンバーの多様性と、他町内への利他的な志向性として表現される。ここで運営メンバーの多様性とは、たんに性別、年代別、職業別などの属性ではなく、関与の「意図」と「経路」の多様性である。陣屋町内会の防犯活動には健康増進、地域への自己馴致、社交性の回復、孫への思い、子への思い、学生の調査研究など、じつに多様な意図がもちよられていた。また、役員として、子どものつながりで、スポーツ大会や散歩中にさそわれて、学生は県警の紹介など、参加経路の間口も広くなっている。そして、隣接町内を陳情合戦のライバルとは考えず、ノウハウを惜しみなく共有し、周辺の要望をうけて青パトの広域巡回を展開するといった利他志向であろう。それは行政との連携強化も手伝って、集合的な効力感にもつながる。若い世代のボランタリーな利他志向は、つとに指摘されるとおりである。

　これらを貫いていえるのは、次世代の関与を呼び込む地域社会とは、「若者の方ばかりをみてはいない地域」なのである。陣屋町内会では、生活防犯の視点から、女性、高齢者、独り世帯、子ども、現役世代へと、全方位的に（すなわち「ライフロングの生活史」へ）ケアのまなざしが向けられていた。むろん、袖すり合う近隣社会には、いくつかの課題が存在するものだが、少なくとも安全・安心コミュニティが「異質な他者」、あるいは他者としての自己を疎外しない

社会を意味することはたしかである。

謝辞

　本調査では、上尾市陣屋町内会のみなさま、とりわけ区長の太田崇雄氏、副区長の茂木英治氏、会計役員の下田潔司氏には、インタビューへのご対応と貴重な資料の提供（防犯フォーラム報告資料『次の世代につなげる防犯活動』）を賜り、たいへんお世話になった。ここに記して、心より感謝申し上げる。

注

1) 上尾市では町内会・自治会の活動地区を「事務区」とし、各々の町内会・自治会の長に行政との連絡調整役として事務区長を委嘱している。なお、統計データは2012（平成24）年10月1日現在の「上尾市事務区別人口表」を参照した。
2) 上尾市ホームページ『統計あげお（平成23年版）』を参照した。
3) 芝浦工業大学システム理工学部環境システム学科の三浦昌生研究室が、住民主体で、快適なまちづくりにむけて、環境の調査改善をおこなう「住快環プロジェクト」として実施した。実施形態および結果については、小林・櫻田・三浦(2008)に詳しい。
4) 現在も各地で展開している芝浦工業大学のプロジェクトでは、毎年3,000ほどの募集案内を町内会・自治会長に送付するが、応募は15件程度だという。しかし、調査に協力した町内会はすべて、調査結果をもとに環境改善を行政に働きかけているという。
5) また、町内会館には日常的にさかんな行事や会合で人が多く集まるため、ジュースの自動販売機を設置し、これも収入の一部としている。
6) こうしたコミュニケーションは率直なもので、区長がメンバーに「あなたの家の庭木が街路灯の影になっているね」といった指摘をする場面もある。そうした個々人の生活環境への言及も不可避であるため、気のおけない間柄をつくることが肝要だという。
7) 愛育班とは元来、地域女性が母子の健康づくりに必要な保健知識を身につけることを目的として、昭和10年代に農山漁村から全国に展開した地域活動ネットワークである。愛育班は時代をおって、高齢者や障がい者へのケアも射程にいれるようになってきた。
8) 人工照明による農作物への「光害」については、環境省が対策ガイドラインを作成しているが、漏れ光の抑制や点灯季節・時期の調整といった限定的な対応が示されるのみであり、看過できない生活・環境型の地域問題である。

参考・参照文献

上尾市　「平成24年上尾市事務区別人口表」http://www.city.ageo.lg.jp/page/015112100402.html　(2012年10月1日取得)

上尾市　「統計あげお（平成23年版）」http://www.city.ageo.lg.jp/page/015112051701.html　(2012年10月1日取得)

小林和幸・櫻田峻一・三浦昌生　2008　「街灯の設置状況に問題を抱える地区における水平面照度および街灯直下照度の実測」『日本建築学会大会学術講演梗概集』：1191-

1192.

菅田　寛・加藤孝明・小出　治　2008　「埼玉県の自主防犯活動に関する二次的データ分析」『地域安全学会論文集』10号：39-48.

高橋尚也　2010　「地域防犯活動に対する市民参加を規定する要因：東京都江戸川区における二つの調査結果をもとに」『社会心理学研究』26(2)：97-108.

西田芳正　2010　「貧困・生活不安定層における子どもから大人への移行過程とその変容」『犯罪社会学研究』35号：38-53.

ファーロング, A., カートメル, F.　2009［1997］『若者と社会変容——リスク社会に生きる』乾彰夫・西村貴之・平塚真樹・丸井妙子訳、大月書店.

吉原直樹編著　2011　『防災コミュニティの基層——東北6都市の町内会分析』御茶の水書房.

補論2

都市における秩序と多様性
――ジェーン・ジェイコブスと割れ窓理論――

笹島 秀晃

1 はじめに

　治安や秩序が議論の俎上にあがるとき、自閉する社会の動向が指摘されて久しい。テロの問題が、従来の欧米諸国対中東のイスラム諸国という単純な構図ではなく、ホームグロウン・テロリストなどのように国家間の関係性とは別の位相で拡散し、また日本においても、動機の想像できない無差別な犯罪がメディアを賑わせるなかで、リスクに敏感になり犯罪の兆候に目を光らせる趨勢は強まるばかりだ。国家・民族・宗教の文脈における「他者」と何らかの形でおりあいをつけ、積極的な交流がなかろうとも少なくとも相互に傷つけあうことなく生きていくことのできる社会を実現することは、困難ではあるが向き合わざるを得ない課題となっている。

　多様性のある社会を構想する際、哲学・思想、政治制度、現実社会の紛争解決など、様々な議論の位相があるだろう。本稿では、多様性のある社会を、都市空間のレベルで思想的に構想する際の一つの論点を検討していく。具体的には、都市空間における多様性を目指した思想が、まったく逆の、すなわち多様性を廃する思想と親和性を持ってしまう事実を取り上げ、その原因がどこにあるのかを明らかにすることによって、多様性のある都市空間を構想する際の隘路と、その隘路を避けるための思想的な手掛かりを提示する。

　本稿の議論の始まりである第2節では、都市空間における多様性を目指した

ジェーン・ジェイコブスの思想が、社会排除的な実践の理論的裏付けとされる割れ窓理論と親和性を有している事実を指摘する。割れ窓理論は、社会学理論においては、概ね、公共空間の多様性を損なう思想として批判的に位置づけられてきた。他方で、ジェーン・ジェイコブスの思想は、こうした社会的排除の契機を有する思想に対して、開放性・多様性のある社会を構想する際の一つの手がかりとして着目されてきた。しかしながら、ジェイコブスの思想は、割れ窓理論の提唱者であるジョージ・ケリングとキャサリン・コールズのテクストにおいて、その思想を支える論拠として引用されている。なぜ、多様性を称揚したはずのジェイコブスの思想が、割れ窓理論と親和性を持ってしまったのか。この点が本稿の問いである。第3節では、ジェイコブスの思想と割れ窓理論の関係性を理解するために、割れ窓理論の提唱者であるケリングとコールズのテクストにあたり、彼らのテクストの中でジェイコブスがいかなる意味付けで取り上げられ、割れ窓理論を支える論拠として参照されているかを記述する。第4節では、ケリングとコールズが依拠したジェイコブスの『アメリカ大都市の死と生』を取り上げ、そのテクストにおいて社会的排除の契機が潜在的に内包されていた事実を、特に「秩序」と「多様性」の関係性に着目することによって明らかにする。最終節である、第5節では、第4節までで指摘するようなジェイコブスの思想に内在する課題を踏まえながらも、開かれた都市空間のための新たな思想的含意を展望として提示する。

2　排除型社会における都市空間と思想

(1) 都市空間における監視と社会的排除

　後期近代社会において、産業構造、雇用形態、ライフコース、ジェンダー、シチズンシップなど、第二次大戦後の福祉国家では一応は安定的に機能していた社会関係が、不確実性・不安定性を高めていく。こうした中で、近年の社会思想では、社会における不確実性、他方で個人における存在論的な不安が高まることにより、流動的な社会状況を管理し、統合しようとする諸力が顕在化する事態を問題視してきた。

たとえば、ネオリベラリズムの進展によって生じる、ミシェル・フーコーが指摘したような生権力・規律訓練型権力の変容である。齋藤純一は、「集合的セキュリティ」という概念で、1980年代以降、福祉国家が分断されていき、フーコーが想定したような「社会的なるもの」と、そこにおける統治と排除の機制に変化が生じたことを指摘している (齋藤 2001: 31)。また、渋谷望は、現代社会における近代以降の管理的権力の連続性と転換を、様々な監視技術の発達と規律訓練型権力の変化に着目することによって記述している。現代は「ポスト規律社会」であり、監視が「個人を「個人化」し、「主体化」し、「更正」することに何の興味も示さ」ず、「その関心は予めリスクを探知すること pre-detection」のみに費やされる (渋谷 2003: 183)。このように現代社会が規律訓練的な権力から発展的に遊離しつつあるという認識は、東浩紀によっても示されている (東・大澤 2003: 32-33)。フーコーが指摘したような近代的権力は、現代社会におけるリスク管理の趨勢によって、変化した監視の形態として問題視されてきた。

ジョック・ヤングは、こうした動向を、1960年代後半を分水嶺とする、包摂型社会から排除型社会への移行として説明している (Young 1999=2007)。包摂型社会とは、第二次大戦後の好景気や性別役割分業の安定化の中で、メンバーシップにおける「労働や家族という二つの領域に価値の中心がおかれ、多数者の同調が重視される社会」とされる (Young 1999=2007: 22)。包摂型社会においては、大衆社会的価値観が蔓延する中で、潜在的な対立や価値観の相違は隠蔽され圧倒的なマジョリティが社会を占める。それに対してマイノリティは、同化の対象として位置づけられ、社会問題としては大きく取りざたされることはない。それほど社会の画一性が所与のものとされている社会である。

しかし、フォーディズムからポストフォーディズムへの移行により雇用構造が不安定になり、他方で、個人主義が進展しコミュニティといった共同体的な価値観が衰退していく中で、包摂型社会は排除型社会へと移行していく。既存の労働秩序が崩壊することによって多くの失業者が現れ、その結果強い相対的剥奪感を有する人々が多数出現する。加えて、ライフコースの多様化や、伝統的価値観が廃れ消費主義的な価値観が拡大することによって、個人の存在論的な不安が高まる。ヤングによるならば、相対的剥奪感と個人主義は、後期近

代における犯罪増加の原因となっていく (Young 1999=2007: 34)。また、不安定な経済と存在論的な不安は、犯罪に対する懲罰強化の要求やスケープゴートの創出など、犯罪に対する市民の反応にも変化をもたらす。それはすなわち、逸脱に対する不寛容さへの結実である。特に、逸脱行為に対しては、新たな規制の動向が現れる。その一つが「保険統計的な警察活動」である (Young 1999=2007: 61)。犯罪者を逮捕することを警察活動の第一の目的とするのではなく、秩序の破壊や不満の爆発が起る可能性を計算した上で、犯罪の要因を事前に取り締まる実践である。たとえば、逸脱者を監視するシステム、監視カメラの増加、逸脱行為を取り締まる法律の強化といったものである。

　逸脱行為に対する排除型社会の動向の中で、都市空間の文脈においても監視と排除が指摘されてきた。特に、近年の都市論は、公共空間における監視・管理の強化による自由やプライバシーの侵害、当該社会における異分子を排除することによって形成される閉鎖的・画一的なコミュニティを否定的に論じてきた (阿部・成実 2006; Lyon 2001=2002)。具体的には、公園・ショッピングモールといった公共空間のプライバタイゼーション、また、ホームレスや景観にそぐわない者の排除によってなりたつ偽装的な空間の増加などである。

　排除型社会における都市空間の批判的分析の潮流の中で、ニール・スミスは、「報復の都市 the Revanchist City」という概念を提示し、公共空間における監視・排除の問題に関する重要な知見を提示してきた (Smith 1996=2005)。スミスによるならば、1980年代後半からはじまる米国の景気後退以降、都市空間をめぐる階級闘争に勝利したエリート層は、所有財産の危機を感じると同時に、排除されたマイノリティなどの社会的抵抗によって、自身の地位が脅かされることを危惧し始めた。その中で、都市下層に対する過剰な敵意が生み出され、またその敵意が都市下層の人々に対する犯罪者イメージへと結実することによって、結果としてマイノリティに対する「報復」としての排除を試みる動向が、欧米都市において現れたと指摘されている。

　都市空間における社会的排除の問題は、日本においても、体感治安の悪化の中で、コミュニティ・ポリシングの実践、防犯まちづくりという形で具体的に現出してきた。警察庁による「安全・安心まちづくり推進要綱」の2000年の施行をきっかけに、全国で生活安全に関わる自治体条例が作られ、都道府県

警察が自治体や地域住民とともに防犯活動を組織化させた。2003年には、内閣官房都市再生本部を事務局として「防犯まちづくりの推進について」が発表され、その結果安全・安心まちづくりや防犯条例が、様々な場所で実践されるにいたった。これらの実践は、都市における歓楽街の変化に結実した。2004年、石原慎太郎東京都知事のもとに進められた歌舞伎町の浄化作戦はその先駆けであった。2005年6月には、都市再生本部によって、歌舞伎町浄化のモデルケースを全国的にひろめることを目指した「防犯対策などまちづくりの連携共同による都市の安全・安心の再構築」が設立され、全国の11地区[1]が対象となり、歓楽街の浄化が一挙に進められてきた。

排除型社会において、警察の取り締まりの対象は、犯罪そのものから、犯罪を事前に取り締まること、すなわち「保険統計的な警察活動」へと移り変わってきている。その中で、都市の公共空間では、街路における犯罪防止のための監視カメラが設置され、犯罪の温床となる環境的無秩序を警察と地域住民の共同の中で是正するコミュニティ・ポリシングが実践されている。

(2) 排除型社会における秩序維持のための思想——割れ窓理論

排除型社会への移行のプロセスの中で、公共空間の秩序をめぐる実践を支えるいくつかの思想が誕生している (Young 1999=2007: 78)。その代表的なものが、ゼロ・トレランスであり、その根拠となっている割れ窓理論である。割れ窓理論は、1982年、ジェームス・ウィルソンとジョージ・ケリングがアトランティック誌に論文を投稿したことが始まりとされる (Wilson and Kelling 1982)。ただし、一般的に認知されるようになったのは、1980年代以降のニューヨーク市警による治安活動の成功と1996年に出版された『割れ窓理論による犯罪防止』による (Kelling and Coles 1996=2004)。割れ窓理論の実践は、犯罪の原因と社会的無秩序との関連を認め、犯罪を誘発する無秩序を是正していくことで、犯罪機会そのものの抑制を図っていこうとする試みである。「割れ窓」とは、こうした無秩序状態をあらわす「たとえ」となっている。

ケリングとコールズによる著作では、無秩序について、「攻撃的な物乞い、街頭での売春、酩酊や公共の場での飲酒、脅迫的な行動、嫌がらせ、道路や公共空間での立ちふさがり、バンダリズム（公共物破壊）や落書き、公共の場での

放尿や排便、無許可の露店や行商、勝手に自動車の窓を拭いて代金を請求すること（スイージング）などの行為」(Kelling and Coles 1996=2004: 18)、と定義されている。こうした逸脱行為によってもたらされる無秩序は、ある臨界点に達すると、地域のコミュニティに不安を生じさせる。また無秩序を制限しなければ、重大犯罪、都市の衰退がもたらされる可能性がある、と指摘される (Kelling and Coles 1996=2004: 19)。

こうした記述からは、警察による厳しい逸脱行為の取り締まりによって秩序の維持を図ろうとするゼロ・トレランスの意図を読み取ることができるが、ケリングとコールズは、割れ窓理論とゼロ・トレランスの差異を強調している。割れ窓理論は、犯罪の温床となる無秩序を是正していくわけだが、その方法は、あくまで「犯罪に強い要素としての縄張り意識と当事者意識を高めようとする」ものであり、警察活動についても、その向上と直結するコミュニティにおける秩序維持の活動を支えるためのものであるとされる (小宮 2004: 304)。他方で、ゼロ・トレランスは、「あらゆる秩序違反行為は根絶されなければならないという狂信的・独善的な活動に結びつく危険性があり、また、法的・財政的限界を踏まえない非現実的な考え方であり、警察活動の複雑性と矛盾する機械的な考え方」と批判されている (小宮 2004: 304)。すなわち、街路におけるいかなる逸脱行為も許さず、厳密に取り締まり、また再犯を防ぐために厳罰を実施していく、警察によるきわめて強権的な実践であると述べられている。

ケリングとコールズによるならば、割れ窓理論が強調しているのは、コミュニティにおける自発的な秩序維持の活動であり、警察の役割に関しても、コミュニティとの密接なつながりにより、市民の自助的な営みを推奨させる補助的アクターとして位置づけられているにすぎない。それゆえ、割れ窓理論を実施した成功例であるニューヨーク市警署長が、1990年代以降のニューヨークにおける治安向上の要因を、「警察が、逮捕を最後の手段として残しつつ、警察官のプレゼンス（存在）の展開や地域住民とのパートナーシップ（協働、連携）の構築といった様々な問題解決手法を駆使して、コミュニティの問題解決に積極的に取り組んでいったことにある」(小宮 2004: 304-305) と強調しているのは、割れ窓理論においては、なによりも「コミュニティ」に力点が置かれているがゆえである。

ただし、ケリングとコールズは、割れ窓理論とゼロ・トレランスとの差異を強調しているものの、コミュニティの合意のなかで進められるか、警察によって一方的に進められるかの違いはあるが、結果として、犯罪の要因を街路などにおける無秩序に見定める環境主義的な立場をとり、加えてある空間にそぐわない異分子を排除することによって秩序の維持を図るというロジックなど、主張の核心部分については多くを共有していると考えられる[2]。

(3) ジェイコブスの開かれた都市への思想とその影

監視や社会的排除が大きな潮流になった閉鎖的、寛容性の低い社会において、高まる社会的不安やリスクの問題に向き合いつつも、他者に対してより寛容な社会をいかにして構築していくことができるかが一つの課題となっている (吉原 2008; Florida 2005=2007; Urry 2000=2006; Young 1999=2007)。こうした中で、ジョック・ヤングが指摘しているように、市民活動家であり、都市の思想家でもあるジェーン・ジェイコブスの思想は、アーバン・プランニングの領域を超えて、より広い射程を有した古典として読み継がれてきた。ヤングは、特に、ジェイコブスの主著である『アメリカ大都市の死と生』の中から、以下に引用する箇所を挙げつつ、排除型社会におけるジェイコブスの思想が持つ含意を示している (Young 1999=2007: 447)。

> 強度の高い都市生活においてこそ、寛容の精神が、つまり隣人のあいだの大きな差異——しばしば、肌の色の違いよりもよほど深刻な差異になる——を許容する余裕ある態度が生じるのであり、それが普通である。しかし、郊外やそれに似た地域ではそうはいかない。というのも、大都市の路上には、人々が余裕ある態度で接することができ、それが普通になるような仕掛けが作られているからである。つまり、人々が寛容になるためには、見知らぬ人々同士が洗練され、真に威厳をもち、慎み深い態度で接することができ、互いに平和に共存することができるような仕掛けが必要なのである。(Jacobs 1961: 95=2010: 90)

ヤングは、このジェイコブスの記述を、都市が多様性の源泉であり、社会的差異が排除されることなく存在することのできる場であることを具体的に例示した文章として引用している。

ジェイコブスは、1916年、ペンシルバニア州に生まれた。いくつかの小さな雑誌にエッセイを書くライターとしてキャリアをスタートさせた。彼女の活動の背景には、1950年代のマンハッタンにおける大規模開発と、それに対する抵抗運動があった。1950年代のニューヨークは、郊外化の進展に伴うインナーシティの空洞化によって衰退状況にあった。インナーシティ問題に対して、連邦政府や自治体は、1955年のタイトルⅠに見られるように、スラム地区を一掃し、大型の集合住宅を建設することを目指した。ニューヨーク市においても事態は同様であり、特に、ロバート・モーゼスによって進められた、大規模プロジェクトは全米の動向の典型であった。

　ジェイコブスが住んでいたマンハッタンのグリニッジ・ヴィレッジも、そうした開発の対象地域となっていた。ジェイコブスは、当時、一ライターであったが、しだいに抵抗運動の一員となり、後に運動を推進する中心人物の一人となっていく。1961年、ジェイコブスは、こうした運動の文脈の中で、『アメリカ大都市の死と生』を上梓するが、著作における、モダニズム型の大規模集合住宅に対する批判とインナーシティの可能性を再評価する論調は、グリニッジ・ヴィレッジにおける抵抗運動に成功をもたらす一因となっただけでなく、アメリカにおけるアーバン・プランニングのオルタナティブとして、重要な知見を提示することとなった。

　ジェイコブスの発見は、インナーシティにおける都市の可能性を、「多様性」という観点から捉え直したことにあったとされる (黒川 1977)。具体的には、人々にとって魅力的な都市、活気のある都市、安全な都市を構想するにあたって、グリニッジ・ヴィレッジや、ボストンのノースエンド地区など、低所得者層の居住地区を生き生きと描写しながら、その活力を可能にしている要因を分析した。その中で、ジェイコブスは、都市空間において建物ではなく「街路 street」に着目することの意義、街路が多様な利用に開かれていること、大通りではなく、入り組んだ小さな路地のみが有する社会的意義、古い建物と新しい建物の混合利用の意義を指摘している。

　ジェイコブスの著作は、建築理論や都市計画理論における古典として読み継がれてきたが、都市空間におけるリスクの問題、社会の閉鎖性が取りざたされる社会において、その意義は他の学術分野においても重要なものとなっている。

特に注目されるのは、インナーシティの街路という、雑多性と稠密性が両立する空間において人々の間のふれあいによって自然発生的に秩序が生まれ、活気がありつつも安全な空間が形成されるという知見である (Jacobs 1961=2010)。すなわち、インナーシティにおける「秩序」と「多様性」の関係性への着目である。

　ジェイコブスの思想は、多様性を称揚したという意味で、排除型社会の秩序維持のための思想である割れ窓理論とは、一見すると対極に位置するものであるかのように思える。割れ窓理論は、都市空間における異物を排除することによって秩序の構築を目指すという意味では、都市空間の多様性に対してネガティブな含意をもつ。他方で、ジェイコブスは、何よりも都市空間の多様性を称揚し、多様性によって生みだされる活気や秩序に可能性を見いだしている。しかし、興味深いのは、ジェイコブスの思想は、割れ窓理論の提唱者であるケリングとコールズによって引用され、彼らの思想的な影響源となっている事実である。

　この事実をどのように解釈すれば良いのであろうか。なぜ、多様性を称揚したジェイコブスの都市論が、社会的排除の可能性を有している割れ窓理論と共鳴してしまうのか。そうした近接の理由は、ただ単に、ケリングらが、ジェイコブスを曲解していることにあるのか。もしくは都市空間の多様性を構想したはずの思想は、実は「社会的排除」と近接する内在的契機を有するものであったのか。もし親和性を持つことが事実であるならば、ジェイコブスの思想は、都市空間における秩序と多様性を構想する上での依拠すべきテクストとして、今後、読む価値がなくなるものであるのか。それとも、問題を有しつつも、可能性を提示する有用なテクストであり続けるのか。割れ窓理論とジェイコブスの思想が、いかなる関係性にあるかを考察することは、排除型社会における、秩序と多様性を構想するための、一つの重要な論点となるのである。

3　ジェーン・ジェイコブスと割れ窓理論

(1) 村落的秩序・視覚的秩序と社会的排除

　先行研究において、ジェイコブスの思想と社会的排除の関係性は、ジェイコ

ブスが想定している「秩序」概念そのものに問題があることが指摘されてきた。具体的には、ジェイコブスが想定した「秩序」が、一つには「村落的」な秩序であったということ、もう一つには「視覚的」な秩序であったという指摘である。

まずは「村落的秩序」の論点から検討しよう。たとえば、リチャード・セネットは、「ジェーン・ジェイコブスや他の著名な著作家たちは、異民族のまじった稠密な都市の内部領域を、人々が幾年にもわたる共同のつきあいを経験することによって近隣者を知るようになった伝統的、安定的な場所であると見なす大きな誤りに陥っている」と述べ、ジェイコブスの秩序の理解が「伝統的」なものであると分析している(Sennett 1970=1975: 153)。また、原口は、アンディ・メリーフィールドにならいつつ、ジェイコブスの秩序理解が村落的なものへと傾いていることを指摘している(原口 2005: 152)[3]。

しかし、ジェイコブスの記述に従うならば、こうした理解は適切ではない。ジェイコブスは、自身の認識がいかなる地理的特性をもつ空間に適応できるものであるか、十分自覚していた。彼女が想定していた空間は、「小さくて単純な居住地」でも、村落的空間というような、「人々がお互いに顔見知りで評判がすぐにつたわるところ」でもなかった(Jacobs 1961: 45=2010: 50)。

ジェイコブスが着目した秩序とは、大都市という空間、また大都市の中のインナーシティに限定された空間に見られた秩序であった。それゆえにジェイコブスは、「わたしの観察を、町や小都市、まだ郊外のままの郊外に適用しようとする読者がいないことを祈っています。町や郊外や小都市でさえも、大都市とはまったくちがった組織です」と述べ、あくまで彼女の対象が大都市に限定されることを、注意深く念を押していたのだ(Jacobs 1961: 22=2010: 33)。それゆえに、ジェイコブスの秩序に対する理解は、人々の間の伝統的な関係性がなく、見知らぬ人々が行き来する非村落的な都市空間にもかかわらず、ある種の秩序が生じている事態をいかに解釈するべきかについて向けられている。

「小さく単純な集落」というある種の村落的な集団では、人々がお互いを知り、言葉が行き交うために、「評判、ゴシップ、承認、否認、罰」といったものが力を持ち、「受容可能な公的なふるまいが統制される」(Jacobs 1961: 45=2001: 51)。しかし、都市的な社会において、そうした「小さく単純な集落」で通用したような、秩序に寄与する「評判、ゴシップ、承認、否認、罪」は機能しない。

なぜなら、都市の街路は、「地元でのゴシップや懲罰から離れ」た見知らぬ人々から構成されているからである (Jacobs 1961: 45=2010: 51)。ジェイコブスは、「人々がお互いに顔見知りで評判がすぐ伝わるところ」ではない都市という場所で、秩序という問題が解決されている事実にこそ着目しているがゆえに、「都市がこんなに本質的に難しい問題を解決できたということ自体が驚異である」、と述べるのである (Jacobs 1961: 45=2010: 51)。ジェイコブスは、都市においてのみ成立する「都市的秩序」に着目していたのだ。

次に、ジェイコブスの秩序の理解が「視覚的」であったという、先行研究の理解を検討しよう。視角的な部分での秩序を重視したがゆえに、視角的秩序を乱す要因としての異物への敵意へと至り、結果として、割れ窓理論が行うような景観にそぐわないホームレスへの敵意に転化したという解釈である。

先行研究では、「視覚的秩序」の論点について、特に、ニューヨーク市マンハッタンにおけるジェントリフィケーションとの関わりの中で言及されてきた (酒井・高祖 2005; Zukin 2010)。現在、グリニッジ・ヴィレッジやSoHoでは、建物・公園が整備され景観が保存されることによって、ジェイコブスが称揚したようなインナーシティのイメージが残されている。ただし、こうした場所は、地域の警備会社や監視カメラ・フェンス等の、いくつものセキュリティによって実現された、きわめて管理の行き届いた空間でもある。すなわち、セキュリティの技術を駆使することによって演出されたインナーシティの「魅力的」な景観である。先行研究は、ジェイコブスがそうした視覚的なイメージを強調する傾向をもっていたがゆえに、特定の「視角的秩序」を重視する、現在のマンハッタンにおける管理・監視的状況と親和性を持つに至ったと見なしている (酒井・高祖 2005)。

しかし、ジェイコブスの思想を視覚的秩序を強調したものとして解釈することには、慎重になるべき点がある。確かに、ジェイコブスの思想には、特定の都市空間の状態に対する記述が豊富に見られ、それゆえにジェイコブスが描く都市空間のイメージは強く読者の印象に残る。したがって、割れ窓理論における、ホームレスや売春婦、割れた窓を改善・排除し、ある種の景観的・環境的美観を維持しようとする姿勢と共通点を見いだすことは可能だ。

しかし、この点は、ジェイコブスの思想が、景観など物質的環境の持つ役割

を重要視していたことを意味するが、必ずしもジェイコブスの秩序に対する理解が、視覚的なイメージに固執していたということではない。ジェイコブスの思想においては、むしろ秩序の視覚的な側面は強調されていない。ジェイコブスは、都市において創出される秩序が、「美観の問題でもなければ、建築スケールの神秘的な情動的効果の問題でもない」と述べているからだ（Jacobs 1961: 74=2010: 75）。

ただし、ジェイコブスは『アメリカ大都市の死と生』において、「視覚的秩序 visual order」という言葉を用いて議論をおこなっている箇所がある点については、若干の説明が必要だろう。ジェイコブスは、『アメリカ大都市の死と生』における第4部「異なる戦略 Different Tactics」の中の一章として「視覚的秩序」に言及している。ちなみに第4節の「異なる戦略」という部分は、本文の文脈において、従来の正統派都市計画[4]で行われてきた戦略・方策の観点から、ジェイコブスが目指す都市の多様性へのプランニングを追求することを検討した部分である。つまり、視角的秩序が論じられている議論の文脈を汲むならば、視覚的秩序とは、これまでの正統派都市計画において用いられてきたような「都市の視覚的デザイン手法」の観点から、多様性への一つの道筋を考えるという含意を持つと解釈できる。

ジェイコブスは、多様性を高める視覚的なデザインとして、遙か遠くまで続く広大な空間ではなく、不規則な街路のように適度に視角が分断される眺望を指摘している。ここにおいて視覚的秩序とは、稠密で雑多なインナーシティの空間を、適切な空間スケールで実現することを補助するために、ある程度視野をコントロールするという含意で用いられている。しかし、当然ながら、こうした「視覚的分断と眺望自体が都市の活気と活発さ、あるいはその付属物である、安全性、関心、何気ない公共生活、経済的機会をもたらすわけではない」とジェイコブスは述べる（Jacobs 1961: 498=2010: 411）。視覚的なデザインは、あくまで付随するものにすぎないのである。それゆえに視覚的秩序とは、視覚的イメージを優先させた秩序の形成という含意でジェイコブスは用いていないのだ。

このように先行研究で指摘されてきた「村落的秩序」、「視覚的秩序」は、ジェイコブスの理解として適切ではないことを明らかにしてきた。また、なによりもこれらの点は、ケリングとコールズが直接言及している論点でもない。

それでは、割れ窓理論の提唱者であるケリングとコールズは、ジェイコブスのいかなる記述を引用し、自身の理論を組み立てているのだろうか。

(2) 市民による自助的な治安維持活動——街路の自治機能

ケリングらは、いくつかの論文でジェイコブスについて言及しているが(Kelling 1991; Kelling and Bratton 1994)、特に『割れ窓理論による犯罪防止』(Kelling and Coles 1996)が重要である。テクストにおいて、直接ジェイコブスが引用されている箇所は、記述の絶対量としてはそれほど多くはないものの、それぞれの箇所の記述を読み解くならば、割れ窓理論がジェイコブスの思想から大きな影響を受けていることがわかる。

ケリングとコールズは、ジェイコブスが(特に彼女の『アメリカ大都市の死と生』が)、「秩序維持と犯罪統制に果たす市民の役割について正しい理解」を示したものとして評価している(Kelling and Coles 1996=2004: 282)。特に、「市民」の果たすべき役割を構想する中で、ジェイコブスが『アメリカ大都市の死と生』の中で言及したところの「小さな変化」という論点に注目している。少々長くなるが、その箇所を引用してみよう。

> 無秩序とは何だろうか。最広義の社会的意味によれば、無秩序とは、生活(とりわけ都市生活)を妨げる無作法で粗野で威嚇的な振る舞いである。都市生活の特徴は、多数の見知らぬ人々が存在する点にある。居住、買物、営業、勤務、文化的機会の享受、あるいは子供の遊び場としてであれ、都市地域を利用する市民は、都市学者ジェーン・ジェイコブスが都市生活の「小さな変化」と名づけたものを必要としている。それは「見知らぬ人々が、作法に従いながらも本質的な尊厳を認め合う控えめな関係において、平和的に共存することを可能にするための構造化された仕組み」である。……
>
> 小さくて同質的な近隣地域やコミュニティでは、人々の生活はさまざまに織り合わされているから、街頭生活の「小さな変化」はまず必要にならない。……どんなに迷惑で常軌を逸した人物であっても、コミュニティの中ではその人柄が知られている。みんなが彼らの限度を知っているから、その行動は、逸脱してはいるものの、予見可能である。これに対して、多

元的でコスモポリタンな地域では、見知らぬ人との出会いが頻繁かつ日常的にあるが、私たちは、出会う相手について、個人的知識や過去のいきさつはもちろん評判によってさえ何も知ることができない。その代わりに見知らぬ人であるならば、街頭で観察された行動から手掛かりを得て、それにしたがって公共的行動を決定するのである。(Kelling and Coles 1996=2004: 17)

ジェイコブスは、「小さな変化」という論点を、街路における「ふれあいcontact」を論じる箇所で記述している (Jacobs 1961: 72-96=2010: 73-92)。ジェイコブスは、街路が、「私的な関与をまったく含まない」、「公的public」な場所であることを述べる。街路においては、そうしたまったく面識のない人々が、一つの空間に寄せ集められる。街路における人々の小さなふれあいは、時間をかけた関係の積み重ねの中で、「信頼trust」を生みだしていく (Jacobs 1961: 73=2010: 74)。ここで言う信頼とは、街路において「いざというときには、誰かが助けてくれるだろうという、ほとんど無意識の仮定」として述べられるところの感情である (Jacobs 1961: 73=2010: 73)。

人々の街路におけるふれあいの中で信頼が形成されているならば、各人は積極的に活動し、また時折の逸脱行為に対しても、積極的に注意することができる。なぜならば、そこには、いざというトラブルの際には、街路の人々が助けてくれるはずだという「信頼」があるからである。こうした公共空間としての街路において、見知らぬ人々が日々のふれあいを通して作り上げていく信頼、またふれあいと信頼によってもたらされる秩序を、ジェイコブスは「小さな変化」として述べている。

信頼があれば、見知らぬ人に対して適切に対処し、またその見知らぬ人々の存在それ自体を、安全に貢献できる資産にできる街路が機能するという (Jacobs 1961: 45=2010: 50)。ジェイコブスは、具体的には、以下の三つの点を挙げている。1) 何が公共空間で何が私的空間かというはっきりした区分が必要であること、2) 街路に目が光っていること、3) 歩道に、利用者が継続的にいること。すなわち、1日の多くの時間帯に街路が人で溢れ、そこにおいて人の目があれば、見知らぬ人であっても、人の目があるゆえに、不適切な行為を自粛するし、もし行為が行われたとしても、人々が多くいるがゆえに、適切に対処されるという。すなわち、積極的に部外者に対して対処できる仕組みが形成されるのだ。

こうした安全や秩序をめぐるジェイコブスのテクストの記述の中で、「監視 surveillance」や「治安活動 policing」という言葉は、思いのほか多く目にとまる。それは、村落的秩序なき都市において、「直接的な方法」によって実践される、秩序形成の一つの形である。

> 監視と相互治安活動によって街路の安全を実現するというと陰気に聞こえますが、でも現実生活ではこれはまったく陰気ではないのです。街路の安全が最高の形で最も自然に、険悪さや疑惑を最低限に抑えた形で機能するのは、人々が都市の街路を自発的に利用して大いに楽しみ、自分が治安活動を行っているということを通常はほとんど意識しない場合なのです。
> (Jacobs 1961: 46=2010: 52-53)

ケリングとコールズが「小さな変化」に言及する際に踏襲しているのは、村落的な慣習によって治安が維持されている社会ではなく、ほとんどが相互に面識のない人々からなる都市的社会において、自発的に形成される秩序の様式である。すなわち、都市的な共同体の中で生みだされる街路の自治機能と言うべきものである。ここにおいてケリングとコールズは、コミュニティ・ポリシングの発想を得ている。ケリングらは、ジェイコブスが述べるところの、市民の治安に関する自助的な努力の中で秩序構築の営みがなされうる、という論点を踏襲していたのである。

また、ケリングらは、市民的自治機能の形成における警察の役割に関して、下記に示す記述をジェイコブスから拾い上げ、自身の論拠としている。(Kelling and Coles 1996=2004: 122)。

> 第1に理解すべきことは、警察は必要であるけれども、都市の公共の平和（歩道や街路の平和）は主として警察により保持されているのではないという点である。それは主として、人々自身の間の自発的統制や規準でできた、ほとんど気づかれないほどに入り組んだ網の目によって保持されており、人々自身によって執行されている。古い公営住宅開発や住民の出入りが特に激しい街区などは目立つ例であるが、地区によっては、公共の歩道における法と秩序の維持がほとんどまるごと警察や警備員にゆだねられているところもある。このような場所は都会のジャングルである。通常のさりげない執行が働かないところでは、警察官がどれだけいても快適な生活を守

ることはできない。(Jacobs 1961: 40=2010: 47)

　ケリングとコールズは、ジェイコブスの記述を引用しつつ、警察官は逸脱行為を厳しく取り締まっていくべきではなく、市民の秩序維持のために支援し、あくまで「その他大勢の一人」に過ぎないことを主張する。すなわち、警察は、コミュニティ・ポリシングの一つのアクターにすぎないことを強調する際に、ジェイコブスを引用しているのだ。

(3) 街路の物質的・環境的条件と治安の問題

　ケリングとコールズは、ジェイコブスの治安に関する「ふれあい」の論点を継承しつつ治安の問題を論じた。この点に関して、もう一つ重要なことは、彼らがジェイコブスのテクストの中から、「ふれあい」を阻害する物質的・環境的要因に関するアイディアを得ていることだろう。犯罪や治安の問題は、基本的には、就労状況の不安定性や失業率の増加、幼児期の不安的な家族環境、相対的剥奪感など、様々な要因のなかで複合的に現出するはずである。しかしこの点に関して、ケリングらは、「ふれあい」の観点から秩序を論じるがゆえに、「ふれあい」を阻害する要因となる街路の物質的・環境的要因を特に強調し、治安や犯罪の主要因として位置づけている。街路における物質的・環境的要因が、いかに人々の「ふれあい」の契機を減少させ、その結果として秩序を崩壊させるかについて、ケリングらは以下の様に述べている。

　　不安を覚えて慎重に対応するなら、市民は街路に近づかず、特定地区を回避し、通常の活動や交際を控えるようになる。市民が物理的に引きこもると、街路における同輩市民との相互支援の役割からも手を引くことになるので、かつてはコミュニティ内で維持されていた社会統制が放棄されて、社会の原子化が始まる。最終的には、そうした地域では、都市生活の構造と社会的相互作用が掘り崩されて、無秩序と重大犯罪の流入をますます受けやすくなる。(Kelling and Coles 1996=2004: 24)

　このように割れ窓理論は、自治機能の破綻を物質的・環境的無秩序に、具体的には、市民の街路の使用を遠ざけるような物質的条件に原因を帰している。

　まさにこの論点は、ジェイコブスによって指摘されていたものであった。ジェイコブスは、「よく利用される都市街路は、安全な街路である見込みが高

いのです。無人の街路は危険な可能性が高いのです」と述べ、環境的な要因によって人々の街路の使用が低下することによる治安の悪化を強調している(Jacobs 1961: 45=2010: 50)。もちろんジェイコブスは、「荒廃や犯罪の背後には、深く複雑な社会的病巣がある」と述べて、物質的・環境的戦略が、「実効性のある力として、現実にある都市で、今あるものを強化すること、犯罪が楽にできないような都市をつくる」ための、一つの手段にすぎないことを指摘している(Jacobs 1961: 40=2010: 46)。しかし、ジェイコブスの記述の全体の論旨は、治安や犯罪発生のメカニズムを単純化し、「ふれあい」を減少させる物質的・環境的要因を強調するに至っている。それゆえに、ジェイコブスは、いみじくも街路における秩序を語る際に、「店舗などの小事業主は、通常は平和と秩序を強く願っている人々です。彼らは割れた窓や追いはぎが大嫌いです they hate broken windows and holdups」(Jacobs 1961: 42=2010: 52)、と述べている。ジェイコブスの記述の中に、既に「割れ窓」という言葉が現れていたのだ。

　このようにケリングとコールズは、「街路の自助的な秩序」と「秩序形成のための市民の交流を阻害する物質的・環境的要因」という二つの論点でジェイコブスに依拠し、主張のヒントを得ていたことが明らかになった。また、その際、この二つの論点に関する彼らの引用は、概ねジェイコブスの記述を適切に引用しており、割れ窓理論がジェイコブスの思想を曲解して取り入れている訳ではないことがわかった。割れ窓理論は、ジェイコブスの都市の街路における自治機能や、物質的・環境的要因が治安や社会秩序にもたらす可能性を、ある意味適切に継承している。

　それでは、ジェイコブスの思想は、割れ窓理論とまったく同様に、社会的排除の契機を有した思想として解釈してよいのだろうか。ここで注意しなければならないのは、本稿の前半部で記述したように、ジェイコブスの『アメリカ大都市の死と生』において、都市における秩序の問題は、あくまで中心的な論点の一つに過ぎなかったということである。ジェイコブスの思想には、秩序と同様、あるいはそれ以上に中軸を占める論点があった。多様性の問題である。ジェイコブスは、インナーシティにおける稠密性と多様性から、自発的に共生のための秩序が作りだされることを指摘していた。

　ケリングとコールズは都市的秩序というジェイコブスの思想の核心部分の半

分のみに依拠しており、もう一つの思想の核心である多様性の論点について、ほとんど言及せず、また論点を継承していない。そうであるならば、多様性を主張したはずのジェイコブスの理論が、社会的排除の契機を有する割れ窓理論と親和性を持つ理由は単純である。つまり、ケリングとコールズは、ジェイコブスの多様性の論点には言及せずに秩序に関わる部分のみを摂取していたのである。

4　ジェイコブスの思想における秩序と多様性の隘路

　割れ窓理論が、ジェイコブスの思想における多様性の論点に言及していないがゆえに、矛盾なく思想を摂取していたとするならば、ジェイコブスの思想を適切に理解するならば、仮説的には、割れ窓理論とは親和性を持ち得ないという結論が得られるはずだ。しかし、本稿では、ジェイコブスの思想における秩序と多様性の関係性を十分に鑑みたとしても、社会的排除の契機は払拭されないと考える。本節では、この点について議論を進めよう。

　そもそもジェイコブスの思想において、多様性という概念は、現在の社会科学において争点となっているような、ホームレス等の階層的問題、人種などのエスニシティの問題を射程に入れきれていない。すなわち、きわめて限定された意味における多様性概念になっている。また、ジェイコブスのテクストにおいて、秩序と多様性の論理的関係性は、理論的に十分に吟味されていない。不十分な概念構築と理論的検討ゆえに、多様性によってもたらされる秩序、というジェイコブスの中心的なアイディアのロジックは不十分にならざるを得なかった。それでは、ジェイコブスのテクストにおいて秩序と多様性の論点は、どのようにして議論されていたのだろうか。

(1) 秩序の内実：物理的な監視、異分子の排除

　ジェイコブスは、先に示した通り、「見知らぬ人が、文明的ながら本質的に慎みのある条件のもとで一緒に平和に生活」するという意味での秩序を可能にする条件として、多様性に根拠を求めている。また、ジェイコブスが、非村落的な集団で形成される都市においては、村落のような秩序装置は機能しないと

考えた点についても既に説明した。そのため、ジェイコブスは、都市部において、見知らぬ人々の共存を可能とする装置として、「より直接的で、まっすぐな方法」が必要になることを主張していた。

しかし、ジェイコブスが、都市における秩序というある種の難問を、都市における多様性に引きつけ、「より直接的で、まっすぐな方法」という観点から語るとき、「見知らぬ人が、文明的ながら本質的に慎みのある条件のもとで一緒に平和に生活」するという、彼女が理念としてあげた秩序は、排除の色彩を帯び始める。ジェイコブスの文脈における「見知らぬ人」とともに暮らすとは、文字通りの「見知らぬ人」ではない。特定の街路における社会的・空間的なコードに逸脱しない限りにおいて「見知らぬ人」であるにすぎない。その意味で、社会問題として争点化するような、より深刻なデバイドを抱えた「見知らぬ人」まで議論の射程が及んでいない。

またそれゆえに、都市的な秩序の成立要件を、伝統的な秩序が成立しない大都市において説明するために、「監視 surveillance」や「治安活動 policing」という、排除の契機を有した概念が使用されている。監視と治安活動によって秩序が維持されるのは、その地区のコードに当てはまらない「見知らぬ人」が、排除されるから成立するに過ぎない。たとえば、ジェイコブスは、ローアー・イーストサイドにおいて、休日運休しているのを知らずにバス停に座っていた際、向かいの建物の住民から、通り越しに大きな声で運休を伝えられた出来事を、ある種ほほえましく語った後、以下のように述べている。

> この女性はニューヨークの何千何万人となくいる、ごく自然な街路の世話人なのです。彼女らは見知らぬ人に気がつきます。起こっていることを何でも見ています。まちがった場所でバス待ちをしている人を案内することであれ、警察を呼ぶことであれ、行動する必要があれば行動します。
> （Jacobs 1961: 48=2010: 53）

また、別の文脈で、住民による監視のエピソードとして、次のように記述している。

> ある晩、若い男がわめきながらやってきて、ナンパしたけれど思い通りにならない女の子に向かい、ひどい悪態をついていました。ドアが開き、うんざりしたような半円陣が若者を遠巻きにして形成され、しばらくして

警察が来ました。ハドソン通りの窓からは頭がのぞき、みんな口々に意見を述べています。「酔っぱらい……どうかしてる……郊外出のろくでなし」。(Jacobs 1961: 69=2010: 70)

もちろん、ここでジェイコブスが挙げた例における若者の行いは、肯定されるべきものではない。また、それに対して警察を呼ぶことも、批判するべき点ではないように思う。ただし、このジェイコブスの記述に関して注目したいのは、街路でおこなわれる出来事には、常に誰かの目が向けられており、また、その理由が妥当であれ妥当でないものであれ、ある種の行為は、その監視の目の集合によって共有されるコードに照らし合わせた上で逸脱が位置づけられ、また結局は、その逸脱が排除されることによってしか秩序は維持されない、という排除の論理が内包されていることである。

(2) 多様性の内実——社会的・エスニシティ的視点の欠如、建築物・商業の重視

犯罪などの明らかな逸脱行為を許容し、それらに対しても寛容であることが多様性を実現するために重要であるというわけではない。ただ、ジェイコブスが論じる「見知らぬ人」は、ある特定のコミュニティに許容可能な範囲でのみ受け入れられた「見知らぬ人」であるにすぎない。しかし、もし、この「見知らぬ人」をめぐる都市の街路で形成されたコードが、エスニシティ・階層など、より深刻な差異に至った場合、本当に都市の秩序は多様性によって創出されるのか、という論点に対しては、ジェイコブスの思想は有用な知見を我々に何ももたらさない。

ジェイコブスは、確かに「強度の高い都市生活においてこそ、寛容の精神が、つまり隣人のあいだの大きな差異——しばしば、肌の色の違いよりもよほど深刻な差異になる——を許容する余裕ある態度が生じる」、と述べている (Jacobs 1961: 95=2010: 90)。この記述通りに、ジェイコブスの真意を解釈するならば、彼女は「肌の色」というように、人種的な問題までを射程に入れて、多様性の論点を考えていたと理解することもできる。しかし、ジェイコブスのテクストにおける実際の多様性の含意は、極めて限定的であった。ジェイコブスのまなざしが、都市空間の物質的な用途の多様性、特に小売店の多様性に向けられる中で、今日においてより喫緊の論題とされるような、たとえば宗教、エスニシ

ティ、社会階層の異なる人々など、より深刻な観点における多様性については、驚くほど論究がなされていない。

この点について、マーシャル・バーマンらは、ジェイコブスが当時生活していたグリニッジ・ヴィレッジにおいて、黒人系の移住を本格的に経験していない最低限の同質性があったことを指摘している (Alexiou 2006: 136; Berman 1983)。20世紀の初頭以降、グリニッジ・ヴィレッジは、確かにマンハッタンの他の区画に比べればエスニシティは多様であった。そこでは既に、イタリア系移民、アイルランド系移民、白人ミドルクラスが特に密接に交流することなく、生活していた (Shkuda 2010: 38)。しかし、そこにおけるマジョリティは、白人系の移民であった。すなわち、ジェイコブスが描いたグリニッジ・ヴィレッジという地区は、マンハッタンの他の街区から比べると相対的に階層的・エスニシティ的に多様であったかもしれないが、実態としては、白人・ミドルクラスらによって形成されていた空間であった。その意味では、ジェイコブスが想定していた多様性とは、同質性に収まる限りの多様性に他ならない。

それではジェイコブスによる多様性とは、結局いかなる経験的な事態を指しているのだろうか。ジェイコブスのテクストを読み解くならば、彼女が述べる多様性とは、街路の様々な利用のされ方であり、新旧様々な建物が街並みを作る建築物の物質的な多様性である。加えて、テクストにおいて多くの頁で記述されているのは、一日を通じて人通りがあること、そして商業的に多様なものが集積していることであった。この点については、ハーバート・ガンズやシャロン・ズーキンが物質決定論と指摘したことに関係する (Gans 1968; Zukin 2010)。

都市の特定の区域が、様々な使用のされ方をしているならば（たとえば、住宅、銀行、商店など様々な用途の空間が集積しているならば）、その街路は、一日を通じて、様々な人々に使用されることになる。たとえば、「住宅からの人が全くいない昼間は従業者達が活気をもたらし、従業者達がいなくなる晩には、住宅からの人が活気をもたらす」といったように、時間帯に応じて街路を使用する人々は異なるが、常に街路に人々がいるようになる (Jacobs 1961: 228=2010: 201)。また、特定の街路に様々な業種が集まっているならば、単一の用途に割り当てられて使用されるよりも、多様な用途に使用されるゆえに経済的な効果も高い。それゆえに、ジェイコブスのテクストの意味での多様性とは、空間の混合利用とい

う意味が第一である。

ただし，その際に重要なのが、ジェイコブスは、何よりも小売業店舗の多様性に着目しているということである。

> 居住用の建物中いたるところに、無数のすばらしい食品店や、詰め物家具製造、板金、大工、食品加工などの事務所が入り交じっていました。街路は遊ぶ子供たちや買い物客、そぞろ歩く人々、おしゃべりする人々で生き生きしています。それが一月の寒い日でなければ、まちがいなく座っている人もいたでしょう。
>
> 全般的な街路の、うきうきした親しみやすい健全な雰囲気はきわめて伝染力が高く、わたしはだれかとおしゃべりしたいだけのために、人に道を尋ね始めたくらいです。(Jacobs 1961: 13=2010: 25-26)

ジェイコブスの多様性に対する記述が、小売業の店舗に力点が置かれていることは、以下に引用するように、彼女自身自覚的であった。

> また都市の地区にとっての重要な多様性というのは、営利企業や小売業だけに限られているわけではまったくないので、ここでの記述が小売業を強調しすぎに見えるかもしれません。でも、わたしはそんなことはないと思います。商業的な多様性は、それ自体が都市にとって、経済的にだけではなく社会的にもすさまじく重要なのです。(Jacobs 1961: 193=2010: 170)。

それゆえに時にジェイコブスが都市空間の多様性を称揚する際には、あまりに魅力的な商業空間が述べられることになる。「高級イタリアレストラン、豪華なロシアレストラン、シーフードレストラン、エスプレッソハウス、酒場何軒か、自動販売機、ソーダ屋、ハンバーガーハウス。レストランの間や周辺では、珍しいコインや古い宝飾品、新刊書に古本、とてもすてきな靴、アート材料、驚くほど手の込んだ帽子、花、グルメ食品、健康食品、輸入チョコレートが買えます。三回着たディオールのドレスや昨年の流行のミンクを売買できるし、イギリス製のスポーツカーを借りることもできます」(Jacobs 1961: 219=2010: 193)。

皮肉なのは、こうした街路の多様性をジェイコブスが記述する際の筆致は、きわめて鮮やかということだ。まさに「うきうきさせるような」小売業が集まったインナーシティの魅力を、ジェイコブスは生き生きと描いている。その

結果、ジェイコブスは多様性について言及するにあたって、あくまで商業的な多様性が「社会的」に重要であると留保しているにもかかわらず、その社会的含意は抜け落ち、結果的にインナーシティにおける商業空間の魅力を極めて鮮やかに描いてしまっているのである。このことは、現代のニューヨークのジェントリフィケーションにおいて、ジェイコブスの思想が逆用されてしまう一因にもなっている。

　ジェイコブスは、インナーシティにおける稠密性と多様性において、人々の中で生まれる自発的な秩序に着眼していた。しかし、ジェイコブスは、秩序という点に関して、物理的な観点を強調する中で、秩序に至るまでの人々の間の「ふれあい」の詳細なプロセス、また秩序に至りうる多様性の程度についての詳細な分析等、むしろ秩序を考える上ではより重要となるはずの社会関係的な論点については、十分な議論がなされていない。すなわち、多様性という観点に関して、人種的・階層的多様性というよりも、景観的・商業的多様性をもっぱら記述していた。それゆえに、ジェイコブスの秩序と多様性の思想は、現代社会において争点となるような、より深刻なコンフリクトの契機をはらんだエスニシティやマイノリティの問題に対して、直接的な解答を提示する都市論とはなっていない。また、そうであるがゆえに、多様性は秩序と都市の活気をもたらすという神話のみが一人歩きし、理論的問題が吟味されてこなかったがゆえに、結果的に、社会的排除の契機がテクストの解釈のレベルで排除されず、割れ窓理論といったような、むしろ社会的な多様性とは逆行する契機を持つ思想と親和性を持つに至ったと考えられる。

5　おわりに

　ペンシルバニア生まれのジェイコブスがニューヨークに移り住んだのは、1934年、彼女が18歳の時であった (Flint 2009=2011: 22)。ジェイコブスは、まず、姉のベティの住むブルックリンのアパートに身を寄せたが、すぐに、姉とともにグリニッジ・ヴィレッジに転居した。その後、しばらく、フリーのライターとして仕事を重ねた後、1944年に結婚し、1947年には、同じグリニッジ・ヴィレッジのハドソン通り555番地に転居した。以後、ジェイコブスは、1968年に

トロントに移住するまで、ヴィレッジに住み続けた。

『アメリカ大都市の死と生』において、ジェイコブスが描いた街路は、米国の様々な都市の事例から引き出されたものであったが、何よりもヴィレッジがインスピレーションの源であった。すなわち、ジェイコブスが見ていたヴィレッジとは、彼女が1934年に住み始めて以来の1930年代後半から1960年代までのヴィレッジであった。

興味深いことに、ジェイコブスが移住したとき、すでにグリニッジ・ヴィレッジでは、伝統的な意味での近隣秩序が、すでに崩れつつあった。1900年以前、ヴィレッジは、ヤンキー、ドイツ人移民、アイルランド系移民が住み、それぞれの地区では、コミュニティの結束が強く、緊密な近隣が形成されていた(Ware 1963［1935］)。しかし、1930年代頃には、緊密な近隣は崩れ、新参者に対してでさえ、疎遠で、無関心な環境に変化していた。キャロライン・ウェアが指摘しているところによると、当時のヴィレッジにおける近隣では、選択的にのみ、お互いを知り、それぞれを「近隣」と見なし、公的であれ私的であれ、共同して活動していた。それゆえに、「近隣集団の公的な意見によって強要される社会的なコードは、街路における生活の要素にのみ有効であった」という(Ware 1963［1935］: 81)。すなわち、コミュニティという共同体において、集団的な生活の決まりを強いるような慣習は弱体化し、街路において最低限他人の生活を妨げない儀礼のみが、ヴィレッジの中では定着していたのであった。それはある意味で、きわめて消極的な共同体の秩序であった。

ジェイコブスは、こうした秩序を、きわめて複雑なもの、ある種の「混沌」として見ている。

> 機能的秩序の複雑なシステムを、混沌ではなく秩序と見なすには理解が必要です。秋の落葉、飛行機エンジンの内部、解剖したウナギの内臓、新聞のローカル記事編集部などは、どれも理解せずに見れば混沌にしか見えません。でも、それが秩序のシステムであると理解すれば、見え方も違ってくるのです。(Jacobs 1961: 489=2010: 404)

ここにおいてジェイコブスは、秩序を、極めて混沌としたものであるが同時に秩序を持ったものとして、ある種の「無秩序の秩序」として捉えている。同時に、複雑性や生命のような、有機体のメタファーで捉えられていることも、

注意が必要だろう。

　こうした都市的な社会関係において、有機体のメタファーの中で語られる思想を、我々はすでにどこかで目にしたことがある。シカゴ学派の都市論であり、なによりもロバート・パークの思想である。パークは、次のように述べている。

> 　都市の自由の中では、どんなに風変わりであろうとあらゆる個人が、各自の個性を伸ばしてそれを何らかの形で表現できる環境を、どこかで見つけ出す。もっと小さなコミュニティでも異常さが許容されることが時にはあろうが、都市の場合、それが報酬をもたらすことさえしばしばある。あらゆる種類の個人——天才ばかりでなく犯罪者や浮浪者もまた——がどこかで気が合った仲間を見つけ出せること、しかも家族のような親密な交際圏内や小コミュニティの狭い領域内では抑圧されてしまう悪徳や天賦の才を、生かし伸ばす精神的土壌がそこに存在すること、これらは確かに都市の魅力のひとつになっている。(Park 1929=1986: 34-35)

都市は自由である。もしくは、排除型社会と言われる現代社会においては、こう言い換えた方がいいかもしれない。都市は自由であったはずだ。自由ゆえに、天才であれ、犯罪者であれ、都市という場所のなかで共に在ることができたのである。もちろんそこには痛ましい争いがあるかもしれない。またパークが数多く批判されてきたように、都市の自由の帰結としてもたらされる、異なる社会階層や民族間のセグリゲーションといった自生的な秩序を、ダーウィニズム的自然秩序の自律的なプロセスとして解釈することは適切ではない。

　自閉へと向かう社会のなかで、われわれに必要とされることは、都市の自由を阻害する制度的な諸力を注意深く拒むことである。ジェイコブスは、その意味で、都市の自由がもたらす秩序の可能性に、だれよりも気づいていた。その自由が、「万人の万人に対する闘争」に陥るのみだけではなく、公的空間の「ふれあい contact」によってもたらされる同感の契機でもあることに気づいていた。また、都市の自由によって創出される「ふれあい」は、意図的、積極的な人々の努力で取り戻さなければ、社会の諸力によって破壊されてしまうことに気づいていた。ジェイコブスは、都市の街路における物理的、景観的要素に働きかけるという方向性から、いかにして都市の自由を基盤とした「ふれあい」を回復することができるかを思考したのである。

ただ、ジェイコブスは、自身の記述が、犯罪の原因に関する素朴な認識と彼女自身の消費文化的な嗜好に、いかにゆがめられているかに気づいてはいなかった。しかし、それでもわれわれは、ジェイコブスの思考の中に、排除型社会を支える秩序の思想に決して回収されない知恵の輝きを見る。都市の自由は、闘争だけではなく、配慮のための気づきを人々に与える。都市の自由のために、実践として可能な知恵を生み出し続けることの意義と手がかりを、ジェイコブスの思想はわれわれに与えてくれるのである。

注

1) 具体的には、以下の11地区である。薄野（札幌）・池袋、渋谷、六本木（東京）・関内／関外（横浜）・栄周辺（名古屋）、木屋町周辺（京都）、ミナミ（大阪）、流川、薬研堀（広島）、中洲（福岡）。
2) この点は、ケリングらの著書内でも、批判点として言及されている（Kelling and Coles 1996=2004: ix）。
3) 原口は、以下のメリーフィールドの記述を引用している（原口 2005: 152）。「ジェイコブスは無秩序の使用と喜びを、その敵対者〔注：ルイス・マンフォード〕よりもずっとわかっていた。おそらく彼女は、もう少しでディストピアそのものの魅力を強調するところまでたどり着いていたのである。しかし、彼女はその一歩を踏み出すことができなかった。村落的な親密さに焦点を当てることで、彼女は別の方向へとねじれていったのだ」（Merrifield 2002: 116-117）。
4)「正統派」とは、ル・コルビジェ、エベネザー・ハワード、またロバート・モーゼらの都市計画的アプローチを意味する。

参考・参照文献

阿部　潔・成実弘至編　2006　『空間管理社会：監視と自由のパラドックス』新曜社.
東　浩紀・大澤真幸　2003　『自由を考える：9・11以降の現代思想』NHK出版.
小宮信夫　2004　「監訳者あとがき：割れ窓理論と犯罪機会論」G. L. ケリング・C. M. コールズ著『割れ窓理論による犯罪防止：コミュニティの安全をどう確保するか』小宮信夫監訳、文化書房博文社：299-308頁.
黒川紀章　1977　「訳者あとがき」ジェーン・ジェイコブス著『アメリカ大都市の死と生』黒川紀章訳、鹿島出版会.
酒井隆史・高祖岩三郎　2005　「公共圏の解体と創出」『現代思想 特集 公共性を問う』vol.33-5: 56-86頁.
齋藤純一　2001　「社会の分断とセキュリティの再編」『思想』925: 27-48頁.
渋谷　望　2003　『魂の労働：ネオリベラリズムの権力論』青土社.
原口　剛　2005　「公共空間の変容：ジェントリフィケーションから報復の都市へ」『現代思想』vol.33-5: 142-155頁.
吉原直樹　2008　『モビリティと場所：21世紀都市空間の展開』東京大学出版会.
Alexiou, Alice Sparberg. 2006. *Jane Jacobs: Urban Visionary.* New Brunswick: Rutgers University

Press.
Berman, Marshal. 1983. *All that Is Solid Melts Into Air*. London: Verso.
Flint, Anthony. 2009. *Wrestling with Moses*. New York : Random House（『ジェイコブス対モーゼス：ニューヨーク都市計画をめぐる闘い』渡邉泰彦訳、鹿島出版会.）
Florida, Richard. 2005. *The Flight of the Creative Class*. New York: Harper Collins（『クリエイティブ・クラスの世紀：新時代の国、都市、人材の条件』井口典夫訳、ダイヤモンド社.）
Gans, Herbert J. 1968. *People and Plans: Essays on Urban Problems and Solutions*. New York: Basic Book.
Jacobs, Jane. 1961. *The Death and Life of Great American Cities*. New York: The Modern Library.（『アメリカ大都市の死と生』山形浩生訳、鹿島出版会.）
Kelling, George L. 1991. Crime and Metaphor: Toward a New Concept of Policing, *City Journal* Autumn.（http://www.city-journal.org/article01.php?aid=1577）
Kelling, George L. 1994. Taking Back the Streets, *City Journal* Summer.（http://www.city-journal.org/article01.php?aid=1428）
Kelling, George L. and Catherine M. Coles. 1996. *Fixing Broken Windows*. New York: Free Press（『割れ窓理論による犯罪防止：コミュニティの安全をどう確保するか』小宮信夫監訳、文化書房博文社.）
Lyon, David. 2001. *Surveillance Society: Monitoring Everyday Life*, Buckingham and Philadelphia: Open University Press（『監視社会』河村一郎訳、青土社.）
Merrifield, Andy. 2002. *Dialectical Urbanism: Social Struggle and the Capitalist city*, New York: Monthly Review Press.
Park, Robert E. 1929. The City as Social Laboratory, In T.V. Smith and L.D. White (eds.) *Chicago: An Experiment in Social Science Research* pp. 1-19. Chicago: University of Chicago Press（「社会的実験室としての都市」『実験室としての都市：パーク社会学論文選』町村敬志・好井裕明編訳、御茶の水書房：10-35頁.）
Sennett, Richard. 1970. *The Use of Disorder: Personal Identity and City Life*, New York, Knopf（『無秩序の活用：都市コミュニティの理論』今田高俊訳、中央公論社.）
Shkuda, Aaron P. 2010. *From Urban Renewal to Gentrification: Artists, Cultural Capital and the Remaking of New York's SoHo Neighborhood, 1950-1980*. The Dissertation at the University of Chicago.
Smith, Neil. 1996. Is Gentrification Dirty Words?, *In The New Urban Frontier: Gentrification and the Revanchist City*. London and New York: Routledge（「ジェントリフィケーションは卑劣な言葉なのか」若松司訳、『現代思想』vol.33-5: 121-141頁.）
Urry, John. 2000. *Sociology Beyond Societies: Mobilities for the Twenty-First Century*. New York: Routledge（『社会を超える社会学：移動・環境・シチズンシップ』吉原直樹監訳、法政大学出版局.）
Young, Jock. 1999. *The Exclusive Society: Social Exclusion, Crime and Difference in Late Modernity*. London: SAGE（『排除型社会』青木秀男・伊藤泰郎・岸政彦・村澤真保呂訳、洛北出版.）
Ware, Caroline F. 1963［1935］. *Greenwich Village, 1920-1930*. Berkeley: University of California Press.

Wilson, James Q. and George Kelling. 1982. Broken Windows: The Police and Neighborhood Safety (http://www.manhattan-institute.org/pdf/_atlantic_monthly-broken_windows.pdf)

Zukin, Sharon. 2010. *Naked City: The Death and Life of Authentic Urban Places*. Oxford and New York: Oxford University Press.

あとがき

　本書は、東北都市社会学研究会（代表：吉原）が日本学術振興会科学研究費、社会安全研究財団研究助成、東北大学防災拠点研究経費によって2005年からほぼ6年にわたっておこなってきた、防災と防犯に照準した東北6都市の町内会分析（詳細は本書の資料編を参照のこと）に基づいて得られた知見をベースに据えている。研究会としては、この町内会分析結果を部分的に援用してすでに『防災コミュニティの基層』を刊行している。幸い、この書物はいろいろなところで取り上げられた。本書はこの『防災コミュニティの基層』の姉妹編としてある*。実際、本書は防災コミュニティと横並びで防犯コミュニティをとらえた上で、それをより広い文脈で安全・安心コミュニティと位置づけ直した／再定式化したところから出発している。

　＊またそうした点では、『防災コミュニティの基層』同様、本書もまた以下の報告書に準拠している。
　　東北都市社会学研究会編　2006　『地方中枢都市における変貌する町内会の現状とその行方——2005年仙台市町内会・自治会調査結果報告書』
　　東北都市社会学研究会編　2008　『地方都市における転換期町内会の動向——2006年度山形市町内会・自治会調査結果報告書』
　　東北都市社会学研究会編　2008　『地方都市におけるゆらぐ町内会とその動態——2008年度青森市町内会・自治会調査結果報告書』
　　東北都市社会学研究会編　2008　『地方都市における町内会の転態とその実相——2008年度秋田市町内会・自治会調査結果報告書』
　　東北都市社会学研究会編　2010　『地方都市における町内会の変容とその諸相——2009年度福島市町内会・自治会調査結果報告書』
　　東北都市社会学研究会編　2010　『地方都市における町内会の現状とゆくえ——2010年度盛岡市町内会・自治会調査結果報告書』

　しかし、単なる姉妹編ではない。同じ東北6都市の町内会分析をベースに据えながらも、『防災コミュニティの基層』と本書とでは立ち位置／出自とするところがまるで違っている。何よりもまず、3・11が両者におよぼす影響の度合いが天と地の間ほど異なっている。本書は先の町内会分析をベースに据えてはいるものの、それ以上に3・11以降によって得られた知見に依拠しているし、

そうしたものを部分的に集約するものとしてある。より正確にいうと、本書において、上述の町内会分析の結果がポスト3・11の知見を経て検証されるということになっているのである。

考えてみれば、安全・安心コミュニティは、上述の位置づけ直し／再定式化という次元を越えていっそう錯綜した文脈で展開されている。3・11を経て立ちあらわれているネオリベラリズムに主導された復興では、防災と防犯という立て方ではなく、最初から市場の欲動とそれに合わせた国家の恣意に合致した「安全・安心」がテーマ化されている。つまり防災コミュニティと防犯コミュニティが個別に展開されるのではなく、安全・安心コミュニティとして両者が一体となって展開されており、それが復興の戦略的要となっているように思われる。本書はそうした動向を見据えて安全・安心コミュニティというタームを用いているが、それは同時にネオリベラリズムの復興の論理に回収されない、オータナティヴな安全・安心コミュニティのありよう（可能性）を視野に入れてのことでもある。ともあれ、3・11が本書において安全・安心コミュニティを展開する際の礎石となっていることはたしかである。

本書が『防災コミュニティの基層』の延長線上にそのまま位置づかないのは、安全・安心コミュニティの枠組みが上述のネオリベラリズムの機制に加えて、人びとの安全・安心にたいする観念（思い入れ）が防犯、防災というイッシューを超えて拡がり、それに伴ってセーフティネットとしてのコミュニティの形成も従来枠で想到できなくなっていることと深くかかわっている。これにはリスク社会の進展も与している。本書の序章でも言及したように、人びとの災害への不安、犯罪への不安は他のさまざまな不安（雇用不安、将来不安、健康不安等々）と連動しており、それらが重層的にからみあい連鎖しているのがリスク社会の特徴でもある。したがってリスクにたいするセーフティネットの構築も、個別イッシューに対応してあらわれるコミュニティではなく、さまざまなイッシューが複雑に交差するところであらわれるコミュニティを拠点にすることになる。

いずれにせよ、本書が対象とする安全・安心コミュニティはリスク社会に特有のものとしてあり、これまでの防災コミュニティおよび防犯コミュニティが暗黙裡に想定してきた（防災および防犯という個別イッシューの解決の後にあらわれる

はずの)「災害のない社会」、「犯罪のない社会」をめざすものではない。むしろ、災害も犯罪もさまざまなイッシューが多重連鎖して立ちあらわれるリスクの一つとしてとらえ、それらを縮減することに照準している。ただこうした安全・安心コミュニティの位置づけは、個人のセーフティネットの構築という次元からなされており、それが個人の自己責任という論理に置き換えられると、容易にネオリベラリズムの機制に回収されてしまう惧れがあることは肝に銘じておくべきであろう。

　もっとも、ここで述べたことが本書に稿を寄せている各執筆者にどの程度共有あるいは意識されているかは定かでない。とはいうものの、それぞれの章がフィールドワークの成果にもとづいていること、そしてそれぞれのスタンスでそうした成果をおりまぜながら、安全・安心コミュニティの可能性と危うさを浮き彫りにしていることはたしかである。したがって、それぞれの章から読みとれるものがここで述べたことと違背しているようにみえても、それはある意味でたいしたことではないように思う。というのも、開示されているフィールドワークの成果自体、現在進行形のものであること、したがって今後フィールドワークのいっそうの深化によってここで述べたことが必然的に検証に附されることになると考えられるからである。

　さらに、本書の視圏内にあると考えられるもののなかから一つだけ気になる点を付け加えておこう。それは近年、とみに強まっていると思われるコミュニタリアニズムの動向である。序章でも一言触れたが、この動向を鋭意に指し示すものとして防災隣組の結成の動きがみられる。これは東京都が地域防災の核となる住民の自主的組織として平成24年度からおしすすめているものであるが、あきらかに「古きよきもの」として隣組を称揚している。厄介なことは、こうした防災隣組が防災を超えてネオリベラリズムのコミュニティ戦略の要をなす「清潔なまち」、「安全なまち」の担い手としての役割を担わされようとしていることである。詳述はさておき、そこではコミュニタリアニズムとネオリベラリズムとが見事に共振している。この構図は一見奇妙にみえるが、ラッツァラートによると、ごくありふれたものであり、むしろ今日のネオリベラリズムの特質を示しているとさえいえるのだ(『〈借金人間〉製造工場——"負債"の政治経済学』)。

ここまで述べてきて、序章をリフレインしているだけではないのかという思いにとらわれる。考えようによっては、序章の追記の部分をふくらませただけのような気がしないわけでもない。しかしかりにそうだとしても、本書の各章が今日、安全・安心コミュニティといわれるものの根幹に多少とも分け入っていること、そしてそこから裾野が拡がる可能性を有していることは否定できないであろう。本書は基本的にモノグラフの集成としてある。したがってモノグラフが織り成された時代的状況に制約されることは避けられない。しかしそれにしても、本書からさまざまな議論が派生し、表題に関するポレミークな論点が浮き彫りになることは期待していいだろう。

　本書は前著(『防災コミュニティの基層』)に引き続いて、モノグラフとして刊行されるものである。昨今の出版環境において、たとえ、中間的成果としての性格が強いものであるとはいえ、この種のものがなかなか日の目をみることがないことは百も承知している。そうした状況のなかで、今回もまた御茶の水書房の好意あふれるご支援を得ることができた。幸運というしかないが、これもひとえに同社の橋本盛作氏および小堺章夫氏のご尽力の賜物である、と考えている。あまりにも通り一遍であるといわれるかもしれないが、あえて記して感謝する次第である。

　最後に、本書は平成24年度 独立行政法人 日本学術振興会科学研究費補助金(研究成果公開促進費・学術図書)によって刊行されるものであることを記す。

　2012年12月　粉雪舞う北会津にて

編　者

付録資料

町内会・自治会等調査集計表

【青森市町内会・自治会等調査】

I はじめに、あなたの町会・自治会(以下、町会)の全般的なご事柄についてご記入下さい。

Q1 町会の名称

Q2 町会の所在する地区(ひとつだけ) 全体ベース N=231

	%		%
1 東部	25.1	3 南部	24.2
2 西部	19.0	4 北部	6.5
5 中部	13.4	6 浪岡	11.3
		無回答	0.4

Q3 町会の沿革について

Q3.1 町会の発足した時期(ひとつだけ) 全体ベース N=231

	%
1 1940年代以前(戦前からあり、禁止期間もかたちを変えて存続し、講和条約後に再発足)	5.2
2 1940年代以前(戦前からあり、禁止期間にばらばらになったが、講和条約後に再発足)	0.9
3 1940年代以前(戦前からあるが、経緯についてはよくわからない)	16.0
4 1950年代	13.9
5 1960年代	14.3
6 1970年代	16.5
7 1980年代	7.8
8 1990年代	4.8
9 2000年代	2.2
10 わからない	12.6
無回答	6.1

Q3.2 (再)発足のきっかけ(いくつでも) 全体ベース N=231

	%
1 講和条約を受けて発足	2.6
2 旧来の町会から分かれて発足	22.1
3 新来住民によって発足	14.7
4 団地・社宅・マンション等ができて発足	14.3
5 地域の実力者の意向で発足	12.6
6 行政等のすすめで発足	9.5
7 区画整理とともに発足	6.1
8 市町村合併とともに発足	7.8
9 その他	9.1
10 わからない	21.6
無回答	3.5

Q3.3 (再)発足時の主な目的(いくつでも) 全体ベース N=231

	%
1 住民同士の親睦をはかるため	70.1
2 町内の生活上の問題を共同解決するため	55.4
3 行政等への働きかけ・陳情のため	44.2
4 行政等との連絡・調整のため	48.5
5 共有地、共有施設の管理のため	10.8
6 マンションや団地の管理組合として	3.5
7 その他	2.2
8 わからない	12.6
無回答	3.5

Q3.4 現在の主な目的(いくつでも) 全体ベース N=231

	%
1 住民同士の親睦をはかるため	89.6
2 町内の生活上の問題を共同解決するため	77.1
3 行政等への働きかけ・陳情のため	71.0
4 行政等との連絡・調整のため	69.3
5 共有地、共有施設の管理のため	21.2
6 マンションや団地の管理組合として	2.2
7 その他	3.0
8 何もしていない	0.0
無回答	0.4

Q4 町会に加入している世帯数等

Q4.1 加入世帯数(事業所を除く)	回答者ベース N=228	251.4 戸
Q4.2 加入事業所数	回答者ベース N=214	7.3 事業所
Q4.3 町内の区の数	回答者ベース N=200	2.1 区
Q4.4 町内の班もしくは隣組の数	回答者ベース N=230	17.6 班・組

Q4.5 町会への世帯加入率(ひとつだけ) 全体ベース N=231

	%
1 全戸加入	38.1
2 90%以上加入	38.1
3 70%以上~90%未満加入	19.9
4 50%以上~70%未満加入	3.0
5 30%以上~50%未満加入	0.4
6 30%未満加入	0.0
7 わからない	0.0
無回答	0.4

Q5 町会等の「地縁による団体」が、その団体名義で土地建物の不動産登記等ができるよう、法人格取得が可能になりましたが、「地縁による団体」として法人格を取得していますか。(ひとつだけ) 全体ベース N=231

	%
1 取得している(　　年に取得)	7.8
2 取得する予定である	2.2
3 取得する予定はない	76.2
4 取得するかどうか検討中である	6.5
無回答	7.4

Q6 町会内の状況について

Q6.1 建物・土地の特色(多いものを2つまで) 全体ベース N=231

	%
1 事業所	6.1
2 商店	6.9
3 工場	0.0
4 一戸建て	78.8
5 集合住宅(単身向け)	10.8
6 集合住宅(家族向け)	33.3
7 田畑	7.4
8 その他	3.9
無回答	12.1

Q6.2 最近10年間くらいの人口の変化(ひとつだけ) 全体ベース N=231

	%
1 大いに増加	3.9
2 やや増加	14.3
3 あまり変化はない	31.6
4 やや減少	39.4
5 大いに減少	8.2
6 その他	0.0
無回答	2.6

Q6.3 非加入世帯を含む居住世帯の特色(多いものを2つまで) 全体ベース N=231

	%
1 非高齢者のみの核家族世帯	26.0
2 高齢者のみの核家族世帯	32.9
3 非高齢者と高齢者からなる親族世帯	48.1
4 非高齢者の単身世帯	13.0
5 高齢者の単身世帯	15.2
6 その他	13.4
無回答	14.3

Q6.4 新旧住民の世帯数の割合(ひとつだけ) 全体ベース N=231

	%
1 古くからの地付きの世帯がほとんど	31.2
2 古くからの地付きの世帯のほうが多い	27.3
3 同じくらい	6.5
4 外からの新しい世帯のほうが多い	12.6
5 外からの新しい世帯がほとんど	19.0
無回答	3.5

Q6.5 計画的開発(区画整理等)(いくつでも) 全体ベース N=231

	%
1 最近5年以内に実施	1.3
2 5~10年前に実施	3.0
3 10年以上前に実施	18.2
4 時期は不明だが実施	7.8
5 実施していない	56.3
6 わからない	9.5
無回答	5.2

Q6.6 町会の全般的な暮らしやすさ

Q6.6A バブル経済崩壊(1990年代前半)以前(当時の感覚でお答え下さい)(ひとつだけ) 全体ベース N=231

	%
1 暮らしやすかった	16.5
2 どちらかといえば暮らしやすかった	62.8
3 どちらかといえば暮らしにくかった	7.4
4 暮らしにくかった	3.5
5 わからない	8.2
無回答	1.7

Q6.6B 現在(バブル経済崩壊以前と比べて)(ひとつだけ) 全体ベース N=231

	%
1 暮らしやすくなっている	5.2
2 どちらかといえば暮らしやすくなっている	10.0
3 かわっていない	18.2
4 どちらかといえば暮らしにくくなっている	36.4
5 暮らしにくくなっている	21.6
6 わからない	6.9
無回答	1.7

II 次に、あなたの町会の活動状況についてお伺いします。

Q7 あなたの町会では、次のような活動が行なわれていますか。
　　また、それぞれの活動の10年前と現在の全体的な活動状況はどうなっていますか。

Q7A　活動組織（いくつでも）

	町会	町会単位の別組織	連合町会	連合町会単位の別組織	地区協議会	地区協議会単位の別組織	その他の地域組織	実施していない	わからない	
全体ベース N=231										
1 ごみ処理収集協力	84.8	6.1	5.6	2.2	1.3	1.3	2.6	2.2	0.0	5.2
2 資源・廃品回収	48.1	14.3	3.5	1.3	1.3	0.9	13.0	11.3	0.0	15.2
3 バザー	4.3	5.6	0.4	0.4	1.3	0.4	2.6	39.4	1.7	44.6
4 地域の清掃美化	76.6	10.8	4.3	1.3	2.6	0.9	5.2	2.2	0.0	11.3
5 防犯パトロール	29.4	8.2	6.5	9.1	7.8	6.1	11.3	13.4	0.9	21.6
6 防火パトロール	14.7	4.8	3.0	4.3	6.5	3.5	10.4	22.5	0.9	34.6
7 交通安全対策	35.1	8.7	12.6	10.0	13.0	5.6	13.0	6.1	0.4	18.2
8 集会所等の施設管理	41.1	6.1	2.6	3.0	3.5	1.3	4.3	14.3	0.0	28.1
9 街灯等の設備管理	61.9	1.7	5.6	1.3	1.3	0.0	8.7	6.9	0.4	16.0
10 公園・広場の管理	36.8	7.8	3.5	0.9	2.6	0.4	5.6	18.6	1.7	30.7
11 私道の管理	18.6	0.9	0.0	0.0	0.4	0.0	3.0	29.0	3.5	45.0
12 雪かたづけ	43.7	4.3	4.8	4.3	4.3	3.5	9.1	14.3	1.3	21.2
13 乳幼児保育の支援	5.6	2.2	1.7	2.2	3.9	3.9	7.4	32.5	1.7	42.0
14 学童保育の支援	13.4	5.6	3.5	3.0	6.5	5.6	9.1	23.4	1.7	35.9
15 青少年教育・育成	22.9	7.8	5.2	4.8	10.4	5.2	9.1	14.7	2.6	29.4
16 高齢者福祉	35.1	7.4	9.1	12.6	25.5	8.2	4.3	4.8	1.3	17.7
17 その他	3.5	0.4	0.0	0.0	1.3	0.0	0.0	2.2	0.0	91.3

＊Q7Aで1〜8を選んだ場合

Q7B　10年前の町内での全体的な活動状況（ひとつだけ）

		非常に活発に実施されていた	活発に実施されていた	あまり盛んに実施されていなかった	ほとんど実施されていなかった	実施されていなかった	わからない
Aで「わからない」「不明」を除いた人ベース							
1 ごみ処理収集協力	N=219	13.2	36.5	26.5	3.7	3.7	2.7	13.7
2 資源・廃品回収	N=196	12.8	23.0	23.0	4.6	19.9	4.1	12.8
3 バザー	N=124	2.4	6.5	7.3	4.8	56.5	5.6	16.9
4 地域の清掃美化	N=205	12.7	33.2	22.9	3.4	7.3	4.4	16.1
5 防犯パトロール	N=179	7.3	22.3	22.9	10.1	12.8	7.8	16.8
6 防火パトロール	N=149	5.4	20.1	19.5	5.4	26.8	7.4	15.4
7 交通安全対策	N=188	8.5	30.3	22.3	5.9	9.6	6.4	17.0
8 集会所等の施設管理	N=163	16.0	31.3	16.3	0.6	21.7	4.2	13.9
9 街灯等の設備管理	N=193	19.7	38.9	14.0	2.1	5.7	2.6	17.1
10 公園・広場の管理	N=156	10.3	23.1	20.5	5.1	22.4	3.8	14.7
11 私道の管理	N=119	6.7	6.7	15.1	5.9	37.0	10.9	17.6
12 雪かたづけ	N=179	15.6	23.5	19.6	4.5	16.2	3.9	16.8
13 乳幼児保育の支援	N=130	0.8	13.1	13.8	5.4	40.0	12.3	14.6
14 学童保育の支援	N=144	4.2	20.1	16.0	6.9	29.9	7.6	15.3
15 青少年教育・育成	N=157	9.6	22.3	21.7	7.6	18.5	6.4	14.0
16 高齢者福祉	N=187	7.5	34.2	23.0	7.0	7.0	6.4	15.0
17 その他	N=17	5.9	17.6	0.0	0.0	35.3	5.9	35.3

Q8 あなたの町会では、次のような行事が組織的に行なわれていますか。
　　また、町会が中心に行なっている活動については「参加対象」と「参加状況」についてもお答え下さい。

Q8A　行事の有無、実施組織（いくつでも）

	町会	町会単位の別組織	連合町会	連合町会単位の別組織	地区協議会	地区協議会単位の別組織	その他の地域組織	実施していない	わからない	
全体ベース N=231										
1 神社祭礼	19.0	12.6	2.2	2.2	1.3	0.9	14.7	23.4	0.0	27.7
2 盆踊り・夏祭り	28.6	6.1	6.9	1.7	0.9	0.9	7.4	26.0	0.4	23.4
3 花見	6.5	2.6	0.9	0.4	0.4	0.9	2.6	47.6	0.9	37.2
4 ねぶた	8.2	9.5	2.6	3.9	1.3	1.3	7.8	30.7	0.9	35.5
5 成人式	0.0	1.3	0.4	0.4	2.2	0.4	3.0	47.2	0.4	44.6
6 葬式	7.4	0.9	0.4	0.0	0.0	0.0	2.2	45.0	1.3	42.9
7 運動会	10.8	1.7	3.5	0.9	2.2	0.9	3.0	43.3	0.4	35.9
8 運動会以外の体育活動	10.4	4.8	3.0	3.9	3.9	0.9	4.8	32.0	0.9	37.2
9 宿泊旅行	8.7	4.3	0.4	0.4	0.0	0.0	2.6	44.2	1.3	38.5
10 新年会・忘年会	39.0	5.2	3.0	0.0	1.7	0.0	1.7	26.0	0.0	25.5
11 ラジオ体操	42.9	11.3	0.0	0.9	1.3	0.0	7.8	16.0	0.4	20.3
12 研修会・講習会	26.8	5.6	11.3	3.5	7.8	1.3	4.8	19.5	0.0	28.6
13 映画上映・演劇鑑賞	1.7	0.0	0.4	0.4	0.9	0.4	1.3	51.1	0.0	43.7
14 町会の総会	92.6	0.0	2.2	0.0	2.2	0.0	0.0	0.0	0.0	6.9
15 その他	10.4	0.9	1.3	0.9	3.0	0.9	0.4	1.7	1.7	82.3

＊Q8Aで1～8を選んだ場合
Q8C　10年前の町内での活動状況（ひとつだけ）

		非常に活発に実施されていた	活発に実施されていた	あまり盛んに実施されていなかった	ほとんど実施されていなかった	実施されていなかった	わからない
	Aで「わからない」「不明」を除いた人ベース						
1	神社祭礼	N= 167	6.6	20.4	16.2	2.4	12.6	7.2	34.7
2	盆踊り・夏祭り	N= 176	8.0	26.1	14.8	2.8	16.5	4.0	27.8
3	花見	N= 143	2.1	6.3	4.9	7.0	30.8	6.3	42.7
4	ねぶた	N= 147	3.4	12.9	10.9	6.1	23.8	4.1	38.8
5	成人式	N= 127	0.8	2.4	3.9	3.9	34.6	8.7	45.7
6	葬式	N= 129	3.9	4.7	3.1	4.7	28.7	9.3	45.7
7	運動会	N= 147	5.4	13.6	8.8	3.4	24.5	6.1	38.1
8	運動会以外の体育活動	N= 143	2.8	11.9	11.9	5.6	23.8	5.6	38.5
9	宿泊旅行	N= 139	2.2	8.6	8.6	5.0	23.0	7.2	45.3
10	新年会・忘年会	N= 171	7.0	22.8	12.3	6.4	14.0	5.8	31.6
11	ラジオ体操	N= 183	4.4	29.5	19.1	4.9	7.7	3.8	30.6
12	研修会・講習会	N= 165	1.2	11.5	19.4	7.3	18.2	6.7	35.8
13	映画上映・演劇鑑賞	N= 129	1.6	2.3	6.2	3.9	36.4	7.0	42.6
14	町会の総会	N= 215	12.1	36.3	17.7	1.9	1.9	2.8	27.4
15	その他	N= 37	10.8	32.4	13.5	0.0	13.5	10.8	18.9

Q9　あなたの町会で現在町会の運営上困っていることがありますか。（いくつでも）　全体ベース N= 231

1 町会のルールを守らない住民の存在	35.5	12 加入世帯の家族構成が把握できない　22.1
2 未加入世帯の増加	23.8	13 日中、留守の世帯が多い　31.2
3 町会行事への住民の参加の少なさ	58.9	14 集会施設がない／狭い／不便　26.4
4 町会の役員のなり手不足	68.8	15 住民間の摩擦　11.3
5 予算の不足	16.5	16 世代間のズレ　12.1
6 会員の高齢化	60.6	17 役員間のあつれき　3.5
7 行政との関係（依頼の多さなど）	17.3	18 政治や選挙の相談・依頼事　1.7
8 行政以外の団体との関係（負担金など）	19.0	19 運営のための経験や知恵が足りない　10.0
9 家族世帯数の多さによる障害	1.3	20 町会の財産をめぐるトラブル　0.4
10 単身世帯数の多さによる障害	7.8	21 その他　4.8
11 構成世帯数の少なさによる障害	7.8	22 困っていることはない　3.0

Ⅲ 次に、あなたの町会の組織構成と機能についてお尋ねします。

Q10　役員（班長・組長は除く）はどのように構成されていますか。また、手当てはありますか。

Q10A　人数
会長　回答者ベース N= 211　1.0 名　　庶務　回答者ベース N= 166　1.1 名
副会長　回答者ベース N= 207　2.0 名　　区長　回答者ベース N= 130　4.9 名
会計　回答者ベース N= 210　1.1 名　　監事　回答者ベース N= 205　2.1 名

＊Q10Aで1名以上の場合
Q10B　役員手当て（定額）（ひとつだけ）
Q10C　活動ごとの手当て（ひとつだけ）
Q10D　手当てと持出しの割合

		手当て（定額）			活動毎手当て			手当てと持出しの割合				
		無し	有り		無し	有り		手当ての方が多い	同じぐらい	持出しの方が多い	わからない	
	回答者かつ各役職が1人以上いる人ベース											
1	会長	N= 211	31.3	64.5	4.3	68.7	11.8	19.4	9.0	14.7	27.5	11.8	37.0
2	副会長	N= 204	39.7	51.0	9.3	71.1	7.8	21.1	10.8	12.3	12.7	15.2	49.0
3	会計	N= 209	23.0	71.8	5.3	69.9	9.6	20.6	10.2	12.0	12.9	16.3	42.6
4	庶務	N= 116	31.9	58.6	9.5	69.0	11.2	19.8	10.3	14.7	12.9	15.5	46.6
5	区長	N= 54	37.0	40.7	22.2	66.7	11.1	22.2	9.3	7.4	11.1	16.7	55.6
6	監事	N= 201	55.2	24.9	19.9	64.7	6.0	29.4	8.0	6.5	6.5	12.9	66.2

＊Q10Aで1名以上の場合
Q10E　役員の主たる就業状況（副業は除く）（ひとつだけ）

		引退	現役	主婦	なし	わからない
	回答者かつ各役職が1人以上いる人ベース					
1	会長	N= 211	59.7	29.4	0.9	0.9	9.0
2	副会長	N= 204	38.7	37.7	2.9	1.0	19.6
3	会計	N= 209	41.1	38.3	10.5	1.0	9.1
4	庶務	N= 116	41.4	37.9	6.0	0.9	13.8
5	区長	N= 54	14.8	33.3	7.4	7.4	37.0
6	監事	N= 201	36.8	31.8	4.5	1.5	25.4

＊Q10Aで1名以上の場合
Q10F　役員の主たる職業（引退の場合は現役時の主たる職業をお答え下さい）（ひとつだけ）

		農林漁業	商業自営	工業自営	勤務（常勤）	勤務（パート、派遣）	自由業	専業主婦	わからない
	回答者かつ各役職が1人以上いる人ベース								
1	会長	N= 211	8.5	9.5	2.8	56.4	2.8	4.7	0.9	3.3	10.9
2	副会長	N= 204	6.4	9.3	1.0	50.0	2.5	3.9	2.5	2.0	22.5
3	会計	N= 209	4.8	8.1	1.0	52.2	5.3	1.9	6.7	3.8	16.3
4	庶務	N= 116	6.9	3.4	0.9	52.6	0.9	4.3	8.6	2.6	19.8
5	区長	N= 54	7.4	5.6	1.9	24.1	0.0	3.7	5.6	20.4	31.5
6	監事	N= 201	5.0	5.5	2.0	48.3	2.5	3.5	2.5	4.5	26.4

Q11.1 どのようにして会長に選ばれましたか。(ひとつだけ)
全体ベース N= 231

	%
1 総会で立候補	4.3
2 総会の話し合いで推された	28.1
3 役員会での互選	29.0
4 選考委員会等による推薦	10.4
5 前会長からの指名	20.8
6 持ち回り(当番制)	1.3
7 抽選(くじ引き)	0.4
8 その他	2.6
	3.0

Q11.2 町会役員(班長を除く)はどのように選ばれましたか。(ひとつだけ)
全体ベース N= 231

	%
1 総会で立候補	3.9
2 総会の話し合い	38.5
3 新会長からの指名	24.2
4 選考委員会等による推薦	16.5
5 前会長からの指名	6.1
6 持ち回り(当番制)	2.6
7 抽選(くじ引き)	0.4
8 その他	3.9
	3.9

Q12 会長の1任期は何年ですか。(ひとつだけ)
全体ベース N= 231

	%
1 半年	0.0
2 一年	9.5
3 二年	81.0
4 三年以上	3.9
5 決まっていない	5.6
6 わからない	0.0

*Q12で1〜4の場合
Q12A 複数の任期にわたって会長職を務めることは会則等で認められていますか。(ひとつだけ)
任期が決まっている人ベース N= 218

	%
1 認められていない	0.5
2 認められている	75.2
3 決まりはないが1期のみが普通	0.9
4 決まりはないが複数任期になることが多い	21.1
	2.3

Q13 町会の(総会で提案される)予算案はどのように作成されていますか。(ひとつだけ)
全体ベース N= 231

	%
1 会長がすべて作成	3.9
2 会長が素案を示し役員会で審議の上、作成	26.8
3 担当役員がすべて作成	6.5
4 担当役員が素案を示し役員会で審議の上、作成	45.5
5 役員会で協議して一から作成	14.7
6 作成していない	0.4
7 その他	1.3

Q14 町会の1年間の財政規模(一般会計)と、収入・支出の内訳をご記入下さい。

A. 収入

	回答者ベース	千円
1 総額	N= 194	1,758
2 会費	N= 197	941
3 市からの助成や補助金	N= 184	145
4 公園や街路樹の管理費	N= 66	11
5 地域ねぶたの寄付金	N= 58	5
6 広報紙等の配布手数料	N= 66	5
7 資源・廃品回収やバザーの売上げ	N= 77	48
8 コミセン・集会所等の使用料	N= 73	34
9 事務所や住民からの寄付	N= 68	40
10 その他	N= 104	103
11 前年度繰越金	N= 184	679

B. 支出

	回答者ベース	千円
1 総額	N= 187	1,532
2 役員手当	N= 173	126
3 会議・事務費	N= 184	137
4 祭典・文化費	N= 137	165
5 祭典・文化費の内、地域ねぶたの経費	N= 69	43
6 祭典・文化以外の事業費	N= 135	229
7 寄付(募金)・負担金	N= 157	139
8 地域団体への補助・助成金	N= 157	167
9 共同施設・設備維持管理費	N= 121	228
10 その他	N= 116	197
11 次年度繰越金	N= 176	683

Q15 町会本体の日々の会計支出はどのようにされていますか。必要な書類と手続きのそれぞれについてお答え下さい。

Q15.1 必要な書類(いくつでも)
全体ベース N= 231

	%
1 請求書や領収書	96.5
2 役員等への支出伺い	35.5
3 その他	6.5
4 なし	0.4
	0.9

Q15.2 支出の手続き(ひとつだけ)
全体ベース N= 231

	%
1 会長が承認の上、会計担当役員が支出	65.8
2 役員会が承認の上、会計担当役員が支出	16.5
3 会計担当役員が承認し、会計担当委員会が支出	8.7
4 会長が承認し、会長が支出	1.3
5 役員会が承認の上、会長が支出	0.4
6 その他	0.9
	6.5

Q16.1 日赤や共同募金への寄付金にはどのように対応されていますか。(ひとつだけ)
全体ベース N= 231

	%
1 割り当て分を全額納めている	26.8
2 割り当て分のほとんどを納めている	19.5
3 割り当て分の一部のみ納めている	6.1
4 会員から集まった額だけ納めている	39.8
5 一切、納めていない	0.9
6 その他	4.3
	2.6

Q16.2 連合町会等組織への負担金にはどのように対応されていますか。(ひとつだけ)
全体ベース N= 231

	%
1 割り当て分を全て納めている	97.4
2 納めていない分もある	0.0
3 ほとんど納めていない	1.3
4 一切、納めていない	0.0
5 その他	0.4
	0.9

Q17 町会費はどのように集めていますか。

Q17.1 一般世帯(ひとつだけ)
全体ベース N= 231

	%
1 各世帯から平等に(同額を)集めている	75.3
2 各世帯の状況によって差のある額を集めている	22.1
3 その他の基準で集めている	2.2
4 集めることになっていない	0.0
	0.4

Q17.2 事業所(ひとつだけ)
全体ベース N= 231

	%
1 各事業所から平等に(同額を)集めている	26.0
2 各事業所の状況によって差のある額を集めている	18.6
3 その他の基準で集めている	9.1
4 集めることになっていない	9.1
5 そもそも事業所がない	15.2
	26.4

*Q17.1かQ17.2で1〜3の場合
Q17.3 町会費はどのようにして集めているか(いくつでも)
町会費を集めている人ベース N= 231

	%
1 町会役員が各戸に集金にまわる	17.3
2 役員以外の担当者(班長など)が集金する	80.1
3 各戸が町会役員に持参する	2.6
4 銀行振り込み/郵便振替	6.5
5 マンション等の不動産業者と契約	6.1
6 その他	4.8
	3.0

Q18 それでは、ひと月の会費は平均して1世帯、1事業所あたりいくらですか
(差額徴収の場合は直近の月の会費総額を全加入世帯数で割った平均額と、それぞれの額を記入してください)

	回答者ベース	
A. 1世帯あたりの月額(平均)	N= 205	497 円
B. 1事業所あたりの月額(平均)	N= 103	956 円

Q19 この10年間に、町会で特別会計を組み、何か事業をされたこと(されていること)はありますか。(いくつでも)

全体ベース N= 231

	%
1 集会所の新築・改築	17.3
2 街頭炉の新設・補修	7.8
3 その他	30.3
4 ない	44.2
5 わからない	1.3
	5.2

Q20 町会会計の収支決算報告や事業報告をどのようなかたちで行なっていますか。(いくつでも)

全体ベース N= 231

	%
1 総会で報告	96.5
2 役員会で報告	52.4
3 監事に報告	41.1
4 決算の概算書を会員に送付する	29.4
5 その他	7.8
6 報告はしない	0.0
	2.2

Q21 あなたの町会がある地域には次のような組織や団体がありますか。
Q21A もしある場合には、それぞれの組織・団体の最小の単位をお教えください。(ひとつだけ)

全体ベース N= 231

	町会	町会組織単位の別	連合町会	連合町会組織別単位	地区協議会	地区別協議会組織単位	その他の地域	実施していない	わからない
1 子供会育成会	32.5	8.7	1.7	1.7	2.6	1.7	3.5	12.1	3.5	32.0
2 民生・児童委員会	22.9	9.5	8.2	3.0	21.2	5.6	2.6	3.0	1.3	22.5
3 少年補導委員会	2.2	1.3	3.9	2.2	4.8	3.0	4.8	19.9	7.4	50.6
4 体育振興会	3.9	1.3	3.0	1.7	3.0	0.4	1.7	26.0	6.5	52.4
5 防犯協会	16.5	10.0	7.8	3.9	16.5	4.3	7.8	6.1	1.7	25.5
6 消防団(分団)	13.9	10.0	5.2	1.7	5.6	3.0	14.3	9.1	3.0	34.2
7 社会福祉協議会	13.4	6.9	13.4	5.2	29.9	3.9	1.7	1.7	0.0	23.8
8 婦人会	24.2	11.3	4.3	0.9	1.3	1.3	3.0	16.5	1.7	35.5
9 青年団	3.5	2.6	0.0	0.0	0.4	0.4	1.3	29.0	7.4	55.8
10 老人クラブ	32.9	20.8	3.0	2.6	1.3	1.3	3.9	9.1	1.3	23.8
11 商工会・商店会	1.3	3.0	0.9	0.4	1.3	1.3	2.6	28.1	4.3	56.7
12 農協・漁協	2.6	1.3	1.3	0.9	0.4	0.9	6.9	23.8	6.9	55.0
13 生協	2.2	0.0	0.4	0.4	0.0	0.0	4.3	26.8	6.1	59.3
14 氏子会・檀家組織	13.0	8.7	0.4	0.4	0.0	1.3	6.9	16.0	5.2	47.6
15 講	0.9	1.3	0.4	0.4	0.0	0.4	1.3	28.1	8.2	61.0
16 ねぶたの会(団体)	7.4	1.3	0.4	0.0	0.4	0.0	3.5	25.1	3.5	53.7
17 その他	2.6	0.9	0.0	0.9	0.4	0.0	5.2	0.9	0.0	89.2

Q22 あなたの町会には集会施設がありますか。(いくつでも) *Q22で1の場合

全体ベース N= 231

	%
1 町会独自の集会所がある	39.0
2 他の町会と共有の集会所がある	15.2
3 他の団体と共有の集会所がある	7.4
4 公民館等利用している施設が周りにある	38.1
5 その他	10.0
6 集会所はなく、利用できる施設も周りにない	4.3
	0.9

Q22A 町会独自の集会所についてお答え下さい。
Q22A.1 建物はあなたが所有している財産ですか(登記の有無は問いません)。(ひとつだけ)

独自に集会所がある人ベース N= 90

	%
1 町会の共有財産(個人名義の場合を含む)	66.7
2 青森市	23.3
3 個人の私有財産	2.2
4 その他	5.6
	2.2

Q22A.2 建物が建っている土地はどなたの財産ですか。(ひとつだけ)

独自に集会所がある人ベース N= 90

	%
1 町会の共有財産(個人名義の場合を含む)	27.8
2 青森市の財産	44.4
3 青森県の財産	7.8
4 国有の財産	0.0
5 個人の私有財産	7.8
6 法人の財産	3.3
7 その他	3.3
	5.6

Q22A.3 その集会所の利用状況はどのようですか。(ひとつだけ)

独自に集会所がある人ベース N= 90

	%
1 容量の限度まで利用されている	13.3
2 容量の範囲内で十分に利用されている	71.1
3 あまり利用されていない	14.4
4 ほとんど利用されていない	1.1
5 わからない	0.0
6 その他	0.0

Q23 町会独自の会報を発行していますか。(ひとつだけ)

全体ベース N= 231

	%
1 毎月2回以上発行している	2.6
2 原則として毎月1回発行している	9.5
3 年に数回発行している	22.9
4 年に1回発行している	3.9
5 発行しない年もあるが、時々発行している	4.8
6 発行していない	53.2
	3.0

Q24 地方議会の議員選挙のときに、町会として推薦や応援をしていますか。
Q24.1 現在(ひとつだけ)

全体ベース N= 231

	%
1 いつも推薦している	2.6
2 推薦することもある	4.3
3 推薦はしないが応援はいつもしている	9.5
4 推薦はしないが応援することはある	20.3
5 何もしていない	60.6
6 わからない	1.3
	1.3

Q24.2 過去(ひとつだけ)

全体ベース N= 231

	%
1 いつも推薦していた	2.6
2 推薦することもあった	8.2
3 推薦はしないが応援はいつもしていた	10.4
4 推薦はしないが応援することもあった	18.2
5 何もしていなかった	45.9
6 わからない	11.3
	3.5

Q25 あなたの町会では、役所からの広報配布や依頼業務についてどう対処していますか。(ひとつだけ)

全体ベース N= 231

	%
1 当然のこととして積極的に協力している	47.6
2 果たすべき義務として協力している	39.0
3 最低限のことのみ協力している	8.7
4 原則として協力していない	3.5
	1.3

Q26 今後の町会などの地域住民組織が果たすべき役割について、どのように考えていますか。（ひとつだけ）

全体ベース N=231	さらに促進	このまま継続	見直し	とりやめ	実施に向け検討	今後もやらない	わからない	その他	
1 日常的な防犯対策	20.8	46.8	3.0	0.0	10.0	1.7	8.2	0.9	8.7
2 日常的な防火対策	14.7	38.1	2.6	0.0	15.6	3.5	9.1	0.9	15.6
3 自然災害等緊急時の備え	15.6	23.8	6.5	0.0	24.2	2.6	13.4	0.9	13.0
4 会員間での交流促進	25.1	45.0	4.8	0.0	7.4	0.9	4.3	0.9	11.7
5 行政等への陳情・依頼	19.0	55.0	1.7	0.4	4.8	2.6	4.3	1.7	10.4
6 行政からの依頼仕事	4.3	72.7	5.2	0.0	2.2	0.0	5.2	0.0	10.4
7 日赤・共同募金の協力	5.2	70.6	13.4	1.7	0.4	0.4	2.6	0.0	5.6
8 警察・交番との連携・調整	18.2	72.7	1.3	0.0	0.9	0.9	0.9	0.0	5.2
9 学校との連携・調整	16.0	72.7	0.9	0.0	0.4	0.4	2.6	0.0	6.5
10 民生委員との連携	22.9	65.8	1.7	0.0	1.3	0.4	1.7	0.4	5.6
11 NPO等組織との連携の推進	1.7	16.9	3.0	0.4	7.8	7.4	41.6	1.7	19.5
12 企業との連携・調整	1.3	22.5	2.6	0.4	3.0	13.4	34.6	1.3	21.2
13 高齢者の福祉	25.5	48.1	4.3	0.4	5.2	0.9	9.1	0.0	6.5
14 障害者の福祉	16.9	37.7	6.1	0.4	6.9	2.6	17.3	0.0	12.1
15 青少年の健全育成	18.2	46.8	3.9	0.4	5.2	1.3	11.7	0.0	12.6
16 ねぶた製作	1.3	13.9	1.3	0.0	3.0	37.2	15.6	3.0	24.7
17 ねぶた祭の運行	2.6	18.6	2.2	0.0	2.2	36.8	13.9	3.0	20.8
18 雪のかたづけ	16.5	45.9	6.1	0.4	8.2	4.3	6.9	1.3	10.4
19 冠婚葬祭	2.6	34.2	6.5	0.9	6.5	15.2	15.6	1.7	16.9
20 運動会やスポーツ大会の開催	6.1	22.1	3.0	0.0	7.4	22.5	18.6	1.3	19.0
21 公民館運営への協力	10.8	48.5	0.9	0.0	1.7	7.4	14.7	0.4	15.6
22 開発計画・事業への参加・関与	3.0	17.7	1.7	0.4	4.3	16.0	33.8	2.2	20.8
23 市議会へ代表者を送ること	3.5	6.5	0.9	0.4	3.9	28.6	35.5	3.5	17.3
24 その他	0.4	0.0	0.0	0.0	0.0	0.4	4.8	1.3	93.1

Q27 あなたの町会では、ここ数年、地域生活を営む上で困った問題がありましたか（現在、ありますか）。（いくつでも）
ある場合には、そうした問題について、解決や改善のために何らかの働きかけを行ないましたか。（いくつでも）

全体ベース N=231	困った問題がある	各ベース	公式に担当課・依頼・公社等に対して	役所の知り合いに働きかけ	役所の幹部に働きかけ	市会議員に働きかけ	議員以外の地域の有力者に働きかけ	他の地域団体・町会連合会を含むに働きかけ	警察・交番に相談	町会の自力で対応
1 住宅の建て込み等の住宅問題	16.0	N=37	24.3	0.0	0.0	2.7	2.7	18.9	8.1	27.0
2 ゴミ処理の問題	77.5	N=179	36.9	3.4	0.6	2.8	1.7	8.9	3.4	53.1
3 商売・スーパー等の買い物施設の不足	17.3	N=40	10.0	0.0	0.0	0.0	2.5	2.5	2.5	0.0
4 開発による住環境や自然環境の悪化	12.6	N=29	44.8	0.0	0.0	6.9	3.4	3.4	3.4	10.3
5 治安・少年非行・風紀の悪化	24.7	N=57	19.3	5.3	0.0	1.8	5.3	10.5	66.7	7.0
6 移動や交通の問題	37.7	N=87	67.8	3.4	5.7	11.5	1.1	16.1	2.3	5.7
7 保育園・学校等育児・教育施設の不足	11.7	N=27	33.3	7.4	0.0	0.0	0.0	7.4	0.0	0.0
8 公園・運動場・体育施設の不足	13.9	N=32	21.9	9.4	3.1	3.1	0.0	9.4	0.0	0.0
9 集会所等文化交流施設の不足・老朽化	22.5	N=52	55.8	1.9	0.0	9.6	1.9	7.7	0.0	9.6
10 病院等医療・福祉施設の不足	12.1	N=28	17.9	10.7	0.0	3.6	3.6	7.1	0.0	0.0
11 都市型災害に対する基盤整備の不足	16.0	N=37	43.2	8.1	2.7	2.7	0.0	8.1	2.7	5.4
12 住民間のトラブル	22.1	N=51	19.6	3.9	0.0	0.0	2.0	21.6	33.3	
13 民間企業とのトラブル	9.1	N=21	9.5	0.0	0.0	4.8	0.0	4.8	9.5	33.3
14 行政とのトラブル	10.4	N=24	29.4	4.2	0.0	12.5	0.0	4.2	0.0	20.8
15 商店や工場を経営していく上での障害	7.4	N=17	17.6	5.9	0.0	0.0	0.0	0.0	0.0	5.9
16 土地問題（土地利用規制や共有地）	11.7	N=27	25.9	0.0	0.0	0.0	0.0	3.7	3.7	18.5
17 雪の処理	67.5	N=156	71.2	3.8	1.9	4.5	1.9	7.7	1.9	24.4
18 その他	0.4	N=1	0.0	0.0	0.0	0.0	0.0	0.0	0.0	0.0

各ベース		町会のまとまりを生かし問題解決のネットワーク等を組織	町会とは別に、問題解決のためのNPO等を組織	その他	具体的に何もしていない	
1 住宅の建て込み等の住宅問題	N= 37	2.7	0.0	8.1	27.0	
2 ゴミ処理の問題	N= 179	1.7	0.0	0.6	2.2	5.0
3 商売・スーパー等の買い物施設の不足	N= 40	0.0	0.0	2.5	75.0	7.5
4 開発による住環境や自然環境の悪化	N= 29	3.4	0.0	3.4	37.9	
5 治安・少年非行・風紀の悪化	N= 57	0.0	0.0	0.0	5.3	5.3
6 移動や交通の問題	N= 87	0.0	0.0	0.0	3.4	2.3
7 保育園・学校等育児・教育施設の不足	N= 27	0.0	0.0	11.1	40.7	
8 公園・運動場・体育施設等の不足	N= 32	3.1	0.0	6.3	37.5	3.1
9 集会所等文化交流施設の不足・老朽化	N= 52	1.9	0.0	0.0	23.1	1.9
10 病院等医療・福祉施設の不足	N= 28	3.6	0.0	7.1	50.0	3.6
11 都市型災害に対する基盤整備の不足	N= 37	0.0	0.0	5.4	24.3	5.4
12 住民間のトラブル	N= 51	3.9	0.0	3.9	15.7	5.9
13 民間企業とのトラブル	N= 21	0.0	0.0	4.8	38.1	
14 行政とのトラブル	N= 24	0.0	0.0	4.2	33.3	4.2
15 商店や工場を経営していく上での障害	N= 17	0.0	0.0	5.9	64.7	
16 土地問題(土地利用規制や共有地)	N= 27	0.0	0.0	3.7	44.4	11.1
17 雪の処理	N= 156	1.9	0.0	0.6	0.6	5.8
18 その他	N= 1	0.0	0.0	0.0	0.0	100.0

Ⅳ あなたの町会の防犯活動についてお尋ねします。

Q28 あなたの町会の周辺におけるこれまでと現在(ここ数年)の犯罪の発生状況・危険性と今後の傾向についてどのようにお考えですか。

Q28A これまで(ひとつだけ)

全体ベース N= 231	まったくない	ほとんどない	あまりない	多い	非常に多い	わからない	
1 自転車バイクの盗難・破損	11.3	17.3	35.9	8.7	0.4	6.1	20.3
2 車上荒らし・自動車破損	14.7	26.0	25.1	3.5	0.4	6.5	23.8
3 落書きや器物の損壊	13.0	26.8	26.0	4.8	0.4	4.8	24.2
4 不審者の侵入	16.0	26.0	22.5	0.4	0.0	8.7	26.4
5 空き巣狙い	15.2	26.4	21.6	3.0	0.0	9.1	24.7
6 放火・不審火	29.4	23.8	13.0	0.9	0.9	4.8	27.3
7 詐欺(サギ)	18.2	23.8	17.3	0.4	0.4	13.0	26.8
8 悪徳商法	13.9	22.5	24.7	1.3	0.0	13.0	24.7
9 すり・ひったくり	22.9	22.9	13.9	0.9	0.0	12.1	27.3
10 下着等洗濯物の盗難	22.5	26.0	12.6	0.0	0.0	11.7	27.3
11 痴漢・変質者	18.6	26.4	20.8	0.0	0.0	8.7	25.5
12 ストーカー	23.8	23.8	11.7	0.0	0.0	13.0	27.7
13 恐喝・脅迫	22.5	26.4	11.7	0.4	0.0	11.7	27.3
14 暴行・傷害・強盗	20.8	25.1	14.3	0.0	0.4	11.3	28.1
15 不法なゴミ捨て	5.2	8.2	29.0	31.2	11.3	3.5	11.7
16 その他	0.4	3.0	2.2	0.4	0.4	2.2	91.3

Q28B 現在(これまでと比べて)(ひとつだけ)

全体ベース N= 231	著しく減った	減った	変わらない	増えた	著しく増えた	わからない	
1 自転車バイクの盗難・破損	3.9	9.5	43.7	3.0	0.0	10.0	29.9
2 車上荒らし・自動車破損	3.0	6.5	42.4	2.2	0.0	9.5	36.4
3 落書きや器物の損壊	3.5	7.8	44.6	0.4	0.0	7.4	36.4
4 不審者の侵入	1.7	4.3	44.2	0.9	0.0	10.4	38.5
5 空き巣狙い	3.0	6.1	43.3	0.4	0.0	11.7	35.5
6 放火・不審火	3.9	3.9	44.6	0.4	0.0	8.2	39.0
7 詐欺(サギ)	2.2	3.9	39.8	0.0	0.0	15.2	39.0
8 悪徳商法	2.2	5.6	38.5	2.2	0.0	14.3	37.2
9 すり・ひったくり	3.5	2.6	39.4	0.0	0.0	14.7	39.8
10 下着等洗濯物の盗難	2.2	3.0	41.6	0.0	0.0	13.9	39.4
11 痴漢・変質者	2.6	4.8	42.4	0.4	0.0	12.1	37.7
12 ストーカー	1.3	3.9	39.8	0.0	0.0	15.2	39.8
13 恐喝・脅迫	1.7	4.8	40.3	0.0	0.0	14.7	38.5
14 暴行・傷害・強盗	2.2	5.2	39.0	0.0	0.0	15.6	38.1
15 不法なゴミ捨て	1.7	13.4	46.3	10.8	2.2	3.5	22.1
16 その他	0.9	0.9	6.1	0.0	0.4	1.3	90.5

Q28C　これから（現在と比べて）（ひとつだけ）

		著しく減る	減る	あまり変わらない	増える	著しく増える	わからない
	全体ベース　N= 231						
1	自転車やバイクの盗難・破損	0.4	9.1	36.4	4.3	0.0	16.9	32.9
2	車上荒らし・自動車破損	1.3	6.1	35.9	4.3	0.0	15.6	36.8
3	落書きや器物の損壊	1.3	7.8	36.4	3.0	0.0	14.7	36.8
4	不審者の侵入	0.4	5.6	35.1	3.9	0.0	16.0	39.0
5	空き巣狙い	0.9	7.4	33.8	3.0	0.0	16.9	38.1
6	放火・不審火	2.6	5.6	34.2	1.7	0.0	16.0	39.8
7	詐欺（サギ）	0.9	4.8	32.5	2.6	0.0	19.5	39.8
8	悪徳商法	0.9	5.6	30.7	6.1	0.4	18.6	37.7
9	すり・ひったくり	0.9	5.2	33.3	1.7	0.4	18.2	40.3
10	下着等洗濯物の盗難	0.9	5.6	33.8	1.3	0.4	18.2	39.8
11	痴漢・変質者	0.4	5.6	33.3	4.3	0.0	18.6	37.7
12	ストーカー	0.4	5.6	32.0	3.0	0.0	19.5	39.4
13	恐喝・脅迫	0.9	5.6	32.0	2.6	0.0	19.5	39.4
14	暴行・傷害・強盗	0.9	5.6	32.0	3.5	0.0	19.9	38.1
15	大きなゴミ捨て	1.7	12.6	37.7	11.7	1.7	11.7	22.9
16	その他	0.0	0.9	4.3	0.0	0.0	3.0	91.8

Q29　あなたの町会では、防犯のためにどのような組織的な取り組みをしていますか。（防犯パトロールを除く）（いくつでも）

全体ベース　N= 231

1	地域の犯罪発生や、不審者の出没状況の情報の共有（回覧板など）	52.8	5	声かけの実施	35.1
2	防犯マップの作成	3.9	6	公園等の見通し、見晴らしの改善	6.9
3	防犯灯・街路灯の設置	60.2	7	不審者に遭遇したときの連絡先・駆け込み先	27.7
4	監視カメラの設置	0.9	8	その他	6.1
					12.1

Q30　あなたの町会の周辺で、過去数年、治安の不安を感じさせてきたのはどのようなことですか。また現在はどうなっていますか。
　　そして、そうした問題に対して住民の方々で何か対策をとっていますか。
Q30A　過去数年の状況（ひとつだけ）
Q30B　現在の状況がもたらす不安（ひとつだけ）
Q30C　自主的な対応や対策（ひとつだけ）

		過去数年の状況				現在の状況がもたらす不安				自主的な対応・対策		
		大いに問題あり	やや問題あり	あまり問題ない	問題なし	大いに不安	やや不安	あまり不安なし	不安なし	行っている	行っていない	
	全体ベース　N=231											
1	路上や空き地のゴミの散乱	14.7	33.8	23.8	9.5	18.2	10.4	29.4	28.1	11.3	20.8	50.2	26.4	23.4
2	自動車、バイク、自転車の不法放置	12.6	32.9	24.7	11.3	18.6	10.4	28.6	26.4	13.9	20.8	31.2	43.3	25.5
3	不審者の出没	1.3	12.1	32.5	24.7	29.4	1.7	15.6	32.9	20.3	29.4	14.3	50.2	35.5
4	不良のたまり場	1.7	8.2	28.6	31.2	30.3	1.7	7.8	32.9	26.8	30.7	10.4	54.1	35.5
5	深夜の暴走族	4.3	11.3	26.8	29.0	28.6	3.0	10.8	29.9	26.4	29.9	6.5	58.9	34.6
6	害悪のあるチラシやビラ	1.3	6.5	30.7	30.7	30.7	0.4	6.5	29.4	32.0	31.6	5.2	58.9	35.9
7	わいせつなビデオ・雑誌の自販機	0.0	4.3	18.6	46.3	30.7	0.0	5.6	19.0	43.3	31.6	4.3	58.9	36.8
8	深夜営業の店舗	0.0	3.0	22.1	44.6	30.3	0.9	4.8	21.6	42.4	30.3	3.0	61.5	35.5
9	町内のよくわからない住民	1.3	7.8	30.7	29.4	30.7	1.0	9.5	29.9	27.7	31.6	10.8	52.8	36.4
10	その他1	0.4	0.4	3.5	2.6	93.1	0.0	0.4	4.3	3.0	92.2	1.3	6.5	92.2
11	その他2	0.0	0.4	0.4	2.2	94.8	0.0	0.0	3.0	2.2	94.8	0.4	5.2	94.4

Q31　地域での防犯活動について、あなたの町会では、独自の取り組みをされていますか。
　　また、町会以外で、防犯活動に取り組んでいる地域団体はありますか。
Q32　安全・安心なまちづくりについて、あなたの町内会の周辺でこれまで行政や警察はどのような取り組みをしてきましたか。
　　そして、そうした活動の現状に対してあなたはどのように評価していますか。
Q32A　これまで（ひとつだけ）

			非常に積極的に取り組まれてきた	積極的に取り組まれてきた	あまり取り組まれていない	取り組まれていない	わからない	
	全体ベース　N= 231							
1	防犯灯・街路灯の整備	行政	21.2	54.1	7.8	2.2	3.0	11.7
		警察	3.5	15.2	9.5	12.6	13.9	45.5
2	監視カメラの設置・整備	行政	0.4	0.9	3.9	38.5	14.7	41.6
		警察	0.9	2.2	4.3	34.2	16.0	42.4
3	犯罪発生状況の情報提供	行政	3.5	10.0	14.7	13.4	13.0	45.5
		警察	11.7	45.9	10.4	3.9	6.5	21.6
4	護身の知識・技術の提供	行政	0.9	1.7	11.3	27.7	16.5	42.0
		警察	1.7	6.1	13.0	26.4	15.6	37.2
5	防犯のための講習会の開催	行政	0.4	7.8	18.2	20.3	13.0	40.3
		警察	3.9	18.6	17.3	17.3	11.7	31.2
6	防犯活動のリーダー育成	行政	1.7	5.6	17.7	17.7	17.7	39.4
		警察	2.6	12.6	16.0	15.6	16.9	36.4
7	防犯活動の組織化の支援	行政	3.0	9.5	15.2	11.3	19.5	41.6
		警察	6.5	20.3	14.3	8.7	16.0	34.2
8	防犯キャンペーンの実施	行政	3.0	16.0	16.9	8.7	14.7	40.7
		警察	7.4	28.6	13.0	6.9	10.8	33.3
9	防犯パトロールの強化・連携	行政	3.5	14.3	15.2	12.1	14.3	40.7
		警察	11.3	40.7	9.5	5.2	8.7	24.7
10	自治体の安全・安心条例の制定	行政	0.9	9.1	10.0	10.8	30.7	38.5
		警察	1.7	8.2	10.0	9.1	30.7	40.3

＊Q32Aで1～3の場合
Q32B　評価（ひとつだけ）

			良い面の方が多い	どちらかといえば良	どちらかといえば悪	悪い面の方が多い	わからない
		取り組んでいることを認知している人ベース					
1 防犯灯・街路灯の整備	行政	N= 192	35.9	44.3	4.2	0.5	2.1 13.0
	警察	N= 65	16.9	53.8	4.6	0.0	13.8 10.8
2 監視カメラの設置・整備	行政	N= 12	8.3	50.0	8.3	0.0	33.3
	警察	N= 17	11.8	47.1	5.9	0.0	23.5 11.8
3 犯罪発生状況の情報提供	行政	N= 65	15.4	43.1	15.4	3.1	15.4 7.7
	警察	N= 157	30.6	47.1	1.3	0.6	7.6 12.7
4 護身の知識・技術の提供	行政	N= 32	6.3	31.3	18.8	0.0	34.4 9.4
	警察	N= 48	12.5	31.3	14.6	2.1	27.1 12.5
5 防犯のための講習会の開催	行政	N= 61	4.9	44.3	8.2	0.0	29.5 13.1
	警察	N= 92	16.3	43.5	5.4	1.1	19.6 14.1
6 防犯活動のリーダー育成	行政	N= 58	5.2	32.8	19.0	1.7	31.0 10.3
	警察	N= 72	8.3	36.1	16.7	0.0	25.0 13.9
7 防犯活動の組織化の支援	行政	N= 64	6.3	40.6	15.6	0.0	25.0 12.5
	警察	N= 95	15.8	44.2	10.5	0.0	14.7 14.7
8 防犯キャンペーンの実施	行政	N= 83	9.6	44.6	10.8	2.4	19.3 13.3
	警察	N= 113	16.8	51.3	7.1	0.9	11.5 12.4
9 防犯パトロールの強化・連携	行政	N= 76	9.2	46.1	7.9	2.6	19.7 14.5
	警察	N= 142	22.5	50.0	2.1	0.7	10.6 14.1
10 自治体の安全・安心条例の制定	行政	N= 46	2.2	50.0	10.9	0.0	15.2 21.7
	警察	N= 46	4.3	45.7	10.9	0.0	21.7 17.4

Q32a　では、具体的に行政や警察の活動の評価すべき点と課題点についてお書き下さい。

Ⅴ　あなたの町会の防災活動についてお尋ねします。

Q33　あなたの町会では、大地震等（火災、水害等を含む）が起きたときの対応について具体的に話し合いを行なってきましたか。
（ひとつだけ）　　　　　　　　　　　　　　　全体ベース N= 231

1 話し合ってきた	37.2
2 話し合っていない	58.0
3 わからない	2.6
	2.2

＊Q33で1の場合
Q33A　具体的に話し合った内容（いくつでも）
話し合いを行ってきた人ベース N= 86

1 心がまえについて	72.1
2 避難の方法、時期、場所について	79.1
3 食料・飲料水について	30.2
4 非常持ち出し品について	27.9
5 住民間の連絡について	64.0
6 家屋の安全度について	22.1
7 地域の災害危険箇所について	39.5
8 その他	3.5

Q34　あなたの町会では、大地震等が起こった場合に備えて、どのような対策をとっていますか。
（いくつでも）　　　　　　　　　　　　　　　全体ベース N= 231

1 消火器、懐中電灯、医薬品等を準備しておくよう住民に呼びかけている	28.1
2 食料品や飲料水の備蓄を住民にすすめている	14.3
3 家具や冷蔵庫を固定しブロック塀を点検する等、倒壊を防止するよう呼びかけている	7.8
4 地震保険に加入するよう住民に働きかけている	3.5
5 住民間の連絡方法等を決めている	12.1
6 近くの学校や公園等避難する場所を決めている	50.6
7 防災に関するセミナーや講演を開く等して啓蒙活動を行なっている	12.6
8 市や消防署が主催している防災訓練や講演に積極的に参加している	26.4
9 高齢者世帯の把握につとめている	46.8
10 その他	2.2
11 とくに何もしていない	27.7
	6.1

Q35　あなたの町会では、防災マップや災害危険予想図（ハザードマップ）等の防災対策資料を持っていますか。
（ひとつだけ）　　　　　　　　　　　　　　　全体ベース N= 231

1 独自に作成したものを持っている（作成中である）	4.8
2 行政の指導の下で作成したものを持っている（作成中である）	3.9
3 行政が作成したものを持っている（作成中である）	19.9
4 独自に作成し、行政の指導の下で作り直したものを持っている（作成中である）	0.4
5 行政の指導の下で作成し、独自に作り直したものを持っている（作成中である）	1.7
6 行政が作成し、独自に作り直したものを持っている（作成中である）	0.9
7 持っていないが、見たことはある	10.4
8 持っていないが、聞いたことはある	21.2
9 見たことも聞いたこともない	14.7
10 わからない	12.6
	9.5

Q36　あなたの町会や町会連合会、地区協議会では、近年、大地震等を想定した防災訓練を独自に行なっていますか（消防署や市から協力を受ける訓練も含みます）。またその際、住民は参加したり見学したりしていますか。

Q36A　町会単位（ひとつだけ）
Q36B　町会連合会単位（ひとつだけ）
Q36C　地区協議会単位（ひとつだけ）
全体ベース N= 231

	町会単位	町会連合会単位	地区協議会単位
1 行なっており、数多くの会員が参加したり見学したりしている	5.2	5.2	3.5
2 行なっており、一定数の熱心な会員が参加したり見学したりしている	3.5	4.3	3.0
3 行なっているものの、参加や見学をする会員は非常に限られている	8.2	11.3	6.5
4 行なっていないが、いずれ行ないたいと考えている	32.9	11.7	9.5
5 行なっていないし、今後も行なう予定はない	10.4	4.8	5.2
6 その他	0.0	0.4	0.9
	39.8	62.3	71.4

Q37 大地震のさい、あなたの町会のある地域の救援活動では、どのようなアクター（組織や人）が重要な役割を果たすと考えていますか。

Q37A 発生時の救援活動（ひとつだけ）

Q37B 発生後の共同生活（ひとつだけ）

全体ベース N= 231	発生時の救援活動 非常に重要である	重要である	あまり重要ではない	重要ではない	わからない		発生後の共同生活 非常に重要である	重要である	あまり重要ではない	重要ではない	わからない	
1 個人（個人的な人間関係）	28.6	33.8	1.7	0.9	5.2	29.9	33.8	28.1	3.0	0.4	4.3	30.3
2 隣近所・隣組	34.2	37.2	0.9	0.0	3.5	24.2	35.1	35.5	2.6	0.0	2.6	24.2
3 町会	39.4	32.5	4.8	1.7	4.8	16.9	41.1	30.7	4.3	0.9	4.3	18.6
4 連合町会	13.0	25.1	10.0	6.5	10.4	35.1	13.4	26.4	10.4	4.8	9.5	35.5
5 消防団	40.7	25.1	1.7	0.0	4.3	28.1	28.6	25.5	6.1	0.4	5.6	33.8
6 NPO等のネットワーク組織	7.4	20.8	3.0	3.5	20.8	44.6	7.8	21.6	5.2	3.5	18.2	43.7
7 民間企業	3.5	18.2	10.4	2.2	21.6	44.2	4.8	18.2	9.5	3.0	19.9	44.6
8 地方自治体	30.3	25.5	3.0	1.3	7.4	32.5	32.0	24.2	3.9	0.4	6.9	32.5
9 消防署	45.0	21.2	2.2	0.0	3.9	27.7	26.4	25.5	6.9	0.4	6.1	34.6
10 警察	41.1	22.5	1.7	0.4	5.2	29.0	25.1	27.7	6.1	1.3	6.1	33.8
11 自衛隊	39.4	19.9	2.2	0.4	5.6	32.5	26.4	25.1	4.8	1.3	7.4	35.1
12 国家	27.7	14.3	4.3	1.3	13.4	39.0	23.8	16.0	4.8	1.7	13.0	40.7
13 その他	2.2	1.7	0.4	0.0	3.9	91.8	1.3	2.2	0.4	0.4	4.8	90.9

Ⅵ 青森市の町会の未来についてお尋ねします。

Q38 青森市の町会の未来イメージについて、どのようにお考えですか。（ひとつだけ） 全体ベース N= 231

1 地域社会の役割が高まり、町会のしごとが増える	55.0	4 地域社会の役割は変わらないが、町会のしごとは増える	14.7
2 地域社会の役割が高まるが、町会のしごとは変わらない	11.3	5 その他	1.3
3 地域社会の役割は変わらず、町会のしごとも変わらない	9.5	6 わからない	4.3
			3.9

Q39 これからの市役所行政との関係について、どのようにお考えですか。（ひとつだけ） 全体ベース N= 231

1 これまでも関係は強く、これからも強い	56.7
2 これまでは関係が深かったが、これからは弱くなる	14.3
3 これまでも、これからも関係は弱い	9.1
4 これまでは関係が弱かったが、これからは強くなる	7.8
5 わからない	8.7
	3.5

Q40 町会の未来はどんな組織になるとお考えでしょうか。（ひとつだけ） 全体ベース N= 231

1 これまで通り、地縁的組織の代表的組織として続く	71.4
2 これまでは関係が深かったが、これからは弱くなる	17.7
3 その他の組織	0.0
4 わからない	6.9
	3.9

Ⅴ 最後に、町会長さんご自身についてお尋ねします。

F1 会長さんの性別（ひとつだけ） 全体ベース N= 231

1 男性	97.8
2 女性	1.7
	0.4

F2 会長さんの年齢（ひとつだけ） 全体ベース N= 231

1 20歳代	0.0	5 60歳代	29.0
2 30歳代	0.0	6 70歳代	53.2
3 40歳代	1.3	7 80歳代以上	7.4
4 50歳代	8.7		0.4

F3 会長さんが現在お住まいの家（ひとつだけ） 全体ベース N= 231

1 持家（一戸建て）	93.5
2 持家（集合住宅）	1.7
3 公営の借家・住宅	3.9
4 民間の借家・住宅	0.4
5 その他	0.0
	0.4

F4 会長さんの家の家族構成（ひとつだけ） 全体ベース N= 231

1 非高齢者のみの核家族世帯	17.3
2 高齢者のみの核家族世帯	32.9
3 非高齢者と高齢者からなる親族世帯	30.3
4 非高齢者の単身世帯	1.3
5 高齢者の単身世帯	2.2
6 二世帯以上がともに居住	12.6
7 その他	1.3
	2.2

F5 会長さんのご家族は、現在お住まいの場所に、いつ頃から住んでいますか。（ひとつだけ） 全体ベース N= 231

1 江戸時代以前から	6.9	4 昭和30年代から	10.8	7 昭和60年代から	10.0
2 明治・大正～昭和戦前期から	25.5	5 昭和40年代から	18.6	8 平成7年以降から	5.6
3 昭和20年代から	7.8	6 昭和50年代から	13.0	9 わからない	0.4
					1.3

F6 会長さんの在任年数 回答者ベース N= 221 7.4 年目（通算）

F7 会長さんは、町会以外の地域組織・行政組織の役職（理事職）を引き受けていますか。

F7A 現在、引き受けている役職（いくつでも）

F7B 会長就任以前に引き受けたことがある役職（いくつでも）

全体ベース N=231	現在引き受けている	過去引き受けた	全体ベース N=231	現在引き受けている	過去引き受けた	全体ベース N=231	現在引き受けている	過去引き受けた
1 町会役員	—	31.6	10 消防後援会役員	5.6	1.7	19 町内の趣味余暇集団の世話人	7.4	3.9
2 連合町会役員	38.1	5.6	11 消防団役員	1.3	5.2	20 地域ねぶた団体役員	8.7	6.1
3 民生・児童委員	9.1	10.0	12 公園愛護協会役員	6.5	1.7	21 商工会・商店会役員	3.5	5.6
4 PTA役員	6.1	21.6	13 婦人会役員	0.4	1.3	22 行政審議会委員	3.0	3.9
5 社会福祉協議会役員	60.2	15.2	14 老人クラブ役員	17.3	5.2	23 議員後援会役員	8.7	9.1
6 児童福祉協議会役員	4.8	5.2	15 青年団役員	0.4	6.9	24 政治団体役員	3.5	3.0
7 体育振興会役員	3.0	3.9	16 日赤奉仕団団長	5.2	1.7	25 宗教団体役員	6.5	3.5
8 防犯協会役員	34.2	9.5	17 共同募金会役員	23.8	5.2	26 その他	6.5	4.8
9 交通安全協会	28.1	8.7	18 NPO等組織役員	4.3	2.6		0.9	35.5

F10　町会とそれに関連するお仕事は、ご自身の生活のおおよそ何％を占めていると感じていますか。

回答者ベース N= 205　　42.8 %

F10A　町会内の仕事（行政からの依頼仕事を除く）、町会連合会の仕事、行政からの依頼仕事、その他の町外の付き合いを、負担に感じますか。（ひとつだけ）

全体ベース　N=231	負担に感じる	負担に感じない	負担に感じない
1　町会単位の仕事・付き合い	37.7	45.5	16.9
2　連合町会単位の仕事・付き合い	29.0	50.2	20.8
3　行政からの依頼仕事	25.5	45.5	29.0
4　その他	10.4	22.9	66.7

F11　会長としての正規の仕事以外に個人的に地域活動に関わっていますか。（いくつでも）

全体ベース N= 231

1　とくに何もしていない	26.8
2　地域の任意団体が活動しやすいように調整や働きかけをしている	38.1
3　地域の任意団体の活動に積極的に顔を出している	39.0
4　ポケット・マネーで地域の団体や活動を支援している	10.8
5　自らが発起人となって地域イベントを開催している	10.0
6　自らが発起人となって地域組織・NPOなどを立ち上げている	4.3
7　その他	6.9
	8.7

【秋田市町内会・自治会等調査】

I はじめに、あなたの町内会・自治会の全般的な事柄についてご記入下さい。

Q1 町内会の名称

Q2 町内会の所在する地区（ひとつだけ）

全体ベース N= 576

#	地区	%	#	地区	%	#	地区	%
1	明徳	4.0	16	土崎南	1.6	31	上北手	1.0
2	中通	3.3	17	港北	2.4	32	下北手	1.2
3	築山	6.6	18	新屋	2.8	33	下浜	0.9
4	保戸野	4.0	19	新屋北	1.4	34	金足	1.2
5	八橋	2.6	20	寺内	1.4	35	桜	1.0
6	旭北	4.2	21	将軍野	1.6	36	寺内小区	1.6
7	旭南	3.0	22	太平	1.2	37	大住	2.6
8	川尻	3.6	23	外旭川	3.1	38	御所野	1.9
9	茨島	1.4	24	飯島	3.0	39	岩見三内	1.9
10	牛島	3.0	25	下新城	1.2	40	和田	3.5
11	旭川	4.2	26	上新城	0.7	41	豊島	0.7
12	広面	4.0	27	浜田	0.2	42	大正寺	0.9
13	東	2.1	28	豊岩	0.5	43	種平	0.7
14	泉	2.3	29	仁井田	5.7	44	戸米川	0.7
15	土崎中央	2.1	30	四ツ小屋	1.2	45	川添	2.1

Q3 町内会の沿革について

Q3.1 町内会の発足した時期（ひとつだけ）

全体ベース N= 576

	%		%
1 1940年代以前（戦前からあり、禁止期間もかたちを変えて存続し、講和条約後に再発足）	5.9	6 1970年代	19.1
2 1940年代以前（戦前からあり、禁止期間にばらばらになったが、講和条約後に再発足）	0.7	7 1980年代	8.2
3 1940年代以前（戦前からあるが、経緯についてはよくわからない）	22.2	8 1990年代	4.9
4 1950年代	9.2	9 2000年代	4.0
5 1960年代	13.4	10 わからない	10.1
			2.4

Q3.2 （再）発足のきっかけ（いくつでも） 全体ベース N= 576

	%
1 講和条約を受けて発足	1.0
2 旧来の町内会から分かれて発足	13.9
3 新来住民によって発足	23.6
4 団地・社宅・マンション等ができて発足	14.1
5 地域の実力者の意向で発足	15.6
6 行政のすすめで発足	10.4
7 区画整理とともに発足	5.4
8 市町村合併とともに発足	2.6
9 その他	6.4
10 わからない	24.1
	4.3

Q3.3 （再）発足時の主な目的（いくつでも） 全体ベース N= 576

	%
1 住民同士の親睦をはかるため	72.6
2 町内の生活上の問題を共同解決するため	60.8
3 行政等への働きかけ・陳情のため	35.8
4 行政との連絡・調整のため	37.3
5 共有地、共有施設の管理のため	15.1
6 マンションや団地の管理組合として	0.7
7 その他	3.0
8 わからない	12.5
	3.3

Q3.4 現在の主な目的（いくつでも） 全体ベース N= 576

	%
1 住民同士の親睦をはかるため	88.2
2 町内の生活上の問題を共同解決するため	78.1
3 行政への働きかけ・陳情のため	56.8
4 行政等との連絡・調整のため	59.9
5 共有地、共有施設の管理のため	22.0
6 マンションや団地の管理組合として	1.4
7 その他	3.0
8 何もしていない	0.2
	2.6

Q4 町内会に加入している世帯数等

Q4.1 加入世帯数（事業所を除く）	回答者ベース N= 571	111.5 戸
Q4.2 加入事業所数	回答者ベース N= 555	1.9 事業所
Q4.3 町内の区の数	回答者ベース N= 546	0.7 区
Q4.4 町内の班もしくは隣組の数	回答者ベース N= 566	8.5 班・組

Q4.5 町内会への世帯加入率（ひとつだけ） 全体ベース N= 576

	%
1 全戸加入	59.5
2 90%以上加入	28.1
3 70～90%加入	8.7
4 50～70%加入	1.0
5 30～50%加入	0.5
6 30%未満	0.2
7 わからない	0.7
	1.2

Q5 町内会等の「地縁による団体」が、その団体名義で土地建物の不動産登記等ができるよう、法人格取得が可能になりましたが、「地縁による団体」として法人格を取得していますか。（ひとつだけ）

全体ベース N= 576

	%
1 取得している（　　年に取得）	13.2
2 取得する予定である	1.6
3 取得する予定はない	73.8
4 取得するかどうか検討中である	4.5
	6.9

Q6 町内会内の状況について

Q6.11 建物・土地の特色（一番多いもの）（ひとつだけ） 全体ベース N= 576

	%
1 事業所	0.5
2 商店	1.2
3 工場	0.0
4 一戸建て	83.3
5 集合住宅（単身向け）	0.3
6 集合住宅（家族向け）	5.0
7 田畑	2.6
8 その他	1.4
	5.6

Q6.12 建物・土地の特色（二番目に多いもの）（ひとつだけ） 全体ベース N= 576

	%
1 事業所	3.0
2 商店	4.5
3 工場	0.5
4 一戸建て	4.5
5 集合住宅（単身向け）	12.0
6 集合住宅（家族向け）	20.3
7 田畑	10.9
8 その他	2.6
	41.7

Q6.2　最近10年間くらいの人口の変化（ひとつだけ）

全体ベース N= 576

1	大いに増加	3.8
2	やや増加	10.4
3	あまり変化はない	31.8
4	やや減少	38.7
5	大いに減少	13.7
6	その他	1.4

Q6.31　非加入世帯を含む居住世帯の特色（一番多いもの）（ひとつだけ）

全体ベース N= 576

1	非高齢者のみの核家族世帯	14.8
2	高齢者のみの核家族世帯	20.7
3	非高齢者と高齢者からなる親族世帯	39.2
4	非高齢者の単身世帯	3.8
5	高齢者の単身世帯	3.5
6	その他	6.8
		11.3

Q6.32　非加入世帯を含む居住世帯の特色（二番目に多いもの）（ひとつだけ）

全体ベース N= 576

1	非高齢者のみの核家族世帯	8.9
2	高齢者のみの核家族世帯	22.6
3	非高齢者と高齢者からなる親族世帯	15.3
4	非高齢者の単身世帯	4.0
5	高齢者の単身世帯	12.8
6	その他	0.2
		36.3

Q6.4　新旧住民の世帯数の割合（ひとつだけ）

全体ベース N= 576

1	古くからの地付きの世帯がほとんど	30.9
2	古くからの地付きの世帯のほうが多い	28.1
3	同じくらい	6.8
4	外からの新しい世帯のほうが多い	11.6
5	外からの新しい世帯がほとんど	18.6
		4.0

Q6.5　計画的開発（区画整理等）（いくでも）

全体ベース N= 576

1	最近5年以内に実施	1.9	3	10年以上前に実施	19.3	5	実施していない	50.5
2	5～10年前に実施	3.8	4	時期は不明だが実施	6.8	6	わからない	14.9
					3.6

Q7　あなたの町内会で現在町内会の運営上困っていることがありますか。（いくでも）
Q7.1　あなたの町内会で現在町内会の運営上困っていることがありますか。（一番困っているもの）（ひとつだけ）
Q7.2　あなたの町内会で現在町内会の運営上困っていることがありますか。（二番目に困っているもの）（ひとつだけ）
Q7.3　あなたの町内会で現在町内会の運営上困っていることがありますか。（三番目に困っているもの）（ひとつだけ）

全体ベース N= 576

		困っていること	一番目に困っていること	二番目に困っていること	三番目に困っていること
1	町内会のルールを守らない住民の存在	9.0	3.8	1.7	3.5
2	未加入世帯の増加	3.0	0.7	1.2	1.0
3	町内会行事への住民の参加の少なさ	52.4	18.2	20.7	13.5
4	町内会の役員のなり手不足	64.4	32.8	21.7	9.9
5	予算の不足	12.5	5.0	3.8	3.3
6	会員の高齢化	60.8	21.9	19.4	19.6
7	行政との関係（依頼の多さ等）	7.1	0.5	2.3	4.3
8	行政以外の団体との関係（負担金等）	11.1	1.0	4.9	5.2
9	家族世帯の多さによる障害	0.9	0.3	0.2	0.3
10	単身世帯数の多さによる障害	2.8	0.5	1.4	1.4
11	構成世帯の少なさによる障害	3.1	0.7	1.2	1.2
12	加入世帯の家族構成が把握できない	7.3	1.4	2.4	3.5
13	日中、留守の世帯が多い	7.3	0.7	2.8	3.8
14	集会施設がない／狭い／不便	9.4	1.9	3.1	4.3
15	住民間の摩擦	1.7	0.5	0.3	0.9
16	世代間のズレ	4.3	0.2	1.7	2.4
17	役員内のあつれき	0.3	0.0	0.3	0.0
18	政治や選挙の相談・依頼事	0.0	0.0	0.0	0.0
19	運営のための経験や智恵が足りない	3.5	0.7	0.7	2.1
20	町内会の財産をめぐるトラブル	0.2	0.0	0.2	0.0
21	その他	4.5	4.9	1.4	4.0
22	困っていることはない	4.5	2.3	0.5	1.7
		1.9	1.9	8.5	13.5

II 次に、あなたの町内会の活動状況についてお伺いします。

Q8　あなたの町内会では、次のような活動が行なわれていますか。また、それぞれの活動の10年前と現在の全体的な活動状況はどうなっていますか。

Q8A　活動の有無、活動組織（いくでも）

全体ベース N= 576

		町内会	町内会単位の組別	連合町内会	連合町内会単位の組織別	その他の地域組織	実施していない	わからない
1	ごみ処理収集協力	85.8	3.5	1.9	0.5	2.3	3.3	0.7	5.7
2	資源・廃品回収	59.0	9.7	1.2	0.7	9.2	12.8	0.5	9.9
3	バザー	4.2	1.9	4.9	2.8	5.4	53.6	3.8	24.1
4	地域の清掃美化	79.7	4.3	8.7	4.0	3.0	3.3	0.3	6.6
5	防犯パトロール	19.6	5.9	12.7	12.0	13.7	28.6	0.3	14.2
6	防火パトロール	14.6	5.9	7.3	9.2	3.4	39.9	2.1	16.8
7	交通安全対策	33.7	7.5	14.9	16.8	14.4	12.5	1.0	9.7
8	集会所等の施設管理	49.1	1.9	4.5	3.6	4.5	21.2	2.6	14.4
9	街灯等の設備管理	93.2	0.5	0.7	0.2	1.0	0.7	0.3	4.3
10	公園・広場の管理	46.2	2.3	2.8	1.7	6.3	21.0	2.8	20.0
11	私道の管理	22.2	1.6	0.3	0.2	1.0	35.9	13.9	23.6
12	除雪	46.9	3.8	6.1	2.8	14.6	18.8	1.9	11.5
13	乳幼児育児の支援	4.5	1.9	2.1	4.0	8.7	44.3	10.4	25.0
14	学童保育の支援	18.6	4.7	8.0	8.0	12.3	28.6	6.3	18.8
15	青少年教育・育成	19.8	4.2	11.8	9.9	13.5	22.9	4.7	19.6
16	高齢者福祉	35.9	7.1	17.4	21.2	12.2	9.7	2.6	10.2
17	その他	1.9	0.0	0.3	0.3	0.2	0.9	0.9	96.2

*Q8Aで1～6を選んだ場合

Q8B　10年前の町内での活動状況(ひとつだけ)

		非常に活発に実施されていた	活発に実施されていた	あまり盛んに実施されていなかった	ほとんど実施されなかった	実施されていなかった	わからない
	Aで「わからない」「不明」を除いた人ベース						
1	ごみ処理収集協力	N= 539	20.0	49.2	13.9	3.0	3.2	3.9	6.9
2	資源・廃品回収	N= 516	15.5	39.5	17.4	6.0	9.3	4.8	7.4
3	バザー	N= 415	1.0	6.5	7.2	6.5	62.9	9.2	6.7
4	地域の清掃美化	N= 536	16.4	45.1	20.9	3.0	3.0	4.1	7.5
5	防犯パトロール	N= 489	3.3	12.9	20.9	14.3	32.3	7.8	8.6
6	防火パトロール	N= 467	4.3	17.6	15.8	11.6	36.0	7.7	7.1
7	交通安全対策	N= 514	7.4	32.7	23.3	7.0	14.6		8.0
8	集会所等の施設管理	N= 478	16.7	35.1	7.7	2.1	24.1	5.2	9.0
9	街灯等の設備管理	N= 549	27.9	47.7	9.3	1.6	0.9	4.0	8.6
10	公園・広場の管理	N= 445	15.1	31.0	13.7	4.7	22.0	6.5	7.0
11	私道の管理	N= 360	7.8	15.8	11.7	6.4	41.9	9.4	
12	除雪	N= 499	12.4	26.9	23.8	5.0	16.6	6.0	
13	乳幼児保育の支援	N= 372	0.8	5.4	12.6	11.3	48.9	12.1	8.9
14	学童保育の支援	N= 432	4.2	20.1	18.3	7.2	31.0	10.0	9.3
15	青少年教育・育成	N= 436	4.1	23.9	22.7	7.6	22.7	10.8	8.3
16	高齢者福祉	N= 502	7.0	29.9	23.1	8.0	12.4		11.6
17	その他	N= 17	0.0	17.6	0.0	11.8	41.2	11.8	17.6

*Q8Aで1～5を選んだ場合

Q8C　現在の町内での活動状況(10年前と比べて)(ひとつだけ)

		非常に活発化している	活発化している	変わらない	衰退化している	非常に衰退化	わからない
	Aで「実施している」と答えた人ベース						
1	ごみ処理収集協力	N= 520	25.4	25.6	40.4	1.5	0.0	2.1	5.0
2	資源・廃品回収	N= 442	21.9	27.4	35.5	5.0	1.4	2.5	6.3
3	バザー	N= 106	1.9	24.5	36.8	13.2	1.9	11.3	10.4
4	地域の清掃美化	N= 517	16.8	30.6	38.9	3.1	1.5	3.1	6.0
5	防犯パトロール	N= 324	10.2	38.0	31.8	3.7	0.6	5.2	10.5
6	防火パトロール	N= 237	9.7	27.8	41.8	3.8	1.3	4.6	11.0
7	交通安全対策	N= 442	13.1	29.4	40.3	2.0	1.6	4.8	8.8
8	集会所等の施設管理	N= 356	17.4	28.4	40.4	1.4	0.8	4.5	7.0
9	街灯等の設備管理	N= 543	23.9	25.2	40.5	0.4	0.0	2.4	7.6
10	公園・広場の管理	N= 324	17.9	26.9	39.5	5.2	0.3	4.0	6.2
11	私道の管理	N= 153	15.0	20.9	41.2	5.2	0.7	7.8	9.2
12	除雪	N= 391	17.6	30.9	33.2	3.3	0.5	5.1	9.2
13	乳幼児保育の支援	N= 117	6.0	23.9	38.5	6.0	2.6	14.5	8.5
14	学童保育の支援	N= 267	8.2	27.3	37.5	9.0	2.2	7.5	8.2
15	青少年教育・育成	N= 304	4.3	25.7	41.4	8.9	2.6	8.9	8.2
16	高齢者福祉	N= 446	10.5	37.4	35.7	2.2	0.7	4.3	9.2
17	その他	N= 12	16.7	16.7	33.3	0.0	0.0	8.3	25.0

Q9　あなたの町内会では、次のような行事が組織的に行なわれていますか。
　　また、町内会が中心に行なっている活動については「参加対象」と「参加状況」についてもお答え下さい。

Q9A　行事の有無、実施組織(いくつでも)

		町内会が実施	町内会単位の別組織が実施	連合町内会が実施	連合町内会単位の別組織が実施	その他の地域組織が実施	実施していない	わからない
	全体ベース N= 576							
1	神社祭礼	23.3	11.6	6.6	3.3	10.2	30.7	1.7	14.4
2	盆踊り・夏祭り	22.6	6.3	12.2	5.9	4.5	37.0	0.9	13.2
3	花見	8.2	4.9	1.4	0.5	2.8	60.9	1.9	19.6
4	ナベッコ	8.7	3.0	0.5	0.3	1.4	62.7	2.3	21.2
5	成人式	0.3	0.5	0.5	1.0	5.7	67.9	2.1	22.0
6	葬式	5.9	0.7	0.7	0.2	0.9	66.3	2.4	22.5
7	運動会	10.1	6.3	22.6	17.2	9.2	25.7	0.5	10.6
8	運動会以外の体育活動	10.8	6.9	16.0	21.0	9.5	24.0	0.9	13.7
9	宿泊旅行	4.0	2.8	1.7	1.6	1.9	64.2	2.6	21.5
10	新年会・忘年会	22.9	5.7	8.2	2.8	3.0	43.6	1.6	15.5
11	ラジオ体操	16.1	15.8	5.2	11.1	16.8	22.7	1.9	14.2
12	研修会・講習会	14.1	7.8	13.7	10.8	8.2	31.3	1.7	17.5
13	映画上映・演劇鑑賞	2.3	0.7	1.7	1.7	2.3	64.9	2.8	23.6
14	町内会の総会	93.4	0.9	3.0	0.3	0.2	1.6	0.3	3.1
15	その他	10.6	1.0	0.9	0.3	0.3	0.3	1.0	86.5

＊Q9Aで1～5を選んだ場合
Q9B.1　町内会中心の行事の参加対象（ひとつだけ）
Q9B.2　町内会中心の行事の参加程度（ひとつだけ）

			参加対象				参加程度					
			町内会の全会員（義務）	町内会の全会員（自由参加）	実施組織に属するメンバー	わからない	町内会の会員のほとんどが参加	町内会の会員の半数程度が参加	町内会の会員の一部が参加	町内会の会員のほとんどが参加しない	わからない	
	Aで「実施している」と答えた人ベース											
1	神社祭礼	N= 306	13.4	45.8	29.4	2.6	8.8	16.0	13.1	51.0	9.5	2.6	7.8
2	盆踊り・夏祭り	N= 282	4.3	75.9	9.6	0.7	9.6	7.4	29.8	47.2	6.0	2.5	7.1
3	花見	N= 101	1.0	55.4	27.7	2.0	13.9	10.9	15.8	51.5	3.0	7.9	10.9
4	ナベッコ	N= 80	6.3	63.8	17.5	0.0	12.5	7.5	20.0	55.0	2.5	6.3	8.8
5	成人式	N= 46	0.0	28.3	26.1	23.9	21.7	6.5	0.0	17.4	15.2	39.1	21.7
6	葬式	N= 47	17.0	42.6	12.8	6.4	21.3	21.3	8.5	38.3	6.4	4.3	21.3
7	運動会	N= 364	4.9	74.5	8.0	0.5	12.1	5.8	15.9	54.4	13.7	1.4	8.8
8	運動会以外の体育活動	N= 354	1.4	74.0	12.1	1.4	11.0	2.8	5.4	63.1	14.1	1.7	14.7
9	宿泊旅行	N= 65	0.0	49.2	26.2	3.1	21.5	1.5	6.2	58.5	7.7	4.6	21.5
10	新年会・忘年会	N= 227	4.0	59.0	18.1	0.9	18.1	7.0	13.7	54.6	6.2	2.2	16.3
11	ラジオ体操	N= 355	1.1	53.0	27.3	2.3	16.3	3.9	4.5	62.0	9.6	3.7	16.3
12	研修会・講習会	N= 285	1.8	58.9	18.9	3.5	16.8	2.8	4.9	61.8	9.1	2.8	18.6
13	映画上映・演劇鑑賞	N= 49	0.0	55.1	22.4	4.1	18.4	2.0	2.0	55.1	14.3	8.2	18.4
14	町内会の総会	N= 547	46.8	43.5	1.1	0.2	8.4	22.7	37.8	31.6	1.6	0.7	5.5
15	その他	N= 70	4.3	78.6	5.7	0.0	11.4	8.6	24.3	58.6	0.0	0.0	8.6

＊Q9Aで1～6を選んだ場合
Q9C　10年前の町内での活動状況（ひとつだけ）

			非常に活発に実施されていた	活発に実施されていた	あまり盛んに実施されていなかった	ほとんど実施されていなかった	実施されていなかった	わからない
	Aで「わからない」「不明」を除いた人ベース							
1	神社祭礼	N= 483	8.7	26.7	17.8	4.3	15.1	10.1	17.2
2	盆踊り・夏祭り	N= 495	5.9	30.5	14.5	5.3	18.0	8.1	17.8
3	花見	N= 452	2.0	7.7	10.0	6.6	31.0	10.0	32.7
4	ナベッコ	N= 441	2.9	6.8	8.2	5.9	29.9	10.7	35.6
5	成人式	N= 437	0.5	2.5	2.1	3.0	38.2	14.9	38.9
6	葬式	N= 429	0.9	4.4	3.3	3.5	35.2	12.6	40.1
7	運動会	N= 512	7.4	32.4	14.6	4.5	14.3	7.8	18.9
8	運動会以外の体育活動	N= 492	2.2	26.4	20.1	8.7	13.2	9.1	20.1
9	宿泊旅行	N= 435	0.7	4.1	6.0	5.3	34.9	11.0	37.9
10	新年会・忘年会	N= 478	3.6	17.8	13.2	5.0	24.7	8.6	27.2
11	ラジオ体操	N= 486	3.3	27.8	22.6	5.6	12.1	8.8	19.8
12	研修会・講習会	N= 465	1.1	11.0	25.2	8.0	20.9	9.2	24.7
13	映画上映・演劇鑑賞	N= 423	0.5	0.5	7.1	5.0	36.9	12.1	38.1
14	町内会の総会	N= 556	14.9	48.7	19.2	0.5	1.8	6.1	8.6
15	その他	N= 72	8.3	45.8	11.1	4.2	9.7	4.2	16.7

＊Q9Aで1～5を選んだ場合
Q9D　現在の町内での活動状況（10年前と比べて）（ひとつだけ）

			非常に活発化している	活発化している	変わらない	衰退化している	非常に衰退化している	わからない
	Aで「実施している」と答えた人ベース							
1	神社祭礼	N= 306	7.5	14.7	44.4	19.9	3.6	4.9	4.9
2	盆踊り・夏祭り	N= 282	9.9	19.9	37.2	16.0	6.0	3.9	7.1
3	花見	N= 101	5.0	12.9	32.7	23.8	10.9	5.9	8.9
4	ナベッコ	N= 80	6.3	18.8	30.0	28.8	7.5	5.0	8.8
5	成人式	N= 46	2.2	2.2	32.6	10.9	10.9	21.7	19.6
6	葬式	N= 47	6.4	8.5	48.9	10.6	4.3	10.6	10.6
7	運動会	N= 364	5.5	13.2	37.6	18.4	9.1	7.7	7.5
8	運動会以外の体育活動	N= 354	2.8	11.9	38.7	19.5	8.5	6.8	11.9
9	宿泊旅行	N= 65	1.5	6.2	38.5	23.1	4.6	12.3	13.8
10	新年会・忘年会	N= 227	6.2	17.2	46.3	12.3	2.6	3.1	12.3
11	ラジオ体操	N= 355	2.0	12.4	45.1	16.6	6.5	5.6	11.8
12	研修会・講習会	N= 285	3.2	9.1	42.5	14.4	6.0	7.7	17.2
13	映画上映・演劇鑑賞	N= 49	4.1	6.1	38.8	20.4	6.1	14.3	10.2
14	町内会の総会	N= 547	10.4	19.9	51.6	7.1	0.9	3.5	6.6
15	その他	N= 70	8.6	22.9	37.1	8.6	0.0	0.0	22.9

Ⅲ 次に、あなたの町内会の組織構成と機能についてお尋ねします。

Q10 役員(班長・組長は除く)はどのように構成されていますか。また、手当てはありますか。

Q10A 人数

会長	回答者ベース N= 552	1.0 名	庶務	回答者ベース N= 440	0.8 名
副会長	回答者ベース N= 539	1.8 名	部長	回答者ベース N= 440	2.5 名
会計	回答者ベース N= 545	1.1 名	監事	回答者ベース N= 514	1.7 名

*Q10Aで1名以上の場合

Q10B 役員手当て(定額)(ひとつだけ)
Q10C 活動ごとの手当て(ひとつだけ)
Q10D 手当てと持出しの割合(ひとつだけ)

		手当て(定額)		活動毎手当て		手当てと持出しの割合				
	回答者かつ各役職が1人以上いる人ベース	無し	有り	無し	有り	手当ての方が多い	いっしょぐらい	持出しの方が多い	いわからない	
1 会長	N= 552	73.0	21.9	5.1	84.6	6.2	9.2	2.9	6.3	31.3	16.3	43.1
2 副会長	N= 513	76.8	16.2	7.0	84.8	5.1	10.1	5.1	5.1	17.2	22.6	50.1
3 会計	N= 533	71.7	22.3	6.0	84.4	4.1	11.4	5.4	6.4	14.6	24.8	48.8
4 庶務	N= 230	75.7	15.2	9.1	83.9	2.6	13.5	1.7	4.3	15.7	23.9	54.3
5 部長	N= 260	78.5	13.1	8.5	85.8	6.5	7.7	3.5	5.0	15.8	24.6	51.2
6 監事	N= 447	81.9	8.7	9.4	84.8	3.8	11.4	3.4	3.8	12.1	25.7	55.0

*Q10Aで1名以上の場合

Q10E 役員の主たる就業状況(副業は除く)(ひとつだけ)

		引退	現役	主婦	わからない	
	回答者かつ各役職が1人以上いる人ベース					
1 会長	N= 552	59.4	32.6	0.9	1.1	6.0
2 副会長	N= 513	36.6	44.4	2.1	1.2	15.6
3 会計	N= 533	33.6	44.1	13.1	1.1	8.1
4 庶務	N= 230	27.4	55.7	4.8	1.3	10.9
5 部長	N= 260	20.4	52.3	5.4	1.9	20.0
6 監事	N= 447	37.8	40.3	4.0	1.7	16.3

*Q10Aで1名以上の場合

Q10F 役員の主たる職業(引退の場合は現役時の主たる職業をお答え下さい)(ひとつだけ)

		農林漁業	商業自営	工業自営	勤務(常勤)	勤務(パート、派遣)	自由業	専業主婦	わからない	
	回答者かつ各役職が1人以上いる人ベース									
1 会長	N= 552	7.8	8.9	2.2	65.9	2.7	5.4	1.1	2.2	3.8
2 副会長	N= 513	4.9	6.4	2.3	62.8	2.7	5.3	2.1	3.7	9.7
3 会計	N= 533	3.4	6.2	1.3	59.1	5.8	4.5	9.9	4.3	5.4
4 庶務	N= 230	4.8	3.9	1.7	66.1	4.3	2.6	4.3	3.9	8.3
5 部長	N= 260	6.9	1.9	0.8	59.2	2.3	4.2	4.6	5.8	15.4
6 監事	N= 447	4.7	5.6	2.0	60.6	3.1	5.4	4.0	4.9	9.6

Q11.1 どのようにして会長に選ばれましたか。(ひとつだけ)
全体ベース N= 576

1 総会で立候補	1.7
2 総会の話し合いで推された	30.0
3 役員会での互選	13.7
4 選考委員会等による推薦	18.9
5 前会長からの指名	16.3
6 持ち回り(当番制)	9.0
7 抽選(くじ引き)	1.6
8 その他	6.4
	2.3

Q11.2 町内会役員(班長を除く)はどのように選ばれましたか。(ひとつだけ)
全体ベース N= 576

1 総会で立候補	1.2
2 総会の話し合い	30.2
3 新会員からの指名	18.4
4 選考委員会等による推薦	20.1
5 前会長からの指名	5.9
6 持ち回り(当番制)	14.1
7 抽選(くじ引き)	1.2
8 その他	6.8
	2.1

Q12 会長の1任期は何年ですか。(ひとつだけ) 全体ベース N= 576

1 半年	0.0
2 一年	21.4
3 二年	66.7
4 三年以上	4.3
5 決まっていない	6.4
6 わからない	0.0
	1.2

*Q12で1~4の場合

Q12A 複数の任期にわたって会長職を務めることは会則等で認められていますか。(ひとつだけ)
任期が決まっている人ベース N= 532

1 認められていない	4.5
2 認められている	67.5
3 決まりはないが1期のみが普通	6.8
4 決まりはないが複数任期になることが多い	17.3
	3.9

Q13 町内会の(総会で提案される)予算案はどのように作成されていますか。(ひとつだけ) 全体ベース N= 576

1 会長がすべて作成	5.2	5 役員会で協議して一から作成	14.4
2 会長が素案を示し役員会で審議の上、作成	24.1	6 作成していない	1.2
3 担当役員がすべて作成	7.3	7 その他	1.7
4 担当役員が素案を示し役員会で審議の上、作成	45.1		0.9

Q14 町内会の1年間の財政規模(一般会計)と、収入・支出の内訳をご記入下さい。

A. 収入

	回答者ベース	千円
総額	N= 500	1,320
a. 会費	N= 495	580
b. 市からの助成や補助金	N= 491	136
c. 公園や街路樹の管理費	N= 235	22
d. 広報誌等の配布手数料	N= 204	1
e. 資源・廃品回収やバザーの売上げ	N= 237	11
f. コミセン・集会所等の使用料	N= 225	13
g. 事務所や住民からの寄付	N= 245	18
h. その他	N= 290	97
i. 前年度繰越金	N= 475	406

B. 支出

	回答者ベース	千円
総額	N= 489	1,166
a. 役員手当て	N= 343	28
b. 会議・事務費	N= 477	101
c. 祭典・文化費	N= 362	118
d. 祭典・文化費以外の事業費	N= 335	164
e. 寄付(募金)・負担金	N= 456	137
f. 地域団体への補助・助成金	N= 374	96
g. 共同施設・設備維持管理費	N= 406	179
h. その他	N= 343	173
i. 次年度繰越金	N= 452	377

Q15.1 日赤や共同募金への寄付金にはどのように対応されていますか。(ひとつだけ)

全体ベース N= 576

1 割り当て分を全額納めている	49.3
2 割り当て分のほとんどを納めている	24.5
3 割り当て分の一部のみ納めている	5.9
4 会員から集まった額だけ納めている	13.7
5 一切、納めていない	0.7
6 その他	5.2
	0.7

Q15.2 連合町内会等組織への負担金にはどのように対応されていますか。(ひとつだけ)

全体ベース N= 576

1 割り当て分を全て納めている	92.4
2 治めていない分もある	3.3
3 ほとんど納めていない	0.5
4 一切、納めていない	0.0
5 その他	2.1
	0.7

Q16 町内会費はどのように集めていますか。

Q16.1 一般世帯(ひとつだけ)

全体ベース N= 576

1 各世帯から平等に(同額を)集めている	84.0
2 各世帯の状況によって差のある額を集めている	13.0
3 その他の基準で集めている	1.6
4 集めることになっていない	0.3
	1.0

Q16.2 事業所(ひとつだけ)

全体ベース N= 576

1 各事業所から平等に(同額を)集めている	21.9
2 各事業所の状況によって差のある額を集めている	5.6
3 その他の基準で集めている	1.7
4 集めることになっていない	7.5
5 そもそも事業所がない	24.5
	38.9

Q17 ひと月の会費は平均して1世帯、1事業所あたりいくらですか。

	回答者ベース	
A. 1世帯あたりの月額(平均)	N= 545	637 円
B. 1事業所あたりの月額(平均)	N= 243	550 円

Q18 この10年の間に、町内会で特別会計を組み、何か事業をされたこと(されていること)はありますか。(いくつでも)

全体ベース N= 576

1 集会所の新築・改築	23.6
2 街路灯の新設・補修	25.0
3 その他	21.0
4 ない	42.5
5 わからない	1.4
	2.6

Q19 町内会会計の収支決算報告や事業報告をどのようなかたちで行なっていますか。(いくつでも)

全体ベース N= 576

1 総会で報告	95.0
2 役員会で報告	39.8
3 監事に報告	26.0
4 決算の概算書を会員に送付する	26.9
5 その他	4.7
6 報告はしない	0.3
	0.3

Q20 あなたの町内会には集会施設がありますか。(いくつでも)

全体ベース N= 576

1 町内会独自の集会所がある	44.8
2 他の町内会と共有の集会所がある	11.8
3 他の団体と共有の集会所がある	4.3
4 公民館など、利用している施設が周りにある	26.0
5 その他	10.2
6 集会所はなく、利用できる施設も周りにない	5.4
	1.6

*Q20で1の場合

Q20A 町内会独自の集会所について以下の問いにお答え下さい。

Q20A.1 建物などはどなたが所有している財産ですか(登記の有無は問いません)。(ひとつだけ)

独自に集会所がある人ベース N= 258

1 町内会の共有財産(個人名義の場合を含む)	86.0
2 秋田市	5.4
3 個人の私有財産	1.6
4 その他	5.8
	1.2

Q20A.2 建物が建っている土地はどなたの財産ですか。(ひとつだけ)

独自に集会所がある人ベース N= 258

1 町内会の共有財産(個人名義の場合を含む)	42.6
2 秋田市の財産	31.4
3 秋田県の財産	1.9
4 国有の財産	0.8
5 個人の私有財産	12.4
6 法人の財産	4.7
7 その他	5.4
	0.8

Q20A.3 その集会所の利用状況はどのようですか。(ひとつだけ)

独自に集会所がある人ベース N= 258

1 容量の限度まで利用されている	11.2
2 容量の範囲内で十分に利用されている	72.1
3 あまり利用されていない	13.6
4 ほとんど利用されていない	1.9
5 わからない	0.4
6 その他	0.4
	0.4

Q21　あなたの町内会がある地域には次のような組織や団体がありますか。
Q21A　もしある場合には、それぞれの組織・団体の最小の単位をお教えください。(ひとつだけ)

全体ベース N= 576	町内会で構成されている	成町内会単位の別組織で構成	連ている町内会単位さ	で連合町内会単位構成さている	さその他の地域組織で構成れている	構成されていない	わからない
1 子供会育成会	33.2	12.0	10.1	4.9	10.2	3.1	6.8	19.8
2 民生・児童委員会	2.8	7.3	24.8	20.7	18.2	3.0	4.5	18.8
3 少年補導委員会	0.3	2.6	8.7	7.1	10.6	13.2	21.4	36.1
4 体育協会	3.8	6.6	33.3	25.3	12.5	2.3	2.4	13.7
5 防犯協会	5.0	5.2	20.3	19.3	14.4	5.2	8.2	22.4
6 消防団(分団)	2.8	5.2	9.9	13.0	18.9	14.8	9.4	26.0
7 社会福祉協議会	3.0	5.2	22.4	26.4	13.5	2.1	1.2	13.9
8 婦人会	15.1	6.3	10.2	6.1	4.0	18.2	10.9	29.2
9 青年団	5.6	2.8	1.4	0.3	1.7	33.2	16.7	38.4
10 老人クラブ	16.3	7.8	13.2	9.5	8.5	11.5	7.8	24.3
11 商工会・商店会	0.9	1.4	4.0	4.5	8.0	26.7	15.6	38.9
12 農協・漁協	1.2	1.7	1.4	1.2	9.4	28.0	17.4	39.8
13 生協	0.0	0.0	0.3	1.0	6.1	29.0	19.1	43.6
14 氏子会・檀家組織	8.0	5.0	3.0	3.3	13.0	19.3	14.4	34.0
15 講	2.6	2.8	0.2	0.3	2.8	26.6	21.7	43.1
16 市民憲章推進協議会	4.0	5.4	32.6	22.9	9.4	4.2	3.6	17.9
17 その他	0.3	0.2	0.3	1.0	0.0	0.5	1.7	95.8

＊Q21Aで1～5の場合
Q21B　それぞれの組織・団体とあなたの町内会はどのような関係にありますか。(いくつでも)

各町内会で構成されているものベース	力町内会が活動に協	出町内会から役員を	されている町内会で役員が出	し町内会が情報を出	供町内会に情報を提	設町内会内に部会を	出補助金や負担金を	使会集会所等の施設を用
1 子供会育成会 N= 405	66.2	19.0	8.6	10.1	22.0	20.0	51.4	24.9	6.7
2 民生・児童委員会 N= 425	43.8	25.4	5.9	18.4	38.8	2.6	5.2	5.6	15.1
3 少年補導委員会 N= 169	37.9	21.3	2.4	9.5	25.4	4.7	4.7	5.3	30.2
4 体育協会 N= 470	52.3	52.1	5.5	8.3	29.8	13.2	52.8	8.5	8.7
5 防犯協会 N= 370	45.7	36.5	2.4	9.5	33.2	6.5	30.3	7.0	13.8
6 消防団(分団) N= 287	35.9	20.6	2.8	7.3	26.8	3.5	32.4	10.5	20.9
7 社会福祉協議会 N= 477	52.6	42.8	4.0	15.3	37.7	3.8	53.5	8.4	8.2
8 婦人会 N= 240	50.4	20.0	5.0	7.5	20.4	15.4	30.0	19.2	17.9
9 青年団 N= 68	55.9	4.4	2.9	8.8	14.7	16.2	26.5	26.5	22.1
10 老人クラブ N= 325	53.8	18.2	4.0	16.3	22.8	9.2	41.2	24.3	16.9
11 商工会・商店会 N= 108	27.8	4.6	2.8	7.4	20.4	1.9	2.8	8.3	48.1
12 農協・漁協 N= 86	29.1	12.8	3.5	7.0	15.1	1.2	2.3	22.1	39.5
13 生協 N= 48	8.3	4.2	2.1	6.3	29.2	0.0	0.0	2.1	56.3
14 氏子会・檀家組織 N= 186	41.4	38.2	4.3	7.5	21.0	3.2	22.6	21.0	21.5
15 講 N= 50	26.0	8.0	0.0	10.0	18.0	2.0	4.0	26.0	42.0
16 市民憲章推進協議会 N= 428	57.0	43.0	3.3	14.0	34.6	10.0	50.7	6.5	9.8
17 その他 N= 11	63.6	54.5	0.0	18.2	36.4	9.1	27.3	36.4	9.1

Q22　町内会独自の会報を発行していますか。(ひとつだけ)　全体ベース N= 576

1 毎月2回以上発行している	0.3
2 原則として毎月1回発行している	3.3
3 年に数回発行している	19.1
4 年に1回発行している	4.9
5 発行しない年もあるが、ときどき発行している	3.8
6 発行していない	66.7
	1.9

Q23　地方議会の議員選挙のときに、町内会として推薦や応援をしていますか。
Q23.1　現在（ひとつだけ）　全体ベース N= 576

1 いつも推薦している	5.7
2 推薦することもある	10.9
3 推薦はしないが応援はいつもしている	8.7
4 推薦はしないが応援することはある	16.1
5 何もしていない	54.5
6 わからない	2.8
	1.2

Q23.2　過去（ひとつだけ）　全体ベース N= 576

1 いつも推薦していた	6.8
2 推薦することもあった	13.4
3 推薦はしないが応援はいつもしていた	9.0
4 推薦はしないが応援することもあった	13.7
5 何もしていなかった	45.0
6 わからない	10.6
	1.6

Q24　あなたの町内会では、役所からの広報配布や依頼業務についてどう対処していますか。(ひとつだけ)　全体ベース N= 576

1 当然のこととして積極的に協力している	34.7
2 果たすべき義務として協力している	50.5
3 最低限のことのみ協力している	11.8
4 原則として協力していない	1.4
	1.6

Q25　今後の町内会などの地域住民組織が果たすべき役割について、どのように考えていますか。(ひとつだけ)

全体ベース N= 576	さらに促進	このまま継続	見直し	とりやめ	実施に向け検討	今後もやらない	わからない	その他
1 日常的な防犯対策	17.7	46.9	6.8	0.0	14.1	1.9	7.8	0.7	4.2
2 日常的な防火対策	17.2	45.5	5.2	0.0	16.5	2.6	7.5	0.7	4.9
3 自然災害等緊急時の備え	20.0	33.0	10.1	0.2	23.3	1.6	6.3	0.2	5.7
4 会員間での交流促進	21.0	54.9	7.3	0.2	6.4	0.9	3.1	0.0	6.3
5 行政等への陳情・依頼	11.8	60.1	3.3	0.0	5.9	2.8	8.5	1.2	6.4
6 行政からの依頼仕事	3.5	72.7	7.5	0.9	1.7	0.7	6.1	0.7	6.3
7 日赤・共同募金への協力	2.6	75.9	16.1	1.2	0.3	0.2	1.4	0.2	2.1
8 警察・交番との連携・調整	13.0	78.1	1.6	0.0	1.9	0.0	1.4	0.5	3.5
9 学校との連携・調整	13.2	78.6	1.9	0.0	0.7	0.2	1.6	0.5	3.3
10 民生委員との連携	14.1	75.3	1.9	0.0	1.4	0.2	3.5	0.3	3.3
11 NPO等組織との連携の推進	1.0	18.9	1.7	0.3	7.8	8.0	50.3	1.4	10.4
12 企業との連携・調整	0.9	18.6	2.1	0.3	4.3	11.8	47.4	2.3	12.3
13 高齢者の福祉	22.7	54.0	5.9	0.0	5.0	0.9	6.9	0.2	4.3
14 障害者の福祉	17.4	50.3	5.7	0.0	5.2	1.7	12.0	0.9	6.8
15 青少年の健全育成	16.8	55.2	5.2	0.2	4.3	1.2	10.2	0.7	6.1
16 除雪	24.0	56.4	5.9	0.2	3.8	1.6	3.5	1.2	3.5
17 冠婚葬祭	0.7	46.7	8.0	0.0	1.7	12.2	19.8	0.9	10.1
18 運動会やスポーツ大会の開催	5.7	54.0	8.5	1.2	3.3	8.3	11.3	0.7	6.9
19 公民館運営等への協力	6.4	64.9	3.0	0.7	1.2	3.3	11.3	1.7	7.5
20 開発計画・事業への参加・関与	3.1	25.0	3.8	0.7	5.0	10.4	40.6	1.7	9.5
21 市議会へ代表者を送ること	4.5	14.1	2.3	1.2	2.3	24.3	41.8	1.0	8.5
22 その他	0.3	0.2	0.0	0.2	0.0	0.0	0.5	0.0	98.6

Q26　あなたの町内会では、ここ数年、地域生活を営む上で困った問題がありましたか(現在、ありますか)。
ある場合には、そうした問題について、解決や改善のために何らかの働きかけを行ないましたか。(ひとつだけ)

全体ベース N= 576	困った問題がある	各ベース	役所・公社等の担当課・係に対して依頼	役所の知り合いに働きかけ	役所の幹部に働きかけ	市会議員に働きかけ	議員以外の地域の有力者に働きかけ	他の地域団体（連合町内会を含む）に働きかけ	警察・交番に相談	町内会が自力で対応
1 住宅の建て込み等の住宅問題	55.6	N= 320	5.3	0.0	0.0	1.9	0.3	0.6	0.9	9.4
2 ゴミ処理の問題	76.0	N= 438	12.3	1.4	0.5	0.2	0.2	0.2	0.2	76.5
3 商売・スーパー等の買い物施設の不足	58.1	N= 323	3.7	0.3	0.3	1.9	0.0	0.6	0.0	1.5
4 開発による住環境や自然環境の悪化	56.3	N= 324	9.9	0.0	0.3	2.5	0.3	4.3	1.5	4.3
5 治安・少年非行・風紀の悪化	62.3	N= 359	6.4	0.0	0.6	0.8	0.0	8.6	37.9	7.0
6 移動や交通の問題	64.9	N= 374	40.1	0.0	0.5	11.0	0.8	7.5	4.0	3.2
7 保育園・学校等保育・教育施設等の不足	54.5	N= 314	9.2	0.0	0.3	4.1	0.0	4.5	0.0	1.6
8 公園・運動場・体育施設等の不足	55.7	N= 321	13.4	0.9	0.3	4.4	0.0	4.4	0.3	2.2
9 集会所等文化交流施設の不足・老朽化	57.6	N= 332	13.3	1.2	0.0	3.6	0.3	5.4	0.0	10.8
10 病院等医療・福祉施設等の不足	54.7	N= 315	9.8	0.0	0.6	3.5	0.3	5.1	0.0	1.6
11 都市型災害に対する基盤整備の不足	54.3	N= 313	10.5	0.0	0.3	3.5	0.0	7.0	0.0	2.2
12 住民間のトラブル	57.6	N= 332	2.7	0.6	0.3	0.9	0.3	1.2	9.3	33.7
13 民間企業とのトラブル	53.1	N= 306	4.9	0.3	0.0	1.6	0.3	1.3	4.9	9.2
14 行政とのトラブル	52.3	N= 301	14.3	0.7	0.0	5.6	0.3	2.7	0.3	8.6
15 商店や工場を経営していく上での障害	50.9	N= 293	5.8	0.0	0.0	0.7	0.0	1.4	0.0	3.1
16 土地問題（土地利用規制や共有地）	53.8	N= 310	16.1	0.0	0.0	2.9	0.0	1.3	0.3	7.1
17 除雪	75.5	N= 435	69.2	3.2	1.4	3.4	0.7	3.0	0.0	10.6
18 その他	8.0	N= 46	32.6	0.0	2.2	6.5	0.0	2.2	2.2	8.7
19 困っていることはない	12.2									

	町内会のまとまりを生かし、問題解決のネットワーク等を組織	町内会とは別に、問題解決のための町内NPO等を組織	具体的に何もしていない	その他
各ベース				
1 住宅の建て込み等の住宅問題　N= 320	0.6	0.0	60.9	20.3
2 ゴミ処理の問題　N= 438	1.1	0.2	5.7	1.4
3 商売・スーパー等の買い物施設の不足　N= 323	0.6	0.6	72.8	17.0
4 開発による住環境や自然環境の悪化　N= 324	0.9	0.3	60.8	14.8
5 治安・少年非行・風紀の悪化　N= 359	1.7	0.3	33.1	7.5
6 移動や交通の問題　N= 374	0.0	0.5	27.5	4.8
7 保育園・学校等育児・教育施設の不足　N= 314	0.3	0.6	65.0	14.3
8 公園・運動場・体育施設等の不足　N= 321	0.6	0.6	60.7	12.1
9 集会所等文化交流施設の不足・老朽化　N= 332	0.6	0.6	53.0	10.5
10 病院等医療・福祉施設の不足　N= 315	0.0	0.6	64.1	14.3
11 都市型災害に対する基盤整備の不足　N= 313	0.6	0.6	62.6	12.1
12 住民間のトラブル　N= 332	0.0	0.0	39.8	11.1
13 民間企業とのトラブル　N= 306	0.7	0.7	58.2	18.0
14 行政とのトラブル　N= 301	0.3	0.3	49.5	17.3
15 商店や工場を経営していく上での障害　N= 293	0.0	0.0	65.5	23.2
16 土地問題(土地利用規制や共有地)　N= 310	0.3	0.0	55.5	16.5
17 除雪　N= 435	0.5	0.0	5.7	2.3
18 その他　N= 46	0.0	0.0	30.4	15.2

IV あなたの町内会の防犯活動についてお尋ねします。
Q27　あなたの町内会の周辺におけるこれまでと現在(ここ数年)の犯罪の発生状況・危険性と今後の傾向についてどのようにお考えですか。
Q27A　これまで(ひとつだけ)

	まったくない	ほとんどない	あまりない	多い	非常に多い	わからない
全体ベース N= 576						
1 自転車バイクの盗難・破損	25.2	31.6	20.7	3.3	0.3	8.9	10.1
2 車上荒らし・自動車破損	29.7	29.3	18.2	2.6	0.0	8.7	11.3
3 落書きや器物の損壊	30.7	31.1	16.0	2.3	0.5	7.8	11.6
4 不審者の侵入	22.7	31.8	22.6	2.8	0.0	8.2	12.0
5 空き巣狙い	21.5	30.0	24.3	3.6	0.3	8.2	12.0
6 放火・不審火	52.3	23.1	5.6	0.5	0.0	6.6	12.0
7 詐欺(サギ)	32.8	26.4	8.2	0.7	0.0	18.8	13.2
8 悪徳商法	22.2	26.0	16.7	2.6	0.0	20.8	11.6
9 すり・ひったくり	39.9	25.5	5.6	0.2	0.0	15.5	13.4
10 下着等洗濯物の盗難	34.9	25.9	9.0	0.9	0.0	17.5	11.8
11 痴漢・変質者	28.0	27.6	16.5	2.4	0.0	13.9	11.6
12 ストーカー	36.8	23.8	6.4	0.2	0.0	20.3	12.5
13 恐喝・脅迫	36.3	25.5	6.3	0.3	0.0	19.1	12.5
14 暴行・傷害・強盗	38.0	25.2	7.3	1.0	0.0	15.8	12.7
15 不法なゴミ捨て	11.5	22.7	29.0	18.9	3.5	4.5	9.9
16 その他	0.3	0.3	0.2	0.5	0.2	1.0	97.4

Q27B　現在(これまでと比べて)(ひとつだけ)

	著しく減った	減った	いわ変らない	増えた	著しく増えた	わからない
全体ベース N= 576						
1 自転車バイクの盗難・破損	2.6	7.6	54.0	1.6	0.0	14.1	20.1
2 車上荒らし・自動車破損	3.3	5.4	53.0	1.4	0.2	14.8	22.0
3 落書きや器物の損壊	3.1	6.8	51.9	0.3	0.3	14.9	22.6
4 不審者の侵入	3.0	6.8	51.6	1.4	0.0	15.5	21.9
5 空き巣狙い	4.5	6.1	50.9	2.8	0.0	14.4	21.4
6 放火・不審火	5.0	3.0	52.3	0.7	0.0	15.5	23.6
7 詐欺(サギ)	3.3	2.8	49.0	0.3	0.0	21.2	23.4
8 悪徳商法	3.0	4.0	46.5	1.2	0.0	24.0	21.4
9 すり・ひったくり	4.2	2.1	49.0	0.0	0.0	21.4	23.4
10 下着等洗濯物の盗難	4.3	3.3	47.7	0.3	0.0	21.4	22.9
11 痴漢・変質者	3.8	3.5	47.9	3.1	0.0	19.4	22.2
12 ストーカー	3.3	2.4	47.0	0.3	0.0	23.6	23.3
13 恐喝・脅迫	3.3	3.1	47.7	0.2	0.0	22.4	23.3
14 暴行・傷害・強盗	4.0	2.3	49.7	0.0	0.0	19.8	24.1
15 不法なゴミ捨て	2.6	9.4	46.5	11.5	1.6	9.2	19.3
16 その他	0.2	0.0	1.2	0.3	0.0	1.4	96.9

Q27C　これから（現在と比べて）（ひとつだけ）

全体ベース　N=576

	著しく減る	減る	変わらない	増える	著しく増える	わからない
1 自転車バイクの盗難・破損	0.5	6.3	39.4	5.2	0.0	27.8	20.8
2 車上荒らし・自動車破損	0.7	4.3	39.1	5.7	0.0	27.8	22.4
3 落書きや器物の損壊	1.4	5.4	39.1	3.8	0.0	27.8	22.6
4 不審者の侵入	0.9	4.9	37.0	7.6	0.0	27.8	22.0
5 空き巣狙い	0.9	4.9	36.6	7.8	0.5	27.6	21.7
6 放火・不審火	2.1	4.2	39.6	3.1	0.0	27.8	23.3
7 詐欺（サギ）	1.4	3.3	34.0	6.8	0.0	31.1	23.4
8 悪徳商法	1.4	3.0	31.8	10.1	0.0	32.3	21.5
9 すり・ひったくり	1.0	2.8	37.7	2.4	0.0	32.5	23.6
10 下着等洗濯物の盗難	1.7	3.5	37.7	3.3	0.0	30.9	22.9
11 痴漢・変質者	1.0	4.9	34.4	7.8	0.0	29.3	22.6
12 ストーカー	1.2	3.6	35.6	3.6	0.0	32.6	23.3
13 恐喝・脅迫	0.9	3.6	36.5	3.8	0.0	31.6	23.6
14 暴行・傷害・強盗	0.9	3.5	37.0	4.3	0.0	30.9	23.4
15 不法なゴミ捨て	1.6	7.3	33.7	14.6	1.7	21.2	20.0
16 その他	0.0	0.3	0.9	0.3	0.0	1.7	96.7

Q28　あなたの町内会では、防犯のためにどのような組織的な取り組みをしていますか。（いくつでも）

全体ベース　N=576

1 防犯パトロールの実施	21.7	7 公園等の見通し、見晴らしの改善	9.4
2 地域の犯罪発生や、不審者の出没状況の情報の共有（回覧板など）	42.9	8 不審者に遭遇したときの連絡先・駆け込み先	26.6
3 防犯マップの作成	5.9	9 防犯セミナー・講習会等への参加	17.4
4 防犯灯・街路灯の設置	75.0	10 小・中学校との情報交換	59.2
5 監視カメラの設置	0.2	11 その他	3.0
6 声かけの実施	47.0		7.6

Q29　あなたの町内会の周辺で、過去数年、治安の不安を感じさせてきたのはどのようなことですか。また現在はどうなっていますか。
　　　そして、そうした問題に対して住民の方々で何か対策をとっていますか。

Q29A　過去数年の状況（ひとつだけ）
Q29B　現在の状況がもたらす不安（ひとつだけ）
Q29C　自主的な対応や対策（ひとつだけ）

全体ベース　N=576

	過去数年の状況				現在の状況がもたらす不安				自主的な対応や対策		
	問題大いにあり	ややあり問題	問題なくあまり	問題なし	大いに不安あり	やや不安あり	あまり不安なし	不安なし	行っている	行っていない	
1 路上や空き地のゴミの散乱	5.6	25.3	32.3	24.5	12.3	4.7	24.1	34.7	22.4	14.1	42.5	41.8	15.6
2 自動車、バイク、自転車の不法放置	4.7	24.0	30.7	27.8	12.8	3.1	19.8	32.8	25.5	13.4	26.2	58.3	15.5
3 不審者の出没	2.1	13.9	38.4	30.9	14.8	2.6	20.6	38.9	22.7	15.8	17.7	64.1	18.2
4 不良のたまり場	0.7	6.1	28.0	49.1	16.1	1.4	7.5	32.5	41.3	17.4	8.3	72.0	19.6
5 深夜の暴走族	2.6	13.5	29.2	39.9	14.8	2.6	11.5	34.7	35.4	17.5	5.0	76.7	18.2
6 害意のあるチラシやビラ	0.9	2.1	31.3	48.1	15.6	1.0	5.2	35.8	41.0	17.0	3.8	76.6	19.6
7 わいせつビデオ・雑誌の自販機	0.7	2.1	20.0	61.3	16.0	0.7	2.6	28.0	51.7	17.5	2.1	77.1	20.1
8 深夜営業の店舗	0.3	3.0	19.1	62.2	15.5	0.3	4.2	24.5	54.2	16.8	2.1	78.0	18.0
9 町内のよくわからない住民	1.2	8.2	31.6	43.9	15.1	0.9	9.7	32.6	39.6	16.8	7.6	74.3	17.5
10 新聞・テレビ・ラジオの犯罪報道	3.6	7.8	30.9	40.3	17.4	4.0	9.2	32.5	35.6	18.6	3.3	76.2	20.5
11 その他1	0.3	0.0	0.5	1.2	97.6	0.3	0.0	0.5	1.0	97.6	0.7	1.9	97.4
12 その他2	0.0	0.0	0.0	0.3	0.7	99.0	0.0	0.0	0.0	0.5	0.7	98.6	0.0	1.4	98.6

Q30　地域での防犯活動について、あなたの町内会では、独自の取り組みをされていますか。また、町内会以外で、防犯活動に取り組んでいる地域団体はありますか。
Q31　安全・安心なまちづくりについて、あなたの町内会の周辺でこれまで行政や警察はどのような取り組みをしてきましたか。
　　　そして、そうした活動の現状に対してあなたはどのように評価していますか。

Q31A　これまで（ひとつだけ）

全体ベース　N=576

		非常に積極的に取り組まれて	積極的に取り組まれて	あまり取り組まれていない	取り組まれていない	わからない
1 防犯灯・街路灯の整備	行政	16.7	56.3	11.3	2.1	5.0	8.7
	警察	3.3	16.3	14.9	14.1	22.7	28.6
2 監視カメラの設置・整備	行政	0.2	0.9	4.5	48.4	22.9	23.1
	警察	0.0	1.0	3.6	46.7	22.7	25.9
3 犯罪発生状況の情報提供	行政	1.6	15.6	17.0	20.1	18.8	26.9
	警察	8.2	44.6	15.1	8.0	10.6	13.5
4 護身の知識・技術の提供	行政	0.5	3.1	12.3	34.0	24.5	25.5
	警察	0.9	6.6	15.3	31.3	24.1	21.9
5 防犯のための講習会の開催	行政	0.5	12.0	19.1	24.3	19.4	24.7
	警察	1.9	18.4	21.0	21.0	17.5	20.1
6 防犯活動のリーダー育成	行政	0.7	9.9	16.7	24.0	24.7	24.1
	警察	1.7	10.2	16.8	23.3	26.0	21.9
7 防犯活動の組織化の支援	行政	2.3	17.4	17.4	15.3	24.7	23.3
	警察	3.0	20.7	17.4	13.0	24.1	21.9
8 防犯キャンペーンの実施	行政	2.1	19.1	18.9	14.2	21.4	24.3
	警察	4.2	31.4	16.8	10.6	16.5	20.5
9 防犯パトロールの強化・連携	行政	2.6	20.5	19.1	13.9	19.6	24.3
	警察	6.6	35.6	16.5	9.0	14.2	18.1
10 自治体の安全・安心条例の制定	行政	2.8	12.5	13.9	12.8	37.2	20.8
	警察	1.9	9.7	14.1	13.2	36.3	24.8

＊Q31Aで1～3の場合
Q31B　評価（ひとつだけ）

			良い面の方が多い	良いどちらかといえばがい面の方が多い	悪いどちらかといえばがい面の方が多い	悪い面の方が多い	わからない
1 防犯灯・街路灯の整備	行政	N= 485	33.6	45.8	1.6	0.2	4.3	14.4
	警察	N= 199	22.1	45.7	5.5	0.0	13.1	13.6
2 監視カメラの設置・整備	行政	N= 32	9.4	25.0	12.5	0.0	25.0	28.1
	警察	N= 27	7.4	29.6	18.5	0.0	18.5	25.9
3 犯罪発生状況の情報提供	行政	N= 197	11.7	46.2	10.7	1.0	17.3	13.2
	警察	N= 391	22.8	47.8	5.9	0.5	8.4	14.6
4 護身の知識・技術の提供	行政	N= 92	6.5	28.3	10.9	1.1	31.5	21.7
	警察	N= 131	8.4	32.1	9.9	0.8	29.0	19.8
5 防犯のための講習会の開催	行政	N= 182	7.1	35.7	12.1	0.5	26.4	18.1
	警察	N= 238	9.7	40.3	7.6	1.3	21.8	19.3
6 防犯活動のリーダー育成	行政	N= 157	8.3	38.9	10.8	0.0	24.8	17.2
	警察	N= 166	7.8	36.7	11.4	0.0	23.5	20.5
7 防犯活動の組織化の支援	行政	N= 213	11.7	39.4	9.4	1.4	20.7	17.4
	警察	N= 236	12.3	40.7	9.3	0.0	20.3	16.5
8 防犯キャンペーンの実施	行政	N= 231	9.5	45.5	8.7	0.0	20.8	15.6
	警察	N= 302	13.2	50.3	6.6	0.3	15.2	14.2
9 防犯パトロールの強化・連携	行政	N= 243	11.5	44.0	10.3	0.0	18.9	15.2
	警察	N= 338	15.7	49.1	5.6	0.6	13.6	15.4
10 自治体の安全・安心条例の制定	行政	N= 168	9.5	39.3	8.9	0.0	20.2	22.0
	警察	N= 148	8.1	39.9	7.4	0.0	22.3	22.3

Q31.1　具体的に行政や警察の活動の評価すべき点と課題点についてお教え下さい。

Ⅴ　あなたの町内会の防災活動についてお尋ねします。

Q32　あなたの町内会では、大地震等（火災、水害等を含む）が起きたときの対応について具体的に話し合いを行なってきましたか。（ひとつだけ）　　全体ベース N= 576

1 話し合ってきた	46.4	3 わからない	3.1
2 話し合っていない	49.5		1.0

＊Q32で1の場合
Q32A　具体的に話し合った内容（いくつでも）　　話し合いを行ってきた人ベース N= 267

1 心がまえについて	58.1	4 非常持ち出し品について	24.0	7 地域の災害危険箇所について	31.1
2 避難の方法、時期、場所について	77.9	5 住民間の連絡について	70.8	8 その他	6.0
3 食料・飲料水について	26.2	6 家屋の安全度について	12.0		0.7

Q33　あなたの町内会では、大地震等が起こった場合に備えて、どのような対策をとっていますか。（いくつでも）　　全体ベース N= 576

1 消火器、懐中電灯、医薬品等を準備しておくよう住民に呼びかけている	28.6
2 食料品や飲料水の備蓄を住民にすすめている	12.8
3 家具や冷蔵庫を固定しブロック塀を点検する等、倒壊を防止するよう呼びかけている	9.4
4 地震保険に加入するよう住民に働きかけている	1.2
5 住民間の連絡方法等を決めている	27.4
6 近くの学校や公園等避難する場所を決めている	52.6
7 防災に関するセミナーや講演を開く等して啓蒙活動を行なっている	14.2
8 市や消防署が主催している防災訓練や講演に積極的に参加している	22.2
9 高齢者世帯の把握につとめている	62.8
10 その他	5.9
11 とくに何もしていない	18.4
	3.0

Q34　あなたの町内会では、防災マップや災害危険予想図（ハザードマップ）等の防災対策資料を持っていますか。（ひとつだけ）　　全体ベース N= 576

1 独自に作成したものを持っている（作成中である）	5.0	6 行政が作成し、独自に作り直したものを持っている（作成中である）	0.5
2 行政の指導の下で作成したものを持っている（作成中である）	6.3	7 持っていないが、見たことはある	10.8
3 行政が作成したものを持っている（作成中である）	30.7	8 持っていないが、聞いたことはある	16.8
4 独自に作成し、行政の指導の下で作り直したものを持っている（作成中である）	0.2	9 見たことも聞いたこともない	12.3
5 行政の指導の下で作成し、独自に作り直したものを持っている（作成中である）	1.6	10 わからない	8.7
			7.1

Q35　あなたの町内会や連合町内会、地区協議会では、近年、大地震等を想定した防災訓練を独自に行なっていますか。
またその際、住民は参加したり見学したりしていますか。

Q35A　町内会単位（ひとつだけ）
Q35B　連合町内会単位（ひとつだけ）　　全体ベース N= 576

	町内会単位	連合町内会単位
1 行なっており、数多くの会員が参加したり見学したりしている	2.4	1.0
2 行なっており、一定数の熱心な会員が参加したり見学したりしている	5.2	6.8
3 行なっているものの、参加や見学をする会員は非常に限られている	9.4	9.0
4 行なっていないが、いずれ行ないたいと考えている	41.0	15.3
5 行なっていないし、今後も行なう予定はない	13.9	8.5
6 その他	0.7	1.2
	27.4	58.2

Q36 大地震のさい、あなたの町内会のある地域の救援活動では、どのようなアクター（組織や人）が重要な役割を果たすと考えていますか。
Q36A 発生時の救援活動（ひとつだけ）
Q36B 発生後の共同生活（ひとつだけ）

	発生時の救援活動					発生後の共同生活				
全体ベース N=576	非常に重要である	重要である	あまり重要ではない	重要ではない	わからない	非常に重要である	重要である	あまり重要ではない	重要ではない	わからない
1 個人（個人的な人間関係）	30.7	40.8	5.4	0.5	6.3	16.3	31.1	38.2	4.2	0.5	5.4	20.7
2 隣近所・隣組	38.9	45.5	1.6	0.2	2.4	12.0	34.9	43.9	1.4	0.2	3.3	16.3
3 町内会	39.8	45.8	1.9	0.3	2.8	9.4	37.0	42.9	2.3	0.0	3.3	14.6
4 連合町内会	13.5	39.2	15.3	3.8	9.4	18.8	15.1	37.8	12.8	2.8	9.4	22.0
5 消防団	33.7	35.2	4.0	0.9	8.3	17.9	21.9	33.9	8.3	1.2	11.3	23.4
6 NPO等のネットワーク組織	8.0	23.8	10.6	3.0	31.8	22.9	10.8	24.0	8.0	2.8	29.0	25.5
7 民間企業	5.2	21.0	16.0	5.4	28.0	24.5	5.9	20.3	14.6	4.5	28.5	26.2
8 新聞・テレビ・ラジオ等	33.3	40.8	3.0	1.4	5.0	16.5	29.0	35.2	4.3	1.7	7.5	22.2
9 地方自治体	38.4	33.7	3.5	0.9	5.2	18.4	38.0	31.4	1.6	0.9	5.9	22.2
10 消防署	48.4	33.0	1.0	0.7	1.6	14.1	36.1	30.6	4.7	1.6	7.1	20.0
11 警察	43.6	34.2	2.4	1.0	3.5	15.3	34.4	32.5	4.3	1.4	6.9	20.5
12 自衛隊	40.8	28.8	2.1	1.4	9.2	17.7	31.8	25.5	5.4	2.1	12.3	22.9
13 国家	38.0	23.1	5.0	1.9	10.8	21.2	31.9	22.9	5.4	2.1	12.8	25.7
14 その他	0.9	0.3	0.0	0.0	0.7	98.1	1.0	0.2	0.0	0.0	0.7	98.1

VI 秋田市の町内会と行政の関わりについてお聞きします。

Q37 秋田市の町内会の未来イメージについて、どのようにお考えですか。（ひとつだけ） 全体ベース N= 576

1 地域社会の役割が高まり、町内会のしごとが増える。	49.3
2 地域社会の役割が高まるが、町内会のしごとは変わらない。	15.5
3 地域社会の役割は変わらず、町内会のしごとも変わらない。	12.7
4 地域社会の役割は変わらないが、町内会のしごとは増える。	13.9
5 その他	1.2
6 わからない	1.7

Q38 これからの市役所行政との関係について、どのようにお考えですか。（ひとつだけ） 全体ベース N= 576

1 これまでも関係は強く、これからも強い	46.9
2 これまでは関係が深かったが、これからは弱くなる	9.2
3 これまでも、これからも関係は弱い	14.9
4 これまでは関係が弱かったが、これからは強くなる	17.0
5 わからない	9.7
	2.3

Q39 あなたの町内会では、昨年度、行政側から以下のような支援はありましたか。またそれぞれの支援を、今年度以降、どの程度受けたいと思いますか。
Q39A 支援の有無（ひとつだけ）
Q39B 今年度以降の支援の期待（ひとつだけ）

	支援の有無			今年度以降の支援の期待						
全体ベース N=576	あり	なし	わからない	実させてほしい、一層充	今年度でよい、今年度も昨年度と同様	今年度はよりよい支援が減っても	支援を取りやめてもよい	支援の必要はない	分からない	その他
1 町内会活動全般にかかる費用の助成	60.2	26.9	2.4	10.4	51.2	27.3	1.4	1.2	3.5	1.0	14.4
2 防犯灯電気料の助成	90.3	4.7	0.5	4.5	52.1	37.5	0.7	0.3	1.2	0.7	7.8
3 防犯灯灯具交換修理の助成	64.9	25.5	1.2	8.3	52.3	30.6	0.5	1.0	2.3	0.5	12.8
4 町内会活動への指導、介入	11.8	66.3	6.3	15.6	14.1	33.3	2.6	7.1	15.5	3.8	24.0
5 他の町内会との情報交換の場の設置	32.8	47.6	6.3	13.4	21.5	35.1	2.8	3.3	12.5	3.8	21.0
6 その他	0.7	1.2	0.9	97.2	1.7	0.3	0.0	0.0	1.0	0.3	96.4

Q40 町内会の今後はどんな組織になるとお考えでしょうか。（ひとつだけ） 全体ベース N= 576

1 これまで通り、地縁的組織の代表的組織として続く	66.5
2 これまでは関係が深かったが、これからは弱くなる	21.7
3 その他の組織	1.0
4 わからない	8.7
	2.1

Q41 「市民協働」に関して
Q41.1 町内会として、現在、「市民協働」がなされていることはありますか。（ひとつだけ） 全体ベース N= 576

1 ある	22.0
2 ない	53.8
3 わからない	20.3
	3.8

Q41.2 町内会として、この「市民協働」について果たす役割はあると思いますか。（ひとつだけ） 全体ベース N= 576

1 大いにある	14.4
2 ある程度ある	41.5
3 あまりない	16.7
4 ない	5.4
5 わからない	19.4
	2.6

Q41.3 町内会として、今以上に、「市民協働」は実行できると思いますか。（ひとつだけ） 全体ベース N= 576

1 大いにできる	3.6
2 ある程度できる	39.9
3 あまりできない	27.8
4 できない	6.8
5 わからない	19.1
	2.8

Q42 「市民協働」やそのための「地域内分権」が実行された場合、あなたの地域はどう変わっていくと思いますか。
Q42.1 「地域住民同士の連携」（ひとつだけ） 全体ベース N= 576

1 強くなる	23.6
2 弱くなる	9.4
3 変わらない	44.8
4 わからない	19.4
	2.8

Q42.2 「町内会活動（住民活動）への参加者」（ひとつだけ） 全体ベース N= 576

1 増える	17.4
2 減る	16.3
3 変わらない	48.1
4 わからない	15.6
	2.6

Q42.3 「地域の自主性・独自性」（ひとつだけ） 全体ベース N= 576

1 強まる	23.8
2 弱まる	13.0
3 変わらない	44.8
4 わからない	15.8
	2.6

Q42.4 「地域内での問題解決力」（ひとつだけ） 全体ベース N= 576

1 強まる	23.1
2 弱まる	13.2
3 変わらない	43.6
4 わからない	17.5
	2.6

VII 最後に、町内会長さんご自身についてお尋ねします。

F1 会長さんの性別（ひとつだけ）　全体ベース N= 576

1	男性	97.7
2	女性	2.1
		0.2

F2 会長さんの年齢（ひとつだけ）　全体ベース N= 576

1	20歳代	0.0	5	60歳代	47.4
2	30歳代	0.9	6	70歳代	35.4
3	40歳代	2.6	7	80歳代以上	4.2
4	50歳代	9.4			0.2

F3 会長さんが現在お住まいの家（ひとつだけ）　全体ベース N= 576

1	持家（一戸建て）	94.8
2	持家（集合住宅）	1.2
3	公営の借家・住宅	2.3
4	民間の借家・住宅	0.7
5	その他	0.9
		0.2

F4 会長さんの家の家族構成（ひとつだけ）　全体ベース N= 576

1	非高齢者のみの核家族世帯	18.1
2	高齢者のみの核家族世帯	33.5
3	非高齢者と高齢者からなる親族世帯	31.4
4	非高齢者の単身世帯	1.6
5	高齢者の単身世帯	3.1
6	二世帯以上がともに居住	10.4
7	その他	0.9
		1.0

F5 会長さんのご家族は、現在お住まいの場所に、いつ頃から住んでいますか。（ひとつだけ）　全体ベース N= 576

1	江戸時代以前から	8.5	4	昭和30年代から	8.2	7	昭和60年代から	9.4
2	明治・大正〜昭和戦前期から	22.7	5	昭和40年代から	17.7	8	平成7年以降から	10.4
3	昭和20年代から	8.2	6	昭和50年代から	13.9	9	わからない	0.9
								0.2

F6 会長さんの在任年数　回答者ベース N= 570　5.8 年（通算）

F7 会長さんは、町内会以外の地域組織・行政組織の役職（理事職）を引き受けていますか。
F7A 現在、引き受けている役職（いくつでも）
F7B 会長就任以前に引き受けたことがある役職（いくつでも）

		現在引き受けている	過去に引き受けた			現在引き受けている	過去に引き受けた			現在引き受けている	過去に引き受けた
	全体ベース N=576				全体ベース N=576				全体ベース N=576		
1	町内会役員	ー	26.9	10	消防後援会役員	4.7	2.3	19	町内の趣味余暇集団の世話人	5.9	6.4
2	連合町内会役員	42.7	7.3	11	消防団役員	2.1	4.3	20	商工会・商店会役員	1.9	2.3
3	民生・児童委員	5.0	4.7	12	公園愛護協会役員	5.6	1.6	21	行政審議会委員	1.6	2.1
4	PTA役員	3.3	19.8	13	婦人会役員	0.0	0.7	22	議員後援会役員	9.2	6.9
5	社会福祉協議会役員	30.6	9.8	14	老人クラブ役員	4.5	2.4	23	政治団体役員	1.9	2.6
6	児童福祉協議会役員	4.0	1.9	15	青年団役員	0.2	5.7	24	宗教団体役員	5.6	7.2
7	体育協会役員	19.4	13.5	16	日赤奉仕団団長	0.7	0.9	25	その他	6.4	3.6
8	防犯協会役員	20.7	6.6	17	共同募金会役員	8.5	3.5			0.5	45.3
9	交通安全協会	17.9	13.0	18	NPO等組織役員	3.1	1.6				

F8 町内会とそれに関連するお仕事は、ご自身の生活のおおよそ何%を占めていると感じていますか。　回答者ベース N= 512　29.2 %

F8A 町内会内の仕事（行政からの依頼仕事を除く）、連合町内会の仕事、行政からの依頼仕事、その他の町外の付き合いを、負担に感じますか。（ひとつだけ）

		負担に感じる	負担に感じない	
	全体ベース N=576			
1	町内会単位の仕事・付き合い	41.1	53.6	5.2
2	連合町内会単位の仕事・付き合い	46.7	45.8	7.5
3	行政からの依頼仕事	41.3	47.6	11.1
4	その他	4.7	4.7	90.6

F9 会長としての正規の仕事以外に個人的に地域活動に関わっていますか。（いくつでも）　全体ベース N= 576

1	とくに何もしていない	45.3
2	地域の任意団体が活動しやすいように調整や働きかけをしている	20.3
3	地域の任意団体の活動に積極的に顔を出している	36.8
4	ポケット・マネーで地域の団体や活動を支援している	10.2
5	自らが発起人となって地域イベントを開催している	5.6
6	自らが発起人となって地域組織・NPOなどを立ち上げている	2.3
7	その他	4.2
		6.4

【盛岡市町内会・自治会等調査】

I はじめに、あなたの町内会・自治会の全般的な事柄についてご記入下さい。

Q1 町内会の名称

Q2 町内会の所在する地区（ひとつだけ） 全体ベース N= 193

1	仁王	4.7	10	土淵	1.6	19	本宮	4.7
2	櫻城	9.3	11	東厨川	3.6	20	太田	2.1
3	上田	5.2	12	城南	4.1	21	つなぎ	0.0
4	緑が丘	5.2	13	山岸	3.6	22	中野	5.7
5	松園	4.1	14	加賀野	2.1	23	簗川	1.6
6	青山	5.2	15	杜陵	1.6	24	見前	7.3
7	みたけ	2.6	16	大慈寺	1.6	25	飯岡	5.7
8	北厨川	6.2	17	上米内	1.6	26	乙部	5.7
9	西厨川	2.1	18	仙北	3.1			

Q3 町内会の沿革について

Q3.1 町内会の発足した時期（ひとつだけ） 全体ベース N= 193

1 1940年代以前（戦前からあり、禁止期間もかたちを変えて存続し、講和条約後に再発足）	5.2	6 1970年代	17.6
2 1940年代以前（戦前からあり、禁止期間にばらばらになったが、講和条約後に再発足）	2.6	7 1980年代	9.8
3 1940年代以前（戦前からあるが、経緯についてはよくわからない）	13.5	8 1990年代	5.7
4 1950年代	15.0	9 2000年代	2.1
5 1960年代	18.1	10 わからない	9.3
		1.0

Q3.2 （再）発足のきっかけ（いくつでも） 全体ベース N= 193

1 講和条約を受けて発足	2.1	6 行政等のすすめで発足	9.8
2 旧来の町内会から分かれて発足	26.4	7 区画整理とともに発足	8.8
3 新来住民によって発足	14.0	8 市町村合併とともに発足	4.1
4 団地・社宅・マンション等ができて発足	14.5	9 その他	8.8
5 地域の実力者の意向で発足	15.5	10 わからない	17.1

Q3.3 （再）発足時の主な目的（いくつでも） 全体ベース N= 193

1 住民同士の親睦をはかるため	77.2	5 共有地、共有施設の管理のため	5.7
2 町内の生活上の問題を共同解決するため	60.1	6 マンションや団地の管理組合として	0.5
3 行政等への働きかけ・陳情のため	26.4	7 その他	3.6
4 行政等との連絡・調整のため	43.5	8 わからない	10.4
			1.0

Q3.4 現在の主な目的（いくつでも） 全体ベース N= 193

1 住民同士の親睦をはかるため	93.3
2 町内の生活上の問題を共同解決するため	85.0
3 行政等への働きかけ・陳情のため	42.5
4 行政等との連絡・調整のため	68.9
5 共有地、共有施設の管理のため	4.1
6 マンションや団地の管理組合として	0.5
7 その他	3.1
8 何もしていない	0.0
	1.6

Q4 町内会に加入している世帯数等

Q4.1	加入世帯数（事業所を除く）	回答者ベース N= 193	390.6 戸
Q4.2	加入事業所数	回答者ベース N= 184	12.2 事業所
Q4.3	町内の区の数	回答者ベース N= 177	2.5 区
Q4.4	町内の班もしくは隣組の数	回答者ベース N= 192	29.7 班・組

Q4.5 町内会への世帯加入率（ひとつだけ） 全体ベース N= 193

1 全戸加入	38.9
2 90％以上加入	37.3
3 70％以上～90％未満加入	21.2
4 50％以上～70％未満加入	1.6
5 30％以上～50％未満加入	0.0
6 30％未満加入	0.0
7 わからない	1.0

Q5 町内会等の「地縁による団体」が、その団体名義で土地建物の不動産登記等ができるよう、法人格取得が可能になりました。「地縁による団体」として法人格を取得していますか。（ひとつだけ） 全体ベース N= 193

1 取得している（　　　年に取得）	6.2
2 取得する予定である	1.0
3 取得する予定はない	81.9
4 取得するかどうか検討中である	4.1
	6.7

Q6 町内会内の状況について

Q6.1 建物・土地の特色（多いものを2つまで） 全体ベース N= 193

1 事業所	3.1
2 商店	4.1
3 工場	0.0
4 一戸建て	82.9
5 集合住宅（単身向け）	10.9
6 集合住宅（家族向け）	47.2
7 田畑	10.4
8 その他	2.6
	7.8

Q6.2 最近10年間くらいの人口の変化（ひとつだけ） 全体ベース N= 193

1 大いに増加	8.8
2 やや増加	17.1
3 あまり変化はない	30.1
4 やや減少	37.3
5 大いに減少	3.6
6 その他	1.6
	1.6

Q6.3 非加入世帯を含む居住世帯の特色（多いものを2つまで） 全体ベース N= 193

1 非高齢者のみの核家族世帯	23.8
2 高齢者のみの核家族世帯	30.1
3 非高齢者と高齢者からなる親族世帯	46.6
4 非高齢者の単身世帯	19.7
5 高齢者の単身世帯	9.8
6 その他	12.4
	15.0

Q6.4 新旧住民の世帯数の割合（ひとつだけ） 全体ベース N= 193

1 古くからの地付きの世帯がほとんど	8.8
2 古くからの地付きの世帯のほうが多い	27.5
3 同じくらい	14.5
4 外からの新しい世帯のほうが多い	30.1
5 外からの新しい世帯がほとんど	17.1
	2.1

Q6.5 計画的開発（区画整理等）（いくつでも） 全体ベース N= 193

1 最近5年以内に実施	4.1	4 時期は不明だが実施	5.7
2 5～10年前に実施	4.7	5 実施していない	45.1
3 10年以上前に実施	23.3	6 わからない	15.0
			4.1

Q7　あなたの町内会で現在町内会の運営上困っていることがありますか。
　　困っているものすべて(いくつでも)、もっとも困っているもの(ひとつだけ)

全体ベース N=193	困っているもの	もっとも困っているもの		全体ベース N=193	困っているもの	もっとも困っているもの
1 町内会のルールを守らない住民の存在	26.9	0.5		12 加入世帯の家族構成が把握できない	20.2	0.5
2 未加入世帯の増加	8.3	0.5		13 日中、留守の世帯が多い	18.1	0.0
3 町内会行事への住民の参加の少なさ	66.3	8.8		14 集会施設がない／狭い／不便	20.2	3.6
4 町内会の役員のなり手不足	74.1	39.4		15 住民間の摩擦	1.0	0.0
5 予算の不足	9.8	0.0		16 世代間のズレ	12.4	0.5
6 会員の高齢化	63.7	10.9		17 役員内のあつれき	2.6	0.0
7 行政との関係(依頼の多さ等)	34.7	3.6		18 政治や選挙の相談・依頼事	1.6	0.0
8 行政以外の団体との関係(負担金等)	19.7	2.1		19 運営のための経験や智恵が足りない	6.7	0.0
9 家族世帯数の多さによる障害	0.5	0.0		20 町内会の財産をめぐるトラブル	0.0	0.0
10 単身世帯数の多さによる障害	9.8	0.0		21 その他	11.4	0.0
11 構成世帯数の少なさによる障害	5.7	1.0		22 困っていることはない	2.1	0.0
						28.5

II　次に、あなたの町内会の活動状況についてお伺いします。
Q8　あなたの町内会では、次のような活動が行なわれていますか。また、それぞれの活動の10年前と現在の全体的な活動状況はどうなっていますか。
Q8A　活動の有無、活動組織(いくつでも)

全体ベース N=193	町内会	別町組内織会単位の	町内会連合会	単町位内の会別連組合織会	そ組の織他の地域	実施していない	わからない	
1 ごみ処理収集協力	87.0	3.1	3.6	1.0	3.6	3.1	0.0	7.3
2 資源・廃品回収	63.7	20.2	2.6	1.6	17.1	5.2	0.0	4.1
3 バザー	7.3	1.6	1.0	1.0	4.7	54.4	2.6	27.5
4 地域の清掃美化	92.2	4.7	2.6	1.0	5.2	1.6	0.0	4.1
5 防犯パトロール	43.5	13.0	7.8	8.3	10.4	16.1	0.5	9.3
6 防火パトロール	23.3	10.4	2.6	4.1	15.0	29.5	0.5	17.6
7 交通安全対策	40.4	14.0	7.8	6.7	19.2	9.3	0.0	11.4
8 集会所等の施設管理	54.9	4.1	2.1	2.1	7.3	16.1	0.5	16.1
9 街灯等の設備管理	89.6	2.1	2.1	1.6	2.1	1.6	0.0	3.6
10 公園・広場の管理	62.2	5.7	1.6	1.0	4.1	15.5	1.6	12.4
11 私道の管理	14.0	1.0	0.0	0.5	4.7	42.0	8.8	29.0
12 乳幼児保育の支援	4.1	2.6	2.6	3.1	7.8	47.7	4.7	28.0
13 学童保育の支援	17.1	4.1	7.3	6.7	13.5	29.5	2.1	23.3
14 青少年教育・育成	30.1	8.3	10.4	6.7	17.6	16.1	2.1	20.7
15 高齢者福祉	49.7	15.0	14.0	9.3	8.3	5.7	1.6	11.9
16 その他	1.6	1.6	0.5	0.5	1.0	2.1	2.6	92.2

*Q8Aで1～6を選んだ場合
Q8B　10年前の町内での活動状況(ひとつだけ)

Aで「わからない」「不明」を除いた人ベース		非常に活発に実施されていた	活発に実施されていた	あまり盛んに実施されていなかった	ほとんど実施されていない	実施されていなかった	わからない
1 ごみ処理収集協力	N=179	14.5	46.9	26.3	0.0	3.4	5.0	3.9
2 資源・廃品回収	N=185	11.4	49.2	17.8	5.4	4.3	6.5	5.4
3 バザー	N=135	0.7	13.3	7.4	3.0	64.4	6.7	4.4
4 地域の清掃美化	N=185	18.4	52.4	15.1	1.1	2.7	5.4	4.9
5 防犯パトロール	N=174	4.0	29.9	27.0	5.2	20.1	6.9	6.9
6 防火パトロール	N=158	4.4	24.7	20.9	5.7	28.5	8.9	7.0
7 交通安全対策	N=171	8.2	36.3	27.5	4.1	11.7	7.6	4.7
8 集会所等の施設管理	N=161	14.9	47.8	3.1	0.6	21.1	7.5	5.0
9 街灯等の設備管理	N=186	24.2	50.0	12.4	1.1	1.6	4.8	5.9
10 公園・広場の管理	N=166	18.1	38.0	12.0	2.4	16.3	7.2	6.0
11 私道の管理	N=120	4.2	7.5	13.3	4.2	56.7	10.0	4.2
12 乳幼児保育の支援	N=130	0.8	9.2	10.8	6.2	56.9	10.8	5.4
13 学童保育の支援	N=143	2.8	30.1	17.5	4.9	31.5	9.1	4.2
14 青少年教育・育成	N=149	6.0	37.6	24.8	3.4	17.4	7.4	3.4
15 高齢者福祉	N=167	6.6	43.1	26.3	4.8	6.6	6.0	6.6
16 その他	N=10	20.0	10.0	20.0	0.0	40.0	10.0	

*Q8Aで1～5を選んだ場合

Q8C　現在の町内での活動状況（10年前と比べて）（ひとつだけ）

			非常に活発化している	活発化している	変わらない	衰退化している	非常に衰退化	わからない
		Aで「実施している」と答えた人ベース						
1	ごみ処理収集協力	N= 173	32.4	33.5	27.2	1.7	2.9	2.3
2	資源・廃品回収	N= 175	30.9	38.3	22.9	1.1	4.6	2.3
3	バザー	N= 30	10.0	26.7	53.3	3.3	3.3	3.3
4	地域の清掃美化	N= 182	23.1	36.3	27.5	4.4	4.4	4.4
5	防犯パトロール	N= 143	16.8	35.0	31.5	6.3	2.8	7.0
6	防火パトロール	N= 101	14.9	33.7	33.7	6.9	3.0	6.9
7	交通安全対策	N= 153	13.1	33.3	38.6	4.6	5.9	3.9
8	集会所等の施設管理	N= 130	17.7	35.4	39.2	0.8	3.1	3.8
9	街灯等の設備管理	N= 183	25.1	36.1	30.6	1.1	3.3	3.8
10	公園・広場の管理	N= 136	22.1	36.8	31.6	1.5	2.9	4.4
11	私道の管理	N= 39	7.7	20.5	51.3	2.6	5.1	7.7
12	乳幼児保育の支援	N= 38	2.6	26.3	44.7	13.2	5.3	7.9
13	学童保育の支援	N= 86	9.3	37.2	41.9	2.3	4.7	3.5
14	青少年教育・育成	N= 118	9.3	33.9	41.5	5.9	5.1	2.5
15	高齢者福祉	N= 156	14.7	44.2	30.8	1.9	3.8	3.8
16	その他	N= 6	50.0	16.7	16.7	16.7	0.0	0.0

Q9　あなたの町内会では、次のような行事が組織的に行なわれていますか。
また、町内会が中心に行なっている活動については「参加対象」と「参加状況」についてもお答え下さい。

Q9A　行事の有無、実施組織（いくつでも）

			町内会が実施	町内会単位の別組織が実施	町内会連合会が実施	町内会連合会単位の別組織が実施	その他の地域組織が実施	実施していない	わからない
		全体ベース N= 193							
1	神社祭礼		15.0	9.8	3.6	6.2	18.1	29.5	17.6
								2.1	
2	盆踊り・夏祭り		46.6	7.3	7.8	3.6	10.4	19.7	9.8
								1.6	
3	花見		14.0	6.7	0.0	0.0	4.7	48.2	24.9
								2.1	
4	食事会・飲み会		40.9	12.4	4.7	3.1	25.4		17.6
								2.1	
5	成人式		14.5	2.1	1.0	1.6	5.7	51.8	22.3
								2.1	
6	冠婚葬祭		15.0	0.0	0.0	0.0	1.0	50.8	28.5
								4.7	
7	運動会		25.4	6.2	16.6	7.8	2.6	29.5	15.0
								1.0	
8	運動会以外の体育活動		28.0	14.5	10.4	10.9	8.8	19.7	15.0
								2.1	
9	宿泊旅行		6.7	8.3	1.0	1.6	4.7	49.2	26.9
10	新年会・忘年会		62.2	7.3	6.2	4.1	1.6	17.1	10.9
								0.5	
11	ラジオ体操		9.3	11.9	0.0	0.5	14.5	40.4	21.8
								2.1	
12	研修会・講習会		47.7	14.0	11.4	6.2	4.1	15.0	12.4
								0.5	
13	映画上映・演劇鑑賞		4.1	3.1	2.6	1.0	3.6	57.0	26.9
								3.1	
14	町内会の総会		96.9	2.1	3.6	1.0	0.5	0.0	2.1
15	その他		6.2	0.5	0.0	0.0	1.0	1.6	91.2

*Q9Aで1～5を選んだ場合

Q9B.1　町内会中心の行事の参加対象（ひとつだけ）
Q9B.2　町内会中心の行事の参加程度（ひとつだけ）

			参加対象				参加程度				
			町内会の全会員（義務）	町内会の全会員（自由参加）	実施組織に属するメンバー	わからない	町内会の会員のほとんどが参加	町内会の会員の半数程度が参加	町内会の会員の一部が参加	町内会の会員がほとんど参加しない	わからない
		Aで「実施している」と答えた人ベース									
1	神社祭礼	N= 98	2.0	41.8	39.8	3.1	13.3	2.0	16.3	59.2	5.1	1.0	16.3
2	盆踊り・夏祭り	N= 133	3.0	79.7	9.8	0.0	7.5	7.5	30.8	49.6	0.8	0.8	10.5
3	花見	N= 48	0.0	66.7	22.9	2.1	8.3	6.3	22.9	62.5	0.0	2.1	6.3
4	食事会・飲み会	N= 106	1.9	73.6	17.9	1.9	4.7	3.8	15.1	72.6	0.9	1.9	5.7
5	成人式	N= 46	10.9	39.1	21.7	10.9	17.4	8.7	4.3	41.3	8.7	17.4	19.6
6	冠婚葬祭	N= 31	3.2	54.8	22.6	9.7	9.7	3.2	3.2	64.5	6.5	9.7	12.9
7	運動会	N= 105	8.6	74.3	6.7	0.0	10.5	7.6	22.9	57.1	1.0	1.0	10.5
8	運動会以外の体育活動	N= 122	5.7	62.3	17.2	0.0	14.8	4.9	6.6	73.0	1.6	0.8	13.1
9	宿泊旅行	N= 42	0.0	47.6	45.2	0.0	7.1	2.4	2.4	78.6	2.4	0.0	14.3
10	新年会・忘年会	N= 138	2.9	77.5	8.0	0.0	9.4	4.3	13.8	65.9	1.4	1.4	13.0
11	ラジオ体操	N= 69	0.0	34.8	44.9	2.9	17.4	0.0	4.3	59.4	8.7	7.2	20.3
12	研修会・講習会	N= 139	1.4	74.1	12.2	1.4	10.8	0.7	8.6	74.1	2.9	1.4	12.2
13	映画上映・演劇鑑賞	N= 25	0.0	60.0	24.0	0.0	8.0	0.0	8.0	64.0	0.0	12.0	8.0
14	町内会の総会	N= 188	39.4	46.8	2.7	1.1	10.1	20.2	25.5	45.7	0.5	1.1	6.9
15	その他	N= 12	8.3	41.7	8.3	0.0	41.7	8.3	16.7	41.7	0.0	0.0	33.3

*Q9Aで1～6を選んだ場合
Q9C　10年前の町内での活動状況（ひとつだけ）

			非常に活発に実施されていた	活発に実施されていた	あまり盛んに実施されていなかった	ほとんど実施されていなかった	実施されていなかった	わからない
		Aで「わからない」「不明」を除いた人ベース						
1	神社祭礼	N= 155	4.5	26.5	13.5	2.6	15.5	12.9	24.5
2	盆踊り・夏祭り	N= 171	7.0	42.7	16.4	2.3	8.2	7.0	16.4
3	花見	N= 141	2.8	11.3	14.9	7.8	25.5	7.1	30.5
4	食事会・飲み会	N= 155	4.5	21.9	28.4	5.8	11.0	8.4	20.0
5	成人式	N= 146	2.1	11.6	6.8	2.7	31.5	10.3	34.9
6	冠婚葬祭	N= 129	0.0	7.0	10.1	3.1	27.1	17.1	35.7
7	運動会	N= 162	10.5	35.2	16.7	1.9	10.5	7.4	17.9
8	運動会以外の体育活動	N= 160	4.4	31.3	23.8	5.0	10.6	5.6	19.4
9	宿泊旅行	N= 137	0.7	13.1	12.4	7.3	23.4	7.3	35.8
10	新年会・忘年会	N= 171	5.3	38.0	19.9	4.1	4.7	8.2	19.9
11	ラジオ体操	N= 147	0.7	17.7	12.2	6.1	15.6	14.3	33.3
12	研修会・講習会	N= 168	1.8	25.0	34.5	5.4	8.3	8.3	16.7
13	映画上映・演劇鑑賞	N= 135	0.0	3.7	11.9	2.2	32.6	12.6	37.0
14	町内会の総会	N= 188	11.2	53.2	19.1	0.5	0.0	6.9	9.0
15	その他	N= 14	14.3	42.9	0.0	0.0	14.3	0.0	28.6

*Q9Aで1～5を選んだ場合
Q9D　現在の町内での活動状況（10年前と比べて）（ひとつだけ）

			非常に活発化している	活発化している	変わらない	衰退している	非常に衰退している	わからない
		Aで「実施している」と答えた人ベース						
1	神社祭礼	N= 98	5.1	14.3	50.0	14.3	2.0	4.1	10.2
2	盆踊り・夏祭り	N= 133	11.3	32.3	30.8	12.0	0.8	5.3	7.5
3	花見	N= 48	2.1	20.8	45.8	12.5	2.1	6.3	10.4
4	食事会・飲み会	N= 106	0.9	19.8	50.0	5.7	4.7	9.4	9.4
5	成人式	N= 46	2.2	6.5	47.8	10.9	6.5	17.4	8.7
6	冠婚葬祭	N= 31	0.0	9.7	67.7	3.2	0.0	9.7	9.7
7	運動会	N= 105	10.5	24.8	33.3	15.2	0.0	4.8	11.4
8	運動会以外の体育活動	N= 122	4.9	28.7	35.2	14.8	1.6	4.1	10.7
9	宿泊旅行	N= 42	0.0	11.9	52.4	19.0	0.0	4.8	11.9
10	新年会・忘年会	N= 138	3.6	31.2	39.1	7.2	1.4	8.0	9.4
11	ラジオ体操	N= 69	1.4	17.4	33.3	13.0	2.9	11.6	20.3
12	研修会・講習会	N= 139	3.6	22.3	46.8	7.9	1.4	4.3	13.7
13	映画上映・演劇鑑賞	N= 25	0.0	16.0	44.0	12.0	4.0	12.0	12.0
14	町内会の総会	N= 188	11.7	27.1	43.6	4.3	0.5	4.8	8.0
15	その他	N= 12	8.3	8.3	33.3	0.0	8.3	0.0	41.7

Ⅲ 次に、あなたの町内会の組織構成と機能についてお尋ねします。
Q10　役員（班長・組長は除く）はどのように構成されていますか。また、手当てはありますか。
Q10A　人数

会長	回答者ベース N= 181	1.0 名	庶務	回答者ベース N= 152	1.2 名
副会長	回答者ベース N= 177	2.2 名	部長	回答者ベース N= 154	4.8 名
会計	回答者ベース N= 178	1.2 名	監事	回答者ベース N= 176	2.0 名

*Q10Aで1名以上の場合
Q10B　役員手当て（定額）（ひとつだけ）
Q10C　活動ごとの手当て（ひとつだけ）
Q10D　手当てと持出の割合（ひとつだけ）

			手当て（定額）		活動毎手当て		手当てと持出しの割合			
			無し	有り	無し	有り	手当ての方が多い	同じぐらい	持出しの方が多い	わからない
		回答者かつ各役職が1人以上いる人ベース								
1	会長	N= 181	30.9	68.5	0.6	87.8	6.6	5.5	9.9	13.3	47.5	12.7	16.6
2	副会長	N= 175	39.4	57.7	2.9	86.3	5.7	8.0	16.0	13.7	27.4	18.9	24.0
3	会計	N= 175	27.4	71.4	1.1	88.0	4.6	7.4	20.6	14.9	21.7	22.3	20.6
4	庶務	N= 116	26.7	71.6	1.7	90.5	2.6	6.9	18.1	12.9	25.9	25.0	18.1
5	部長	N= 133	45.9	50.4	3.8	84.2	7.5	8.3	15.0	11.3	20.3	21.8	31.6
6	監事	N= 174	63.8	29.3	6.9	86.8	3.4	9.8	9.8	8.6	14.9	27.0	39.7

*Q10Aで1名以上の場合
Q10E　役員の主たる就業状況（副業は除く）（ひとつだけ）

			引退	現役	主婦	わからない	なし
		回答者かつ各役職が1人以上いる人ベース					
1	会長	N= 181	57.5	36.5	2.2	0.6	3.3
2	副会長	N= 175	46.9	41.1	2.3	0.6	9.1
3	会計	N= 175	41.7	41.1	12.0	1.1	4.0
4	庶務	N= 116	41.4	44.8	7.8	1.7	4.3
5	部長	N= 133	36.8	42.9	6.8	0.8	12.8
6	監事	N= 174	51.7	32.8	2.9	1.7	10.9

* Q10Aで1名以上の場合

Q10F 役員の主たる職業（引退の場合は現役時の主たる職業をお答え下さい）（ひとつだけ）

		農林漁業	商業自営	工業自営	勤務（常勤）	勤務・パート・派遣	自由業	専業主婦	わからない
	回答者かつ各役職が1人以上いる人ベース								
1 会長	N= 181	7.7	9.9	3.9	63.0	2.8	6.1	1.1	0.6	5.0
2 副会長	N= 175	4.6	8.6	2.9	62.9	4.0	3.4	1.7	1.7	10.3
3 会計	N= 175	2.3	6.9	0.6	61.1	5.7	1.1	12.0	4.0	6.3
4 庶務	N= 116	3.4	5.2	0.9	70.7	3.4	3.4	6.9	0.9	6.0
5 部長	N= 133	1.5	3.0	2.3	67.7	3.0	3.8	3.0	4.5	11.3
6 監事	N= 174	5.2	2.9	2.9	63.8	4.0	5.7	1.7	5.2	10.9

Q11.1 どのようにして会長に選びましたか。（ひとつだけ）　　全体ベース N= 193

1 総会で立候補	1.0
2 総会の話し合いで推された	17.1
3 役員会での互選	31.1
4 選考委員会等による推薦	24.9
5 前会長からの指名	16.6
6 持ち回り（当番制）	6.7
7 抽選（くじ引き）	0.0
8 その他	2.1

Q11.2 町内会役員（班長を除く）はどのように選ばれましたか。（ひとつだけ）　全体ベース N= 193

1 総会で立候補	0.5
2 総会の話し合い	17.1
3 新会長からの指名	21.2
4 選考委員会等による推薦	30.1
5 前会長からの指名	6.2
6 持ち回り（当番制）	19.2
7 抽選（くじ引き）	0.0
8 その他	5.2
	0.5

Q12 会長の1任期は何年ですか。（ひとつだけ）　全体ベース N= 193

1 半年	0.0
2 一年	17.6
3 二年	74.6
4 三年	3.1
5 三年より長い	1.0
6 決まっていない	3.1
7 わからない	0.0
	0.5

* Q12で1～5の場合

Q12A 複数の任期にわたって会長職を務めることは会則等で認められていますか。（ひとつだけ）

任期が決まっている人ベース N= 186

1 認められていない	2.7
2 認められている	75.8
3 決まりはないが1期のみが普通	3.2
4 決まりはないが複数任期になることが多い	15.6
	2.7

Q13 町内会（総会で提案される）予算案はどのように作成されていますか。（ひとつだけ）　全体ベース N= 193

1 会長がすべて作成	3.6
2 会長が素案を示し役員会で審議の上、作成	16.6
3 担当役員がすべて作成	6.2
4 担当役員が素案を示し役員会で審議の上、作成	57.0
5 役員会で協議して一から作成	12.4
6 その他	2.1
7 作成していない	1.6
	0.5

Q14 町内会の1年間の財政規模（一般会計）と、収入・支出の内訳をご記入下さい。

A. 収入

	回答者ベース	千円
総額	N= 166	2,839
1 会費	N= 158	1,577
2 市からの助成や補助金	N= 152	435
3 公園や街路樹の管理費	N= 105	103
4 広報誌等の配布手数料	N= 95	79
5 資源・廃品回収やバザーの売上げ	N= 92	74
6 コミセン・集会所等の使用料	N= 85	36
7 事務所や住民からの寄付	N= 90	46
8 その他	N= 91	138
9 前年度繰越金	N= 161	514

B. 支出

	回答者ベース	千円
総額	N= 163	2,692
1 役員手当て	N= 154	151
2 会議・事務費	N= 154	179
3 祭典・文化費	N= 123	283
4 祭典・文化費以外の事業費	N= 116	546
5 寄付（募金）・負担金	N= 142	346
6 地域団体への補助・助成金	N= 131	218
7 共同施設・設備維持管理費	N= 133	416
8 その他	N= 99	375
9 次年度繰越金	N= 145	569

Q15.1 日赤や共同募金への寄付金にはどのように対応されていますか。（ひとつだけ）　全体ベース N= 193

1 割り当て分を全額納めている	25.9
2 割り当て分のほとんどを納めている	23.8
3 割り当て分の一部のみ納めている	15.5
4 会員から集まった額だけ納めている	26.9
5 一切、納めていない	0.5
6 その他	6.2
	1.0

Q15.2 連合会町内会組織への負担金にはどのように対応されていますか。（ひとつだけ）　全体ベース N= 193

1 割り当て分を全て納めている	95.3
2 納めていない分もある	2.6
3 ほとんど納めていない	0.5
4 一切、納めていない	0.0
5 その他	0.5
	1.0

Q16 町内会費はどのように集めていますか。

Q16.1 一般世帯（ひとつだけ）　全体ベース N= 193

1 各世帯から平等に（同額を）集めている	76.7
2 各世帯の状況によって差のある額を集めている	20.2
3 その他の基準で集めている	1.6
4 集めることになっていない	0.5
	1.0

Q16.2 事業所（ひとつだけ）　全体ベース N= 193

1 各事業所から平等に（同額を）集めている	38.9
2 各事業所の状況によって差のある額を集めている	19.2
3 その他の基準で集めている	2.6
4 集めることになっていない	9.8
5 そもそも事業所がない	13.5
	16.1

Q17 ひと月の会費は平均して1世帯、1事業所あたりいくらですか。

A. 1世帯あたりの月額（平均）　回答者ベース N= 188　464 円

B. 1事業所あたりの月額（平均）　回答者ベース N= 134　763 円

Q18 この10年間に、町内会で特別会計を組み、何か事業をされたこと（されている）はありますか。（いくつでも）　全体ベース N= 193

1 集会所の新築・改築	29.5
2 街路灯の新設・補修	26.4
3 その他	23.8
4 ない	32.6
5 わからない	1.0
	2.1

Q19 町内会会計の収支決算報告や事業報告はどのようなかたちで行なっていますか。（いくつでも）　全体ベース N= 193

1 総会で報告	97.9
2 役員会で報告	42.0
3 監事に報告	34.2
4 決算の概要書を会員に送付する	24.9
5 その他	3.6
6 報告はしない	0.5
	0.5

Q20　あなたの町内会には集会施設がありますか。（いくつでも）

全体ベース N= 193

	%
1 町内会独自の集会所がある	51.3
2 他の町内会と共有の集会所がある	9.3
3 他の団体と共有の集会所がある	6.7
4 公民館など、利用している施設が周りにある	23.3
5 その他	9.8
6 集会所はなく、利用できる施設も周りにない	4.7
	1.0

*Q20で1の場合

Q20A　町内会独自の集会所について以下の問いにお答え下さい。

Q20A.1　建物はどなたが所有している財産ですか（登記の有無は問いません）。（ひとつだけ）

独自に集会所がある人ベース N= 99

	%
1 町内会の共有財産（個人名義の場合を含む）	70.7
2 盛岡市	18.2
3 個人の私有財産	5.1
4 その他	4.0
	2.0

Q20A.2　建物が建っている土地はどなたの財産ですか。（ひとつだけ）

独自に集会所がある人ベース N= 99

	%
1 町内会の共有財産（個人名義の場合を含む）	14.1
2 盛岡市の財産	58.6
3 岩手県の財産	1.0
4 国有の財産	1.0
5 個人の私有財産	20.2
6 法人の財産	2.0
7 その他	1.0
	2.0

Q20A.3　その集会所の利用状況はどのようですか。（ひとつだけ）

独自に集会所がある人ベース N= 99

	%
1 容量の限度まで利用されている	15.2
2 容量の範囲内で十分に利用されている	73.7
3 あまり利用されていない	9.1
4 ほとんど利用されていない	1.0
5 その他	0.0
6 わからない	0.0
	1.0

Q21　あなたの町内会がある地域には次のような組織や団体がありますか。

Q21A　もしある場合には、それぞれの組織・団体の最小の単位をお教えください。（ひとつだけ）

全体ベース N= 193

	町内会で構成されている	町内会単位の別組織で構成されている	町内会連合会単位で構成されている	町内会連合会単位の別組織で構成されている	その他の地域組織で構成されている	構成されていない	わからない
1 子供会育成会	39.9	21.2	4.7	3.1	11.4	3.1	3.1	13.5
2 民生・児童委員会	15.0	14.5	16.6	13.5	17.6	3.1	3.6	16.1
3 少年補導委員会	3.6	5.2	6.2	6.7	13.0	13.0	8.8	43.5
4 体育協会	1.6	3.1	3.6	8.3	10.4	18.1	8.8	46.1
5 防犯協会	4.7	10.4	12.4	18.1	20.2	5.7	4.1	24.4
6 消防団（分団）	5.2	17.6	8.3	12.4	28.0	4.1	5.2	19.2
7 社会福祉協議会	4.1	7.8	15.5	13.5	16.1	6.2	5.7	31.6
8 婦人会	20.7	4.7	4.7	2.1	3.6	15.5	11.4	37.3
9 青年団	8.3	3.1	2.1	2.1	3.6	19.7	13.5	47.7
10 老人クラブ	32.6	24.4	5.7	6.7	5.7	2.6	7.8	14.5
11 商工会・商店会	1.0	2.1	2.1	2.1	11.9	20.7	10.9	49.2
12 農協・漁協	1.6	2.6	3.6	1.6	11.4	22.3	8.8	50.8
13 生協	0.0	0.5	1.0	0.0	1.0	8.3	24.4	53.9
14 氏子会・檀家組織	1.6	5.7	1.6	5.2	14.0	18.1	11.4	50.3
15 講	0.0	0.0	0.0	0.0	1.0	23.8	16.1	59.1
16 その他	0.5	0.0	0.0	0.0	0.5	0.0	1.6	96.4

*Q21Aで1～5の場合

Q21B　それぞれの組織・団体とあなたの町内会はどのような関係にありますか。（いくつでも）

各町内会で構成されているものベース

	N	町内会が活動に協力	町内会から役員を出している	町内会に役員が出されている	町内会が情報を出している	町内会に情報を提供している	町内会に部会を設置している	補助金や負担金を出している	集会所等の施設を使用している
1 子供会育成会	155	74.8	15.5	20.6	20.0	27.1	21.3	70.3	34.8	2.6
2 民生・児童委員会	149	52.3	49.7	16.1	17.4	33.6	8.1	9.4	13.4	8.7
3 少年補導委員会	67	38.8	25.4	7.5	9.0	17.9	3.0	10.4	6.0	22.4
4 体育協会	52	51.9	44.2	5.8	5.8	26.9	15.4	25.0	11.5	7.7
5 防犯協会	127	53.5	42.5	7.9	14.2	33.1	11.0	44.9	6.3	6.3
6 消防団（分団）	138	53.6	41.3	11.6	10.9	25.4	5.1	62.3	10.9	5.8
7 社会福祉協議会	110	47.3	42.7	4.5	12.7	33.6	4.5	57.3	10.0	3.6
8 婦人会	69	65.2	27.5	21.7	8.7	29.0	34.8	40.6	27.5	11.6
9 青年団	37	48.6	13.5	8.1	13.5	24.3	21.6	32.4	29.7	13.5
10 老人クラブ	145	62.8	21.4	14.5	20.0	25.5	11.7	56.6	31.7	9.0
11 商工会・商店会	37	40.5	5.4	2.7	2.7	32.4	0.0	0.0	0.0	27.0
12 農協・漁協	35	34.3	8.6	5.7	5.7	22.9	2.9	2.9	2.9	28.6
13 生協	21	9.5	0.0	0.0	4.8	9.5	0.0	0.0	0.0	23.8	57.1
14 氏子会・檀家組織	39	46.2	30.8	7.7	17.9	15.4	2.6	25.6	20.5	25.6
15 講	2	0.0	0.0	0.0	0.0	0.0	0.0	0.0	0.0	50.0
16 その他	3	100.0	33.3	33.3	0.0	66.7	0.0	66.7	33.3	

Q22　町内会独自の会報を発行していますか。（ひとつだけ）

全体ベース N= 193

	%
1 毎月2回以上発行している	3.1
2 原則として毎月1回発行している	23.8
3 年に数回発行している	29.0
4 年に1回発行している	3.1
5 発行しない年もあるが、ときどき発行している	5.7
6 発行していない	33.2
	2.1

Q23　地方議会の議員選挙のときに、町内会として推薦や応援をしていますか。

Q23.1　現在（ひとつだけ）

全体ベース N= 193

	%
1 いつも推薦している	4.7
2 推薦することもある	7.3
3 推薦はしないが応援はいつもしている	8.8
4 推薦はしないが応援することはある	16.6
5 何もしていない	58.5
6 わからない	3.1
	1.0

Q23.2 過去（ひとつだけ） 全体ベース N=193

1 いつも推薦していた	4.7
2 推薦することもあった	12.4
3 推薦はしないが応援はいつもしていた	6.7
4 推薦はしないが応援することもあった	19.7
5 何もしていなかった	43.5
6 わからない	11.9

Q24 あなたの町内会では、役所からの広報配布や依頼業務についてどう対処していますか。（ひとつだけ） 全体ベース N=193

1 当然のこととして積極的に協力している	38.3
2 果たすべき義務として協力している	48.7
3 最低限のことのみ協力している	10.4
4 原則として協力していない	1.0
	1.6

Q25 今後の町内会などの地域住民組織が果たすべき役割について、どのように考えていますか。（ひとつだけ）

全体ベース N=193

	さらに促進	このまま継続	見直し	とりやめ	検討に向け実施	ない今後もやら	わからない	その他
1 日常的な防犯対策	24.4	53.4	3.1	0.0	7.8	2.6	3.6	0.5	4.7
2 日常的な防火対策	24.4	48.7	2.1	0.0	9.8	3.1	4.1	2.1	5.7
3 自然災害等緊急時の備え	36.3	30.1	5.2	0.0	18.7	3.6	1.0	0.5	4.7
4 会員間での交流促進	31.6	55.4	3.1	0.0	2.6	0.5	1.0	0.0	5.7
5 行政等への陳情・依頼	17.1	56.0	4.7	0.0	4.7	5.7	5.7	0.0	6.2
6 行政からの依頼仕事	3.1	67.9	15.5	0.0	2.6	1.6	4.1	0.0	4.7
7 日赤・共同募金への協力	4.1	77.7	14.0	1.0	0.5	0.5	0.5	0.0	1.6
8 警察・交通との連携・調整	15.0	76.7	2.1	0.0	0.0	1.0	2.1	0.0	3.1
9 学校との連携・調整	21.2	70.5	3.1	0.0	0.0	0.5	1.0	0.5	3.1
10 民生委員との連携	20.2	71.0	2.6	0.0	0.5	0.0	2.1	0.0	3.6
11 NPO等組織との連携の推進	2.6	25.4	6.7	1.6	11.4	7.3	34.7	1.0	9.3
12 企業との連携・調整	4.1	28.5	3.6	0.5	4.1	13.5	34.7	1.6	9.3
13 高齢者の福祉	41.5	40.9	5.2	0.0	5.2	0.5	2.6	0.5	3.6
14 障害者の福祉	30.1	38.3	5.2	0.0	7.3	2.1	9.8	1.0	6.2
15 青少年の健全育成	29.0	49.2	4.1	0.0	3.6	1.6	6.2	0.5	5.7
16 冠婚葬祭	3.1	46.6	5.2	1.0	0.5	17.1	17.1	2.6	6.7
17 運動会やスポーツ大会の開催	10.9	49.2	6.2	1.6	2.1	13.5	8.8	1.0	6.7
18 公民館運営への協力	14.0	63.2	1.0	0.0	0.5	5.7	6.7	3.1	5.7
19 開発計画・事業への参加・関与	5.7	24.9	3.6	0.0	4.1	11.9	34.2	5.2	9.8
20 市議会へ代表者を送ること	3.1	14.0	2.6	0.5	1.0	29.5	38.9	3.1	7.3
21 その他	0.0	0.0	0.0	0.0	0.0	0.0	2.6	0.0	96.9

Q26 あなたの町内会では、ここ数年、地域生活を営む上で困った問題がありましたか（現在、ありますか）。ある場合には、そうした問題について、解決や改善のために何らかの働きかけを行ないましたか。（ひとつだけ）

全体ベース N=193

	困った問題がある	各ベース	対応し公所等の担当課・係に依頼式に	役所の知り合いに働きかけ	役所の幹部に働きかけ	市会議員に働きかけ	議員以外の地域の有力者に働きかけ	他の地域団体に働きかけ	警察・交番に相談	町内会が自力で対応
1 住宅の建て込み等の住宅問題	60.1	N=116	13.8	0.9	0.0	0.0	0.0	0.0	0.0	11.2
2 ゴミ処理の問題	89.6	N=173	23.7	0.6	1.2	0.0	1.2	0.0	0.0	66.5
3 商売・スーパー等の買い物施設の不足	59.1	N=114	3.5	0.9	0.0	1.8	0.9	2.6	0.0	2.6
4 開発による住環境や自然環境の悪化	58.5	N=113	15.0	1.8	2.7	3.5	0.0	3.5	1.8	5.3
5 治安・少年非行・風紀の悪化	62.2	N=120	4.2	0.0	0.0	0.0	2.5	4.2	48.3	12.5
6 移動や交通の問題	71.5	N=138	48.6	0.7	2.9	13.8	0.7	1.4	4.3	3.6
7 保育園・学校等育児・教育施設の不足	57.5	N=111	19.8	0.0	2.7	5.4	0.0	1.8	0.0	0.0
8 公園・運動場・体育施設等の不足	58.5	N=113	23.0	0.0	0.9	8.8	0.0	0.9	0.0	1.8
9 集会所等文化交流施設の不足・老朽化	62.7	N=121	22.3	0.0	0.8	6.6	0.0	0.0	0.0	7.4
10 病院等医療・福祉施設の不足	59.6	N=115	20.0	0.0	1.7	5.2	0.0	0.9	0.0	0.0
11 都市型災害に対する基盤整備の不足	57.5	N=111	27.0	0.0	0.9	6.3	0.0	3.6	0.0	0.0
12 住民間のトラブル	59.1	N=114	5.3	0.9	0.0	0.0	0.0	0.0	11.4	40.4
13 民間企業とのトラブル	56.5	N=109	8.3	0.9	0.0	0.0	0.9	0.0	2.8	15.6
14 行政とのトラブル	58.0	N=112	22.3	0.0	0.9	9.8	0.9	0.9	0.0	11.6
15 商店や工場を経営していく上での障害	56.5	N=109	5.5	0.0	0.9	1.8	0.9	0.0	0.0	0.0
16 土地問題（土地利用規制や共有地）	56.5	N=109	13.8	0.0	1.8	2.8	0.0	0.9	0.0	3.7
17 その他	9.8	N=19	21.1	0.0	10.5	0.0	0.0	10.5	0.0	5.3
18 困っていることはない	3.6									
	2.6									

		町内会のまとまりやネットワーク等を生かし、解決の組織	町内会のNPO等とは別に、問題解決のための組織	具体的に何もしていない	その他
	各ベース				
1 住宅の建て込み等の住宅問題	N= 116	0.0	0.0	11.2	62.9
2 ゴミ処理の問題	N= 173	2.3	1.2		2.3
3 商売・スーパー等の買い物施設の不足	N= 114	0.9	0.0	11.4	75.4
4 開発による住環境や自然環境の悪化	N= 113	0.0	0.0	7.1	58.4
5 治安・少年非行・風紀の悪化	N= 120	0.8	0.0	3.3	23.3
6 移動や交通の問題	N= 138	0.7	0.7	2.2	20.3
7 保育園・学校等育児・教育施設の不足	N= 111	0.0	0.0	8.1	62.2
8 公園・運動場・体育施設等の不足	N= 113	0.0	0.0	7.1	57.5
9 集会所等文化交流施設の不足・老朽化	N= 121	0.8	0.0	6.6	55.4
10 病院等医療・福祉施設の不足	N= 115	0.0	0.9	6.1	64.3
11 都市型災害に対する基盤整備の不足	N= 111	0.0	0.0	5.4	51.4
12 住民間のトラブル	N= 114	0.0	0.0	8.8	32.5
13 民間企業とのトラブル	N= 109	0.0	0.0	12.8	58.7
14 行政とのトラブル	N= 112	0.0	0.0	10.7	43.8
15 商店や工場を経営していく上での障害	N= 109	0.0	0.0	17.4	72.5
16 土地問題(土地利用規制や共有地)	N= 109	2.8	0.9	13.8	59.6
17 その他	N= 19	0.0	0.0	10.5	42.1

IV あなたの町内会の防犯活動についてお尋ねします。

Q27 あなたの町内会の周辺におけるこれまでと現在(ここ数年)の犯罪の発生状況・危険性と今後の傾向についてどのようにお考えですか。

Q27A これまで(ひとつだけ)

		まったくない	ほとんどない	あまりない	多い	非常に多い	わからない	
	全体ベース N= 193							
1 自転車バイクの盗難・破損		7.8	32.1	34.2	8.3	0.5	7.8	9.3
2 車上荒らし・自動車破損		13.0	33.2	32.1	3.6	0.0	7.8	10.4
3 落書きや器物の損壊		14.5	34.2	30.6	2.6	0.0	6.7	11.4
4 不審者の侵入		12.4	30.1	33.7	3.1	0.0	9.3	11.4
5 空き巣狙い		13.0	31.6	33.2	5.2	0.0	7.3	9.8
6 放火・不審火		39.4	26.9	15.5	0.0	0.0	6.2	11.9
7 詐欺(サギ)		18.7	30.1	14.0	2.6	0.0	21.8	13.0
8 悪徳商法		11.4	28.5	24.4	3.6	1.0	19.7	11.4
9 すり・ひったくり		31.6	25.9	16.1	0.5	0.0	15.5	10.9
10 下着等洗濯物の盗難		23.8	27.5	18.7	1.6	0.0	16.1	12.4
11 痴漢・変質者		15.5	30.6	24.9	4.7	0.0	11.9	12.4
12 ストーカー		24.4	28.5	14.5	1.0	0.0	19.2	12.4
13 恐喝・脅迫		27.5	23.8	16.1	0.5	0.0	20.7	11.4
14 暴行・傷害・強盗		23.8	28.5	17.1	0.0	0.0	18.7	11.9
15 不法なゴミ捨て		4.1	9.3	43.0	27.5	4.1	3.6	8.3
16 その他		1.0	0.0	0.0	0.0	0.0	0.0	99.0

Q27B 現在(これまでと比べて)(ひとつだけ)

		著しく減った	減った	変わらない	増えた	著しく増えた	わからない	
	全体ベース N= 193							
1 自転車バイクの盗難・破損		1.6	13.5	49.7	3.1	0.0	16.1	16.1
2 車上荒らし・自動車破損		1.6	9.8	53.9	1.6	0.0	15.0	18.1
3 落書きや器物の損壊		3.1	9.8	52.3	3.1	0.0	12.4	19.2
4 不審者の侵入		3.6	8.8	49.2	3.6	0.0	14.0	20.7
5 空き巣狙い		4.1	9.8	51.3	1.6	0.0	15.0	18.1
6 放火・不審火		5.2	3.1	52.8	0.5	0.0	15.5	22.8
7 詐欺(サギ)		1.6	6.2	42.5	2.1	0.0	25.4	22.3
8 悪徳商法		2.1	6.7	42.0	4.7	1.0	22.8	20.7
9 すり・ひったくり		2.1	5.2	48.7	1.6	0.0	20.7	21.8
10 下着等洗濯物の盗難		3.1	6.2	46.1	1.0	0.0	20.7	22.8
11 痴漢・変質者		2.6	7.8	45.6	3.6	0.0	18.1	22.3
12 ストーカー		2.6	5.2	45.1	1.0	0.0	21.8	24.4
13 恐喝・脅迫		3.1	4.1	47.2	0.5	0.0	21.8	23.3
14 暴行・傷害・強盗		2.1	6.7	47.2	0.5	0.0	20.2	23.3
15 不法なゴミ捨て		2.1	15.5	39.4	15.5	2.1	9.8	15.5
16 その他		0.0	0.0	0.0	0.0	0.0	0.5	99.5

Q27C　これから（現在と比べて）（ひとつだけ）

全体ベース N=193

	著しく減る	減る	変わらない	増える	著しく増える	わからない	なし
1 自転車バイクの盗難・破損	1.6	12.4	39.4	4.7	0.5	22.8	18.7
2 車上荒らし・自動車破損	1.6	10.4	41.5	4.1	0.5	21.8	20.2
3 落書きや器物の損壊	2.6	8.3	41.5	5.7	0.5	20.7	20.7
4 不審者の侵入	2.6	7.8	37.8	7.3	1.0	21.2	22.3
5 空き巣狙い	3.1	9.8	38.3	7.3	1.0	21.2	19.2
6 放火・不審火	4.1	5.7	39.9	3.1	0.0	22.3	24.9
7 詐欺（サギ）	2.6	6.7	32.6	5.7	1.0	28.0	23.3
8 悪徳商法	2.1	9.3	31.6	7.8	2.1	25.9	21.2
9 すり・ひったくり	2.6	7.3	38.3	3.1	0.0	25.9	22.8
10 下着等洗濯物の盗難	2.1	8.3	37.3	3.6	0.0	25.4	23.3
11 痴漢・変質者	2.6	7.3	36.3	5.7	0.0	25.4	22.8
12 ストーカー	3.1	6.7	35.2	3.1	0.0	26.4	25.4
13 恐喝・脅迫	3.1	6.2	36.8	3.1	0.0	27.5	23.3
14 暴行・傷害・強盗	3.6	6.7	35.2	4.1	0.0	25.4	24.9
15 不法なゴミ捨て	2.6	11.9	31.1	18.1	2.1	17.1	17.1
16 その他	0.0	0.0	0.0	0.0	0.0	0.5	99.5

Q28　あなたの町内会では、防犯のためにどのような組織的な取り組みをしていますか。（いくつでも）

全体ベース N=193

	%		%
1 防犯パトロールの実施	50.8	7 公園等の見通し、見晴らしの改善	18.7
2 地域の犯罪発生や、不審者の出没状況の情報の共有（回覧板など）	46.1	8 不審者に遭遇したときの連絡先・駆け込み先	34.7
3 防犯マップの作成	15.5	9 防犯セミナー・講習会等への参加	23.3
4 防犯灯・街路灯の設置	78.2	10 小・中学校との情報交換	69.9
5 監視カメラの設置	0.5	11 その他	2.6
6 声かけの実施	42.5		9.8

Q29　あなたの町内会の周辺で、過去数年、治安の不安を感じさせてきたのはどのようなことですか。また現在はどうなっていますか。
そして、そうした問題に対して住民の方々で何か対策をとっていますか。

Q29A　過去数年の状況（ひとつだけ）
Q29B　現在の状況がもたらす不安（ひとつだけ）
Q29C　自主的な対応や対策（ひとつだけ）

全体ベース N=193

	過去数年の状況				現在の状況がもたらす不安				自主的な対応・対策		
	大いに問題あり	やや問題あり	あまり問題なし	問題なし	大いに不安あり	やや不安あり	あまり不安なし	不安なし	行っている	行っていない	
1 路上や空き地のゴミの散乱	9.3	31.1	36.8	11.9	10.9	6.7	29.0	39.4	11.9	13.0	63.7	22.3	14.0
2 自動車、バイク、自転車の不法放置	8.3	27.5	33.2	19.2	11.9	6.2	18.7	44.0	16.6	14.5	35.8	48.2	16.1
3 不審者の出没	2.6	20.2	42.5	22.3	12.4	3.1	20.2	42.0	20.7	14.5	35.8	47.7	16.6
4 不良のたまり場	0.5	10.9	42.0	33.2	13.5	0.5	10.4	39.4	32.1	16.1	22.8	57.5	19.7
5 深夜の暴走族	1.6	10.4	36.3	37.8	14.0	0.5	10.4	41.5	32.1	15.5	10.9	70.5	18.7
6 害悪のあるチラシやビラ	1.0	8.3	33.7	43.5	13.5	0.0	8.8	40.9	35.2	15.0	16.6	65.3	18.1
7 わいせつなビデオ・雑誌の自販機	1.6	4.1	23.3	57.5	13.5	0.5	4.7	33.2	47.2	14.5	10.4	69.9	19.7
8 深夜営業の店舗	1.6	4.1	21.8	58.0	14.5	1.0	5.2	26.4	51.8	15.5	9.3	71.0	19.7
9 町内のよくわからない住民	1.0	14.5	38.9	31.1	14.5	1.0	16.1	39.9	28.0	15.0	16.1	64.8	19.2
10 新聞・テレビ・ラジオの犯罪報道	0.0	10.4	37.8	36.3	15.5	0.0	10.4	37.3	34.7	16.6	8.8	70.5	20.7
その他	0.0	0.5	0.0	0.0	99.0	0.0	0.0	1.0	0.0	98.4			

Q30　地域の防犯活動について、あなたの町内会は、独自の取り組みをされていますか。また、町内会以外で、防犯活動に取り組んでいる地域団体はありますか。

Q31　安全・安心なまちづくりについて

Q31A　あなたの町内会の周辺でこれまでどのような取り組みをしてきましたか。（いくつでも）

全体ベース N=193

	%		%
1 防犯灯・街路灯の整備	89.6	6 防犯活動のリーダー育成	26.4
2 監視カメラの設置・整備	10.9	7 防犯活動の組織化の支援	37.8
3 犯罪発生状況の情報提供	61.7	8 防犯キャンペーンの実施	42.0
4 護身の知識・技術の提供	17.1	9 防犯パトロールの強化・連携	65.3
5 防犯のための講習会の開催	44.0	10 自治体の安全・安心条例の制定	21.2
			4.1

Q31B　そうした取り組みの主体はどこですか。（いくつでも）

	各ベース	あなたの町内会	他の町内会	町内会連合会	部落（～支）防犯協会	地域防犯住民組織	防犯協会以外のNPO・ボランティア団体	行政	警察
1 防犯灯・街路灯の整備	N=173	97.1	8.1	12.1	5.2	2.3	0.0	15.6	7.5	1.2
2 監視カメラの設置・整備	N=21	14.3	9.5	4.8	14.3	23.8	0.0	14.3	42.9	
3 犯罪発生状況の情報提供	N=119	37.8	5.0	9.2	19.3	5.9	0.0	21.8	73.1	1.7
4 護身の知識・技術の提供	N=33	6.1	0.0	9.1	24.2	3.0	6.1	3.0	69.7	3.0
5 防犯のための講習会の開催	N=85	36.5	2.4	22.4	31.8	11.8	1.2	12.9	52.9	1.2
6 防犯活動のリーダー育成	N=51	27.5	2.0	17.6	47.1	7.8	2.0	17.6	41.2	2.0
7 防犯活動の組織化の支援	N=73	39.7	4.1	26.0	43.8	6.8	2.7	15.1	31.5	2.7
8 防犯キャンペーンの実施	N=81	21.0	0.0	19.8	45.7	14.8	1.2	12.3	49.4	2.5
9 防犯パトロールの強化・連携	N=126	56.3	5.6	13.5	32.5	15.1	3.2	7.1	42.1	0.8
10 自治体の安全・安心条例の制定	N=41	24.4	2.4	24.4	12.2	7.3	0.0	53.7	26.8	2.4

Q31C　そうした活動にもっとも熱心に取り組んでいる主体はどこですか。(ひとつだけ)

	各ベース	あなたの町内会	他の町内会	町内会連合会	防犯協会	防犯協会（支部）	地域住民組織	防犯協会以外の地域住民組織	NPO・ボランティア団体	行政	警察
1 防犯灯・街路灯の整備	N= 173	72.3	0.0	2.9	0.6		0.0		0.0	2.3	0.6	21.4
2 監視カメラの設置・整備	N= 21	9.5	4.8	4.8	4.8		14.3		0.0	9.5	28.6	23.8
3 犯罪発生状況の情報提供	N= 119	12.6	0.0	1.7	4.2		1.7		0.0	1.7	48.7	29.4
4 護身の知識・技術の提供	N= 33	6.1	0.0	0.0	6.1		0.0		6.1	3.0	51.5	27.3
5 防犯のための講習会の開催	N= 85	11.8	0.0	8.2	10.6		5.9		0.0	2.4	23.5	37.6
6 防犯活動のリーダー育成	N= 51	13.7	0.0	5.9	25.5		2.0		2.0	3.9	17.6	29.4
7 防犯活動の組織化の支援	N= 73	20.5	0.0	8.2	26.0		0.0		0.0	2.7	16.4	26.0
8 防犯キャンペーンの実施	N= 81	3.7	0.0	9.9	21.0		3.7		0.0	2.5	27.2	32.1
9 防犯パトロールの強化・連携	N= 126	25.4	0.0	3.2	14.3		4.0		0.8	0.0	15.1	37.3
10 自治体の安全・安心条例の制定	N= 41	9.8	2.4	0.0	2.4		0.0		0.0	39.0	9.8	26.8

Q31AA　あなたの町内会では行政や警察がとくに行うべきだと考えている取り組みについてお選びください。(いくつでも)　　全体ベース N= 193

1 防犯灯・街路灯の整備	43.0	7 防犯活動の組織化の支援	20.7
2 監視カメラの設置・整備	21.2	8 防犯キャンペーンの実施	19.7
3 犯罪発生状況の情報提供	59.1	9 防犯パトロールの強化・連携	54.9
4 護身の知識・技術の提供	7.3	10 自治体の安全・安心条例の制定	15.0
5 防犯のための講習会の開催	34.2	11 その他	2.1
6 防犯活動のリーダー育成	24.9		8.3

V　あなたの町内会の防災活動についてお尋ねします。

Q32　あなたの町内会では、大地震等(火災、水害等を含む)が起きたときの対応について具体的に話し合いを行なってきましたか。(ひとつだけ)

全体ベース N= 193

1 話し合ってきた	69.9	3 わからない	1.0
2 話し合っていない	28.5		0.5

*Q32で1の場合

Q32A　具体的に話し合った内容(いくつでも)　　話し合いを行ってきた人ベース N= 135

1 心がまえについて	67.4	6 家屋の安全度について	17.8
2 避難の方法、時期、場所について	81.5	7 地域の災害危険箇所について	33.3
3 食料・飲料水について	34.1	8 外国人等の短期居住者・一時滞在者の安全について	0.7
4 非常持ち出し品について	23.7	9 その他	5.9
5 住民間の連絡について	79.3		0.7

Q33　あなたの町内会では、大地震等が起こった場合に備えて、どのような対策をとっていますか。(いくつでも)

全体ベース N= 193

1 消火器、懐中電灯、医薬品等を準備しておくよう住民に呼びかけている	38.3
2 食料品や飲料水の備蓄を住民にすすめている	21.8
3 家具や冷蔵庫を固定しブロック塀を点検する等、倒壊を防止するよう呼びかけている	12.4
4 地震保険に加入するよう住民に働きかけている	3.1
5 住民間の連絡方法等を決めている	43.5
6 近くの学校や公園等避難する場所を決めている	63.2
7 防災に関するセミナーや講演を開く等啓蒙活動を行なっている	31.1
8 市や消防署が主催している防災訓練や講演に積極的に参加している	34.2
9 高齢者世帯・子どもの状況把握につとめている	53.9
10 外国人等の短期居住者・一時滞在者の状況把握につとめている	0.5
11 その他	4.7
12 とくに何もしていない	15.0
	2.1

Q34　あなたの町内会では、防災マップや災害危険予想図(ハザードマップ)等の防災対策資料を持っていますか。(ひとつだけ)

全体ベース N= 193

1 作成中または持っている	58.0
2 持っていない	36.8
3 わからない	2.6
	2.6

*Q34で1の場合

Q34A　作成しているまたは作成に取り組んだ主体はどこですか。(いくつでも)
Q34B　作成しているまたは作成にもっとも熱心に取り組んだ主体はどこですか。(ひとつだけ)

防災対策資料を持っている人ベース N= 112	取り組み主体	最も熱心な主体		防災対策資料を持っている人ベース N= 112	取り組み主体	最も熱心な主体
1 あなたの町内会	63.4	58.9		6 NPO・ボランティア団体	0.0	0.0
2 他の町内会	3.6	3.6		7 行政	42.0	32.1
3 町内会連合会	21.4	14.3		8 警察	4.5	4.5
4 地域防災組織	33.9	23.2		9 その他	3.6	2.7
5 地域防災組織以外の地域住民組織	7.1	6.3				1.8

*Q34で1の場合

Q34C　作成しているまたは作成にさいして、地域住民に加えて特にどのような主体に視点が向けられていましたか。(いくつでも)　　防災対策資料を持っている人ベース N= 112

1 高齢者	90.2	4 外国人等の短期居住者・一時滞在者	1.8
2 子ども	35.7	5 その他	14.3
3 女性	14.3		4.5

Q35 あなたの町内会や町内会連合会、地区協議会では、近年、大地震等を想定した防災訓練を独自に行なっていますか(消防署や市から協力を受ける訓練も含みます)。またその際、住民は参加したり見学したりしていますか。

Q35A 町内会単位(ひとつだけ)
Q35B 町内会連合会単位(ひとつだけ)

全体ベース N= 193

	町内会単位	町内会連合会単位
1 行なっており、数多くの会員が参加したり見学したりしている	7.3	6.7
2 行なっており、一定の熱心な会員が参加したり見学したりしている	9.8	9.3
3 行なっているものの、参加や見学をする会員は非常に限られている	14.5	11.4
4 行なっていないが、いずれ行ないたいと考えている	32.6	8.8
5 行なっていないし、今後も行なう予定はない	11.4	5.2
6 その他	0.0	1.6
	24.4	57.0

Q36 大地震のさい、あなたの町内会のある地域の救援活動では、どのようなアクター(組織や人)が重要な役割を果たすと考えていますか。

Q36A 発生時の救援活動
　重要なもの(いくつでも)
　もっとも重要なもの(ひとつだけ)

Q36B 発生後の救援活動
　重要なもの(いくつでも)
　もっとも重要なもの(ひとつだけ)

全体ベース N= 193

	A 発生時の救援活動		B 発生後の救援活動	
	重要なもの	もっとも重要	重要なもの	もっとも重要
1 個人(個人的な人間関係)	47.7	6.2	36.8	2.1
2 隣近所・隣組	83.4	45.1	72.0	19.7
3 町内会	75.1	14.0	74.6	19.7
4 町内会連合会	15.5	0.5	19.7	1.6
5 消防団	62.7	3.1	58.5	2.6
6 NPO等のネットワーク組織	11.9	0.0	23.3	1.0
7 民間企業	6.7	0.5	8.8	1.0
8 新聞・テレビ・ラジオ等	33.2	0.5	30.6	0.5
9 地方自治体	39.4	1.6	49.7	14.5
10 消防署	63.7	3.6	62.7	5.7
11 警察	50.8	1.6	51.3	0.0
12 自衛隊	28.5	2.1	43.5	6.2
13 国家	20.2	1.0	24.9	3.1
14 その他	1.0	0.0	0.5	0.0
	5.7	20.2	6.7	21.8

VI 盛岡市の町内会と行政の関わりについてお聞きします。

Q37 盛岡市の町内会の未来イメージについて、どのようにお考えですか。(ひとつだけ)

全体ベース N= 193

1 地域社会の役割が高まり、町内会のしごとが増える	65.8
2 地域社会の役割が高まるが、町内会のしごとは変わらない	8.3
3 地域社会の役割は変わらず、町内会のしごとも変わらない	4.1
4 地域社会の役割は変わらないが、町内会のしごとは増える	13.5
5 その他	0.5
6 わからない	6.2
	1.6

Q38 これからの市役所行政との関係について、どのようにお考えですか。(ひとつだけ)

全体ベース N= 193

1 これまでも関係は強く、これからも強い	49.7
2 これまでは関係が深かったが、これからは弱くなる	6.7
3 これまでも関係は弱い	8.8
4 これまでは関係が弱かったが、これからは強くなる	18.7
5 わからない	14.0
	2.1

Q39 あなたの町内会では、昨年度、行政側から以下のような支援がありましたか。またそれぞれの支援を、今年度以降、どの程度受けたいと思いますか。

Q39A 支援の有無(ひとつだけ)
Q39B 今年度以降の支援の期待(ひとつだけ)

全体ベース N= 193

	支援の有無			今年度以降の支援の期待						
	あり	なし	わからない	させてほしい、より一層充実	今年度も昨年度と同様で	より良い今年度より支援が減って	今年も必要はない、支援を取りやめてもよい	支援の必要はない	わからない	その他
1 町内会活動全般にかかる費用の助成	31.1	51.3	4.1	13.5	41.5	23.8	5.7	3.1	5.7	18.7
2 防犯灯電気料の助成	91.2	3.6	1.6	3.6	37.8	47.2	2.1	0.5	0.0	3.6	8.8
3 防犯灯灯具交換補修費の助成	62.7	24.4	1.6	11.4	47.2	29.5	1.6	1.6	1.0	2.6	16.6
4 町内会活動への指導、介入	15.5	64.8	4.1	15.5	14.5	32.1	1.6	11.4	4.7	12.4	23.3
5 他の町内会との情報交換の場の設置	48.7	30.6	5.7	15.0	22.3	36.8	3.6	3.6	1.6	4.2	22.3
6 その他	0.5	3.1	1.0	95.3	1.0	1.0	0.0	0.0	0.0	1.0	96.4

Q40 町内会の今後はどんな組織になるとお考えでしょうか。(ひとつだけ)

全体ベース N= 193

1 これまで通り、地縁的組織の代表的組織として続く	69.4	3 その他の組織	1.6
2 これまでは関係が深かったが、これからは弱くなる	19.7	4 わからない	6.7
			2.6

Q41 町内会と市との関係について

Q41.1 町内会は、現在、市との連携が十分になされていると思いますか。(ひとつだけ)

全体ベース N= 193

1 そう思う	45.1
2 そう思わない	48.2
3 わからない	5.2
	1.6

Q41.2 町内会は、今以上に市との連携が必要だと思いますか。(ひとつだけ)

全体ベース N= 193

1 必要である	62.7
2 どちらともいえない	32.1
3 必要でない	3.1
	2.1

Q42 「市民協働」やそのための「地域内分権」が実行された場合、あなたの地域はどう変わっていくと思いますか。

Q42.1 「地域住民同士の連携」(ひとつだけ)

全体ベース N= 193

1 強くなる	30.6
2 弱くなる	10.9
3 変わらない	42.0
4 わからない	14.5
	2.1

Q42.2 「町内会活動(住民活動)への参加者」(ひとつだけ)

全体ベース N= 193

1 増える	19.2
2 減る	19.7
3 変わらない	49.2
4 わからない	9.8
	2.1

Q42.3	「地域の自主性・独自性」(ひとつだけ)	全体ベース N=193
1	強まる	26.4
2	弱まる	15.5
3	変わらない	46.6
4	わからない	9.3
		2.1

Q42.4	「地域内での問題解決力」(ひとつだけ)	全体ベース N=193
1	強まる	25.9
2	弱まる	16.1
3	変わらない	44.0
4	わからない	11.9
		2.1

Ⅶ 最後に、町内会長さんご自身についてお尋ねします。

F1　会長さんの性別(ひとつだけ)　全体ベース N=193

1	男性	95.9
2	女性	3.6
		0.5

F2　会長さんの年齢(ひとつだけ)　全体ベース N=193

1	20歳代	0.0	5	60歳代	37.3
2	30歳代	1.6	6	70歳代	41.5
3	40歳代	2.6	7	80歳以上	8.3
4	50歳代	7.8			1.0

F3　会長さんが現在お住まいの家(ひとつだけ)　全体ベース N=193

1	持家(一戸建て)	91.7
2	持家(集合住宅)	3.1
3	公営の借家・住宅	3.6
4	民間の借家・住宅	0.5
5	その他	0.5
		0.5

F4　会長さんの家の家族構成(ひとつだけ)　全体ベース N=193

1	非高齢者のみの核家族世帯	17.1
2	高齢者のみの核家族世帯	39.9
3	非高齢者と高齢者からなる親族世帯	23.3
4	非高齢者の単身世帯	2.1
5	高齢者の単身世帯	2.1
6	二世帯以上がともに居住	11.4
7	その他	2.6

F5　会長さんのご家族は、現在お住まいの場所に、いつ頃から住んでいますか。(ひとつだけ)　全体ベース N=193

1	江戸時代以前から	7.3	6	昭和50年代から	16.6
2	明治・大正～昭和戦前期から	20.2	7	昭和60年代から	9.3
3	昭和20年代から	8.3	8	平成7年以降から	10.4
4	昭和30年代から	9.3	9	わからない	0.0
5	昭和40年代から	17.1			1.6

F6　会長さんの在任年数　回答者ベース N=183　6.3 年目(通算)

F7　会長さんは、町内会以外の地域組織・行政組織の役職(理事職)を引き受けていますか。
F7A　現在、引き受けている役職(いくつでも)
F7B　会長就任以前に引き受けたことがある役職(いくつでも)

	現在引き受けている	過去に引き受け		現在引き受けている	過去に引き受け		現在引き受けている	過去に引き受け
全体ベース N=193								
1 町内会役員	―	40.9	9 消防後援会役員	46.1	9.8	17 NPO・ボランティア組織役員	9.3	3.6
2 町内会連合会役員	44.0	13.5	10 消防団員	5.2	3.6	18 町内趣味余暇集団の世話人	7.8	8.3
3 民生・児童委員	6.2	8.8	11 公園愛護協会役員	9.3	1.6	19 商工会・商店会役員	3.1	5.7
4 PTA役員	3.6	22.3	12 婦人会役員	1.0	1.6	20 議員後援会役員	8.8	9.3
5 社会福祉協議会役員	27.5	8.8	13 老人クラブ役員	13.0	9.3	21 政治団体役員	4.7	4.1
6 体育協会役員	6.7	4.7	14 青年団役員			22 宗教団体役員	5.2	1.0
7 防犯協会役員	24.4	6.2	15 日赤奉仕団団長	1.6	0.5	23 その他	11.9	5.2
8 交通安全協会	20.2	8.8	16 共同募金会役員	4.7	1.0			31.6

F8　町内会とそれに関連するお仕事は、ご自身の生活のおおよそ何％を占めていると感じていますか。　回答者ベース N=182　41.4 ％

F8A　町内会内の仕事(行政からの依頼仕事を除く)、町内会連合会の仕事、行政からの依頼仕事、その他の町内外の付き合いを、負担に感じますか。(ひとつだけ)

	負担に感じる	どちらともいえない	負担に感じない	
全体ベース N=193				
1 町内会単位の仕事・付き合い	42.5	31.6	23.3	2.6
2 町内会連合会単位の仕事・付き合い	48.2	34.7	13.5	3.6
3 行政からの依頼仕事	47.7	33.7	14.5	4.1
4 その他	7.8	13.5	9.8	68.9

F9　会長としての正規の仕事以外に個人的に地域活動に関わっていますか。(いくつでも)　全体ベース N=193

1	とくに何もしていない	32.1
2	地域の任意団体が活動しやすいように調整や働きかけをしている	29.5
3	地域の任意団体の活動に積極的に顔を出している	41.5
4	ポケット・マネーで地域の団体や活動を支援している	10.9
5	自らが発起人となって地域イベントを開催している	8.3
6	自らが発起人となって地域組織・NPOなどを立ち上げている	3.6
7	その他	6.2
		4.1

【山形市町内会・自治会等調査】

I はじめに、あなたの町内会・自治会(以下、町内会)の全般的な事柄についてご記入下さい。

Q1　町内会の名称

Q2　町内会の所在する地区(ひとつだけ)　　　　　　　　　　　　　　　全体ベース N= 371

1 第一地区	5.4	11 鈴川地区	8.9	21 大郷地区	1.9
2 第二地区	4.9	12 千歳地区	1.3	22 南沼原地区	3.5
3 第三地区	4.9	13 飯塚地区	1.6	23 明治地区	0.5
4 第四地区	4.9	14 椹沢地区	0.8	24 南山形地区	3.0
5 第五地区	6.7	15 出羽地区	3.2	25 大曽根地区	1.3
6 第六地区	5.7	16 金井地区	1.9	26 山寺地区	0.5
7 第七地区	4.6	17 楯山地区	2.4	27 蔵王地区	5.4
8 第八地区	1.9	18 滝山地区	6.2	28 西山形地区	3.2
9 第九地区	1.3	19 東沢地区	3.0	29 村木沢地区	3.2
10 第十地区	2.7	20 高瀬地区	3.2	30 本沢地区	1.6
					0.3

Q3　町内会の沿革について

Q3.1　町内会の発足した時期(ひとつだけ)　　　　　　　　　　　　　　全体ベース N= 371

1 1940年代以前(戦前からあり、禁止期間もかたちを変えて存続し、講和条約後に再発足)	5.7
2 1940年代以前(戦前からあり、禁止期間にばらばらになったり、講和条約後に再発足)	1.9
3 1940年代以前(戦前からあるが、経緯についてはよくわからない)	31.0
4 1950年代	11.6
5 1960年代	9.7
6 1970年代	14.0
7 1980年代	3.8
8 1990年代	3.0
9 2000年代	2.2
10 わからない	8.6
	8.6

Q3.2　(再)発足のきっかけ(いくつでも)　　　　　　　　　　　　　　　全体ベース N= 371

1 講和条約を受けて発足	3.5
2 旧来の町内会から分かれて発足	17.3
3 新来住民によって発足	10.0
4 団地・社宅・マンション等ができて発足	7.3
5 地域の実力者の意向で発足	19.1
6 行政等のすすめで発足	11.6
7 区画整理とともに発足	15.1
8 市町村合併とともに発足	5.1
9 その他	8.6
10 わからない	25.6
	5.1

Q3.3　(再)発足時の主な目的(いくつでも)　　　　　　　　　　　　　　全体ベース N= 371

1 住民同士の親睦をはかるため	69.8
2 町内の生活上の問題を共同解決するため	57.1
3 行政等への働きかけ・陳情のため	33.4
4 行政等との連絡・調整のため	48.2
5 共有地、共有施設の管理のため	13.7
6 マンションや団地の管理組合として	1.1
7 その他	1.6
8 わからない	13.2
	4.6

Q3.4　現在の主な目的(いくつでも)　　　　　　全体ベース N= 371

1 住民同士の親睦をはかるため	92.5
2 町内の生活上の問題を共同解決するため	81.7
3 行政等への働きかけ・陳情のため	62.8
4 行政等との連絡・調整のため	71.7
5 共有地、共有施設の管理のため	26.4
6 マンションや団地の管理組合として	2.2
7 その他	1.6
8 何もしていない	0.0
	0.3

Q4　町内会に加入している世帯数等

Q4.1 加入世帯数(事業所を除く)	回答者ベース N= 365	161.9	戸
Q4.2 加入事業所数	回答者ベース N= 359	8.5	事業所
Q4.3 町内の区の数	回答者ベース N= 353	2.1	区
Q4.4 町内の班もしくは隣組の数	回答者ベース N= 364	14.5	班・組

Q4.5　町内会への世帯加入率(町内の全世帯数に対する加入世帯数の割合)(ひとつだけ)　全体ベース N= 371

1 全戸加入	54.2
2 90%以上加入	28.8
3 70%以上~90%未満加入	12.9
4 50%以上~70%未満加入	1.6
5 30%以上~50%未満加入	0.5
6 30%未満加入	0.3
7 わからない	1.1
	0.5

Q5　町内会等の「地縁による団体」が、その団体名義で土地建物の不動産登記等ができるよう、法人格取得が可能になりましたが、「地縁による団体」として法人格を取得していますか。(ひとつだけ)　全体ベース N= 371

1 取得している(　　　年に取得)	22.4
2 取得する予定である	3.5
3 取得する予定はない	63.9
4 取得するかどうか検討中である	4.0
	6.2

Q6　町内会の状況について

Q6.1　建物・土地の特色(多いものを2つまで)　全体ベース N= 371

1 事業所	7.5
2 商店	5.7
3 工場	0.8
4 一戸建て	81.1
5 集合住宅(単身向け)	11.6
6 集合住宅(家族向け)	24.8
7 田畑	13.7
8 その他	1.1
	10.8

Q6.2　最近10年間くらいの人口の変化(ひとつだけ)　全体ベース N= 371

1 大いに増加	5.7
2 やや増加	17.0
3 あまり変化はない	28.3
4 やや減少	37.2
5 大いに減少	9.7
6 その他	1.1
	1.1

Q6.3　非加入世帯を含む居住世帯の特色(多いものを2つまで)　全体ベース N= 371

1 非高齢者のみの核家族世帯	22.4
2 高齢者のみの核家族世帯	37.7
3 非高齢者と高齢者からなる親族世帯	61.7
4 非高齢者の単身世帯	10.8
5 高齢者の単身世帯	10.8
6 その他	8.9
	12.1

Q6.4　新旧住民の世帯数の割合(ひとつだけ)　全体ベース N= 371

1 古くからの地付きの世帯がほとんど	32.9
2 古くからの地付きの世帯のほうが多い	28.8
3 同じくらい	8.4
4 外からの新しい世帯のほうが多い	14.6
5 外からの新しい世帯がほとんど	13.7
	1.6

Q6.5　計画開発(区画整理等)(ひとつだけ)　全体ベース N= 371

1 最近5年以内に実施	4.9
2 5~10年前に実施	2.4
3 10年以上前に実施	31.0
4 時期は不明だが実施	7.8
5 実施していない	43.9
6 わからない	7.3
	4.3

Q6.6　町内の暮らしやすさ(ひとつだけ)

バブル経済崩壊(1990年代前半)以前(当時の感覚で)　全体ベース N=371

	%
1 暮らしやすかった	21.6
2 どちらかといえば暮らしやすかった	58.5
3 どちらかといえば暮らしにくかった	6.7
4 暮らしにくかった	1.9
5 わからない	9.2
	2.2

現在(バブル経済崩壊以前と比べて)(ひとつだけ)　全体ベース N=371

	%
1 暮らしやすくなっている	6.2
2 どちらかといえば暮らしやすくなっている	12.4
3 かわっていない	19.4
4 どちらかといえば暮らしにくくなっている	42.0
5 暮らしにくくなっている	12.7
6 わからない	4.9
	2.4

II 次に、あなたの町内会の活動状況についておうかがいします。

Q7　あなたの町内会では、次のような活動が行われていますか。また、それぞれの活動の10年前の現在の活動状況はどうですか。

Q7A　活動組織(いくつでも)

	町内会	組町内会単位の別	連合会(町内会)振	連合会(町内会)単位の別振	織その他の地域組	実施していない	わからない	
全体ベース N=371								
1 ごみ処理収集協力	87.3	5.4	7.0	3.0	2.2	1.6	0.3	4.3
2 廃品回収	54.7	18.3	6.5	4.3	23.5	2.7	0.3	5.9
3 バザー	4.0	1.9	9.4	6.2	5.9	38.3	3.5	32.9
4 地域の清掃美化	77.6	9.2	12.4	6.7	4.0	2.2	0.0	7.0
5 防犯パトロール	31.5	14.3	18.9	14.6	10.5	12.4	0.5	13.7
6 防火パトロール	23.2	12.9	12.9	9.7	11.1	17.3	1.9	21.6
7 交通安全対策	29.1	13.7	19.9	20.2	18.6	5.9	0.8	12.1
8 集会所等の施設管理	51.5	7.8	5.4	3.0	3.0	15.1	1.1	17.3
9 街灯等の設備管理	88.9	4.3	4.6	1.3	1.1	1.3	0.0	5.1
10 公園・広場の管理	57.1	11.1	4.6	5.7	5.7	10.0	0.8	14.3
11 私道の管理	22.1	3.0	1.1	1.3	5.1	27.5	9.2	32.6
12 乳幼児保育の支援	7.5	3.8	4.6	10.8	8.4	30.5	5.1	31.3
13 学童保育の支援	22.6	7.5	12.1	14.0	15.9	15.4	2.2	19.9
14 青少年教育・育成	22.1	10.2	13.2	17.3	14.0	13.5	3.8	20.2
15 高齢者福祉	61.2	13.5	20.5	19.9	8.4	2.2	0.0	6.7

＊Q7Aで1～6を選んだ場合

Q7B　10年前の町内での全体的な活動状況(ひとつだけ)

		非常に活発に実施されていた	活発に実施されていた	あまり盛んに実施されていなかった	ほとんど実施されていなかった	実施されていなかった	わからない
Aで「わからない」「不明」を除いた人ベース							
1 ごみ処理収集協力	N=354	15.8	42.9	18.9	3.1	2.3	4.5	12.4
2 廃品回収	N=348	15.2	44.0	12.4	4.9	8.0	3.7	11.8
3 バザー	N=236	3.0	8.1	14.0	4.7	50.0	9.7	10.6
4 地域の清掃美化	N=345	13.3	44.1	20.0	2.9	2.9	3.8	13.0
5 防犯パトロール	N=318	5.0	26.1	27.0	10.1	14.5	5.3	11.9
6 防火パトロール	N=284	5.6	28.9	21.8	7.7	18.0	4.9	13.0
7 交通安全対策	N=323	6.2	39.3	23.8	3.7	7.7	3.4	15.8
8 集会所等の施設管理	N=303	14.5	39.3	10.9	0.7	15.8	3.0	15.8
9 街灯等の設備管理	N=352	20.2	44.9	13.4	1.1	2.3	2.3	15.9
10 公園・広場の管理	N=315	15.6	34.9	18.4	3.2	11.7	3.2	13.0
11 私道の管理	N=216	6.0	20.4	13.0	6.0	36.6	6.0	12.0
12 乳幼児保育の支援	N=236	1.7	8.9	13.1	10.6	41.9	9.7	14.0
13 学童保育の支援	N=289	4.2	26.6	17.0	6.4	24.6	6.9	14.2
14 青少年教育・育成	N=282	7.4	32.6	19.1	5.0	17.4	5.7	12.8
15 高齢者福祉	N=345	8.1	38.8	24.9	4.3	7.0	4.3	12.5

＊Q7Aで1～5を選んだ場合

Q7C　現在の町内での活動状況(10年前と比べて)(ひとつだけ)

		大いに活発化している	活発化している	変わらない	衰退化している	非常に衰退化している	わからない
Aで「実施している」と答えた人ベース							
1 ごみ処理収集協力	N=348	32.8	30.7	21.0	2.6	0.0	1.1	11.8
2 廃品回収	N=338	29.6	29.0	24.9	4.1	0.0	1.5	10.9
3 バザー	N=94	5.3	17.0	43.6	6.4	3.2	6.4	18.1
4 地域の清掃美化	N=337	18.7	29.7	32.9	2.7	0.3	1.2	14.5
5 防犯パトロール	N=272	14.3	34.2	34.2	3.3	0.4	1.5	12.1
6 防火パトロール	N=220	13.2	26.4	43.2	3.2	0.5	1.4	12.3
7 交通安全対策	N=301	10.0	29.2	41.9	1.3	0.3	1.0	16.3
8 集会所等の施設管理	N=247	20.2	25.5	36.4	0.8	0.4	0.8	15.8
9 街灯等の設備管理	N=347	22.8	30.3	30.3	0.3	0.0	1.2	15.3
10 公園・広場の管理	N=278	16.2	28.1	36.0	2.5	0.0	2.2	15.1
11 私道の管理	N=114	14.0	24.6	43.9	0.9	0.9	1.8	14.0
12 乳幼児保育の支援	N=123	8.9	26.0	35.0	0.8	0.8	8.1	20.3
13 学童保育の支援	N=232	10.8	31.5	35.3	3.4	0.4	3.0	15.5
14 青少年教育・育成	N=232	11.6	26.7	40.9	4.7	1.3	1.7	12.9
15 高齢者福祉	N=337	18.1	38.9	25.2	2.1	0.3	1.8	13.6

Q8 あなたの町内会では、次のような行事が組織的に行なわれていますか。
また、町内会が中心に行なっている活動については「参加対象」と「参加状況」についてもお答え下さい。

Q8A 行事の有無、実施組織（いくつでも）

全体ベース N=371	町内会	組織町内会単位の別組	会（連合）振興	会連合単位の別組織振興	その他の地域組織	実施していない	わからない
1 神社祭礼	37.5	18.1	4.6	4.0	15.6	13.7	0.5	11.6
2 盆踊り・夏祭り	30.2	13.7	7.8	7.5	9.2	20.8	0.3	14.8
3 花見	12.7	8.4	1.1	1.6	4.0	43.9	1.1	28.3
4 芋煮会	38.8	8.9	1.3	1.3	5.9	26.4	0.8	18.1
5 成人式	0.8	0.3	0.5	0.3	4.3	54.4	2.4	36.9
6 葬式	17.0	10.5	0.3	0.0	4.3	37.7	1.9	29.6
7 運動会	10.2	5.4	36.9	20.2	5.4	12.1	1.3	15.1
8 運動会以外の体育活動	11.1	9.7	22.9	19.4	7.8	14.3	0.8	19.1
9 宿泊旅行	3.8	8.6	4.3	3.5	5.1	42.9	1.3	31.3
10 新年会・忘年会	20.8	8.4	12.4	3.2	3.8	29.9	1.6	22.6
11 ラジオ体操	17.0	19.1	1.9	1.9	14.3	26.1	1.3	19.9
12 研修会・講習会	21.3	7.8	15.1	9.2	5.7	22.1	0.8	24.0
13 映画上映・演劇鑑賞	1.1	1.6	2.7	1.6	2.4	53.4	1.6	36.1
14 町内会の総会	95.1	2.2	4.3	1.3	0.5	0.3	0.3	2.7

＊Q8Aで1～5を選んだ場合
Q8B.1 参加対象（ひとつだけ）
Q8B.2 参加の程度（ひとつだけ）

Aで「実施している」と答えた人ベース		参加対象				参加程度				
		町内会の全会員（義務）	町内の全会員（自由参加）	実施組織メンバーに属する	わからない	町内会の会員のほとんど	町内会の会員の数程度が参加	町内会の会員の半部が参加	町内会の会員のほとんどいない	わからない
1 神社祭礼	N=275	10.9	47.6	23.3	0.4	17.8	17.1	15.6	41.1	4.0	1.1	21.1
2 盆踊り・夏祭り	N=238	4.6	63.0	10.9	0.8	20.6	12.2	27.3	34.0	3.8	0.0	22.7
3 花見	N=99	3.0	40.4	29.3	0.0	27.3	16.2	12.1	37.4	1.0	4.0	29.3
4 芋煮会	N=203	5.9	56.2	16.3	1.5	20.2	15.8	23.6	36.5	1.5	1.0	21.7
5 成人式	N=23	0.0	17.4	34.8	0.0	47.8	8.7	0.0	13.0	4.3	30.4	43.5
6 葬式	N=114	20.2	19.3	32.5	0.9	27.2	14.0	4.4	47.4	0.0	0.0	34.2
7 運動会	N=265	4.2	60.0	12.1	1.1	22.6	5.3	14.7	44.2	6.4	0.8	28.7
8 運動会以外の体育活動	N=244	1.6	53.3	20.1	0.8	24.2	1.6	5.3	57.4	6.1	1.2	28.3
9 宿泊旅行	N=91	0.0	12.1	28.6	2.2	57.1	2.2	2.2	28.6	1.1	5.5	60.4
10 新年会・忘年会	N=170	3.5	34.7	29.4	0.0	32.4	4.7	7.6	43.5	5.9	1.2	37.1
11 ラジオ体操	N=195	1.0	37.4	33.3	1.0	27.2	1.5	4.1	53.8	6.7	2.6	31.3
12 研修会・講習会	N=197	1.5	37.1	28.9	1.0	31.5	1.0	7.6	49.2	7.1	1.5	33.5
13 映画上映・演劇鑑賞	N=33	0.0	33.3	27.3	0.0	39.4	0.0	9.1	48.5	3.0	9.1	30.3
14 町内会の総会	N=359	51.5	27.3	6.1	0.3	14.8	37.9	23.7	22.8	0.3	0.0	15.3

Q9 あなたの町内会で現在町内会の運営上困っていることがありますか。困っているもの（いくつでも） 全体ベース N=371

1 町内会のルールを守らない住民の存在	30.5	9 家族世帯数の多さによる障害	1.9	17 役員内のあつれき	2.2
2 未加入世帯の増加	9.7	10 単身世帯数の多さによる障害	12.4	18 政治や選挙の相談・依頼事	4.6
3 町内会行事への住民の参加の少なさ	53.4	11 構成世帯数の少なさによる障害	9.4	19 運営のための経験や智恵が足りない	7.3
4 町内会の役員のなり手不足	65.0	12 加入世帯の家族構成が把握できない	16.4	20 町内会の財産をめぐるトラブル	1.6
5 予算の不足	16.7	13 日中、留守の世帯が多い	22.4	21 その他	5.7
6 会員の少子高齢化	60.4	14 集会施設がない／狭い／不便	22.4	22 困っていることはない	3.2
7 行政との関係（依頼の多さ等）	12.4	15 住民間の摩擦	4.0		2.4
8 行政以外の団体との関係（負担金等）	14.6	16 世代間の断絶	6.7		

Ⅲ 次に、あなたの町内会の組織構成と機能についてお尋ねします。
Q10 役員（班長・組長を除く）はどのように構成されていますか。また、手当てはありますか。
Q10A 人数

会長	回答者ベース N=335	1.0 名	庶務	回答者ベース N=235	1.3 名
副会長	回答者ベース N=324	1.8 名	区長	回答者ベース N=188	2.5 名
会計	回答者ベース N=319	1.1 名	監事	回答者ベース N=307	1.9 名

＊Q10Aで1名以上の場合
Q10B 役員手当て（定額）（ひとつだけ）
Q10C 活動ごとの手当て（ひとつだけ）
Q10D 手当と持出しの割合（ひとつだけ）

回答者かつ各役職が1人以上いる人ベース		手当て（定額）			活動毎手当て			手当てと持出しの割合				
		無し	有り		無し	有り		手当が多い方	いち同じぐらい	持出が多い方	いずれからない	
1 会長	N=333	33.3	59.8	6.9	77.8	6.6	15.6	12.0	13.8	27.9	10.5	35.7
2 副会長	N=317	36.0	55.5	8.5	76.7	5.4	18.0	15.1	10.7	14.5	16.1	43.5
3 会計	N=308	35.7	55.5	8.8	78.2	4.2	17.5	15.3	11.7	12.0	16.2	44.8
4 庶務	N=171	46.2	44.4	9.4	77.8	5.3	17.0	12.9	8.2	9.4	17.5	52.0
5 区長	N=77	39.0	50.6	10.4	63.6	9.1	27.3	11.7	7.8	16.9	14.3	49.4
6 監事	N=290	57.9	25.5	16.6	74.1	2.8	23.1	9.0	6.6	5.9	14.8	63.8

*Q10Aで1名以上の場合

Q10E 役員の主たる就業状況（副業は除く）（ひとつだけ）

回答者かつ各役職が1人以上いる人ベース		引退	現役	主婦	なわからない
1 会長	N= 333	63.7	27.9	0.3	0.6	7.5
2 副会長	N= 317	42.9	40.1	0.6	0.6	15.8
3 会計	N= 308	41.2	45.5	3.2	1.0	9.1
4 庶務	N= 171	36.3	49.1	3.5	1.2	9.9
5 区長	N= 77	19.5	40.3	3.9	5.2	31.2
6 監事	N= 290	38.6	36.2	0.3	1.4	23.4

*Q10Aで1名以上の場合

Q10F 役員の主たる職業（引退の場合は現役時の主たる職業をお答え下さい）（ひとつだけ）

回答者かつ各役職が1人以上いる人ベース		農林漁業	商業自営	工業自営	勤務（常勤）	パート勤務・派遣	自由業	専業主婦	わからない
1 会長	N= 333	12.9	6.3	1.8	54.7	3.0	8.1	0.6	0.9	11.7
2 副会長	N= 317	7.6	8.8	4.4	50.2	2.8	5.7	0.3	1.9	18.3
3 会計	N= 308	5.8	9.7	3.2	52.9	4.9	6.2	2.3	2.6	12.3
4 庶務	N= 171	1.2	8.2	4.1	57.9	4.1	5.8	1.8	2.9	14
5 区長	N= 77	6.5	1.3	1.3	39.0	6.5	3.9	0.0	9.1	32.5
6 監事	N= 290	4.5	9.7	3.1	44.5	1.4	5.2	0.0	3.4	28.3

Q11.1 どのようにして会長に選ばれましたか。（ひとつだけ） 全体ベース N= 371

1 総会で立候補	0.5
2 総会の話し合いで推された	13.5
3 役員会での互選	25.1
4 選考委員会等による推薦	25.9
5 前会長からの指名	17.3
6 持ち回り（当番制）	7.0
7 抽選（くじ引き）	0.0
8 その他	7.8
	3.0

Q11.2 町内会役員（班長を除く）はどのように選ばれましたか。（ひとつだけ） 全体ベース N= 371

1 総会で立候補	0.3
2 総会の話し合い	13.5
3 新会長からの指名	19.1
4 選考委員会等による推薦	26.7
5 前会長からの指名	9.7
6 持ち回り（当番制）	14.8
7 抽選（くじ引き）	0.3
8 その他	9.4
	6.2

Q12 会長の1任期は何年ですか。（ひとつだけ） 全体ベース N= 371

1 半年	0.3
2 一年	14.3
3 二年	77.6
4 三年以上	3.0
5 決まっていない	4.3
6 わからない	0.0
	0.5

*Q12で1～4の場合

Q12A 複数の任期にわたって会長職を務めることは会則等で認められていますか。（ひとつだけ） 任期が決まっている人ベース N= 353

1 認められていない	7.4
2 認められている	68.8
3 決まりはないが1期のみが普通	8.8
4 決まりはないが複数任期になることが多い	12.2
	2.8

Q13 町内会の（総会で提案される）予算案はどのように作成されていますか。 全体ベース N= 371

1 会長がすべて作成	2.7
2 会長が素案を示し役員会で審議の上、作成	20.5
3 担当役員がすべて作成	9.7
4 担当役員が素案を示し役員会で審議の上、作成	49.3
5 役員会で協議して一から作成	11.9
6 作成していない	1.3
7 その他	2.2
	2.4

Q14 町内会の1年間の財政規模（一般会計）と、収入・支出の内訳をご記入下さい。

A. 収入 （千円）

	回答者ベース	千円
総額	N= 319	1,873
1 会費	N= 309	1,069
2 市からの助成や補助金	N= 249	177
3 公園や街路樹の管理費	N= 151	39
4 広報誌等の配布手数料	N= 238	72
5 廃品回収やバザーの売上げ	N= 166	58
6 コミセン・集会所の使用料	N= 146	28
7 事務所や住民からの寄付	N= 149	38
8 その他	N= 199	102
9 前年度繰越金	N= 301	536

B. 支出

	回答者ベース	千円
総額	N= 301	1,713
1 役員手当て	N= 273	135
2 会議・事務費	N= 301	166
3 祭典・文化費	N= 228	141
4 祭典・文化費以外の事業費	N= 221	288
5 寄付（募金）・負担金	N= 248	278
6 地域団体への補助・助成金	N= 249	236
7 共同施設・設備維持管理費	N= 239	238
8 その他	N= 234	213
9 次年度繰越金	N= 296	366

Q15 町内会本体の会計支出はどのようにされていますか。必要な書類と手続きのそれぞれについて

Q15.1 必要な書類（いくつでも） 全体ベース N= 371

1 請求書や領収書	95.4
2 会長等への支出伺い	42.9
3 その他	11.1
4 なし	0.5
	1.9

Q15.2 支出の手続き（ひとつだけ） 全体ベース N= 371

1 会長が承認の上、会計担当役員が支出	61.2
2 役員会が承認の上、会計担当役員が支出	15.4
3 会計担当役員が承認し、会計担当委員が支出	14.0
4 会長が承認し、会長が支出	1.1
5 役員会が承認の上、会長が支出	0.0
6 その他	6.7

Q16.1 日赤や共同募金への寄付金にはどのように対応されていますか。（ひとつだけ） 全体ベース N= 371

1 割り当て分を全額納めている	51.8
2 割り当て分のほとんどを納めている	17.0
3 割り当て分の一部のみ納めている	0.8
4 会員から集まった額だけ納めている	20.8
5 一切、納めていない	0.3
6 その他	4.6
	4.9

Q16.2 連合会町内会組織への負担金にはどのように対応されていますか。（ひとつだけ） 全体ベース N= 371

1 割り当て分を全て納めている	92.5
2 納めていない分もある	2.4
3 ほとんど納めていない	0.3
4 一切、納めていない	1.6
5 その他	1.3
	1.9

Q17 町内会費はどのように集めていますか。

Q17.1 一般世帯（ひとつだけ）　全体ベース N= 371
1 各世帯から平等に（同額を）集めている	65.5
2 各世帯の状況によって差のある額を集めている	29.1
3 その他の基準で集めている	2.7
4 集めることになっていない	0.0
	2.7

Q17.2 事業所（ひとつだけ）　全体ベース N= 371
1 各事業所から平等に（同額を）集めている	34.8
2 各事業所の状況によって差のある額を集めている	18.3
3 その他の基準で集めている	5.9
4 集めることになっていない	5.7
5 そもそも事業所がない	13.2
	22.1

＊Q17.1か2で1～3の場合

Q17.3 町内会費はどのようにして集めていますか。（いくつでも）　Q17.1か2で1～3を選択した人ベース N= 367
1 町内会役員が各戸に集金にまわる	22.3
2 役員以外の担当者（班長など）が集金する	73.8
3 各戸が町内会役員に持参する	4.1
4 銀行振り込み/郵便振替	6.8
5 マンション等の不動産業者と契約	9.0
6 その他	6.3
	1.1

Q18 ひと月の会費は平均して1世帯、1事業所あたりいくらですか。

A. 1世帯あたりの月額（平均）
		回答者ベース N= 312	709 円
差額徴収の場合：	持家	回答者ベース N= 90	771 円
	賃貸	回答者ベース N= 78	523 円
	学生	回答者ベース N= 55	134 円

B. 1事業所あたりの月額（平均）　回答者ベース N= 185　1,059 円

Q19 この10年間に、町内会で特別会計を組み、何か事業をされたこと（されていること）はありますか。（いくつでも）　全体ベース N= 371
1 集会所の新築・改築	25.3
2 街路灯の新設・補修	23.7
3 その他	23.5
4 ない	38.8
5 わからない	3.0

Q20 町内会会計の収支決算報告や事業報告をどのようなかたちで行なっていますか。（いくつでも）　全体ベース N= 371
1 総会で報告	95.1
2 役員会で報告	42.3
3 監事に報告	35.6
4 決算の概算書を会員に送付する	24.3
5 その他	7.3
6 報告はしない	0.0
	1.6

Q21 あなたの町内会がある地域には次のような組織や団体がありますか。

Q21A もしある場合には、それぞれの組織・団体の最小の単位をお教えください。（ひとつだけ）　全体ベース N= 371

	町内会単位で組織	連合町内会の単位で	その他の単位で	組織されていない	わからない	
1 子供会育成会	66.3	14.6	6.2	1.3	0.0	11.6
2 民生・児童委員会	24.5	45.3	12.9	1.9	0.3	15.1
3 少年補導委員会	4.6	24.3	15.1	12.1	10.0	34.0
4 体育振興会	25.1	46.9	7.3	2.2	0.5	18.1
5 防犯協会	21.8	41.0	15.1	1.9	1.9	18.3
6 消防団（分団）	20.2	28.8	20.5	10.0	0.5	19.9
7 社会福祉協議会	17.5	57.7	10.2	0.8	0.0	13.7
8 婦人会	21.8	5.4	3.0	30.5	4.6	34.8
9 青年団	7.5	0.8	2.2	42.0	4.9	42.6
10 老人クラブ	36.4	18.6	11.3	11.1	1.6	21.0
11 商工会・商店会	3.0	5.4	8.9	31.3	7.8	43.7
12 農協・漁協	1.3	6.2	12.4	27.8	8.4	43.7
13 生協	0.3	0.3	2.4	39.6	8.9	48.5
14 氏子会・檀家組織	15.4	5.9	21.6	20.8	5.1	31.3
15 講	4.9	1.1	4.6	30.7	14.0	44.7

＊Q21Aで1～3の場合

Q21B 町内会と組織・団体との関係（いくつでも）

		町内会が活動に協力	町内会から出している役員	出されている役員	出している情報を	提供町内会に情報を	町内会に部会を設置	補助金を負担している出している
	各町内会で組織されているものベース							
1 子供会育成会	N= 323	72.1	22.6	5.6	8.0	9.9	11.5	53.6	3.7
2 民生・児童委員会	N= 307	45.6	46.9	5.2	12.7	15.0	4.6	9.1	11.1
3 少年補導委員会	N= 163	30.1	27.0	3.1	6.1	3.2	3.1	12.3	31.9
4 体育振興会	N= 294	44.6	53.4	5.1	8.2	10.9	9.9	39.5	7.5
5 防犯協会	N= 289	27.7	30.4	3.8	4.2	9.7	5.8	19.7	37.4
6 消防団（分団）	N= 258	47.7	19.0	3.5	4.7	11.2	3.1	53.5	10.9
7 社会福祉協議会	N= 317	48.6	50.5	5.0	9.8	13.9	6.9	36.0	11.7
8 婦人会	N= 112	53.6	26.8	5.4	8.0	7.1	17.9	32.1	17.9
9 青年団	N= 39	46.2	7.7	5.1	2.6	10.3	10.3	25.6	33.3
10 老人クラブ	N= 246	51.6	16.7	3.3	5.7	8.5	8.5	39.4	21.1
11 商工会・商店会	N= 64	18.8	9.4	1.6	7.8	10.9	3.1	3.1	56.3
12 農協・漁協	N= 74	13.5	10.8	0.0	1.4	6.8	1.4	1.4	68.9
13 生協	N= 11	27.3	0.0	0.0	0.0	0.0	0.0	0.0	72.7
14 氏子会・檀家組織	N= 159	41.5	27.0	1.3	3.1	3.8	4.4	22.0	31.4
15 講	N= 39	30.8	5.1	0.0	2.6	2.6	0.0	12.8	53.8

Q22　あなたの町内会には集会施設がありますか。(いくつでも)
全体ベース N= 371

1	町内会独自の集会所がある	48.0
2	他の町内会と共有の集会所がある	16.7
3	他の団体と共有の集会所がある	7.3
4	公民館など、利用している施設が周りにある	26.7
5	その他	12.1
6	集会所はなく、利用できる施設も周りにない	5.4
		0.3

＊Q22で1の場合
Q22A　町内会独自の集会所について以下の問いにお答え下さい。
Q22A.1　建物はどなたが所有している財産ですか(登記の有無は問いません)。(ひとつだけ)
独自に集会所がある人ベース N= 178

1	町内会の共有財産(個人名義の場合を含む)	82.0
2	山形市	8.4
3	個人の私有財産	2.2
4	その他	5.6
		1.7

Q22A.2　建物が建っている土地はどなたの財産ですか。(ひとつだけ)
独自に集会所がある人ベース N= 178

1	町内会の共有財産(個人名義の場合を含む)	55.6
2	山形市の財産	17.4
3	山形県の財産	0.6
4	国有の財産	0.6
5	個人の私有財産	10.1
6	法人の財産	5.1
7	その他	8.4
		2.2

Q22A.3　その集会所の利用状況はどのようですか。(ひとつだけ)
独自に集会所がある人ベース N= 178

1	容量の限度まで利用されている	13.5
2	容量の範囲内で十分に利用されている	77.0
3	あまり利用されていない	8.4
4	ほとんど利用されていない	0.0
5	わからない	0.0
6	その他	0.0
		1.1

Q23　町内会独自の会報を発行していますか。(ひとつだけ)
全体ベース N= 371

1	毎月2回以上発行している	2.2	4	年に1回発行している	4.3
2	原則として毎月1回発行している	4.3	5	発行しない年もあるが、ときどき発行している	4.3
3	年に数回発行している	10.5	6	発行していない	72.2
					2.2

Q24　地方議会の議員選挙のときに、町内会として推薦や応援をしていますか。

Q24.1　現在(ひとつだけ)　全体ベース N= 371

1	いつも推薦している	25.3
2	推薦することもある	27.8
3	推薦はしないが応援はいつもしている	6.2
4	推薦はしないが応援することはある	13.2
5	何もしていない	24.5
6	わからない	2.2

Q24.2　過去(ひとつだけ)　全体ベース N= 371

1	いつも推薦していた	23.5
2	推薦することもあった	27.8
3	推薦はしないが応援はいつもしていた	5.7
4	推薦はしないが応援することもあった	12.4
5	何もしていなかった	18.9
6	わからない	6.5
		5.4

Q25　あなたの町内会では、役所からの広報配布や依頼業務についてどう対処していますか。(ひとつだけ)
全体ベース N= 371

1	当然のこととして積極的に協力している	52.8	3	最低限のことのみ協力している	4.0
2	果たすべき義務として協力している	41.2	4	原則として協力していない	1.1
					0.8

Q26　今後の町内会などの地域住民組織が果たすべき役割について、どのように考えていますか。(ひとつだけ)

全体ベース N= 371

		さらに促進	このまま継続	見直し	とりやめ	実施に向け検討	今後はやらない	いわいも	からない	その他
1	日常的な防犯対策	22.4	54.7	2.7	0.0	1.3	3.2	0.5	5.1		
2	日常的な防火対策	19.1	53.4	3.5	0.0	12.9	1.3	4.0	0.8	4.9	
3	自然災害など緊急時の備え	27.0	31.3	6.2	0.0	21.6	1.1	5.7	0.5	6.7	
4	会員間での交流促進	21.3	59.3	3.0	0.3	4.9	1.1	3.0	0.5	7.3	
5	行政等への陳情・依頼	16.7	64.2	1.3	0.0	5.4	0.5	4.0	0.5	7.3	
6	行政からの依頼仕事	2.4	79.0	4.6	0.0	2.7	0.0	3.5	0.0	7.8	
7	日赤・共同募金への協力	3.0	80.6	8.4	2.2	0.3	0.0	1.6	0.5	3.5	
8	警察・交番との連携・調整	10.0	76.8	1.9	0.0	1.6	0.0	3.2	0.3	5.4	
9	学校との連携・調整	12.9	77.9	2.4	0.0	1.6	0.3	1.1	0.0	3.8	
10	民生委員との連携	22.9	70.9	1.9	0.0	0.0	0.3	0.5	0.0	3.5	
11	NPO等組織との連携の推進	1.6	19.7	2.4	0.0	8.9	7.5	42.3	2.7	14.8	
12	企業との連携・調整	1.9	33.2	2.2	0.3	5.4	7.8	31.5	2.7	15.1	
13	高齢者の福祉	32.3	52.6	3.0	0.0	4.6	1.1	2.2	0.0	4.3	
14	障害者の福祉	22.4	51.8	2.7	0.0	5.9	1.3	7.8	0.3	7.8	
15	青少年の健全育成	24.0	56.6	3.8	0.3	3.8	0.8	4.3	0.3	6.2	
16	冠婚葬祭	1.1	63.6	8.1	0.5	0.8	7.8	8.4	1.1	8.6	
17	運動会やスポーツ大会の開催	3.2	53.1	18.9	3.0	1.3	5.9	7.0	0.0	7.5	
18	公民館運営への協力	9.2	70.6	3.5	0.0	1.3	2.2	7.0	1.1	5.1	
19	開発計画・事業への参加・関与	6.2	36.1	2.7	0.0	5.1	5.7	31.3	1.3	11.6	
20	市議会へ代表者を送ること	3.8	24.3	2.2	0.3	3.2	17.3	38.3	2.2	8.6	
21	その他	0.8	0.5	0.3	0.0	0.3	0.3	1.9	1.1	94.9	

Q27 あなたの町内会では、ここ数年、地域生活を営む上で困った問題がありましたか（現在、ありますか）。（いくつでも）
　　ある場合には、そうした問題について、解決や改善のために何らかの働きかけを行ないましたか。（それぞれについていくつでも）

	困った問題がある	各ベース	課・係等に対しての公式依頼	役所・公社等への非公式の働きかけ	役所の幹部に知り合いに働きかけ	市会議員に働きかけ	力議員以外の有力者に働きかけ	他の地域団体（町内会連合を含む）への働きかけ	警察・交番に相談	町内会が自力で対応
全体ベース N=371										
1 住宅の建て込み等の住宅問題	17.5	N= 65	18.5	1.5	1.5	6.2	1.5	3.1	0.0	24.6
2 ゴミ処理の問題	73.9	N= 274	19.7	2.2	1.1	1.8	0.7	6.2	0.4	67.5
3 商売・スーパー等の買い物施設の不足	19.1	N= 71	12.7	1.4	4.2	9.9	2.8	9.9	0.0	1.4
4 開発による住環境や自然環境の悪化	15.1	N= 56	25.0	1.8	1.8	12.5	3.6	12.5	1.8	7.1
5 治安・少年非行・風紀の悪化	22.1	N= 82	12.2	0.0	1.2	1.2	6.1	13.4	47.6	8.5
6 移動や交通の問題	38.5	N= 143	63.6	2.1	7.0	35.7	2.1	9.8	4.2	2.8
7 保育園・学校など育児・教育施設の不足	13.5	N= 50	28.0	0.0	8.0	22.0	2.0	12.0	0.0	4.0
8 公園・運動場・体育施設等の不足	17.5	N= 65	27.7	3.1	7.7	21.5	1.5	4.6	0.0	1.5
9 集会館・図書館など文化交流施設の不足・老朽化	24.0	N= 89	38.2	3.4	4.5	14.6	1.1	1.1	0.0	11.2
10 病院や老人福祉センター等医療・福祉施設の不足	15.9	N= 59	30.5	3.4	5.1	20.3	0.0	6.8	1.7	1.7
11 都市型災害に対する基盤整備の不足	20.8	N= 77	29.9	2.6	6.5	9.1	2.6	9.1	2.6	20.8
12 住民間のトラブル	17.5	N= 65	12.3	0.0	0.0	3.1	3.1	4.6	15.4	33.8
13 民間企業とのトラブル	12.1	N= 45	8.9	0.0	0.0	2.2	6.7	2.2	4.4	8.9	20.0
14 行政とのトラブル	10.8	N= 40	10.0	0.0	0.0	15.0	5.0	2.5	0.0	7.5
15 商店や工場を経営していく上での障害	10.0	N= 37	5.4	2.7	8.1	2.7	2.7	0.0	0.0	2.7
16 土地問題（土地利用規制や共有地）	14.0	N= 52	28.8	0.0	3.8	3.8	1.9	3.8	0.0	9.6
17 その他	8.4	N= 31	48.4	0.0	3.2	16.1	0.0	3.2	3.2	12.9
18 困っていることはない	4.6									

	各ベース	ワーク等の組織を生かし、町内会問題を解決したネット	決のための問題解町内会とは別にNPO、等組織を組織	その他	具体的に何もしていない
1 住宅の建て込み等の住宅問題	N= 65	1.5	0.0	10.8	35.4
2 ゴミ処理の問題	N= 274	6.2	0.0	1.5	2.6
3 商売・スーパー等の買い物施設の不足	N= 71	0.0	1.4	9.9	53.5
4 開発による住環境や自然環境の悪化	N= 56	0.0	0.0	8.9	37.5
5 治安・少年非行・風紀の悪化	N= 82	2.4	2.4	2.4	15.9
6 移動や交通の問題	N= 143	0.7	0.0	1.4	5.6
7 保育園・学校など育児・教育施設の不足	N= 50	2.0	0.0	10.0	36.0
8 公園・運動場・体育施設等の不足	N= 65	1.5	0.0	7.7	43.1
9 集会館・図書館など文化交流施設の不足・老朽	N= 89	3.4	1.1	6.7	31.5
10 病院や老人福祉センター等医療・福祉施設の不	N= 59	0.0	0.0	6.8	42.4
11 都市型災害に対する基盤整備の不足	N= 77	2.6	0.0	1.3	29.9
12 住民間のトラブル	N= 65	1.5	3.1	3.1	33.8
13 民間企業とのトラブル	N= 45	2.2	0.0	11.1	46.7
14 行政とのトラブル	N= 40	0.0	0.0	15.0	52.5
15 商店や工場を経営していく上での障害	N= 37	2.7	2.7	18.9	62.2
16 土地問題（土地利用規制や共有地）	N= 52	0.0	0.0	7.7	46.2
17 その他	N= 31	0.0	0.0	3.2	35.5

Ⅳ あなたの町内会の防犯活動についてお尋ねします。
Q28 あなたの町内会の周辺におけるこれまでと現在（ここ数年）の犯罪の発生状況・危険性と今後の傾向についてどのようにお考えですか。
Q28A これまで（ひとつだけ）

	まったくない	ほとんどない	あまりない	多い	非常に多い	わからない
全体ベース N=371						
1 自転車やバイクの盗難・破損	13.5	24.5	29.9	3.5	0.8	5.4	22.4
2 車上荒らし・自動車破損	15.9	29.9	24.0	2.7	0.3	4.6	22.6
3 落書きや器物の損壊	14.6	28.0	26.4	4.0	0.5	3.2	23.5
4 不審者の侵入	14.6	27.0	25.1	2.2	0.3	6.5	24.5
5 空き巣狙い	15.1	26.4	22.4	3.8	0.0	6.2	24.0
6 放火・不審火	36.7	23.7	8.9	1.3	0.0	3.0	26.4
7 詐欺（サギ）	18.9	28.0	12.7	0.5	0.0	12.9	27.0
8 悪徳商法	10.0	23.2	23.5	4.0	0.3	15.1	24.0
9 すり・ひったくり	24.8	26.1	10.5	1.1	0.0	10.5	26.7
10 下着等洗濯物の盗難	19.9	24.8	16.7	1.1	0.0	11.6	25.9
11 痴漢・変質者	13.5	26.1	25.6	3.0	0.0	8.1	23.7
12 ストーカー	21.3	24.8	11.9	0.8	0.3	14.3	27.0
13 恐喝・脅迫	21.8	25.9	11.9	0.5	0.3	13.2	26.7
14 暴行・傷害・強盗	24.5	25.1	12.7	0.8	0.0	10.5	26.4
15 不法なゴミ捨て	1.1	7.8	25.6	40.4	11.1	0.5	13.5

Q28B　現在(これまでと比べて)(ひとつだけ)

全体ベース N= 371

	著しく減った	減った	変わらない	増えた	著しく増えた	わからない	
1 自転車バイクの盗難・破損	1.9	10.5	42.3	2.2	0.0	10.0	33.2
2 車上荒らし・自動車破損	3.5	6.7	45.0	1.3	0.0	10.2	33.2
3 落書きや器物の損壊	3.5	7.8	43.7	3.2	0.0	8.6	33.2
4 不審者の侵入	3.0	7.0	41.2	1.6	0.0	12.1	35.0
5 空き巣狙い	2.4	4.9	42.6	1.9	0.0	13.5	34.8
6 放火・不審火	4.9	4.3	41.8	0.0	0.0	12.1	36.9
7 詐欺(サギ)	2.2	3.8	37.7	0.8	0.0	18.3	37.2
8 悪徳商法	2.7	5.9	35.0	3.8	0.0	18.1	34.5
9 すり・ひったくり	3.5	3.0	38.5	0.5	0.0	16.4	38.0
10 下着等洗濯物の盗難	2.4	4.0	39.4	0.3	0.0	17.3	36.7
11 痴漢・変質者	3.2	4.3	40.2	3.5	0.0	13.7	35.0
12 ストーカー	3.2	3.0	37.7	0.3	0.0	18.1	37.7
13 恐喝・脅迫	2.7	3.2	38.8	0.0	0.0	17.8	37.5
14 暴行・傷害・強盗	3.2	3.5	39.4	0.0	0.0	17.0	36.9
15 不法なゴミ捨て	2.2	10.2	38.5	18.3	4.3	4.3	22.1

Q28C　これから(現在と比べて)(ひとつだけ)

全体ベース N= 371

	著しく減る	減る	変わらない	増える	著しく増える	わからない	
1 自転車バイクの盗難・破損	2.2	4.0	33.2	5.4	0.0	19.9	35.3
2 車上荒らし・自動車破損	2.7	5.4	32.3	5.4	0.0	19.9	34.5
3 落書きや器物の損壊	2.4	5.7	31.5	5.1	0.0	20.2	35.0
4 不審者の侵入	2.2	5.1	30.5	6.2	0.3	20.5	35.3
5 空き巣狙い	1.6	4.0	30.7	6.5	0.3	22.1	34.8
6 放火・不審火	2.4	3.5	31.5	1.6	0.0	23.7	37.2
7 詐欺(サギ)	1.6	2.7	27.8	4.6	0.3	25.6	37.5
8 悪徳商法	1.6	4.9	24.0	8.1	0.5	24.3	36.7
9 すり・ひったくり	2.4	2.7	28.6	3.0	0.5	25.1	37.7
10 下着等洗濯物の盗難	1.6	4.6	28.3	2.4	0.0	26.1	36.9
11 痴漢・変質者	2.2	4.0	28.0	6.7	0.3	23.2	35.6
12 ストーカー	2.2	2.2	28.6	3.2	0.3	26.1	37.5
13 恐喝・脅迫	1.9	1.9	30.5	2.2	0.3	26.1	37.2
14 暴行・傷害・強盗	1.9	2.2	29.9	2.2	0.3	26.4	37.2
15 不法なゴミ捨て	1.3	5.9	30.2	20.5	4.3	13.7	24.5

Q29　あなたの町内会では、防犯のためにどのような組織的な取り組みをしていますか。(いくつでも)

全体ベース N= 371

1 地域の犯罪発生や、不審者の出没状況の情報の共有(回覧板など)	51.2
2 防犯マップの作成	25.9
3 防犯灯・街路灯の設置	78.7
4 監視カメラの設置	1.9
5 声かけの実施	38.3
6 公園などの見通し、見晴らしの改善	17.5
7 不審者に遭遇したときの連絡先・駆け込み先	37.7
8 その他	4.3
	7.0

Q30　あなたの町内会の周辺で、過去数年、治安の不安を感じさせてきたのはどのようなことですか。また現在はどうなっていますか。そして、そうした問題に対して住民の方々で何か対策をとっていますか。

Q30A　過去数年の状況(ひとつだけ)
Q30B　現在の状況がもたらす不安(ひとつだけ)
Q30C　自主的な対応や対策(ひとつだけ)

全体ベース N=371

	過去数年の状況				現在の状況がもたらす不安					自主的な対応・対策		
	大いに問題あり	あやや問題	あまり問題	問題なし	大いに不安	あやや不安	あまり不安	不安なし		行っている	行っていない	
1 路上や空き地のゴミの散乱	18.1	33.4	21.6	9.2	17.8	16.2	31.5	22.4	10.2	19.7	58.2	21.6	20.2
2 自動車、バイク、自転車の不法放置	11.1	30.5	29.4	11.3	17.8	7.3	29.6	31.0	11.6	20.5	38.3	38.8	22.9
3 不審者の出没	3.2	15.9	39.6	17.5	23.7	4.3	21.3	34.8	14.8	24.8	25.1	46.4	28.6
4 不良のたまり場	1.1	7.3	31.8	33.2	26.7	1.1	7.8	34.2	28.3	28.0	11.6	55.5	32.9
5 深夜の暴走族	1.3	10.5	28.3	34.0	25.9	1.3	11.3	29.6	29.6	28.0	6.7	62.3	31.0
6 害悪のあるチラシやビラ	2.4	10.0	32.6	29.6	25.1	1.1	10.5	33.4	26.7	28.3	9.4	59.0	31.5
7 わいせつなビデオ・雑誌の自販機	2.2	3.0	18.6	49.9	26.4	1.3	3.5	23.7	43.1	28.3	3.8	64.2	32.1
8 深夜営業の店舗	1.3	1.9	22.1	47.4	27.2	1.3	3.0	27.0	40.2	28.6	4.6	62.5	32.9
9 町内のよくわからない住民	1.3	8.6	27.0	34.8	28.3	1.6	9.2	28.8	29.1	31.3	9.2	56.9	34.0

Q32 安全・安心なまちづくりについて、あなたの町内会の周辺でこれまでどのような取り組みをしてきましたか。
そしてそうした活動の現状に対してあなたはどのように評価されていますか。

Q32A これまで(ひとつだけ)

全体ベース N=371

		非常に積極的に取り組まれてきた取り	積極的に取り組まれてきた	あまり取り組まれていない	いない取り組まれて	わからない
1 防犯灯・街路灯の整備	行政	21.8	59.0	5.1	3.0	1.3	9.7
	警察	4.3	10.0	11.3	15.9	18.3	40.2
2 監視カメラの設置・整備	行政	0.5	1.3	5.4	40.2	17.8	34.8
	警察	0.3	2.4	4.6	33.7	17.8	41.2
3 犯罪発生状況の情報提供	行政	1.3	17.5	19.1	12.4	12.1	37.5
	警察	7.3	32.1	17.0	8.9	10.0	24.8
4 護身の知識・技術の提供	行政	0.0	2.4	13.5	26.1	21.3	36.7
	警察	0.3	5.9	12.4	24.8	21.6	35.0
5 防犯のための講習会の開催	行政	1.9	14.0	18.6	19.1	12.4	34.0
	警察	3.5	27.0	17.5	14.6	10.8	26.7
6 防犯活動のリーダー育成	行政	2.4	10.5	18.3	19.1	17.5	32.1
	警察	3.5	16.4	15.6	16.2	16.7	31.5
7 防犯活動の組織化の支援	行政	2.7	21.3	16.2	15.1	14.8	29.9
	警察	6.2	23.7	14.8	11.6	14.0	29.6
8 防犯キャンペーンの実施	行政	2.2	24.0	19.4	9.4	11.6	33.4
	警察	6.7	27.8	14.8	7.8	11.6	29.9
9 防犯パトロールの強化・連携	行政	5.1	24.0	15.4	12.4	11.9	31.3
	警察	11.6	34.0	13.7	8.4	9.7	22.6
10 自治体の安全・安心条例の制定	行政	3.0	13.2	13.2	14.6	24.5	31.5
	警察	1.6	9.2	12.7	13.7	25.1	37.7

＊Q32Aで1～3の場合

Q32B 評価(ひとつだけ)

「取り組んでいることを認知している」人ベース

			良い面の方が多い	どちらかといえば良い	どちらかといえば悪い	悪い面の方が多い	わからない
1 防犯灯・街路灯の整備	行政	N=319	25.7	68.3	6.0	0.0	0.0
	警察	N=95	15.8	38.9	44.2	0.0	1.1
2 監視カメラの設置・整備	行政	N=27	7.4	18.5	74.1	0.0	0.0
	警察	N=27	3.7	33.3	63.0	0.0	0.0
3 犯罪発生状況の情報提供	行政	N=141	3.5	46.1	50.4	0.0	0.0
	警察	N=209	12.9	56.9	30.1	0.0	0.0
4 護身の知識・技術の提供	行政	N=59	0.0	15.3	84.7	0.0	0.0
	警察	N=69	1.4	31.9	66.7	0.0	0.0
5 防犯のための講習会の開催	行政	N=128	5.5	40.6	53.9	0.0	0.0
	警察	N=178	7.9	55.6	36.5	0.0	0.0
6 防犯活動のリーダー育成	行政	N=116	7.8	33.6	58.6	0.0	0.0
	警察	N=132	10.6	45.5	43.9	0.0	0.0
7 防犯活動の組織化の支援	行政	N=149	6.7	53.0	40.3	0.0	0.0
	警察	N=166	14.5	52.4	33.1	0.0	0.0
8 防犯キャンペーンの実施	行政	N=169	5.3	52.1	42.6	0.0	0.0
	警察	N=188	13.8	54.3	31.9	0.0	0.0
9 防犯パトロールの強化・連携	行政	N=165	11.5	53.9	34.5	0.0	0.0
	警察	N=220	19.5	57.3	23.2	0.0	0.0
10 自治体の安全・安心条例の制定	行政	N=109	10.1	45.0	45.0	0.0	0.0
	警察	N=87	6.9	39.1	54.0	0.0	0.0

V あなたの町内会の防災活動についてお尋ねします。

Q33 あなたの町内会では、大地震等(火災、水害等を含む)が起きたときの対応について具体的に話し合いを行なってきましたか。 全体ベース N=371

1 話し合ってきた	50.9	3 わからない	0.8
2 話し合っていない	46.4		1.9

＊Q33で1の場合

Q33A 具体的に話し合った内容(いくつでも) 話し合いを行ってきた人ベース N=189

1 心がまえについて	74.6	5 住民間の連絡について	60.3
2 避難の方法、時期、場所について	69.8	6 家屋の安全性について	12.2
3 食料・飲料水について	40.2	7 地域の災害危険箇所について	32.8
4 非常持ち出し品について	32.3	8 その他	10.6
			0.5

Q34 あなたの町内会では、大地震等が起こった場合に備えて、どのような対策をとっていますか。(いくつでも) 全体ベース N=371

1 消火器、懐中電灯、医薬品等を準備しておくよう住民に呼びかけている	39.1
2 食料品や飲料水の備蓄を住民にすすめている	20.5
3 家具や冷蔵庫を固定、ブロック塀を点検する等、倒壊を防止するよう呼びかけている	8.9
4 地震保険に加入するよう住民に働きかけている	1.6
5 住民間の連絡方法等を決めている	18.9
6 近くの学校や公園等避難する場所を決めている	53.4
7 防災に関するセミナーや講演を開く等して啓蒙活動を行なっている	26.1
8 市や消防署が主催している防災訓練や講演に積極的に参加している	35.8
9 高齢者世帯の把握につとめている	54.7
10 その他	7.5
11 とくに何もしていない	18.1
	7.3

Q35 あなたの町内会では、防災マップや災害危険予想図(ハザードマップ)等の防災対策資料を持っていますか。(ひとつだけ)　　全体ベース N= 371

1 独自に作成したものを持っている(作成中である)	4.9	6 行政が作成し、独自に作り直したものを持っている(作成中である)	1.6
2 行政の指導の下で作成したものを持っている(作成中である)	12.7	7 持っていないが、見たことはある	5.7
3 行政が作成したものを持っている(作成中である)	56.9	8 持っていないが、聞いたことはある	4.0
4 独自に作成し、行政の下で作り直したものを持っている(作成中である)	0.5	9 見たことも聞いたこともない	2.2
5 行政の指導の下で作成し、独自に作り直したものを持っている(作成中である)	0.5	10 わからない	2.4
			8.6

Q36 あなたの町内会や町内会連合会、地区協議会では、近年、大地震等を想定した防災訓練を独自に行なっていますか (消防署や市から協力を受ける訓練も含みます)。またその際、住民は参加したり見学したりしていますか。

Q36A 町内会単位(ひとつだけ)

	町内会単位	町内会連合単位		町内会単位	町内会連合単位
全体ベース N= 371			全体ベース N= 371		
1 行なっており、数多くの会員が参加したり見学したりしている	6.2	8.1	4 行なっていないが、いずれ行ないたいと考えている	35.3	20.2
2 行なっており、一定数熱心な会員が参加したり見学したりしている	7.8	9.4	5 行なっていないし、今後も行なう予定はない	12.4	9.0
3 行なっているものの、参加や見学をする会員は非常に限られている	11.6	12.9	6 その他	1.9	1.1
				24.8	38.3

Q37 大地震のさい、あなたの町内会のある地域の救援活動では、どのようなアクター(組織や人)が重要な役割を果たすと考えていますか。
Q37A 発生時の救援活動(ひとつだけ)
Q37B 発生後の救援活動(ひとつだけ)

	A 発生時の救援活動					B 発生後の救援活動					
全体ベース N= 371	非常に重要である	重要である	はあまり重要ではない	重要ではない	わからない	非常に重要である	重要である	はあまり重要ではない	重要ではない	わからない	
1 個人(個人的な人間関係)	36.4	30.7	2.4	0.8	3.5	26.1	33.7	32.3	1.3	1.1	4.3	27.2
2 隣近所・隣組	53.1	29.6	0.0	0.0	3.0	14.3	46.6	31.0	1.1	0.3	3.2	17.8
3 町内会	45.0	36.9	1.6	0.3	2.7	13.5	44.2	35.0	1.6	0.3	4.6	14.3
4 連合町内会	19.1	35.0	11.3	2.2	5.4	27.0	19.4	33.7	10.5	1.6	7.3	27.5
5 消防団	43.9	26.7	3.8	0.5	4.0	21.0	30.7	28.0	4.6	2.2	7.3	27.2
6 NPO等のネットワーク組織	8.1	23.2	5.4	2.4	24.5	36.4	12.4	21.3	4.6	1.3	22.9	37.5
7 民間企業	7.8	24.3	10.0	3.5	19.7	34.8	8.6	21.8	8.9	3.5	19.4	37.7
8 地方自治体	36.1	29.9	2.2	0.8	5.1	25.9	36.1	25.6	1.9	0.0	6.2	29.9
9 消防署	52.0	23.5	0.8	0.3	3.5	19.9	37.5	24.8	1.3	0.5	5.7	27.2
10 警察	48.0	25.3	1.9	0.3	3.2	21.3	36.1	26.1	4.0	1.1	5.4	27.2
11 自衛隊	42.0	22.6	1.9	1.6	6.2	25.6	32.1	22.9	4.0	1.9	8.4	30.7
12 国家	33.2	20.5	4.6	1.9	8.9	31.0	29.6	19.1	4.9	1.3	10.2	34.8

VI 最後に、町内会長さんご自身についてお尋ねします。

F1 会長さんの性別(ひとつだけ)　全体ベース N= 371

1 男性	98.4
2 女性	0.8
	0.8

F2 会長さんの年齢(ひとつだけ)　全体ベース N= 371

1 20歳代	0.3	5 60歳代	43.7
2 30歳代	0.3	6 70歳代	45.3
3 40歳代	0.5	7 80歳代以上	4.3
4 50歳代	4.6		1.1

F3 会長さんの最終学歴(ひとつだけ)　全体ベース N= 371

1 新制小学校卒	1.1
2 中学校(尋常小)卒	12.9
3 高校(旧制中)卒	52.0
4 短大・高専・専門学校卒	6.7
5 大学(旧制高校)卒	22.9
6 大学院修了	0.5
7 その他	2.4
	1.3

F4 会長さんの支持政党(ひとつだけ)　全体ベース N= 371

1 自民党	35.8
2 民主党	8.4
3 公明党	0.5
4 社民党	3.8
5 共産党	1.1
6 その他の政党	0.3
7 無党派	41.0
	9.2

F5 会長さんが現在お住まいの家(ひとつだけ)　全体ベース N= 371

1 持家(一戸建て)	93.8
2 持家(集合住宅)	1.3
3 公営の借家・住宅	3.2
4 民間の借家・住宅	0.5
5 その他	0.3
	0.8

F6 会長さんの家の家族構成(ひとつだけ)　全体ベース N= 371

1 非高齢者のみの核家族世帯	11.6
2 高齢者のみの核家族世帯	36.4
3 非高齢者と高齢者からなる親族世帯	28.8
4 非高齢者の単身世帯	0.3
5 高齢者の単身世帯	1.6
6 二世帯以上がともに居住	16.7
7 その他	2.2
	2.4

F7 会長さんのご家族は、現在お住まいの場所に、いつ頃から住んでいますか。(ひとつだけ)　全体ベース N= 371

1 江戸時代以前から	17.8	4 昭和30年代から	6.5	7 昭和60年代から	3.8
2 明治・大正~昭和戦前期から	28.0	5 昭和40年代から	14.8	8 平成7年以降から	5.1
3 昭和20年代から	9.2	6 昭和50年代から	12.7	9 わからない	0.0
					2.2

F8	会長さんの在任年数	回答者ベース N= 349　　4.5 年目(通算)
F9	会長さんは、町内会以外の地域組織・行政組織の役職(理事職)を引き受けていますか。	
F9A	現在、引き受けている役職(いくつでも)	
F9B	会長就任以前に引き受けたことがある役職(いくつでも)	

全体ベース N=371

	現在引き受けている	過去引き受けた			現在引き受けている	過去引き受けた			現在引き受けている	過去引き受けた
1 町内会役員	―	25.3	9 交通安全協会	10.8	12.1	17 共同募金会役員	4.9	1.6
2 連合町内会役員	50.4	11.3	10 消防後援会役員	12.1	3.5	18 NPO・ボランティア組織役員	3.2	1.9
3 民生・児童委員	4.6	5.9	11 消防団役員	2.4	12.1	19 町内の趣味余暇集団の世話人	8.9	4.9
4 PTA役員	3.5	34.2	12 公園愛護協会役員	12.4	1.1	20 商工会・商店会役員	3.2	4.0
5 社会福祉協議会役員	36.9	10.8	13 婦人会役員	0.0	0.5	21 行政審議会委員	3.5	3.0
6 児童福祉協議会役員	3.0	2.4	14 老人クラブ役員	5.1	3.0	22 議員後援会役員	7.5	6.7
7 体育振興会役員	13.7	15.4	15 青年団役員	1.1	11.9	23 政治団体役員	0.8	0.5
8 防犯協会役員	17.8	6.7	16 日赤奉仕団団長	1.9	0.8	24 宗教団体役員	6.7	3.2
							0.5	33.2

F10	町内会とそれに関連するお仕事は、ご自身の生活のおおよそ何%を占めていると感じていますか。	回答者ベース N= 319　　40.5 %
F10A	町内会内の仕事(行政からの依頼仕事を除く)、町内会連合会の仕事、行政からの依頼仕事、その他の町外の付き合いを負担に感じますか。その他の町外の付き合いは全体の何%を占めていると感じるか	

			割合	負担に感じる	負担に感じない	
		全体ベース N=371				
1 町内会単位の仕事・付き合い	回答者ベース N= 347	42.5 %		48.0	40.4	11.6
2 町内会連合会単位の仕事・付き合い	回答者ベース N= 334	31.1 %		48.8	36.7	14.6
3 行政からの依頼仕事	回答者ベース N= 335	22.9 %		35.6	50.4	14.0
4 その他	回答者ベース N= 154	19.9 %		11.1	22.1	66.8

F11	会長としての正規の仕事以外に個人的に地域活動に関わっていますか。(いくつでも)	全体ベース N= 371

1 とくに何もしていない	36.9
2 地域の任意団体が活動しやすいように調整や働きかけをしている	30.2
3 地域の任意団体の活動に積極的に顔を出している	35.0
4 ポケット・マネーで地域の団体や活動を支援している	7.5
5 自らが発起人となって地域イベントを開催している	8.6
6 自らが発起人となって地域組織・NPOなどを立ち上げている	3.2
7 その他	5.9
	6.7

【仙台市町内会・自治会等調査】

I はじめに、あなたの町内会・自治会（以下、町内会）の全般的な事柄についてご記入下さい。

Q1 町内会の名称

Q2 町内会の所在する地区（ひとつだけ） 　　全体ベース N=1,170

1 青葉区	36.2	4 太白区	20.3
2 宮城野区	16.5	5 泉区	13.9
3 若林区	13.1		

Q3 町内会の地域の小学校区

Q4 町内会の沿革について

Q4.1 町内会の発足した時期（ひとつだけ）　　全体ベース N=1,170

1 戦前から	8.8	5 昭和50年代	13.6
2 昭和20年代	12.7	6 昭和60年代～平成6年	13.2
3 昭和30年代	20.7	7 平成7年以降	5.7
4 昭和40年代	18.8	8 発足時期不明	4.0
			2.5

Q4.2 発足の契機（いくつでも）　　全体ベース N=1,170

1 旧来の町内会から分裂して創設	22.6	6 行政のすすめで創設	5.6
2 新来住民により創設	16.2	7 連合町内会のすすめで創設	3.7
3 社宅・団地等ができて創設	21.2	8 政令市の移行とともに創設	1.3
4 地域の問題を解決するために創設	20.5	9 その他	6.7
5 住民の親睦をはかるために創設	41.6	10 昔からあって契機不明	10.3
			1.8

Q5 町内会に加入している世帯数等

Q5.1 加入世帯数　　回答者ベース N=1,162　288.0 戸
Q5.2 加入事業所数　　回答者ベース N=1,063　5.4 事業所
Q5.3 町内の区の数　　回答者ベース N=1,169　0.9 区
Q5.4 町内の班もしくは隣組の数　　回答者ベース N=1,118　16.3 班・組

Q5.5 町内会への世帯加入率（ひとつだけ）　全体ベース N=1,170

1 全戸加入	34.8
2 90%以上加入	37.1
3 70%以上～90%未満加入	21.0
4 50%以上～70%未満加入	4.6
5 30%以上～50%未満加入	0.6
6 30%未満加入	0.5
7 不明	0.8
	0.6

Q6 町内会等の「地縁による団体」が、その団体名義で土地建物の不動産登記等ができるよう、法人格取得が可能になりましたが、「地縁による団体」として法人格を取得していますか。（ひとつだけ）　全体ベース N=1,170

1 取得している（　　　年に取得）	4.4
2 取得する予定である	1.5
3 取得する予定はない	80.0
4 取得するかどうか検討中である	5.8
	8.4

Q7 町内会内の状況について

Q7A 町地域全体の特色
一番多いもの（ひとつだけ）
二番目に多いもの（ひとつだけ）　全体ベース N=1,170

	一番目に多い	二番目に多い		一番目に多い	二番目に多い
1 オフィス	2.3	1.8	5 集合住宅（単身向け）	4.4	21.8
2 商店	2.1	4.3	6 集合住宅（家族向け）	18.3	25.9
3 工場	0.3	0.4	7 田畑	1.8	3.5
4 一戸建て	65.7	8.1	8 その他	0.8	2.1
				4.4	32.1

Q7B 最近5年間くらいの人口の変化（ひとつだけ）　全体ベース N=1,170

1 大いに増加	5.6
2 やや増加	18.8
3 あまり変化はない	49.3
4 やや減少	21.8
5 大いに減少	2.6
6 その他	0.5
	1.4

Q7C 居住者の特色（ひとつだけ）　全体ベース N=1,170

1 自家で営業している人が多い	3.4
2 町内会の区域内の事業所に勤務している人が多い	2.3
3 仙台市内（町内会の区域外）の事業所に勤務している人が多い	83.5
4 宮城県内（仙台市外）に勤務している人が多い	1.9
5 他県に勤務している人が多い	0.1
6 その他	5.3
	3.5

Q7D 新旧住民の割合（ひとつだけ）　全体ベース N=1,170

1 古くからの地付の住民がほとんど	13.3
2 古くからの地付の住民のほうが多い	23.2
3 同じくらい	14.9
4 新しい住民のほうが多い	24.3
5 新しい住民がほとんど	21.6
	2.7

Q7E 区画整理（ひとつだけ）　全体ベース N=1,170

1 最近5年以内に実施	2.2
2 5～10年前に実施	2.6
3 10年以上前に実施	20.2
4 時期は不明だが実施	7.5
5 実施していない	51.7
6 その他	8.7
	7.0

Q7F 住居表示の変更（ひとつだけ）　全体ベース N=1,170

1 最近5年以内に変更	2.9	4 時期は不明だが変更	13.0
2 5～10年前に変更	5.0	5 変更していない	31.5
3 10年以上前に変更	40.3	6 その他	3.2
			4.0

Q7G.1 あなたの町内会の区域内の生活環境は最近5年間くらいで、全体的にみて改善されたでしょうか。あるいは悪化したでしょうか。（ひとつだけ）　全体ベース N=1,170

1 改善された	9.8	4 やや悪化した	7.4
2 やや改善された	34.0	5 悪化した	1.2
3 どちらともいえない	45.2		2.4

*Q7G.1で1～2を選んだ場合
Q7G.2 それはどのような理由からですか。（2つまで）　生活環境が改善されたと感じている人ベース N=513

1 住民の一人ひとりが活動したから	9.0	5 学校が努力したから	2.5	9 町内会と他の住民組織の連携が進んだから	10.7
2 町内会が活動したから	51.3	6 町内会以外の地域住民組織が努力したから	2.5	10 町内会と行政団体との連携が進んだから	44.4
3 企業などが努力したから	0.6	7 NPO等の市民団体が努力したから	0.2	11 その他	0.0
4 行政が努力したから	16.2	8 経済や社会の状況の変化によって	8.0	12 これといった理由はない	2.5
					8.8

Q8 あなたの町内会の区域では、次のような活動が行われていますか。(いくつでも)

	町内会・自治会	連合町内会	婦人会	子供会育成会	ブ老人会・老人クラ	PTA	青少年問題協議会	クル青年会・青年サー	ツル体育振興会・スポー	化協会・文	全防協議会・交通安	団消防団・災害救助	社会福祉協議会
全体ベース N= 1,170													
1 乳幼児の保育の援助	1.5	1.2	0.4	1.8	0.3	0.5	0.1	0.2	0.3	0.3	0.1	0.0	4.4
2 児童の遊び・教育の援助	15.1	4.7	0.9	27.9	3.2	15.9	1.2	0.3	5.5	2.1	0.3	0.0	3.5
3 青少年の教育・健全育成	21.5	13.6	1.5	20.1	2.1	23.7	14.5	1.4	10.3	11.2	0.9	0.1	6.3
4 公園・広場等の管理	42.9	6.6	0.9	7.8	9.1	2.6	0.3	0.3	0.9	1.2	0.2	0.1	0.7
5 コミュニティセンター・集会所の管理	40.9	22.5	1.7	1.3	4.7	1.3	0.3	0.2	1.6	0.5	0.8	0.1	2.0
6 住民の文化活動	28.1	22.8	5.4	3.3	9.1	4.9	1.4	0.7	7.3	4.1	2.7	0.3	10.3
7 住民の体育・スポーツ活動	32.9	23.6	1.6	8.8	5.0	7.1	0.5	1.0	61.5	1.9	0.3	0.1	0.9
8 地域の文化財の保護	6.5	4.4	0.7	0.7	1.2	0.4	0.2	0.3	0.9	3.4	0.3	1.5	0.3
9 祭りの実施	47.3	28.7	5.1	14.9	8.5	7.2	0.6	2.4	12.6	3.9	1.6	2.8	
10 伝統芸能の保存	3.1	2.4	0.4	0.4	0.9	0.8	0.2	0.7	0.1	0.1	0.0	0.3	
11 健康診断への協力	30.0	9.1	1.5	0.6	2.6	0.3	0.1	0.1	0.3	0.1	0.1	2.5	
12 地域の環境衛生の維持	53.2	14.4	1.8	3.9	4.9	1.6	0.3	0.5	0.7	1.5	0.4	1.9	
13 公害の防止	14.2	5.3	0.3	0.4	0.7	0.5	0.1	0.3	0.1	1.1	0.9	1.0	
14 高齢者の生活の援助	28.4	10.4	2.7	1.2	12.8	0.6	0.2	0.3	0.0	0.9	1.4	36.4	
15 障害者の生活の援助	8.1	4.4	0.9	0.5	1.5	0.3	0.0	0.0	0.0	0.4	0.5	23.2	
16 生活困窮者の援助	5.3	3.2	0.6	0.1	0.6	0.2	0.0	0.2	0.0	0.1	0.5	20.1	
17 地域産業の活性化	2.3	2.4	0.2	0.1	0.5	0.2	0.0	0.2	0.0	0.0	0.1	0.5	
18 共稼ぎ世帯等の家事援助	0.3	0.1	0.3	0.1	0.2	0.1	0.0	0.1	0.0	0.1	0.1	1.5	
19 就労の斡旋	0.3	0.0	0.0	0.0	0.3	0.1	0.0	0.0	0.0	0.0	0.0	0.2	
20 ゴミ処理・ゴミ収集の協力	75.0	8.6	2.0	10.5	4.3	2.1	0.4	0.4	0.3	0.3	0.2	0.6	
21 地域の清掃や美化	68.8	13.1	3.3	10.1	14.1	3.7	0.9	0.9	0.9	0.8	0.4	0.3	
22 私道路の維持管理	29.2	2.7	0.0	0.5	0.5	0.3	0.0	0.0	0.1	0.4	0.1	0.3	
23 自然災害の防止	25.3	10.8	0.9	0.6	1.9	0.9	0.2	0.2	0.5	3.3	13.1	1.5	
24 火災予防・消防活動	46.2	20.7	4.9	2.1	2.4	1.5	0.3	0.6	0.7	10.5	43.5	2.1	
25 防犯活動・非行防止	46.8	21.6	2.4	7.2	2.6	9.2	4.6	0.7	0.9	53.7	4.6	1.4	
26 交通安全対策	38.3	18.4	2.8	5.9	3.2	7.8	0.9	0.6	0.6	55.0	2.2	0.9	
27 国際観光に関する活動	1.6	0.2	0.1	0.1	0.1	0.3	0.1	0.2	0.0	0.2	0.2	0.2	
28 まちづくり活動	43.6	28.2	2.8	3.5	5.3	2.6	0.9	0.4	2.7	3.2	2.3	3.1	
29 消費者保護の活動	5.2	2.1	0.7	0.4	0.4	0.2	0.0	0.1	0.0	0.0	0.3	1.3	

	組合消費生活共同	同業商工組合会議所・	農協	党政支部団体・政	宗教団体	ボランティア団体（NPO）		まちづくり団体（NPO）		その他の団体	学校	行政機関
						区町域内会	市全域	区町域内会	市全域			
全体ベース N=1,170												
1 乳幼児の保育の援助	0.0	0.0	0.1	0.2	0.1	0.8	0.1	0.2	0.1	3.6	1.1	11.6	79.1
2 児童の遊び・教育の援助	0.0	0.0	0.1	0.0	0.1	0.7	0.1	0.3	0.1	2.5	16.4	10.9	50.2
3 青少年の教育・健全育成	0.0	0.2	0.1	0.1	0.1	0.4	0.2	0.6	0.2	2.9	23.8	5.0	42.6
4 公園・広場等の管理	0.0	0.0	0.1	0.1	0.0	0.2	0.2	0.3	0.3	0.9	1.5	17.7	45.0
5 コミュニティセンター・集会所の管理	0.0	0.1	0.2	0.0	0.2	0.9	0.3	0.3	0.3	4.4	0.8	12.1	37.7
6 住民の文化活動	0.2	0.3	0.0	0.2	0.2	0.7	0.3	0.6	0.5	3.8	5.1	11.2	47.3
7 住民の体育・スポーツ活動	0.1	0.2	0.2	0.0	0.2	0.1	0.1	0.0	0.0	2.0	12.5	2.8	26.3
8 地域の文化財の保護	0.1	0.1	0.0	0.1	1.3	0.5	0.0	0.2	0.0	1.5	0.8	7.2	81.8
9 祭りの実施	0.4	2.3	0.4	0.3	1.9	1.0	0.2	0.6	0.3	3.9	6.3	3.6	33.5
10 伝統芸能の保存	0.0	0.3	0.2	0.1	0.2	0.2	0.2	0.2	0.1	1.5	1.6	2.0	89.1
11 健康診断への協力	0.0	0.0	0.7	0.1	0.2	0.1	0.1	0.2	0.4	0.9	1.1	24.8	49.5
12 地域の環境衛生の維持	0.0	0.1	0.1	0.1	0.1	0.3	0.2	0.3	0.3	1.6	1.5	17.1	36.8
13 公害の防止	0.1	0.1	0.1	0.2	0.0	0.1	0.1	0.1	0.2	0.7	0.5	12.6	73.7
14 高齢者の生活の援助	1.5	0.0	0.1	0.2	0.2	2.3	0.4	0.4	0.1	2.5	0.4	16.6	39.9
15 障害者の生活の援助	0.7	0.1	0.1	0.1	0.3	0.9	0.6	0.4	0.2	2.3	0.7	15.6	62.1
16 生活困窮者の援助	0.3	0.0	0.1	0.0	0.5	0.1	0.3	0.2	0.1	2.1	0.3	19.7	61.5
17 地域産業の活性化	0.3	4.2	1.2	0.0	0.1	0.0	0.2	0.1	0.4	0.7	0.2	5.3	87.2
18 共稼ぎ世帯等の家事援助	0.1	0.0	0.1	0.0	0.2	0.2	0.2	0.0	0.1	0.5	0.2	2.2	95.1
19 就労の斡旋	0.1	0.2	0.2	0.1	0.1	0.0	0.0	0.1	0.1	0.4	0.3	3.1	93.4
20 ゴミ処理・ゴミ収集の協力	0.1	0.2	0.1	0.1	0.1	0.0	0.5	0.2	0.5	1.0	0.7	22.2	19.7
21 地域の清掃や美化	0.2	0.4	0.2	0.1	0.1	0.3	0.3	0.9	0.5	1.3	3.7	11.0	25.9
22 私道路の維持管理	0.1	0.1	0.2	0.1	0.0	0.0	0.1	0.0	0.2	0.9	0.2	6.6	43.3
23 自然災害の防止	0.3	0.1	0.1	0.1	0.1	0.1	0.2	0.1	0.1	1.3	1.4	14.2	61.1
24 火災予防・消防活動	0.3	0.2	0.1	0.2	0.0	0.0	0.2	0.1	0.2	1.5	2.2	13.3	26.8
25 防犯活動・非行防止	0.1	0.1	0.1	0.2	0.0	0.1	0.3	0.2	0.2	1.5	9.4	11.2	24.2
26 交通安全対策	0.1	0.1	0.1	0.2	0.0	0.0	0.2	0.2	0.2	0.8	7.1	11.8	27.3
27 国際観光に関する活動	0.0	0.1	0.0	0.0	0.0	0.1	0.1	0.1	0.4	0.4	0.9	0.7	92.8
28 まちづくり活動	0.3	1.3	0.2	0.3	0.1	0.6	0.5	1.5	2.3	1.8	3.0	19.7	42.3
29 消費者保護の活動	3.2	0.2	0.2	0.1	0.0	0.1	0.2	0.2	0.2	0.7	0.2	7.2	85.9

Q9 あなたの町内会では、次のような活動を行っていますか。(ひとつだけ)

全体ベース N= 1,170	活動あり	活動なし			全体ベース N= 1,170	活動あり	活動なし	
1 神社祭礼	31.5	59.2	9.2		9 バザー	15.9	74.4	9.7
2 盆祭り・夏祭り	61.4	32.1	6.6		10 ラジオ体操	31.7	58.5	9.8
3 成人式	11.8	79.1	9.1		11 研修会・講習会	47.4	43.8	8.9
4 慶弔行事	53.1	37.3	9.7		12 映画上映・演劇鑑賞	7.1	82.2	10.7
5 運動会	70.3	22.3	7.4		13 夜回り(防火・防犯)	42.9	49.3	7.8
6 運動会以外の体育活動	53.2	37.9	8.9		14 防災(消火・救助)訓練	65.9	26.5	7.6
7 旅行	30.9	60.9	8.2		15 清掃	78.3	15.0	6.8
8 宴会	30.4	60.3	9.2		16 総会	89.0	4.4	6.7

*Q9で1を選んだ場合

Q9A 対象者の参加の程度

Q9A.1 就労していない高齢者(ひとつだけ)

Q9で「活動あり」と答えた人ベース		大いに参加	ある程度参加	少しは参加	ほとんど参加しない	参加対象ではない	
1 神社祭礼	N= 369	12.5	34.1	29.0	6.5	1.1	16.8
2 盆祭り・夏祭り	N= 718	15.9	34.3	26.7	7.7	2.2	13.2
3 成人式	N= 138	5.1	8.0	9.4	9.4	12.3	55.8
4 慶弔行事	N= 621	14.7	34.6	23.2	6.1	4.0	17.4
5 運動会	N= 823	9.1	27.0	27.5	17.3	2.7	16.5
6 運動会以外の体育活動	N= 623	5.1	16.2	27.0	25.0	8.3	18.3
7 旅行	N= 362	19.6	41.7	21.0	5.2	1.9	10.5
8 宴会	N= 356	15.2	39.6	30.9	4.5	0.6	9.3
9 バザー	N= 186	9.1	21.5	23.7	13.4	5.9	26.3
10 ラジオ体操	N= 371	2.7	11.3	21.0	16.7	21.0	27.2
11 研修会・講習会	N= 554	9.7	31.2	34.3	8.8	1.8	14.1
12 映画上映・演劇鑑賞	N= 83	9.6	12.0	22.9	12.0	7.2	36.1
13 夜回り(防火・防犯)	N= 502	12.4	21.3	23.3	10.4	10.6	22.1
14 防災(消火・救助)訓練	N= 771	11.9	31.9	29.8	9.7	2.5	14.1
15 清掃	N= 916	21.3	35.0	23.7	4.5	2.2	13.3
16 総会	N= 1041	18.3	38.1	21.5	7.3	1.7	13.0

Q9A.2 現役就労者(ひとつだけ)

Q9で「活動あり」と答えた人ベース		大いに参加	ある程度参加	少しは参加	ほとんど参加しない	参加対象ではない	
1 神社祭礼	N= 369	9.8	24.9	27.9	12.7	1.9	22.8
2 盆祭り・夏祭り	N= 718	13.2	30.2	27.0	11.6	1.3	16.7
3 成人式	N= 138	7.2	5.8	11.6	9.4	12.3	53.6
4 慶弔行事	N= 621	6.1	17.2	23.0	12.6	6.6	34.5
5 運動会	N= 823	9.4	35.5	28.4	10.2	0.7	15.8
6 運動会以外の体育活動	N= 623	6.6	24.1	34.2	17.5	2.4	15.2
7 旅行	N= 362	3.9	15.7	21.8	20.4	9.7	28.5
8 宴会	N= 356	7.3	28.7	31.5	14.9	2.8	14.9
9 バザー	N= 186	10.2	13.4	25.3	18.8	3.8	30.6
10 ラジオ体操	N= 371	3.0	6.7	16.4	25.6	19.9	28.3
11 研修会・講習会	N= 554	2.7	15.2	26.9	25.1	6.0	24.2
12 映画上映・演劇鑑賞	N= 83	3.6	14.5	20.5	19.3	7.2	34.9
13 夜回り(防火・防犯)	N= 502	11.0	21.9	29.3	13.1	3.2	21.5
14 防災(消火・救助)訓練	N= 771	7.4	24.0	30.1	18.2	2.5	17.9
15 清掃	N= 916	11.2	28.6	26.4	11.8	2.0	20.0
16 総会	N= 1041	11.3	28.5	31.2	11.3	1.1	16.5

Q9A.3 主婦(ひとつだけ)

Q9で「活動あり」と答えた人ベース		大いに参加	ある程度参加	少しは参加	ほとんど参加しない	参加対象ではない	
1 神社祭礼	N= 369	8.7	28.2	31.4	5.7	1.9	24.1
2 盆祭り・夏祭り	N= 718	14.9	41.9	23.7	5.2	1.0	13.4
3 成人式	N= 138	0.7	5.8	11.6	5.8	11.6	64.5
4 慶弔行事	N= 621	6.6	24.8	25.9	6.9	4.3	31.4
5 運動会	N= 823	10.8	39.5	27.2	7.2	0.5	14.8
6 運動会以外の体育活動	N= 623	5.8	20.9	39.5	14.9	1.6	17.3
7 旅行	N= 362	7.5	26.5	31.2	7.5	3.9	23.5
8 宴会	N= 356	7.3	29.8	38.5	7.6	2.0	14.9
9 バザー	N= 186	14.0	35.5	26.3	4.8	0.5	18.8
10 ラジオ体操	N= 371	3.0	15.4	32.1	14.6	11.3	23.7
11 研修会・講習会	N= 554	5.6	32.7	36.5	7.8	1.3	16.2
12 映画上映・演劇鑑賞	N= 83	9.6	20.5	28.9	13.3	3.6	24.1
13 夜回り(防火・防犯)	N= 502	8.0	20.5	25.5	10.0	9.2	26.9
14 防災(消火・救助)訓練	N= 771	10.8	33.5	34.5	4.7	1.3	15.3
15 清掃	N= 916	17.6	38.6	21.6	3.6	1.3	17.2
16 総会	N= 1041	12.7	41.3	24.7	3.8	1.3	16.1

Q9A.4　　　青少年(ひとつだけ)

Q9で「活動あり」と答えた人ベース			大いに参加	ある程度参加	少しは参加	ほとんど参加	ほとんど参加しない	参加対象で
1	神社祭礼	N= 369	9.5	22.0	21.1	14.9	5.4	27.1
2	盆祭り・夏祭り	N= 718	16.0	32.0	21.3	10.6	1.9	18.1
3	成人式	N= 138	15.9	11.6	12.3	8.7	13.8	37.7
4	慶弔行事	N= 621	2.3	3.4	7.4	17.1	25.9	44.0
5	運動会	N= 823	21.3	27.5	19.8	10.3	2.8	18.3
6	運動会以外の体育活動	N= 623	6.1	18.1	24.7	19.3	8.8	23.0
7	旅行	N= 362	1.4	3.3	9.9	19.3	26.2	39.8
8	宴会	N= 356	3.4	6.2	10.1	18.0	35.1	27.2
9	バザー	N= 186	5.9	15.1	11.8	17.2	16.7	33.3
10	ラジオ体操	N= 371	27.0	30.7	13.2	7.5	5.7	15.9
11	研修会・講習会	N= 554	0.9	4.3	8.7	21.1	30.3	34.7
12	映画上映・演劇鑑賞	N= 83	8.4	19.3	16.9	10.8	14.5	30.1
13	夜回り(防火・防犯)	N= 502	3.0	6.2	6.2	14.7	30.7	39.2
14	防災(消火・救助)訓練	N= 771	2.1	9.3	16.3	23.5	17.1	31.6
15	清掃	N= 916	4.4	9.7	15.8	22.7	15.4	32.0
16	総会	N= 1041	1.4	3.4	5.4	16.1	38.9	34.8

Q10　あなたの町内会で現在町内会の運営上困っていることがありますか。(いくつでも)　　　全体ベース N= 1,170

1	町内会に対する住民の関心や理解が低い	53.8	7	流入層が地域になじまない	18.5	13	世代間に断絶がある	14.8
2	町内会の行事に対する住民参加が少ない	63.4	8	日中、留守の世帯が多い	35.5	14	集会施設がない	17.7
3	町内会の役員のなり手がいない	70.3	9	役員のなり手が多く割り振りに困っている	3.2	15	各団体との連携が図りにくい	6.3
4	世帯数が増え、うまく機能しない	4.8	10	政治や選挙の相談を持ち込まれて困る	2.0	16	経験が足りないため活動ができない	5.3
5	行政や他団体からの依頼が多すぎる	41.0	11	住民間に摩擦がある	3.2	17	その他	5.6
6	予算が少なく十分な活動ができない	14.2	12	役員内がしっくりいっていない	2.1	18	困っていることはない	2.6
								5.6

Ⅱ 次に、あなたの町内会の組織構成と機能についてお尋ねします。

Q11　役員(班長・組長は除く)はどのように構成されていますか。また、手当てはありますか。

Q10A　人数　　　回答者ベース

会長	N= 1,122	1.0 名	その他1	N= 324	4.1 名
副会長	N= 1,114	1.8 名	その他2	N= 190	2.8 名
庶務	N= 1,090	1.3 名	その他3	N= 126	2.3 名
会計	N= 1,115	1.1 名	その他4	N= 90	2.0 名
区長	N= 1,033	1.7 名	その他5	N= 52	2.2 名

＊Q11Aで1名以上の場合

Q11B　役員手当ての有無(ひとつだけ)

Q11C　活動の実費支給の有無(ひとつだけ)

		役員手当て			活動の実費支給		
回答者かつ各役職が1人以上いる人ベース		有り	無し		有り	無し	
1 会長	N= 1,120	56.1	40.8	3.1	44.9	42.0	13.1
2 副会長	N= 1,074	51.1	43.9	4.9	42.3	42.9	14.8
3 庶務	N= 832	54.4	40.6	4.9	39.4	43.6	16.5
4 会計	N= 1,069	55.2	40.9	3.9	39.7	44.0	16.4
5 区長	N= 206	51.5	41.3	7.3	40.3	39.8	19.9
6 その他1	N= 322	49.1	45.7	5.3	41.6	40.1	18.3
7 その他2	N= 190	44.2	45.3	10.5	37.9	42.6	19.5
8 その他3	N= 126	46.8	44.4	8.7	38.9	39.7	21.4
9 その他4	N= 90	44.4	43.3	12.2	38.9	38.9	22.2
10 その他5	N= 52	42.3	48.1	9.6	46.2	34.6	19.2

Q12　役員(会長も含む、班長・組長はのぞく)の方にはどのような職業の方がおられますか。
　　　回答者ベース

農林漁業	N= 1,080	0.2 名	自由業	N= 1,075	0.3 名
商業自営	N= 1,074	0.8 名	退職	N= 1,064	3.2 名
工業自営	N= 1,080	0.1 名	その他	N= 1,064	1.9 名
勤務	N= 1,075	3.5 名			

Q13　会長はどのようにして選ばれますか。(ひとつだけ)　　　全体ベース N= 1,170

1	総会での選挙	19.7	3	役員会や選考委員会による推薦	37.0	5	前会長の指名	6.1
2	役員の間での互選	23.7	4	住民による投票	1.1	6	その他	8.1
								4.4

Q14　町内会の1年間の財政規模(一般会計)と、収入・支出の内訳をご記入下さい。

A. 収入　　　回答者ベース　　千円　　　　　B. 支出　　　回答者ベース　　千円

1	総額	N= 1,028	2,208	1	総額	N= 1,001	1,989
2	会費	N= 1,029	1,045	1	人件費	N= 1,016	169
3	市からの助成や補助金	N= 1,029	243	3	会議費	N= 1,018	108
4	公園や街路樹の管理費	N= 1,028	18	4	事務費	N= 1,017	96
5	広報誌等の配布手数料	N= 1,030	78	5	土木工事費	N= 1,017	34
6	古新聞・古着等のリサイクルやバザーの売上げ	N= 1,028	7	6	祭典・文化費	N= 1,017	243
7	コミセン・集会所等の施設使用料	N= 1,028	19	7	寄付・負担金	N= 1,017	261
8	事務所や住民からの寄付	N= 1,028	15	8	補助・助成金	N= 1,017	143
9	その他	N= 1,028	75	9	共同施設維持管理費	N= 1,016	125
10	前年度繰越金	N= 1,028	565	10	防犯費	N= 1,016	43
				11	その他	N= 1,016	267
				12	次年度繰越金	N= 1,017	489

Q15　町内会費はどのようなかたちで徴収しますか。

Q15.1　一般世帯（ひとつだけ）　全体ベース N=1,170

1 各世帯から平等に（同額）集めている	83.2
2 各世帯の状況によって差のある額を集めている	13.0
3 その他の方法で徴収する	0.8
4 徴収しない	1.1
	1.9

Q15.2　事業所（ひとつだけ）　全体ベース N=1,170

1 各事業所から平等に（同額）集めている	29.1
2 各事業所の状況によって差のある額を集めている	7.2
3 その他の方法で徴収する	0.9
4 徴収しない	1.9
	60.9

＊Q15.1かQ15.2で1～3の場合

Q15.3　町内会費はどのようにして集めていますか。（ひとつだけ）　町会費を集めている人ベース N=1,139

1 町内会長が各戸に集金にまわる	1.3	5 区などの下部組織に任せている	15.9
2 町内会長以外の役員が各戸に集金にまわる	54.2	6 銀行振り込み	2.8
3 各戸が町内会長に持参する	0.6	7 その他	14.7
4 各戸が町内会長以外の役員に持参する	4.6		6.0

Q16　1年間の会費は平均して1世帯、1事業所あたりいくらですか。

A. 1世帯あたりの年額　回答者ベース N=1,107　4,186円
B. 1事業所あたりの年額　回答者ベース N=449　6,916円

Q17　あなたの町内会がある地域には次のような組織や団体がありますか。（いくつでも）　全体ベース N=1,170

1 子供会育成会	84.2	8 青年団・サークル	9.1	15 体育振興会	74.5
2 民生・児童委員会	60.3	9 老人クラブ	59.2	16 文化サークル	15.8
3 少年補導委員会	15.2	10 商工会	9.4	17 スポーツクラブ	17.6
4 防犯協会	75.3	11 農協・漁業	5.6	18 宗教団体	5.0
5 消防団（分団）	56.2	12 まちづくり団体（NPO）	6.0	19 氏子会・檀家組織	13.3
6 社会福祉協議会	76.5	13 ボランティア団体（NPO）	6.9	20 講	5.6
7 婦人会	27.8	14 生協	8.5		5.1

＊Q17で1の場合

Q17A　それぞれの組織・団体とあなたの町内会はどのような関係にありますか。（いくつでも）

各町内会で構成されているものベース		町内会が役員を出す	町内会に役員を出す	町内会が情報を提供する	町内会に情報を提供する	町内会の下部組織	補助金等を出している
1 子供会育成会	N=985	12.9	12.3	19.7	29.5	19.3	83.8	9.3
2 民生・児童委員会	N=706	27.8	5.5	19.5	27.1	4.4	7.2	41.6
3 少年補導委員会	N=178	26.4	2.2	17.4	20.8	4.5	17.4	41.6
4 防犯協会	N=881	61.1	2.6	19.6	34.6	6.2	56.6	10.4
5 消防団（分団）	N=657	22.1	1.5	10.8	24.4	4.6	59.8	21.3
6 社会福祉協議会	N=895	54.9	3.4	20.7	33.0	3.9	56.8	11.7
7 婦人会	N=325	31.1	8.9	20.3	21.8	28.3	46.5	24.6
8 青年団・サークル	N=107	16.8	7.5	15.0	13.1	15.9	40.2	39.3
9 老人クラブ	N=693	13.7	5.8	21.1	25.7	11.3	71.1	18.5
10 商工会	N=110	10.9	4.5	13.6	20.9	0.9	7.3	64.5
11 農協・漁協	N=66	7.6	0.0	13.6	13.6	1.5	0.0	75.8
12 まちづくり団体（NPO）	N=70	24.3	2.9	14.3	27.1	5.7	22.9	32.9
13 ボランティア団体（NPO）	N=81	18.5	4.9	16.0	22.2	4.9	23.5	48.1
14 生協	N=99	1.0	0.0	4.0	8.1	0.0	5.1	84.8
15 体育振興会	N=872	54.0	3.1	15.4	29.0	5.8	65.6	12.2
16 文化サークル	N=185	13.0	2.7	9.7	18.4	7.6	21.1	56.2
17 スポーツクラブ	N=206	12.6	1.9	7.8	13.6	5.3	29.1	54.9
18 宗教団体	N=59	6.8	3.4	8.5	16.9	0.0	15.3	62.7
19 氏子会・檀家組織	N=156	26.9	1.9	7.7	14.1	3.2	22.4	47.4
20 講	N=65	3.1	0.0	6.2	9.2	4.6	12.3	75.4

Q18　あなたの町内会には集会施設がありますか。（いくつでも）　全体ベース N=1,170

1 町内会独自の地域集会所を持っている	38.9
2 他の町内会と共有の地域集会所を持っている	13.9
3 他の団体と共有の地域集会所を持っている	20.9
4 コミュニティ・センターがある	20.9
5 その他	9.0
6 ない	19.7
	5.6

＊Q18で1～3の場合

Q18A　集会所について、次の問いにお答えください。
Q18A.1　集会所名
Q18A.2　建物はどなたのものですか。（ひとつだけ）　集会所がある人ベース N=660

1 町内会所有のもの	48.3
2 市所有のもの	30.3
3 個人所有のもの	6.1
4 その他	12.4
	2.9

Q18A.3　建物が建っている土地はどなたのものですか。（ひとつだけ）　集会所がある人ベース N=660

1 町内会所有のもの	9.2
2 市所有のもの	59.2
3 県所有のもの	2.9
4 国所有のもの	1.2
5 民有地	12.0
6 その他	12.0
	3.5

＊Q18で1～4の場合

Q18B　その集会施設の利用状況はどのようですか（ひとつだけ）　集会所・コミュニティセンターがある人ベース N=788

1 よく利用されている	56.2
2 普通	28.3
3 あまり利用されていない	7.0
4 不明	0.4
5 その他	1.3
	6.9

Q19　あなたの町内会の地域では次のような活動は、どのような施設※を利用して行われていますか。(いくつでも)

	町内会の施設	町内会団体の施設	地域の公共施設	企業の施設	その他の施設	設なし	その種の活動無し
全体ベース N= 1,170							
1　学習サークル	19.9	2.0	16.8	0.4	2.3	51.9	14.4
2　趣味のサークル	37.8	3.2	23.4	0.7	4.3	30.9	11.7
3　体育・スポーツ活動	10.9	5.6	41.9	0.4	4.6	32.8	12.6
4　町内会の集会	53.8	4.5	21.8	2.7	11.5	5.0	9.1
5　ボランティア活動	18.0	3.6	16.6	0.3	3.4	50.8	14.9
6　町内会以外の会議	23.7	6.9	29.1	1.1	5.6	32.1	13.1
7　展示会・講演会・講習会	23.7	4.1	28.2	1.2	3.5	36.8	13.2
8　冠婚葬祭	7.7	0.9	1.6	7.9	9.0	58.5	16.9
9　まつり	23.5	3.9	23.4	0.9	17.0	38.5	13.4

※「町内会の施設」とは、問18の1～4にあたるものです。

Q20　町内会独自の会報を発行していますか。(ひとつだけ)　全体ベース N= 1,170

1　毎月1回以上発行している	7.1
2　原則として毎月1回発行している	5.6
3　年に数回発行している	17.4
4　年に1～2回発行している	8.9
5　発行しない年もあるが、ときどき発行している	6.2
6　発行していない	48.2

Q21　選挙の場合に、町内会として推薦や支持をしたことはありますか。(ひとつだけ)　全体ベース N= 1,170

1　いつもしている	1.8
2　最近するようになった	1.4
3　する時も、しない時もある	9.6
4　以前はしていたが最近はやめた	4.4
5　したことはない	76.9
	6.0

Q22　あなたの町内会では、役所からの公報配布や伝達事項の依頼についてどう処理されていますか。(ひとつだけ)　全体ベース N= 1,170

1　必要な情報なので積極的に協力している	70.3	3　市政だより等の定期配布物についてのみ協力している	10.3
2　あまり必要な情報とは思えないが協力している	4.2	4　会長が必要と判断したものについてのみ協力している	4.0
			11.2

Q23　あなたの町内会では、最近5年間の総会や役員会で町内会が果たすべき役割として特に重要であると議論されているのは、どのようなことですか。(いくつでも)　全体ベース N= 1,170

1　いざというときの世話	44.2	7　市議会へ代表者を送るための相談等	1.5	13　コミュニティ・センター運営への協力	26.8
2　防犯・消防等の地域の安全確保	79.9	8　町内会連合会役員の推薦	26.9	14　都市計画やまちづくりへの積極的参加	21.5
3　冠婚葬祭	22.9	9　社会福祉協議会や民生委員への協力	57.5	15　市民センターへの協力	20.6
4　町内の精神的まとまりの促進	26.2	10　高齢者や障害者の世話	44.4	16　NPO等組織との連携の推進	3.5
5　市からの事務連絡や行政協力	61.4	11　青少年の健全育成	41.0	17　その他	2.9
6　困りごとの解決や行政等への陳情	44.2	12　運動会やスポーツ大会の開催	45.3		7.3

Q24　あなたの町内会では、現在、地域生活を営む上で困った問題がありましたか。(いくつでも)
　　　一番困っている問題(ひとつだけ)
　　　二番目に困っている問題(ひとつだけ)
　　　三番目に困っている問題(ひとつだけ)

	困った問題	一番困った	二番目に困った	三番目に困った
全体ベース N= 1,170				
1　住宅が狭い、住宅が建て込んでいる等の住宅問題	5.6	4.4	0.6	0.8
2　下水道・ゴミ処理等の行政サービスが悪い	6.7	5.0	1.2	0.5
3　商売・スーパー等の買い物施設の不足	10.3	7.6	2.1	0.6
4　開発による住環境の悪化・緑の不足	4.4	2.1	1.0	0.7
5　大気汚染・騒音等の自然環境の悪化	5.3	2.6	2.1	0.6
6　治安・少年非行・風紀の悪化	16.0	8.2	6.0	2.1
7　学校等教育施設の不足	1.1	0.6	0.3	0.2
8　集会所・図書館等文化施設の不足	13.6	6.9	5.3	1.4
9　公園・運動場・レクリエーション施設等の不足	9.2	2.6	4.7	1.9
10　病院や老人福祉センター等医療・福祉施設の不足	7.4	1.4	3.2	2.8
11　移動や交通の不便	10.3	2.7	4.1	3.5
12　防災等の都市基盤整備の不足	14.2	2.6	5.2	6.3
13　社会的交流が盛んではなく、住民相互の認知度が低い	19.9	6.4	6.6	7.3
14　芸術・文化的活動の不足	5.8	0.0	1.5	4.4
15　商店や工場を経営していく上での障害が多い	0.8	0.1	0.2	0.5
16　土地問題(地価の騰貴・土地利用規制や都市計画上の問題)	2.7	0.3	0.7	1.7
	44.0	41.2	54.2	61.6

Q24A その3つの問題について、解決あるいは改善のために、あなたの町内会ではこれまでに誰かに何らかの働きかけを行ってきましたか。
それぞれの問題についてどのような方法・ルートで働きかけを行ったかをお答えください。
　一番困っている問題への対処（ひとつだけ）
　二番目に困っている問題への対処（ひとつだけ）
　三番目に困っている問題への対処（ひとつだけ）

全体ベース N= 1,170

	一番目の対処	二番目の対処	三番目の対処
1 役員が役所・公社等の担当課・係へ直接頼んだ	19.8	7.1	5.5
2 役所の幹部等を通じて頼んだ	2.6	2.0	1.8
3 市会議員に頼んだ	9.1	6.4	3.2
4 市政懇談会や地域懇談会等で意見を述べた	9.9	9.9	5.3
5 議員以外の地域の有力者を通じて頼んだ	0.7	0.3	0.3
6 連合町内会を通じて頼んだ	10.9	11.3	9.7
7 他の地域団体を通じて頼んだ	2.0	1.9	2.1
8 町内会内で、解決のために有志ネットワークやNPO等を組織作りをした	1.5	0.9	1.1
9 町内会をこえて、解決のためのNPO等の組織作りをした	0.3	0.3	0.2
10 新聞等に投書した	0.3	0.3	0.3
11 仙台市のホームページを使って解決を求めた	0.2	0.1	0.2
12 市長への手紙に投書した	0.3	0.2	0.6
13 その他	3.1	2.7	2.5
14 具体的に何もしなかった	8.6	7.4	8.7
	52.3	63.8	69.7

Ⅲ あなたの町内会の防犯活動についてお尋ねします。

Q25　あなたの町内会では、過去2,3年の間の犯罪の発生状況はどうでしたか。（ひとつだけ）

全体ベース N= 1,170

1 非常に多くなった	2.5	3 変わらない	36.4	5 非常に少なくなった	7.9
2 多くなった	30.6	4 少なくなった	10.2	6 わからない	8.3
					4.1

＊Q25で1～2の場合

Q25A　それはどのような犯罪ですか。（いくつでも）

犯罪が多くなったと感じている人ベース N= 387

1 自転車・バイクの盗難・破損	49.4	7 すり・ひったくり	12.1	13 不法投業	38.5
2 自動車の盗難・破損	23.5	8 痴漢	23.0	14 悪徳商法・詐欺等による被害	21.2
3 壁・塀等の落書き	17.8	9 ストーカー	5.2	15 不審火	7.0
4 不審者の敷地内への侵入	28.7	10 恐喝・脅迫	2.6	16 その他の犯罪	4.1
5 空き巣	58.4	11 暴行・障害	3.9		0.3
6 下着等洗濯物の盗難	10.1	12 強盗	2.8		

Q26A　あなたの町内会の地域で、治安に対して不安を感じさせているのはどのようなことですか。（ひとつだけ）
Q26B　それに対して町内会で何か対策をとっていますか。（ひとつだけ）

全体ベース N= 1,170

	治安への不安			不安への対策		
	不安あり	不安なし		取組あり	取組なし	
1 路上や空き地にごみが散乱している	30.3	65.9	3.8	30.9	59.7	9.5
2 自転車やバイクが放置されている	42.1	54.4	3.5	38.0	54.4	7.6
3 街灯が暗い	39.7	56.4	3.9	33.3	57.9	8.7
4 少年が集団でたむろしている	12.5	82.6	5.0	10.1	79.1	10.9
5 不審者をよくみかける	14.0	81.2	4.8	12.1	76.9	10.9
6 24時間営業のコンビニエンスストアがある	21.8	73.9	4.3	5.7	83.9	10.3
7 深夜に暴走族が走り回っている	15.7	79.3	5.0	6.6	82.7	10.7
8 ピンクちらしやヤミ金融のビラがはられている	21.3	74.6	4.1	16.6	73.8	9.7
9 わいせつなビデオ・雑誌の自販機が置かれている	1.5	93.9	4.6	1.3	86.8	12.0
10 カラオケボックス、ゲームセンターが近くにある	6.8	89.0	4.3	1.4	87.0	11.6
11 風俗店が近くにある	3.7	91.7	4.6	1.3	86.7	12.1
12 地域住民の連帯感が希薄である	31.1	64.4	4.5	18.2	71.7	10.1
13 近所付き合いがほとんど見られない	19.7	75.8	4.4	11.0	78.0	10.9
14 その他1	2.0	97.2	0.9	1.9	96.9	1.2
15 その他2	0.2	99.4	0.4	0.2	99.1	0.7
16 その他3	0.1	99.6	0.3	0.1	99.2	0.7

Q27A　あなたの町内会では、住民が犯罪の被害にあわないように取り組んでいることがありますか。（いくつでも）

全体ベース N= 1170

1 住民に戸締りや鍵かけを心がけるように働きかけ	51.4	7 防犯講演会に積極的に参加している	35.5
2 外出時には隣近所に一声掛けるようすすめている	34.4	8 児童登下校時の通学路のパトロール	30.0
3 外出時には明かりをつけたままにするように呼びかけ	15.7	9 有害なビラの除去や落書き消しなどの活動	26.4
4 不審者をみつけたら、すぐに町内会長や警察に連絡するようすすめている	52.6	10 防犯ボランティア団体への寄付金等の支出	12.9
5 街路灯や監視カメラの設置	25.1	11 地域の集まりやイベントに子どもが積極的に参加するよう工夫	27.4
6 防犯パトロールの実施	47.2	12 その他	2.6
			19.4

Q27B　それらの活動のうち、あなたの町内会以外の組織・団体と連携して行っているものについて、該当する組織・団体をお答えください。（いくつでも）

	他の町内会	連合町内会	他の組織の地域住民	NPO・ボランティア団体	行政	警察
全体ベース　N=1,170						
1　住民に戸締りや鍵かけを心がけるように働きかけ	4.5	14.5	3.5	0.5	2.2	18.2	70.9
2　外出時には隣近所に一声掛けるようすすめる	2.8	7.3	2.1	0.4	1.1	6.5	86.8
3　外出時には明かりをつけたままにするよう呼びかけ	2.3	3.6	0.9	0.3	0.5	3.2	92.9
4　不審者をみつけたら、町内会長や警察に連絡するようすすめている	4.5	12.6	3.3	0.6	1.8	26.7	66.3
5　街路灯や監視カメラの設置	2.0	3.5	1.1	0.1	8.7	2.6	86.7
6　防犯パトロールの実施	6.9	17.1	7.9	1.7	2.4	14.7	66.0
7　防犯講演会に積極的に参加している	3.3	13.8	4.0	0.7	3.9	10.8	76.9
8　児童登下校時の通学路のパトロール	5.1	8.4	5.6	1.3	1.3	3.9	82.1
9　有害なビラの除去や落書き消しなどの活動	2.6	8.4	3.7	0.8	4.0	4.2	84.0
10　防犯ボランティア団体への寄付金等の支出	1.0	4.3	1.5	0.7	0.3	0.4	92.8
11　地域の集まりやイベントに子どもが積極的に参加するよう工夫	4.4	8.6	3.5	0.5	0.7	1.0	86.5
12　その他	0.0	0.5	0.3	0.1	0.0	0.7	98.5

Q28　あなたの町内会で取り組む防犯活動に対して、行政や警察に支援して欲しいことはどのようなことですか。（いくつでも）

全体ベース　N=1,170

	行政	警察
1　防犯灯を整備し暗い道をなくす	62.1	5.7
2　監視カメラの設置・整備	12.0	7.5
3　犯罪の発生状況の情報提供	9.5	52.0
4　誤審のための知識・技術の提供	5.6	21.4
5　防犯意識啓発のための講習会の開催	15.0	32.1
6　防犯活動のリーダー育成	17.9	16.7
7　防犯活動の組織体制づくりの支援	21.5	16.1
8　防犯キャンペーンの実施	15.6	21.7
9　防犯パトロールの強化	13.2	51.8
10　自治体の安全・安心条例の制定	24.4	5.4
	26.5	24.7

Q29　あなたの町内会では、今後積極的に地域の防犯活動や非行防止活動を行うつもりですか。（ひとつだけ）　全体ベース　N=1,170

- 1　積極的に行なうつもりである　46.6
- 2　まあほどほどに行なうつもりである　32.5
- 3　あまり行なうつもりはない　5.7
- 4　まったく行なうつもりはない　0.9
- 5　わからない　6.9

Ⅳ　あなたの町内会の防災活動についてお尋ねします。

Q30　あなたの町内会では、ここ1～2年ぐらいの間に、災害が起きたときにどうするかについて話し合いを行ったことがありますか。　全体ベース　N=1,170

- 1　ある　69.2
- 2　ない　22.4
- 3　わからない　1.9
- 　　　　　　　　6.5

＊Q30で1の場合
Q30A　具体的に話し合った内容（いくつでも）　話し合いを行ってきた人ベース　N=810

- 1　心がまえについて　72.0
- 2　避難の方法、時期、場所について　83.1
- 3　食料・飲料水について　43.3
- 4　非常持ち出し品について　41.7
- 5　住民間の連絡について　63.2
- 6　家屋の安全度について　26.3
- 7　地域の災害危険箇所について　44.8
- 8　その他　8.4
- 　　　　　　　　0.2

Q31　あなたの町内会では、大地震等が起こった場合に備えて、どのような対策をとっていますか。（いくつでも）　全体ベース　N=1,170

- 1　住民にたいして消火器、懐中電灯、医薬品等を準備しておくよう呼び掛けている　48.1
- 2　住民にたいして食料品や飲料水の備蓄をすすめている　35.3
- 3　住民にたいして家具や冷蔵庫を固定しブロック塀を点検する等して、倒壊防止を呼び掛けている　34.6
- 4　住民にたいして地震保険に加入するよう働きかけている　3.1
- 5　住民間の連絡方法を決めている　28.2
- 6　近くの学校や公園等避難する場所を決めている　65.3
- 7　防災に関するセミナーや講演を開く等して啓蒙活動を行なっている　32.1
- 8　市や区が行っている防災訓練に積極的に参加している　49.0
- 9　高齢者・単身世帯の把握　53.4
- 10　その他　5.3
- 11　特に何もしていない　10.0
- 　　　　　　　　7.9

Q32　あなたの町内会では、防災マップや災害危険予想図（ハザードマップ）等の防災対策資料を持っていますか。（ひとつだけ）　全体ベース　N=1,170

- 1　持っている　36.2
- 2　持っていないが見たことがある　27.4
- 3　見たことはないが聞いたことはある　12.7
- 4　見たり聞いたりしたことはない　7.7
- 5　わからない　5.6
- 　　　　　　　　10.4

Q33　あなたの町内会では、毎年、地震を想定した防災訓練を町内会独自で行なっていますか。またその際、住民は参加したり見学したりしていますか。（ひとつだけ）　全体ベース　N=1,170

- 1　行なっており、数多くの会員が参加したり見学したりしている　15.9
- 2　行なっており、住民の参加とか見学はそれほど多くはない　31.1
- 3　行なっていないが、いずれ行ないたいと考えている　32.6
- 4　行なっていないし、今後も行なう予定はない　9.4
- 5　その他　6.9
- 　　　　　　　　4.0

Q34　災害時に地域の救援活動に置いて一翼を担うべきものはなんだと思いますか。（いくつでも）　全体ベース　N=1,170

- 1　行政　63.9
- 2　町内会　83.5
- 3　町内会以外の地域住民組織　19.9
- 4　NPO・ボランティア団体　24.3
- 5　企業等の自主組織　5.0
- 6　自衛隊・警察　47.4
- 7　個人一人ひとり　49.4
- 8　その他　1.8
- 　　　　　　　　3.5

Ⅴ　最後に、町内会長さんご自身についてお尋ねします。

F1　会長さんの性別（ひとつだけ）　全体ベース　N=1,170
- 1　男性　92.1
- 2　女性　6.2
- 　　　　　　1.6

F2　会長さんの年齢（ひとつだけ）　全体ベース　N=1,170
- 1　20歳代　0.3
- 2　30歳代　1.5
- 3　40歳代　3.1
- 4　50歳代　9.1
- 5　60歳代　28.8
- 6　70歳代　45.2
- 7　80歳代以上　10.2
- 　　　　　　　　1.8

F3　会長さんの現在の職業（ひとつだけ）　全体ベース　N=1,170
- 1　農林漁業　3.4
- 2　商業自営　5.6
- 3　工業自営　0.6
- 4　勤務（常雇）　12.8
- 5　勤務（臨時・パート・内職）　1.5
- 6　自由業　11.6
- 7　無職　54.7
- 8　その他　4.7
- 　　　　　　2.1

F4　会長さんの最終学歴（ひとつだけ）　全体ベース　N=1,170
- 1　小学校卒　2.5
- 2　中学校（旧制小）卒　10.3
- 3　高校（旧制高）卒　44.6
- 4　短大・専門学校卒　10.2
- 5　大学卒　24.9
- 6　大学院修了　1.2
- 7　その他　1.5
- 　　　　　　4.9

F5　会長さんが現在お住まいの家は（ひとつだけ）
全体ベース N= 1,170

1	持家（一戸建て）	79.3
2	持家（マンション・アパート）	10.0
3	借家（公営）	5.7
4	借家（民間）	1.4
5	その他	1.5
		2.1

F6　会長さんのご家族は、現在お住まいの場所に、いつ頃から住んでいますか。（ひとつだけ）
全体ベース N= 1,170

1	戦前から	18.1	5	昭和50年代から	15.9
2	昭和20年代から	9.3	6	昭和60年代から	11.1
3	昭和30年代から	12.6	7	平成7年以降	12.1
4	昭和40年代から	18.5			2.4

F7　会長さんの在任年数　　回答者ベース N= 1,088　　7.0 年目（通算）

F8A　会長さんは、ほかに何か役職を引き受けておられますか。
　　　現在引き受けている役職と引き受けたことがある役職（いくつでも）
全体ベース N= 1,170

1	民生・児童委員	7.0	7	団体役員	22.8	13	政治団体役員	2.8
2	PTA役員	17.6	8	後援会理事・役員	10.9	14	宗教団体役員	6.6
3	審議会委員（市・県・国）	6.7	9	趣味・余暇集団の世話人	20.9	15	NPO等組織の役員・幹事	2.7
4	行政委員	4.4	10	同業組合理事・役員	7.4	16	スポーツ団体理事・役員	16.7
5	協議会委員	21.3	11	青年団・消防団役員	7.3	17	その他	15.7
6	社会福祉協議会理事・役員	38.9	12	協同組合理事・役員	4.7			21.8

F9　会長さんは、町内会のお仕事で毎月何日くらい働かれますか。　回答者ベース N= 1,059　　9.8 日

F10　会長さんは、会長としての正規の仕事以外に個人的に地域活動に関わっておられますか。（いくつでも）
全体ベース N= 1,170

1	地域の団体が活動しやすいように町内に働きかけをする	46.5	4	自らが発起人となって地域イベントを開催	14.2
2	地域内の団体の活動に積極的に顔を出す	60.9	5	その他	9.1
3	ポケット・マネーで地域の団体を援助	12.5	6	何もしていない	18.0
					7.3

【福島市町内会・自治会等調査】

I はじめに、あなたの町内会・町内会・自治会の全般的な事柄についてご記入下さい。

Q1 町内会の名称

Q2 町内会の所在する地区（ひとつだけ） 全体ベース N=493

1 中央（中央）	9.5	11 中信（鎌田）	1.6	21 飯坂（飯坂）	1.8	31 松川（松川）	2.4
2 中央（野田町）	0.4	12 北信（瀬上）	3.2	22 飯坂（平野）	4.5	32 松川（金谷川）	2.0
3 渡利	4.7	13 北信（余目）	3.9	23 飯坂（中野）	1.0	33 松川（水原）	1.4
4 杉妻	1.0	14 信陵（大笹生）	2.6	24 飯坂（湯野）	3.0	34 松川（下川崎）	0.8
5 蓬莱	3.4	15 信陵（笹谷）	3.9	25 飯坂（東湯野）	1.0	35 吾妻（野田）	1.8
6 清水	12.4	16 吉井田	1.2	26 飯坂（茂庭）	0.2	36 吾妻（庭坂）	2.4
7 清水（野田町の一部）	0.0	17 西（荒井）	2.4	27 飯坂（大笹生の一部）	0.2	37 吾妻（庭塚）	1.6
8 東部（岡山）	3.4	18 西（佐倉）	1.6	28 信夫（大森）	4.5	38 吾妻（水保）	1.8
9 東部（大波）	1.6	19 土湯	0.8	29 信夫（鳥川）	1.4	39 飯野	4.3
10 東部（鎌田の一部）	0.2	20 立子山	2.0	30 信夫（平田）	1.0	40 その他・不明	2.6

Q3 町内会の沿革について

Q3.1 町内会の発足した時期（ひとつだけ） 全体ベース N=493

1 1940年代以前（戦前からあり、禁止期間もかたちを変えて存続し、講和条約後に再発足）	4.3	6 1970年代	13.4
2 1940年代以前（戦前あり、禁止期間にばらばらになったが、講和条約後に再発足）	1.2	7 1980年代	6.1
3 1940年代以前（戦前からあるが、経緯についてはよくわからない）	23.1	8 1990年代	2.8
4 1950年代	11.4	9 2000年代	4.3
5 1960年代	11.8	10 わからない	18.9
			2.8

Q3.2 （再）発足のきっかけ（いくつでも） 全体ベース N=493

1 講和条約を受けて発足	1.6	6 行政等のすすめで発足	13.2
2 旧来の町内会から分かれて発足	12.8	7 区画整理とともに発足	5.1
3 新来住民によって発足	7.5	8 市町村合併とともに発足	12.4
4 団地・社宅・マンション等ができて発足	14.0	9 その他	6.1
5 地域の実力者の意向で発足	15.8	10 わからない	29.6
			2.8

Q3.3 （再）発足時の主な目的（いくつでも） 全体ベース N=493

1 住民同士の親睦をはかるため	74.0	5 共有地、共有施設の管理のため	9.5
2 町内の生活上の問題を共同解決するため	52.1	6 マンションや団地の管理組合として	2.6
3 行政等への働きかけ・陳情のため	38.3	7 その他	2.6
4 行政等との連絡・調整のため	56.6	8 わからない	12.8
			2.4

Q3.4 現在の主な目的（いくつでも） 全体ベース N=493

1 住民同士の親睦をはかるため	88.8
2 町内の生活上の問題を共同解決するため	68.4
3 行政等への働きかけ・陳情のため	61.7
4 行政等との連絡・調整のため	73.8
5 共有地、共有施設の管理のため	16.4
6 マンションや団地の管理組合として	2.8
7 その他	1.8
8 何もしていない	0.6
	2.6

Q4 町内会に加入している世帯数等

Q4.1	加入世帯数（事業所を除く）	回答者ベース N=488	122.2 戸
Q4.2	加入事業所数	回答者ベース N=466	4.0 事業所
Q4.3	町内の区の数	回答者ベース N=454	1.5 区
Q4.4	町内の班もしくは隣組の数	回答者ベース N=483	9.8 班・組

Q4.5 町内会への世帯加入率（ひとつだけ） 全体ベース N=493

1 全戸加入	50.5
2 90%以上加入	33.3
3 70%以上～90%未満加入	12.6
4 50%以上～70%未満加入	2.0
5 30%以上～50%未満加入	0.4
6 30%未満加入	0.0
7 わからない	0.4
	0.8

Q5 町内会等の「地縁による団体」が、その団体名義で土地建物の不動産登記等ができるよう、法人格取得が可能になりましたが、「地縁による団体」として法人格を取得していますか。（ひとつだけ） 全体ベース N=493

1 取得している（　　年に取得）	12.0
2 取得する予定である	3.0
3 取得する予定はない	72.2
4 取得するかどうか検討中である	4.9
	7.9

Q6 町内会内の状況について

Q6.1 建物・土地の特色（多いものを2つまで） 全体ベース N=493

1 事業所	3.0
2 商店	5.7
3 工場	0.4
4 一戸建て	80.5
5 集合住宅（単身向け）	7.9
6 集合住宅（家族向け）	23.3
7 田畑	29.8
8 その他	3.9
	6.1

Q6.2 最近10年間くらいの人口の変化（ひとつだけ） 全体ベース N=493

1 大いに増加	5.1
2 やや増加	17.8
3 あまり変化はない	32.9
4 やや減少	34.1
5 大いに減少	7.9
6 その他	0.2
	2.0

Q6.3 非加入世帯を含む居住世帯の特色（多いものを2つまで） 全体ベース N=493

1 非高齢者のみの核家族世帯	27.8
2 高齢者のみの核家族世帯	37.7
3 非高齢者と高齢者からなる親族世帯	56.4
4 非高齢者の単身世帯	7.3
5 高齢者の単身世帯	13.6
6 その他	11.2
	10.3

Q6.4 新旧住民の世帯数の割合（ひとつだけ） 全体ベース N=493

1 古くからの地付きの世帯がほとんど	29.8
2 古くからの地付きの世帯のほうが多い	26.8
3 同じくらい	9.1
4 外からの新しい世帯のほうが多い	17.6
5 外からの新しい世帯がほとんど	13.4
	3.2

Q6.5　計画的開発(区画整理等)(いくつでも)　　　　　　　　　　　　　　　　　　　　全体ベース N= 493

1 最近5年以内に実施	3.7	4 時期は不明だが実施	5.3
2 5～10年前に実施	3.2	5 実施していない	56.0
3 10年以上前に実施	15.0	6 わからない	14.2
			4.5

Q7　あなたの町内会で現在町内会の運営上困っていることがありますか。
　　困っているものすべて(いくつでも)、もっとも困っているもの(ひとつだけ)

	困っているもの	もっとも困っているもの			困っているもの	もっとも困っているもの
全体ベース N=493				全体ベース N=493		
1 町内会のルールを守らない住民の存在	19.5	5.3	12 加入世帯の家族構成が把握できない		12.4	0.2
2 未加入世帯の増加	9.3	1.4	13 日中、留守の世帯が多い		22.5	1.0
3 町内会行事への住民の参加の少なさ	48.7	6.7	14 集会施設がない／狭い／不便		20.3	5.1
4 町内会の役員のなり手不足	59.8	24.3	15 住民間の摩擦		3.0	0.2
5 予算の不足	16.2	3.0	16 世代間のズレ		10.3	0.4
6 会員の高齢化	58.6	15.4	17 役員内のあつれき		1.4	0.0
7 行政との関係(依頼の多さ等)	14.4	0.8	18 政治や選挙の相談・依頼事		1.8	0.2
8 行政以外の団体との関係(負担金等)	14.6	1.2	19 運営のための経験や智恵が足りない		9.9	0.6
9 家族世帯数の多さによる障害	1.0	0.0	20 町内会の財産をめぐるトラブル		0.4	0.0
10 単身世帯数の多さによる障害	3.7	0.0	21 その他		3.9	0.4
11 構成世帯数の少なさによる障害	4.5	0.4	22 困っていることはない		8.3	5.5
					1.6	27.4

II　次に、あなたの町内会の活動状況についてお伺いします。

Q8　あなたの町内会では、次のような活動が行なわれていますか。また、それぞれの活動の10年前と現在の全体的な活動状況はどうなっていますか。

Q8A　活動の有無、活動組織(いくつでも)

	町内会	町内会単位の組織別	町内会連合会	町内会連合単位の組織別	その他の地域組織	実施していない	わからない
全体ベース N= 493							
1 ごみ処理収集協力	81.9	4.7	4.5	2.2	2.6	2.4	0.8 7.3
2 資源・廃品回収	43.0	13.2	3.2	1.8	22.7	10.5	1.2 12.2
3 バザー	2.4	4.3	1.6	5.3	18.7	38.5	3.2 26.2
4 地域の清掃美化	80.5	6.5	8.5	2.4	4.5	1.0	1.0 7.5
5 防犯パトロール	22.1	9.1	4.2	16.2	17.8	15.0	2.0 14.4
6 防火パトロール	13.2	7.7	5.5	12.8	24.1	20.1	1.8 19.1
7 交通安全対策	20.5	8.5	13.6	18.1	23.1	8.7	1.2 15.6
8 集会所等の施設管理	44.6	5.5	7.1	3.2	5.5	15.6	1.8 17.0
9 街灯等の設備管理	56.0	3.0	6.7	2.4	8.7	8.1	2.8 16.6
10 公園・広場の管理	40.0	4.3	3.4	1.8	7.5	17.0	6.5 23.1
11 私道の管理	17.8	2.2	1.8	0.6	3.7	34.9	13.0 27.2
12 乳幼児保育の支援	3.2	1.8	1.8	2.6	7.9	44.0	11.1 27.6
13 学童保育の支援	14.0	5.7	4.9	4.9	15.2	29.0	7.1 22.7
14 青少年教育・育成	15.4	10.5	7.1	11.8	21.5	13.6	2.4 21.7
15 高齢者福祉	21.7	10.1	9.5	16.4	18.9	11.0	4.5 18.3
16 その他	2.2	0.4	0.2	1.0	0.2	1.0	3.4 92.3

*Q8Aで1～6を選んだ場合

Q8B　10年前の町内での活動状況(ひとつだけ)

		非常に活発に実施されていた	活発に実施されて いた	あまり盛んでなかった	ほとんど実施されて いなかった	実施されていなかった	わからない
Aで「わからない」「不明」を除いた人ベース							
1 ごみ処理収集協力	N= 453	10.6	44.4	25.8	4.4	2.9	5.5 6.4
2 資源・廃品回収	N= 427	8.2	41.9	21.1	4.4	9.8	5.6 8.9
3 バザー	N= 348	1.7	15.5	12.4	8.0	43.1	12.4 6.9
4 地域の清掃美化	N= 451	14.6	48.6	19.3	3.8	2.2	4.2 7.3
5 防犯パトロール	N= 412	6.1	25.5	21.1	10.4	17.5	10.0 9.5
6 防火パトロール	N= 389	6.7	30.1	18.5	8.2	19.5	8.2 8.7
7 交通安全対策	N= 410	6.3	31.2	26.3	6.1	11.7	7.8 9.8
8 集会所等の施設管理	N= 390	15.1	39.5	19.7	2.6	17.2	7.2 7.4
9 街灯等の設備管理	N= 397	11.3	42.8	18.6	4.0	7.8	6.3 9.1
10 公園・広場の管理	N= 347	6.9	30.3	17.6	7.2	19.9	9.8 8.4
11 私道の管理	N= 295	5.1	13.9	13.9	7.8	41.4	11.5 6.4
12 乳幼児保育の支援	N= 300	1.3	7.0	8.0	10.3	52.7	13.7 7.0
13 学童保育の支援	N= 346	3.8	18.5	14.7	9.0	36.7	11.3 6.1
14 青少年教育・育成	N= 357	5.3	33.1	21.3	5.9	18.2	9.8 6.4
15 高齢者福祉	N= 381	4.5	26.0	24.4	10.5	17.8	9.4 7.3
16 その他	N= 21	4.8	23.8	9.5	0.0	19.0	9.5 33.3

*Q8Aで1〜5を選んだ場合
Q8C　現在の町内での活動状況（10年前と比べて）（ひとつだけ）

Aで「実施している」と答えた人ベース		非常に活発化している	活発化している	変わらない	衰退している	非常に衰退化	わからない
1 ごみ処理収集協力	N= 441	24.9	34.2	30.8	1.8	0.0	2.3	5.9
2 資源・廃品回収	N= 375	20.0	36.3	28.5	2.9	0.3	3.2	8.8
3 バザー	N= 158	5.7	27.8	40.5	9.5	1.3	6.3	8.9
4 地域の清掃美化	N= 446	17.7	32.5	32.7	4.0	0.4	3.1	9.4
5 防犯パトロール	N= 338	10.9	37.3	31.4	2.7	0.9	5.9	10.9
6 防火パトロール	N= 290	11.0	31.4	40.0	1.4	0.3	6.2	9.7
7 交通安全対策	N= 367	9.5	33.2	38.4	1.6	0.3	5.7	11.2
8 集会所等の施設管理	N= 313	17.6	26.5	41.5	1.0	0.3	4.2	8.9
9 街灯等の設備管理	N= 357	14.8	29.7	42.3	1.7	0.6	2.8	8.1
10 公園・広場の管理	N= 263	13.7	29.3	39.2	3.0	0.8	4.9	9.1
11 私道の管理	N= 123	9.8	20.3	52.8	0.8	0.0	8.1	8.1
12 乳幼児保育の支援	N= 83	6.0	22.9	42.2	2.4	2.4	12.0	12.0
13 学童保育の支援	N= 203	7.9	33.0	38.4	2.0	0.5	9.9	8.4
14 青少年教育・育成	N= 290	8.3	32.4	37.9	3.8	1.0	8.3	8.3
15 高齢者福祉	N= 327	11.3	37.6	31.5	2.8	0.9	7.3	8.6
16 その他	N= 16	31.3	25.0	12.5	0.0	0.0		31.3

Q9　あなたの町内会では、次のような行事が組織的に行われていますか。
　　また、町内会が中心に行なっている活動については「参加対象」と「参加状況」についてもお答え下さい。

Q9A　行事の有無、実施組織（いくつでも）

全体ベース N= 493		町内会が実施	町内会実施単位の別組織	町内会連合会が実施	町内会連合会単位の別組織	その他の地域組織が実施	実施していない	わからない
1 神社祭礼		26.6	20.5	5.1	4.7	28.2	12.6	0.6	8.7
2 盆踊り・夏祭り		14.8	12.4	11.6	7.1	19.7	24.5	0.4	13.4
3 花見		28.2	7.3	1.0	1.0	6.3	39.8	1.4	16.6
4 食事会・飲み会		32.0	7.3	1.4	1.6	6.5	32.5	2.6	20.7
5 成人式		0.2	1.2	0.8	1.6	9.5	59.0	3.0	24.5
6 冠婚葬祭		37.3	4.5	0.4	1.0	3.5	30.2	2.8	19.5
7 運動会		12.4	10.1	18.7	24.1	14.4	13.8	0.6	12.0
8 運動会以外の体育活動		12.6	9.5	10.8	19.5	16.0	16.0	1.2	19.1
9 宿泊旅行		5.7	8.9	4.5	1.8	7.9	46.2	3.4	22.5
10 新年会・忘年会		49.1	5.9	10.3	2.4	3.7	20.9	1.4	14.0
11 ラジオ体操		7.5	11.0	0.6	1.6	12.4	42.8	2.8	21.9
12 研修会・講習会		16.8	5.3	16.8	7.9	8.7	28.4	2.2	19.5
13 映画上映・演劇鑑賞		1.4	1.6	0.8	1.2	2.6	61.7	4.7	26.0
14 町内会の総会		89.7	1.0	4.3	0.4	0.6	3.0	0.4	4.5
15 その他		6.1	0.6	0.4	0.2	0.0	1.8	2.8	88.0

*Q9Aで1〜5を選んだ場合
Q9B.1　町内会中心の行事の参加対象（ひとつだけ）
Q9B.2　町内会中心の行事の参加程度（ひとつだけ）

Aで「実施している」と答えた人ベース		参加対象				参加程度					
		町内会の全会員（義務）〜	町内会の全会員（自由参加）〜	実施組織に属するメンバー	わからない	町内会の会員のほとんどが参加	町内会の会員の半数程度が参加	町内会の会員の一部が参加	町内会の会員のほとんどが参加しない	わからない	
1 神社祭礼	N= 385	8.6	53.2	22.3	3.6	12.2	20.0	17.9	40.3	4.2	5.2	12.5
2 盆踊り・夏祭り	N= 304	2.0	62.5	18.4	3.0	14.1	7.2	21.7	48.7	5.9	3.6	12.8
3 花見	N= 208	11.1	64.9	11.1	1.9	11.1	28.4	22.6	32.7	1.0	1.9	13.5
4 食事会・飲み会	N= 218	4.6	63.3	18.3	1.8	11.9	12.4	25.7	45.0	4.1	3.7	9.2
5 成人式	N= 66	6.1	16.7	30.3	28.8	18.2	10.6	6.1	18.2	6.1	39.4	19.7
6 冠婚葬祭	N= 234	12.8	50.0	18.4	2.6	16.2	27.4	14.5	35.0	3.8	3.0	16.2
7 運動会	N= 363	3.6	65.6	8.0	2.2	20.7	3.9	19.0	52.1	6.3	1.7	17.1
8 運動会以外の体育活動	N= 314	1.6	60.5	19.7	1.3	16.9	2.5	5.4	63.1	10.8	2.2	15.9
9 宿泊旅行	N= 137	1.5	39.4	32.8	5.8	20.4	2.9	9.5	48.2	10.9	7.3	21.2
10 新年会・忘年会	N= 314	15.0	58.9	8.9	1.3	15.9	26.1	20.7	32.8	4.1	1.9	14.3
11 ラジオ体操	N= 160	1.3	38.1	41.9	1.9	16.9	2.5	4.4	55.0	8.1	10.0	20.0
12 研修会・講習会	N= 246	2.4	50.4	23.2	5.7	18.3	3.7	7.3	52.0	10.2	7.3	19.5
13 映画上映・演劇鑑賞	N= 38	0.0	50.0	18.4	15.8	15.8	2.6	0.0	39.5	5.3	31.6	21.1
14 町内会の総会	N= 454	53.5	28.4	3.3	1.1	13.7	44.5	25.3	17.0	1.3	0.7	11.2
15 その他	N= 36	22.2	52.8	8.3	2.8	13.9	36.1	13.9	38.9	2.8	2.8	5.6

*Q9Aで1～6を選んだ場合
Q9C　10年前の町内での活動状況(ひとつだけ)

		非常に活発に実施されていた	活発に実施されていた	あまり盛んに実施されていなかった	ほとんど実施されていなかった	実施されていなかった	わからない
Aで「わからない」「不明」を除いた人ベース							
1 神社祭礼	N= 447	10.1	36.0	22.4	1.1	6.9	7.8	15.7
2 盆踊り・夏祭り	N= 425	5.6	30.8	17.4	3.8	14.8	7.8	19.8
3 花見	N= 404	5.0	23.0	14.6	5.4	18.6	8.9	24.5
4 食事会・飲み会	N= 378	2.9	19.3	21.4	6.3	17.5	9.0	23.5
5 成人式	N= 357	0.6	3.6	4.8	2.8	31.9	16.5	39.8
6 冠婚葬祭	N= 383	6.0	28.2	12.8	2.3	13.6	11.0	26.1
7 運動会	N= 431	7.2	38.7	16.7	3.0	6.5	7.7	20.2
8 運動会以外の体育活動	N= 393	3.3	29.0	26.2	4.8	7.9	8.9	19.8
9 宿泊旅行	N= 365	0.8	11.0	12.3	6.8	26.6	11.5	31.0
10 新年会・忘年会	N= 417	8.4	31.7	16.3	5.5	10.3	7.2	20.6
11 ラジオ体操	N= 371	1.1	18.6	12.4	5.4	20.5	11.3	30.7
12 研修会・講習会	N= 386	0.5	10.6	21.8	9.6	18.4	12.7	26.4
13 映画上映・演劇鑑賞	N= 342	0.0	0.9	5.0	4.4	36.3	15.2	38.3
14 町内会の総会	N= 469	19.4	47.5	11.5	1.7	2.6	5.1	12.2
15 その他	N= 45	4.4	42.2	11.1	2.2	13.3	6.7	20.0

*Q9Aで1～5を選んだ場合
Q9D　現在の町内での活動状況(10年前と比べて)(ひとつだけ)

		非常に活発化している	活発化している	変わらない	衰退化している	非常に衰退化している	わからない
Aで「実施している」と答えた人ベース							
1 神社祭礼	N= 385	8.1	16.1	44.7	13.2	2.9	4.2	10.9
2 盆踊り・夏祭り	N= 304	6.9	22.0	34.5	18.1	2.6	4.6	11.2
3 花見	N= 208	5.3	19.7	46.2	7.7	2.4	3.8	14.9
4 食事会・飲み会	N= 218	1.8	14.7	46.8	14.2	5.5	5.0	11.9
5 成人式	N= 66	1.5	6.1	31.8	9.1	4.5	28.8	18.2
6 冠婚葬祭	N= 234	4.7	12.4	55.6	6.4	2.1	4.3	14.5
7 運動会	N= 363	5.5	17.4	39.1	17.4	4.4	2.8	13.5
8 運動会以外の体育活動	N= 314	3.5	15.9	42.0	18.2	5.1	6.1	9.2
9 宿泊旅行	N= 137	0.7	10.9	38.0	11.7	7.3	16.1	15.3
10 新年会・忘年会	N= 314	6.7	17.2	47.8	9.2	1.9	3.5	13.7
11 ラジオ体操	N= 160	1.3	13.8	41.9	13.1	6.9	10.0	13.1
12 研修会・講習会	N= 246	1.6	17.9	35.4	9.3	3.3	15.0	17.5
13 映画上映・演劇鑑賞	N= 38	0.0	13.2	23.7	13.2	7.9	28.9	13.2
14 町内会の総会	N= 454	17.6	22.5	43.8	3.5	1.1	2.9	8.6
15 その他	N= 36	13.9	33.3	27.8	0.0	0.0	2.8	22.2

Ⅲ 次に、あなたの町内会の組織構成と機能についてお尋ねします。

Q10　役員(班長・組長は除く)はどのように構成されていますか。また、手当てはありますか。

Q10A　人数

会長	回答者ベース N= 469	1.0 名		庶務	回答者ベース N= 390	0.8 名
副会長	回答者ベース N= 446	1.3 名		部長	回答者ベース N= 397	2.5 名
会計	回答者ベース N= 449	1.0 名		監事	回答者ベース N= 424	1.6 名

*Q10Aで1名以上の場合
Q10B　役員手当て(定額)(ひとつだけ)
Q10C　活動ごとの手当て(ひとつだけ)
Q10D　手当てと持出しの割合(ひとつだけ)

		手当て(定額)		活動毎手当て		手当てと持出しの割合			
		無し	有り	無し	有り	手当ての方が多い	いつも同じぐらい	持出しの方が多い	わからない
回答者かつ各役職が1人以上いる人ベース									
1 会長	N= 468	19.9	75.0	5.1	77.6	9.8	12.6	12.4	13.2	39.3	15.2	19.9
2 副会長	N= 401	25.7	67.8	6.5	77.3	8.5	14.2	13.8	13.7	24.4	27.7
3 会計	N= 415	24.6	68.4	7.0	77.1	7.7	15.2	18.6	17.0	23.9	28.2
4 庶務	N= 264	25.0	67.4	7.6	78.4	7.2	14.4	18.6	14.4	21.6	31.1
5 部長	N= 270	26.3	64.1	9.6	77.4	7.0	15.6	17.8	12.2	21.9	33.3
6 監事	N= 348	37.1	50.9	12.1	75.0	6.9	18.1	16.1	11.2	11.2	23.3	38.2

*Q10Aで1名以上の場合
Q10E　役員の主たる就業状況(副業は除く)(ひとつだけ)

		引退	現役	主婦	いわからな
回答者かつ各役職が1人以上いる人ベース						
1 会長	N= 468	58.3	29.3	0.9	4.1	7.5
2 副会長	N= 401	43.1	67.8	3.2	3.7	12.2
3 会計	N= 415	36.1	43.6	7.5	3.6	9.2
4 庶務	N= 264	43.6	41.3	4.5	1.5	9.1
5 部長	N= 270	26.3	47.4	3.7	2.6	20.0
6 監事	N= 348	44.5	35.1	3.4	3.2	13.8

* Q10Aで1名以上の場合

Q10F 役員の主たる職業(引退の場合は現役時の主たる職業をお答え下さい)(ひとつだけ)

	回答者かつ各役職が1人以上いる人ベース	農林漁業	商業自営	工業自営	勤務(常勤)	勤務(パート・派遣)	自由業	専業主婦	わからない
1 会長	N= 468	13.0	6.6	4.1	59.0	3.4	7.3	0.6	1.9	4.1
2 副会長	N= 401	9.0	7.0	5.2	57.4	2.0	6.2	1.7	3.2	8.2
3 会計	N= 415	8.4	8.7	4.1	55.4	3.1	7.2	5.3	2.9	4.8
4 庶務	N= 264	5.7	7.6	3.4	61.7	5.3	5.3	2.7	2.7	5.7
5 部長	N= 270	5.9	8.9	1.9	52.6	3.0	3.0	3.3	7.0	14.4
6 監事	N= 348	5.7	7.8	2.6	54.9	3.4	7.5	2.9	5.5	10.3

Q11.1 どのようにして会長に選ばれましたか。(ひとつだけ)
全体ベース N= 493

1 総会で立候補	0.6
2 総会の話し合いで推された	20.3
3 役員会での互選	13.0
4 選考委員会等による推薦	22.5
5 前会長からの指名	16.6
6 持ち回り(当番制)	20.3
7 抽選(くじ引き)	1.6
8 その他	2.8
	2.2

Q11.2 町内会役員(班長を除く)はどのように選ばれましたか。(ひとつだけ)
全体ベース N= 493

1 総会で立候補	0.4
2 総会の話し合い	19.3
3 新会長からの指名	16.0
4 選考委員会等による推薦	22.1
5 前会長からの指名	5.7
6 持ち回り(当番制)	27.4
7 抽選(くじ引き)	1.0
8 その他	3.9
	4.3

Q12 会長の1任期は何年ですか。(ひとつだけ)
全体ベース N= 493

1 半年	0.8
2 一年	27.4
3 二年	65.1
4 三年以上	1.0
5 決まっていない	4.3
6 わからない	0.4
	1.0

* Q12で1~4の場合
Q12A 複数の任期にわたって会長職を務めることは会則等で認められていますか。(ひとつだけ)
任期が決まっている人ベース N= 465

1 認められていない	5.6
2 認められている	60.4
3 決まりはないが1期のみが普通	13.5
4 決まりはないが複数任期になることが多い	16.8
	3.7

Q13 町内会の(総会で提案される)予算はどのように作成されていますか。(ひとつだけ)
全体ベース N= 493

1 会長がすべて作成	5.9	5 役員会で協議してーから作成	15.8
2 会長が素案を示し役員会で審議の上、作成	18.3	6 作成していない	8.3
3 担当役員がすべて作成	7.9	7 その他	2.4
4 担当役員が素案を示し役員会で審議の上、作成	40.0		1.4

Q14 町内会の1年間の財政規模(一般会計)と、収入・支出の内訳をご記入下さい。

A. 収入

	回答者ベース	千円
総額	N= 382	1,278
1 会費	N= 383	617
2 市からの助成や補助金	N= 369	131
3 公園や街路樹の管理費	N= 183	16
4 広報誌等の配布手数料	N= 176	8
5 資源・廃品回収やバザーの売上げ	N= 179	35
6 コミセン・集会所等の使用料	N= 186	17
7 事業所や住民からの寄付	N= 234	73
8 その他	N= 259	99
9 前年度繰越金	N= 374	357

B. 支出

	回答者ベース	千円
総額	N= 367	1,192
1 役員手当て	N= 352	117
2 会議・事務費	N= 355	104
3 祭典・文化費	N= 266	121
4 祭典・文化費以外の事業費	N= 254	159
5 寄付(募金)・負担金	N= 335	228
6 地域団体への補助・助成金	N= 292	125
7 共同施設・設備維持管理費	N= 253	99
8 その他	N= 257	171
9 次年度繰越金	N= 347	346

Q15.1 日赤や共同募金への寄付金にはどのように対応されていますか。(ひとつだけ)
全体ベース N= 493

1 割り当て分を全部納めている	78.3
2 割り当て分のほとんどを納めている	10.1
3 割り当て分の一部のみ納めている	1.4
4 会員から集まった額だけ納めている	5.7
5 一切、納めていない	0.0
6 その他	2.6
	1.8

Q15.2 連合会町内会組織への負担金にはどのように対応されていますか。(ひとつだけ)
全体ベース N= 493

1 割り当て分を全て納めている	94.5
2 納めていない分もある	0.4
3 ほとんど納めていない	0.8
4 一切、納めていない	1.8
5 その他	1.0
	1.4

Q16 町内会費はどのように集めていますか。

Q16.1 一般世帯(ひとつだけ)
全体ベース N= 493

1 各世帯から平等に(同額を)集めている	83.8
2 各世帯の状況によって差のある額を集めている	12.2
3 その他の基準で集めている	1.0
4 集めることになっていない	1.4
	1.6

Q16.2 事業所(ひとつだけ)
全体ベース N= 493

1 各事業所から平等に(同額を)集めている	21.1
2 各事業所の状況によって差のある額を集めている	9.5
3 その他の基準で集めている	1.6
4 集めることになっていない	10.3
5 そもそも事業所がない	19.1
	38.3

Q17 ひと月の会費は平均して1世帯、1事業所あたりいくらですか。

A. 1世帯あたりの月額(平均)	回答者ベース N= 447	714 円	
B. 1事業所あたりの月額(平均)	回答者ベース N= 220	635 円	

Q18 この10年間に、町内会で特別会計を組み、何か事業をされたこと(されていること)はありますか。(いくつでも)
全体ベース N= 493

1 集会所の新築・改築	17.4
2 街路灯の新設・補修	8.1
3 その他	15.8
4 ない	52.9
5 わからない	4.7
	4.7

Q19 町内会会計の収支決算報告や事業報告をどのようなかたちで行なっていますか。(いくつでも)
全体ベース N= 493

1 総会で報告	92.9
2 役員会で報告	30.6
3 監事に報告	18.5
4 決算の概算書を会員に送付する	18.5
5 その他	3.4
6 報告はしない	0.4
	2.2

Q20　あなたの町内会には集会施設がありますか。（いくつでも）
全体ベース N= 493

	%
1 町内会独自の集会所がある	40.4
2 他の町内会と共有の集会所がある	21.9
3 他の団体と共有の集会所がある	6.1
4 公民館など、利用している施設が周りにある	19.1
5 その他	9.3
6 集会所はなく、利用できる施設も周りにない	5.7
	1.6

*Q20で1の場合
Q20A　町内会独自の集会所について以下の問いにお答え下さい。
Q20A.1　建物はどなたが所有している財産ですか。（登記の有無は問いません）。（ひとつだけ）
独自に集会所がある人ベース N= 199

	%
1 町内会の共有財産（個人名義の場合を含む）	84.4
2 福島市	9.0
3 個人の私有財産	4.0
4 その他	2.5

Q20A.2　建物が建っている土地はどなたの財産ですか。（ひとつだけ）
独自に集会所がある人ベース N= 199

	%
1 町内会の共有財産（個人名義の場合を含む）	36.7
2 福島市の財産	16.1
3 福島県の財産	1.5
4 国有の財産	0.5
5 個人の私有財産	28.6
6 法人の財産	8.0
7 その他	7.5
	1.0

Q20A.3　その集会所の利用状況はどのようですか。（ひとつだけ）
独自に集会所がある人ベース N= 199

	%
1 容量の限度まで利用されている	12.1
2 容量の範囲内で十分に利用されている	73.4
3 あまり利用されていない	11.1
4 ほとんど利用されていない	1.0
5 わからない	2.0
6 その他	0.0
	0.5

Q21　あなたの町内会がある地域には次のような組織や団体がありますか。
Q21A　もしある場合には、それぞれの組織・団体の最小の単位をお教えください。（ひとつだけ）

全体ベース N= 493

	町内会で構成されている	町内会単位で成されている別組織で構成	町内会単位で構成されている別組織	町内会連合会単位で構成	町内会連合会単位の別組織で構成	その他の地域組織で構成されている	構成されていない	わからない
1 子供会育成会	31.4	19.1	9.1	7.3	15.4	4.9	4.5	8.3
2 民生・児童委員会	6.5	9.5	17.4	19.9	19.7	4.5	7.5	15.0
3 少年補導委員会	4.1	6.7	12.8	15.4	18.7	6.1	15.0	21.3
4 体育協会	11.0	10.1	25.2	24.3	15.4	2.8	2.8	8.3
5 防犯協会	7.3	6.1	21.5	18.7	19.5	3.9	7.5	15.6
6 消防団（分団）	5.5	7.3	13.4	17.6	33.3	5.5	4.9	12.6
7 社会福祉協議会	4.3	3.4	21.1	24.7	20.3	3.7	7.1	15.4
8 婦人会	10.1	6.5	10.3	11.8	19.3	10.1	9.9	21.9
9 青年団	3.9	4.1	3.2	3.2	9.7	25.4	17.0	33.5
10 老人会・クラブ	15.0	12.4	8.5	15.6	19.9	6.7	7.9	14.0
11 商工会・商店会	0.8	1.4	3.0	6.1	18.7	21.1	15.0	33.9
12 農協・漁協	2.0	2.2	2.6	4.1	24.1	17.6	15.4	31.8
13 生協	0.4	1.2	0.4	2.0	11.4	25.2	19.5	40.0
14 氏子会・檀家組織	5.9	9.3	3.2	4.7	24.5	13.2	14.2	14.7
15 講	2.0	3.9	1.8	1.4	7.7	20.7	23.7	39.8
16 その他			0.0	0.6	0.2	1.2	0.8	94.1

*Q21Aで1～5の場合
Q21B　それぞれの組織・団体とあなたの町内会はどのような関係にありますか。（いくつでも）

各町内会で構成されているものベース

	N	町内会が活動に協力	町内会から役員を出している	されている役員が出ている	している町内会に役員が出	供している町内会に情報を提	供町内会に情報を提	設町内会内に部会を設置	出町内会に補助金や負担金を出	使用している集会所等の施設を
1 子供会育成会	406	65.3	28.9	9.1	10.1	21.7	13.8	56.7	35.7	7.9
2 民生・児童委員会	360	46.9	30.3	4.7	11.9	24.2	3.3	8.9	13.6	19.4
3 少年補導委員会	284	45.4	29.9	4.9	10.6	23.2	5.6	15.1	14.1	23.2
4 体育協会	424	53.5	54.5	6.8	9.0	21.5	16.0	53.1	18.2	11.6
5 防犯協会	360	46.9	36.9	4.4	11.1	24.4	7.5	34.2	12.5	20.0
6 消防団（分団）	380	44.7	37.4	3.7	9.2	22.4	3.7	44.7	12.9	17.4
7 社会福祉協議会	364	49.7	27.7	3.3	10.2	21.7	4.4	48.4	9.9	17.0
8 婦人会	286	40.2	17.5	4.9	6.3	12.9	9.8	21.7	20.3	33.6
9 青年団	119	43.7	9.2	1.7	5.9	10.9	5.9	15.1	16.8	42.9
10 老人クラブ	352	43.2	17.6	6.8	8.2	17.0	8.0	29.3	26.7	29.3
11 商工会・商店会	148	23.6	8.1	0.7	4.1	9.5	2.7	3.4	5.4	60.8
12 農協・漁協	173	23.1	10.4	1.2	4.6	12.7	5.2	2.9	16.2	56.6
13 生協	76	15.8	5.3	1.3	3.9	14.5	1.3	5.3	7.9	67.1
14 氏子会・檀家組織	235	37.4	28.9	1.7	5.5	13.2	3.4	17.9	15.7	36.6
15 講	78	20.5	11.5	0.0	1.3	9.0	1.3	2.6	16.7	57.7
16 その他	8	87.5	62.5	25.0	37.5	25.0	25.0	12.5	37.5	

Q22　町内会独自の会報を発行していますか。（ひとつだけ）
全体ベース N= 493

	%
1 毎月2回以上発行している	2.0
2 原則として毎月1回発行している	5.3
3 年に数回発行している	9.9
4 年に1回発行している	5.3
5 発行しない年もあるが、ときどき発行している	5.1
6 発行していない	70.6
	1.8

Q23　地方議会の議員選挙のときに、町内会として推薦や応援をしていますか。
Q23.1　現在は（ひとつだけ）
全体ベース N= 493

	%
1 いつも推薦している	3.9
2 推薦することもある	5.9
3 推薦はしないが応援はいつもしている	9.7
4 推薦はしないが応援することはある	18.1
5 何もしていない	58.8
6 わからない	3.0
	0.6

Q23.2 過去(ひとつだけ)

全体ベース N= 493

	%
1 いつも推薦していた	3.0
2 推薦することもあった	10.5
3 推薦はしないが応援はいつもしていた	8.5
4 推薦はしないが応援することもあった	18.7
5 何もしていなかった	44.4
6 わからない	14.0
	0.8

Q24 あなたの町内会では、役所からの広報配布や依頼業務についてどう対処していますか。(ひとつだけ)

全体ベース N= 493

	%
1 当然のこととして積極的に協力している	55.4
2 果たすべき義務として協力している	37.9
3 最低限のことのみ協力している	5.1
4 原則として協力していない	1.0
	0.6

Q25 今後の町内会などの地域住民組織が果たすべき役割について、どのように考えていますか。(ひとつだけ)

全体ベース N= 493	さらに進める	こ継のま続ま	見直し	とりやめ	実施に向け検討	今後もいらない	いわからない	その他	
1 日常的な防犯対策	20.5	54.4	2.0	0.0	6.7	3.4	5.5	1.2	6.3
2 日常的な防火対策	21.5	55.6	1.0	0.0	5.7	2.8	5.3	1.0	7.1
3 自然災害等緊急時の備え	21.1	41.2	4.7	0.0	14.8	1.6	8.1	0.8	7.7
4 会員間での交流促進	25.2	51.7	3.9	0.0	6.3	1.2	3.7	0.4	7.7
5 行政への陳情・依頼	15.6	64.9	2.0	0.0	3.7	1.8	4.5	0.8	6.7
6 行政からの依頼仕事	4.7	75.7	6.1	0.0	1.8	0.6	5.1	0.8	5.3
7 日赤・共同募金への協力	6.1	79.1	7.7	1.4	0.4	0.0	1.0	0.4	3.9
8 警察・交番との連携・調整	9.9	73.0	1.8	0.0	2.0	1.4	5.1	0.6	6.1
9 学校との連携・調整	10.3	74.2	1.0	0.4	2.4	1.2	4.1	0.4	5.9
10 民生委員との連携	15.2	67.3	2.8	0.2	1.4	0.6	6.5	0.6	5.3
11 NPO等組織との連携の推進	2.6	22.3	2.4	0.2	9.1	8.9	39.8	2.6	12.0
12 企業との連携・調整	1.6	21.9	3.0	0.2	5.3	13.8	36.1	5.7	12.6
13 高齢者の福祉	25.4	41.0	5.1	0.0	8.7	2.6	8.5	1.8	6.9
14 障害者の福祉	17.4	39.4	5.5	0.0	7.5	4.3	13.6	2.8	9.5
15 青少年の健全育成	19.7	59.6	2.8	0.2	3.0	2.0	5.5	1.4	5.7
16 冠婚葬祭	1.8	65.9	5.7	0.0	1.0	6.9	7.9	1.8	8.9
17 運動会やスポーツ大会の開催	8.9	63.3	5.7	0.2	2.0	5.1	5.5	1.7	7.5
18 公民館運営への協力	5.1	61.3	2.0	0.0	2.0	2.6	13.2	1.8	10.1
19 開発計画・事業への参加・関与	4.9	30.4	2.6	0.4	2.6	9.9	33.7	3.7	11.8
20 市議会へ代表者を送ること	2.2	14.4	6.1	1.2	3.9	24.9	36.7	3.7	11.4
21 その他	0.0	0.2	0.0	0.0	0.2	0.2	2.2	2.4	93.9

Q26 あなたの町内会では、ここ数年、地域生活を営む上で困った問題がありましたか(現在、ありますか)。ある場合には、そうした問題について、解決や改善のために何らかの働きかけを行ないましたか。(ひとつだけ)

全体ベース N= 493	困った問題がある	各ベース	依頼関係・公社等に対しての公式担当に	役所の知り合いに働きかけ	役所の幹部に働きかけ	市会議員に働きかけ	議員以外の地域の有力者に働きかけ	連合町内会を含む他の地域団体~町内会に働きかけ	警察・交番に相談	町内会が自力で対処
1 住宅の建て込み等の住宅問題	52.9	N= 261	5.0	0.8	0.4	0.8	0.0	0.0	0.4	9.2
2 ゴミ処理の問題	75.1	N= 370	17.6	1.1	0.0	0.8	0.0	2.4	0.0	70.0
3 商売・スーパー等の買い物施設の不足	53.8	N= 265	4.5	0.4	0.4	1.1	0.0	1.9	0.0	4.5
4 開発による住環境や自然環境の悪化	55.4	N= 273	15.4	0.7	1.1	1.5	1.1	3.3	0.0	4.0
5 治安・少年非行・風紀の悪化	58.0	N= 286	6.3	0.0	0.3	0.0	0.3	7.7	35.0	10.1
6 移動や交通の問題	65.7	N= 324	49.4	0.3	1.5	7.4	0.6	14.2	0.9	3.4
7 保育園・学校等育児・教育施設の不足	54.8	N= 270	17.4	0.4	0.4	3.7	0.4	5.9	0.0	1.8
8 公園・運動場・体育施設等の不足	55.0	N= 271	19.2	1.8	1.1	2.6	0.0	5.5	0.0	1.8
9 集会所等文化交流施設の不足・老朽化	56.6	N= 279	17.9	0.4	2.9	2.5	0.4	5.4	0.0	11.5
10 病院等医療・福祉施設の不足	53.8	N= 265	16.2	1.1	1.1	3.4	0.4	0.4	0.0	1.1
11 都市型災害に対する基盤整備の不足	54.6	N= 269	18.6	0.0	0.7	3.3	0.4	5.2	0.7	1.9
12 住民間のトラブル	55.0	N= 271	6.3	0.7	0.0	0.4	1.5	1.1	9.2	26.9
13 民間企業とのトラブル	51.9	N= 256	5.9	0.4	0.4	1.2	0.8	1.1	5.1	10.2
14 行政とのトラブル	53.1	N= 262	18.3	1.1	1.1	5.0	0.8	4.6	0.8	7.3
15 商店や工場を経営していく上での障害	51.3	N= 253	6.7	0.4	0.4	0.4	0.8	0.4	0.0	2.4
16 土地問題(土地利用規制や共有地)	50.1	N= 247	18.6	0.0	0.4	2.4	0.0	2.4	0.0	2.4
17 その他	12.6	N= 62	12.9	0.0	0.0	1.6	0.0	3.2	1.6	9.7
18 困っていることはない	6.1									

		町内会等とは別に問題解決のためのネットワークを組織	町内会のまとまりを解決のためのNPO等組織	具体的に何もしていない	その他
1 住宅の建て込み等の住宅問題	N= 261	1.1	0.0	67.0	13.8
2 ゴミ処理の問題	N= 370	1.6	0.0	5.7	0.8
3 商売・スーパー等の買い物施設の不足	N= 265	1.5	0.0	77.7	11.7
4 開発による住環境や自然環境の悪化	N= 273	1.1	0.4	59.0	12.5
5 治安・少年非行・風紀の悪化	N= 286	3.1	0.0	30.8	5.6
6 移動や交通の問題	N= 324	0.9	0.6	15.4	5.2
7 保育園・学校等教育・教育施設の不足	N= 270	0.7	0.0	60.0	10.7
8 公園・運動場・体育施設等の不足	N= 271	1.5	0.0	56.1	10.3
9 集会所等文化交流施設の不足・老朽化	N= 279	1.4	0.0	48.7	9.0
10 病院等医療・福祉施設の不足	N= 265	1.1	0.0	63.0	9.8
11 都市型災害に対する基盤整備の不足	N= 269	0.7	0.0	59.1	9.3
12 住民間のトラブル	N= 271	1.1	0.0	43.5	9.2
13 民間企業とのトラブル	N= 256	1.2	0.0	56.3	17.6
14 行政とのトラブル	N= 262	0.8	0.0	47.7	12.6
15 商店や工場を経営していく上での障害	N= 253	0.4	0.0	68.0	17.4
16 土地問題(土地利用規制や共有地)	N= 247	0.4	0.0	57.5	15.0
17 その他	N= 62	1.6	0.0	37.1	32.3

IV あなたの町内会の防犯活動についてお尋ねします。
Q27 あなたの町内会の周辺におけるこれまでと現在(ここ数年)の犯罪の発生状況・危険性と今後の傾向についてどのようにお考えですか。

Q27A これまで(ひとつだけ)

全体ベース N= 493	まったくない	ほとんどない	いあまりない	多い	非常に多い	いわからない	
1 自転車バイクの盗難・破損	20.9	26.0	23.9	6.9	0.8	6.9	14.6
2 車上荒らし・自動車破損	23.7	28.6	22.3	2.4	1.0	6.9	15.0
3 落書きや器物の損壊	25.4	29.4	19.5	1.4	1.0	6.3	17.0
4 不審者の侵入	18.3	30.0	25.2	2.2	0.2	7.1	17.0
5 空き巣狙い	19.5	27.0	28.2	4.1	0.8	5.5	15.0
6 放火・不審火	39.6	22.5	14.8	1.8	0.4	4.3	17.6
7 詐欺(サギ)	28.0	25.6	12.4	0.6	0.4	14.0	19.1
8 悪徳商法	16.8	22.9	24.3	1.8	0.2	16.2	17.6
9 すり・ひったくり	34.1	26.6	9.1	0.0	0.0	11.4	18.9
10 下着等洗濯物の盗難	26.6	29.2	12.0	0.8	0.0	13.2	18.3
11 痴漢・変質者	23.7	29.8	17.4	1.2	0.0	9.3	18.5
12 ストーカー	28.8	29.4	9.3	0.2	0.2	13.0	18.9
13 恐喝・脅迫	27.4	30.0	9.1	0.2	0.0	13.8	19.3
14 暴行・傷害・強盗	30.0	29.4	9.9	0.4	0.0	11.6	18.7
15 不法なゴミ捨て	5.7	15.2	32.0	26.2	6.1	2.6	12.2
16 その他	0.8	0.6	0.6	0.6	0.2	2.4	94.7

Q27B 現在(これまでと比べて)(ひとつだけ)

全体ベース N= 493	著しく減った	減った	いつも変わらない	増えた	著しく増えた	いわからない	
1 自転車バイクの盗難・破損	2.6	8.3	50.3	1.8	0.0	11.4	25.6
2 車上荒らし・自動車破損	3.4	6.3	50.1	0.8	0.0	12.4	27.0
3 落書きや器物の損壊	3.4	5.9	49.1	1.8	0.0	12.0	27.8
4 不審者の侵入	2.6	6.7	45.8	2.0	0.0	14.2	28.6
5 空き巣狙い	2.6	7.7	48.3	2.0	0.0	13.2	26.2
6 放火・不審火	5.3	6.7	46.2	1.0	0.2	11.8	29.0
7 詐欺(サギ)	3.2	3.4	44.0	1.0	0.0	19.1	29.2
8 悪徳商法	2.6	6.1	41.2	2.4	0.0	19.1	28.6
9 すり・ひったくり	3.7	3.0	45.4	0.2	0.0	18.3	29.4
10 下着等洗濯物の盗難	3.4	5.1	44.0	0.4	0.0	18.1	29.0
11 痴漢・変質者	3.4	5.3	43.8	1.6	0.0	16.8	29.0
12 ストーカー	4.1	3.7	42.6	0.2	0.0	20.3	29.2
13 恐喝・脅迫	4.1	3.2	43.0	0.4	0.0	19.5	29.8
14 暴行・傷害・強盗	4.1	4.1	44.4	0.4	0.0	17.4	29.6
15 不法なゴミ捨て	2.0	9.1	43.4	14.0	2.2	6.5	22.7
16 その他	0.0	0.8	2.4	0.0	0.2	3.2	93.3

Q27C　これから（現在と比べて）（ひとつだけ）

全体ベース　N= 493

	著しく減る	減る	変わらない	増える	著しく増える	わからない
1 自転車バイクの盗難・破損	2.4	5.7	38.3	3.9	0.0	21.9	27.8
2 車上荒らし・自動車破損	2.0	5.3	38.3	2.8	0.0	22.5	29.0
3 落書きや器物の損壊	2.4	5.7	37.3	2.2	0.0	22.7	29.6
4 不審者の侵入	2.2	4.5	35.7	4.9	0.0	23.7	29.0
5 空き巣狙い	2.0	5.1	36.5	5.9	0.0	23.5	26.8
6 放火・不審火	2.8	4.5	37.7	2.4	0.0	23.1	29.4
7 詐欺（サギ）	2.8	3.2	33.3	5.9	0.0	25.6	29.2
8 悪徳商法	2.6	3.9	31.6	7.3	0.2	26.4	28.0
9 すり・ひったくり	2.8	3.2	35.7	1.8	0.0	25.6	30.8
10 下着等洗濯物の盗難	2.8	3.2	36.9	1.8	0.0	25.2	30.0
11 痴漢・変質者	2.2	3.7	35.3	4.3	0.0	25.2	29.2
12 ストーカー	2.4	3.2	34.9	4.3	0.0	24.6	30.6
13 恐喝・脅迫	2.6	3.2	35.1	2.2	0.0	26.6	30.2
14 暴行・傷害・強盗	2.4	4.1	35.9	2.2	0.0	25.4	30.0
15 不法なゴミ捨て	1.4	6.1	36.1	16.0	1.4	23.7	15.2
16 その他	0.2	0.8	2.0	0.0	0.2	4.1	92.7

Q28　あなたの町内会では、防犯のためにどのような組織的な取り組みをしていますか。（いくつでも）

全体ベース　N= 493

1 防犯パトロールの実施	42.6	7 公園等の見通し、見晴らしの改善	11.8
2 地域の犯罪発生や、不審者の出没状況の情報の共有（回覧板など）	41.6	8 不審者に遭遇したときの連絡先・駆け込み先	25.4
3 防犯マップの作成	10.1	9 防犯セミナー・講習会等への参加	21.7
4 防犯灯・街路灯の設置	71.8	10 小・中学校との情報交換	43.8
5 監視カメラの設置	0.4	11 その他	3.7
6 声かけの実施	33.7		8.5

Q29　あなたの町内会の周辺で、過去数年、治安の不安を感じさせてきたのはどのようなことですか。また現在はどうなっていますか。
　　　そして、そうした問題に対して住民の方々で何か対策をとっていますか。
Q29A　過去数年の状況（ひとつだけ）
Q29B　現在の状況がもたらす不安（ひとつだけ）
Q29C　自主的な対応や対策（ひとつだけ）

	過去数年の状況				現在の状況がもたらす不安					自主的な対応・対策		
	あまりに問題あり	やや問題あり	あまり問題なし	問題なし	大いに不安	やや不安	あまり不安なし	不安なし	わからない	行っている	行っていない	
全体ベース　N=493												
1 路上や空き地のゴミの散乱	9.9	33.9	25.2	17.6	13.4	7.1	30.2	30.2	16.0	16.4	54.4	29.4	16.2
2 自動車、バイク、自転車の不法放置	3.9	26.0	28.6	26.0	15.6	2.0	20.9	25.1	23.3	18.7	27.2	53.8	19.1
3 不審者の出没	1.2	10.8	38.9	30.0	19.1	1.6	11.8	40.4	24.3	21.9	16.6	60.6	22.7
4 不良のたまり場	1.2	7.3	28.4	42.8	20.3	1.4	5.9	33.1	36.3	23.3	14.0	62.5	23.5
5 深夜の暴走族	2.4	13.0	29.2	36.7	18.7	2.2	11.4	31.6	33.1	21.7	7.5	70.4	22.1
6 害虫のあるチラシやビラ	1.8	6.1	29.2	42.4	20.5	1.2	4.3	33.7	38.5	22.3	9.3	66.7	23.9
7 わいせつなビデオ・雑誌の自販機	0.6	2.8	16.4	60.6	19.5	0.6	1.9	21.5	54.0	22.1	6.5	70.6	22.9
8 深夜営業の店舗	0.8	1.2	19.1	57.4	21.5	1.0	2.0	21.9	51.3	23.7	3.2	72.0	24.7
9 町内のよくわからない住民	1.4	8.7	25.4	43.8	20.7	0.9	9.1	28.0	38.3	22.7	9.3	66.5	24.1
10 新聞・テレビ・ラジオの犯罪報道	3.2	9.5	28.2	37.9	21.1	4.1	9.3	28.4	34.7	23.5	5.1	71.0	23.9
11 その他	0.0	0.4	2.6	3.9	92.7	1.0	0.8	2.2	4.5	91.5	1.2	7.1	91.7

Q30　地域の防犯活動について、あなたの町内会では、独自の取り組みをされていますか。
　　　また、町内会以外で、防犯活動に取り組んでいる地域団体はありますか。

Q31　安全・安心なまちづくりについて
Q31A　あなたの町内会の周辺でこれまでどのような取り組みをしてきましたか。（いくつでも）

全体ベース　N= 493

1 防犯灯・街路灯の整備	16.6	6 防犯活動のリーダー育成	0.8
2 監視カメラの設置・整備	0.4	7 防犯活動の組織化の支援	2.4
3 犯罪発生状況の情報提供	5.5	8 防犯キャンペーンの実施	2.2
4 護身の知識・技術の提供	0.4	9 防犯パトロールの強化・連携	34.9
5 防犯のための講習会の開催	1.4	10 自治体の安全・安心条例の制定	24.9
			12.4

Q31B　そうした取り組みの主体はどこですか。（いくつでも）

	各ベース	あなたの町内会	他の町内会	町内会連合会	防犯協会（支部）	地域住民組織	防犯協会以外の地域団体	NPO・ボランティア団体	行政	警察
1 防犯灯・街路灯の整備	N= 82	70.7	7.3	17.1	6.1	0.0	0.0	26.8	6.1	6.1
2 監視カメラの設置・整備	N= 2	50.0	0.0	0.0	0.0	0.0	0.0	0.0	0.0	50.0
3 犯罪発生状況の情報提供	N= 27	22.2	0.0	7.4	14.8	0.0	0.0	11.1	63.0	3.7
4 護身の知識・技術の提供	N= 2	0.0	0.0	0.0	0.0	0.0	0.0	50.0	50.0	50.0
5 防犯のための講習会の開催	N= 7	0.0	0.0	42.9	14.3	0.0	0.0	14.3	28.6	14.3
6 防犯活動のリーダー育成	N= 4	25.0	0.0	25.0	0.0	0.0	0.0	25.0	50.0	25.0
7 防犯活動の組織化の支援	N= 12	33.3	0.0	16.7	41.7	8.3	16.7	8.3	0.0	8.3
8 防犯キャンペーンの実施	N= 11	9.1	9.1	18.2	36.4	9.1	0.0	27.3	54.5	9.1
9 防犯パトロールの強化・連携	N= 172	33.1	7.0	27.3	44.8	11.6	3.5	12.8	30.2	1.2
10 自治体の安全・安心条例の制定	N= 123	13.0	1.6	17.9	15.4	6.5	1.6	78.0	19.5	0.8

Q31C　そうした活動にもっとも熱心に取り組んでいる主体はどこですか。(ひとつだけ)

		あなたの町内会	他の町内会	町内会連合会	防犯協会（支部〜）	地域住民組織	防犯協会以外の地域住民組織	NPO・ボランティア団体	行政	警察
1	防犯灯・街路灯の整備	N= 82	47.6	2.4	9.8	2.4	0.0	0.0	0.0	8.5	1.2	28.0
2	監視カメラの設置・整備	N= 2	0.0	0.0	0.0	0.0	0.0	0.0	0.0	0.0	0.0	100.0
3	犯罪発生状況の情報提供	N= 27	18.5	0.0	7.4	7.4	0.0	0.0	0.0	0.0	33.3	33.3
4	護身の知識・技術の提供	N= 2	0.0	0.0	0.0	0.0	0.0	0.0	0.0	0.0	0.0	100.0
5	防犯のための講習会の開催	N= 7	0.0	0.0	28.6	14.3	0.0	0.0	0.0	0.0	28.6	28.6
6	防犯活動のリーダー育成	N= 4	25.0	0.0	0.0	0.0	0.0	0.0	0.0	0.0	25.0	50.0
7	防犯活動の組織化の支援	N= 12	16.7	0.0	8.3	33.3	0.0	0.0	0.0	0.0	0.0	41.7
8	防犯キャンペーンの実施	N= 11	0.0	0.0	9.1	0.0	27.3	0.0	0.0	9.1	36.4	18.2
9	防犯パトロールの強化・連携	N= 172	41.9	1.7	6.2	12.2	23.3	5.8	1.7	3.5	1.7	28.5
10	自治体の安全・安心条例の制定	N= 123	3.3	0.0	4.1	4.9	0.8	0.0	0.0	53.7	7.3	26.0

Q31AA　あなたの町内会では、行政や警察がとくに行うべきだと考えている取り組みについてお選びください。(いくつでも)　　全体ベース N= 493

1	防犯灯・街路灯の整備	57.8	7	防犯活動の組織化の支援	21.9
2	監視カメラの設置・整備	18.3	8	防犯キャンペーンの実施	16.8
3	犯罪発生状況の情報提供	40.8	9	防犯パトロールの強化・連携	53.8
4	護身の知識・技術の提供	6.7	10	自治体の安全・安心条例の制定	15.0
5	防犯のための講習会の開催	27.4	11	その他	0.8
6	防犯活動のリーダー育成	19.1			12.6

V　あなたの町内会の防災活動についてお尋ねします。

Q32　あなたの町内会では、大地震等(火災、水害等を含む)が起きたときの対応について具体的に話し合いを行なってきましたか。(ひとつだけ)　　全体ベース N= 493

1	話し合っている	44.6	3	わからない	4.1
2	話し合っていない	48.1			3.2

＊Q32で1の場合

Q32A　具体的に話し合った内容(いくつでも)　　話し合いを行ってきた人ベース N= 220

1	心がまえについて	60.9	6	家屋の安全度について	13.2
2	避難の方法、時期、場所について	83.6	7	地域の災害危険箇所について	34.1
3	食料・飲料水について	28.2	8	外国人等の短期居住者・一時滞在者の安全について	0.9
4	非常持ち出し品について	34.1	9	その他	4.1
5	住民間の連絡について	64.1			0.9

Q33　あなたの町内会では、大地震等が起こった場合に備えて、どのような対策をとっていますか。(いくつでも)　　全体ベース N= 493

1	消火器、懐中電灯、医薬品等を準備しておくよう住民に呼びかけている	38.3
2	食料品や飲料水の備蓄を住民にすすめている	13.8
3	家具や冷蔵庫を固定ブロック塀を点検する等、倒壊を防止する呼びかけている	11.2
4	地震保険に加入するよう住民に働きかけている	3.0
5	住民間の連絡方法等を決めている	22.9
6	近くの学校や公園等避難する場所を決めている	49.5
7	防災に関するセミナーや講演を開く等して啓蒙活動を行なっている	16.2
8	市や消防署が主催している防災訓練や講演に積極的に参加している	34.3
9	高齢者世帯・子どもの状況把握につとめている	31.2
10	外国人等の短期居住者・一時滞在者の状況把握につとめている	0.6
11	その他	3.0
12	とくに何もしていない	23.9
		7.3

Q34　あなたの町内会では、防災マップや災害危険予想図(ハザードマップ)等の防災対策資料を持っていますか。(ひとつだけ)　　全体ベース N= 493

1	作成中または持っている	30.4	3	わからない	4.7
2	持っていない	60.4			4.5

＊Q34で1の場合

Q34A　作成しているまたは作成に取り組んだ主体はどこですか。(いくつでも)

Q34B　作成しているまたは作成にもっとも熱心に取り組んだ主体はどこですか。(いくつでも)

防災対策資料を持っている人ベース N= 150

		取り組み主体	もっとも熱心			取り組み主体	もっとも熱心
1	あなたの町内会	29.3	30.0	6	NPO・ボランティア団体	0.0	0.0
2	他の町内会	4.0	4.0	7	行政	52.0	47.3
3	町内会連合会	24.0	26.0	8	警察	2.0	1.3
4	地域防災組織	28.7	26.0	9	その他	3.3	0.7
5	地域防災組織以外の地域住民組織	8.7	8.7			1.3	2.0

＊Q34で1の場合

Q34C　作成しているまたは作成にさいして、地域住民に加えて特にどのような主体に視点が向けられていましたか。(いくつでも)　　防災対策資料を持っている人ベース N= 150

1	高齢者	70.0	4	外国人等の短期居住者・一時滞在者	1.3
2	子ども	40.0	5	その他	20.7
3	女性	14.0			12.0

Q35 あなたの町内会や町内会連合会、地区協議会では、近年、大地震等を想定した防災訓練を独自に行なっていますか
（消防署や市から協力を受ける訓練も含みます）。またその際、住民は参加したり見学したりしていますか。
Q35A 町内会単位（ひとつだけ）
Q35B 町内会連合会単位（ひとつだけ）

全体ベース N=493	町内会単位	町内会連合会単位
1 行なっており、数多くの会員が参加したり見学したりしている	6.9	7.9
2 行なっており、一定数の熱心な会員が参加したり見学したりしている	9.1	9.3
3 行なっているものの、参加や見学をする会員は非常に限られている	13.8	12.0
4 行なっていないが、いずれ行ないたいと考えている	26.0	7.5
5 行なっていないし、今後も行なう予定はない	12.8	1.2
6 その他	0.8	0.6
	30.6	61.5

Q36 大地震のさい、あなたの町内会のある地域の救援活動では、どのようなアクター（組織や人）が重要な役割を果たすと考えていますか。
Q36A 発生時の救援活動　重要なもの（いくつでも）、もっとも重要なもの（ひとつだけ）
Q36B 発生後の救援活動　重要なもの（いくつでも）、もっとも重要なもの（ひとつだけ）

全体ベース N=493	A 発生時の救援活動		B 発生後の救援活動	
	重要なもの	もっとも重要	重要なもの	もっとも重要
1 個人（個人的な人間関係）	48.3	4.9	38.1	3.9
2 隣近所・隣組	78.5	32.0	65.5	14.4
3 町内会	75.3	14.4	68.8	12.0
4 町内会連合会	23.9	1.2	28.4	1.8
5 消防団	71.4	8.7	61.3	6.1
6 NPO等のネットワーク組織	8.5	0.2	14.8	0.8
7 民間企業	6.9	0.0	8.1	0.0
8 新聞・テレビ・ラジオ等	30.6	0.2	27.2	0.6
9 地方自治体	43.4	6.9	52.7	21.9
10 消防署	60.9	6.3	56.8	4.3
11 警察	48.3	0.2	43.8	0.6
12 自衛隊	34.7	2.6	46.2	8.1
13 国家	19.5	2.2	28.2	5.3
14 その他	1.0	0.0	0.8	0.0
	8.3	20.1	10.1	20.1

VI 福島市の町内会と行政の関わりについてお聞きします。

Q37 福島市の町内会の未来イメージについて、どのようにお考えですか。（ひとつだけ）

全体ベース N=493	
1 地域社会の役割が高まり、町内会のしごとが増える	49.3
2 地域社会の役割が高まるが、町内会のしごとは変わらない	15.6
3 地域社会の役割は変わらず、町内会のしごとも変わらない	11.6
4 地域社会の役割は変わらないが、町内会のしごとは増える	13.0
5 その他	1.4
6 わからない	6.5
	2.6

Q38 これからの市役所行政との関係について、どのようにお考えですか。（ひとつだけ）

全体ベース N=493	
1 これまでも関係は強く、これからも強い	57.4
2 これまでは関係が深かったが、これからは弱くなる	6.3
3 これまでも、これからも関係は弱い	8.9
4 これまでは関係が弱かったが、これからは強くなる	10.8
5 わからない	13.0
	3.7

Q39 あなたの町内会では、昨年度、行政側から以下のような支援はありましたか。またそれぞれの支援を、今年度以降、どの程度受けたいと思いますか。
Q39A 支援の有無（ひとつだけ）
Q39B 今年度以降の支援の期待（ひとつだけ）

全体ベース N=493	支援の有無			今年度以降の支援の期待						
	あり	なし	わからない	実させてほしい今年度はより一層充	でも良い今年度も昨年度と同様	今年度より支援が減ってよい	支援を取りやめてもよい	援の必要はない	わからない	その他
1 町内会活動全般にかかる費用の助成	66.5	17.6	4.5	11.4	54.2	22.1	1.0	1.0	5.7	0.2	15.8
2 防犯灯電気料の助成	43.6	23.5	10.5	22.3	23.3	34.1	0.6	1.2	8.3	2.4	29.8
3 防犯灯灯具交換補修費の助成	49.5	18.1	12.0	20.5	26.0	33.3	1.6	1.4	7.7	2.2	27.8
4 町内会活動への指導、介入	15.8	49.7	9.5	24.9	15.2	30.8	1.6	4.5	12.2	1.8	33.9
5 他の町内会との情報交換の場の設置	36.5	29.8	6.7	24.9	20.7	30.4	1.8	1.6	11.8	1.2	32.5
6 その他	1.8	3.7	2.2	92.3	2.0	1.4	0.0	0.0	2.4	1.0	92.9

Q40 町内会の今後はどんな組織になるとお考えでしょうか。（ひとつだけ）　全体ベース N=493

1 これまで通り、地縁的組織の代表的組織として続く	72.4
2 これまでは関係が深かったが、これからは弱くなる	16.8
3 その他の組織	0.6
4 わからない	7.3
	2.8

Q41 町内会と市との連携について

Q41.1 町内会は、現在、市との連携が十分になされていると思いますか（ひとつだけ）

全体ベース N=493	
1 そう思う	64.5
2 そう思わない	25.4
3 わからない	8.3
	1.8

Q41.2 町内会は、今以上に市との連携が必要だと思いますか。（ひとつだけ）

全体ベース N=493	
1 必要である	69.6
2 どちらともいえない	25.8
3 必要でない	2.6
	2.0

Q42 「市民協働」やそのための「地域内分権」が実行された場合、あなたの地域はどう変わっていくと思いますか。

Q42.1 「地域住民同士の連携」(ひとつだけ)　全体ベース N= 493

	%
1 強くなる	28.2
2 弱くなる	13.4
3 変わらない	40.4
4 わからない	15.4
	2.6

Q42.2 「町内会活動(住民活動)への参加者」(ひとつだけ)　全体ベース N= 493

	%
1 増える	21.3
2 減る	18.9
3 変わらない	46.9
4 わからない	10.5
	2.4

Q42.3 「地域の自主性・独自性」(ひとつだけ)　全体ベース N= 493

	%
1 強まる	23.5
2 弱まる	14.8
3 変わらない	46.5
4 わからない	12.6
	2.6

Q42.4 「地域内での問題解決力」(ひとつだけ)　全体ベース N= 493

	%
1 強まる	23.5
2 弱まる	14.2
3 変わらない	44.8
4 わからない	14.8
	2.6

Ⅶ 最後に、町内会会長さんご自身についてお尋ねします。

F1 会長さんの性別(ひとつだけ)　全体ベース N= 493

	%
1 男性	94.9
2 女性	2.4
	2.6

F2 会長さんの年齢(ひとつだけ)　全体ベース N= 493

	%		%
1 20歳代	0.2	5 60歳代	41.0
2 30歳代	0.4	6 70歳代	39.4
3 40歳代	1.8	7 80歳代以上	5.7
4 50歳代			2.4

F3 会長さんが現在お住まいの家(ひとつだけ)　全体ベース N= 493

	%
1 持家(一戸建て)	91.1
2 持家(集合住宅)	1.4
3 公営の借家・住宅	4.1
4 民間の借家・住宅	0.2
5 その他	0.8
	2.4

F4 会長さんの家の家族構成(ひとつだけ)　全体ベース N= 493

	%
1 非高齢者のみの核家族世帯	14.0
2 高齢者のみの核家族世帯	30.0
3 非高齢者と高齢者からなる親族世帯	34.1
4 非高齢者の単身世帯	1.8
5 高齢者の単身世帯	3.2
6 二世帯以上がともに居住	11.4
7 その他	1.2
	4.3

F5 会長さんのご家族は、現在お住まいの場所に、いつ頃から住んでいますか。(ひとつだけ)　全体ベース N= 493

	%		%		%
1 江戸時代以前から	9.5	4 昭和30年代から	8.5	7 昭和60年代から	6.1
2 明治・大正～昭和戦前期から	21.7	5 昭和40年代から	19.9	8 平成7年以降から	8.7
3 昭和20年代から	7.9	6 昭和50年代から	14.4	9 わからない	0.2
					3.0

F6 会長さんの在任年数　回答者ベース N= 465　4.6 年目(通算)

F7 会長さんは、町内会以外の地域組織・行政組織の役職(理事職)を引き受けていますか。
F7A 現在、引き受けている役職(いくつでも)
F7B 会長就任以前に引き受けたことがある役職(いくつでも)

全体ベース N=493	現在引き受けている	過去に引き受けた	全体ベース N=493	現在引き受けている	過去に引き受けた	全体ベース N=493	現在引き受けている	過去に引き受けた
1 町内会役員	-	31.6	9 消防後援会役員	11.0	4.1	17 NPO・ボランティア組織役員	4.3	3.7
2 町内会連合会役員	39.1	5.9	10 消防団役員	1.4	8.5	18 町内の趣味余暇集団の世話人	9.1	7.5
3 民生・児童委員	4.3	4.5	11 公園愛護協会役員	1.8	0.4	19 商工会・商店会役員	3.0	4.1
4 PTA役員	1.6	23.1	12 婦人会役員	0.2	1.0	20 議員後援会役員	7.5	8.9
5 社会福祉協議会役員	26.8	6.1	13 老人クラブ役員	7.3	4.3	21 政治団体役員	2.6	2.8
6 体育協会役員	25.2	19.3	14 青年団役員	0.2	7.3	22 宗教団体役員	9.7	5.7
7 防犯協会役員	21.9	7.3	15 日赤奉仕団団長	0.2	0.6	23 その他	7.7	4.7
8 交通安全協会	22.7	12.6	16 共同募金会役員	3.2	1.8		1.0	39.6

F8 町内会とそれに関連するお仕事は、ご自身の生活のおおよそ何%を占めていると感じていますか。　回答者ベース N= 432　30.7 %

F8A 町内会内の仕事(行政からの依頼仕事を除く)、町内会連合会の仕事、行政からの依頼仕事、その他の町外の付き合いを、負担に感じますか。(ひとつだけ)

全体ベース N= 493	負担に感じる	どちらともいえない	負担に感じない	
1 町内会単位の仕事・付き合い	42.0	3.4	48.9	5.7
2 町内会連合会単位の仕事・付き合い	47.7	3.2	42.2	6.9
3 行政からの依頼仕事	40.8	3.7	46.2	9.3
4 その他	7.9	1.2	12.4	78.5

F9 会長としての正規の仕事以外に個人的に地域活動に関わっていますか。(いくつでも)　全体ベース N= 493

	%
1 とくに何もしていない	40.2
2 地域の任意団体が活動しやすいように調整や働きかけをしている	22.1
3 地域の任意団体の活動に積極的に顔を出している	36.7
4 ポケット・マネーで地域の団体や活動を支援している	11.8
5 自らが発起人となって地域イベントを開催している	6.7
6 自らが発起人となって地域組織・NPOなどを立ち上げている	3.7
7 その他	4.1
	7.5

人名索引

あ行

アンダーソン, B. 3
五十嵐和雄 302
石原慎太郎 333
ウィルソン, J. 333
ウェア, C. 352
エツィオーニ, A. 130
江戸誠一 308
太田崇雄 315, 318–321, 326
大向國雄 236

か行

金子範義 319
ガンズ, H. 349
ギアツ, C. 188
きだみのる 15
工藤博志 224
工藤義隆 229
ゲートウッド 286
ケリング, G. 330, 333–335, 337, 340–341, 343–346
コールズ, C. 330, 334–335, 337, 340–341, 343–346
小宮信夫 6

さ行

齋藤純一 331
ジェイコブス, J. 330, 336–354
斯波兼頼 37
渋谷望 331
下田潔司 326
ジュリアーニ, R. 100
白川稔 110
ズーキン, S. 349

す行

ストーカー, G. 284, 290
スミス, N. 332
関野敏夫 225
関春香 111
セネット, R. 338
ソルニット, R. 1, 3

た行

館合裕之 233
田中隆 21
鶴見俊輔 14
寺山和雄 311
トクヴィル, A. 7
渡名喜 98

な行

ナイト, F. 204
直江兼続 31
中野宗助 233
中村修 233
野中郁次郎 186–187, 202

は行

ハーヴェイ, D. 15
バウマン(or バーマン), Z. 129, 130, 349
パーク, R. 353
パットナム, R. 7
ハワード, E. 354
原口剛 338, 354
フィードラー 185
フーコー, M. 94, 331
フェルソン, M. 99
フォーストープ 130
舟木 130
ポランニー, K. 187

ま行

松井茂　243, 244
マンフォード, L.　354
三浦昌生　326
麦倉哲　233
メリーフィールド, A.　338, 354
茂木英治　326
モーゼス, R.　354

や行

柳宗悦　37
山田恒雄　31, 36
山本哲士　23
ヤング, J.　331, 335
吉原直樹　15, 66, 219-220, 283

ら行

ラッツァラート　359
ル・コルビジェ　354
レヴィナス, E.　54

事項索引

あ行

愛育班 316, 323, 326
ICタグ 32-34
アイデンティティの複合化 94
愛都運動 110
愛都心 112
愛都精神 111
アウトドア義援隊 271
赤湯生き方まっすぐネットワーク 45-46
明るい町造り 95
アクティヴな個人 94
アクティブタグリーダ装置 33-34
安佐南まもるんジャー 288
アソシエーション 7
遊びの学校 53
「新しい」防犯活動 232
「新しい」防犯パトロール 214
『アメリカ大都市の死と生』 330, 335-336, 340-341, 345, 352
「あるけど、ない」コミュニティ 3, 11
安心安全パトロール 288, 290-291
安心安全パトロール隊 310
安心みまもり隊 235
安全・安心まちづくり推進要綱 211, 332
安全神話 2
暗黙知 187, 199, 204
異質な他者 313, 325
委嘱ボランティア 28
遺体・貴重品捜索作業 85
いたばし子ども見守り隊 288
逸脱者 23
一戸一灯運動 317-318
インターフェース 129
SECIプロセス 188, 199

NPO 12, 27
おげんきかい 126

か行

ガーディアンエンジェルス 124
回覧板方式 202
顔の見える関係 60, 63
顔見知りの関係 241
囲い込まれた安全 213
火事場泥棒 264
仮設住宅 77, 272, 277
活動資源 139-140, 142-145, 147-151, 154-156, 158-161, 163-168, 170, 172-174, 176-179, 182-184, 195, 199-200, 206
ガバナンス(共治／協治) 5, 6, 13-15, 54, 284, 308-311
ガバメント(統治) 5, 13, 15, 53, 284
ガバメントからガバナンスへ 15
環境管理型権力 129
環境犯罪学 98-100, 128
監視技術 93
監視社会 10, 22, 93, 98, 128
監視社会化 9, 21-22, 45, 53
監視社会論 16, 53
監視テクノロジー 97
監視のアッサンブラージュ 129
「官製組織」化 284, 287
寛政西津軽地震 178
関東大震災 243
歓楽街の浄化 333
機会主義 54
機会論 9
危機管理ハンドブック 217
危険情報提供システム 33-34

擬似的な公共圏　97
絆の必要性　128
規則主義　25, 54
規則破り　24
機能論的な防犯コミュニティ　54
規範の内面化　94
狭隘なる規則主義　23
郷土愛護の精神　243-244
共同アラートシステム　286
共同化　203
協働の作法　319
共同パトロール　286
共有化推進　197, 199-200
「共」領域　147
緊急治安対策プログラム　113
均等割　279
クライム・セイフ　124
クリーン作戦　48, 49
クリッパーズ　318
グリニッジ・ヴィレッジ　339, 349, 351-352
経験知　13, 16
警察権力　213
警察法改正　28
形式知　187, 199
警防団　242-243
契約講　279
ゲーテッド・コミュニティ　7, 10, 129
結合化　203
限界集落　60, 63
健康不安　2, 241, 358
健全な市民　21
厳罰主義　54
広域消防組合　258
校外生活安全委員会　226-231, 236-237
交換＝表象不可能な他者　96
公共空間のプライバタイゼーション　332
公式な連携　291
交通安全協会　224-225, 227
交通安全母の会　226
交番だより　236
声かけ　10, 11

顧客知共有型　187
心の問題　2
個人情報保護法　273
私事化・個人化　11, 93
異なる他者　7, 15
こども110番連絡所　52
子ども・女性110番の家　235
子どもの「遊び」　9
コミセン化　49
コミュニタリアニズム　3, 17, 97, 359
コミュニティー推進地区　235
コミュニティーポリシング　6, 9, 11, 94, 98, 100-102, 285-286, 309, 332-333, 343-344
コミュニティウォッチ　285-286, 309
コミュニティオーガナイザー　285
コミュニティカウンシル　286-287, 309
コミュニティ協議会　289, 300-303, 306-308, 310
コミュニティ計画　289
コミュニティ政策　112
コミュニティの分断　213
コミュニティ PTA　229-230, 232, 237
コミュニティ・モデル　99
コミュニティモラール　66, 73
雇用不安　2, 241, 358

さ行

災害不安　2
災害文化　91
災害ユートピア　3
さわやか声かけ会　50, 52, 55
GIS　305, 308, 310
GHQ　26, 103, 242-243
自衛協衛の精神　279
自衛隊　84
「支援チーム」制　306
ジェントリフィケーション　339
視覚的秩序　339-340
市区町村防犯協会　26
自警消防団　316
自警団　87, 234, 243, 249, 279

事項索引　435

自己責任論　4, 16
自主防災会　274, 278, 280
自主防災組織　234
自主防犯活動　26, 211, 216
自主防犯行動　212
自主防犯組織　211-212
自主防犯団体　316
自主防犯パトロール　55
自主防犯部　58
自助努力　102
「下請け」組織　65
自治基本条例　289, 301
自治協議会　300-301
自治体消防　279
実践知　91
自発的ゲットー　130
市民協働　65
社会イズム　23
社会的排除　337, 345-346, 351
社会福祉協議会　40, 50
住環境改善マップ　317
集合的セキュリティ　331
柔軟な秩序感覚　23, 25, 54
上意下達　108
小学校区　12
状況的モデル　99
少年非行防止ネットワーク事業　46, 48
少年補導員　27
常備消防　243
消防組　243-244, 279
消防組規則　242
消防組織法　79
消防団　58, 77-81, 84-85, 88-91, 201, 234, 241-244, 247, 250-253, 255-257, 259, 269, 275-279
消防団長　263
消防団令　244
消防分団　104, 244, 246-248
消防無線　85
将来不安　2, 358
職域防犯団体　212
シルバーパワーで子どもを守る安全パトロール隊　288-289
人種による犯人像作成（racial profiling）　101
人的資源　139-140, 142-145, 147-151, 154-156, 158-161, 163-168, 173-174, 176-179, 181, 184, 195, 206-207
信頼性　196
スキャニング　100
スキャン空間　16
スクールガード　71
スクールガードリーダー　27
スターリニズム　23, 54
住まうこと　89
生活安全局　30, 211
生活安全条例　21, 28, 30, 55, 211
生活する統一体　15
生活の共同　10, 11, 283, 324
生活保守主義　103, 112
青少年生活指導協議会　224-225, 227, 236
青色回転灯（or 青色防犯灯）　35, 37, 43, 55, 237, 316, 320
青色防犯パトロール隊　27
生成（becoming）　5, 15
政令15号　103
セキュリティ国際見本市　32
世代間交流親睦の会　63
世代を超えた関係　279
ゼロ・トレランス　55, 94, 98, 100-102, 129-130, 334-335, 344
ゼロトレランス　5, 7
ゼロトレランスの防犯思想　7
ゼロトレランス・ポリシング　6
全国防犯協会連合会　26, 121
仙台市安全安心街づくり条例　122
専門知　91
専門知／技術知　13, 16
専門知ネット型　186
そうかまち見守り隊　288
総合補完団体　103
相互監視　25
相対的剥奪感　331

創発的なもの　5, 15
ソーシャル・キャピタル　8, 12
SoHo　339
村落的秩序　338, 340

た行

体育振興会　50
大学生防犯ボランティア　313
体感不安　57, 74, 85, 213, 215
大政翼賛化　283
大量監視　96, 97
タウン・ポリス　21
高台移転　274
多元的市民社会　283
脱身体的機制　16
脱スパイクタイヤ運動　120
単純化された約束　97
タンス預金　280
治安回復元年　113
地域安全安心ステーション　40, 55, 113
地域安全安心ステーション推進事業　123, 128
地域安全活動　30, 54
地域安全センター　43-44
地域安全マップ　13
地域安全マップづくり　130
地域自主防災組織　276
地域児童見守りシステムモデル事業　32
地域セキュリティの論理　129
地域デビュー　289
地域の教育力　323
地域防犯連絡員　39, 40, 41
地域力　5
小さくて単純な居住地　338
地縁社会　15
地区 GIS　303
地区安全 GIS　300
地区社会福祉協議会　42
地区寺子屋　44
地区別計画　307
地区防災会　268, 270, 275
地区防犯協会　26, 246

地区防犯連絡協議会　42
知的資本型　186
地方名望家　242
中間集団としての自治会　202
中間集団としての町内会　148
中心化＝周縁化　25
町会　104, 110, 130
町会の法制化　108
長寿を祝う会　63
町内会運営に関する知識の偏在　186
町内会部落会整備要項　103
町内会連合会　42
通学路放送システム　33-34
テーマ型コミュニティ　187
動員の論理　25
東京オリンピック　109
東京都町会連合会　110
登下校時における確認システム　33
道徳の価値　93
道徳的共同体　94, 97
匿名的他者　96
「閉じて守る」コミュニティ　7
「閉じて守る」防犯活動　6-8
「閉じて守る」防犯思想　5
都政人協会・東京都自治振興会　104
トップ・ヘビー　232
都道府県防犯協会　26
どんと祭　247

な行

内発的発展　15
内面化　203
内面をもった自己　94
ナレッジマネジメント　186, 200, 203
新潟県中越地震　80
日本型コミュニティ・ポリシング　8
日本消防協会　251
日本のコミュニティ文化　5
ネオリベラリズム　2, 8, 16, 358-359
ねぎぼうず　126
ネットワーク型コミュニティ　8, 203
ノウハウの共有　186

事項索引　437

ノウハウのマニュアル化　187
は行
灰色の世界　54
排除の論理　25
ハイブリッドな社会　7
ハザードマップ　297
場所の社会学　23
八戸市安全・安心まちづくり推進協議会　234
パノプチコン空間　16
パノプティコン　94
浜田さわやか声かけ会・見まもりくまくん　49
犯罪機会論　16
犯罪原因論　16, 99
犯罪対策閣僚会議　98
犯罪に強い地域社会　113
犯罪のないみやぎ安全・安心まちづくり条例　122
犯罪のマッピング　286
犯罪不安　2
犯罪予備軍　25
PTA　50
火消し集団　241
被災自治会　88
被災分団　84, 88
避難所　89, 256, 263-264
避難誘導　84
非日常的な犯罪　26
表出化　203
「開いて守る」防犯活動　6, 8-10, 14
「開いて守る」防犯環境　4
「開いて守る」防犯思想　5
不安の連鎖　2
フォーディズム　331
フクシマ　2, 3, 14
福島原子力発電所　1, 57
節合　15
節合（articulation）　5
不審者　9, 11, 22, 89, 119, 232, 245-246, 260, 264, 266, 277

復興特区　3
プライヴァティズム　4, 11
ブルーアップ作戦　237
プロトコル　129
ベストプラクティス共有型　186-187
防火協会　106
防災会　273
防災基本計画　81
防災訓練　245
『防災コミュニティの基層』　357-358, 360
防災隣組　17
防災マップ　310
包摂型の「防犯コミュニティ」　26
防犯NPO　95, 124-126
防犯協会　26, 87, 104, 107, 113, 121, 212, 220, 224-225, 227-228, 230
防犯灯　106, 109-110, 112
防犯パトロール　40, 57-58, 79, 85, 87-89, 91, 115, 130, 252, 316
防犯パトロール隊　27
防犯ボランティア　27, 28
防犯ボランティア団体　113, 115
防犯ボランティアフォーラム　317
防犯マップ　310
防犯連絡協議会　39-41
報復の都市 the Revanchist City　332
暴力団　38-39, 41, 43-45, 120
ホーム・ルール　7
保険数理的テクノロジー　95
保険統計的な警察活動　332-333
ポスト3・11　2, 12
ポスト規律社会　331
ポスト・パノプチコン　16
ポストフォーディズム　331
ポストモダンの監視　94
ボトムアップ型のリーダーシップ　138
ボランタリー・アソシエーション　12
本当の被災者　128

ま行
『町と生活』　104, 110-111

まっすぐミーティング　47
マニュアル化推進　197, 199
見知らぬ人　347-348
見守り　10-11, 71, 89
見守り隊　27, 35, 46
民間交番　37, 41-43, 45, 121-124, 127-128, 130
民衆の自警化　244, 279
民主的な町内会運営　325
無縁社会　1
無秩序の秩序　353
無犯罪社会　9, 16
むら消防組　242
むらの消防組織　242
明和津軽地震　178
メーガン法　15
モニタリング・テクノロジー　95

や行

夜間パトロール　260
屋祓いの神事　280
山と浜の関係　88, 91
有機体のメタファー　353
ゆずり葉の郷　288
吉野おげんきかい　124-125, 131

吉野ねぎぼうず　125
米沢・川西青パトネットワーク　55
予防的テクノロジー　95, 96
予防的・保険数理的テクノロジー　97

ら行

リーダー資質　197, 200
リーダーシップの分散　204
リスク社会　57, 93, 358
流言・飛語　248
「良心」的支援　309
隣保集団　108
倫理的な『べき論』　97
ルーティーン・アクティビティ論　99
連合町内会　226-230, 234
老後不安　2
老人クラブ　50
ローカル・ナレッジ　13, 16, 188

わ行

若手の取り込み　313
割れ窓理論　7, 15-16, 94, 98, 100-101, 120, 129, 330, 333-335, 337, 341, 344, 346, 351

図表索引

第1章

図1-1	第3地区防犯連絡協議会組織図	40
図1-2	赤湯生き方まっすぐネットワーク協議会組織図	47
図1-3	「さわやか声かけ会」をとりまく学区内組織の関係	51
表1-1	町内会と防犯協会のつながり	27
表1-2	東北各県の防犯ボランティア委嘱者数	28
表1-3	「山形県犯罪のない安全で安心なまちづくり推進計画」とその推進主体	29

第2章

図2-1	岩手県における田野畑村の位置	76
図2-2	田野畑村消防団組織図	82
表2-1	町内会の世帯加入率	62
表2-2	町内会運営上困っていること	63
表2-3	町内会で行っている活動	64
表2-4	犯罪状況の認知	67
表2-5	犯罪に対する問題共有状況	69
表2-6	犯罪に対する不安	70
表2-7	犯罪に対する具体的な対策	72
表2-8	参加したい防犯活動団体	73
表2-9	人的および住家等被害（2011年9月20日現在）	77
表2-10	物的被害（2011年9月20日現在　調査継続中）	78
表2-11	田野畑村消防団支援出動人数	86

第3章

図3-1	防犯ボランティア団体数の推移	114
図3-2	自主防犯組織の平均年代別団体数と年代別人口に占める構成人員の割合	114

図3-3	自主防犯組織の年代別団体数と世代別人口に占める構成人員の割合……(1)…	116
図3-3	自主防犯組織の年代別団体数と世代別人口に占める構成人員の割合……(2)…	117
図3-3	自主防犯組織の年代別団体数と世代別人口に占める構成人員の割合……(3)…	118
表3-1	各都市における過去と現在における治安に対する不安とその比較…………	119

第4章

図4-1	セグメントの考え方………………………………………………………………	140
図4-2	秋田市町内会の地区別資源分布（N = 576）………………………………………	141
図4-3	盛岡市町内会の地区別資源分布（N = 193）………………………………………	152
図4-4	福島市町内会の地区別資源分布（N = 493）162	
図4-5	弘前市町会の地区別資源分布（N = 214）…………………………………………	175
図4-6	ナレッジマネジメントの4つのタイプ……………………………………………	187
図4-7	SECIプロセス………………………………………………………………………	188
図4-8	知識創造と場とリーダーシップ……………………………………………………	189
図4-9	リーダーシップ、マネジメントと活動資源に関する分析結果…………………	198
補図4-1	いわき市自治会の地区別資源分布（N = 259）…………………………………	208
表4-1	加入世帯数、区数、班・隣組の数 …………………………………………………	142
表4-2	世帯加入率・人口増減・新旧住民の割合 …………………………………………	143
表4-3	会長の年代・家族構成・地域活動への関わりあい ………………………………	144
表4-4	大地震などへの話し合い有無とその内容 …………………………………………	145
表4-5	大地震などへの対策 …………………………………………………………………	146
表4-6	町内会単位での防災訓練の実施・発生直後／発生後で重要な主体……………	147
表4-7	これまで／現在／これからの犯罪発生状況 ………………………………………	148
表4-8	防犯のための組織的な取組・過去／現在の治安への不安 ………………………	149
表4-9	自主的な対応やその有無 ……………………………………………………………	150
表4-10	加入世帯数、区数、班・隣組の数 …………………………………………………	153
表4-11	世帯加入率・人口増減・新旧住民の割合 …………………………………………	153
表4-12	会長の年代・家族構成・地域活動への関わりあい ………………………………	155
表4-13	大地震などへの話し合い有無とその内容 …………………………………………	156
表4-14	大地震などへの対策 …………………………………………………………………	157
表4-15	町内会単位での防災訓練の実施・発生直後／発生後で重要な主体……………	158

表4-16	過去／現在／これからの犯罪発生状況	159
表4-17	防犯のための組織的な取組・過去／現在の治安への不安	160
表4-18	自主的な対応やその有無	161
表4-19	加入世帯数、区数、班・隣組の数	163
表4-20	世帯加入率・人口増減・新旧住民の割合	164
表4-21	会長の年代・家族構成・地域活動への関わりあい	166
表4-22	大地震などへの話し合い有無とその内容	167
表4-23	大地震などへの対策	169
表4-24	町内会単位での防災訓練の実施・発生直後／発生後で重要な主体	170
表4-25	過去／現在／これからの犯罪発生状況	171
表4-26	防犯のための組織的な取組・過去／現在の治安への不安	172
表4-27	自主的な対応やその有無	173
表4-28	加入世帯数、区数、班・隣組の数	175
表4-29	世帯加入率・人口増減・新旧住民の割合	176
表4-30	会長の年代・家族構成・地域活動への関わりあい	177
表4-31	大地震などへの話し合い有無とその内容	178
表4-32	大地震などへの対策	180
表4-33	町会単位での防災訓練の実施・発生直後／発生後で重要な主体	181
表4-34	過去／現在／これからの犯罪発生状況	182
表4-35	防犯のための組織的な取組・過去／現在の治安への不安	183
表4-36	自主的な対応やその有無	184
表4-37	リーダーシップに関する因子分析結果	190
表4-38	マニュアル化に関する因子分析結果	191
表4-39	情報共有に関する因子分析結果	192
表4-40	町会活動に関する因子分析結果	193
表4-41	町会行事に関する因子分析結果	194
表4-42	町会の防犯活動に関する因子分析結果	194
表4-43	町会の防災活動に関する因子分析結果	195
表4-44	軸別でみた会長のリーダーシップ	196
補表4-1	各市人口	205
補表4-2	各市における刑法犯認知件数・人口比率	205

第5章

図5-1　長者地区の防犯体制 ………………………………………………… 222
表5-1　自主防犯活動を行う団体数と構成員数の変化 …………………… 212
表5-2　青森県10市および県の生活安全条例施行時期 …………………… 216
表5-3　八戸市における小・中学校の防犯設備 …………………………… 217
表5-4　長者地区における防犯・見守り活動 ……………………………… 223

第6章

図6-1　東松島分団図 ………………………………………………………… 254
図6-2　東松島市団員出動数（3月11日〜31日）…………………………… 255
表6-1　防犯対策 ……………………………………………………………… 245
表6-2　仙台市の町内会における防犯活動の活動主体の上位10位 ……… 246
表6-3　主な出火原因の推移 ………………………………………………… 249
表6-4　放火の発生状況／従前と現状・将来予測の比較 ………………… 250
表6-5　亀岡部出動団員数（3月11日〜6月30日）………………………… 263
表6-6　亀岡部の不審者対応（3月11日〜6月30日）……………………… 265

第7章

図7-1　五十嵐コミュニティ協議会区域図（交通、道路のレイヤーを重ねたもの）304
図7-2　事業所のレイヤー（郵便局、病院、不動産等）…………………… 304
図7-3　安心安全（防犯・防災）のための五十嵐地区コミュニティのガバナンス … 309
表7-1　現在の町内会の主な目的 …………………………………………… 293
表7-2　町内会の活動状況 …………………………………………………… 293
表7-3　町内会などが果たすべき役割（このまま継続）………………… 294
表7-4　町内会などが果たすべき役割（さらに促進）…………………… 294
表7-5　防犯のための組織的な取り組み（防犯パトロール除く）……… 295
表7-6　自然災害の対応についての話し合い ……………………………… 295
表7-7　自然災害について話し合った場合の事項 ………………………… 296
表7-8　自然災害が起こった場合に備えてどのような対策をとっていますか。… 296
表7-9　地域生活を営む上で困った問題と、解決や改善のために何らかの働きかけ 298

表7-10　防災マップや災害危険予想図等の防災対策資料を持っていますか ……… 299
表7-11　「コミュニティ協議会支援チーム」の構成と役割 …………………………… 307
表補1-1　次世代と地域防犯のかかわり …………………………………………… 314

■執筆者紹介(執筆順)

吉原 直樹(よしはら・なおき)
　　(編者・奥付参照)

伊藤 嘉高(いとう・ひろたか)
　　現職：山形大学大学院医学系研究科助教
　　専門分野：地域社会学、医療社会学
　　所属学会：日本社会学会、地域社会学会、日本医療・病院管理学会など
　　主な著作
　　「自治体病院再編に対する住民サイドからの事後検証——置賜総合病院を核とした自治体病院再編を対象にして」(『日本医療・病院管理学会誌』49巻4号、2012年)、「山形県一般病院における医師不足の現況」(『山形医学』29巻1号、2011年)、「『移動の時代』における看護職員の就労構造と就労支援」(『日本医療・病院管理学会誌』47巻4号、2010年) など。

庄司 知恵子(しょうじ・ちえこ)
　　現在：岩手県立大学社会福祉学部講師
　　専門分野：農村社会学
　　所属学会：日本村落研究学会、日本社会学会、日本地域福祉学会、東北社会学会、北海道社会学会
　　主な著作
　　「都市部町内会における東日本大震災への対応——盛岡市松園地区北松園町内会「北松園自主防災対」の事例——」(伊藤嘉高と共著)、(『防災の社会学　第二版』、東信堂、2012)、「町内会と自主防災組織」、(『防災コミュニティの基層——東北6都市町内会分析——』、御茶の水書房、2011)、「「看取り」の場としての地域社会への期待」(『社会学年報』39号、2010) など。

菱山 宏輔(ひしやま・こうすけ)
　　現職：鹿児島大学法文学部准教授
　　専門分野：都市社会学、地域社会学
　　所属学会：日本社会学会、地域社会学会など
　　主な著作
　　『移動の時代を生きる——人・権力・コミュニティ』(共編著、東信堂、2012年)、「防災と地域セキュリティの論理」吉原直樹編『防災の社会学[第2版]』(東信堂、2012年)、「福島市の町内会・自治会と防犯活動の現状」(『ヘスティアとクリオ』9号、2010年)、など。

松本 行真(まつもと・みちまさ)
　　現職：福島工業高等専門学校コミュニケーション情報学科准教授
　　専門分野：都市・地域論、マーケティング論
　　所属学会：日本都市学会、東北都市学会、地域社会学会、土木学会
　　主な著作
　　「町内会における諸問題の解決法に関する一考察——町内会調査の再分析から——」(共著、

『ヘスティアとクリオ』8号、2009年)、『防災コミュニティの基層』(共著、御茶の水書房、2011年)、『防災の社会学[第二版]』(共著、東信堂、2012年)など。

齊藤　綾美(さいとう・あやみ)
　　現在：八戸大学ビジネス学部講師
　　専門分野：地域社会学
　　所属学会：日本社会学会、日本都市学会など
　　主な著作
　　「地域社会と宅老所——東御市・宅老所Ⅰの事例から」(『日本都市学会年報』vol.45、2012)、『インドネシアの地域保健活動と「開発の時代」——カンポンの女性に関するフィールドワーク』(御茶の水書房、2009年)など。

後藤　一蔵(ごとう・いちぞう)
　　現職：東北福祉大学兼任講師
　　専門分野：地域防災論、農村社会学
　　所属学会：日本社会学会、日本村落研究学会、社会貢献学会
　　主な著作
　　『消防団の源流をたどる』(近代消防社、2001年)、『改定国民の財産　消防団』(近代消防社、2010年)、「防災をめぐるローカル・ノレッジ」(『防災の社会学』、東信堂、2008年)、「町内会と消防団」(『防災コミュニティの基層』、御茶の水書房、2011年)など。

前山　総一郎(まえやま・そういちろう)
　　現在：福山市立大学・都市経営学部・教授
　　専門分野：都市社会学
　　所属学会：日本社会学会、日本都市社会学会、コミュニティ政策学会、東北社会学会、全米コミュニティ協会(Neighborhoods,USA)
　　主な著書
　　『アメリカのコミュニティ自治』(南窓社、2004年　単著)、『コミュニティ自治の理論と実践』(東京法令出版、2009年　単著)、『直接立法と市民オルタナティブ——アメリカにおける新公共圏創生の試み』(御茶の水書房、2009年　単著)など。

高橋　雅也(たかはし・まさや)
　　現在：埼玉大学教育学部准教授
　　専門分野：地域社会学、地域文化論、都市民俗論
　　所属学会：日本社会学会、日本都市学会、日本教育社会学会など
　　主な著作
　　『都市のリアル』(有斐閣、2013年、近刊)、「地域イベントにみる文化資源のマネジメント——秋田県小坂町・小坂七夕を事例として」(『日本都市学会年報』42号、2009年)、「近代土木遺産をめぐる技術の知とナラティヴ——〈野蒜築港〉保存活動の展開過程から」(『社会学研究』84号、2008年)など。

笹島　秀晃(ささじま・ひであき)
　　現在：大阪市立大学都市研究プラザ博士研究員

専門分野：都市社会学・芸術社会学
所属学会：日本社会学会、日本都市社会学会、東北社会学会、アメリカ社会学会
主な著作
Hideaki Sasajima, 2012, "From Red Light District to Art District: Creative City Projects in Yokohama's Kogane-cho Neighborhood," *Cities*, 29. 笹島秀晃, 2012,『創造都市と新自由主義：デヴィッド・ハーヴェイ「企業家主義的都市」の検討』『社会学研究』, 41: 79-89.

編著者紹介

吉原　直樹（よしはら・なおき）

- 1948年　徳島県に生まれる。
- 1972年　慶應義塾大学経済学部卒業。
- 1977年　同大学大学院社会学研究科博士課程修了。
- 1980年　立命館大学産業社会学部助教授。
- 1985年　社会学博士。
- 1986年　神奈川大学外国語学部教授。
- 1991年　東北大学教養部教授。
- 1993年　東北大学文学部教授。
- 2000年　東北大学大学院文学研究科教授。
- 現　在　大妻女子大学社会情報学部教授。東北大学名誉教授。日本学術会議連携会員。

《主要著書》

『戦後改革と地域住民組織』ミネルヴァ書房、1989年。
『都市空間の社会理論』東京大学出版会、1994年。
『アジアの地域住民組織』御茶の水書房、2000年。
『都市とモダニティの理論』東京大学出版会、2002年。
『時間と空間で読む近代の物語』有斐閣、2004年。
『アジア・メガシティと地域コミュニティの動態』(編著)、御茶の水書房、2005年。
『開いて守る：安全・安心のコミュニティづくりのために』岩波ブックレット、2007年。
『グローバル・ツーリズムの進展と地域コミュニティの変容』(編著)御茶の水書房、2008年。
『モビリティと場所──21世紀都市空間の転回』東京大学出版会、2008年。
『防災の社会学──防災コミュニティの社会設計に向けて』(編著)東信堂、2009年。
Fluidity of Place, Trans Pacific Press, 2010.
『防災コミュニティの基層──東北6都市の町内会分析』(編著)御茶の水書房2011年。
『コミュニティ・スタディーズ』作品社、2011年。

安全・安心コミュニティの存立基盤
──東北6都市の町内会分析──

2013年2月26日　第1版第1刷発行

編著者　吉　原　直　樹
発行者　橋　本　盛　作

〒113-0033　東京都文京区本郷5-30-20
発行所　株式会社　御茶の水書房
電話　03-5684-0751

Printed in Japan
©YOSHIHARA Naoki 2013

組版・印刷・製本：(株)タスプ

ISBN978-4-275-01015-5 C3036

防災コミュニティの基層——東北6都市の町内会分析	吉原直樹 編著	A5判・352頁 価格 四六〇〇円
グローバル・ツーリズムの進展と地域コミュニティの変容——バリ島のバンジャールを中心として	吉原直樹 編著	菊判・504頁 価格 七八〇〇円
アジア・メガシティと地域コミュニティの動態——ジャカルタのRT／RWを中心にして	吉原直樹 編著	菊判・410頁 価格 六〇〇〇円
アジアの地域住民組織——町内会・街坊会・RT／RW	吉原直樹 著	A5判・332頁 価格 五三〇〇円
直接立法と市民オルタナティブ——アメリカにおける新公共圏創生の試み	前山総一郎 著	菊判・426頁 価格 八四〇〇円
インドネシアの地域保健活動と「開発の時代」——カンポンの女性に関するフィールドワーク	齊藤綾美 著	菊判・418頁 価格 八〇〇〇円
包括的コミュニティ開発	仁科伸子 著	A5判・240頁 価格 五〇〇〇円
現代台湾コミュニティ運動の地域社会学	星 純子 著	菊判・316頁 価格 七六〇〇円
市民団体としての自治体	岡部一明 著	A5判・364頁 価格 四二〇〇円
開発主義の構造と心性——戦後日本がダムでみた夢と現実	町村敬志 著	A5判・484頁 価格 七四〇〇円
家と村の社会学——東北水稲作地方の事例研究	細谷 昂 著	菊判・980頁 価格 一三〇〇〇円

御茶の水書房
（価格は消費税抜き）